Verhandlungen

des

Sechsten Deutschen Juristentages.

Herausgegeben

von

dem Schriftführer-Amt der ständigen Deputation.

Erster Band.

Berlin, 1865.
Druck und Commissions-Verlag von G. Jansen.

Inhaltsverzeichniß.

Statut des Deutschen Juristentages.

§. 1.

Der Zweck des Deutschen Juristentages ist: eine Vereinigung für den lebendigen Meinungsaustausch und den persönlichen Verkehr unter den Deutschen Juristen zu bilden, auf den Gebieten des Privatrechts, des Processes und des Strafrechts den Forderungen nach einheitlicher Entwickelung immer größere Anerkennung zu verschaffen, die Hindernisse, welche dieser Entwickelung entgegenstehen, zu bezeichnen und sich über Vorschläge zu verständigen, welche geeignet sind, die Rechtseinheit zu fördern.

§. 2.

Der Deutsche Juristentag tritt in der Regel alljährlich zusammen; doch ist die ständige Deputation ermächtigt, aus Gründen der Zweckmäßigkeit ausnahmsweise die Wiedereinberufung des Juristentages erst in dem auf dessen letzten Zusammentritt folgenden zweiten Kalenderjahre vorzunehmen.*)

§. 3.

Zur Mitgliedschaft berechtigt sind die Deutschen Richter, Staatsanwälte, Advokaten und Notare, die Aspiranten des Richteramtes, der Anwaltschaft und des Notariats, sowie Jeder, der nach seinen Landesgesetzen zum Richteramte, zur Anwaltschaft oder zur Ausübung des Notariats für befähigt erkannt ist, ferner die Lehrer an den Deutschen Hochschulen, die Mitglieder der gelehrten Akademien, die Doktoren der Rechte und die rechtsgelehrten Mitglieder der Verwaltungs-Behörden.

---

*) Die gesperrt gedruckten Worte sind eine von dem Fünften Deutschen Juristentage beschlossene Aenderung des Statuts.

§. 4.

Die Mitgliedschaft beginnt mit dem Empfange der Mitgliedskarte. Sie berechtigt zur Theilnahme an den Verhandlungen und an der Abstimmung.

§. 5.

Der Beitrag der Gesellschaftsmitglieder beträgt zwei Thaler jährlich und ist innerhalb vier Wochen nach Beginn jedes neuen Jahres zu entrichten, widrigenfalls derselbe durch Postvorschuß eingezogen wird. Nimmt ein Mitglied den mit Postvorschuß beschwerten Brief nicht an, so wird dies einer ausdrücklichen Austrittserklärung gleich geachtet. — Für die am Orte des Juristentages selbst zu lösende Anmeldungskarte ist Ein Thaler zu entrichten.

§. 6.

Den Plenar-Verhandlungen des Deutschen Juristentages gehen der Regel nach Abtheilungs-Berathungen voraus. Zu diesem Zwecke werden durch freiwillige Einzeichnung der Mitglieder folgende vier Abtheilungen gebildet:

1) Abtheilung für Privatrecht, insbesondere Obligationen- und Pfandrecht, juristisches Studium und praktische Ausbildung.
2) Abtheilung für Handels-, Wechsel-, See- und internationales Recht.
3) Abtheilung für Strafrecht, Strafproceß und Gefängnißwesen.
4) Abtheilung für Gerichtsverfassung und Civilproceß.

Die Abtheilungen wählen ihre Vorsitzenden, Schriftführer, Berichterstatter und benachrichtigen den Vorsitzenden der Plenar-Versammlung (§. 7), sobald ihre Berathungen über einzelne Gegenstände geschlossen sind; ihre Anträge sind schriftlich zu fassen. In jeder Abtheilung stimmen nur Diejenigen mit, welche sich in die betreffende Abtheilung bereits eingezeichnet haben.

Sämmtliche Beschlüsse der Abtheilungen werden in der Plenar-Versammlung mitgetheilt. Es findet jedoch eine Erörterung und Entscheidung im Plenum nur dann statt, wenn dieselbe von der betreffenden Abtheilung vorgeschlagen, oder wenn sie von mindestens zehn Mitgliedern beantragt und von der Plenar-Versammlung beschlossen wird. Ueber die Vorfrage, ob dem von mindestens zehn Mitgliedern gestellten

Antrage auf Plenar-Entscheidung stattzugeben, wird nur einem der Antragsteller und dem Berichterstatter das Wort ertheilt.

§. 7.

Die Verhandlungen der Plenar-Versammlung leitet ein Vorsitzender, welcher für die Dauer eines jeden Juristentages in der ersten Plenar-Versammlung durch Stimmzettel oder Akklamation gewählt wird. Derselbe ernennt zwei bis vier Stellvertreter und vier Schriftführer. Er bestimmt die Tagesordnung und kann einzelne Gegenstände, ohne Vorberathung in den Abtheilungen (§. 6), unmittelbar zur Plenar-Berathung stellen. Auch ist er befugt, Nichtmitglieder als Zuhörer zuzulassen.

§. 8.

Bei allen Beschlüssen der Plenar-Versammlung und der Abtheilungen entscheidet einfache Stimmenmehrheit der anwesenden Mitglieder, bei allen Wahlen relative Majorität und im Falle der Stimmengleichheit das Loos.

§. 9.

Wird Schluß der Debatte beantragt, so wird über diesen Antrag sofort abgestimmt. In der Plenar-Versammlung sind alle Anträge mit Ausnahme des Antrages auf Schluß der Debatte schriftlich zu stellen.

§. 10.

Vor dem Schlusse eines jeden Juristentages wird von der Plenar-Versammlung durch Akklamation oder in einem einzigen Skrutinium durch Stimmzettel eine aus achtzehn Mitgliedern und dem Präsidenten des letzten Juristentages als Ehren-Präsidenten bestehende ständige Deputation gewählt. Von jenen achtzehn Mitgliedern müssen mindestens drei am Orte des letzten Juristentages und jedenfalls zwölf auswärts wohnen. Die Liste der zur Akklamation vorzuschlagenden Personen wird durch den Präsidenten der Plenar-Versammlung, seine Stellvertreter und je zehn von jeder Abtheilung gewählte Vertrauensmänner gemeinschaftlich festgestellt.

Die ständige Deputation hat folgende Befugnisse und Obliegenheiten:

1) sie sorgt für die Ausführung der von dem Juristentage gefaßten Beschlüsse, veranlaßt nach eignem Ermessen den Druck

der Protokolle und Vorlagen, bewirkt die Vertheilung der Drucksachen an die Mitglieder und verwahrt alle Akten und Schriftstücke des Juristentages;

2) sie bestimmt Zeit und Ort des nächsten Juristentages, trifft die für denselben nöthigen Vorbereitungen, erläßt die Einladungen, stellt die vorläufige Tagesordnung auf, wobei sie in der Regel nur die bis zum 31. Mai des laufenden Jahres eingegangenen Vorlagen zu berücksichtigen hat, und bereitet Abänderungs-Vorschläge in Betreff der Geschäftsordnung für die Plenar-Versammlung vor;

3) sie nimmt die Beitrittserklärungen neuer Mitglieder entgegen, fertigt die Mitgliedskarten aus, empfängt die Beiträge, bestreitet die Ausgaben und legt der folgenden Deputation Rechnung;

4) sie ergänzt sich selbst, falls eins oder mehrere ihrer Mitglieder während des Geschäftsjahres ausscheiden.

Die Deputation wählt aus ihrer Mitte einen Vorsitzenden und einen Schriftführer, welcher Letztere ein von der Deputation festzusetzendes Pauschquantum für baare Auslagen erhält. Der Sitz der Deputation ist der Ort des letzten Juristentages. Zur Giltigkeit ihrer Beschlüsse ist die Einladung sämmtlicher Mitglieder sowie die Mitwirkung von wenigstens fünf Mitgliedern erforderlich.

§. 11.

Abänderungen dieses Statuts können zwar von der Plenar-Versammlung durch einfache Stimmenmehrheit, jedoch nur auf schriftlichen Antrag, der vier Wochen vor dem Zusammentritt des Juristentages der ständigen Deputation (§. 10) überreicht worden, beschlossen werden

Gutachten.

I.

Gutachten des Universitätsamtmann Courtin in Heidelberg.

Gesetzgebungsfrage:

„Empfiehlt sich die Beibehaltung einer besonderen Gerichtsbarkeit in Civil- und Strafsachen (bei letzteren abgesehen von Disciplinarangelegenheiten) für Studirende auf höheren Schulen (Universitäten, Polytechniken)?“

Unter die wichtigsten Vorrechte, welche den Universitäten von ihren Stiftern oder von fürstlichen Gönnern späterer Zeit verliehen wurden, gehörte die eigene Gerichtsbarkeit. Sie erstreckte sich auf alle Mitglieder der Universitäten, Lehrende und Lernende, bei vielen hohen Schulen auch auf die sogenannten Universitätsverwandten und deren Angehörige; bürgerliche und peinliche Rechtssachen waren ihr zur Entscheidung zugewiesen, und manche Universitäten erwarben sich im Laufe der Zeit sogar das Recht, über Leib und Leben ihrer Angehörigen zu richten.

Hand in Hand mit der eigenen Rechtsprechung ging das Recht der hohen Schulen, sich selbst Gesetze zu geben, das neben der inneren Verfassung und Verwaltung die rechtlichen Verhältnisse der Studirenden umfaßte, und so finden sich schon in frühen Jahrhunderten autonomisch gegebene Gesetze über Polizei-Vergehen, Duelle, Injurien, Kreditverhältnisse und das Verhalten der Studirenden im Allgemeinen.

Mit der Ausbildung einer neuen Staatsidee und den bei deren Ausführung im Staate eintretenden neuen Organisationen schwanden jene Vorrechte, und zu Ende des verflossenen und seit dem Beginne des jetzigen Jahrhunderts traten solche Veränderungen in den Privilegien der Universitäten ein, daß von der eigenen Gerichtsbarkeit nur kleine Ueberreste, von der Autonomie in rechtlichen Dingen keine Spuren übrig sind.

Auf allen Universitäten bestehen zwar Organe der sogenannten akademischen Gerichtsbarkeit; ihre Funktionen sind aber auf Disciplinar- und Polizei-Sachen und diesen gleichgestellte Vergehen und Verhältnisse, sowie auf die bürgerliche Rechtspflege beschränkt. Wo in einem oder dem anderen Deutschen Staate diesen Behörden auch kriminalrechtliche Befugnisse zukommen, sind für sie doch die Grundsätze des gemeinen Strafrechtes und Strafverfahrens mit der auch den anderen Gerichten zugewiesenen Zuständigkeit und dem gewöhnlichen Instanzenzuge maßgebend.

Diese letztere Einrichtung besteht nur an den beiden Badischen Universitäten; in Preußen, Bayern, Hannover, Sachsen, Württemberg und den beiden Hessen ist die Kriminalgerichtsbarkeit über Akademiker den ordentlichen Gerichten überwiesen, mit Ausnahme zweier strafrechtlicher Vergehen, der leichteren Duelle und Injuriensachen der Studirenden unter sich, welche für akademische Disciplinarsachen erklärt sind und in Folge dessen von den Universitätsbehörden abgeurtheilt werden.

Die Organisation der Universitätsgerichte ist in Deutschland nicht überall gleich. An einigen Universitäten sind es Einzelrichter, welche die leichteren Vergehen selbstständig, die schwereren Uebertretungen in Gemeinschaft mit den akademischen Senaten aburtheilen, wie z. B. in Preußen, Baden. An anderen hohen Schulen hat über alle Disciplinar- und Polizeivergehen der Senat oder eine Senatsdeputation zu erkennen. Darin stimmen aber alle Einrichtungen überein, daß für Disciplinar- und Polizeisachen, einschließlich der leichteren Duelle und Injurien, sowie meistentheils für die bürgerliche Rechtspflege, besondere Gerichte konstituirt sind. Selbst in Bayern, wo die Studirenden den allgemeinen Landesgesetzen in kriminal-, civil- und polizeirechtlicher Beziehung unterstehen, umging man die Einsetzung einer aus Beamten und Professoren bestehenden Behörde zur Aburtheilung der Disciplinar- und Polizeivergehen nicht und erklärte auch hier die Duelle zu Vergehen der akademischen Disciplin.

Zwischen der jetzt bestehenden akademischen Gerichtsbarkeit und jener der früheren Jahrhunderte besteht der wesentliche Unterschied, daß jetzt die Verwalter der Rechtspflege an den Universitäten nicht Mitglieder dieser, sondern vom Staate angestellte Beamte oder Richter sind, den Mitgliedern der Universitäten nur in disciplinärer und polizeilicher Beziehung noch richterliche Befugnisse zustehen, und die zur Anwendung kommenden Gesetze von der gesetzgebenden Gewalt oder der Staatsregierung und nicht von den Universitäten selbst ausgehen.

Die akademischen Gesetze enthalten disciplinäre und polizeiliche Strafbestimmungen, wo nicht, wie in Bayern und Württemberg, der Studirende den gewöhnlichen Polizeigesetzen unterworfen ist. Beide sind in den meisten

Statuten nicht von einander geschieden, sondern wurden bei Redaktion der letzteren untereinander geworfen, weshalb der Sprachgebrauch unter akademischer Disciplin die Aufrechterhaltung der eigentlich disciplinären und der polizeilichen Ordnung unter den Studirenden versteht.

Zu den Disciplinarsachen werden auf den meisten Deutschen Universitäten Injuriensachen der Studirenden unter sich und leichtere Duelle, d. h. solche, die weder mit gefährlichen Waffen vollzogen wurden, noch eine Tödtung oder schwerere Verletzung zur Folge hatten, gezählt. In strafrechtlicher Beziehung beschränkt sich die Exemtion der Studirenden auf diese beiden Vergehen; im Uebrigen sind sie den anderen Staatsbürgern gleichgestellt.

Die Bestimmungen der bürgerlichen Gesetzbücher über Rechtsgiltigkeit von Forderungen und Verjährung sind auf allen Deutschen Universitäten, mit Ausnahme der Bayerischen, zu Gunsten der Studirenden dahin geändert, daß eigene Gesetze anordnen, für welche Bedürfnisse überhaupt ein Kredit und auf wie lange bewilligt werden darf, und in welcher Frist auch giltige Forderungen bei den Universitätsgerichten eingeklagt werden müssen.

Die eben aufgezählten Befugnisse der akademischen Behörden und die damit zusammenhängenden Ausnahmsgesetze durchbrechen, wenn man die Anwendung der Kreditgesetze auf Volljährige ausnimmt, in keiner die übrigen Staatsbürger verletzenden Weise die allgemeine Rechtsordnung, und diejenigen, denen diese sogenannten Privilegien zukommen, sind wenig geneigt, sie als solche zu betrachten.

Weder die Macht historischer Erinnerungen, noch die Absicht, eine Klasse Individuen vor den anderen Klassen zu bevorzugen, hat diesen Zustand auf den Deutschen Universitäten geschaffen. Es sind reale Verhältnisse, die, damals wie jetzt, ihre Geltung haben, und die, wenn man heute ohne Rücksicht auf vergangene Zeiten und veraltete Vorrechte etwas Neues schaffen will, berücksichtigt werden müssen. —

Der Beantwortung der gestellten Frage wegen Beibehaltung der akademischen Gerichtsbarkeit geht die Vorfrage voraus: Sind überhaupt Ausnahmsgesetze für Studirende begründet? Mit Verneinung dieser Frage fällt die Erste von selbst weg, weil, wenn keine besonderen Gesetze nöthig sind, ein Organ zum Vollzug derselben nicht zu bestehen braucht.

Die Studirenden bilden eine eigenthümliche Gesellschaftsklasse und unterscheiden sich wesentlich von der Jugend der übrigen Berufsklassen. Die Gesetzgebung hat diese Unterschiede nicht geschaffen, sondern vorgefunden. Die Jugend der außerwissenschaftlichen Berufsklassen trifft selten in solcher Zahl zusammen wie die Studenten in den Universitätsstädten; sollte sie aber auch in den größeren Städten die Mehrzahl bilden, so fehlt ihr doch die Gemeinschaft der Bildungsstufe und der dadurch bedingte Anschluß aneinander.

Der Kaufmann oder Handwerker verfolgt bei seiner Ausbildung ganz verschiedene Ziele, während der wissenschaftliche Unterricht zwar auch zu verschiedenen Zielen hinführt, aber für Alle gleichartig ertheilt wird. Dadurch entsteht eine Gleichheit der äußeren Lebensstellung, welche die sonst unter den Individuen etwa bestehenden Verschiedenheiten, wie Rang, Reichthum u. dgl. mildert, und welche sich durch die Freiheit, die den Studenten in der Art und Weise, seine Zeit zu verwenden, gegeben ist, für die Dauer des akademischen Lebens befestigt.

Der väterlichen oder vormundschaftlichen Leitung und Ueberwachung entzogen, tritt der junge Mann mit dem Beziehen der Universität in eine Ungebundenheit ein, die kein anderer Jüngling genießt. Er erhält freie Verfügung über seine Geldmittel und, bei einigermaßen klugem Benehmen, einen unbegrenzten Kredit in den Universitätsstädten, der ihm sehr häufig von freien Stücken angetragen wird.

Die jungen Leute der anderen Berufsklassen unterstehen immer noch einer gewissen Aufsicht ihrer Principale oder Meister und ihr Beruf nimmt sie den ganzen Tag über in Anspruch, während es den Studirenden freisteht, zu arbeiten oder nicht, und eine specielle Ueberwachung seines Thun und Treibens nicht stattfindet. Fern von seiner Familie und in den seltensten Fällen in eine Familie in der Universitätsstadt eintretend, schließt der Studirende sich enger an seine Freunde an oder lebt in den Studentenvereinen ausschließlich mit diesen. In diesem Zusammenleben findet er seinen schönsten Lebensgenuß; aber mit dem Frohsinn gedeiht auch der jugendliche Muthwille und Uebermuth, — und, sich stark fühlend in der Vereinigung seiner Genossen, läßt der Student sich oft zu Handlungen und Excessen hinreißen, an die er als Einzelstehender nie gedacht hätte.

Diese Verhältnisse zusammen mit den überkommenen und noch jetzt geltenden Begriffen von Studentenehre, deren Aufrechterhaltung und Wiederherstellung, welche die Grundlage der unzähligen Studentenduelle bilden, deuten genügend an, daß die gewöhnliche für den mündigen und seßhaften Staatsbürger berechnete Gesetzgebung nicht ausreicht, und daß das Thun und Treiben dieser jugendlichen Schaaren in besonderer Weise zu ordnen und zu beurtheilen ist.

In gewissen Beziehungen wird diesem Bedürfniß durch die akademische Disciplin entsprochen, und daß diese von den Universitäten gehandhabt werden muß, darüber ist man einig. Die akademische Disciplin ist aber ein nicht überall gleich aufgefaßter Begriff. Versteht man darunter die Aufrechterhaltung der Ehre, Ordnung und Sitte des Studentenlebens in seinen Beziehungen zur Universität und ihren Angehörigen; unterstellt man ihr allein die Ueberwachung des Fleißes und der Sittlichkeit, des Verhaltens der Studirenden gegen Lehrer und Beamte der Universität, ihres Benehmens in den Vorlesungen, Anstalten und Gebäuden der Universität: so ist die Wirksamkeit der akademischen Disciplin in das Rechts- oder Polizeigebiet nicht übergreifend, und man bedarf keiner weiteren Vorschriften, als an jeder Schule oder jeder Anstalt, in welcher ein Zusammenfluß von Menschen statt hat, nöthig sind. Bisher war das Gebiet der akademischen Disciplin ein ausgedehnteres; sie umfaßte neben jenen Beziehungen des Studenten zur Universität auch sein polizeiliches und ökonomisches Verhalten. Eine Trennung Beider von dem speciell disciplinären Verhalten ist deshalb schwierig, weil Uebertretungen in jener Richtung zugleich Verstöße gegen die akademische Disciplin sind.

Diejenigen Vergehen, die außer Duellen und Injurien den Studirenden am häufigsten zur Last fallen, Ruhestörung, unanständiges Benehmen an öffentlichen Orten, Trunkenheit, Hundeunfug, Verstöße gegen die Straßenpolizei, muthwillige Beschädigungen, Schlägereien, verletzen nicht allein die polizeiliche Ordnung, sondern auch die Würde des akademischen Lebens und sind deshalb in beiden Richtungen zu bestrafen. Der Zusammenhang Beider erfordert aber nicht an und für sich schon eine besondere Gesetzgebung für Polizeivergehen der Studirenden. In den meisten Deutschen Ländern sind Polizeistrafgesetze eingeführt, deren Strafbestimmungen unbestimmter Natur sind und in deren Rahmen die geeignete Strafe für das Vergehen des Studirenden leicht gefunden werden kann. Zwei Voraussetzungen bedingen aber die Einführung der allgemeinen Polizeistrafgesetze gegen die Akademiker: daß der Disciplinarbehörde bei Erkennung der Strafen eine Mitwirkung oder nachträgliche Bestrafung in disciplinärer Richtung zugestanden wird, und daß Vergehen, welche weder im Strafkodex der Polizei, noch in der engeren akademischen Disciplin vorkommen, durch besondere Gesetze mit Strafe bedroht werden. Solche sind z. B. Verrufserklärungen und Begleitung von durch die Universität verwiesenen Akademikern.

Die Verrufserklärungen haben zwar einen großen Theil ihrer Kraft und Wirkung mit dem Aufhören der Herrschaft eines Theils der Studentenschaft über den anderen, durch das Sinken des Einflusses der Verbindungen und die unter den Studirenden herrschenden Parteien verloren; sie wirken aber immer noch nachtheilig auf den Betroffenen und seine Verhältnisse, und Ehrenkränkungs- oder Entschädigungsklagen reichen nicht aus, dem Unfug zu steuern.

Das feierliche Begleiten verwiesener Studenten ist eine Aeußerung der Mißachtung, die sich die Disciplinarbehörde, ohne ihrer Autorität Schaden zu thun, nicht bieten lassen darf; abgesehen von dieser Rücksicht ist es eine erlaubte Handlung, sofern nach den bestehenden Polizeiverordnungen die

Polizeibehörde die etwa zum Aufzuge nöthige Genehmigung ertheilt hat. Man bedarf deshalb auch hier einer besonderen Strafbestimmung.

Ob dem Vereinswesen der Studirenden besondere gesetzliche Bestimmungen gewidmet werden müssen, ist eine Frage, die sich nach der Gesetzgebung der einzelnen Länder allein beantworten läßt. In früheren Jahren hat man die Studentenvereine zu unterdrücken gesucht, kam aber mit den strengsten Maßregeln damit nicht zum Ziele, sondern mußte sie dulden, um sie schließlich zu genehmigen. Die gewöhnlichen Vereinsgesetze werden auf solche Associationen nicht immer passen. Es sind durchgängig Minderjährige, welche diese Vereine stiften, und Letztere sind durch die herrschenden Parteiungen oft Anlaß zu Reibereien, Ruhestörungen, fortgesetzten Duellen, so daß auch hier der Polizei- oder Disciplinarbehörde besondere Befugnisse bezüglich Genehmigung und Auflösung verliehen werden müssen.

Oben ist schon gezeigt, daß in strafrechtlicher Beziehung die Studirenden den allgemeinen Gesetzen unterworfen sind, mit Ausnahme der Duelle und Injurien.

Duelle sind bekanntlich auf den Deutschen Universitäten ein Vergehen, das sich noch nicht ausrotten ließ. Sie kommen in großer Zahl vor und werden selten bestraft, weil die Betheiligten sich vor Ertappung und Ueberweisung zu hüten wissen, und man sie mit Energie nicht unterdrücken will. Sofern sie nicht mit gefährlichen Waffen vollzogen oder von nachtheiligen Folgen begleitet sind, werden sie nach den bestehenden Gesetzen nicht strenge, sondern mit Karzer von einigen Tagen bis zu einigen Wochen bestraft. Die Aufhebung der besonderen Duellgesetze wird zu einer Verhinderung der Duelle nicht führen, da dies eine strenge Gesetzgebung noch nie vermochte. Das einzige wirksame Mittel gegen dieses Uebel ist die numerische Abnahme derjenigen Studirenden, die sich Verbindungen anschließen, welche das Duell nicht ausschließlich als Wiederherstellungsmittel verletzter Ehre, sondern als Waffenspiel betrachten, und diese Abnahme vollzieht sich allmälig. Die Mehrzahl aller Studirenden gehört keinen Verbindungen an; unter ihnen kommen Duelle nur als Ausnahmen vor.

Die Studentenduelle unterscheiden sich übrigens wesentlich von anderen Zweikämpfen. Diese werden beinahe ohne Ausnahme in der Absicht vollzogen, den Gegner am Leib oder Leben zu schädigen; jenen liegt eine solche Intention fern; die Duellanten begnügen sich mit leichten Verletzungen und wenden im Gegentheil durch Gebrauch von Schutzmitteln, wie Hosen, Binden, Handschuhen, Kappen, Brillen u. dgl. m., ihre Sorgfalt darauf, daß alle edleren Theile des Körpers gedeckt sind. Auf solche Duelle das Strafmaß der Strafgesetzbücher anzulegen, wäre unbillig und schon deshalb nicht rathsam, weil nach wie vor diese Uebertretungen vorkämen, man energischer

Mittel zu ihrer Unterdrückung bedürfte, und es dem Ansehen der Strafgesetze nicht frommte, wenn die Zahl der Duelle die gleiche bliebe und bei den meisten Bestrafungen die Dauer der Strafen auf dem Gnadenwege abgekürzt würde, was bei unverhältnißmäßiger Strenge der Bestrafung sicher die Folge wäre.

Im Gegensatz zu den Duellen ist bei Injurien der Studirenden unter sich die zu geringe oder gar nicht eintretende Bestrafung der Grund zu einem Ausnahmsgesetze. Injurien, mögen sie wörtlich oder thätlich sein, werden nach den meisten Gesetzen nur auf Anklage des Beleidigten gerichtlich verfolgt. Der Student entschließt sich nur schwer, diesen Weg zu betreten; er greift lieber zur Selbsthilfe oder dem Duelle.

Damit ist die Sache aber nicht erledigt; die Beleidigungen, besonders wenn sie von Mitgliedern einer Partei gegen Angehörige der anderen Partei verübt wurden, setzen sich fort, es entstehen Thätlichkeiten und Ruhestörungen, die nur dann vermieden werden, wenn man Maßregeln gegen das Uebel im Allgemeinen richtet.

Die Strafgesetze bestrafen auf Anklage des Betheiligten nur die einzelne That; ihren eigenthümlichen Wirkungen auf die Studirenden muß dadurch vorgebeugt werden, daß die Behörde befugt ist, Ehrenkränkungen von Amtswegen zu verfolgen und denjenigen, der den Frieden stört, aus der Universitätsstadt zu entfernen.

Unter die eigentlichen Privilegien der Studirenden sind die Kreditgesetze zu zählen. Sie enthalten für den volljährigen Studenten Vorrechte, welche sich durch seine Eigenschaft als Akademiker nicht rechtfertigen lassen und als wahre Ausnahmsgesetze auch die Rechte Dritter verletzen. Es verstößt gegen die juristische Folgerichtigkeit, daß eine Person, die sonst im bürgerlichen Leben volle Rechtsfähigkeit besitzt, diese durch das Eintreten in einen gewissen Stand wieder verliert, in ihren Rechtshandlungen beengt und dem Minderjährigen abermals gleichgestellt wird. Für den Volljährigen beruhen die Kreditgesetze nicht auf thatsächlichen Voraussetzungen, auf Grund derer das allgemeine Gesetz auch rechtliche Unterschiede anerkennt, sondern auf dem Stande; sie benehmen ihm ferner Rechte, deren Ausübung ihm bereits zustand, und führen in ihrer Anwendung zu lächerlichen Konsequenzen und Ungerechtigkeiten gegen ihn und diejenigen, mit welchen er in Rechtsverkehr tritt. Anders verhält es sich mit den Minderjährigen: seine Handlungsfähigkeit ist beschränkt, mit dem Beziehen der Universität tritt er meistentheils zum ersten Male aus dem väterlichen oder des Vormundes Hause, erhält Geldmittel und soll sie selbstständig verwenden. Unerfahrenheit, Leichtsinn und die Vergnügungen der Universitätsstadt führen sehr häufig zu einer raschen Verausgabung des baaren Geldes, während die Zeit, für welche es bestimmt war, noch nicht umlaufen ist und bis zum Eintreffen neuer Mittel die nothdürftigsten Ausgaben bestritten werden müssen. Andere Studenten gerathen durch zeitweises Ausbleiben ihres Wechsels oft unverschuldet in Geldnoth und haben, wenn sie aus fernen Ländern sind, nur den ihnen etwa gewährten Kredit als Hülfsmittel. Auf der anderen Seite hat der Student manche Bedürfnisse, die eine eingehende Prüfung, ob sie für seinen Beruf oder Unterhalt nothwendig waren, nicht aushalten, die er aber häufig, selbst wenn er will, nicht von sich weisen kann.

Für alle diese Fälle würde der Mangel eines Kreditgesetzes fühlbar.

Kann man den Minderjährigen keinen Kredit geben, ohne sich Nichtigkeits- oder Restitutionsklagen oder derartigen Einreden auszusetzen, so muß nothgedrungen der Verkehr ein sehr erschwerter werden. Der solide Geschäftsmann wird auf baare Zahlung dringen und ohne solche nichts leisten, der weniger Gewissenhafte wird auf seine Preise die Zinsen und Verluste schlagen, die ihm durch sein Borgen entstanden sind oder entstehen, und der Student wird allmälig dahin gedrängt, sich auf irgend welche Weise Geld zu schaffen, das ihm von Wucherern, welche durch Ehrenscheine oder Ehrenwortabnahme sich zu decken suchen, wird geliefert werden. Diese Mißstände sind bedeutender, als die mit einem Ausnahmsgesetze verbundenen, welches sich ohnehin nur auf von der allgemeinen Gesetzgebung in besondere Rücksicht genommene und solche Personen bezieht, denen in irgend einer Weise die rechtliche Fürsorge des Vaters oder Vormundes ersetzt werden muß. —

Die Ausnahmsstellung, die in den angedeuteten Richtungen den Studirenden etwa gegeben wird, macht aus ihnen keinen privilegirten Stand, sie berücksichtigt allein die oben geschilderten Eigenthümlichkeiten des Studentenlebens und greift nirgends in die Rechte Dritter über. Sie widerspricht dem allgemeinen Grundsatze: „vor dem Gesetze sei Jeder gleich", nicht, der nur dahin zielt, Begünstigungen des Einen vor dem Anderen durch die Gesetzgebung ohne thatsächlichen Grund zu verhüten. Wo berechtigte Verhältnisse Unterschiede bewirken, wurde stets von der konsequenten Durchführung dieses Grundsatzes abgesehen.

Durch die Ausnahmsgesetze allein ist die Nothwendigkeit besonderer Behörden zu ihrer Durchführung nicht gegeben. Die Gesetze über Duelle, Vereine, Injurien, Schuldenwesen der Studirenden, sowie über diejenigen Vergehen, welche durch die Polizeigesetze nicht mit Strafe bedroht sind, können den ordentlichen Behörden zur Durchführung überlassen werden, ohne daß sie, nach dem Charakter jener Gesetze dem Vorwurfe, Privilegien und Standesvorrechte aufrecht zu erhalten, verfallen.

Rechtliche Gründe stellen sich der Aufhebung der noch bestehenden akademischen Gerichtsbarkeit nicht entgegen, es ist entschieden die Zweckmäßigkeit, welche für deren Forteristenz spricht.

Vor Allem ist es die Schwierigkeit, disciplinäre und polizeiliche Vergehen der Akademiker in einer solchen Weise zu definiren und auseinanderzuhalten, daß sie in keiner Beziehung mehr zu einander stehen. Ihre Verbindung ist in den weitaus meisten Fällen unlösbar, denn gegen die für die akademische Disciplin aufgestellten allgemeinen Begriffe Ehre, Würde, Sitte, Ordnung des Studentenlebens verstoßen auch die meisten oder alle Polizeistrafvergehen, die erfahrungsgemäß Studirende begehen.

Bei Fällung ihrer Urtheile dürfen die Polizeigerichte auf die Grundsätze der akademischen Disciplin keine Rücksicht nehmen, sie müssen das gleiche Recht für Alle finden.

Aus der Trennung der Disciplinar- von den Polizeigerichten entsteht darum, wenn man nicht alle polizeilich abgewandelten Vergehen disciplinarisch nicht weiter berücksichtigen will, die Nothwendigkeit einer wiederholten Bestrafung, und diese doppelte Bestrafung für dasselbe Vergehen widerspricht dem anerkannten allgemeinen Grundsatze „non bis in idem".

Werden polizeiliche Straffälle disciplinarisch nicht berücksichtigt und die Befugnisse der akademischen Behörde auf die Vergehen, deren sich der Student allein als Angehöriger der wissenschaftlichen Anstalt schuldig machen kann, beschränkt, wie z. B. Unfug in den Gebäuden, Beleidigung von Lehrern und dergl., so verschwindet der Begriff der akademischen Disciplin, und deren Befugnisse verwandeln sich in diejenigen Rechte, die jeder Schule und ihren Lehrern zustehen.

Die Erfahrung allein kann entscheiden, in wie weit ein solcher Zustand bei der freien persönlichen Stellung der Studirenden haltbar ist, und ob nicht rasch die Verhältnisse eine Beschränkung jener Freiheit oder einen Ersatz für die väterliche und vormundschaftliche Aufsicht nothwendig machen.

Der Studirende, der von ferne her kommt, in der Universitätsstadt fremd ist, läßt sich gewöhnlich gerade deshalb in seinem Verhalten gehen, weil jene Autorität ihn nicht mehr überwacht und es ihm einerlei ist, was seine ihm fremde Umgebung von seinem Betragen denkt.

Die gewöhnlichen Gesetze sind nicht für junge, minderjährige, jeder persönlichen Aufsicht entzogene, in großer Zahl auf engem Raum vereinigte Leute, die den Gebrauch der gesetzlichen Freiheit noch nicht kennen, sondern ihn auf der Universität erst kennen lernen sollen, berechnet, sondern für den Staatsbürger bestimmt, der weiß, daß die Freiheit nur durch Selbstbeschränkung des Einzelnen besteht.

In vielen Fällen genügt aus diesem Grunde die gewöhnliche Polizeistrafe nicht, und der akademischen Aufsichts-Behörde müssen geeignete Mittel zur Hand sein, um den Mangel zu ersetzen und bei Beurtheilung des Falles auch die disciplinarischen Rücksichten geltend zu machen.

Der Natur der Sache nach steht die Disciplinarstrafgewalt, wenn man die akademische Disciplin im weiteren Sinne nimmt und darunter die Aufrechterhaltung der Ehre und Würde des akademischen Lebens im Allgemeinen und nicht allein in seinen Beziehungen zur Universität versteht, in steter Wechselwirkung mit der Polizeistrafgewalt, und ihr in einander greifendes Zusammenwirken bedarf auch der Aufstellung und Durchführung eigener Grundsätze. Manche Vergehen sind strenger zu bestrafen, wenn sie von einem Studenten begangen werden, weil man auf Grund seiner Bildungsstufe höhere Anforderungen an ihn stellen kann; andere unterliegen einer milderen Beurtheilung in Rücksicht darauf, daß kein Vorbedacht, sondern jugendlicher Muthwille, durch geistige Getränke erzeugte Aufregung und fröhliche Gesellschaft sie veranlaßt haben.

Wenn die Aufregung des Augenblicks verflogen ist, erkennt der Studirende gewöhnlich den von ihm begangenen Fehler an, und die in dieser Stimmung gegen ihn verfügte Strafe ist wirksam.

Deshalb ist für die akademische Justiz eine wesentliche Bedingung: Raschheit in der Erledigung der einkommenden Anzeigen. Werden die Studirenden erst vor die Polizeigerichtshöfe und dann vor die disciplinarischen Behörden gestellt, so tritt ein schleppendes Verfahren für kleine und unbedeutende Vergehen ein, und oft wird die Disciplinarstrafe erst erkannt werden, wenn die That vergessen ist oder der Urheber Stadt und Land verlassen hat.

Die gewöhnlichen Polizeistrafen treffen auch den Studirenden nicht so schwer, wie manche Disciplinarstrafen. Die von den Eltern zu zahlenden Geldstrafen oder Einsperrung scheut der Student nicht in gleicher Weise, wie das consilium oder die Relegation, welche nachhaltig wirken, ihn möglicherweise von allen Deutschen Universitäten ausschließen und für gewisse Vorkommnisse, wie z. B. thätliche Beleidigungen, das einzige Mittel sind, dem Einreißen eines rohen Tons zu steuern.

Den Universitäten muß aber, wenn sie Disciplin aufrecht erhalten sollen, jenes Zwangsmittel auch gegen Studirende zustehen, die sich zwar nicht gegen die engere akademische Disciplin, sondern in fortgesetzter und hervorragender Weise gegen die Polizeigesetze vergehen.

Gegen die einfache Ueberweisung der Polizeistrafgewalt an die ordentlichen Behörden sprechen auch andere Erwägungen.

In den meisten Ländern sind öffentliche Polizeigerichte, in manchen unter Zuzug von Schöffen, organisirt. Wird es zweckmäßig sein, die im jugendlichen Uebermuth begangenen Gesetzesübertretungen der Oeffentlichkeit zu übergeben und Manchem dadurch für seine Zukunft wesentlich zu schaden? Werden solche öffentliche Verhandlungen in kleinen Städten mit großer Studentenzahl in der Ruhe und Ordnung durchführbar sein, wie sie den Gerichten ziemt? Wird man dem Bürger der Universitätsstadt, der vielfach von den Studirenden abhängig ist und dessen Verrufserklärungen er scheut, zumuthen können, über die Studenten zu richten? und werden solche Richtersprüche denen gehörig organisirter Universitätsgerichte vorzuziehen sein?

Wer mit den Verhältnissen einer kleinen Universitätsstadt vertraut ist, muß diese Fragen entschieden verneinen. In großen Städten, in welchen der Student unter der Masse verschwindet, gelten natürlich diese Bedenken nicht in gleichem Maße, es drängt sich aber das weitere auf: ist es billig, den aus Unbedachtsamkeit fehlenden Jüngling in den Polizeigerichtshöfen und Gefängnissen mit der Hefe der Bevölkerung zusammenzubringen?

Alle diese Verhältnisse weisen auf die Verbindung der Disciplinar- und Polizeistrafgewalt in einer eigenen Behörde hin, in welcher die Universität und die Polizei ihre Vertreter hat, und deren Organisation auch ohne Aufstellung von Universitätsrichtern oder Beamten möglich ist. —

So wenig sich der Trennung jener beiden Strafgewalten das Wort reden läßt, um so entschiedener muß man sich für Beseitigung einer der eigenen Gerichtsbarkeit der Universitäten entstammenden Berechtigung, der Polizeierekutive gegen Studirende, aussprechen.

Den meisten Universitäten sind niedere Polizeibeamte beigegeben, welche vor dem übrigen Polizeipersonale berechtigt und verpflichtet sind, gegen die Studirenden einzuschreiten. Diese Einrichtung zieht wesentliche Mißstände nach sich. Die Studirenden, welche mit der gewöhnlichen Polizei in Konflikt kommen, halten ihr in der Regel vor, sie sei zum Einschreiten nicht berechtigt, nur den Pedellen stehe diese Befugniß zu. Das Polizeipersonal, die Widerwärtigkeiten und Unannehmlichkeiten des Herumzankens mit übermüthigen jungen, oft vornehmen Familien angehörigen Persönlichkeiten wohl kennend, verläßt sich seiner Seits auf die Pedellen und schreitet nur im Nothfalle ein. Den Pedellen, sie mögen auch wirklich ihre Pflicht thun, wird doch von den verschiedensten Seiten der Vorwurf gemacht, sie hielten es mit den Studenten, und sähen, wo nur immer möglich, durch die Finger. Die Streitigkeiten und gegenseitigen Beschuldigungen, welche hieraus zwischen den Polizeibediensteten und Studenten, zwischen den Ersteren unter sich und schließlich zwischen den Behörden selbst entstehen, sind deren Ansehen und dem öffentlichen Dienst nachtheilig und sollten durch Aufhebung der besonderen Polizei für Akademiker vermieden werden. Damit steigern sich allerdings die Ansprüche, welche an das niedere Polizeipersonal der Universitätsstädte zu machen sind. Da man alle Stände, von den höchsten bis zu den niederen in der Studentenschaft vertreten findet, bedingt jene Aufhebung eine besondere Fürsorge dafür, daß man nur Männer in diesem Dienst verwende, welche mit genügender Bildung, Takt und Mäßigung die akademische Jugend in ihren Ausschreitungen in geeigneter Weise zu behandeln verstehen. Läßt sich eine solche Auswahl nicht treffen und hat man in den kleineren Städten nicht die Gewalt, etwaige Zusammenstöße mit der Polizei und deren Folgen mit der Uebermacht niederzuhalten, so ist es, trotz der anerkannten Mißstände rathsam, von Abschaffung der besonderen Polizei Umgang zu nehmen, um fortwährende und der Ruhe der Universitätsstadt schädliche Konflikte zu meiden. —

Die Ueberweisung der bürgerlichen Gerichtsbarkeit an die ordentlichen Gerichte unterliegt, vorausgesetzt, daß besondere Gesetze das Kreditgeben an Minderjährige ordnen, keinen wesentlichen Bedenken. Es werden gegen Studirende wenig eigentliche Rechtsstreite geführt, und die Thätigkeit der Universitätsgerichte beschränkt sich in dieser Richtung meistentheils auf Vermittelung rechtlicher Streitigkeiten, Ertheilung von Rathschlägen an Unerfahrene und Ordnung des Schuldenwesens. Für diejenigen, welche mit den Studenten in rechtlichem Verkehre stehen, und für diese selbst ist das Bestehen einer eigenen Gerichtsbarkeit ein Vortheil, dessen Werth beide Theile erst dann erkennen werden, wenn er ihnen entzogen ist und sie für ihre verschiedenen Anliegen sich an Gerichte zu wenden haben, die streng an Proceßformen gebunden sind, oder Notare, sowie andere besonders zu honorirende Mittelspersonen aufstellen müssen, welche die Besorgung der Ordnung des Schuldenwesens übernehmen.

Für die Disciplinarbehörde ist es nicht unwesentlich, das ökonomische Verhalten der Studirenden zu kennen, um durch Warnung oder Korrespondenz mit den Eltern auf Minderjährige zu wirken und sie noch rechtzeitig auf geordnete Wege zurückzuführen. Beim Wegfall der akademischen bürgerlichen Gerichtsbarkeit muß man aus diesem Grunde die Disciplinarbehörde von den gegen Studenten einlaufenden und verhandelten Klagen in Kenntniß setzen, damit sie im Disciplinarwege das Geeignete anordnen. —

Die obigen Ausführungen führen zu folgenden Ergebnissen:

1. In strafrechtlicher Beziehung besteht, abgesehen von Duellen und Injurien und mit Ausnahme weniger Universitäten, schon jetzt keine eigene akademische Gerichtsbarkeit mehr.
2. Die bürgerliche Gerichtsbarkeit der Universitäten ist ein Vortheil, der nicht allein den Studenten, sondern auch den Gläubigern zu Gute kommt. Grundsätzlich steht deren Aufhebung nichts im Wege.
3. Die Trennung der Disciplinarstrafgewalt von der Polizeistrafgewalt ist nicht zu empfehlen, weil sie die Geltendmachung disciplinärer Rücksichten erschwert oder aufhebt. Die Aufstellung einer gemischten Behörde zum Vollzug jener Gewalten ist zweckmäßig, und das Verfahren derselben ist dem ordentlichen Strafprocesse thunlichst anzupassen.
4. Werden zu diesem Zwecke eigene Beamte oder Universitätsrichter beliebt,

so fordert die gute Handhabung der exekutiven Polizei, daß keine besondere Polizeibeamte, mit Ausnahme solcher zur Aufrechterhaltung der akademischen Disciplin im engeren Sinne, aufgestellt werden, und die Universitätsgerichte nur richterliche und keine polizeilichen Befugnisse haben.

5. Für manche Vergehen und Verhältnisse der Studirenden sind besondere Gesetze nothwendig. —

In die gestellte Frage sind auch die Polytechniken aufgenommeu worden; diese unterscheiden sich durch ihre Organisation und durch den Charakter der sie Frequentirenden wesentlich von den Universitäten. In ersterer Beziehung findet man, was Beaufsichtigung des Fleißes, des Verhaltens der Schüler betrifft, Manches, was sie den Mittelschulen annähert und den Lehrern beziehungsweise dem Vorstande der Schule es ermöglicht, eine strengere Aufsicht zu führen, als es auf den Universitäten durchführbar ist. Außerdem fehlt ihnen die große Zahl derjenigen, die sich nur der sog. allgemeinen Bildung wegen auf Universitäten begeben, unter die gar Viele zu rechnen sind, denen das Studium Nebensache, das Vergnügen der Hauptzweck ihres Aufenthaltes auf hohen Schulen ist, die mit großen Geldmitteln versehen, Andere zu Ausschreitungen verleiten, und deren Behandlung nach dem gewöhnlichen Polizeiverfahren eine schwierige und nicht ausreichende sein dürfte. Wird den Angehörigen der Polytechniken mit der Zeit die gleiche persönliche Freiheit, wie den Studenten der Deutschen Hochschule gegeben, und findet sich auf ihnen das gleiche Publikum ein, wie auf diesen, so werden bald die gleichen Verhältnisse, wie sie oben geschildert wurden, eintreten und auch bei diesen Schulen auf eine Ausnahmsgesetzgebung hindrängen.

II.

Gutachten des Strafanstalts-Direktor Schück in Breslau.

„Entspricht es der Gerechtigkeit, daß die Straf-Vollstreckung gegen Alle, zu derselben Art von Freiheitsstrafen Verurtheilten, in gleicher Weise, also ohne jede Berücksichtigung der Individualität, insbesondere der Bildung der Verurtheilten, erfolgt? und wenn solche gleichmäßige Strafvollstreckung nicht der Gerechtigkeit entspricht, wie ist alsdann der Letzteren Rechnung zu tragen, ohne auf der einen Seite das Princip der Gleichheit vor dem Gesetze in Wahrheit zu verletzen, und auf der anderen Seite der bloßen Willkür bei der Straf-Vollstreckung weiten Spielraum zu gewähren?"

Verbrechen ist eine Verneinung des Rechts, eine Verletzung des Rechtszustandes und verfällt der Strafe.

Strafe ist:

1. Ausdruck der Gerechtigkeit, Wiederherstellung des Rechts aus seiner Verletzung,
2. Befriedigung der Rechtswelt,
3. die (politisch legale) sittliche Herstellung des Verbrechers selbst,
4. die Konsequenz und das Recht der verbrecherischen That,
5. das Recht, das der Verbrecher für sich in Anspruch zu nehmen hat (Fichte, Hegel, Abegg).

Die Strafe darf nicht sein:

grausam, hart, Qual, Pein, Marter, wie bei den vorchristlichen Völkern, denn dann ist sie Rache;

sondern sie muß sein:

ernst, streng, ein Uebel, ein Leiden.

Diese Gestalt der Strafe ist christlich, ist Aufgabe des christlichen Rechts, das aufbauen, nicht zerstören will, und welches ist:

die Verwirklichung des Willens in seiner für das Subjekt thätigen, durch das herrschende religiöse Grundprincip bestimmten und geregelten, und insofern von den Banden des Egoismus befreiten oder freien Richtung gegen den Willen Anderer. (Bornemann.)

Das Christenthum verschmäht die Lüge, verlangt bewußte Selbstthätigkeit und will in jeglicher Beziehung Allen zugänglich sein.

Für den vorliegenden Fall spricht es durch den Mund Petri 2. Kap. 3. Vers 9:

„Der Herr hat Geduld mit uns, will nicht, daß Jemand verloren werde, sondern daß er sich zur Buße kehre;"

und Pauli 2. Korinther Kap. 2. Vers 5/7:

„So aber Jemand eine Betrübniß hat angerichtet, so ist genug, daß er von Vielen also gestraft ist, daß Ihr hinfort ihm desto mehr vergebet und tröstet, auf daß er nicht in allzu große Traurigkeit versinke."

Der Heiland selbst nennt im Hohenpriesterlichen Gebete seinen Verräther „das verlorene Kind", also immer noch ein „Kind".

Die organisirte Freiheitsstrafe ist lediglich Ergebniß des Christenthums, aber die Gefängnißverwaltung ist von dem Christenthum noch nicht so durchdrungen, das Volksbewußtsein ist noch nicht an ein solch Gefängnißleben gewöhnt, daß den Forderungen allgemein gültig entsprochen werde, welche von diesem Standpunkte aus an dasselbe gestellt werden müssen, nämlich:

daß der Verurtheilte (Verhaftete) so bewahrt sei, daß er nichts Böses thue, noch erfahre,

und daß zu der nothwendigen Beraubung der Freiheit nicht willkürliche und nutzlose Beschwerden und Drangsale hinzugefügt werden.

Es ist ein Bezeichnendes des Christenthums, daß sich durch dasselbe die Völker in innerer und äußerer Beziehung mehr und mehr einer geistigen Verbrüderung nähern, es sich angelegen sein lassen, dasselbe Grundprincip zu verwirklichen und die sonst nothwendig gewesenen Bande der Besonderheit abzustreifen. In diesem Sinne kann auch eine wahre Wissenschaft des Rechts nur die Aufgabe haben, die ewigen Gesetze der Gerechtigkeit und Humanität in ihrer Richtung auf das wirkliche Leben darzustellen und in dieser Weise die höchsten Rechtsideen den Ansprüchen der Zeit anzupassen.

Unter Humanität ist zu verstehen die reinste Harmonie in den Grundsätzen des Rechts mit den Gefühlen wahrer Menschlichkeit, dem religiös-sittlichen Ernst, nicht unverständige Weichlichkeit und sentimentale Schönthuerei (Röllner) und mißverstandener Eifer für physische Bequemlichkeit (König Oscar von Schweden).

Beccaria sagt:

„Die Strafen müssen nicht allein unter sich selbst, sondern auch in Vergleichung der Verbrechen unter einander in richtigem Verhältniß stehen; diejenige Art der Züchtigung muß erwählt und vorgezogen werden, welche mit Beobachtung eines richtigen Verhältnisses gegen die Größe des Gräuels den kräftigsten und dauerhaftesten Eindruck auf die Gemüther macht, aber für die Empfindsamkeit des Unglücklichen am wenigsten folternd und schmerzhaft ist."

„Unsere Seele widersteht den heftigen, aber bald vorübergehenden Schmerzen viel leichter, als den dauernden und immerwährenden Kümmernissen, weil in dem ersten Falle unsere Seele sich gleichsam auf einen Augenblick zusammennimmt, um den Schmerzen Trotz zu bieten, im zweiten Falle aber ihre elastische Kraft nicht hinreichend ist, langen und wiederholten Schmerzen Widerstand zu leisten."

Das ist die allzu große Traurigkeit, von welcher der Apostel Paulus nicht will, daß der Mensch in sie versinke. Der Justizminister v. Arnim sagt in seinem Werke von Verbrechen und Strafen:

„Die Gefangenen jeder Klasse sind nicht nur nach einerlei Grundsätzen zu behandeln, sondern es muß auch auf jeden Gefangenen specielle Rücksicht genommen werden, wenn der Zweck der Anstalt erfüllt werden soll. In den Strafgefängnissen soll der Verbrecher empfindliche sinnliche Uebel erdulden. Um diesen Zweck zu erreichen, kann und muß also der Staat den Verbrecher so streng behandeln, und seine Freiheit und den Genuß aller Freuden des Lebens so einschränken, als es Menschlichkeit und die auch in der Person eines Züchtlings nicht zu verletzende Achtung für die Menschheit immer erlauben."

Es wird demnach die Freiheitsstrafe also sein müssen:

ein ernstes oder strenges, möglichst intensives, die Menschlichkeit nicht verletzendes Uebel, ein solches, vermöge dessen der Mensch in physischer und moralischer Existenz nicht vernichtet werde.

Die Gleichheit vor dem Gesetz, also die Gerechtigkeit, erfordert, daß bei Abmessung der Strafe nur die verbrecherische Handlung, nicht die gesellschaftliche Stellung der Person des Verbrechers in Betracht komme (cfr. Motive zum Entwurf des Preuß. Strafgesetzbuchs von 1847 §§. 14 u. 15, wonach die Rheinischen Stände die Rücksicht auf persönliche oder bürgerliche Verhältnisse des Verbrechers als eine Verletzung des Princips der Gleichheit vor dem Gesetz bezeichnen.)

Die Gleichheit vor dem Gesetz erfordert, daß durch Strafvollstreckung nicht einem Verbrecher größere, dem anderen mindere persönliche Leiden zugefügt werden.

Der straferkennende Richter hat über den besonderen Fall nach allgemeiner Bestimmung ohne Ansehen der Person zu entscheiden, das Verbrechen ist ihm Strafobjekt. Der Strafvollstrecker soll diese Entscheidung als Folge des besonderen Falles der Person empfindlich machen. Für jenen ist der Thäter, oder kann sein ein mathematisch x, für diesen muß er ganz, so wie er ist, mit allen seinen essentiellen und accidentiellen Eigenschaften als eine gegebene Größe können genommen werden; jener darf der Rücksicht auf die Folgen seines Urtheils keinen Einfluß auf den Spruch gestatten, dieser hat die Aufgabe, seine Behandlung eines jeden Verbrechers nach besonderem Wissen und Gewissen so einzurichten, daß die Strenge des Rechts mit der Wohlfahrt des Verurtheilten ausgeglichen werde.

Die Verwaltungs-Behörde muß zur Lösung ihrer Aufgabe nothwendig die Person ansehen, die Eigenthümlichkeiten derselben berücksichtigen; es ist ihr folglich innerhalb gewisser Grenzen freie Wahl in den von ihr zu nehmenden Maßregeln unentbehrlich.

Das Laster mag verachtet werden, die Person verdient Mitleiden.

Goltdammer sagt über die Zuchthausstrafe des §. 11 des Preuß. Strafgesetzbuchs:

> „Absoluter Arbeitszwang nach den Regeln der Strafanstalt ohne Anspruch auf individuelle Berücksichtigung nach Fähigkeiten oder bisherigen Lebens-Verhältnissen, ist das Eigenthümliche der Zuchthausstrafe.“

Die Motive zum Strafgesetzbuch sprechen bei diesem §. darüber nicht, wohl aber bei §§. 14 u. 15, wo die Gefängnißstrafe bezeichnet wird als

> Freiheits-Entziehung, verbunden mit einer den Fähigkeiten und Verhältnissen der Gefangenen entsprechenden Beschäftigung.

Die Motive zum Entwurf des Strafgesetzbuchs vom Jahre 1847 nennen die Berücksichtigung und Ausgleichung der individuellen Verhältnisse bei der Ausführung der erkannten Strafen in den Strafanstalten durchaus unverwerflich.

Wenn es Strafanstalten gegeben hat, in welchen die Verwalter, Vorsteher gegen die Sträflinge ein Verfahren beobachteten, das aus Laune hervorgegangen, vom Kitzel des Uebermuthes eingegeben, die einzelnen Vorschriften der Hausordnung in eben soviel Fallstricke für die Gefangenen verwandelt, den Gefangenen neckt, zerrt und zu Vergehen zu reizen versteht, um die Strafluſt in bester Form Rechtens zu kühlen, so sind solche Abnormitäten, wenigstens in Deutschland wohl nicht mehr vorhanden, und bleibt bei Beantwortung der vorliegenden Fragen die Bezugnahme auf solche Zustände ausgeschlossen; — wohl aber handelt es sich um die Einrichtungen der Strafanstalten selbst, und da kommt es darauf an, ob dieselben der Art sind, daß sie zur Zufügung von Uebeln führen, welche nicht mit gleicher Schwere auf die verschiedenen Persönlichkeiten drücken, sondern den Einen mehr, den Anderen minder belasten, da dies der Gerechtigkeit nicht entspricht.

Es kommt in Betracht: Kleidung, Lagerstelle, Ernährung, Arbeit.

Sehen wir die Bevölkerung der Strafanstalten an, so finden wir eine große Anzahl von Leuten, die als Freie weder so sauber und ordentlich gekleidet sind, noch so zweckentsprechende Lagerstellen besitzen, deren Ernährung nicht besser oder reichlicher gewesen wäre, die an harte Arbeit gewöhnt sein sollten, — mit einem Wort: eine große Anzahl solcher Personen, deren physisches Wohlergehen in der Strafanstalt nicht vermindert, sondern erhöhet wird.

Personen aus anderen Lebenskreisen werden durch dies alles härter betroffen, und wenn sie sich auch von der ihnen in der Strafhaft zukommenden Entbehrung an die der Kleidung und Lagerstelle am leichtesten gewöhnen, so ist doch für sie

die Entbehrung in Betreff der Ernährung eine solche, daß ihre mittelbare Folge eine die Gesundheit dauernd gefährdende ist,

die Arbeit eine bedrückende, wenn nicht der fiskalische Zweck derselben dem moralischen untergeordnet ist.

Endlich muß noch erwogen werden,

daß das Zusammenleben mit unwissenden, einer ganz anderen Gesellschaftsschicht angehörigen Individuen den unterrichteten, an gebildeten Umgang gewöhnten Menschen moralisch nicht blos niederbeugt, sondern zu vernichten vermag.

Wenn nun auch der letzte Punkt, die Hauptsache im Gefängnißleben, lediglich durch Einführung angemessen eingerichteter Einzelhaft beseitigt werden kann, und die Gefängnisse von ihrem Sein als Hochschule des Lasters und darin herrschender Aristokratie des Lasters sich zu dem Zweck der Strafvollstreckung, dem Rechtsgebote der Förderung des physischen und moralischen Wohls des Verbrechers wie der beschädigten, beeinträchtigten Gesellschaft, nur durch Einzelhaft erheben können, so bleibt doch auch für die gemeinsame Haft noch — wenn auch Unzulängliches — vorhanden, was das Princip der Strafvollstreckung gerechter macht, als es den jetzigen Verhältnissen nach ist.

Der Preußische Strafgesetzbuch-Entwurf von 1843 nahm in den §§. 11 — 13 Bezug auf Hausordnung und Disciplin. Diese Bezugnahme wird in den Motiven zum Entwurf des Strafgesetzbuchs von 1847 (§§. 9—11) entbehrlich und leer genannt. Ich möchte dem nicht beistimmen. Hausordnung und Disciplin giebt erst der Strafe das Gepräge, und ich halte es für eine große Lücke der Strafgesetzgebung, wenn die Strafvollstreckung geregelt wird durch lediglich aus dem administrativen Wohlmeinen hervorgehende Reglements, Hausordnungen, Instruktionen. Diese müssen ebenfalls gesetzlich normirt sein, was nicht ausschließt, daß der Handhabung der Ausführung ein angemessener Spielraum gewährt werde.

Dieser Spielraum, das ist die Rücksicht auf die Individualität — körperliche wie geistige, physische wie psychische — der zu Strafenden.

Man muß sich nicht blos mit der Psychologie des Verbrechens, sondern auch mit der des Verbrechers in der Strafanstalt befassen.

Die individuelle Behandlung der Sträflinge und Züchtlinge, das ist die Aufgabe, welche zu lösen der Gerechtigkeitspflege in der Strafvollstreckung obliegt. Das ist eine schwere Aufgabe; denn es ist eine große Kunst, die Geister zu erkennen, sie zu regieren und die Herzen umzuschmelzen.

Eine Behandlungsnorm aufzustellen, die auf jeden Charakter anwendbar wäre, ist unmöglich.

Wer auf Sträflinge individuell wirken will, muß liebevolle Hingebung, herzlich Erbarmen, Seelenkunde, Erfahrung, Uebung, Menschen- und Sachkenntniß, Energie, Geduld, Ausdauer besitzen. Er muß Rücksicht nehmen auf den Weg, den der Sträfling zum Verbrechen gegangen ist, ob Unwissenheit, Fahrlässigkeit, Leichtsinn, Müßiggang, Aufgeregtheit, Leidenschaft, Stumpfsinn, Versuchung, Noth, Verführung ihn dazu gebracht habe, ob seine Ruchlosigkeit so groß ist, daß er Freude am Bösen habe und das Böse um sein selbst willen oder doch mit völliger Abhärtung, mit Gleichgiltigkeit gegen den Grad und die Folgen desselben für Andere verübe, ob das Verbrechen Gewohnheit geworden ist. Er muß den Ungläubigen, den Spötter, den Zweifler, den Reuigen, den Starrsinnigen, den Querköpfigen, den Gebeugten, den Gebrochenen in Betracht ziehen. Er muß Alter, Stand, Erziehung, Geschlecht, Temperament, Körperzustand, zufällige Nebenumstände erwägen. Er muß genaue Kenntniß von der That haben, die den Verbrecher zur Strafe geführt hat. Er muß also den Wortlaut der Anklage und des Urtheils nebst den Entscheidungsgründen kennen. Diese individuelle Behandlung ist geboten in der Gesetzeskraft genießenden Hausordnung des Zellengefängnisses von Pentonville in den §§. 62, 147, 148, 169, 170, 180 253, die auch das Zusammenwirken der Beamten, Vorsteher, Geistlichen und Aerzte vorschreiben.

In der Dienstordnung für das Zellengefängniß zu Bruchsal ist im §. 129 dem Aufsichtsrath eine Verfügung über Ausnahmebestimmungen zugelassen.

In Preußen hatte König Friedrich Wilhelm IV. in Folge der auf seinen Befehl unter Vorsitz des Dr. Julius im Jahre 1841 stattgefundenen Berathung über Verbesserung des Gefängnißwesens unterm 26. März 1842 Bestimmung getroffen und namentlich die Vorschläge wegen Anordnung einer Konferenz zwischen dem Direktor, den höheren Beamten der Strafanstalt, dem Geistlichen, event. auch dem Arzt, der Berücksichtigung werth gefunden, damit die Direktoren von der Erfahrung, Bildung, Geschäftskenntniß jener Beamten nicht so beschränkten Gebrauch machen und sie nicht in Entfernung von sich halten sollten, deshalb aber dem Minister von Rochow aufgetragen, entsprechende Anordnung zu treffen.

Diese Konferenzen finden seitdem statt, doch mehr in Beziehung auf die allgemeinen Angelegenheiten, als auf die individuellen der Sträflinge und jedes einzelnen Sträflings. So lange nicht durch Einführung der Einzelhaft nicht an sich selbst Gelegenheit zur Individualisirung der Sträflinge, d. h. zu ihrer der Gerechtigkeit entsprechenden Behandlung innerhalb der Grenzen der Hausordnung, unbedingt gegeben wird, so lange wird in der gemeinsamen Haft eine solche nur herbeigeführt werden können, wenn in den Speiseetats bei der Gesunden- wie bei der Krankenkost verschiedene Diätformen vorkommen, welche gestatten, ohne Verweichlichung oder ohne der Strafe ihren wesentlichen Charakter, nämlich für den Bestraften ein Uebel, ein Leiden zu sein, zu entziehen, den betreffenden Individuen diejenige diätetische Erleichterung zukommen zu lassen, die in Rücksicht für den derzeitigen und künftigen Gesundheitszustand des Sträflings geboten ist, entsprechend dem §. 169 der Pentonviller Hausordnung: „Alle unter seiner (des Arztes) Obhut Stehenden sollen eine solche Kost bekommen, wie er sie vorschreibt."

Die Arbeit muß bestimmt, event. ausgewählt werden nicht blos in Rücksicht auf physische Kraft, sondern auch auf moralischen Zweck. Es kommt nicht darauf an, daß der Sträfling gerade diese bestimmte Arbeit verrichte, sondern daß er überhaupt fleißig arbeiten lerne. Die Ansichten des Arztes und des Geistlichen müssen auch in Betreff dieses Theils der Hausordnung gehört und in Betracht gezogen werden.

Die Behandlung des Gefangenen muß gegründet werden auf das Ergebniß der Beobachtung der Verwaltungsbeamten, des Geistlichen und des Arztes, und es ist des Direktors Pflicht, diese Beobachtungen zu sammeln und zur gemeinsamen Beachtung zu bringen. Es muß in Ausführung der, der Anordnung Friedrich Wilhelms IV. über Konferenzen ursprünglich zum Grunde liegenden Idee ein fortwährender Rapport unter allen Beamten über das gemeinsame und jedes individuelle Leben in der Strafanstalt stattfinden, und die Zwecke der Komptabilität, Salubrität, Wirthschaft müssen nicht über die der sittlichen Bestrebung gestellt oder gar als einziger Zielpunkt angesehen werden; dann wird die Strafvollstreckung der Gerechtigkeit entsprechen, ohne das Princip der Gleichheit zu verletzen oder der Willkür Spielraum zu gewähren; dann wird sie der Individualität des Sträflings möglichst Rechnung tragen.

Dieses gesetzlich zu normirende, nicht blos der Verwaltungsvorschrift zu unterwerfende Zusammenwirken der verschiedenen Funktionen in der Strafanstalt muß in solcher Form erfolgen, daß sie verleihe

Nachdruck ohne Druck, Kraft zum Guten, Unvermögen zum Bösen, Thätigkeit und Maß,

und da die Menschen, welche die Gewalt handhaben, immer mächtiger sind als die Form, in der die Gewalt gehandhabt wird,

so wird auch bei der Anstellung der Strafanstaltsbeamten jeder Art nicht blos auf die Routine, sondern auf Bildung, und zwar Bildung und Unterricht für den besonderen Fall, gesehen werden müssen, und Bildungsschulen für Gefängnißbeamte jeder Kategorie werden nicht lange mehr entbehrt werden können.

III.

Gutachten des Ober=Appellationsgerichts=Präsident v. Düring in Celle.

Die ständige Deputation des Deutschen Juristentages hat durch hochgeneigtes Schreiben vom 10. December 1864 auch mich zu einer gutachtlichen Aeußerung über eine dem sechsten Deutschen Juristentage zu unterbreitende Gesetzgebungsfrage aufgefordert, welche dahin geht:

„Ist es für das mündliche Verfahren im Civilproceß angemessen, daß der Beweisantritt in der ersten mündlichen Verhandlung erfolge,

und

daß der vorbereitende Schriftenwechsel sich auch auf die Benennung der Beweismittel über die unter den Parteien bestritten gebliebenen Thatsachen erstrecke?"

Wiewohl ich nun seit längeren Jahren durch mein jetziges Amt der Beschäftigung mit gesetzgeberischen Arbeiten fern gerückt bin, daher auch wenig Veranlassung gehabt habe, mich bis dahin nach den Erfahrungen zu erkundigen, welche andere Länder in Beziehung auf die in obigen Fragen angeregten Punkte gemacht haben, während dieselben dem Hannoverschen Proceßverfahren so gut wie völlig fremd sind, meine Zeit auch zu beschränkt ist, um in dieser Hinsicht zuvor noch größere Studien anzustellen, und folgeweise die Entwickelung meiner Ansicht nur sehr dürftig ausfallen und nur wenig Beachtung in Anspruch nehmen kann, so habe ich dennoch geglaubt, durch die Aufstellung der nachfolgenden kurzen Bemerkungen dem hochverehrten Juristentage meine Bereitwilligkeit an den Tag legen zu müssen.

Die Verbindung der Beweisantretung mit der Aufstellung thatsächlicher Behauptungen hat unter allen Umständen den Vortheil im Gefolge, daß sie eine Veranlassung für die Parteien abgiebt, mit ihren Behauptungen vorsichtiger hervorzutreten, indem sie sich sofort davon Rechenschaft geben müssen, mit welchen Mitteln sie die aufzustellenden Behauptungen beweisen können, in welchem Umfange daher sie überhaupt mit Behauptungen hervortreten dürfen, — und daß man durch jene Verbindung gleich anfangs ein genaueres und zuverlässigeres Bild von der wahren Sachlage, welche einem Rechtsstreite zum Grunde liegt, bekommt, während nach gemeinem Deutschen Proceßrechte die Parteien noch in einem späteren Stadio des Rechtsstreits Gelegenheit haben, das Relevante von dem Irrelevanten und das Erweisbare von dem Unerweisbaren zu scheiden, dadurch aber nur zu leicht verleitet werden, nicht blos dem Gerichte, sondern auch sich selbst erst später und nicht selten zu spät eine klare Vorstellung von demjenigen zu verschaffen, was in der Sache zu machen sei, und was vielleicht zu Anfang des Rechtsstreits, bei gehöriger Vorsicht, zu machen gewesen wäre.

Jene Verbindung führt aber andererseits allemal den Nachtheil mit sich, daß die Parteien dadurch genöthigt werden, nach vielerlei Beweismaterial Schritte zu thun, welche sich in einem späteren Stadio, wo vielleicht mehr feststeht, was unter den Parteien bestritten bleiben soll, als unnütz ausweisen.

Jener Vortheil, zugleich aber auch dieser Nachtheil, wird entschiedener hervortreten, wenn das Gebot der Verbindung so streng lautet, daß jede Nachholung ausgeschlossen bleiben soll; und umgekehrt wird jener Vortheil und dieser Nachtheil um so viel unbedeutender sich herausstellen, je leichter es den Parteien gemacht ist, das in dieser Hinsicht anfangs etwa Versäumte späterhin nachzuholen.

Nach den desfallsigen Bestimmungen wird sich aber ebenfalls das Maß desjenigen Vortheils richten, den man vor allen Dingen mit der Verbindung der Beweisantretung und den Behauptungen von Thatsachen erstreben will — der größeren Beschleunigung des Rechtsstreits.

Es ist daher nicht thunlich, die vorangestellten Fragen in abstracto zu beantworten; dieselben müssen vielmehr verschieden ausfallen, je nachdem man sie für das eine oder für das andere Proceßverfahren, und insbesondere je nachdem man sie für ein Verfahren, welches laxere, oder für ein Verfahren stellt, welches strengere Vorschriften hinsichtlich jener Befugniß, das Versäumte nachzuholen, enthält.

1) Blickt man zunächst auf ein Verfahren, wie solches in der Hannoverschen Proceßordnung fixirt wird, welches zwar die Mündlichkeit in prävalirender Weise anerkennt, aber ein Beweisinterlokut für nothwendig erklärt, welches mindestens den dasselbe erlassenden Richter bindet und überhaupt der

Rechtskraft fähig ist, so liegt das Nutzlose der Verbindung der Antretung des Beweises von Thatsachen mit deren Behauptung so sehr am Tage, daß ich glaube, bei der Annahme nicht zu irren, wie man bei Stellung der voranstehenden Fragen ein solches Verfahren überall nicht vor Augen gehabt habe.

Werden die Fragen, was zu beweisen sei, und wer zu beweisen habe, nicht dem vorgängigen Ermessen der Parteien überlassen, sondern von einem voraufgehenden bindenden Ausspruche des Richters abhängig gemacht, so muß selbstredend noch eine besondere Beweisantretung erfolgen, soll das Interlokut überall eine Bedeutung haben. Dann aber würde wiederum die Verpflichtung zu einem gleichzeitig mit der Stellung von Behauptungen vorzubringenden Angebote der betreffenden Beweise jedes gedenkbaren Kompelle's für die Parteien, diese Beweise gleich anfangs erschöpfend anzutreten, ermangeln, und es würde damit in der fraglichen Verbindung weder eine Abkürzung noch ein sonstiger Vortheil, vielmehr nur eine Belästigung für die gewissenhaftere Partei anzutreffen sein, während die minder gewissenhafte die Vorschrift bald ganz bei Seite setzen würde.

Daß es hierhin kommen wird, liegt in der Natur der Dinge. Daneben aber bin ich auch im Stande, mich hierfür auf die Erfahrung zu stützen.

Die Hannoversche Proceßordnung enthält im § 405 die Vorschrift:

daß die Berufungsanträge enthalten müssen:

1) . . . . . .

2) . . . . . .

3) das Angebot der neuen Beweise, durch welche die bereits früher vorgebrachten **oder die neu aufgestellten Thatsachen dargethan** werden müssen.

Nach einer gewiß allein richtigen Auslegung beschränkt sich diese Vorschrift, soweit sie die Beweise **der neu aufgestellten** Thatsachen anbetrifft, nur auf die Fälle, wo ein früher schon zum Beweise verstelltes Angriffs- oder Vertheidigungsmoment in der Berufungsinstanz künstlich durch Aufstellung und Nachweis neuer Thatsachen verstärkt werden soll, wo also ein neues Beweisinterlokut nicht vorausgesetzt werden kann; und sie erstreckt sich nicht auch auf Fälle, wo ein neues Angriffs- oder Vertheidigungsmoment selbstständig aufgestellt wird, welches, wenn es für erheblich befunden, aber bestritten wird, nach späteren Bestimmungen des Gesetzes ein neues Beweisinterlokut nach sich ziehen muß, in Folge dessen der Beweis des Novi noch besonders anzutreten ist.

Dennoch findet bei Anwälten und auch bei Gerichten die Ansicht viele Unterstützung, daß sich obige Vorschrift des sofortigen Angebots von Beweisen auch auf die zuletzt gedachten Fälle des neuen Vorbringens erstrecke.

Für diese Fälle werden daher auch, um in der fraglichen Hinsicht nichts zu versäumen, regelmäßig zwar noch Beweise angeboten; allein es wird damit völlig willkürlich verfahren, u. A. beliebige Zeugen bezeichnet, die evident niemals mit der zu beweisenden Thatsache in Verbindung gestanden, in der Ueberzeugung, daß man einer bloßen Formvorschrift zu genügen habe, daß aber später nach erlassenem Beweisinterlokute sich noch Gelegenheit genug finden werde, relevantes Beweismaterial herbeizuschaffen.

2) Aehnliche Resultate müssen sich für die hier vorliegende Frage bei einem Verfahren ergeben, nach welchem allemal ein bloßes, der Rechtskraft nicht fähiges Resolut erlassen wird, weil auch dieses den Zweck hat, eine Anleitung für einen erst später anzubietenden Beweis abzugeben, wenigstens für einen bereits früher angetretenen Beweis als Regel völlig entbehrlich sein würde.

3) Nur bei einem Verfahren, nach welchem lediglich den Parteien selbst es überlassen bleibt, vorher zu beurtheilen, ob und was sie zum Nachweis der von ihnen aufgestellten Thatsachen beibringen wollen, kann von der Zweckmäßigkeit einer Vorschrift die Rede sein, danach die Behauptungen sofort mit dem Anerbieten der Beweise für dieselben begleitet sein sollen.

Bei einem solchen Verfahren muß ich mich indessen auch durchweg für diese Verbindung erklären.

Meinerseits gebe ich im Allgemeinen einem Verfahren mit Beibehaltung des Beweisinterlokuts, wie solches in der Hannoverschen Proceßordnung fixirt ist, den Vorzug vor dem eben Erwähnten. Es erspart dies Verfahren den Parteien das lästige Ansammeln des häufig ganz überflüssigen Beweismaterials, es bildet dasselbe einen, namentlich für die mündliche Verhandlung, ganz unschätzbaren Ruhepunkt, — Vortheile, die hier des Näheren zu erörtern nicht der Ort ist, in Beziehung auf welche ich vielmehr auf die sehr zu beherzigenden Ausführungen Leonhardt's*) Bezug nehmen kann.

Will man indeß diese großen Vortheile für einen zweckmäßigen Verlauf der Processe aufgeben und das Beweisinterlokut beseitigen, wohin die Richtung der neueren Proceßordnungen meistens sich wendet, so treten wiederum die Vortheile der fraglichen Verbindung auf das Entschiedenste in den Vordergrund. Ich habe als solche oben schon berührt:

a) die größere Vorsicht bei Aufstellung von Behauptungen im Beginne des Rechtsstreits. Wenn die Parteien sich gleich zu Anfang eine ganz bestimmte Rechenschaft davon geben müssen, welche von ihren thatsächlichen Behauptungen sie wahr machen können, welche nicht, — und weiter, ob sie nun auch mit demjenigen, was sie nach jener Prüfung wirklich wahr machen können, vor

*) Zur Reform des Civilprocesses für Deutschland, vom Ober-Justizrath Dr. Leonhardt, erster Beitrag (Hannover, bei Helwing, 1865).

dem Gerichte durchdringen können, so werden sie sich, wenn sie hierbei Mängel entdecken, bei Zeiten mit größerer Genauigkeit nach anderen Angriffs- bezw. Vertheidigungsmomenten umsehen und dieselben heranziehen, oder, im Falle ihnen dergleichen nicht weiter zu Gebote stehen, zu Anfang des Rechtsstreits weit geneigter sein, vom Rechtsstreite abzustehen oder sich zum Ziele zu legen, und sie werden hiervon gewiß mehr Nutzen haben, als wenn sie in dieser Hinsicht erst im späteren Verlaufe des Rechtsstreits zum Bewußtsein gelangt sein würden.

Jedenfalls aber bekommt der Richter gleich anfangs einen richtigeren Blick in die Lage des Rechtsstreits und übersieht es besser, wo der Schwerpunkt des Rechtsstreits liegt und auf welche Punkte er bei Leitung des Verfahrens sein Hauptaugenmerk zu richten hat. Namentlich wird er auch dadurch schon zu Anfang des Rechtsstreits in die Lage gebracht, mit motivirteren Vergleichsvorschlägen hervorzutreten; und wie wichtig dies ist, das lehrt die tägliche Erfahrung. Ein durch klaren Hinweis auf die Chancen des Rechtsstreits motivirter Vergleichsvorschlag zu Anfang des Rechtsstreits, wo die Parteien noch weniger gegen einander aufgebracht, wo große Proceßkosten noch nicht verwandt sind und schwer in die Wagschale fallen, hat ungleich mehr Aussicht auf Erfolg, als wenn der Richter damit im späteren Verlaufe des Rechtsstreits erst hervortritt.

b) Man spart damit denjenigen Zeitaufwand, welcher durch eine separate Beweisantretung in die Dauer eines Rechtsstreits gebracht wird. Dies ist der eigentliche und entschieden wesentliche Vortheil, der mit der sofortigen Beweisantretung neben der Aufstellung der Behauptungen verbunden ist. Schon bei unserem Hannoverschen Proceßverfahren, bei welchem ein maßgebendes Beweisinterlokut vorgezeichnet hat, welche von allen den in einem Rechtsstreite aufgestellten Behauptungen relevant und eines Beweises bedürftig seien, und welche von den Parteien je für die einzelne dieser Thatsachen beweispflichtig sei, nimmt die Nachforschung nach den Beweismitteln den verhältnißmäßig größten Zeitraum im Rechtsstreite ein. Schon die erste Beweisantretungsfrist können die Anwälte nicht weit genug hinausgerückt bekommen. Ist dann eine Beweisführung irgend umfangreich, so koncediren sich dieselben einander für Antretung des Beweises sowie des Gegenbeweises, ferner zu ihren Erklärungen hinc inde nur gar zu gern anderweite Fristen, dem sich das Gericht um so schwerer widersetzen kann, als dasselbe gerade bei der Frage nach den Schwierigkeiten bei Erforschung der Beweismittel sich im Wesentlichen auf die Angaben der Parteien verlassen muß und nur selten ein eigenes Urtheil hat, so daß, wenn Verschleppungen im Verfahren nach der Hannoverschen Proceßordnung noch vorkommen, dieselben vorzugsweise in dem Stadio der Beweisantretung zu suchen sind. Es liegt aber auf der

Hand, daß die Vorschrift einer separaten Beweisantretung in einem noch erhöhten Grade den Proceß verlängern muß, wenn sie bei einem Verfahren in Frage kommt, bei dem den Parteien es selbst überlassen ist, vorher zu bestimmen, welche Behauptung relevant und des Beweises bedürftig, und welche Partei hiefür die Beweislast zu übernehmen habe, bei dem es also schon die Vorsicht gebietet, daß jede der Parteien sich für alle Fälle waffnet, folgeweise lieber zu viel als zu wenig in den Kreis ihrer Beweisführung zieht. Die Gefahr der Verschleppung des Processes ist bei diesem Verfahren offenbar in dem Grade größer, in welchem selbstredend die den einzelnen Parteien in diesem Verfahren zufallenden Gegenstände der Beweisführung zahlreicher sind.

Der ganze desfallsige Zeitaufwand wird aber erspart, wenn das Beweismaterial sofort mit Erhebung der Klage bezw. mit Verhandlung der Vernehmlassung u. s. w. vorgebracht werden mußte. Allerdings wird Letzteres es unvermeidlich machen, daß die Vorbereitungen für das erste Verfahren umständlicher ausfallen und die desfallsigen Fristen geräumiger bemessen werden müssen; allein der hiedurch hervorgerufene Aufenthalt wird stets ein verhältnißmäßig nur geringer sein und bei Weitem hinter demjenigen zurückbleiben, der mit einer separaten Beweis*antretung* nothwendig verbunden ist.

Auch der Umstand, daß bei der Vorschrift einer Verbindung der Beweisantretung der Behauptungen mit deren Aufstellung von den Parteien viele nutzlose Beweisantretungen zu Tage kommen müssen, kann bei einem Proceßverfahren, bei dem das Beweisinterlokut oder Resolut ausgeschlossen ist, nur wenig ins Gewicht fallen.

Der Uebelstand nutzloser Beweisantretungen ist an sich gewiß nicht hoch genug anzuschlagen, allein derselbe wird sich im Großen und Ganzen allemal bei einem Proceßverfahren einstellen, wo nicht ein Interlokut oder Resolut vorher die Nothwendigkeit der Beweisführung dem Gegenstande nach begrenzt und die Beweispflicht auf die Parteien vertheilt. Diejenigen Beweisantretungen, welche speciell dadurch nutzlos werden, daß damit bereits zur Zeit der Aufstellung der Behauptungen, statt nach dem ersten Verfahren, hervorgetreten werden mußte, werden regelmäßig den Parteien nicht viel Mühe machen, da sie sich lediglich auf diejenigen Thatsachen beschränken, welche der Gegner einräumt. Regelmäßig werden aber die Parteien hierüber im Voraus unterrichtet sein, so daß sie hiefür mit Eideszuschiebungen und ähnlichen leichter zu beschaffenden Beweismitteln werden hervortreten können. Auch wird sich dasjenige, was von diesem Uebelstande auf Rechnung der Vorschrift der gleichzeitigen Beweisantretung zu schreiben ist, noch sehr vermindern, wenn über den Zeitpunkt des Anbietens der Beweise oder über die Befugniß, das hinsichtlich der Beweisantretung etwa Versäumte nachzuholen, nicht zu illiberale Vorschriften gegeben werden.

4) Sollen aber die sub 3 a. und b. hervorgehobenen Vortheile der Verbindung der Beweisantretung von faktischen Behauptungen mit deren Aufstellung zur gehörigen Geltung kommen, so bedarf es genauer Regelungen der Art und Zeit des Vorbringens. Daß nach dem Schlusse der mündlichen Verhandlungstermine, welche sich zugleich mit der Aufstellung der Behauptungen und mit der Antretung der desfallsigen Beweise zu beschäftigeu haben, den Parteien keine Gelegenheit mehr gegeben werde, neue Thatsachen und neue Beweise zur Geltung zu bringen, es sei denn, daß die Bedingungen des remedii restitutionis in integrum vorhanden, daß, abgesehen von diesem Falle, die Parteien mit ihrem nachträglichen Vorbringen lediglich in die zweite Instanz verwiesen werden müssen, — das scheint mir eine unumgängliche Bedingung für ein Verfahren zu sein, in dem man den wesentlicheren Vortheil der größeren Raschheit im Proceßgange durch die fragliche Verbindung erreichen will.*)

Allein, wenn irgend möglich, müßte auch schon im ersten Verhandlungstermine, der Regel nach, nicht blos alles Thatsächliche vorgebracht, sondern auch der Beweis dafür angetreten werden; denn nur dann tritt der Vortheil der größeren Raschheit recht schlagend hervor, während, wenn in einem beliebig hinauszurückenden Termine das in jenen Beziehungen Fehlende nachgeholt werden darf, wiederum die nämlichen Verzögerungen möglich werden, welche bei dem Verfahren mit separater Beweisantretung sich geltend machen. Um nun jenes zeitige Vorbringen zu erreichen, kann man sich nicht etwa auf die Vorschrift beschränken, daß dasjenige, was nicht am Schlusse des ersten Verhandlungstermins vorgebracht worden, für die erste Instanz verloren sein solle. Denn man wird es niemals vermeiden können, daß, wenn eine Partei erst in dem ersten Verhandlungstermine mit Behauptungen oder Beweise hervortritt, auf welche die andere Partei nicht vorbereitet war, die Letztere mit Fug Aussetzung der Verhandlung auf einen späteren Termin beantragt, um sich zu erklären, und da ist man denn wieder auf Verschiebung der Sache von einem Termine zum anderen angelangt, was eben vermieden werden sollte. Um dies thunlichst zu vermeiden, bedarf es vielmehr der Vorschrift, daß schon in den vorbereitenden Schriftsätzen nicht blos das Thatsächliche behauptet, sondern die Beweise dafür angeboten werden, und, indem ich eine solche Vorschrift empfehle, beantworte ich gleichzeitig den zweiten

*) Eine solche Vorschrift in voller Reinheit enthält der Oesterreich. Entwurf der bürgerl. Proceß-Ordnung. Wenn dagegen der Preußische Entwurf davon ausgeht, daß die Parteien nach jedem Vorbescheide ganz de novo zu verhandeln haben und beliebig Nova vorbringen können (§. 319), so mag dies konsequent „mündlich" und auch in gewisser Richtung nützlich sein, es giebt aber den Parteien Gelegenheit, in bedenklichster Weise den Proceß in die Länge zu ziehen.

Theil der voraufgestellten Frage. Für alle Fälle wird diese Vorschrift zwar auch nicht den Anträgen auf Aussetzung des ersten Verhandlungstermins vorbeugen können; dazu würde eine Vorschrift nöthig sein, daß der Termin nicht angesetzt werde, bis in den Schriftsätzen die Parteien erschöpfende Notiz von allem h. i. Vorzubringenden genommen haben, und daß in dem Termine nichts Neues mehr vorgebracht werden dürfe. Solche Vorschriften würden sich aber nicht für das mündliche Verfahren eignen, bei dem eben der Schwerpunkt auf der Mündlichkeit beruht, bei dem also nothwendig den Parteien unbenommen bleiben muß, im Verhandlungstermine vorzubringen, was sie für diensam halten, es mag nun dasselbe in den Schriftsätzen angekündigt sein oder nicht.

Man wird vielmehr dabei stehen bleiben müssen, den Parteien Gelegenheit zu geben, in ihren Schriftsätzen dem Gegner von demjenigen vorherige Kenntniß zu geben, was sie in der mündlichen Verhandlung an Behauptungen und Beweismitteln dafür vorbringen wollen, man wird hieran aber nur das einzige Kompelle knüpfen dürfen, daß, wenn die Parteien Abweichungen von den Schriftsätzen oder Nova in der mündlichen Verhandlung vorbringen sollten, ihnen allemal dann, wenn der Gegner seine Erklärung auf das abweichend oder neu Vorgebrachte im ersten Verhandlungstermine verweigern sollte, die Kosten der dadurch nothwendig werdenden Aussetzung der Verhandlung zur Last fallen sollen. Daneben mögen Aussetzungsanträge in Beziehung auf Erklärungen über solche Thatsachen und Beweise, welche in den Schriftsätzen bereits angekündigt worden, oder behufs Vorbringung von Thatsachen und Beweisen, die früher schon hätten vorgebracht werden können, ganz ausgeschlossen werden.

Es bleibt ja den Parteien unbenommen, in der zweiten Instanz das solchergestalt Versäumte nachzuholen. Auch wird es sich empfehlen, vorzuschreiben, daß, wenn in Folge von zulässigen Aussetzungsanträgen ein neuer Verhandlungstermin angesetzt werden muß, die desfallsige Verhandlung sich auf diejenigen Erklärungen und dadurch hervorgerufene Gegenerklärungen zu beschränken habe, welche zur Aussetzung die Veranlassung gegeben haben, daß der neue Termin aber nicht zu anderem neuen Vorbringen zu benutzen sei, dessen Entgegnung wiederum Aussetzung der Verhandlung nöthig machen könnte. Daß eine solche Vorschrift Vorkehrungen voraussetzt, mit deren Hülfe das im ersten Termine Verhandelte gehörig fixirt wird, (Aufnahme zu Protokoll oder in den Thatbestand), ist selbstverständlich.*)

*) Gegen solche Fixirungen erklären sich freilich vielfach die auf Mündlichkeit basirten Proceßgesetze, weil jene gegen das Princip der Mündlichkeit verstoßen. Theoretisch ist dies richtig. Die Erfahrung bestätigt aber die Vorzüge eines solchen Verstoßes.

So ungenügend nun auch das obige Kompelle auf den ersten Blick erscheint, so hat dennoch die Erfahrung gelehrt, daß die desfallsige Vorschrift der Regel nach ausreichen wird, um einer Vertagung der Verhandlung auf einen späteren Termin vorzubeugen. Nach Hannoverschem Processe setzt bekanntlich der Präsident sofort bei Ueberreichung der schriftlichen Klaganträge Termin zur mündlichen Verhandlung an, und liegt für den Beklagten keinerlei Zwang vor, schriftliche Gegenanträge zu verhandeln; nur hat er die Kosten der Vertagung zu tragen, wenn er allererst im Termine mit seiner Entgegnung hervortritt und der Kläger seine Erklärung auf die hier neu vorgetragenen Fakta, weil er nicht darauf vorbereitet sei, verweigert und um einen neuen Termin bittet. Dennoch aber gehören Vertagungen, welche eine solche Veranlassung hätten, erfahrungsmäßig zu den größten Seltenheiten. Regelmäßig bringt der Beklagte schriftliche Gegenanträge ein und, selbst wenn diese wiederum faktische Behauptungen von Seiten des Klägers provociren, mit denen dieser erst im Termine hervortritt, so pflegt dies keine Aussetzung der Verhandlung herbeizuführen, muthmaßlich weil es sich meistens um Thatsachen dreht, auf welche die Gegenpartei bereits gefaßt war. *)

Es ist auch nicht zu erwarten, daß, wenn an jenes Verfahren die Vorschrift geknüpft werden würde, daß neben den thatsächlichen Behauptungen auch die Beweisofferten in den Schriftsätzen angekündigt sein müssen, widrigenfalls der säumige Theil die, durch das verspätete Vorbringen erwachsenen, Kosten der Aussetzung des Verfahrens zu tragen habe, — häufigere Aussetzungen des Verhandlungstermins erfolgen würden. Würde zwar das Material des Vorbringens durch die gleichzeitigen Beweisantretungen erheblich vermehrt, so würden andererseits auch die faktischen Behauptungen, eben weil sie jedesmal mit Beweisofferten verbunden sein müssen, voraussichtlich sich mindern. Für den Fall aber, daß es sich herausstellen sollte, wie bei jener Vorschrift zu viel neues Material erst in der mündlichen Verhandlung zur Sprache kommen müsse, ließe sich diesem Uebelstande gewiß schon dadurch vorbeugen, daß man eine etwas geräumigere Frist für die erste mündliche Verhandlung vorschriebe und daneben dem Kläger für den Fall, daß die Gegenanträge des Beklagten ihn veranlassen sollten, mit neuen Thatsachen hervorzutreten, zur Pflicht machte, diese in einem, mindestens acht Tage vor dem Termine zu übergebenden Schriftsatze anzukündigen, — wiederum bei Strafe der Uebernahme der Kosten der etwa veranlaßten Aussetzung der mündlichen Verhandlung.

*) Möglich ist auch, daß auf diese Erscheinung der Umstand günstig influirt, daß nach der Gebührentaxe für die Anwälte die Gebühr für einen Termin sich verdoppelt bezw. veranderthalbfacht, je nachdem in demselben die Sache bis zur Entscheidung bezw. zum Beweisinterlokute erledigt wird.

Bei einem Verfahren, wo der Termin zur Verhandlung der Hauptsache nicht, wie nach der Hannoverschen Proceßordnung, sofort angesetzt wird, sondern wo erst, nachdem die Parteien ihre Schriftsätze vorher unter einander gewechselt haben, das Gericht den Termin zur mündlichen Verhandlung der Sache ansetzt, werden mutatis mutandis dieselben günstigen Erscheinungen hervortreten, wenn an die Nichtankündigung der Thatsachen und deren Beweise in den beiden, eventuell auf drei zu vermehrenden, Schriftsätzen die Strafe des Ersatzes derjenigen Kosten geknüpft wird, welche durch die immerhin nothwendig gewordene Aussetzung des mündlichen Verhandlungstermins erwachsen werden.

5) Erwähnen muß ich hier nun noch desjenigen Verfahrens, welches sich in einigen neueren Proceßordnungen angeordnet findet, wonach, auch im Gegensatze zu dem Beweisinterlokute, den Parteien es überlassen wird, zunächst selbst zu bemessen, was sie an Beweismaterial für die aufgestellten Behauptungen herbeiziehen sollen, wonach aber hinterher der Richter, wenn sich in der Verhandlung oder sogar am Schlusse der Beweisaufnahme zeigt, daß der eine oder andere ihm relevant erscheinende Punkt noch eines verstärkten Beweises bedarf, desfallsige Auflagen an die eine oder andere Partei machen soll. Daß sich auch bei diesem Verfahren die Verbindung der Aufstellung der Behauptungen und der Anerbietungen der Beweismittel, sowie eine Vorschrift, Beides in den Schriftsätzen vorzubringen, an sich mit Vortheil herstellen läßt, bedarf keiner weiteren Ausführung. Wenn aber bei diesem Verfahren dieser Vortheil nicht gehörig zur Geltung kommen wird, wenn sich dennoch Verzögerungen über Verzögerungen einstellen werden, so liegt der Grund evident in der Unzweckmäßigkeit des Verfahrens selbst. Mag immerhin durch die erwähnte Officialthätigkeit der Gerichte erreicht werden, daß man die relevanten Punkte besser zur Klarheit bekommt, so wird der Erfolg der desfallsigen Vorschrift stets der sein, daß das Beweismaterial in den schriftlichen Voranträgen so wie in der ersten Verhandlung nur sehr mangelhaft vorgeführt wird, weil sich die Parteien darauf verlassen können, daß ihnen die nachträgliche Officialverfügung noch Gelegenheit giebt, das Versäumte späterhin nachzuholen; und so wird regelmäßig erst in den hinter dieser Officialverfügung liegenden Verhandlungsterminen derjenige Abschluß im Rechtsstreite erreicht werden, der sonst durchweg schon im ersten Verhandlungstermine erreicht wird. Ich erblicke in einem solchen Verfahren einen nicht sehr glücklichen Ersatz für das Beweisinterlokut, welcher die Vortheile des Letzteren nicht im Gefolge hat, dagegen den Keim zu Verschleppungen des Processes in sich trägt, während die Rücksicht auf die Sicherung der Parteiinteressen eben so gut durch die Vorschrift gewahrt wird, daß die

Parteien in der Berufungsinstanz das bei ihrer Beweisführung etwa Versäumte beliebig nachholen können. —

Ich fasse nach dem Vorstehenden meine Antwort auf die vorgelegten Fragen dahin nochmals zusammen:

Die Verbindung der Beweisantretung der thatsächlichen Behauptungen zugleich mit deren Aufstellung empfiehlt sich nicht für ein Verfahren, in welchem die Beweisführung zuvor durch ein Interlokut oder Resolut regulirt wird;

sie ist dagegen sehr zu empfehlen für ein Verfahren, in dem den Parteien allein es überlassen wird, zu beurtheilen, was von den aufgestellten Behauptungen zu beweisen ihnen obliegt; sie wird indeß auch in diesem Verfahren nur dann auf eine raschere Erledigung des Rechtsstreits kräftig hinwirken, wenn nicht blos den Parteien versagt wird, nach dem Schlusse des mündlichen Verfahrens über die Behauptungen und deren Beweisantretung in der betreffenden Instanz mit neuen Behauptungen und Beweisen hervorzutreten, sondern wenn daneben auch zu ermöglichen ist, daß regelmäßig schon im ersten Verhandlungstermine die Sache völlig, sofern es sich um Beweismittel handelt, die schon zur Stelle geschafft sind, sonst aber doch bis zur Beweisaufnahme erledigt werde.

Letzteres ist als Regel zu ermöglichen, wenn vorgeschrieben wird, daß schon in den vorbereitenden Schriftsätzen die Beweise gleichzeitig mit den betreffenden Behauptungen angetreten werden müssen und zwar unter dem Präjudize, daß derjenige, welcher durch neues Vorbringen im Termine die Aussetzung des Verfahrens veranlaßt, die desfallsige Kostenvermehrung zu tragen hat, und wenn Aussetzungen der mündlichen Verhandlungen zum Zwecke von Erklärungen oder neuen Behauptungen, womit die Partei schon im ersten Termine hätte hervortreten können, wider den Willen der Gegenpartei überall nicht koncedirt werden.

Bei einem Verfahren, bei dem am Schlusse der Verhandlung über die Beweisantretung oder gar am Schlusse der Beweisaufnahme dem Gerichte annoch die Pflicht obliegt, Vervollständigung des Beweises da, wo dies zur erschöpfenden Ermittelung der relevanten Thatumstände erforderlich, nachträglich anzuordnen, geht der Vortheil der gleichzeitigen Behauptung der Thatsache und der Beweisantretung zum größten Theil wieder verloren.

IV.

Gutachten des Advokat Dr. Marquard Barth in Kaufbeuren.

Die ständige Deputation des Deutschen Juristentages hat mich mit der Aufforderung beehrt, für den nächsten Zusammentritt desselben ein Gutachten über die Frage zu erstatten:

„Soll im Civilproceß für das Vorbringen von Thatsachen, Einreden und Beweismitteln in erster Instanz eine Präklusivfrist bestehen und, bejahenden Falles, welche?"

Als Mitglied und zugleich Sekretär des Gesetzgebungs-Ausschusses der Bayerischen Kammer der Abgeordneten, welcher eben jetzt den von der Staatsregierung dem Landtage vorgelegten Entwurf einer Civilproceßordnung für das Königreich Bayern zu berathen hat, mit Geschäften stark belastet, werde ich Entschuldigung finden, wenn ich in Beantwortung der gestellten Frage mich auf Andeutung der mir wesentlich scheinenden Gesichtspunkte beschränken muß. —

Gänzliches Absehen von jeder Fristbestimmung für das Vorbringen der Parteien in der Art, daß auch da, wo die Aufnahme von Beweismitteln nothwendig wird, immer neue Einreden, auf welche dann wieder ein Beweisverfahren zu folgen hätte, vorgebracht werden könnten, so lange nicht durch das Urtheil die Gerichtsbarkeit des Erstrichters erschöpft ist, würde zu endloser Verschleppung der Processe führen und ist daher wohl nicht geeignet, sich zu empfehlen.

Wenn auch zugegeben werden muß, daß zuweilen eben durch die Beweiserhebung selbst eine Partei erst auf neue Behelfe geleitet wird, zu deren Benützung übrigens in den importanteren Sachen die Gelegenheit im zweiten

Rechtszug gegeben ist, so wird, selbst wenn man solchen verspäteten Entdeckungen für die erste Instanz noch Rechnung tragen will, hieraus doch nur die nachträgliche Zulassung gerade dieser Behelfe sich rechtfertigen.

Dagegen dürfte an dem Grundsatze festzuhalten sein, daß die im Gegensatze zum Beweisverfahren sogenannte erste Verhandlung, auch wenn sie durch mehrere Tagfahrten sich durchzieht, als ein unzertrennliches Ganze zu betrachten sei.

Innerhalb des Kreises dieser Verhandlung soll daher meiner Ansicht nach eine Präklusivfrist für das Vorbringen von Thatsachen, Einreden und Beweismitteln nicht bestehen, sondern es soll jedes Vorbringen, welches beim Beginne der ersten Verhandlung zulässig war, auch zulässig bleiben bis zum Schlusse derselben.

In Fällen, wo ein schriftliches Vorverfahren nicht stattfindet, und wo auf das erste Verfahren sofort das Enderkenntniß folgt, ist damit die gestellte Frage zugleich für den Rechtsstreit erledigt.

Anders stellt sich dagegen die Sache, wo der Proceß nicht so einfach verläuft.

Was zunächst das schriftliche Vorverfahren betrifft, so darf zwar seine blos vorbereitende Natur niemals aus dem Auge gelassen und das Princip nicht aufgegeben werden, daß nur der Inhalt der mündlichen Verhandlung die Grundlage der richterlichen Entscheidung bildet, — daher auch die Parteien mit dem Vorbringen solcher Einreden, Thatsachen und Beweismittel, welche sie in ihren Schriftsätzen nicht berührt haben, im Allgemeinen bei der mündlichen Verhandlung nicht ausgeschlossen werden können, sondern regelmäßig nur die Kosten einer Vertagung zu tragen haben werden, die dadurch nothwendig wird, daß dieses Vorbringen erst bei der mündlichen Verhandlung erfolgt. Allein diese Regel ist nicht ohne Ausnahmen.

So kann namentlich da, wo die Zustellung einer Klageschrift vorgeschrieben ist, eine Klageänderung im technischen Sinne nach der schriftlichen Vernehmlassung des Beklagten nicht mehr zugelassen werden; denn die Klage bestimmt den Rechtsstreit. Der Kläger, welcher bei der mündlichen Verhandlung den in seiner Klageschrift aufgestellten Klagegrund mit einem anderen vertauscht oder ein anderes Objekt zum Gegenstand der Klage macht, hat seine alte Klage fallen lassen und eine neue erhoben, bezüglich deren man ihn von der Verbindlichkeit, eine Klageschrift zustellen zu lassen, nicht entbinden kann, ohne diese Verbindlichkeit selbst illusorisch zu machen. Damit ist aber nicht ausgeschlossen, daß der Begriff der Klageänderung so eng als möglich gefaßt werde.

Aber auch bei gewissen Einreden scheint es im Falle eines schriftlichen Vorverfahrens angemessen, sie bei der mündlichen Verhandlung nicht mehr zuzulassen, wenn sie nicht spätestens mit der schriftlichen Einlassung auf die Klage verbunden worden sind. Dahin rechne ich alle diejenigen, welche, ohne die Sache selbst zu berühren, nur auf den Grund von Proceßvorschriften die einstweilige Abwendung oder den Aufschub des Processes bezwecken. Diese Ausnahme ist zwar keine aus der konsequenten Entwickelung der Grundlagen sich ergebende; aber sie scheint im öffentlichen Interesse zu liegen, um Verwickelungen, welche nicht den Fond der Sache betreffen, möglichst abzuschneiden. Es kann dem raschen Gang der Rechtspflege unmöglich förderlich sein, wenn der Beklagte, nachdem er bereits seine Vernehmlassung abgegeben, ohne dabei zu erwähnen, daß er Einwendungen gegen die Zuständigkeit des Gerichts, bei welchem nach der Klage die Sache anhängig gemacht werden soll, zu machen habe, nun gleichwohl bei der mündlichen Verhandlung mit solchen Einreden noch Gehör findet.

Bezüglich aller anderen Einreden aber, nicht blos der peremtorischen, sondern auch jener dilatorischen, welche nicht mit Proceßgesetzen, sondern mit der Sache selbst zusammenhängen, und um so mehr auch hinsichtlich der Beweismittel, wird es bei der Regel zu bleiben haben, daß dieselben von der mündlichen Verhandlung niemals präkludirt sein können.

Schließt der Proceß mit der ersten Verhandlung nicht ab, so scheint es mir auf das System anzukommen, das die Gesetzgebung für das Beweisverfahren adoptiren will.

Statuirt das Gesetz ein Beweisinterlokut, haben also die Parteien erst von dem Richter zu erfahren, worüber er Beweis verlangt und von wem, so geht es natürlich nicht an, sie mit der Namhaftmachung ihrer Beweismittel auf die erste Verhandlung zu beschränken; es wird aber auch hier nicht in ihre Willkür gelegt werden können, ihre Beweismittel einzeln und nach einander anzugeben, so daß z. B. eine gleichzeitige Vernehmung der Zeugen von der beweisführenden Partei beliebig vereitelt werden könnte, sondern es muß zwischen das Interlokut und die Beweisaufnahme ein Verfahren treten, in welchem die Beweis- und Gegenbeweismittel anzugeben sind, und mit dessen Abschlusse ordentlicher Weise auch die Möglichkeit zu solcher Angabe wegfällt.

Statuirt dagegen das Gesetz nur einen Vorbescheid des Richters über die Zulassung der von den Parteien angebotenen Beweise, so kann dies in doppelter Weise geschehen, entweder so, daß das Anerbieten zunächst auf die Beweispunkte und die Angabe der Art der Beweisführung, z. B. durch Eid, Zeugen u. s. w. sich zu beschränken hat, oder so, daß zugleich die einzelnen Zeugen selbst zu benennen sind.

Ist Letzteres, so muß mit dem Ablauf der ersten Verhandlung auch die Frist zur Beibringung der Beweismittel selbst als abgelaufen gelten, weil sonst der Richter nicht im Besitz des Materials für einen erschöpfenden Vorbescheid sich befindet und bei Zulassung späterer Nachträge dasselbe Verfahren jedesmal sich wiederholen müßte; ist dagegen Ersteres, so ergiebt sich, daß die Parteien nur mit solchen Beweismitteln ausgeschlossen sein können, welche entweder nicht die Punkte, über die sie zum Beweis zugelassen wurden, treffen, oder nicht in die zugelassene Art der Beweisführung fallen. Für die Detailangabe der hienach zulässigen Beweismittel aber wird der Partei desfalls eben so, wie im Falle eines Beweisinterlokuts, in einem zwischen den Vorbescheid und die Beweisaufnahme fallenden Stadium des Verfahrens Gelegenheit zu geben sein.

Welches der angedeuteten Systeme für das Beweisverfahren nun aber als das vorzüglichere zu betrachten sei, scheint außer dem Kreise der gestellten Frage zu liegen und bildet für sich eines der schwierigsten Probleme der Civilproceßgesetzgebungspolitik in der Gegenwart.

Mag es zu weit gehen, die Parteien schon in der ersten Verhandlung zur Angabe ihrer Beweismittel im Einzelnen zu verhalten, in welchem Falle Verfahren und Vorbescheid sich dann auch über die Beweiseinreden erstrecken müßten, wodurch in vielen Fällen die nöthige Uebersichtlichkeit verloren ginge, so scheint andererseits die Beibehaltung des Beweisinterlokuts zu weit in den Formalismus des alten Processes zurückzuführen, und es dürfte daher das Französische System immerhin noch den Vorzug verdienen. Doch ist nicht zu läugnen, daß die Durchführung desselben schwieriger werden muß, wo die in Frankreich geltende Beschränkung des Zeugenbeweises nicht mitadoptirt ist und wo im Zusammenhange damit die Zulassung eines Beweisverfahrens häufiger wird. Auch darf nicht unberücksichtigt bleiben, daß man in Hannover, wo das Beweisinterlokut beibehalten wurde, mit den erzielten Resultaten zufrieden ist. Wie dem aber auch sei, der Mißstand bleibt, daß das Interlokut den Richter derselben Instanz an seinen Inhalt bindet, obgleich er vielleicht einsieht, daß es dem Sachverhältnisse nicht entspreche. Der Versuch, ob sich das Französische System nicht auch ohne Beschränkung des Zeugenbeweises bewähre, verdient daher gemacht zu werden. Nach dem vorliegenden Entwurfe wird dies in Preußen geschehen, und es ist möglich, daß es auch in Bayern geschieht.

Kehren wir schließlich zu den Einreden zurück, so werden diese, wenn sie nach dem Schlusse der ersten Verhandlung vorgebracht werden und nicht bloße Beweiseinreden sind, da, wo das System ein Beweisinterlokut zuläßt, ordentlicher Weise als ausgeschlossen betrachtet werden müssen, weil sich das System sonst nicht durchführen ließe; aber auch, wo dieses System nicht adoptirt ist, wird man in diesem Stadium des Processes neue Einreden ordentlicher Weise nur dann noch zulassen können, wenn ihre Berücksichtigung im Endurtheile möglich ist, ohne daß ihretwegen ein besonderes Beweisverfahren nothwendig wird.

Die Ausnahme zu Gunsten solcher Einreden, welche diese Nothwendigkeit nicht mit sich führen, möchte ich übrigens auch für Beweismittel, bei welchen dasselbe der Fall ist, noch bis zum Schlusse des Beweisverfahrens gelten lassen, und glaube ich, daß dies in Beziehung auf Beweismittel geschehen kann, selbst wo das System ein Beweisinterlokut kennt.

V.

Gutachten des Professor Dr. M. von Stubenrauch in Wien.

Entsprechend der geehrten Aufforderung vom 6. Dezember 1864, über den Antrag des Herrn Kreisrichter Lesse, betreffend ein gemeinsames Akkordgesetz, ein Gutachten für den sechsten Deutschen Juristentag zu erstatten, erlaube ich mir nachstehende Bemerkungen.

Es ist nicht zu verkennen, daß das Princip des Zwangsausgleiches mit den Grundsätzen der Gerechtigkeit und insbesondere des Privateigenthums einigermaßen in Kollision geräth, daß der Zwangsausgleich in gewisser Beziehung als eine Expropriation, ohne das gesetzliche Aequivalent der Schadloshaltung und ohne den Rechtfertigungsgrund des vorwiegenden öffentlichen Interesses, angesehen werden könne, und daß die Möglichkeit, sich ohne Zahlung von seinen Schulden auf legalem Wege zu befreien, einen demoralisirenden Einfluß zu üben und die Solidität des Handels- und Gewerbestandes überhaupt, sowie den Glauben daran zu untergraben geeignet sei.

Nichtsdestoweniger dürften die Gründe, welche für die Einführung, beziehungsweise Beibehaltung des Akkordverfahrens im kaufmännischen Konkurse sprechen, als überwiegend erkannt werden. Bringt es schon die Natur des staatlichen Verbandes mit sich, daß der Einzelne nicht selten genöthigt wird, um der höheren Zwecke der Gesammtheit willen eine Einschränkung seiner Rechte sich gefallen zu lassen, so erscheint es insbesondere im Konkurse, wo die Gläubiger des in Zahlungsunfähigkeit verfallenen Schuldners in Ansehung ihrer Ansprüche auf dessen Vermögen und die Befriedigung ihrer Forderungen aus demselben unläugbar in einer Gemeinschaft stehen, nicht unangemessen, daß die durch Stimmenmehrheit gefaßten Beschlüsse als der Ausdruck des

Gesammtwillens angesehen werden, und die Minorität sich der Majorität unterordne. Die Vortheile des Akkordes, sowohl für den insolvent gewordenen Kaufmann, welcher auf diesem Wege in die Lage versetzt wird, sein Geschäft fortzubetreiben und dadurch sich aufrecht zu erhalten, als für die Gläubiger, die in kürzester Zeit und mit möglichst geringen Kosten, wenn auch nicht zur völligen, so doch theilweisen Befriedigung ihrer Forderungen gelangen, — und zwar in einem um so höheren Maße, als die Verwerthung der Waaren und sonstigen Effekten des Gemeinschuldners im Wege des gewöhnlichen Absatzes die Größe sowohl als die Sicherheit der Zahlung befördert, — endlich für das Nationalvermögen überhaupt, das an der Erhaltung bestehender Firmen wesentlich betheiligt erscheint, sind zu hervorleuchtend, als daß es nicht für gerechtfertigt anzusehen wäre, wenn das Zustandekommen des Ausgleiches durch gesetzliche Verfügung selbst gegen den Widerspruch einzelner Gläubiger, der oft nur aus Eigensinn oder unlauteren Nebenabsichten entspringt, unter Beobachtung der gehörigen Vorsichten herbeigeführt wird.

Dem Gesagten zu Folge bin ich der Ansicht, ad I. (des Lesse'schen Antrages), daß die baldige Herstellung eines gemeinsamen Deutschen kaufmännischen Akkordgesetzes dringend wünschenswerth sei, gleichwie ich es nicht für nothwendig halte, die Abfassung desselben von dem Zustandekommen einer gemeinsamen Civilproceßordnung abhängig zu machen, da es ein in sich abgeschlossenes Ganzes bildet und unschwer einem künftigen Proceßgesetze eingefügt werden kann.

Nicht in gleichem Maße kann ich mich mit dem ad II. gestellten Antrage einverstanden erklären, da mir die Einführung eines gerichtlichen Akkordverfahrens außerhalb des Konkurses mancherlei Bedenken zu unterliegen scheint. Für's Erste treten alle jene Gründe, welche gegen den Zwangsausgleich geltend gemacht zu werden pflegen, hier mit verstärktem Gewichte in den Vordergrund. Zweitens aber kommt zu bemerken, daß sich häufig von vornherein gar nicht bestimmen läßt, ob es möglich sein werde, einen Akkord zu Stande zu bringen; daß in vielen Fällen die Ausgleichsverhandlungen zu keinem Resultate führen, weil der Schuldner keine annehmbaren Bedingungen zu stellen vermag, oder aus was immer für einem anderen Grunde die erforderliche Stimmenmehrheit nicht erzielt werden kann; daß aber sohin dennoch der förmliche Konkurs eingeleitet werden muß, und dann statt einer Abkürzung des Verfahrens eine Verzögerung desselben (durch den fruchtlosen Vergleichsversuch) stattgefunden hat. Auch darf die Sache unseres Erachtens dem Kaufmann nicht allzu leicht gemacht werden, da sonst die von Herrn Lesse selbst angedeutete Gefahr nahe liegt, daß die Aussicht, durch einen Akkord auf gute Art von einem Theile seiner Verpflichtungen frei zu werden, in Manchem den Entschluß der Zahlungseinstellung befördere und ihn mit einer gewissen Leichtigkeit über den sittlichen Makel der Insolvenzerklärung hinwegsehen lasse. Die bisher in Oesterreich gemachten Erfahrungen scheinen wenigstens diese Besorgniß eher zu bestätigen als zu beheben, und die beifällige Aufnahme, welche die Gesetze vom 19. Mai 1859 und 17. Dezember 1862 ungeachtet ihrer bekannten Mängel bei uns gefunden haben, ist zum großen Theile auf Rechnung des geltenden Konkursrechtes zu schreiben, das eine eben so langwierige als kostspielige Verhandlung im Gefolge hat, so daß oft der schlechteste Ausgleich noch vortheilhafter erscheint, als die Einlassung in den Konkurs. In außerordentlichen Fällen wird ein Privatvergleich, insbesondere durch Vermittelung eines befreundeten Hauses, nicht unerreichbar sein, unter gewöhnlichen Verhältnissen aber scheint es rathsamer, dem Zwangsausgleiche das ordentliche Konkursverfahren bis zu dem Stadium, wo das Akkordverfahren einzuleiten kommt, vorausgehen zu lassen; wobei freilich auch wieder eine Reform des Konkursprocesses vorausgesetzt werden muß, welche die möglichste Beschleunigung der Verhandlung und eine den Bedürfnissen entsprechende Autonomie der Gläubigerschaft, insbesondere bei der Verwaltung der Konkursmasse, zum Zielpunkte hat.

ad III. zu 1. Fragt man nach dem Momente des Konkursverfahrens, in welchem der Antrag auf Akkord soll gestellt werden können, so scheint es am zweckmäßigsten, denselben auf den Zeitpunkt nach Abhaltung der allgemeinen Liquidirungstagfahrt zu verlegen, und beheben sich die vom Herrn Antragsteller dagegen vorgebrachten Bedenken, wenn die Anmeldungsfrist nicht zu kurz bemessen, und bei Anordnung derselben auch auf die Entfernung der, meist aus den Handelsbüchern zu ersehenden Gläubiger Rücksicht genommen wird.

ad III. zu 2. Das Erforderniß der gerichtlichen Bestätigung des Akkordes muß im Interesse der Minorität der Gläubiger, welche ihren Willen dem Majoritätsbeschlusse ihrer Mitkreditoren unterordnen müssen, für ein unerläßliches erkannt werden; und soll unseres Erachtens die gerichtliche Bestätigung versagt werden, wenn die gesetzlichen Erfordernisse zur Einleitung oder zum Abschlusse des Ausgleiches nicht vorhanden sind, wenn wesentliche Formen des Konkurs- und Ausgleichsverfahrens nicht beobachtet worden sind, wenn der Ausgleich gesetzlich unerlaubte Bestimmungen enthält, wenn der Gemeinschuldner erst nach Einleitung des Akkordverfahrens wegen Betruges (oder wegen eines anderen Verbrechens aus Gewinnsucht) in Anklagestand gesetzt wird, wenn derselbe wegen des Vergehens der schuldbaren (leichtsinnigen) Krida in Anklagestand versetzt ist, so lange der Verdacht nicht behoben oder eine Freisprechung von der Anklage nicht erwirkt wurde. Weiter zu gehen, und nach dem Antrage des Herrn Lesse die Bestätigung auch dann verweigern zu lassen, wenn der Gemeinschuldner sich sonst durch unredliches oder auch nur unlauteres Verhalten der Rechtswohlthat des Akkordes unwürdig gezeigt hat, scheint mir aus zwei Gründen nicht rathsam: weil einerseits der Begriff eines „unlauteren Verhaltens" ein sehr vager, der Willkür Thür und Thor öffnender ist, und weil andererseits der Akkord nicht blos eine Rechtswohlthat für den insolvent gewordenen Schuldner, sondern wesentlich auch im Interesse der Gläubiger gelegen ist, welche dadurch zu einer sicherern und rascheren Befriedigung ihrer Forderungen gelangen sollen, eine Begünstigung, welche ihnen deshalb nicht entzogen werden dürfte, weil ihr Schuldner nicht ganz lauter vorgegangen ist.

Die ad III. zu 3. beantragte Bestimmung, daß der rechtskräftig bestätigte Akkord als Vergleich zwischen dem Gemeinschuldner und sämmtlichen Konkursgläubigern zu gelten habe, mögen dieselben ihre Forderungen angemeldet haben oder nicht, scheint vollkommen in der Natur des Akkordverfahrens begründet und durch die von dem Herrn Antragsteller dafür geltend gemachten Motive durchaus gerechtfertigt zu sein, wie denn auch dieselbe Bestimmung in den neuen Oesterreichischen Entwurf aufgenommen wurde, da die Wohlthat des Akkordes zum größten Theile wieder aufgehoben wird, wenn der Schuldner auch bei gewissenhafter Einhaltung der akkordmäßig festgestellten Bedingungen der fortgesetzten Geltendmachung ungewisser Ansprüche ausgesetzt erscheint. Wenigstens hat die Erfahrung in Oesterreich gezeigt, daß durch einen derartigen Vorgang der Schuldner nicht selten in die Lage versetzt wird, neuerdings den Konkurs oder das Vergleichsverfahren eröffnen zu müssen, ohne daß ihm diesfalls ein Verschulden zur Last fällt, und daß die Gläubiger, die sich dem Ausgleiche angeschlossen hatten, aller Vortheile desselben wieder verlustig gehen, und die von ihnen gebrachten Opfer sich als fruchtlos darstellen.

Will man auch auf einen Akkord außerhalb des Konkurses eingehen, so stellt sich das ad IV. gestellte Begehren, daß die Verwaltung des Vermögens des Schuldners während des Akkordverfahrens dem Gläubigerausschusse in möglichst selbstständiger Weise zu überlassen sei, als vollkommen gerechtfertigt dar. Nur eine ächt kaufmännische Administration, welche die laufenden Geschäfte schnell abzuwickeln, mit dem vorhandenen Waarenlager in bestmöglicher Weise aufzuräumen, alle Preiskonjunkturen zu benutzen, die ausstehenden Forderungen einzutreiben oder selbst wieder Ausgleiche darüber abzuschließen in der Lage ist, kann hier zu einem für den Gemeinschuldner wie für den Gläubiger gleich ersprießlichen Resultate führen. Eine schwerfällige Bevormundung von Seite des Staates würde offenbar den Zweck verfehlen.

Was endlich ad IV. zu 2. die Folgen des Akkordverfahrens in Betreff der Person des Gemeinschuldners betrifft, so scheint es angemessen, zwischen dem Akkordverfahren in und außerhalb des Konkurses diesfalls keinen wesentlichen Unterschied eintreten zu lassen. Die bürgerliche Ehre des Kaufmanns ist ein so wichtiges Moment im geschäftlichen Verkehre, daß man sich wohl hüten muß, leichtfertig damit umzugehen. Es muß das Bestreben, sie mit allen Kräften makellos zu erhalten durch die Gesetzgebung selbst gefördert werden. Eine zu milde Auffassung in dieser Hinsicht würde gewiß dem Rechtsbewußtsein des Kaufmannsstandes selbst widersprechen und zu den nachtheiligsten Konsequenzen führen. Es scheint daher vollkommen genügend, wenn die Bestimmung getroffen wird, daß der Gemeinschuldner, in Ansehung dessen der Konkurs durch Zwangsausgleich beendigt wurde, — oder über dessen Vermögen das Akkordverfahren außerhalb des Konkurses eingeleitet worden ist, — sofort mit dem Zeitpunkte der endgiltigen gerichtlichen Bestätigung des Ausgleiches wieder in den Genuß des Rechts eintritt, die Börse zu besuchen; dagegen müßte die Fähigkeit, zum Mitgliede einer Handelskammer oder zu sonstigen kaufmännischen Ehrenämtern (Gremialvorstand, Handelsgerichtsbeisitzer ꝛc.) gewählt zu werden, oder das Amt eines Börse- oder Waarensensalen, eines Börseagenten (wo deren wie z. B. an der Wiener Geldbörse neben den Sensalen bestehen), dann eines Konkursmasse-Verwalters (Ausgleichsmasse-Verwalters) zu bekleiden, nur im Wege des Rehabilitations-Verfahrens, und zwar nur durch den Nachweis wieder erlangt werden können, daß der Gemeinschuldner nicht nur seinen akkordmäßigen Verpflichtungen nachgekommen ist, sondern daß er auch jenen Ausfall getilgt habe, auf dessen nachträglichen Ersatz die Konkursgläubiger (die Gläubiger) kraft des Ausgleiches den Anspruch verloren haben.

VI.

Gutachten des Geheimen Rath, Professor Dr. Bluntschli in Heidelberg.

Gesetzgebungsfrage:

„Soll der Staat, bezw. die Gemeinde, für Schäden und Nachtheile, welche die von ihnen angestellten Beamten durch vorsätzliche oder kulpose Verletzung ihrer Dienstpflichten einem Dritten zufügen, überhaupt haften und bejahenden Falls in erster Reihe unbedingt oder nur subsidiär?"

Die Entschädigungspflicht entspringt regelmäßig aus einer Verschuldung (dolus oder culpa) des Pflichtigen, sei es, daß zuvor zwischen dem beschädigten Gläubiger und dem ersatzpflichtigen Schuldner ein Vertragsverhältniß bestand, welches diesen zur Sorgfalt verbindet, sei es, daß ohne ein vorausgehendes Vertragsverhältniß oder eine analoge obligatorische Beziehung eine widerrechtliche Schädigung eine neue Vergehensschuld begründet (damnum injuria datum). Nur ausnahmsweise, aus besonderen Gründen, wird Jemand entschädigungspflichtig, obwohl ihm keinerlei Schuld zur Last fällt, wie vorzüglich, wenn derselbe durch Vertrag die Verpflichtung übernommen hat, den Schaden zu vergüten, der aus Zufall oder durch Verschulden Anderer entstanden ist (Versicherungsverträge), oder wenn aus der eigenthümlichen Natur des Geschäfts eine gesteigerte Verantwortlichkeit eines Geschäftsbesorgers auch für die Verschuldung aller Angestellten oder Zwischenpersonen oder sogar für gewisse zufällige Schädigungen abgeleitet wird, wie z. B. bei dem Speditionsgeschäft.

Die erstere allgemeine Regel führt zunächst zur Verneinung der obigen Frage; denn es wird in derselben offenbar vorausgesetzt, daß zwar der Beamte sich verschuldet habe, also auch ersatzpflichtig sei, aber daß der Staat sich nicht verschuldet habe, also auch nicht für die Entschädigung hafte. Der Staat und sein Beamter sind zwei verschiedene Personen, wenn gleich dieser von jenem sein Amt ableitet und bis auf einen gewissen Grad innerhalb seiner Amtsthätigkeit auch den Staat repräsentirt. Die Verschuldung aber und daher auch die daraus entspringende Schuld fällt naturgemäß derjenigen Person zur Last, welche durch ihre persönliche widerrechtliche Handlung oder ihre Fahrlässigkeit sie auf sich geladen hat, aber nicht einer anderen Person, welcher man weder eine böse Absicht noch irgend einen Mangel an Sorgfalt vorwerfen kann. Freilich, wenn die Staatsgewalt selber sich verschuldet hätte durch die Anstellung einer offenbar unwürdigen oder untauglichen Person, wenn also die Wahl der Beamten selber als eine dolose oder kulpose zu betrachten wäre, dann würde die Haftbarkeit des Staats in dieser Verschuldung einen Grund haben. Allein die gestellte Frage bezieht sich nicht auf diesen Fall, der ohnehin nur selten eine praktische Bedeutung hat, sondern setzt lediglich die Verschuldung der Beamten voraus.

Weshalb soll nun der Staat, sei es neben, sei es hinter dem ersatzpflichtigen Beamten, für dessen Schuld einstehen müssen? Nöthigen wirkliche Rechtsgründe eine derartige Haftpflicht des Staates anzunehmen, oder sprechen mindestens Billigkeitsgründe dafür, mit Hülfe der Gesetzgebung eine ausgedehnte Verantwortlichkeit der Staatskasse für die widerrechtlichen Schädigungen der Staatsbeamten, beziehungsweise des Gemeindeguts für die Gemeindebeamten, in unser Recht einzuführen? Allgemein durchschlagende Gründe für diese Haftpflicht giebt es meines Erachtens nicht; wohl aber giebt es solche für eine beschränkte unter bestimmten Voraussetzungen.

Aus dem Auftrags- und Ermächtigungsverhältniß, in welchem die Staatsgewalt zu dem einzelnen Staatsbeamten steht, folgt die allgemeine Ersatzpflicht des Staates sicher nicht. Dieses Verhältniß ist zwar ein staatsrechtliches und keineswegs mit dem privatrechtlichen Mandat zu verwechseln, aber inwiefern auch dort wie hier ein Auftrag- und Vollmachtgeber einem Beauftragten und Ermächtigten gegenübersteht und Beide mit einander verbunden sind, insofern darf wohl die privatrechtliche Mandatslehre analog zur Beleuchtung herbeigezogen werden. Im Privatrecht aber ist es anerkannt, daß der Mandans in der Regel einem dritten Beschädigten nicht einzustehen hat für den Schaden, welchen der Mandatar durch seinen Dolus oder seine Kulpa verursacht hat. Vielmehr haftet der Mandatar ausschließlich für die ihm zur Last fallende Verschuldung. Im Sinne des älteren Römischen Rechts ist das selbstverständlich, da der Dritte überhaupt nur mit dem Mandatar und nicht mit dem Mandans in einen Geschäftsverband tritt und selbst eine Abtretung der **actio mandati contraria** hier dem geschädigten Dritten nichts helfen kann, weil der Mandatar wohl eine **actio mandati contraria** für diejenigen Auslagen hat, welche er im Interesse des Mandans zu machen hatte, aber keine solche Klage besitzt, um seinerseits von dem Mandanten Ersatz für Schaden zu fordern, den er selber dem Interesse des Auftraggebers zuwider verschuldet hat und deshalb dem Dritten vergüten muß. Am allerwenigsten aber kann von einer Ersatzpflicht des Mandanten wegen Schädigungen des Mandatars die Rede sein, welche nicht in den Bereich der vertragsmäßigen Verbindlichkeiten, sondern in das Gebiet der Deliktsobligation nach Vorschrift des **lex Aquilia** fallen. Für die letztere ist das Mandatsverhältniß, das mit dem Delikt nichts zu schaffen hat, unter allen Umständen unerheblich.

Dagegen kennt allerdings auch das Römische Recht einzelne Ausnahmen, in denen ein Auftraggeber die geschäftsmäßige (nicht aber die Aquilische) Verantwortlichkeit jenes Beauftragten dem Dritten gegenüber zu übernehmen schuldig ist, wie insbesondere in dem Verhältniß eines Dominus zum Institor. Der Grund für diese Ausnahme liegt freilich nicht in dem Mandat, sondern einerseits in dem Umstand, daß der Geschäftsherr, welcher einen Institor zur Betreibung eines Handels bestellt, diesem gegenüber den dritten Geschäftsleuten Kredit verschafft und diese eher im Vertrauen auf die Zahlungsfähigkeit des Dominus als des Institors kontrahiren, andererseits in dem Interesse des Geschäftsherrn, daß sein Institor, der für ihn ein Gewerbe betreibt, Vertrauen finde.

Die Entwickelung des modernen Privatrechts hält die obige Grundregel des Römischen Rechts insofern fest, als der Mandatar nicht im Namen des Mandanten kontrahirt, aber es erweitert die Ausnahme theils durch die vollere Wirkung, welche es der freien Stellvertretung bei Vertragsschlüssen verstattet, theils durch die Ausbildung besonderer handelsrechtlicher Institute, welche die Verantwortlichkeit der Geschäftsherren für die Handlungen ihrer Angestellten oder Bevollmächtigten steigern. Aber auch da geht diese Verantwortlichkeit, die je nach Umständen eine primäre oder eine sekundäre ist, nicht über den Bereich der Vertragspflicht hinaus und ist nur eine geschäftsmäßige, keine Deliktschuld.

Man hat nun zuweilen behauptet, das Verhältniß des Staates zu den Geschädigten sei deshalb allezeit im Sinne dieser Ausnahme und nicht jener Regel aufzufassen, weil der Staat durch seine Ernennung zum Amt ebenfalls Vertrauen erwecke und sogar die Bürger nöthige, dem Beamten für dessen Amtsbereich Vertrauen zu gewähren. Allein diese Behauptung geht zu weit. Wohl giebt es einzelne Geschäftsbeziehungen der Aemter zu den Privaten, in welchen die Analogie der privatrechtlichen Vertrauensbeziehung ganz gerechtfertigt erscheint. Aber diese Analogie paßt durchaus nicht auf alle Aemter überhaupt. Beispiele der ersteren Art sind:

a) Das Depositum von Werthsachen bei Gericht oder einer Verwaltungsstelle. In den meisten Fällen wird dasselbe nicht einmal aus einer willkürlichen Hinterlegung bestehen, sondern durch irgend eine rechtliche Nothwendigkeit verursacht sein, und der Deponent hat auch nicht die Wahl, welcher Person er seine Sachen anvertraue, sondern ist genöthigt, sich an den Beamten zu wenden, welcher von Staatswegen beauftragt und ermächtigt ist, die bei Gericht oder bei Amt zu hinterlegenden Sachen in Empfang zu nehmen und zu verwahren. Genau gesprochen wird aber hier nicht einmal der Person des Beamten deponirt, sondern dem Amt, und es haftet die Gerichts- oder Amtskasse, die hinwieder nur ein Theil der Staatskasse ist, für die Zurückgabe, beziehungsweise den Ersatz. Auch wenn in der Zwischenzeit die Personen der Beamten wechseln, so ändert dieser Wechsel nichts an dem Rechtsverhältniß des bestehenden Depositum. Wird nun durch Mangel an Vorsicht oder durch Dolus irgend eines der Beamten, welche im Namen des Amts die Verwaltung der hinterlegten Sachen zu besorgen haben, ein Schaden verursacht, so ist selbstverständlich der eigentliche Depositar, d. h. die Amts- oder Staatskasse, verpflichtet, den Schaden zu vergüten, und zwar primär verpflichtet. Sie mag sich dann an den unvorsichtigen oder ungetreuen Beamten mit ihrer Regreßforderung halten. Der Deponent hat nicht der Person des Beamten, sondern dem Amt deponirt. Diese Ansicht wird auch von den Deutschen Gerichten allgemein getheilt, wie die Beispiele in Seuffert's Archiv Bd. II. 159. III. 327. V. 135. und VII. 321. (Obergerichtshöfe von München, Kassel, Dresden, Mannheim) zeigen.

b) Ganz dasselbe gilt bezüglich der Verantwortlichkeit des Staats für gehörige Verwahrung der zwangsweise in Beschlag genommenen Sachen, z. B. bei Gelegenheit einer strafgerichtlichen Untersuchung. Vergl. Seuffert III. 327.

c) Betreibt der Staat durch öffentliche Anstalten geradezu privatrechtliche Geschäfte, wie z. B. indem er durch seine Postanstalten den Transport von Menschen oder Effekten und die Bestellung von Briefen besorgt oder Staatseisenbahnen und Staatstelegraphen einrichtet, so finden natürlich die gewohnten — höchstens durch die Rücksicht auf den rechtlichen oder thatsächlichen Alleinbetrieb der Staatsanstalt noch gesteigerten — Grundsätze des Privatrechts über Verantwortlichkeit des Geschäftsherrn Statt.

Aber die meisten Aemter des Staates stehen überall nicht in einem derartigen Geschäfts- und Vertrauensverhältniß zu den Bürgern, sondern sind einfach berufen, öffentlich-rechtliche Funktionen auszuüben. Die Richter haben die Rechtsordnung zu schützen, und der Staat kann um so weniger verpflichtet sein, für Versehen, welche sie in dieser Eigenschaft begehen, zu haften, als er nicht einmal die Mittel besitzt, auf ihre Amtsübung im einzelnen Fall einzuwirken, und genöthigt ist, der selbstständigen Gewissenhaftigkeit derselben auch seinerseits zu vertrauen. Wenn daher der Richter durch fahrlässige oder dolose Amtsübung einer Partei Schaden zufügt, so ist wohl er selber der Partei dafür verantwortlich, aber nicht der Staat, welcher ihm zu derartiger Pflichtverletzung keinen Auftrag und keine Vollmacht gegeben hat. In diesem Fall handelt es sich auch nicht um eine geschäftsmäßige, sondern um eine deliktmäßige Verantwortlichkeit. Vergl. Seufferts Archiv I. 166, V. 281 und die dort citirten Hannoverschen Reskripte, III. 327, VII. 321.

Auch die Regierungs-, die Polizei-, die Militärbeamten haben voraus öffentlich-rechtliche Pflichten zu erfüllen und nicht privatrechtliche Geschäfte zu besorgen. Ihr Amtsauftrag begründet daher in der Regel auch nicht eine privatrechtliche Haftbarkeit des Staates, wenn sie, ihre Amtspflicht verletzend, eine Privatperson in widerrechtlicher Weise schädigen, und sie können in Folge dessen aus Delikt auf Schadenersatz belangt werden, aber nicht der Staat, der zu dem Delikt keinen Auftrag gegeben und nicht ermächtigt hat.

Ein zweiter Versuch, die allgemeine Ersatzpflicht des Staates zu begründen, stützt sich auf den Gedanken der Repräsentation. Man sagt, weil der Beamte innerhalb seines Amtsbereichs den Staat repräsentirt, beziehungsweise der Staat in dem Beamten gleichsam personificirt wird, so muß auch der Staat für den Schaden einstehen, welchen der Beamte in seiner amtlichen Stellung, wenngleich seiner Amtspflicht zuwider, verschuldet.

Es entspricht nun der Grundgedanke der repräsentativen Bedeutung aller öffentlichen Aemter allerdings der modernen Staatsansicht, welche sowohl auf die Einheit der Staatsgewalt, die sich nur in verschiedenartigen Thätigkeiten äußert, einen entschiedenen Nachdruck legt, als den öffentlichen Pflichtcharakter aller Aemter betont, welche niemals einem Einzelnen oder einer Familie angehören, sondern immer nur für die allgemeine Wohlfahrt bestehen. Der Richter also stellt allerdings den Staat dar, inwiefern derselbe die öffentliche Gerechtigkeit handhabt; der Polizeibeamte stellt die energisch eingreifende Sorge des Staats dar für die gemeinsame Sicherheit und die nothwendigen Bedingungen der öffentlichen Wohlfahrt u. s. f.

Aber aus dieser repräsentativen Bedeutung des Amtes folgt doch nicht die Ersatzpflicht des repräsentirten Staates für ungehörige Handlungen und Unterlassungen seiner Repräsentanten. Dieselbe begründet die Amtspflicht und die Wirksamkeit der Amtshandlung für Jedermann; aber sie erklärt nicht die Verletzung der Amtspflicht und ändert nicht den natürlichen Rechtsgrundsatz, daß, wer ein Delikt verübt, persönlich für Schadensersatz haftet, aber nicht ein Anderer für ihn, auch nicht die Person, welche er im Uebrigen repräsentirt.

Wenn demnach zwingende Rechtsgründe nicht für eine allgemeine Haftbarkeit des Staates sprechen, so können auch die Billigkeitsrücksichten nicht eine gesetzgeberische Einführung derselben empfehlen. Man darf sich insbesondere nicht durch das vulgäre Vorurtheil irre leiten lassen, welches allezeit bereit ist, die Lasten, welche den Einzelnen schwer drücken, auf den Staat abzuladen. Die Staatskasse ist doch kein Zauberschatz, der sich immer wieder von selber füllt, so oft Jemand hineingreift und etwas daraus wegnimmt. Bei unseren heutigen Kulturverhältnissen ist kein Staat mehr mit dem eigentlichen Staatsgut seinen Ausgaben gewachsen, sondern jeder Staat ist genöthigt, die Steuerkräfte des Landes herbeizuziehen und anzustrengen. Der Staatskasse eine neue Zahlungspflicht auflegen, das bedeutet daher praktisch der Gesammtheit der Steuerpflichtigen eine neue Last aufbürden. Geschieht das in der Absicht, um einem Einzelnen die für ihn allzuschwere Last abzunehmen und auf viele Schultern zu legen, welche dieselbe zusammen leichter tragen, so ist das Staatsversicherung für Privatschaden. Dann aber müssen auch die Rücksichten auf die Natur des Versicherungswesens genommen werden, d. h. die Versicherten müssen durch die Versicherungsprämie ihren Anspruch auf die Versicherungssumme erkaufen und ihren Antheil an der Gefahr nach Verhältniß ihres Interesses mit übernehmen. In solcher Weise sind denn auch die staatlichen Zwangsversicherungen für Feuerschaden eingerichtet. Nirgend aber giebt es eine Staatsversicherung für Deliktschaden, selbst nicht für solchen Deliktschaden, welcher durch Beamte und Diener des Staats verschuldet worden ist.

Jedermann sieht ein, wie gefährlich für die ganze Staatswirthschaft die Einführung eines solchen Systems wäre, und was für höchst bedenkliche Folgen sogar für die persönliche Sicherheit und den Privatwohlstand daraus entstehen könnten.

Der Rechtsschutz, welcher einem geschädigten Privaten gegen den Beamten gewahrt wird, durch dessen Pflichtverletzung er Schaden erlitten hat, ist gegenwärtig noch ziemlich mangelhaft bestellt, obwohl hier die Entschädigungspflicht selbstverständlich ist. Gerade die Rücksicht darauf, daß das Ansehen des Amtes und die fleißige und kräftige Thätigkeit der Beamten gefährdet werde, wenn leichthin solche Entschädigungsklagen angenommen und durchgeführt werden, hat eine Reihe Deutscher Gesetzgebungen bestimmt, den Beamten vor solchen Klagen möglichst sicher zu stellen. Würde gar die Entschädigungsforderung gegen den Staat selbst, wenn auch nur subsidiär, gerichtet werden, so würde die Aussicht, daß ein Beamter ernstlich zum Ersatz des verursachten Schadens angehalten werde, noch unsicherer; denn die Verschuldung eines Beamten anerkennen, hieße dann zugleich eine Schuld auf die Staatskasse übernehmen.

Wohl kann es die Billigkeit verlangen, daß der Staat geschädigten Privaten eine Beihilfe gewähre, welche ausnahmsweise auch in Folge der staatlichen Maßregeln — z. B. während eines Krieges oder bei Bekämpfung eines Aufstandes — in ungewöhnlicher Weise besonders schwer betroffen worden sind. Aber das hängt von den besonderen Umständen ab und kann nur im einzelnen Fall erwogen und entschieden, nicht aber zum Voraus durch eine bindende Rechtsregel bestimmt werden. In manchen Fällen der Art leistet der Staat einen Theil der Entschädigung, ein anderer wird von den freiwilligen Gaben der Privaten aufgebracht, und einen dritten Theil müssen die Geschädigten selber tragen. In anderen Fällen, aber ganz ähnlicher Art, ist der Staat außer Stande, eine wirksame Beihilfe zur Entschädigung zu leisten und genöthigt, den Einzelnen dem Kampf mit dem Unglück, das ihn betroffen hat, allein zu überlassen. Eine Verpflichtung des Staats, für Kriegsschaden einzustehen, obwohl derselbe vielfältig sogar im Auftrage oder auf Veranlassung der Staatsgewalt verursacht wird, ist in solcher Allgemeinheit in keinem Lande anerkannt, und eine beschränkte Entschädigungspflicht — nach Analogie der Zwangsabtretung für Werke der öffentlichen Wohlfahrt — nur unter ganz bestimmten, engen Bedingungen eingeführt, wie z. B. bei Beseitigung von Häusern, um einen schußfreien Raum zu gewinnen. Vergl. das Urtheil des Dresdener Ober-Appellationsgerichts bei Seuffert, Archiv V. 288.

Dagegen giebt es wohl Specialgesetze, welche theils aus Billigkeitsrücksichten, theils aus politischen Gründen die einzelnen Gemeinden für den Schaden haftbar erklären, welcher bei einem Straßenauflauf oder Tumult einzelnen Eigenthümern zugefügt wird. Diese Gesetze haben offenbar den Zweck, die Gemeindebehörden zur Erfüllung ihrer Pflicht anzutreiben und eine weitere Garantie gegen derartige Unruhen und Störungen der öffentlichen Sicherheit dadurch zu gewinnen, daß die sämmtlichen Bürger in Mitleidenschaft gezogen werden. Derartige Vorschriften mögen gerecht und zweckmäßig sein, aber sie sind eher ein Zeugniß gegen, als für eine allgemeine Rechtsregel, nach welcher sich die Verantwortlichkeit der Gemeinden oder des Staats von selber verstehen soll.

Einzelne Deutsche Gerichtshöfe gehen allerdings gegenüber von polizeilicher Fahrlässigkeit weiter und halten den Staat für verpflichtet, den Schaden zu ersetzen, welcher in Folge einer mangelhaften polizeilichen Obsorge durch verbrecherische Gewaltthat dem Privatvermögen zugefügt worden ist. Vergl. Seuffert, Archiv II. 56 und III. 326. Indessen scheint mir ein allgemeiner Grundsatz der Art, dessen Beschränkung auf polizeiliche Fahrlässigkeit und gewisse Formen der Beschädigung willkürlich ist, aus den obigen Gründen nicht gerechtfertigt. Würden die einen Eigenthümer, die durch einen nächtlichen Einbruch von Dieben geschädigt worden sind, den Fiskus zur Entschädigung anhalten können, weil die bestehende Nachtwache zur Zeit des Einbruchs versäumt hatte, die Pflicht der Patrouille auszuüben, während die anderen Eigenthümer, welche denselben Schaden erlitten haben, keine Klage gegen den Staat hätten, weil die Nachtwache ihre Dienstvorschrift erfüllt hat, so wären am Ende die Eigenthümer dabei interessirt, daß die Wachen schlecht besorgt werden, weil sie in diesem Fall einen Anspruch auf Versicherung hätten. Man denke, um sich die Bedeutung dieser Grundsätze zu veranschaulichen, an die nächtlichen Einbrüche in der Londoner City in neuester Zeit oder an die Banditengriffe in Neapel.

Ein anderes Beispiel einer sehr empfindlichen Schädigung durch Beamte oder Angestellte der Regierung, die sogar in einem wirklichen Vertrauensverhältniß zum Publikum stehen, ist das von Führern der Grundbücher oder von beeidigten Notaren. Mir ist aus meiner früheren Erfahrung ein Fall bekannt, in welchem der Führer eines Grundbuches falsche Hypothekenbriefe ausfertigte und in Umlauf brachte in einem Werthe von Hunderttausenden. Der Schaden, der daraus entstand, war innerhalb seines Geschäftsbereiches eine wahre Landeskalamität. Dennoch hielt sich der Staat nicht für verpflichtet, denselben zu ersetzen; aber er gab aus Billigkeitsrücksichten einen Beitrag, um in Gemeinschaft mit anderen freiwilligen Beisteuern von Privaten den geschädigten Eigenthümern einigermaßen ihre Verluste decken zu helfen. —

Meine Ansicht geht demgemäß dahin,

> der Deutsche Juristentag solle sich, wenn er überhaupt in dieser schwierigen Frage einen Ausspruch wagen will, gegen eine allgemeine Ersatzpflicht des Staates, beziehungsweise der Gemeinde, aussprechen für Schaden, der durch vorsätzliche oder kulpose Verletzung der Dienstpflicht von Seite seiner Beamten einem Dritten zugefügt wurde, und nur ausnahmsweise aus besonderen Gründen eine derartige Ersatzpflicht anerkennen, wobei es dann von der Art des besonderen Rechtsgrundes — z. B. geschäftsmäßige Uebernahme der Verantwortlichkeit im Gegensatz zur Deliktschuld — abhängt, ob dieselbe in erster Reihe oder nur subsidiär eintritt.

VII.

Gutachten des Professor Dr. v. Holtzendorff in Berlin.

Die ständige Deputation des Deutschen Juristentages wünscht meine Ansicht zu hören über nachstehende Frage:

„Entspricht es der Gerechtigkeit, daß die Strafvollstreckung gegen alle zu derselben Art von Freiheitsstrafe Verurtheilten in völlig gleicher Weise, also ohne jede Berücksichtigung der Individualität, insbesondere der Bildung der Verurtheilten erfolgt? und wenn solche gleichmäßige Strafvollstreckung nicht der Gerechtigkeit entspricht, wie ist alsdann der letzteren Rechnung zu tragen, ohne auf der einen Seite das Princip der Gleichheit vor dem Gesetze in Wahrheit zu verletzen und auf der anderen Seite der bloßen Willkür bei der Strafvollstreckung weiten Spielraum zu gewähren?"

Den ersten Theil der mir gestellten Frage glaube ich unbedingt verneinen zu müssen. Die Gerechtigkeit fordert nicht nur nicht eine völlig gleiche Weise der Strafvollstreckung, sondern sie verbietet eine solche. Ohnehin besteht die thatsächliche, durch die Praxis aller Strafanstalten erwiesene Unmöglichkeit einer gleichen Strafvollstreckung bei derselben Art der Freiheitsstrafe.

Ein Entwickelungsgesetz der Strafrechtsgeschichte, nicht nur in Deutschland, sondern in allen Kulturstaaten ohne Ausnahme, zeigt den Fortschritt von der rein objektiven, absoluten und formellen Werthschätzung der im Verbrechen verletzten Rechte zu der gleichzeitigen, im Strafmaß ausgedrückten, Würdigung der subjektiven Verschuldung in der handelnden Persönlichkeit. Auf die alte absolut bestimmte Straffatzung, die dem Wesen des privatrechtlichen Schadenserfatzes entspricht, folgt das relativ bestimmte Strafgesetz mit seinem Maximum und Minimum, als den Grenzpunkten, zwischen denen das richterliche Ermessen die im Thatbestande liegenden Momente subjektiver und objektiver Schuld zu prüfen hat. Die Unzulänglichkeit dieses gewöhnlich ausreichenden Maßstabes führt, wesentlich wegen seiner Inkongruenz mit den Stufen der subjektiven Verschuldung, zu den Grundsätzen der Strafmilderung, in weiterer Form sogar zur Rechtfertigung der Gnade. Endlich sind es auch die gesetzlich gestatteten Ausnahmen der Strafanwendung, welche als richterliche Strafverwandlung oder Strafumwandlung bezeichnet werden, in denen jene Rücksicht auf die Persönlichkeit des Thäters als herrschendes Princip der Strafgesetzgebung hervortritt. Sobald überhaupt das System absolut bestimmter Strafen in seiner Ungerechtigkeit erkannt und die menschliche Persönlichkeit individuell gewürdigt wird, kann von einer alle Fälle des Verbrechens umfassenden, die Persönlichkeit verleugnenden Gleichheit in Art und Maß der Strafe für dieselbe Verbrechensart nicht mehr die Rede sein.

Scheinbar entgegengesetzt ist die allgemeine staatsbürgerliche Entwickelung der Gegenwart, welche auf Beseitigung aller Vorrechte, Standesstellungen und Standesvorzüge in rechtlicher Beziehung hindrängt. Ebenso wenig wie aber die staatsbürgerliche Gleichheit vor dem Gesetz identisch ist mit einer socialen Gleichheit in den thatsächlichen Gestaltungen der menschlichen Gesellschaft, ebenso wenig besteht ein Zusammenhang zwischen Standesvorrechten einzelner Personen und der strafrechtlich nothwendigen Rücksicht auf die individuelle Verschuldung der zurechnungsfähigen Person. Die Gleichheit vor dem Gesetze verbietet die besonderen Standesstrafen für Reich und Arm, honestiores und humiliores, Vornehm und Niedrig, verbietet dem Richter jede Rücksichtnahme auf die äußere Lebensstellung eines Angeklagten, hat aber nicht das Mindeste zu schaffen mit den Unterscheidungen, die in der Persönlichkeit selbst deutlich erkennbar hervortreten, das Maß der Verschuldung bestimmen und sich auf das Wesen des menschlichen Charakters gründen.

Der Fortschritt der Strafgesetzgebungen hinsichtlich der Relativität zwischen Strafmaß und subjektiver, in der verbrecherischen That erkennbar gewordener Verschuldung ist also ganz im Einklang mit dem Gesetze staatsbürgerlicher Gleichheit im Gegensatz zu willkürlichen, der einzelnen Persönlichkeit fremden, nach äußeren und zufälligen Verhältnissen bemessenen Standesrechten.

Die Gleichheit der Strafgesetzgebung ist als Ausfluß der Gerechtigkeit eine relative; sie bedeutet gleiches Strafmaß zwischen dem Verbrechen eines Mediatisirten und demselben Verbrechen eines Handwerkers, soweit die Rechtswidrigkeit des Bewußtseins bei Beiden die gleiche ist; sie bedeutet aber auch härteres Strafmaß für den Gebildeten, der sich seiner Verschuldung klarer bewußt war, als der Aermere und Ungebildete, welcher denselben Paragraphen eines Strafgesetzbuches verletzte.

Ebenso verhält es sich mit der Strafvollstreckung. Auch sie ist dem Princip der relativen Gleichheit zu unterwerfen. Ich setze dabei voraus, daß die Strafandrohung, Strafmittel und Strafmaß bereits vollkommen den Grundsätzen der Relativität angepaßt sind, daß politische und gemeine, entehrende und nicht entehrende Handlungen bereits einen durchaus adäquaten Ausdruck in entsprechenden Straffatzungen gefunden haben, und daß innerhalb einer bestimmten Freiheitsstrafart nur solche Verbrechen zur Behandlung gelangen, welche aus sachlichen Gründen homogen in Beziehung auf Strafmittel und Strafvollstreckung erscheinen.*) Selbst wenn die Strafgesetzgebung das Princip der relativen Gleichheit soweit specialisirt hätte, als überhaupt ausführbar und möglich erscheint, und den mannigfaltigsten Ausdruck in einer Verschiedenheit neben einander verfügbarer Freiheitsstrafen gefunden hätte, würde immer jene Nothwendigkeit bestehen bleiben, daß dem obersten Grundgedanken der relativen Gleichheit auch in der Strafvollstreckung Rechnung getragen werde. Die Thätigkeit der Strafvollstreckung hat mit anderen Mitteln dasjenige fortzusetzen, was Strafgesetzgebung und Strafurtheil mit ihrem eigenthümlich begrenzten Wirkungskreise nicht weiter fortsetzen konnten.

Die Berücksichtigung der Individualität in der Strafvollstreckung ist also nichts Anderes, als die Kontinuität in der Anwendung derjenigen Grundsätze, welche in der Strafgesetzgebung und der Strafrechtspflege, von einzelnen tadelnswerthen Ausnahmen abgesehen, zu unbedingter Anerkennung gelangt sind. Ohne irgend welche Rücksicht auf die Meinungsverschiedenheiten über die Berechtigung des Besserungszweckes muß daher meiner Ansicht nach daran festgehalten werden, daß es der Gerechtigkeit entspricht:

> die Individualisirung der Gefangenen bei jeglicher Art der Freiheitsstrafe als den obersten Grundsatz der Strafvollstreckung anzuerkennen.

---

*) Vergl. Wahlberg, die Ehrenfolgen der strafgerichtlichen Verurtheilung. Ein Beitrag zur Reform des Strafensystems. Wien, 1864. S. 90. — Der Verfasser sagt:

Wenn die wahre materielle Gerechtigkeit darin besteht, daß allen Verbrechern, die im relativ gleichen Grade schuldig befunden wurden, ein intensiv gleiches Strafleiden auferlegt werde, so fordert es gerade diese Gleichheit vor dem Gesetze und die Gerechtigkeit, daß dort, wo nach der Beschaffenheit des Verbrechers und des Verbrechens das äußerlich gleiche Uebel für denselben ein ungleich härteres Uebel sein würde, denn für Andere, diese Ungleichheit durch eine Vollzugsmodifikation der gesetzlich verwirkten, für den besonderen Fall zu harten Strafe ausgeglichen werde.

Gegenüber der Persönlichkeit der zu einer und derselben Art der Freiheitsstrafe verurtheilten Verbrecher gilt der Satz: **si duo idem patiuntur, non est idem.** Rücksichtnahme auf die Eigenthümlichkeiten der verbrecherischen Persönlichkeit, Individualisirung muß daher als rechtliche Befugniß und Verpflichtung der Strafanstaltsleitung betrachtet werden. Die Grenze solcher Individualisirung liegt einerseits in den Bestimmungen des Gesetzes, durch welches die nothwendigen, dem Ermessen der Verwaltung entrückten Inhaltsmomente einer Strafart, z. B. Zwangsarbeit, Entziehung der vermögensrechtlichen Disposition, Einsperrung innerhalb einer Strafanstalt, vorgezeichnet werden, andererseits in dem Rechtsinteresse, daß jene zulässige Rücksichtnahme auf die Persönlichkeit des Verbrechers nicht zu einem Vorwande für besondere Bevorzugungen oder Benachtheiligungen einzelner Gefangenen gemißbraucht werde.

Die wesentlichen Momente, welche zur Charakteristik einer bestimmten Freiheitsstrafart dienen, sind durch das Gesetz vorzuzeichnen und binden die strafvollstreckenden Behörden so lange, als nicht thatsächliche Hindernisse die Ausführung der vorgeschriebenen Normen unmöglich machen, beispielsweise Krankheit die Leistung von Zwangsarbeit vereitelt. Dabei ist allerdings Sorge zu tragen, daß jene bindenden Rechtsnormen nicht in dasjenige Gebiet der Strafvollstreckung hinübergreifen, welches vorzugsweise nach Zweckmäßigkeitsrücksichten durch das freie Ermessen der Strafanstaltsverwaltung zu behandeln ist. Während das Strafgesetz seiner Aufgabe nach das rechtlich nothwendige Wesen der einzelnen Strafarten zu bestimmen hat, ist es Sache besonderer Vollzugsgesetze und Ausführungsverordnungen, festzusetzen, wie weit die Verwaltung jenen Zweckmäßigkeitsrücksichten folgen darf, wie weit sie im Wege besonderer Anordnungen das innere Leben der Strafanstalten regeln und beherrschen darf. Gerade auf diesem, der gesetzlichen Vorausbestimmung nothwendigerweise entzogenen Boden der Zweckmäßigkeitsrücksichten, für welche sich höchstens Dienstinstruktionen eignen, in Beziehung auf Ernährung, Speisung, Beschäftigungsart, Unterricht der Gefangenen ist es unbedingt nothwendig, Unterschiede unter den Gefangenen zuzulassen. Eine mechanisch regulirte und durchgeführte, rein äußerlich gleiche Behandlungsweise wäre nicht nur unmöglich, sondern auch die größte aller Ungerechtigkeiten. Nach dieser Seite hin ist daher die relativ gleiche Behandlung nach Fähigkeiten und Bildung, körperlichen und geistigen Eigenthümlichkeiten als oberster, die Verwaltung leitender Grundsatz zu betrachten.

Ueber die Einwohnerschaft des Zellengefängnisses zu Bruchsal äußert sich der dortige Verwalter Bauer:*)

---

*) S. Blätter für Gefängnißkunde. Drittes Heft, S. 28.

„Wir finden da eine Bevölkerung von 300 bis 400 Köpfen, schwere und leichte Verbrecher, Reiche und Arme, durch und durch verkommene, ohne alle Erziehung in dem Schlamme des Lasters aufgewachsene und gut erzogene, religiös und sittlich gesunde, nur einem einzigen unbewachten Momente zum Opfer gefallene Menschen, die verschiedenartigsten Temperamente, mit all ihren Fehlern und Tugenden, die verschiedenartigsten Leidenschaften, Leute mit den herrlichsten Anlagen und dumme, halb blödsinnige, Gesunde und Kranke, fleißige und geschickte Handwerker und Leute, die zu jeder besseren Handarbeit absolut untauglich sind, Familienväter und Heimathlose, junge Menschen von 15 Jahren und Greise von 80 Jahren u. s. w."

Daß alle diese Unterschiede nicht unbeachtet bleiben können, daß einem schwachen und ungeschickten Arbeiter nicht ein gleiches Pensum mit dem Geübten auferlegt werden darf: ist so leicht verständlich, daß jede Auseinandersetzung überflüssig ist. Einzelne in der Person des Thäters liegende Merkmale, z. B. jugendliches und Greisenalter, werden sogar von manchen Strafgesetzgebungen zum Gegenstande besonderer, von der regelmäßigen Behandlungsweise in der Strafvollstreckung abweichenden, Anordnuugen gewählt. Aber selbst wo dies geschehen, bleibt es dennoch klar, daß zahlreiche Unterschiede anderer Art aus Gründen der Gerechtigkeit und der Zweckmäßigkeit gebieterisch Rücksichtnahme in den Gefängnissen fordern. Die Behandlung gefangener Frauen kann nicht die gleiche sein, wie in Männerstrafanstalten, obwohl die Gesetze selbst, außer der vorgeschriebenen Trennung der Geschlechter in den Strafanstalten, keine positiven Anweisungen zur Unterscheidung aufstellen. So nothwendig und allgemein wird in der Gefängnißkunde Individualisirung als Fundamentalsatz der Strafvollstreckung anerkannt, daß mit Rücksicht darauf zunächst der Werth der äußeren Gefangnißeinrichtungen und die Form der Haft bemessen werden. Gerechtigkeit und Zweckmäßigkeit stimmen hier vollkommen überein.*)

Daß auch die Bildungsstufen unter den Gefangenen beachtet werden müssen, kann nach dem bereits Angeführten nicht mehr zweifelhaft sein. Es würde unzulässig, unzweckmäßig und ungerecht sein, den Gebildeten mit einer Handarbeit zu beschäftigen, die für die Mehrzahl der Ungebildeten als eine Fortbildung, für ihn als eine Erniedrigung erscheint, ihn in eine Zuchthauskleidung zu stecken, die für den in Schmutz und Verwahrlosung lebenden Dieb gleichbedeutend ist mit Reinlichkeit und Ordnung, ihn an dem Elementarunterricht Theil nehmen zu lassen, dem er längst ent-

*) S. Mittermaier, Gefängnißverbesserung. S. 106.

wachsen. Unter dem bloßen Schein der Gleichheit würde sich hier die größte Ungleichheit verbergen. Welche größere Barbarei läßt sich denken, als wenn man nach den für Landstreicher und Bettler vor fünfzig Jahren berechneten Bestimmungen eines Deutschen Staates den wegen Preßvergehen zur Haft eingelieferten Redakteur in ein Badezimmer nöthigte, unter eine Douche schleppte und von Haupt zu Füßen abseifte! Sobald man einmal zu dem Bewußtsein gelangt ist, daß beschimpfende Strafen der selbst im Verbrecher zu achtenden Menschenwürde zuwiderlaufen, darf auch die Vollstreckung der Freiheitsstrafen nicht so eingerichtet werden, daß sie den Gebildeten in seinen Augen und der ihm gleichstehenden Gesellschaftsklasse erniedrigt oder entwürdigt. Wenn auch von dem Gesetze der Zwangsarbeit selbst bei schweren Freiheitsstrafen zu Gunsten gebildeter Verbrecher nicht abgegangen werden kann, so gestattet doch oder fordert vielmehr die Auswahl und Zutheilung der zulässigen Arbeitszweige eine Erwägung solcher Umstände.

Wendet man den Grundsatz der Individualisirung oder der relativen Gleichheit in der Strafvollstreckung auf die wichtigsten Inhaltsbestimmungen der Freiheitsstrafen an, so ergiebt sich die Nothwendigkeit einer die Persönlichkeit des Sträflings beachtenden Rücksichtnahme, zunächst

1. bei der Form der Haft. Ob man sich für die sogenannte reine und absolute Einzelhaft, für die modificirte Einzelhaft, für das Auburnsche Schweigsystem oder für Gemeinschaftshaft entscheiden will, bleibt einflußlos auf das Verhältniß von Ausnahme und Regel. Vom Standpunkte der Einzelhaft ausgehend, behauptet Mittermaier:*)

> „Alle verständigen Gefängnißbeamten geben zu, daß rohe, verkommene, geistesstumpfe Sträflinge in der Einzelhaft noch mehr verdummen und ihnen, die kein Mittel geistiger Erhebung in sich tragen, nicht beizukommen ist.“

Auf der anderen Seite besorge ich bei denen, welche die Erfahrungen der Gefängnißwissenschaft zu Rathe ziehen, keinen Widerspruch, wenn ich behaupte, daß bei einem Klassifikationssystem die Bildungsstufen der Gefangenen gleichfalls zur Geltung kommen müssen. Es erscheint in meinen Augen als ein Unrecht, den gebildeten Gefangenen mit rohen, verwahrlosten und verkommenen Subjekten zusammenzusperren. Für die überwiegende Mehrzahl der besser Erzogenen erscheint Einzelhaft, selbst abgesehen von den principiellen, die Einrichtung der Strafanstalten betreffenden Fragen, als die zunächst angemessene Haftform. Es ist daher nur zu billigen, wenn für die Mecklenburgische Strafanstalt zu Dreibergen eine derartige Rücksicht auf

*) Gefängnißverbesserung. S. 106.

die gebildeten Verbrecher ausdrücklich anerkannt wird. Die Statistik zeigt zwar, daß der Procentsatz derjenigen Gefangenen, welche eine höhere Bildung genossen haben, ein außerordentlich geringer, meistentheils ein Procent nicht übersteigender ist. Nichtsdestoweniger gehört es zu den unerläßlichen Anforderungen an die Vollstreckung der Freiheitsstrafen, daß die Ausnahmeverhältnisse unter den socialen Erscheinungsformen des Verbrechens nicht durch den Schematismus eines „Systems" erdrückt werden.

2. Hinsichtlich der Ernährung der Gefangenen. Daß körperliche Krankheitszustände bei der Ernährung nicht außer Acht gelassen werden dürfen, bedarf keiner Erwähnung. Aber auch das individuelle Bedürfniß der physischen Natur wird so weit zu würdigen sein, als von der Befriedigung desselben das Wohlbefinden überhaupt abhängig ist. Die Entziehung derjenigen Lebensgenüsse, welche ein reicher Verbrecher sich vor seiner Verurtheilung zu verschaffen vermochte, liegt im Wesen der Freiheitsstrafe, und es würde sicherlich unzulässig sein, den Grundsatz der Individualisirung so weit auszudehnen, daß die Entbehrungen, welche durch die Freiheitsstrafe vermittelt werden, durchaus den Bedingungen der socialen Lebensstellung jedes einzelnen Verbrechers zu entsprechen hätten. Für eine erhebliche Anzahl der Gefangenen ist die Gefängnißkost sogar besser, als diejenige Nahrung, welche sie im Zustande der Freiheit zu erarbeiten im Stande sein würden. Immerhin wird aber die Rücksicht geboten sein, daß die zartere Gesundheit wie das stärkere Ernährungsbedürfniß in der Strafvollstreckung das Recht finden, als nicht fungible Sache behandelt zu werden. Zur Ausgleichung verschiedenartiger Bedürfnisse gestatten daher, abgesehen von der direkten Vorsorge der Vollzugsbehörden für das körperliche Wohlbefinden, die Regulative und Instruktionen der Strafanstalten die Verwendung bestimmter Bruchtheile des Arbeitsverdienstes oder des eigenen Vermögens zur Verbesserung der Gefängnißkost.*) Selbst in der ausnahmsweisen Erlaubniß der Selbstbeköstigung kann, wenn Gründe der besseren Körperpflege dazu rathen und gegen den Mißbrauch Vorkehrungen getroffen werden, eine das Recht der Gleichheit verletzende Bevorzugung nicht gefunden werden. Aehnliche Gesichtspunkte werden sich bei der körperlichen Bewegung im Freien darbieten. Außer allem Zweifel darf die Freiheitsstrafe dem Erfolge nach nicht zu einer Leibes- und Gesundheitsstrafe entarten. Nur durch die medicinische Beachtung aller die individuellen Körperzustände betreffenden Verhältnisse kann verhindert werden, daß dies geschehe. Gerade an diesem

---

*) S. den Bericht des Norwegischen Arztes Faye bei **Mittermaier**, Gefängnißverbesserung, S. 29. — **Marcard**, ärztliche Mittheilungen aus den Hannoverschen Strafanstalten (1864) S. 33.

Punkte zeigt sich am deutlichsten, daß eine völlige Gleichheit der Behandlung zu den Unmöglichkeiten, der bloße Versuch derselben zu den größten Ungerechtigkeiten gehören würde. Was aber der physischen Individualität des Menschen nicht versagt werden darf, muß auch der geistigen Eigenthümlichkeit nothwendiger Weise gewährt werden. Ohnehin kann das psychische und das physische Leben nur der Idee nach, nicht aber thatsächlich von einander getrennt werden.

3. Hinsichtlich der Kleidung. Medicinische Rücksichten gebieten auch hier die Individualisirung.*) Aber selbst die gleichmäßige Zuchthauskleidung, welche Deutsche Strafgesetze und Vollzugsverordnungen vorschreiben, dürfte in einem Zeitalter, das sich von beschimpfenden Strafen und Prangerstellungen losgesagt, keineswegs als eine unterscheidungslose Regel festzuhalten sein, sondern nur nach den Rücksichten der Reinlichkeit, der äußeren Ordnung, der Kenntlichmachung zur Verhinderung von Fluchtversuchen anzuwenden und mit mehrfachen, der Persönlichkeit und dem Ehrgefühl des Verbrechers entsprechenden Ausnahmen sehr wohl zu vereinbaren sein.

4. Hinsichtlich der Beschäftigungsweise und der Art der Zwangsarbeit. Obgleich erzwungene Arbeitsleistungen als ein Merkmal der schweren Freiheitsstrafen angedroht werden, geht die neuere Gefängnißkunde dennoch von dem Grundsatze aus, daß bei der Auswahl der Arbeitszweige und ihrer Vertheilung auf die Gefangenen nicht die peinliche Empfindung des Sträflings, oder gar seine Abneigung gegen bestimmte Beschäftigungen in Betracht komme. Selbst wo der Abschreckungszweck auf eine derartige Auffassung hinwies, drängte das handgreifliche Interesse der Strafanstaltsverwaltung zu der entgegengesetzten Praxis, den natürlichen Fähigkeiten, dem Geschick und der Neigung der Gefangenen alle denkbaren Zugeständnisse zu machen. Ueber den abstrakt gedachten Zwang zur Arbeit setzte man die Rücksicht auf die individuelle Neigung zu einem Arbeitszweige, der neben seiner Einträglichkeit für die Strafanstalt den Geist und Gedanken des Arbeitenden beschäftigen und fortbilden, ihn zu einem künftigen Lebenserwerb nach der Entlassung befähigen sollte. Abschreckung mittelst der Arbeit und durch die Arbeit, oder der Versuch, dem Sträfling die Arbeit von Amtswegen zu verleiden, wäre nichts anderes gewesen, als Provokation zum Müßiggange, Anstiftung zu neuen Verbrechen, bewirkt durch die Organe der strafenden Gerechtigkeit. In Bruchsal, St. Gallen und anderen neueren Strafanstalten

*) Marcard, a. a. O. S. 39, sagt: Bei der Bekleidung und nächtlichen Bedeckung sollte auf Alter, Geschlecht, Klima, Jahreszeit und persönliches Bedürfniß möglichste Rücksicht genommen werden, dies Alles um so mehr, wenn durch vorwiegende Beschäftigung der Gefangenen in geschlossenen Räumen die Haut verweichlicht ist.

bezeugt die Direktion, daß bei der Zutheilung der Strafgefangenen zu bestimmten Gewerbszweigen die Wünsche der Eingelieferten thunlichst berücksichtigt werden*). Als eine vielfach innegehaltene Norm leitet dabei der Grundsatz, diejenigen Gefangenen, welche bereits vor ihrem Verbrechen dem Handwerkerstande angehörten, ihr früher betriebenes Gewerbe einfach fortsetzen zu lassen und, abgesehen von dem Entgegenkommen gegen die bereits vorhandenen Neigungen, eine den Interessen der Verwaltung zuwiderlaufende, Zeitverlust und Verbrauch von Arbeitsmaterial bedingende Lehrperiode zu vermeiden. Individualisirung und administrative Zweckmäßigkeit decken sich also auch hier. Im Allgemeinen werden diejenigen unter den größeren Strafanstalten als am besten organisirt gelten können, welche durch eine größere Mannigfaltigkeit von Beschäftigungsarten eine weiter ausgedehnte Rücksichtnahme auf Neigung und Fähigkeiten der Gefangenen gestatten. Was also das Preußische Strafgesetzbuch mit Beziehung auf die einfache Gefängnißstrafe vorschreibt: daß die Gefangenen in einer ihren Fähigkeiten und Verhältnissen angemessenen Weise beschäftigt werden können, ist auch in den meisten Zuchthäusern die thatsächliche Gestaltung des Arbeitszwanges. Es kann keinem Bedenken unterliegen, wie bei Handwerkern, so auch bei Gelehrten, Beamten, oder höher gebildeten Personen dieselbe Billigkeit walten zu lassen. Die Uebung niederer, für das spätere Leben gleichgültiger, mit der Vorstellung der Peinigung in den Augen des Sträflings verbundener, nach der Auffassung vieler Anderer für den Betroffenen lächerlicher Gewerbszweige würde neben der längst bestehenden Praxis der Strafanstalten als grausame Härte erscheinen.

Ich könnte diese Ausführungen noch weiter verfolgen, glaube indessen, daß die bisher gegebenen Andeutungen dem Zwecke dieses Gutachtens vollkommen genügen. Wie mit den physischen Bedürfnissen der Ernährung, Kleidung, Bewegung und Erholung, ganz ebenso verhält es sich mit der geistigen und sittlichen Förderung der Gefangenen. Es wäre das gerade Gegentheil von Gleichheit, wenn man einen gebildeten und geistig höher entwickelten Gefangenen auf die Lektüre derjenigen Bücher der Strafanstaltsbibliothek verweisen wollte, welche für unreife Kinder oder nothdürftig lesende Tagelöhner berechnet sind. Ein Gefängnißgeistlicher, welcher sich, ohne Ansehen der Person, bei seinen Ermahnungen einer stereotypen Zellenliturgie oder Strafanstalts-

*) Siehe Blätter für Gefängnißkunde Heft 3. S. 32. — Bauer, der Gewerbebetrieb in den Strafanstalten mit besonderer Beziehung auf das Zellengefängniß in Bruchsal. (Karlsruhe, 1861.) S. 25, 32, 59, 62, 77, 95, 96, 137. — Mittermaier, Blätter für Gefängnißkunde, S. 47. — Elvers, Die Beschäftigung der Sträflinge. (Allg. Deutsche Strafrechtszeitung. 1861. S. 801 ff.)

Agende bedienen wollte, würde in der Wüste den Steinen mit größerem Nutzen predigen.

Wenn von einer Gleichheit der Behandlung in den Strafanstalten die Rede ist, so kann damit nur gemeint sein, daß die vollstreckende Behörde innerhalb der gesetzlich geordneten Schranken sich bemühen muß, dafür zu sorgen, daß ein dem Namen nach identisches Strafübel auf verschieden geartete Menschen nicht ungleich wirke. Erst durch diese Vorkehr gegen die individuelle Ungleichheit in der Strafvollstreckung erfüllt sich die wahre Gerechtigkeit.

Allerdings wird es unmöglich bleiben und keiner Anstrengung gelingen, einen mathematisch genau regulirten Pendelschlag menschlicher Empfindungen durch äußere Veranstaltung herbeizuführen. Die gleiche Strafdauer desselben Strafübels, welches selbst den Wünschen zweier Menschen genau entsprechend eingerichtet würde, kann voraussichtlich keine gleichen Gefühle und Eindrücke hervorrufen, weil das Gemüth selbst inkommensurabel bleibt und in anderen Individuen kein Aequivalent findet.

Allein dies ist kein Grund, Ungleichheiten in der Strafvollstreckung so weit zu verringern, als dies unter gegebenen Verhältnissen überhaupt thunlich und rechtlich zulässig erscheint.

Es könnte hier die Frage aufgeworfen werden, bis zu welchem Maße überhaupt die Wünsche der Gefangenen von der Strafanstaltsverwaltung berücksichtigt werden dürfen. In Baden wird beispielsweise nach Verlauf von sechs Jahren dem Wunsche, auch fernerhin in der Einzelhaft zu verbleiben, eine rechtlich vorausbestimmte Wirkung beigemessen. Ganz allgemein läßt sich jene Frage nicht beantworten. Rechtlich wird daran festzuhalten sein, daß die Strafvollstreckung eine Form des staatlichen Zwanges, eine objektiv der Idee nach über das Belieben des Bestraften hinausgreifende Veranstaltung ist. Insoweit als die Wünsche bestrafter Personen den Voraussetzungen der Strafvollstreckung entsprechen, liegt sicherlich kein Anlaß vor, sie um ihrer selbst willen unbeachtet zu lassen.

Mit dem Anerkenntniß, daß eine äußerlich gleichförmige Art der Strafvollstreckung ohne Beachtung der Individualität dem Wesen der wahren Gerechtigkeit durchaus zuwiderläuft, scheint freilich die Gefahr verbunden zu sein, daß der Willkür der Verwaltung Thür und Thor geöffnet werde, oder daß das Princip der Gleichheit vor dem Gesetze in Widerspruch damit gerathe. Es führt mich dies zu dem zweiten eventuellen Theile des von mir erforderten Gutachtens.

Ich glaube dargethan zu haben, daß die richtige Auffassung von der Gleichheit vor dem Gesetze das Princip der Individualisirung selbst ist. Ein Widerspruch kann also begriffsmäßig überhaupt nicht gedacht werden, wofern man nur daran festhält, daß die in der Persönlichkeit des Thäters selbst liegenden, mit der Bestrafung zusammenhängenden psychischen und leiblichen Eigenthümlichkeiten es sind, welche die Strafvollstreckung zu berücksichtigen hat. Die Gleichheit vor dem Gesetze würde erst dann verletzt werden, wenn, unabhängig von jenen Momenten der Individualität, lediglich äußere Verhältnisse, eine adlige Abstammung ohne gleichzeitige Geistesbildung, vornehme Verwandtschaft in den höheren Amtsklassen für sich allein, oder bäurische Herkunft trotz der erlangten feineren Ausbildung den Maßstab der Behandlung in der Strafvollstreckung abgeben. Von einer Beachtung des Standes und der Amtskleidung, welche ein Verbrecher vor seiner Einlieferung trug, ist keine Rede, wenn auch thatsächlich meistentheils die höheren gesellschaftlichen Schichten über ein höheres Maß von Bildung zu gebieten haben. Es ist nur daran festzuhalten, daß die höhere Bildung ohne Rücksicht darauf, woher sie stammt und welche äußere Stellung sie einnimmt, in der Strafvollstreckung mit der Rohheit und der Unsitte nicht auf eine und dieselbe Stufe der Behandlung herabgesetzt werden darf. Dies fordern bedeutet nicht die Anerkennung von Privilegien, sondern vielmehr die Abweisung einer Degradation. Soviel mir bekannt, hat auch durch die öffentliche Stimme des Volksrechtsbewußtseins, wo sie ungetrübt durch Parteileidenschaft und Haß sich äußern konnte, die Gleichstellung politischer Verbrecher, die in den Jahren 1848 bis 1850 verurtheilt worden waren, mit gemeinen Verbrechern allgemeine Mißbilligung erfahren. Ich weiß sehr wohl, daß diese zum Theil auf Kosten der für politische Verbrechen meiner Ueberzeugung nach durchaus unangemessenen Zuchthausstrafe zu setzen ist. Nichtsdestoweniger wußte man sehr wohl, daß es in der Hand der Strafanstaltsverwaltungen lag, in dieser Beziehung Unterscheidungen eintreten zu lassen.

Jener oberste Grundsatz der Gleichheit, welcher fordert, daß das im Gesetz angedrohte und vom Richter ausgesprochene Strafübel, damit es gerecht bleibe, nicht ungleich wirke und darum von der strafvollstreckenden Behörde der Persönlichkeit des Thäters entsprechend angewendet werde, kann durch die Gefängnißverwaltung in mehrfacher Weise verletzt werden, nämlich 1) indem äußere, dem Wesen der Individualität fremde, Standesunterschiede zu wirklichen Verletzungen der Gleichheit führen, 2) indem Unterschiede, welche wirklich Berücksichtigung fordern, von der Strafanstaltsverwaltung unbeachtet gelassen werden, und 3) indem Ungleichheiten der Behandlung eingeführt werden, denen keine objektiven Grundlagen entsprechen. Diese letztere Gefahr ist verhältnißmäßig am geringsten; sie findet ihr Gegengewicht an der Tendenz einfacher, gleichförmiger und thunlichst bequemer Verwaltungseinrichtung; am häufigsten tritt sie hervor in den einseitigen, vielleicht wohlgemeinten, aber doch der persönlichen Berechtigung des Verbrechers sehr feindseligen Bekehrungsversuchen gewisser Gefängnißgeistlichen, denen an den äußeren Zeichen kirchlicher Konformität Alles gelegen ist. Daß die Strafanstalten niemals die staatlichen Zwangsrechte der Geistlichkeit leihen dürfen, deren Wirksamkeit vielmehr eine durchaus freie auch für den Sträfling sein muß, setze ich voraus. Aus dem Grundsatze der Gewissensfreiheit scheint mir zu folgen, daß der zudringliche Zuspruch bekehrungssüchtiger Geistlicher durch den Gefangenen selbst zurückgewiesen und abgelehnt werden darf, besondere Schutzanstalten sogar entbehrlich werden, sobald man sich den Grundsatz der Englischen Strafanstaltsverwaltung aneignet, daß Gefängnißgeistliche mit den dem Verbrecher zu gewährenden Begünstigungen, mit Bestrafungen oder Begnadigungen gar nichts zu schaffen haben dürfen.

Der allerdings möglichen Willkür der Gefängnißdirektoren wird sich mit rein büreaukratischen Mitteln gleichfalls schwer begegnen lassen. Es ist zunächst daran zu erinnern, daß trotz der in den Hausordnungen der Gefängnisse vorgezeichneten Norm das Amt eines Strafanstaltsdirektors im eminenten Sinne ein Vertrauensamt sein muß und deswegen Garantien der richtigen Verwaltung vor allen anderen Dingen in den persönlichen Eigenschaften der Inhaber zu suchen sind. Was die obere Leitung eines Gefängnisses vor vielen anderen Amtsstellungen auszeichnet, ist: das besonders starke Autoritätsbedürfniß in dem Verhältniß zu Menschen, die die Gesetze gebrochen, die präsumtiv geneigt sind, auch den in der Strafvollstreckung wirkenden Kräften Widerstand entgegenzusetzen und bei jeglicher Gelegenheit über die ihnen widerfahrende zwingende Behandlungsweise Klage zu führen; außerdem tritt die äußere Abgeschlossenheit des Berufes hinzu, welche es allen Fernerstehenden erschwert, in die besonderen Verhältnisse der Strafanstalt, in die Behandlung des einzelnen Falles, in etwaige Bevorzugung oder Zurücksetzung einzelner Gefangenen Einsicht zu gewinnen, oder dazwischentretend einzugreifen.

Wenn mir daher die Frage vorgelegt wird, wie man dafür Sorge tragen solle, daß der bloßen Willkür bei der Strafvollstreckung kein zu großer Spielraum gewährt werde, so halte ich die Beantwortung derselben in allgemein maßgebender Weise für unthunlich, weil es sich dabei wesentlich um die verwaltungsrechtliche Einrichtung der Strafanstalten handelt. Nur die wesentlichen, die Strafvollstreckung bindenden, Inhaltsmomente der Freiheitsstrafe lassen sich im Voraus festsetzen; die Mehrzahl der in der Gefängnißleitung hervortretenden Zweckmäßigkeitsfragen ist durch konkrete Thatsachen bedingt und entzieht sich daher jeder gesetzgeberisch erschöpfenden Disposition. Je weniger ein Eingreifen in die positiv regelnden Befugnisse und Anordnungen der Strafvollstreckungsbehörde angemessen oder nützlich erscheint, je bedenklicher es beispielsweise sein würde, durch bindende Normen der lebendigen Anschauung vorzugreifen, und eine Vertheilung der Arbeitszweige auf bestimmt bezeichnete Klassifikationen von Sträflingen vorzuzeichnen, desto mehr wird es gerathen sein, die persönliche Verantwortlichkeit der obersten Strafanstaltsleitung zu steigern, damit in ihr das Bewußtsein lebendig erhalten werde, daß der Strafzwang nicht einem bloßen Experimentiren und willkürlichen Besserungs- oder Abschreckungsversuchen, sondern den höchsten Grundsätzen der Gerechtigkeit zu dienen habe.

In welcher Weise die in Deutschland vielfach mangelhafte und höchst unvollkommene Verantwortlichkeit des Gefängnißbeamtenthums zu erhöhen und die Strafvollstreckung im Einklang mit den Gesetzen zu erhalten ist, darüber kann ich mir nur einige Andeutungen erlauben, weniger zu dem Zwecke, um damit speciellen Vorschlägen ein besonderes Gewicht zu geben, als vielmehr um zu zeigen, daß der Besorgniß, es werde die Individualisirung der Gefangenen zu einer Willkür in der Behandlung führen, auf dem Gebiete verwaltungsrechtlicher Organisation wirksam entgegengetreten werden kann. In erster Linie wird darauf zu halten sein, daß die Verfügungen der strafvollstreckenden Behörde ein Gegengewicht finden an einem wirksam geordneten Beschwerderecht der Gefangenen für diejenigen Fälle, in denen unter Berufung auf Zweckmäßigkeitsgründe in die persönlichen Rechte der Bestraften ungehöriger Weise eingegriffen wird. Schon aus diesem Gesichtspunkte empfehlen sich:

1. Der Grundsatz der Kollegialität unter dem höheren Strafanstalts-Beamtenthum (Vorstand, Arbeitsverwalter, Arzt, Lehrer und Geistlicher) in Beziehung auf die wichtigeren Maßnahmen, wie Veränderungen in der Haftform und disciplinarische Bestrafungen. Was diese letzteren betrifft, so schränkt das Französische und Englische Verwaltungsrecht die Befugnisse nicht nur des unteren Gefängnißbeamtenpersonals, sondern auch der Direktoren ein. Es ist denkbar, daß entweder den höheren Gefängnißbeamten vor der Anordnung direktorialer Maßregeln in wichtigen Fällen mindestens eine berathende Stimme beigelegt wird, oder sogar bei schweren Disciplinarstrafen die Entscheidung einer außer der Strafanstalt stehenden höheren Aufsichtsbehörde einzuholen ist. Aus dem Gesichtspunkte nothwendiger Autorität und höherer Zweckmäßigkeit folgt indessen, daß gegen die kompetenzmäßigen Verfügungen der Strafanstaltsdirektionen ein Suspensiveffekt den Beschwerden der Sträflinge nicht beigemessen werden kann.

2. Die Einrichtung einer höheren, über den Strafanstaltsdirektionen stehenden centralen Aufsichtsbehörde, als Instanz für Beschwerden und als eine im Interesse gleichmäßiger, nach objektiven Gesichtspunkten zu handhabender Disciplin nothwendige Oberaufsicht. Aus rechtlichen Gesichtspunkten empfiehlt sich dabei die Unterordnung der Strafanstalts-

leitung unter die höchsten Organe der Justizverwaltung, mindestens in allen die Rechtsbeziehungen der Gefängnißverwaltung zu den Sträflingen betreffenden Angelegenheiten. Die Nothwendigkeit regelmäßig wiederkehrender Gefängnißbesichtigungen durch die Centralbehörde steht ohnehin außer Frage. Im Zusammenhang damit steht:

3. Die Anordnung periodischer, mindestens jährlicher Berichterstattung der Gefängnißbehörde über alle wichtigeren Vorgänge der Strafanstaltsverwaltung, über Zahl und Art der Disciplinarstrafen, Gesundheitszustand, Krankenpflege und alle anderen Angelegenheiten, in denen entweder der Gesichtspunkt rechtlicher Kontrole oder administrativ-statistischer Interessen eine Bedeutung gewinnt. Schon der erste Juristentag hat die besondere Wichtigkeit derartiger, der Oeffentlichkeit übergebener Berichterstattung als einer Erkenntnißquelle für die Verbesserungen der Strafgesetzgebung und die Herbeiführung gemeinsamer Strafrechtsnormen anerkannt.*)

4. Die Bildung lokaler Aufsichtsräthe über die Verwaltung der Strafanstalten, zu einer dem Selbstverwaltungsrecht entstammenden Mitwirkung an der Lösung der in der Strafvollstreckung liegenden, insbesondere nach der Entlassung der Verbrecher hervortretenden oder noch fortdauernden Aufgaben, zur Abschwächung rein büreaukratischer Tendenzen und zur Ergänzung der von einer centralen, örtlich entfernten Oberaufsicht nur periodisch zu übenden Kontrole. Wo die Kosten der Verwaltung von kommunalen Verbänden zu tragen sind, würde deren Antheilnahme in der bezeichneten Weise kaum einer Rechtfertigung bedürfen. Aber auch gegenüber den Staatsgefängnissen ist der Nutzen einer Gemeindemitwirkung außer allem Zweifel, wäre es auch nur, um jene nothwendige Verantwortlichkeit der Strafanstaltsleitung wirksam aufrecht zu erhalten. Baden, Holland und Norwegen bieten in dieser Beziehung höchst beachtenswerthe Vorbilder. Im Einzelnen wird hier alles darauf ankommen, sowohl die Kompetenz als die Zusammensetzung derartiger Aufsichtsräthe unter richtiger Würdigung gegebener Verhältnisse zu regeln. Die Hauptgesichtspunkte in diesen beiden Beziehungen werden diejenigen sein, daß die lokalen Aufsichtskommissionen, ohne in die innere Verwaltung mitbestimmend einzugreifen, ihrer Aufgabe wirksamer Abwehr etwaiger Uebergriffe genügen können und daß man sich der intelligentesten Elemente bei der Zusammensetzung derselben versichere.**)

*) In dem zweiten Heft der Blätter für Gefängnißkunde ist auf Kosten der Großherzoglich Badischen Regierung ein ausführlicher Jahresbericht (1863) über Bruchsal veröffentlicht; darin sind sogar die der Anstaltsverwaltung von einzelnen Personen öffentlich gemachten Vorwürfe einer Widerlegung unterzogen.

**) Ueber die Befugnisse des Aufsichtsrathes in Bruchsal s. Füeßlin, die Einzelhaft S. 135, und Ekert, in den Blättern für Gefängnißkunde S. 9. Der Auf-

Es kann daher bei der vorliegenden Gelegenheit ganz auf sich beruhen bleiben, ob man die Mitglieder der Aufsichtsräthe, wie in Holland, durch den König ernennen oder, wie in Baden, durch kommunale Wahl, insgesammt oder zum Theil, bilden lassen will. Auf eine Erörterung dieser Punkte darf ich um so mehr verzichten, als eine allgemein giltige Anempfehlung ohnehin nicht denkbar sein würde.

Jedenfalls darf man sich überzeugt halten, daß die Gesammtheit der von mir angedeuteten Organisationsmittel in ihrem Zusammenwirken vollkommen ausreichend sein würde, um jeder Besorgniß zu steuern, daß eine mit Rücksicht auf vorhandene Befähigung und persönliche Gewissenhaftigkeit ausgewählte Gefängnißleitung das ihr innerhalb der gesetzlichen Schranken anzuvertrauende Recht der Individualisirung zur bloßen Willkür verkehre. Die Möglichkeit einzelner Fehlgriffe und Irrthümer in der Strafvollstreckung ist nicht geeignet, ein an und für sich richtiges Princip außer Anwendung zu lassen, und hat keine größere Bedeutung als die Thatsache, daß auch der beste Proceß und die festeste Gerichtsorganisation keine Bürgschaften gegen das Vorkommen fehlerhafter Richtersprüche zu bieten vermögen. Jene vielfach bestehende Besorgniß, daß in der Strafvollstreckung sehr leicht Willkür geübt werden könne, findet ihre Rechtfertigung in dem noch mangelhaften Zustande der Strafanstalten in einzelnen Deutschen Staaten. Es würde aber irrig sein, von der Ausführlichkeit der Gesetzesparagraphen oder kasuistisch entworfener Dienstinstruktionen der vollziehenden Gewalt in dieser Beziehung Abhilfe zu erwarten.

---

sichtsrath hat unter Anderem die *vorschriftsmäßige* Behandlung der Gefangenen zu sichern, Beschwerden der Gefangenen zu untersuchen, die vorgeschriebenen Haupt-Jahresberichte vorzulegen und alle vom Justizministerium vorgelegten Fragen zu begutachten.

VIII.

Gutachten des Professor Dr. Glaser in Wien

über die durch den Deutschen Journalistentag angeregte Gesetzgebungsfrage, betreffend die Preßvergehen.

Der erste Deutsche Journalistentag hat folgende Sätze als die nothwendigen Grundlagen einer rechtlichen Stellung der Presse aufgestellt:

1) „Strenge Ausschließung jeder Präventivmaßregel, also insbesondere jeder Art von Koncessionen, desgleichen der Einreichung von Pflichtexemplaren vor der Herausgabe eines Preßerzeugnisses und der Kautionen.

2) Strenge Ausschließung jedes administrativen Ermessens, insbesondere jeder Art von Verwarnungen und darauf gegründeter Unterdrückung eines Blattes; Ausschließung jeder polizeilichen Beschlagnahme.

3) Vollständige Unabhängigkeit der Gerichte, volle Oeffentlichkeit und Verweisung der Preßprocesse vor die Geschwornengerichte.

4) Anwendung der allgemeinen Strafgesetze und Rechtsgrundsätze (z. B. hinsichtlich der Haftbarkeit) auch auf die Presse unter Ausschluß jeder Art von Specialgesetzgebung." (Biedermann, Bericht über den ersten Deutschen Journalistentag, S. 11.)

Im Anschluß hieran hat die ständige Deputation des Deutschen Juristentages eine Gesetzgebungsfrage gestellt, welche ihrem Wortlaut nach nur den vierten dieser Beschlüsse, indirekt auch noch die unter 3 enthaltenen Positionen berührt.

Sie lautet:

Fordert es die nothwendige Freiheit der Presse, und genügt es der Rücksicht auf die öffentliche Sicherheit (vergl. die Beschlüsse des ersten Deutschen Journalistentages), daß bei den mittelst der Presse verübten strafbaren Handlungen die **allgemeinen** Strafgesetze und Strafrechtsgrundsätze **ausnahmslos** zur Anwendung kommen?

oder

sollen in gewissen Hauptpunkten (eventuell in welchen?) Ausnahmen stattfinden, und welche Ausnahmen sind

a) im Interesse der nothwendigen Freiheit der Presse erforderlich

und

zugleich ohne Nachtheil für die öffentliche Sicherheit zulässig?

b) im Interesse der öffentlichen Sicherheit geboten?

Ich durfte und mußte dabei die Annahme der unter 1 und 2 angeführten Beschlüsse des Journalistentages voraussetzen, und nehme weiter an, daß die Forderung **vollständiger Unabhängigkeit der Gerichte** innerhalb des Deutschen Juristentages weder begutachtet noch sonst diskutirt zu werden braucht. Ueber die so abgegrenzte Materie habe ich mir eine Ansicht gebildet, die ich in einer von der Formulirung der mir gestellten Frage etwas abweichenden Form aussprechen muß, theils deßhalb, weil ich erstere weder unbedingt bejahen, noch unbedingt verneinen kann, theils weil reifliches Nachdenken das Resultat herausgestellt hat, daß gerade Forderungen, welche scheinbar nur im Interesse der Preßfreiheit gestellt werden müssen, noch viel mehr im wohlverstandenen Interesse der öffentlichen Ordnung zu stellen seien.

Meine Ansicht ist:

I. Handlungen, deren Thatbestand nicht schon an und für sich durch den Mißbrauch der öffentlichen Meinungsäußerung bedingt ist, sind auch, wenn sie durch die Presse verübt worden (**uneigentliche Preßdelikte**), nach den allgemeinen Strafrechtsgrundsätzen und Strafgesetzen zu beurtheilen; es gilt dies namentlich auch von der **Anstiftung** und der **Theilnahme**.

II. Dagegen fallen die **eigentlichen Preßdelikte** — d. h. für die öffentliche Ordnung gefährliche und blos darum verbotene Publikationen — nur aus formellen Gründen in das Gebiet des Strafrechts; für ihre Abgrenzung und Behandlung müssen daher besondere, ihrer eigenthümlichen Natur entsprechende Regeln gelten.

III. Als verboten sind nur diejenigen Veröffentlichungen anzusehen, durch welche entweder

a. zu strafbaren oder wenigstens rechtswidrigen Handlungen aufgereizt, oder

b. ein durch das Gesetz geschütztes Objekt in einer an sich verwerflichen Form angegriffen wird.

IV. Den eigentlichen Preßdelikten sind nur objektive Repressivmaßregeln, über deren Zulassung das Gericht im ordentlichen Verfahren (V. und VI.) entscheidet, entgegenzusetzen; die persönliche Bestrafung des Urhebers der Schrift oder jener Personen, welche zur Veröffentlichung mitwirken, liegt hier ebenso wenig im Interesse der öffentlichen Ordnung, als in dem der nothwendigen Preßfreiheit.

V. Bei eigentlichen Preßdelikten ist der Anklagegrundsatz streng festzuhalten; es bedarf weder einer gerichtlichen Voruntersuchung, noch eines gerichtlichen Erkenntnisses über die Versetzung in den Anklagezustand, noch endlich eines Verhöres in der öffentlichen Hauptverhandlung.

VI. Es ist wünschenswerth, daß in Ländern, in welchen Geschwornengerichte bestehen, denselben alle Processe wegen des Inhaltes von Druckschriften zugewiesen werden.

VII. Unabhängig von den Vorschriften über Verjährung soll die Verfolgung jeder Druckschrift ausgeschlossen sein, welche während einer bestimmten Zeit, während welcher ihre Verfolgung im Inlande möglich war, unverfolgt geblieben ist.

Begründung.

Zu I.

Es giebt ohne Zweifel Delikte, bei welchen es zwar denkbar ist, daß sie auf dem Wege der Presse verübt werden, bei welchen dies aber eine für die Hauptsache gleichgiltige Modalität ist. Hierher gehören vor Allem die Injurien und jene öffentlichen Verbrechen, welche sich ihrem Wesen nach als qualificirte Injurien darstellen; hierher gehört ferner die Gotteslästerung, da wo man sie noch als ein selbstständiges Delikt ansieht. Nicht minder ist dies bei Betrug, Fälschung, Erpressung, Bedrohung, Mißbrauch der Amtsgewalt (durch Erlassen einer gedruckten Verfügung) u. dergl. m. der Fall. Die Begriffe dieser Delikte sind überall schon festgestellt gewesen, ehe die

Frage über die Grenzen der der Presse zu gewährenden Freiheit durch den Uebergang vom Präventiv- zum Repressivsystem in den Vordergrund gestellt wurde. Bei diesen Delikten hat die Berufung auf die allgemeinen Strafgesetze und Strafrechtsgrundsätze einen deutlichen Sinn, und es kann hier unbedenklich der Satz aufgestellt werden, daß es im Allgemeinen weder nothwendig, noch gerechtfertigt sei, wenn bei der Abgrenzung des Begriffes[1]) der Presse eine Ausnahmsstellung bereitet wird.

Im Allgemeinen ist indeß die Bedeutung dieser Art von Preßdelikten (sie werden hier der Kürze halber als uneigentliche Preßdelikte bezeichnet werden) eine sehr geringe. Allerdings aber kommt noch in Betracht, daß die Anstiftung zu jeder Art von Verbrechen ebensowohl durch die Presse, als durch andere Mittel der psychischen Einwirkung bewerkstelligt werden kann. Auch dadurch ist jedoch kein Anlaß zu einer Ausnahmsmaßregel gegeben, so lange nicht ein Versuch gemacht wird, die Anstiftung zum Verbrechen über ihre natürlichen Grenzen hinaus zu erweitern, um dadurch die für wünschenswerth erachtete Bestrafung gewisser Publikationen zu vermitteln.

Gerade dieser Versuch und die Vorstellung, daß die Gesetzgebung ihn unternehmen könne, ohne von den allgemeinen strafrechtlichen Grundsätzen eine Ausnahme zu machen, ist von wesentlicher Bedeutung für das Schicksal der Preßgesetzgebung, und er eben liegt meistens der Behauptung zu Grunde, daß es besonderer Normen für Preßdelikte ebensowenig bedürfe, als es etwa bei einer Strafbestimmung gegen den Mord darauf ankomme, ob der Dolch oder das Pistol als Mittel zur Verübung der That gedient habe.[2])

Es ist dies eine Täuschung. Es kann zwar nicht bestritten werden, daß unter Umständen ein Preßerzeugniß vollkommen den Charakter der Anstiftung zu einem bestimmten Verbrechen tragen könne; allein dieser Fall

---

[1]) Für das Strafmaß wird die erhöhte Publicität allerdings von Einfluß sein können, ebenso wird es sich rechtfertigen lassen, wenn da, wo es auf die Anwendung eines gewissen Maßes von Vorsicht und Sorgfalt ankommt, wie z. B. bei Verbreitung injuriöser Nachrichten, an Druckschriften ein strengerer Maßstab angelegt wird, als an mündliche oder schriftliche Aeußerungen im Privatverkehr. — Ganz unberücksichtigt bleiben in diesem Gutachten, nach der gestellten Frage, jene strafbaren Handlungen, welche nicht unmittelbar durch Druckschriften verübt werden. (Vgl. z. B. die in der Englischen Parlamentsakte 6 et 7 Vict. cap. 96 sect. 3 enthaltene Strafbestimmung gegen Erpressungen, welche durch die Drohung, etwas zu drucken oder nicht zu drucken, unterstützt werden.)

[2]) Que fait-on, sagte Portalis am 15. April 1797 im Rath der Alten, quand on propose une loi particulière sur les délits de la presse? C'est comme si, en matière d'assassinat, on proposait une loi sur les délits du sabre ou du pistolet. Il est défendu d'assassiner; l'instrument, qui sert à commettre le crime, n'en change pas la nature.

wird nur selten eintreten, und fast immer nur in solchen Ländern, deren Gesetzgebung die mißlungene Anstiftung für strafbar erklärt.

Obgleich es für die Feststellung der rechtlichen Natur der Anstiftung, zumal der blos versuchten, keineswegs ganz gleichgiltig ist, wen der Anstifter zum Verbrechen verleiten wollte, und ob er daher eine bestimmte Person vor Augen hatte, möchte ich es doch nicht in Abrede stellen: daß eine ernstlich gemeinte Aufforderung zum Verbrechen, welche gleichzeitig an mehrere Personen gerichtet ist und wobei es dem Auffordernden nur gleichgiltig war, ob derselben alle oder nur einzelne der angeredeten Personen entsprechen werden, zum Thatbestand der Anstiftung genüge. Allein jedenfalls kann von einer Anstiftung nur da gesprochen werden, wo dem Provokanten eine bestimmte That vor Augen stand, zu welcher er die von ihm angeredeten Personen veranlassen wollte; es wird aber nicht genügen, daß er sich darauf beschränkt, ihnen Vorstellungen und Gesinnungen einzuflößen, vermöge welcher sie geneigt werden, bei vorkommender Gelegenheit selbstständig sich zu gewissen strafbaren Handlungen zu bestimmen. Ein Vater, der seinen Sohn zum Diebstahl erzieht und abrichtet, kann darum allein weder der versuchten noch der vollbrachten Anstiftung (wenn man diese Ausdrucksweise überhaupt für zulässig hält) schuldig gefunden werden; ein Schriftsteller, welcher das in einem Lande bestehende Regierungssystem auf das Rücksichtsloseste angreift und den leidenschaftlichen Wunsch nach einer Aenderung, selbst nach einer ungesetzlichen und gewaltsamen, zu verbreiten sucht, ist noch nicht intellektueller Urheber der Verbrechen, welche etwa Einzelne unter dem Einfluß einer solchen Gesinnung begehen mögen, und noch viel weniger wird man da, wo solche Verbrechen gar nicht begangen wurden, von einer versuchten Anstiftung sprechen können.

Die Bedeutung dieser Abgrenzung kann kaum durch etwas Anderes so klar gelegt werden, als durch die Geschichte der Französischen Preßgesetzgebung, welche sich zum nicht geringen Theil gerade um diesen Punkt dreht. Die Verfassung von 1791 (Kap. 5 Art. 17) hatte als die einzigen Personen, welche wegen einer Druckschrift verfolgt werden können, diejenigen bezeichnet, welche „wissentlich zum Ungehorsam gegen das Gesetz, zur Herabwürdigung der konstituirten Gewalten, zum Widerstand gegen ihre Thätigkeit, oder zu einigen der im Gesetz als Verbrechen oder Vergehen erklärten Handlungen aufreizen." Damit steht nun die Bestimmung des Code pénal von 1791 in Verbindung, wo angeordnet ist: Lorsqu'un crime aura été commis, quiconque sera convaincu d'avoir provoqué directement à le commettre, soit .... par des écrits rendus publics par la voie de l'impression, sera puni de la même peine prononcée par la loi contre les auteurs du crime.[3]) Es zeigt sich somit, daß die Bestrafung wegen Anstiftung an eine doppelte Bedingung geknüpft wurde: die Provokation muß eine direkte sein und sie muß die Verübung des Verbrechens, oder doch mindestens einen Versuch desselben, zur Folge gehabt haben.

Dieser Artikel ist zwar nicht in den Code pénal von 1810 übergegangen; dennoch wird behauptet, daß auch nach dem jetzt geltenden allgemeinen Strafrecht Frankreichs die durch eine Druckschrift verübte Aufreizung zu einem bestimmten Verbrechen Komplicität begründe.[4]) Es ist dies sehr bedenklich, weil Art. 60 die verschiedenen Formen der Provokation aufzählt und keiner der dort gebrauchten Ausdrücke ungezwungen auf den hier besprochenen Fall angewendet werden kann.[5]) So viel aber ist gewiß, daß nach dem allgemeinen Recht eine erfolglos gebliebene Anstiftung nicht strafbar ist, soweit nicht das Gesetz ausdrücklich eine Ausnahme macht.[6])

Als es nun in Frankreich darauf ankam, die durch die Charte von 1814 zugesicherte Preßfreiheit zu verwirklichen, fand man es nicht möglich, mit der angeführten Bestimmung des Code pénal auszureichen; man war sich bewußt, daß man im Sinne habe, der Presse engere Grenzen anzuweisen, und meinte doch, einer besonderen Bestimmung über Preßdelikte nicht zu bedürfen. „Es kommt einzig und allein darauf an," sagte damals der Großsiegelbewahrer de Serre, „die schon für strafbar erklärten Handlungen, zu deren Verübung die Presse das Werkzeug sein kann, im Gesetz zusammenzustellen, und auf diese Handlungen, wenn sie auf diesem Wege begangen werden, die entsprechende Strafe anzuwenden." Man vergleiche nun hiermit das aus diesem Vorschlage hervorgegangene Gesetz, von dem schon damals mit Recht bemerkt wurde,[7]) daß es mit jener Auffassung in auffallendem Widerspruch stehe. In der That beschränkt sich das Gesetz vom 17. Mai 1819 keineswegs auf die Sanktionirung des scheinbar so durchgreifenden Grundsatzes, daß jedes Preßdelikt sich auf eine Provokation zu einem Verbrechen oder Vergehen zurückführen lasse, da es selbstständige Preß-

---

[3]) Code pénal de 1791 part 2. tit. 3. art. 2.

[4]) Chassan, Traité des délits et contreventions de la parole, de l'écriture et de la presse. (2me éd.) I. 336 s. (n. 430. 431.)

[5]) Vgl. Ortolan, Éléments de droit pénal No. 1300; Haus, Cours de droit criminel Nr. 295. Dalloz, Répert. de Jurispr. v°. Presse No. 531.

[6]) Chauveau et Hélie, Théorie du code pénal. N. 671.

[7]) Von Courvoisier, dem Berichterstatter der Kommission der Deputirtenkammer. Vgl. Chassan l. c. n. 12 s. Dalloz, Répertoire de Jurisprudence. v°. Presse N. 531.

delikte aufstellt;[8]) allein auch die Art, wie es den Grundsatz selbst formulirt, läßt keinen Zweifel daran, daß es sich um eine vorzugsweise der Presse geltende Specialbestimmung, um eine Abweichung von den Grundsätzen des gemeinen Rechtes handle. Art. 1 erklärt, daß Derjenige, welcher durch öffentliche Reden, ... durch Druckschriften ... den Urheber eines Verbrechens oder Vergehens zur Verübung desselben aufgereizt hat, als Mitschuldiger desselben anzusehen sei. Die beiden folgenden Artikel enthalten besondere Strafbestimmungen für die erfolglos gebliebene Aufreizung zu Verbrechen und Vergehen. Daß diese letzteren Bestimmungen eine Lücke des gemeinen Rechtes ausfüllen, bedarf nach dem oben Gesagten keiner Bemerkung; weniger sicher ist das Verhältniß des Art. 1 zu den allgemeinen Rechtsgrundsätzen.

Doktrin und Praxis des Französischen Rechtes stimmen darin überein, daß die Aufforderung zum Verbrechen, damit sie im Sinne des Code pénal strafbar sei, eine direkte sein müsse.[9]) Wie dies aufzufassen sei, darüber kann man sich unmöglich bestimmter aussprechen, als dies Ortolan thut. Er sagt: Bien entendu qu'il ne s'agit pas ici seulement d'une excitation générale, d'un soulèvement des passions desquelles auraient pu résulter ensuite des actes coupables: ce serait là un tout autre cas. Il s'agit d'un appel direct à commettre tel délit déterminé, par exemple à aller mettre le feu à tel édifice, à telle forêt, à se porter sur tel établissement et à s'en emparer ou à le détruire, à envahir le domicile de telle personne, à la violenter, à la tuer.[10]) Eine direkte Provokation in diesem Sinne hatte

---

[8]) So erklärt z. B. Art. 4, daß jeder formelle Angriff auf die Unverletzlichkeit des Königs, die Thronfolgeordnung oder die konstitutionelle Autorität des Königs oder der Kammern als Aufreizung zum Verbrechen anzusehen sei.

[9]) Haus l. c. Chauveau et Hélie n. 671. Chassan I. 204. n. 279. Dalloz n. 541.

[10]) Nicht uninteressant ist es, damit eine ähnliche Formulirung in Livingstone's Code of crimes and punishments für Louisiana zu vergleichen. Es ist von der Aufreizung der Sklaven zum Aufstande die Rede; und es heißt in dem Art. 116, unter Aufstand sei eine bewaffnete Vereinigung zur Erringung der Freiheit zu verstehen, und im Art. 117, „Aufreizung" bedeute einen Versuch der Ueberredung oder Verleitung, welche den Aufstand unmittelbar zum Zweck hat. „Ausgeschlossen ist daher jede Auslegung, nach welcher Jene schuldig wären, welche eine Sprache führen, die nur darauf berechnet ist, die Sklaven mit ihrer Lage unzufrieden zu machen." (Folgt eine besondere Strafbestimmung für diesen Fall). Wichtig sind auch für die Materie der Behandlung von Preßsachen die Art. 393 und 394 dieses Gesetzwerkes. Sie lauten: Art. 393. „Nothing in this chapter contained shall be so construed as to prevent or punish the free discussion of the proceedings of the legislature, or any other branch of the government, which is secured by the constitution; and nothing

das Gesetz von 1791 gefordert; allein das Wort fehlt im Art. 1 der Gesetzgebung von 1819; fast allgemein hat man angenommen, daß gerade die Beseitigung dieses Erfordernisses in der Absicht des Gesetzgebers lag, und mit vollem Rechte ist bemerkt worden, daß man nicht ohne Besorgniß die unermeßliche Ausdehnung überschauen könne, welche die Auslegung dem Worte Provokation nach dem Wegfall jener Einschränkung geben kann. [11]) Schon bei der Vorlegung des Entwurfs bemerkte de Serre, die Specialbestimmungen der Art. 4—6 (also namentlich die Strafbestimmung gegen die Aufreizung zum bloßen Ungehorsam gegen die Gesetze) seien allerdings nicht unbedingt nothwendig, weil die Praxis sich dieselben aus dem Princip der Provokation selbst ableiten würde, und sie seien nur im Interesse der Presse gegeben, weil die Deduktionen der Jurisprudenz nicht so augenfällig und vorher erkennbar seien, wie deutliche Aussprüche des Gesetzgebers! Und in der That wird die Ansicht noch jetzt ausgesprochen, daß alle Specialbestimmungen dieser Art, wie sie im raschen Wechsel in den Jahren 1822, 1834, 1848 bis zum Sicherheitsgesetz vom 27. Febr. 1858 einander folgten, entfallen konnten und können, ohne daß eine Lücke in der Gesetzgebung entsteht; denn Art. 1 und 2 des Gesetzes von 1819 füllen jede aus. So ist z. B. der früher erwähnte Art. 4 des Gesetzes von 1819 (Angriff auf die Person des Königs, die Thronfolgeordnung u. s. w.) durch die Gesetze

---

shall be considered as an abuse of the liberty, to speak, write and print on any subject which is referred to in the constitution, but such acts of that nature as are specially constituded offences by this code. — Art. 394. There is no such offence known to our law as defamation of the government, or either of its branches, either under the name of libel, slander, seditious writing or other appellation. When such allegations amount to defamation of the representatives of the people, or public officers, they are provided for by the preceding articles. (Ueber Privat-Injurien.) When they amount to the crime of complicity in sedition or in opposition to law, they are made punishable by the general provisions respecting accomplices."

[11]) Dalloz l. c. n. 541. Carnot Comm. I. — A. M. Ortolan, welcher im Artikel 1 des Gesetzes von 1819 nur eine Anwendung des alten Grundsatzes von 1791 sieht und die oben angeführten Worte ausdrücklich auf den hier besprochenen Fall bezieht (N. 1300). — Sehr belehrend ist indeß der Vorgang der von derselben Grundlage ausgehenden Belgischen Gesetzgebung. Der Art. 1 des Preßgesetzes v. 20. Juli 1831 (das Analogon des Franz. Art. 1 v. 17. Mai 1819) kehrt einfach zum Wortlaut des Französischen Gesetzes von 1791 zurück, welches eine direkte Provokation gefordert hatte. Hinzugefügt ist nun die ausdrückliche Erklärung, daß die Bestimmung auch in dem Falle anwendbar sei, wo die Provokation nur zu einem Versuch geführt hat. S. Haus l. c. Nypels in seiner Ausgabe von Chauveau et Hélie (2. Aufl.) I. p. 374; ganz besonders aber die belehrende Darstellung bei H. Schuermans Code de la presse (Brux. 1861) p. 117 s.

von 1822, 1848 und 1849 verdrängt worden, und da das letztgenannte Gesetz vom Präsidenten der Republik spricht, ist dessen Anwendbarkeit auf Angriffe gegen den Kaiser mehr als zweifelhaft; allein Diejenigen, die diesen Zweifel hegen, finden, daß Art. 1 und 2 des Gesetzes von 1819 anwendbar seien.[12])

Völlig schrankenlos wird nun die Wirksamkeit des Gesetzes von 1819 dadurch, daß einerseits bei der ein selbstständiges Delikt bildenden erfolglosen Provokation zu strafbaren Handlungen jeder objektive Maßstab für die Bedeutung der Provokation fehlt, andererseits aber da, wo ein Delikt in Folge der Provokation begangen wurde, wieder das subjektive Moment völlig preisgegeben ist. Denn das Gesetz erklärt auch in diesem Falle nicht, daß wahre Komplicität vorhanden sei, nur daß sie anzunehmen sei, und diese gesetzliche Fiktion erweist sich fruchtbar an unnatürlichen Konsequenzen. „Indem der Urheber der Provokation," sagt Chassan,[13]) „die bösen Leidenschaften erregt, wird er für das Resultat dieser Aufregung verantwortlich; man straft ihn, als hätte er am Verbrechen selbst theilgenommen. Es ist in Wahrheit nicht nöthig, daß er das der Publikation folgende Delikt im Sinne gehabt; er wollte nur die Leidenschaften erregen; ja es kann sein, daß er gar nicht beabsichtigt hat, daß die Provokation von Erfolg sei: trotz alledem wird er als Mitschuldiger angesehen und gestraft."

Es zeigt sich also, daß in Frankreich der sehr wohlgemeinte Versuch, die Presse unter das allgemeine Gesetz zu stellen, auf einer Selbsttäuschung beruhte; es ist vielmehr für die Preßsachen eine dreifache Abweichung von den allgemeinen Grundsätzen verfügt: 1) Die erfolglos gebliebene Aufreizung

---

[12]) Dalloz n. 541, 550. Aus dieser Hauptregel werden z. B. folgende Konsequenzen gezogen: Strafbar, als Aufreizung zum Verbrechen, seien nicht etwa blos heftige Deklamationen, sondern „selbst eine mäßige Diskussion, in welcher die Rechte des Souveräns in Frage gestellt werden" (Dalloz n. 554). Die besondere Strafbestimmung gegen die öffentliche Erklärung, daß man einer anderen als der bestehenden Regierung anhänge, sei zwar aufgehoben; allein der Art. 1 des Gesetzes von 1819 gelte auch „den indirekten Provokationen, welche man in solcher öffentlichen Erklärung ohne zu großen Zwang finden kann" (Dalloz n. 560) u. s. w. — Art. 4 des Ges. vom 25. März 1822 hatte die Aufreizung zum Haß und zur Verachtung gegen die Regierung des Königs als besonderes Vergehen konstituirt, und dieses Gesetz war z. B. durch ein Erkenntniß vom 1. April 1830 auf Personen angewendet worden, welche der damaligen Regierung die Absicht beimaßen, die Verfassung umzustürzen und Steuern ohne Zustimmung der Kammern auszuschreiben, ja selbst auf solche, die in dieser Besorgniß aufgefordert hatten, etwa ungesetzlich ausgeschriebene Steuern nicht zu zahlen. Auch dieses an sich so dehnbare Gesetz glaubt man aber ersparen zu können, so lange der Art. 1 von 1819 zur Verfügung steht!

[13]) I. 335. (n. 430.)

ist für strafbar erklärt. 2) Das allgemeine Erforderniß, daß die Aufreizung auf ein (individuell) bestimmtes Verbrechen gerichtet sei, ist aufgegeben. 3) Die Fiktion, vermöge welcher zwischen einem Verbrecher und Demjenigen, dessen öffentliche Aeußerung ihn zum Verbrechen veranlaßt hat, die Komplicität hergestellt wird, führt zu der Annahme einer kulposen Anstiftung. Während man also vermeiden wollte, was man trotzdem nicht vermied, für Preßdelikte die ihrer Specialität entsprechenden besonderen Bestimmungen zu erlassen, wich man doch von demjenigen völlig ab, was die Natur der Sache für die Komplicität einerseits und für die Preßdelikte andererseits fordert. Die Presse bezahlte die alte Phrase von der Gleichgiltigkeit des Mittels mit einer Strafbestimmung, die jeder Ausdehnung fähig ist, und der öffentlichen Ordnung, welcher ein in gehässiger Weise dehnbares Gesetz niemals wahrhaften Nutzen bringt, war mit alle dem wenig gedient, wie die rasch einander folgenden Specialgesetze beweisen.

Das Preußische Strafgesetz von 1851, welches ja vorzugsweise Französischem Boden entwachsen ist, behandelt die Frage in vorsichtigerer, principiell aber doch in derselben Weise, wie das Französische Recht. Das Preußische Recht kennt so wenig, als das Französische, einen strafbaren Versuch der Anstiftung.[14]) Es regelt die Anstiftung selbst im Wesentlichen in Uebereinstimmung mit dem Französischen Recht, allein es begnügt sich nicht gleich diesem mit der Aufzählung gewisser Mittel der Anstiftung, sondern fügt noch die Worte „oder durch andere Mittel“ hinzu. Damit wäre einer der Gründe weggefallen, welche in Frankreich eine besondere Bestimmung über die öffentliche Aufreizung zu strafbaren Handlungen wünschenswerth, wenn nicht nothwendig machen. Es kann daher auch keinem Zweifel unterliegen, daß Art. 36 des Preuß. Str.-G. Abweichungen von den allgemeinen Grundsätzen bewirke, und zwar: 1) Die Aufforderung braucht sich hier nicht an eine bestimmte Person zu richten.[15]) 2) Sie darf zwar nicht ganz unbestimmt auf ein Verbrechen überhaupt gehen; es soll aber genügen, wenn „die Absicht auf ein wenigstens in genere bestimmtes Verbrechen geht, wenn auch mit unbestimmtem dolus.“[16]) 3) Der Beweis des Kausalnexus zwischen der Aufforderung und der That ist dem richterlichen Ermessen ganz anheimgegeben, und nur dadurch, daß neben dem „auffordert“ noch die Worte:

---

[14]) Berner, Grundsätze des Preußischen Strafrechts. S. 33. § 32.

[15]) Hierin sehen die Motive von 1850 den Hauptpunkt. Goltdammer, Materialien I. Seite 335.

[16]) Goltdammer a. a. O. S. 336; siehe dagegen Temme, Glossen S. 108: „Der §. verlangt ganz klar, nicht etwa, daß blos zu irgend einem abstrakten Verbrechen, z. B. Mord, Diebstahl, sondern daß zu einer bestimmten, speciellen, konkreten Handlung, „„welche ein (bestimmtes) Verbrechen u. s. w. darstellt““, aufgefordert

„anweist, verleitet, oder zu bestimmen sucht“ erscheinen, und die Verbindung mit §. 37 Z. 1 gewissermaßen wahren, ist die Gefahr der Verurtheilung wegen blos kulposer Anstiftung wenn nicht ganz ausgeschlossen, so doch wesentlich vermindert.

Das Oesterreichische Gesetz von 1852 hält eine principiell verschiedene Richtung ein. Es enthält (§. 9) eine allgemeine Strafbestimmung gegen die versuchte Verleitung zum Verbrechen; diese Strafbestimmung gilt nicht etwa den Preßsachen allein oder vorzugsweise, und es ist ausdrücklich in Abrede gestellt worden, daß sie aus Rücksicht für letztere gegeben worden sei.[17]) Es kann ferner keinem Zweifel unterliegen, daß diese versuchte Verleitung alle jene Merkmale bieten müsse, welche im Falle der gelungenen Anstiftung gefordert werden, um den Anstifter als Mitschuldigen bestrafen zu können: die direkt auf eine bestimmte, verbrecherische Handlung gerichtete Absicht des Aufreizers — und die Aufrufung bestimmter Personen zum Verbrechen. Soweit hieran etwas fehlt, findet §. 9 Str.-G. seine Ergänzung im §. 305, nach welchem Derjenige, welcher öffentlich „zu unsittlichen oder durch die Gesetze verbotenen Handlungen auffordert, aneifert oder zu verleiten sucht,“ sich eines besonderen Vergehens schuldig[18]) macht, und in Specialbestimmungen (namentlich §. 59 lit. c., §. 65 lit. b., §. 80, §. 302).

---

u. s. w sein müsse.“ Für Temme's Ansicht spricht, daß die Aufforderung „zu einer Handlung“ gefordert ist. Das Französische Gesetz von 1791 und das Belgische Preßgesetz sichern diese Auffassung, indem sie von einem konkreten, schon verübten Delikt ausgehend auf denjenigen zurückführen, welcher dazu aufgefordert hat; dazu kommt dann das auch im Preuß. Gesetz fehlende directement.

[17]) Hye, das Oesterr. Strafges. I S. 335.

[18]) Darüber, daß §. 9 des Oesterr. Str.-G. nur da Anwendung finden könne, wo zu einem (individuell) bestimmten Verbrechen aufgefordert wurde, besteht kein Zweifel (Hye a. a. O., S. 342, 343. Herbst, Handbuch des allg. Oesterr. Strafrechts (2. Aufl.) I. S. 95, II. S. 77. Damianitsch, das Militär-Strafgesetzbuch, S. 45 [zu §. 17]. Geyer, Erörterungen über den allgemeinen Thatbestand der Verbrechen, S. 107. Tolomei Diritto penale p. 193). Minder entschieden sind die Aussprüche, welche sich auf die Frage beziehen, ob die Aufforderung an bestimmte Personen gerichtet sein müsse. So sagt Herbst (II S. 77): „Der Unterschied zwischen beiden“ (den im §. 9 und im §. 305 vorgesehenen Fällen) „wird . . . nur darin bestehen, daß das Vergehen der Gutheißung ungesetzlicher Handlungen regelmäßig nicht sowohl die Verleitung zu einer bestimmten durch das Gesetz verbotenen Handlung, sondern vielmehr unbestimmte Aufforderungen an das Publikum überhaupt zu gesetzwidrigen Handlungen in sich schließt. War aber die öffentlich geschehene Aufforderung auf Herbeiführung einer bestimmten strafbaren Handlung gerichtet und waren somit alle Erfordernisse des §. 9 vorhanden, dann kann natürlich die Zurechnung nach diesem letzteren Paragraphen deshalb nicht ausgeschlossen sein, weil der Versuch der Verleitung öffentlich, somit auf eine

Dagegen hat das Bayerische Gesetzbuch sich in Uebereinstimmung mit dem Preußischen und Französischen Recht gehalten. Auch hier ist die Aufforderung, auch wenn sie ohne Erfolg blieb, ein besonderes Vergehen, während sie, wenn sie die Vollendung oder einen strafbaren Versuch der That zur Folge hatte, Theilnahme daran begründet (Art. 57). Die Kommentatoren betonen, daß der Aufforderung die Absicht zu Grunde liegen müsse, die Verübung einer bestimmten That hervorzurufen. Die Aufforderung muß eine bestimmte sein; sie ist es aber nach Dollmann dann schon, „wenn sie auf die Verübung eines wenigstens der Gattung nach speciell bezeichneten Deliktes als solches gerichtet war." Dagegen meint Hocheder, es dürfe „nach den obwaltenden Umständen darüber, welche (bestimmte) That gemeint ist, ein Zweifel nicht bestehen können." Stenglein behauptet, es genüge der Nachweis, „daß die Aufforderung auf die Verwirklichung der That einwirkte"; Dollmann dagegen verweist hierin auf die allgemeinen Grundsätze. Unter diesen Umständen wird wohl Hocheder nicht beizupflichten sein, wenn dieser an der hier bezeichneten Art der Anstiftung nur insofern eine Eigenthümlichkeit sieht, „als hier der Anstifter sich mit seiner Aufforderung nicht an eine bestimmte Person wendet, sondern vielmehr den Samen der That auf das Ungewisse hin ausstreut." Der Unterschied geht wohl weiter, weil ebensowenig eine (individuell) bestimmte That, als eine bestimmte Person gefordert wird, und weil die ganze Stellung der Frage zu sehr dazu verlockt, die Worte des Auffordernden nicht blos aus den Umständen, unter welchen er sprach, sondern auch aus den nachgefolgten Ereignissen zu interpretiren.

Man kann nicht lebhaft genug wünschen, daß dieser Weg verlassen werde; es wäre eben so sehr im Interesse der Presse, als der öffentlichen Ordnung, gewiß aber in dem der Gerechtigkeit gelegen, wenn man diese zu

---

offenbar gefährlichere Weise geschehen ist." — Geyer sagt (a. a. O. S. 103 ff.): „Allgemeine unbestimmte Aufforderungen, insbesondere solche, welche nicht an eine bestimmte Person gerichtet wurden (in welchem Falle das Oesterreichische Strafgesetzbuch, § 305, eine eigene mildere Strafe droht), sind noch keine Anstiftung. — Setzen wir nun folgenden Fall: A. hat die Absicht, den B. zu einem bestimmten Verbrechen zu bewegen. Allein er fordert diesen nicht direkt dazu auf, sondern deutet nur in einer Gesellschaft von guten Freunden, in welcher sich auch B. befindet, in einer auf die Individualität des Letzteren berechneten Weise darauf hin, wie man das Verbrechen begehen könne. Wenn sich B. wirklich durch die Aeußerungen des A. bestimmen und andererseits an dem Dolus des A. sich nicht zweifeln läßt, so müßte man allerdings Anstiftung annehmen. Die Handlung des A. war ja nach der Voraussetzung auf ein bestimmtes Verbrechen gerichtet, ebenso hatte er ein bestimmtes Individuum im Auge, mit Rücksicht auf welches er seine Reden bemaß."

Fiktionen verlockende Bestimmung aufgäbe; wahre Fälle der Anstiftung bedürfen ihrer nicht; in den anderen aber wirkt sie nur nachtheilig, denn nichts erbittert mehr, als eine ernste Bestrafung auf Grund der Gleichstellung ungleicher Fälle.

Zu II. und III.

Verzichtet man auf den zu I. bezeichneten Vorgang, so ist klar, daß der bisherige Kreis von Strafbestimmungen unmöglich ausreichen könne. Man wird vor Allem einer besonderen Strafbestimmung gegen Aufreizung zu strafbaren Handlungen bedürfen, welche überall da einzutreten hat, wo nicht Anstiftung nach allgemeinen Grundsätzen vorliegt; diese Strafbestimmung müßte den wirklichen Inhalt der That, die Aufreizung, zum Ausgangspunkt nehmen, den Umstand aber, daß in Folge der Aufreizung wirklich ein Delikt begangen wurde, lediglich als straferschwerendes Moment hinstellen. Auch eine solche Bestimmung aber würde, wenn sie nicht dehnbar und willkürlich gehandhabt werden soll, noch nicht ausreichen, der öffentlichen Ordnung jenen Schutz zu gewähren, dessen sie bedarf; es muß sich also an dieselbe eine Reihe anderer Strafbestimmungen anschließen, welche zusammen den Kreis der eigentlichen Preßdelikte bilden — derjenigen Delikte, welche lediglich durch Mißbrauch der Publicität, durch unerlaubte Veröffentlichungen begangen werden.

Es kann nun für die vor Allem sich aufdrängende Frage, was verboten sein soll, von einer Berufung auf die allgemeinen Strafrechtsgrundsätze, soweit damit schon feststehende, sofort anwendbare Grundsätze gemeint sind, nicht die Rede sein. Denn in der Klasse von Delikten, um die es sich hier handelt, haben offenbar gerade die Preßdelikte die hervorragendste Bedeutung; die wenigen anderen noch hiehergehörigen Fälle (z. B. Reden an öffentlichen Orten) würden eher nach den für die Preßsachen gewonnenen Grundsätzen zu behandeln sein, als sie für deren Behandlung ein brauchbares Vorbild böten, wenn sie nicht wieder selbst eine theilweise abweichende Behandlung forderten.

Vergebens aber sucht man nach klaren theoretischen Beantwortungen dieser Frage; denn Freunde wie Feinde der Preßfreiheit sind einig in ihrer Verurtheilung des Mißbrauchs derselben, und lange Zeit hindurch schien es sogar, als sei die Differenz zwischen ihnen keine sachliche, sondern eine formelle, als handle es sich nicht sowohl darum, worin der Mißbrauch bestehe, dem man entgegentreten soll, als darum, ob dies auf polizeilichem oder gerichtlichem Wege geschehen solle.

Vergebens auch sucht man in der Gesetzgebung und Praxis jener Länder, welche die letztgedachte Differenz schon lange überwunden haben, nach einem einfachen, klaren Grundsatz.

Schon aus dem früher Gesagten ergibt sich, daß die Französische Gesetzgebung von falschen Grundvoraussetzungen ausging. Bekannt ist, daß sie gerade in der hier in Betracht kommenden Beziehung fortwährend schwankte, daß ein festes Princip nicht zu gewinnen war. Der leitende Gedanke dabei war, gewisse, oft nicht genügend bestimmte, Objekte zu bezeichnen, und jeden öffentlichen Angriff auf dieselben für strafbar zu erklären. So, um ein Beispiel durchzuführen, hatte Artikel 4 des Gesetzes vom 17. Mai 1819 den Angriff auf die Unverletzlichkeit der Person des Königs, die Thronfolgeordnung, die konstitutionelle Autorität des Königs oder der Kammern als Provokation zum Verbrechen erklärt. Schon das Gesetz vom 25. März 1822 (Art. 2) erklärt Angriffe gegen „die königliche Würde, die Thronfolgeordnung, die Rechte, die dem König vermöge seiner Geburt und jene, die ihm vermöge der Charte zukommen, seine verfassungsmäßige Autorität, die Unverletzlichkeit seiner Person, die Rechte und die Autorität der Kammern" als selbstständiges Vergehen. Am 29. November 1831 ward dieser Artikel zeitgemäß umgeändert. Dennoch bedurfte es noch vagerer Bestimmungen; der Artikel 5 des Gesetzes vom 9. September 1835 spricht schon von Angriffen gegen „das Princip oder die Form der Regierung". Das Dekret vom 11. August 1848 spricht wieder von „Angriffen auf die Rechte und die Autorität der Nationalversammlung, der Mitglieder der Exekutivgewalt, gegen die republikanischen Institutionen, gegen die Verfassung, das Princip der Volkssouveränetät und des allgemeinen Stimmrechts". Dieses Gesetz enthielt aber noch eine andere Wendung, welche für die Geschichte der Preßgesetzgebung von der größten Bedeutung ist. Artikel 4 straft nämlich „die Aufreizung zum Haß und zur Verachtung gegen die Regierung der Republik" und fügt hinzu: Diese Bestimmung könne dem Recht, die Akte der Exekutivgewalt und der Minister zu besprechen und sie zu tadeln, keinen Eintrag thun.

Nun ist aber klar, daß bei so formulirten Gesetzen es erst den Gerichten anheimgestellt ist, ohne leitende gesetzliche Bestimmung die Grenze zwischen Erlaubtem und Unerlaubtem zu suchen. Denn wenn das Gesetz lediglich die Objekte bezeichnet, welche anzugreifen bei Strafe verboten ist, so hängt Alles davon ab, was man unter einem Angriff versteht, und da ist es möglich, jeden noch so indirekten Ausdruck einer abweichenden Meinung (z. B. über den Werth des allgemeinen Stimmrechts) zu verpönen, oder umgekehrt, zwischen Widerspruch und Angriff zu unterscheiden und den Begriff des letzteren unberechenbar einzuschränken. In Belgien hatte man ähnliche Bestimmungen durch den Beisatz „méchamment“ einzuschränken und unschädlich zu machen gesucht. Man mußte aber erkennen, daß damit nichts gewonnen sei, als die Betonung des Erfordernisses des Dolus, und man geht daher damit um, das Wort wegzulassen [19]). Allein, sobald man davon abgeht, sich unter Dolus etwas Anderes als eine unbestimmte üble Gesinnung zu denken, sobald man erkennt, daß Dolus der auf die Verwirklichung des objektiven Momentes einer strafbaren Handlung gerichtete Wille sei, ist man dem Troste unzugänglich geworden, daß das Erforderniß des Dolus die Unbestimmtheit der Beschreibung des objektiven Momentes verbessern könne: wo das objektive Moment unklar ist, muß auch das subjektive es sein.

Die Formel „Aufreizung zum Haß und zur Verachtung“ scheint weniger dehnbar, und sie hat daher Nachahmung gefunden (z. B. in den §§. 65 und 300 des Oesterr. Strafgesetzes). Allein, so bestimmt es etwa noch klingen mag, wenn von Haß oder Verachtung eines Individuums die Rede ist, so vieldeutig ist der Ausdruck in der Anwendung, die in diesen Gesetzen davon gemacht wird. Zunächst deshalb, weil man sich unter „Regierung“, „Staatsverwaltung“ nicht sowohl Personen, als ein abstraktes und unbestimmtes Regierungssystem zu denken hat. Noch mehr aber, weil die Ausdrücke selbst alle Bestimmtheit verlieren, sobald man sie auf Anderes, als Individuen anwendet. Man kann einen Menschen wegen des objektiven Uebels, das er anrichtet, vernünftigerweise weder hassen noch verachten; man wird immer erst fragen, ob er aus verwerflichen, unsittlichen Motiven, oder ob in guter Meinung handelt. Ein sehr starker Tadel der Maßregeln eines Staatsmannes wird sich also jeder Ahndung entziehen, so lange dieser Tadel nicht auf die Behauptung sich stützt, er habe wissentlich, absichtlich fehlgegriffen; auch hier wird aber schon der Zweifel entstehen, ob das aus dem Tadel hervorgehende abfällige Urtheil über seine Fähigkeiten ihn nicht der Verachtung aussetze. Allein einer Abstraktion gegenüber fällt jede solche Beschränkung fort: was getadelt wird, ist für schlecht und schädlich erklärt, und was schlecht und schädlich ist, verfällt dem Haß und der Verachtung. Will man das nicht gelten lassen, so fehlt jeder feste Anhaltspunkt; Niemand kann bei dem Tadel, den er ausspricht, vorhersehen, ob er stark oder mild genug gefunden wird, und nicht das Gesetz, sondern der Richter zieht die Grenzen der Preßfreiheit.

Aber nicht blos auf dem Kontinent herrscht noch große Unklarheit in dieser Beziehung; es ist bekannt, daß auch in England der Versuch, den Begriff des Libells zu fixiren, längst als ein vergeblicher bezeichnet wurde.

---

19) Schuermans l. c. p. 156, 157, 163: „Toute attaque suppose une intention coupable“, sagt die Kommission zur Berathung des neuen Strafgesetzbuches über Art. 132 und 133 des Entwurfs.

Blackstone z. B. faßt die Preßfreiheit ganz formell auf: sie ist ihm Befreiung vom Präventivzwang. „Es ist aber für die Erhaltung des Friedens und der guten Ordnung, der Regierung und der Religion — der einzig festen Grundlagen der politischen Freiheit — nothwendig, gefährliche oder Aergerniß gebende (offensive) Schriften zu strafen, deren verderbliche Tendenz durch eine gerechte und unparteiische Proceßverhandlung festgestellt ist.. Dadurch wird die Freiheit des Denkens und Forschens nicht beeinträchtigt; die Privatmeinung ist frei; allein die Ausstreuung oder Veröffentlichung schlechter, die Zwecke der Gesellschaft vereitelnder Meinungen ist ein Verbrechen, das die Gesellschaft straft."

Starkie, ein anderer Englischer Schriftsteller, eine der ersten Autoritäten in Fragen der Preßdelikte, spricht sich folgendermaßen aus [20]): „Es ist häufig selbst in unserem Vaterlande darüber geklagt worden, daß das Libellgesetz zu unsicher und unbestimmt sei, und daß weder das statutarische noch das gemeine Recht genügend feststelle, was als ein Libell anzusehen sei. Es dürfte aber nützlich sein, zu erwägen, ob unbedingte und bestimmte Verbote hier der Natur der Sache nach möglich seien, und ob sie nicht in allgemeinen und peremptorischen Regeln bestehen müßten, welche die Freiheit der Mittheilung höchlich beeinträchtigen würden, oder in kleinlichen und specifischen Vorschriften, welche eben ihrer Partikularität wegen auf die leichteste Art von der Welt umgangen werden könnten. Das Gesetz kann allerdings jede Erörterung eines bestimmten Gegenstandes verbieten, oder soweit gehen, Alles zu dulden, was darüber gesagt oder geschrieben werden kann; allein es giebt kaum eine das öffentliche oder Privat-Interesse berührende Frage, deren Erörterung ohne Schaden für die Gesellschaft völlig verboten oder völlig freigegeben werden könnte.... Die Feststellung und Einhaltung einer Grenzlinie ist aber im höchsten Grade schwierig und mühsam. Außer Zweifel steht nur, daß sie nicht durch das Verbot gewisser Ansichten oder gewisser Ausdrücke gewonnen werden kann.... Solche strafbare Handlungen gestatten in Wahrheit keine andere wirksame Beschreibung, als in Rücksicht auf die Wirkungen, die sie hervorbringen, oder die sie unmittelbar herbeizuführen versuchen. Jeder Versuch, all' die Aergerniß gebenden Mittel, durch welche ein Uebelgesinnter unternehmen könnte, den öffent-Sinn für Bescheidenheit und Schicklichkeit zu untergraben, aufzuzählen, um sie zu verbieten, würde unpraktisch und unsinnig sein; ist es nothwendig, solche Unternehmungen durch Gesetze zu verbieten, so ist es schwer, wenn nicht unmöglich, die strafbare Handlung anders zu kennzeichnen, als durch ein

[20]) Starkie, A treatise on the Law of Slander and Libel (2. Ed. London 1830) I. p. CXV. s.

Verbot, dasjenige zu veröffentlichen, was, unbescheiden und unziemlich an sich, unmittelbar darauf abzielt, die Moral des Publikums zu zerstören oder zu schädigen."

Sehen wir nun, wie diese abstrakte Theorie sich einer konkreten Frage gegenüberstellt! Ueber Schmähschriften gegen die Regierung sagt Starkie:

„Es ist das unbezweifelte Recht jedes Mitgliedes der bürgerlichen Gesellschaft, seine Ansichten über alle Gegenstände des öffentlichen und gemeinsamen Interesse auszusprechen, und so lange er von diesem unschätzbaren Rechte einen uneigennützigen, redlichen und aufrichtigen Gebrauch macht, um der Gesellschaft zu nützen, kann man ihn nicht als Verbrecher behandeln. Dies ist die augenfällige Demarkationslinie; wird diese Grenzlinie überschritten, um einer Privatgehässigkeit durch einen Stoß gegen den Privatcharakter eines Ministers, unter dem Vorwand einer Prüfung seines öffentlichen Betragens, Luft zu machen; werden Personen in öffentlicher Stellung oder ihre Maßregeln in ehrenrührigen schmähenden Ausdrücken (in terms of obloquy and contumely) unter dem Vorwand angegriffen, daß man ihre Fehler darlegen und ihre Irrthümer rügen wolle, in Wahrheit aber, um der Verwaltung der öffentlichen Angelegenheiten Hindernisse zu bereiten und sie in's Stocken zu bringen, um dem König und seiner Regierung die Zuneigung des Volkes zu entfremden, für plötzliche und heftige Veränderungen, für Aufruhr und Revolution den Weg durch Lockerung der Bande der Unterthanentreue und Loyalität zu bahnen: in diesen und ähnlichen Fällen, wo ein öffentlicher Nachtheil der Zweck der Handlung ist und wo die angewendeten Mittel auf Erreichung dieses Zweckes berechnet sind, ist die Publikation der Gesellschaft schädlich und nachtheilig, und sie ist daher verbrecherisch. Mit Recht ist bemerkt worden, daß der gute Ruf das Leben der Regierung sei; eine Verwaltung, welcher die Unterstützung und Ermuthigung fehlt, die hauptsächlich aus der guten Meinung des Volkes gewonnen wird, muß furchtsam und unentschieden und eben darum schwach und unwirksam sein. [21])

Es ist einleuchtend, daß diese Demarkationslinie so augenfällig nicht ist, als sie Starkie scheint; gewiß aber ist, daß das Englische Recht eine

---

[21]) Starkie, II. 183—185. Später heißt es, die entscheidende Frage sei: „Hat das Veröffentlichte die unverkennbare Tendenz, öffentliches Unheil dadurch anzurichten, daß die Gesinnung der Unterthanen verdorben und eine allgemeine Unzufriedenheit mit der Regierung erregt wird?" (Diese Aeußerung Starkie's ist als für die Sache entscheidend angeführt bei Roscoe, Digest on the Law of Evidence in criminal cases (6. Ed. London 1862) p. 613. — Man vergleiche hiemit die Bemerkungen Livingstone's über das Englische Libellrecht. (Introductory Report to the code of Crimes and Punishments p. 175, 176.)

andere nicht kennt [22]) und daß eben darum der Zustand ein ganz unerträglicher wäre, wenn nicht einerseits eben diese Unbestimmtheit des Gesetzes der Jury vollkommen freie Hand gäbe, andererseits aber die einander folgenden Minister durch die Erfahrung darüber belehrt, wie gefährlich taktlos eingeleitete Preßprocesse werden können, und eingedenk des Tages, wo sie selbst in die Opposition und unter den Schutz der Preßfreiheit zurücktreten werden, von dem Recht der Anklage einen äußerst sparsamen Gebrauch machten. [23])

Auf dem Kontinent stehen die Verhältnisse anders; die Heftigkeit der Parteikämpfe, die immer wiederkehrende Selbsttäuschung einer jeden Partei, welche die Oberhand gewinnt, es müsse nun immer so bleiben, die eigenthümliche Stellung der Bureaukratie, die relative Neuheit der Preßfreiheit und die dadurch hervorgebrachte größere Empfindlichkeit gegen öffentlichen Tadel: alles dies wirkt zusammen, um unter Umständen die Stellung der an der Presse betheiligten Personen geradezu unleidlich zu machen, wenn nicht ein Gesetz besteht, das die Verantwortlichkeit für Preßdelikte in einer der Natur der Sache entsprechenden billigen Weise regelt, vor allen Dingen aber deutlich genug ist, um einerseits denen, die nur schreiben und drucken wollen, was erlaubt ist, andererseits denen, welche Strafen nur da verhängen wollen, wo sie in Wahrheit verwirkt sind, eine sichere Richtschnur zu bieten. Dazu wird aber vorausgesetzt, daß die juristische Natur der Preßdelikte, der juristische Grund ihrer Strafbarkeit aufgesucht und festgestellt wird.

So schwierig diese Aufgabe ist und so gering die Hoffnung, schon jetzt eine befriedigende Lösung zu erlangen, so ist es doch unerläßlich, daß hier ein Versuch dazu gemacht werde.

Vor Allem muß der scharfe Gegensatz betont werden, welcher zwischen

---

[22]) Bei der Vorbereitung der unter dem Namen Lord Campbell's bekannten Libell-Akte (6 et 7 Vict. Cap. 96) wurden mehrere juristische Autoritäten von der betreffenden Kommission des Oberhauses vernommen; Alle stimmten darin überein, daß eine feste Begriffsbestimmung des Libells sich nicht geben lasse; namentlich Lord Brougham erklärte dies auf das Entschiedenste und fügte hinzu, daß er selbst eine Klassifikation der verschiedenen Preßdelikte nicht für ausführbar halte. Er sagt: „Es ist ein Delikt, welches unglücklicherweise eine etwas vage Beschaffenheit hat, aber in der Jurisprudenz hinlänglich bekannt ist, und nach allen Erfahrungen, die ich in Konsultationen und in Gerichtshöfen gesammelt habe, glaube ich nicht, daß diese Unbestimmtheit in der Praxis eine erhebliche Schwierigkeit macht. Nie ist mir ein Fall vorgekommen, in welchem, in Folge der Unbestimmtheit des Ausdrucks oder des Mangels einer Definition, eine Partei unterdrückt oder eine Jury irregeleitet wurde."

[23]) Vergl. Fischel, die Verfassung Englands (I. Aufl.) S. 86 u. 87. — Die Englische Libell-Theorie, wenn man sie so nennen darf, und die Praxis der Gerichte, auf der sie ruht, sind auch in den Vereinigten Staaten Nordamerika's angenommen. Wharton, Criminal Law of the U. S. (2. Ed.) Philadelphia 1852, p. 733—752, besonders aber p. 739.

Worten und Thaten besteht. Abgesehen von den im Vorausgehenden ausgeschiedenen Fällen kann das Wort, auch das öffentlich gesprochene, niemals unmittelbar eine Rechtsverletzung setzen, niemals eine Thatsache bilden, welche mit der öffentlichen Rechtsordnung und ihren Grundlagen in unmittelbarem Gegensatze steht.

Das öffentlich gesprochene Wort kann Recht, Sitte und Religion verleugnen, aber nicht verletzen.[21]) Die Verleugnung als solche aber ist im Sinne des modernen Staates, der sich kein Recht vindicirt, die Gesinnungen und Meinungen vor Gericht zu stellen, keine strafbare Handlung. Noch weniger könnte die öffentliche Aeußerung aus dem Grunde Anlaß zu strafgerichtlicher Verfolgung geben, weil sie sich fälschlich als Ausdruck einer Gesinnung oder Meinung darstellt, welche in Wahrheit nicht besteht; es kann vielleicht keine schlagendere Beleuchtung des Unterschiedes zwischen dem, was staatlich unzulässig, und dem, was sittlich verwerflich ist, geben, als gerade dies, daß es für die Frage, ob eine bestimmte Aeußerung strafbar oder nicht strafbar sein soll, vollkommen gleichgiltig ist, ob der Redende mit sich selbst im Einklang oder im Widerspruch steht, ob er es redlich meint oder gegen seine eigene Ueberzeugung spricht.

Niemals kann daher eine öffentliche Aeußerung darum, weil sie der angebliche oder wirkliche Ausdruck einer Meinung oder Gesinnung ist, unter Verantwortung gestellt werden; immer nur darum, weil durch sie auf die Gesinnung oder Meinung Anderer eingewirkt wird und weil diese Einwirkung eine Gefahr für den Staat oder für Objekte, die er zu schützen hat, begründet.

Damit aber ist den eigentlichen Preßdelikten ihre Stellung im System angewiesen, welche für deren Behandlung durchaus maßgebend ist: sie sind

[21]) Es kann nicht nachdrücklich genug betont werden, daß hier immer nur von jenen Fällen die Rede ist, welche nach Ausscheidung der uneigentlichen Preßdelikte übrig bleiben. Zur Beleuchtung des wichtigen Unterschiedes, der hier besteht, sei ein spezieller Punkt besprochen. Eine theoretische Erörterung, welche geschlechtliche Unzucht als erlaubt oder gar als löblich hinstellt, verleugnet die Sittlichkeit, aber verletzt sie nicht; der Mensch, der solche Ueberzeugungen hat und ausspricht, verstößt dadurch noch nicht gegen die Sittengesetze, daß er ihre Giltigkeit in Abrede stellt. Dagegen ist die öffentliche Darstellung oder Schilderung einer unzüchtigen Handlung, der Wirkung und sittlichen Bedeutung nach, der öffentlichen Vornahme einer solchen Handlung gleich. Hier liegt unmittelbar im Wort schon die Verletzung der öffentlichen Sitte. Mit Recht hat man daher in Belgien auf den Unterschied Werth gelegt, welcher zwischen outrage à la morale publique und aux bonnes moeurs zu machen ist. Mit Recht hat man von der Bestrafung (in letzterem Sinne) unzüchtiger Schriften gesagt: „ce que le législateur entend réprimer, c'est le scandale, c'est le fait de ceux, qui blessent par des actions l'honnêteté et la pudeur publiques." Schuermans l. c. p. 83.

„gefährliche und darum verbotene Handlungen", Polizei-Verbrechen, Uebertretungen positiver, zum Schutz des allgemeinen Wohles erlassener Anordnungen.[25]) Man hat sich hier, wie bei allen Delikten dieser Klasse, sorgfältig vor der Verwechslung zweier ganz verschiedener Fragen zu hüten: 1) ob der für gewisse Anordnungen maßgebende Gesichtspunkt ein polizeilicher ist, — und 2) ob es darum nothwendig oder auch nur zulässig ist, die Anordnung selbst und ihre Durchführung Organen anzuvertrauen, denen der polizeiliche Gesichtspunkt der allein maßgebende ist, und die, wo eine unparteiische Entscheidung zwischen den mit einander streitenden Ansprüchen der öffentlichen Ordnung und der persönlichen Freiheit erfordert wird, ihrer ganzen Stellung nach für die Erstere Partei ergreifen müssen. Die Fragen, die sich hieran knüpfen, sind durch den Uebergang vom Präventiv- zum Repressiv-System gelöst worden: die Grenzen der freien Rede und Schrift sollen durch das Gesetz vorgezeichnet und durch die Gerichte gewahrt werden. Daraus folgt aber noch nicht, daß es sich rechtfertigen lasse, jede Ueberschreitung dieser Grenzen als eine ihrer inneren Natur nach kriminelle Handlung zu erklären und nach Grundsätzen zu behandeln, welche für unmittelbare Störungen der öffentlichen Rechtsordnung passen.

Soll ein polizeiliches Verbot gerechtfertigt erscheinen, so müssen namentlich folgende drei Erfordernisse eintreffen:

a) Es muß die Gefahr eine bedeutende sein und zwar in dem doppelten Sinne, daß das befürchtete Uebel kein allzu geringfügiges oder unbestimmbares, und daß die Möglichkeit seines Eintretens nicht eine allzu entfernte sein darf.

b) Es darf das Verbot nicht in dem Sinne ein unzweckmäßiges sein, daß der Schade, welcher durch dasselbe verhütet wird, ein geringerer ist, als derjenige, welcher auf anderer Seite aus dem Verbote selbst entspringt, namentlich durch Verhinderung des Guten, welches ohne ein allzu weit gefaßtes Verbot möglich gewesen wäre. Insbesondere aber ist darauf zu sehen, daß das Verbot nicht im Widerspruch stehen darf mit allgemeinen Grundsätzen, welche für die Gestaltung des staatlichen Lebens eine höhere Bedeutung haben, als der unmittelbare Zweck, der durch das Verbot erreicht werden kann.

c) Es muß endlich die praktische Möglichkeit vorhanden sein, das Verbot durchzuführen und seinen Zweck zu erreichen. Wo dies nicht der Fall ist, führt das Verbot nur zu unnützen Anstrengungen

---

[25]) Vergleiche Köstlin, N. Revision S. 691 — 703. System S. 17 ff. — Hälschner, System des Preuß. Strafrechts II. S. 1 ff.

der Staatsgewalt, zu vergeblichen und daher erbitternden Einschränkungen der persönlichen Freiheit, zu einer gefährlichen Selbsttäuschung über die wahre Lage der Dinge, und in Folge dessen zur Unterlassung anderer durch dieselbe gebotener Maßregeln. Gerade in Preßsachen wird dies überall da der Fall sein, wo es sich um einen Gegenstand handelt, dessen Bedeutung nicht an ein bestimmtes Land und an eine bestimmte Zeit geknüpft ist.

Die Anwendung dieser Grundsätze auf die Preßstrafsachen ergiebt ein in mehrfacher Beziehung brauchbares Resultat.

Das Charakteristische der Preßdelikte besteht in der Hervorrufung gewisser Gesinnungen und Ueberzeugungen. Die Gefahr, welche damit verbunden ist, daß diese Gesinnungen oder Ueberzeugungen bei Anderen Eingang finden, kann nun entweder darin bestehen, daß diese Personen dadurch unmittelbar zu rechtswidrigen oder doch unsittlichen Handlungen bestimmt werden, oder darin, daß sie von der ihnen gesetzlich eingeräumten Freiheit einen mißliebigen (d. h. für nachtheilig erachteten) Gebrauch machen; es kann aber auch geschehen, daß sich die Wirkung der durch die Druckschrift herbeigeführten Aenderung der Ueberzeugung oder Gesinnung gar nicht näher bestimmen läßt, sondern daß man lediglich auf Muthmaßungen darüber, was in Folge dessen früher oder später geschehen könnte, angewiesen ist. Im ersten Falle ist das Verbot gerechtfertigt; im dritten halte ich es für unzulässig; der zweite bedarf noch einer näheren Erörterung, weil noch die anderen oben erwähnten Gesichtspunkte zu berücksichtigen sind.

Als Axiom muß vorausgesetzt werden: der Staat kann sich in keiner Weise als Herrn der Ueberzeugungen und Gewissen ansehen, sich nicht den Beruf beimessen, über religiöse, politische, wirthschaftliche, überhaupt über theoretische Wahrheiten zu entscheiden, seine Unterthanen zur unbedingten Annahme einer solchen Entscheidung zu verhalten. So wichtig es sein oder scheinen mag, daß gewisse Lehrsätze dieser Art allgemeine Anerkennung finden, so wichtig ist es auch, daß diese Anerkennung keine von außen erzwungene, sondern eine auf innerer, aus freier Prüfung hervorgegangener Ueberzeugung beruhende sei. Diese Anerkennung erzwingen, heißt ihr allen Werth und alle Bedeutung nehmen.

In dem unbedingten Verbot eines Angriffs auf gewisse Meinungen liegt aber nicht blos eine Beschränkung der Rede-, sondern auch der Denkfreiheit; denn es ist damit nicht blos dem Einen untersagt, einen Anderen von seiner Meinung abzubringen, sondern es ist dem Letzteren auch indirekt geboten, bei einer bestimmten Meinung zu bleiben, was immer dagegen auch gesagt werden könnte. Dazu kommt nun noch ein anderes Moment; gewöhnlich steht die Bedeutung eines theoretischen Satzes zu der aus dem Versuch, ihn zu verbreiten, erwachsenden Gefahr im umgekehrten Verhältniß. Je allgemeiner der Satz ist, desto langsamer wird er, wenn überhaupt, Eingang finden, und desto weniger wird sich erkennen lassen, in welcher Weise und zu welcher Zeit seine Annahme sich praktisch wirksam erweisen würde, desto geringer ist namentlich die Gefahr, daß er auf ungesetzliche Weise verwirklicht werden könnte. Es sei gestattet, dies durch ein Beispiel zu erläutern. Wenn der Versuch gemacht würde, die Strafgewalt des Staates im Allgemeinen zu bestreiten, so würde dieses Unternehmen eine so geringe Wahrscheinlichkeit des Erfolges für sich haben, bis zu der Zeit, wo dieser Erfolg irgend fühlbar werden könnte, wäre so reichlich Raum für die Bekämpfung desselben mit rein geistigen Waffen geboten, daß eine solche Einwirkung auf die öffentliche Meinung (theoretisch gewiß die bedenklichste) als eine in jeder Hinsicht ungefährliche angesehen werden kann. Man denke statt dessen einen Angriff auf die Rechtmäßigkeit der Todesstrafe, so ändert sich das Verhältniß schon wesentlich, und noch vielmehr, wenn etwa die Rechtmäßigkeit eines in einem konkreten Falle gefällten Todesurtheiles bestritten wird. Aber auch wenn dies geschieht, wie entfernt und unberechenbar ist noch immer die Gefahr, die daraus etwa dem Staat erwachsen könnte, und wie gefährlich wäre es andererseits, selbst die letzgedachte Art von Diskussion von vornherein durch ein Verbot abzuschneiden!

Die Freiheit, zu denken und sich über Alles selbstständig eine Meinung zu bilden, hängt mit der Freiheit, sich darüber mit Anderen zu verständigen, so eng zusammen, daß nur ein Sophisma die Eine von der Anderen unterscheiden kann. Bei der grenzenlosen Mannigfaltigkeit der auf dem Gebiete des Denkens möglichen Kombinationen ist es aber auch nicht ausführbar, zwischen Meinung und Meinung mit Rücksicht auf die Objekte zu unterscheiden, um etwa die eine Klasse frei zu geben, die andere unter staatliche Aufsicht zu stellen.

Will man sich nämlich an jene Gegenstände des Nachdenkens halten, an welche sich ein hervorragendes staatliches Interesse knüpft, so sind dies gerade diejenigen Gegenstände, welche jeden Einzelnen auf das Lebhafteste beschäftigen müssen, ja mit welchen sich zu beschäftigen und über die mit seinen Mitbürgern sich zu verständigen Jedem nicht blos Bedürfniß, sondern Pflicht ist. Wollte man unterscheiden zwischen gefährlichen und ungefährlichen Meinungen, so fehlt es nach dem früher Gesagten an jeder sicheren Grenzbestimmung, sowie man darüber hinausgeht, als gefährliche Meinungen diejenigen zu erklären, deren Annahme *sofort* eine ungesetzliche Handlungsweise zur Folge hätte. Will man endlich unterscheiden zwischen richtigen und falschen Meinungen (und selbst über die Gefährlichkeit einer Meinung kann man nur mit Hilfe dieser Unterscheidung urtheilen, denn das wird ja eben häufig die Frage sein, ob eine Veränderung, welche man durch Einwirkung auf die Gesinnung Anderer herbeizuführen sucht, wirklich als ein Uebel anzusehen wäre), so müßte die staatliche Gewalt sich zum Richter über theoretische Wahrheiten machen, was sie niemals sein kann, ohne die Geister zu unterjochen und dem staatlichen Leben die besten Kräfte zu entziehen, — ja, was sie nicht versuchen kann, ohne sich der Gefahr auszusetzen, mit den reinsten und achtungswerthesten, wenn nicht gar auch mit den nützlichsten Bestrebungen in Konflikt zu gerathen.

Daraus folgt, daß niemals (von ganz abnormen und vorübergehenden Zuständen kann hier nicht gesprochen werden) der Inhalt einer Ansicht oder Meinung zum Gegenstande eines polizeigesetzlichen Verbotes gemacht werden sollte, daß es nicht zu billigen sei, gewisse ideale Objekte gegen theoretische Angriffe durch Verbote zu schützen, und daß es noch mehr zu mißbilligen sei, wenn man da, wo es doch nöthig gefunden wird, statt ein solches Verbot ausdrücklich auszusprechen, es in unbestimmte und vieldeutige Redensarten kleidet.

Eine andere Frage aber ist es, ob es gestattet sein müsse, auf jede beliebige Weise für die Ausbreitung einer bestimmten Meinung oder Ansicht zu wirken. So lange das freie Wort an den Gedanken appellirt, so lange kann die Redefreiheit nicht beeinträchtigt werden, ohne daß auch die Denk- und Gewissensfreiheit beschränkt wird und daß mit den verwerflichsten die lautersten und vielleicht sogar auch die heilsamsten Bestrebungen eingeengt werden.

Eine Gesetzgebung, welche auf der Höhe steht, auf der sie stehen soll, wird um diesen Preis kleine und trügerische Vortheile nicht erkaufen, ja selbst ernsteren, aber noch nicht deutlich erkennbaren Gefahren nicht vorbeugen wollen. Ganz anders aber ist ihre Lage Demjenigen gegenüber, welcher für seine Meinung nicht durch Vernunftgründe, sondern durch Angabe oder Unterstellung unwahrer Thatsachen, durch Schmähung oder durch Einschüchterung anders Denkender, mit einem Wort durch den Appell an die Vorurtheile und Leidenschaften Anhänger zu gewinnen sucht. Solche Angriffe sind einerseits nicht achtungswerth, vielmehr an sich schon zu mißbilligen, sie sind aber andererseits auch in höherem Grade gefährlich, denn gegen Gründe kann man mit Gründen kämpfen, gegen die Lüge aber nicht mit Lügen, gegen die Rohheit nicht mit Rohheit. Auch sind Lügen leichter vorgebracht, als widerlegt, Leidenschaften, einmal angefacht, durch Vernunftgründe nicht zu beschwichtigen, schon deshalb, weil das Letztere Zeit erfordert, die Leidenschaft aber zum unverzüglichen Ausbruch drängt. Solchen Angriffen gegenüber darf und muß die Gesetzgebung das Bestehende als Solches schützen.

Ich gelange also zu dem Resultat, daß das Verbot sich niemals gegen den Inhalt einer Behauptung, immer nur gegen die Form, gegen die Art, wie sie vorgebracht und vertheidigt wird, kehren dürfe.

Zu IV.

Frägt es sich, mit welchen Mitteln dem Mißbrauch der Presse entgegen zu treten sei, so ist zunächst die schon hervorgehobene Unterscheidung zwischen eigentlichen und uneigentlichen Preßdelikten maßgebend. Für die letzteren kann und muß man auf die allgemeinen Strafgesetze und die für diese maßgebenden legislativen Rücksichten verweisen. Es ist in dieser Beziehung nur zu betonen, daß weder zum Nachtheil noch zum Vortheil der an denselben betheiligten Personen Fiktionen stattfinden sollen, wie eine solche bezüglich der Anstiftung unter I. erwähnt wurde, bezüglich der subsidiären Haftung weiter unten zu erwähnen sein wird. Hier aber muß noch vor der gefährlichsten aller Fiktionen, derjenigen, welche aus der immer wieder auflebenden praesumtio doli erwächst, gewarnt werden. Nirgend ist diese trügerischer, als gerade hier; nirgend aber taucht sie jetzt noch so oft auf und wird sie mit solcher Zuversicht hingestellt.

Dieser Umstand ist auch in's Auge zu fassen, wenn untersucht werden soll, wie den eigentlichen Preßdelikten entgegen zu treten sei. Sie sind bereits oben als Uebertretungen polizeilicher Ordnung charakterisirt worden; es kommt bei ihnen ein doppeltes Moment in Betracht: die objektive Gefährlichkeit und das in dem Ungehorsam gegen die Gesetze liegende subjektive Verschulden.

Das letztere nun steht mit dem ersteren hier nicht, wie beim kriminellen Unrecht, im geraden Verhältniß. Eben auf diesem Gebiete wird — vorausgesetzt, daß nicht Anarchie und offenkundige Ohnmacht der Gesetze herrscht, und daß nicht die Vorschriften gegen die absolute Anonymität der Drucksachen umgangen werden, — fast niemals eine absichtliche Auflehnung gegen die gesetzlichen Anordnungen stattfinden; man kann kaum eine Lage ersinnen, in welcher es glaublicher ist, daß der zur Verantwortung Gezogene in der Meinung handelte, das, was er thue, sei gesetzlich nicht verboten, als wenn der für den Inhalt einer Druckschrift Verantwortliche dies versichert. Selbst, wenn man es mit einem Manne zu thun hat, welcher unlautere Zwecke verfolgt und in Beziehung auf die Mittel, deren er sich bedient, nicht wählig ist, wird es demjenigen, der nach seiner wahren Gesinnung forscht, selten zweifelhaft sein, daß er sich eifrig bemühe, sich innerhalb der Schranken der Legalität zu halten, und alle ihm zur Verfügung stehende Schlauheit aufwende, um eben nur bis an die äußerste Grenze des Erlaubten, aber nicht weiter zu gehen. Man präsumirt also das gerade Gegentheil dessen, was evident ist, wenn man selbst bei einem solchen Manne aus dem

Zugeständniß, an der Veröffentlichung einer Schrift mit Kenntniß ihres Inhaltes sich betheiligt zu haben, ohne Weiteres folgert, es habe eine absichtliche Auflehnung gegen das Gesetz stattgefunden. Wie aber erst dann, wenn die Persönlichkeit des Angeschuldigten einerseits, die zweifelhafte Natur der inkriminirten Schrift andererseits jene Vermuthung noch abschwächen, — wenn das Gericht, um die Schrift als eine strafbare erklären zu können, die verschiedensten, oft einer schwankenden Beurtheilung unterliegenden Umstände erwägen und heranziehen muß, hinsichtlich welcher es zweifelhaft bleiben muß, ob sie dem Angeschuldigten in gleicher Art vor Augen standen? Kann es nicht Fälle geben, in welchen gerade ein tüchtiger und sittlich strenger Mensch es als seine Pflicht erkennt, zur Vertheidigung einer Sache, die er als eine gute ansieht, sich der vollen gesetzlich ihm eingeräumten Freiheit zu bedienen und erst da stehen zu bleiben, wo das Gesetz ihm Halt gebietet? Und wenn dies der Fall ist, reducirt sich dann sein Verschulden nicht darauf, daß er die Ansicht des Richters über die Subsumtion seiner Schrift unter das gesetzliche Verbot nicht vorauszusehen vermochte?

Man läuft also Gefahr, dem Einzelnen schweres Unrecht zu thun, wenn man hier Repressivmaßregeln anordnet, die ein juristisches oder gar ein sittliches Verschulden zur Voraussetzung haben. Noch mehr aber gefährdet man damit die öffentliche Ordnung; denn die Gefährlichkeit einer Druckschrift ist von der Gesinnung dessen, der für sie verantwortlich ist, ganz unabhängig. Eine in gutem Glauben ausgestreute falsche Nachricht, eine gutgemeinte, aber taktlose, die Verhältnisse nicht genügend würdigende Aeußerung kann leicht gefährlicher werden, als ein mit kalter Bosheit und listiger Berechnung unternommener Angriff. Sind nun die Repressivmaßregeln, welche angewendet werden sollen, so beschaffen, daß sie ihrer Natur nach nur gegen einen Schuldigen angewendet werden können, so ist ein Doppeltes möglich: Entweder das Gesetz bleibt der Natur der Sache getreu, dann wird der Richter das subjektive Moment voran zu stellen und überall frei zu sprechen haben, wo dieses nicht vorhanden oder nicht genügend erwiesen ist; dann aber wird — man darf sich darüber nicht täuschen — der Schutz, den die öffentliche Ordnung findet, ein sehr schwacher sein. Oder — Gesetz und Gericht nehmen ihre Zuflucht zu einer Reihe von Fiktionen, um da, wo objektiv ein Mißbrauch der Presse zu erkennen ist, durch die Schwierigkeiten, die der Nachweis des subjektiven Momentes bietet, nicht aufgehalten zu werden; hier wird die Rückwirkung auf die öffentliche Moral, auf das Ansehen der Gerichte, auf die Achtung vor dem Gesetz eine sehr traurige sein; die öffentliche Ordnung wird eben dadurch tiefer gestört werden, als durch die Verirrungen der Presse, welche durch solche Mittel verhindert werden sollen. Die einschüchternde Wirkung der letzteren wird aber nach einiger

Zeit auch zur Folge haben, daß Personen, denen es nicht gleichgültig ist, verurtheilt und bestraft zu werden, sich von der Wirksamkeit auf dem Gebiet der Presse zurückziehen und es denen, welche es in dieser Beziehung leichter nehmen, ganz oder doch so weit räumen, als nöthig ist, um sich selbst jeder unmittelbaren Berührung mit den Preßbehörden zu entziehen. Auf solche Weise bewirkt man es, daß die Beschäftigung mit der Literatur — soweit dieselbe Maßregelungen dieser Art ausgesetzt sein kann — zu einem rein gewerblichen Unternehmen, wenn nicht gar zum Industrieritterthum herabsinkt. Wer darunter am Meisten leidet, das ist nicht der Einzelne, der für sich oder auch nur für seine Thätigkeit leicht ein Land findet, wo das Gesetz gerechter oder wenigstens seine Anwendung billiger ist, — sondern die öffentliche Ordnung selbst, welcher dadurch nützliche Verbündete entzogen und gefährliche Feinde herangezogen werden.

Es ist also klar, daß bei den gegen den Mißbrauch der Presse zu ergreifenden Repressivmaßregeln nicht das subjektive, sondern das objektive Moment, nicht das Verschulden des Schriftstellers oder Verlegers, sondern die Gefährlichkeit der Schrift, nicht die Bestrafung ihres Urhebers oder seiner Mitschuldigen, sondern die Verhinderung des von ihr besorgten Nachtheiles in's Auge zu fassen sei. Es ist hohe Zeit, mit dem Irrthum zu brechen, daß es zwischen der Censur und der „Preßfreiheit mit Galgen" ein Mittleres nicht gebe. Allen Bedürfnissen der öffentlichen Ordnung ist vollkommen genügt, wenn die Staatsbehörden die Unterdrückung einer die öffentliche Ordnung bedrohenden Schrift zu bewirken vermögen; dem Einzelnen aber ist seine Freiheit vollkommen gewahrt, wenn die Frage, ob eine solche Unterdrückung zulässig sei, im Allgemeinen durch das Gesetz beantwortet wird, im einzelnen Falle aber durch ein Gericht, vor welchem volle Freiheit der Vertheidigung und Rechtsausführung gewahrt wird.

Handelt es sich um Bücher, so ist an der Ausführbarkeit solcher Maßregeln nicht zu zweifeln; ehe diese eine irgend nennenswerthe Verbreitung gefunden haben können, vermögen die Staatsbehörden einzuschreiten. Die Zulassung einer vorläufigen Beschlagnahme durch richterlichen Befehl unter Vorbehalt definitiver Entscheidung nach einem geordneten Verfahren und Anhören der Betheiligten, — eine besondere Strafbestimmung gegen listige, auf Irreführung der öffentlichen Aufsicht berechnete Vorgänge (z. B. Verbreitung einer politischen Schrift unter dem Titel eines Kochbuchs), — bei Flugschriften endlich die Bestimmung eines kurzen Zwischenraumes zwischen der Vorlage bei der Behörde und dem Beginn der Ausgabe: diese Maßregeln reichen vollkommen aus, um hier dem richterlichen Verbot die volle Wirksamkeit zu sichern. Es ist auch nicht zu besorgen, daß der Wegfall persönlicher Verantwortlichkeit zu einem frevelhaften Spiel ermuthigen könnte, wobei man es, selbst von der Unzulässigkeit der Schrift überzeugt, darauf ankommen läßt, ob es ihr gelingen werde, der Aufmerksamkeit der Behörden und dem Verbot des Richters zu entgehen; denn der Schade, der aus einem solchen mißlungenen Versuche erwächst, ist immerhin kein solcher, dem man sich muthwillig aussetzen mag.

Nicht ganz so liegen allerdings die Dinge bei Zeitungen, bei welchen überdies die Gefahr, die überhaupt vom Mißbrauch der Presse zu besorgen ist, am höchsten steigt. Man darf nicht verfügen, daß das Blatt noch vor der Ausgabe der Behörde vorgelegt werde, um ihr Zeit zu lassen, die Beschlagnahme zu erwirken; die Erfahrung hat gelehrt, daß so die Censur auf einem Umweg wieder hergestellt werden kann, weil die Zeit nicht ausreicht, um statt des mit Beschlag belegten Blattes noch ein neues auszugeben, und weil die häufige Wiederkehr von Beschlagnahmen die Herausgeber geneigt macht, bloße Korrekturabzüge vorzulegen. Aber auch die öffentliche Ordnung gewinnt dabei weniger, als sie verliert, weil die Censur eben überhaupt ihr mehr noch als den Einzelnen schadet, und weil für den bei Nacht und in frühester Morgenstunde zu besorgenden Dienst sich nicht leicht mit den nöthigen Eigenschaften versehene Beamte finden. Man wird daher nicht hindern können, daß zwischen dem Beginn der Ausgabe und der Beschlagnahme einige Stunden vergehen, während welcher das Blatt durch Post und Eisenbahnen in alle Weltgegenden enttragen, in der Stadt selbst aber in die Hände Aller gelangt ist. Von einer Beschlagnahme der bereits in Privatbesitz übergegangenen Exemplare kann und darf aber keine Rede sein.

Dennoch treten die Gründe, welche gegen das Zurückgreifen auf die Personen sprechen, bei Zeitschriften in erhöhtem Grade ein. Hier zumal kann bei der Hast, in welcher der Journalist genöthigt ist, über große Ereignisse des Tages sich eine Meinung zu bilden und sie in einer Allen zugänglichen Weise auszusprechen, eine unbedachte Aeußerung leicht vorkommen, deren Tragweite jedem in Ruhe Lesenden und Prüfenden sehr deutlich vor Augen steht, dennoch aber dem Schreibenden selbst im Moment, wo er schrieb und drucken ließ, entgehen konnte. Hier ganz besonders wird man, festhaltend an dem Princip der persönlichen Verantwortlichkeit, der Justiz nur die Wahl lassen können, mit sehenden Augen blind zu sein und statt des wahren Schuldigen, den man nicht kennt, Dritte zu strafen, von denen man nur eben weiß, daß sie nicht die wahren Schuldigen oder doch nicht die am meisten Schuldigen seien, — oder in gehässiger Weise die ursprünglich für die Entdeckung von Räubern und Dieben ersonnenen Mittel auf die Ausforschung der Manuskripte und ihrer Urheber anzuwenden, und wenn diese Mittel durch die Anwendung sehr mäßiger Vorsicht oder durch etwas Standhaftigkeit vereitelt werden, zuletzt doch auf die sachliche Haftung oder auf etwas, was dieser sehr nahe kommt, sich beschränken zu müssen.

Allerdings muß die sachliche Haftung bei Zeitungen durch besondere Bestimmungen geregelt werden, an denen es aber in den Preßgesetzgebungen des Kontinents, zum Theil selbst Englands, ohnehin nicht fehlt. Ich meine: die Bestellung einer Kaution und die Einziehung eines Theiles derselben wegen vorgefallener Preßdelikte und das Recht, bei Wiederholung der Verurtheilung innerhalb einer gewissen Zeit das Erscheinen der Zeitschrift temporär einzustellen. Beide Maßregeln pflegen noch neben der Verurtheilung der Personen zu bestimmten sie treffenden Strafen verhängt zu werden. Dennoch treffen sie empfindlich genug, um alle an dem Unternehmen Betheiligten zu bestimmen, die äußerste Sorgfalt aufzuwenden, um die Wiederkehr derselben zu vermeiden. Der moralische Eindruck des gerichtlichen Erkenntnisses, welcher sie für zulässig erklärt, kann nur dadurch gesteigert werden, daß es nicht noch außerdem eine persönliche Strafe verhängt, die in sehr vielen Fällen einem bloßen Unglück oder gar einem leidigen Mittel, um die eigentliche Hauptsache, die angeblichen Nebenfolgen, zu erlangen, sehr ähnlich sieht.

Es kann übrigens hier nicht der Ort sein, näher zu untersuchen, inwiefern die besondere Beschaffenheit einzelner Preßdelikte, die eigenthümlichen Verhältnisse einzelner Länder es für die Gesetzgebung räthlich erscheinen lassen mögen, für gewisse, genau zu bezeichnende Fälle auch eine persönliche Bestrafung zuzulassen.

Andererseits muß schon hier bemerkt werden, daß da auch die sachliche Repression einen tiefen Eingriff in wichtige Rechte enthält, nur die Gerichte darüber entscheiden können, und daß, weil kein Richter mit Beruhigung einen endgiltigen Spruch fällen kann, ohne beide Theile vernommen zu haben, einem Vertreter jener Rechte volles Gehör gewährt werden müsse.[26])

[26]) Die neueste Oesterreichische Preßgesetzgebung hat dem richtigen Gedanken insofern Rechnung getragen, als sie (§. 16 des Gesetzes über das Strafverfahren in Preßsachen vom 17. Dezbr 1862) gestattet, daß eine Verfolgung der Druckschrift ohne Anklage gegen eine bestimmte Person stattfinde Ihre Mängel bestehen aber darin, daß dies lediglich in das Ermessen des Staatsanwaltes gestellt ist, und daß die Vertheidigung durch Ausschließung der Oeffentlichkeit und dadurch beeinträchtigt wird, daß die Betheiligten vor dem Verbot gar nicht vernommen werden, und daß sie daher auf eine schriftliche Beschwerdeführung vor den höheren Instanzen beschränkt sind. Diese Umstände, dann die Dehnbarkeit der anzuwendenden Strafgesetze, welche gerade nur durch das hier zurückgesetzte subjektive Moment einigermaßen beschränkt sind, und die daraus hervorgegangene Häufung von Verboten haben in neuester Zeit der sog. objektiven Verfolgung zahlreiche Gegner erweckt; man sollte aber den gesunden und entwicklungsfähigen Kern der Einrichtung nicht verkennen.

Die größte Schwierigkeit einer Preßgesetzgebung, welche von den bisher entwickelten Grundsätzen abweicht, liegt in der Regelung der Verantwortlichkeit der verschiedenen an der Veröffentlichung einer Druckschrift betheiligten Personen. Man muß in dieser Beziehung vier verschiedene Systeme unterscheiden:

a) das System der gleichzeitigen und gleichartigen,

b) das der successiven gleichartigen,

c) das der gleichzeitigeu und ungleichartigen, endlich

d) das der successiven und ungleichartigen Haftung.

Jedes dieser Systeme bringt in die Augen springende und oft gerügte Inkonvenienzen mit sich. Die gleichartige Haftung, das System, nach welchem Verleger, Drucker, Sortimentshändler und wer nicht noch, sei es als Hauptschuldige, sei es als Gehilfen des Verfassers zu strafen sind, ist geradezu widersinnig, wenn nicht gestattet und gefordert wird, daß das subjektive Moment hinsichtlich jeder dieser Personen von Fall zu Fall aufrichtig und erschöpfend gewürdigt werde. Wo dies nicht geschieht, kann es kaum als eine Milderung der großen Ungerechtigkeit, die hierin liegt, angesehen werden, wenn das Gesetz dem Einzelnen gestattet, sich durch die Namhaftmachung oder etwa gar Ueberführung eines Vormannes der Strafe zu entziehen. Thatsächlich wird bei einer solchen Einrichtung nicht die Schuld bestraft, sondern das Unglück, den Vormann nicht nachweisen zu können, oder das ehrenhafte Festhalten an einem übereilt gegebenen Wort, an einer wirklichen oder vermeintlichen moralischen Verpflichtung. Wird dagegen bei jedem einzelnen Beschuldigten das subjektive Moment selbstständig gewürdigt, so hat es allerdings seine Berechtigung, wenn gleichzeitig mit dem Verfasser die Nebenpersonen als Gehilfen u. s. w. bestraft werden; allein die wirkliche Erfüllung jener Forderung führt fast unvermeidlich zur völligen Vereitelung der gesetzlichen Strafdrohung. Der Mittelweg, zwei Arten der Verantwortlichkeit zu unterscheiden, — die für das durch den Inhalt begangene Delikt und die wegen Vernachlässigung pflichtmäßiger Obsorge — ist weniger bedenklich, zumal wenn trotzdem nur eine subsidiäre Haftung zugelassen wird, und diese an Bedingungen geknüpft sind, deren Erfüllung der Angeschuldigte im entscheidenden Augenblicke (d. h. in demjenigen, wo er auf die Veröffentlichung eingeht). in seiner Hand hat. Aber auch hier ist es nicht zu vermeiden, daß ein Uebel, welches alle Merkmale eines empfindlichen Strafübels an sich trägt, durch Fiktionen, durch die Verwechselung der civilrechtlichen und strafrechtlichen Haftung, durch das Verdecken und Ignoriren des wahren Sachverhaltes, einer Person zugefügt wird, welche eine eigentlich strafbare Handlung nicht begangen hat.

Es wird genügen, auf zwei wichtige Punkte aufmerksam zu machen.

Die Preßgesetze und die zu ihrer Anwendung berufenen Behörden ignoriren die durch das Gesetz der Arbeitstheilung und durch Zufälle, denen jeder Mensch unterworfen ist, nothwendig gemachte Stellvertretung in der Arbeit, zumal wenn sie nicht eine vollständige und permanente ist. Man halte sich beispielsweise nur an jene Person, deren Verantwortlichkeit noch mit Recht als die strengste angesehen wird. Dem gewissenhaftesten Redakteur kann es begegnen, daß ihn ein Unwohlsein oder ein Vorfall in seiner Familie nöthigt, für einen Tag sein Geschäft einem Mitarbeiter zu überlassen, in Bezug auf welchen die gesetzlichen Formalitäten nicht erfüllt sind. Fällt ihm nun bei der Auswahl dieser Persönlichkeit kein Verschulden zur Last, so steht er auch außerhalb des Gebietes strafrechtlicher Kulpa. Dennoch wird er der Bestrafung schwerlich irgendwo entgehen, zumal da man einen solchen occasionellen Stellvertreter nicht mit den gegen den wirklichen Redakteur angedrohten Strafen belegen kann.

Noch bedenklicher ist die Lage des Verlegers und gar des Druckers. Aller Welt leuchtet ein, daß weder dem Einen noch dem Andern eine eingehende Prüfung der Werke, an deren Veröffentlichung er sich betheiligt, möglich sei, und daß er, wenn er sie übernimmt, in unlösbare Konflikte gerathen müsse. Man weiß es, wie schwierig die Beurtheilung der Strafbarkeit von Preßsachen sei; selten ist ein Fall so beschaffen, daß der Staatsanwaltschaft die Verfolgung, dem Gerichte die Verurtheilung ganz unbedenklich ist. Selbst mit dem Rathe, noch strenger zu sein, als der Staatsanwalt es sein kann, ist Druckern und Verlegern wenig geholfen, weil Diejenigen, die sich an sie wenden, ihre Bedenken leicht übertrieben finden und sie mit empfindlichen Geschäftsnachtheilen strafen können. Man nehme aber an, der Verleger thue das Aeußerste, was man an Vorsicht von ihm fordern könnte: er holt das Gutachten eines Rechtsverständigen ein! Ist er nun gedeckt? Man wird das schwerlich zugeben; denn wenn die Preßbehörde sich nicht an den Rechtsverständigen halten kann — und daran ist ja wohl nicht zu denken — so wird sie sich entschieden dagegen verwahren, daß ein Privatgutachten, und von einem solchen allein wird doch wohl die Rede sein können, die Stelle des Imprimatur vertreten könnte. Der Verleger wird also auch in diesem Falle gestraft, aber doch wahrlich nicht mehr für eine Kulpa im strafrechtlichen Sinne.

Dagegen hat man die Verantwortlichkeit für Vernachlässigung pflichtmäßiger Obsorge, die ihrer Natur nach nur auf die Nebenpersonen paßt, auf die Hauptperson, den Verfasser, ausgedehnt, damit aber unter jedes dolose Preßdelikt ein zweites kulposes gesetzt und der Praxis ein Auskunftsmittel von ebenso bedenklicher Art, wie die außerordentlichen Strafen und die Französischen circonstances atténuantes an die Hand gegeben.

In Wahrheit ist diesem Wirrsal nur auf dem bereits angedeuteten Wege zu entkommen. Bei den uneigentlichen Preßdelikten versteht sich die gleichzeitige und gleichartige Verantwortlichkeit aller Mitwirkenden, aber auch die vollständige Würdigung des subjektiven Momentes für jeden Einzelnen derselben von selbst: die allgemeinen Strafrechtsgrundsätze finden hier uneingeschränkte Anwendung. Bei den eigentlichen Preßdelikten dagegen, welche nur objektive Repression der Druckschrift, nicht aber die Verfolgung und Bestrafung einer Person zur Folge haben sollen, fällt die Frage der Verantwortlichkeit ganz hinweg, oder vielmehr: sie wird als eine rein civilrechtliche, zwischen den verschiedenen durch die Repressivmaßregel benachtheiligten Personen auszutragen sein.

Zu V.

Für die processualische Behandlung der eigentlichen Preßdelikte müssen unter allen Umständen gewisse Abweichungen von den allgemeinen Grundsätzen gefordert werden; diese Abweichungen würden noch größer, wenn die bisher entwickelten Vorschläge Eingang fänden. Es sind dabei hauptsächlich folgende Punkte zu erwägen:

1) Man mag im Uebrigen noch so zweifelhaft über den Werth eines streng durchgeführten Anklageverfahrens sein, hier kann ein solcher Zweifel kaum bestehen. Es handelt sich um eine ihrer Natur nach polizeiliche Maßregel, über deren Nothwendigkeit die Administration, über deren Berechtigung das Gericht zu entscheiden hat. Abgesehen von der subsidiären Privatanklage, wo die Natur der Sache für diese Raum läßt, muß daher der Staatsanwaltschaft nicht blos die Initiative für Einleitung der Preßprocesse gewahrt werden, sondern auch das Recht, den letzteren durch Rücktritt von der Verfolgung jederzeit ein Ende zu machen. In einem solchen Falle versteht es sich übrigens von selbst, daß die etwa erwirkte vorläufige Beschlagnahme aufzuheben und unter Umständen auch Schadenersatz für dieselbe zu leisten sei.

2) Die größte Beschleunigung und Vereinfachung der Procedur liegt hier ebenso sehr im Interesse der öffentlichen Ordnung, als in dem der betheiligten Privaten. Die gerichtliche Voruntersuchung, eine vorläufige Entscheidung über die Einleitung des Hauptverfahrens erweisen sich als überflüssig, sofern nicht die letztere durch Bestreitung der Zuständigkeit des Gerichtes nöthig gemacht wird. Ebenso kann in der Hauptverhandlung von dem Verhör eines Beschuldigten ohnehin nicht die Rede sein, wenn das Princip der persönlichen Verantwortlichkeit aufgegeben wird. Aber auch wenn dies nicht der Fall ist, bleibt das Verhör in Preßsachen noch bedenklicher und entbehrlicher als in anderen Fällen. Gegen die **Oeffentlichkeit** des

Strafverfahrens in Preßsachen werden mitunter eigenthümliche Bedenken erhoben. Man weist darauf hin, daß die gerichtliche Verhandlung an und für sich eine weitere Verbreitung des inkriminirten Schriftstückes bewirke, und daß sie nicht selten die Gelegenheit biete, den in demselben enthaltenen Angriff unter dem Vorwand und unter den schützenden Privilegien der Vertheidigung mit verdoppelter Heftigkeit zu wiederholen. Der Anlaß für leidenschaftliche Scenen dieser Art liegt aber ganz hauptsächlich in dem Verhör des Angeklagten, welches — für die Vertheidigung ganz überflüssig, weil für diese durch einen zusammenhängenden Vortrag des Angeklagten oder des Defensors viel besser gesorgt wird, — gewöhnlich in einen höchst unpassenden Principienkampf zwischen dem Angeklagten und dem Präsidenten ausartet. Das Bekanntwerden der inkriminirten Schrift in dem immerhin beschränkten Kreise derselben Zuhörer, welche Zeugen der Verhandlung und des Urtheils sind, ist ganz unbedenklich, während es keineswegs selbstverständlich ist, daß es gestattet sein müsse, in dem Bericht über die Gerichtssitzung den Wortlaut der inkriminirten Stellen zu wiederholen.

Zu VI.

Bei Erörterung der wichtigen Frage, ob bei Verhandlungen in Preßsachen die Geschwornen mitwirken sollen, muß selbstverständlich auf jeden Versuch verzichtet werden, Diejenigen, welche principielle Gegner oder Anhänger der Jury überhaupt sind, von ihrer Meinung abwendig zu machen. Es kann nur erwogen werden, ob besondere Gründe bestehen, gerade in Preßsachen ausnahmsweise die Jury auszuschließen oder zuzulassen.

Für die ausnahmsweise Ausschließung der Jury von den Preßsachen lassen sich kaum andere Gründe vorbringen, als solche, welche eben die Jury an sich als unzulässig erscheinen lassen. Beachtenswerth ist unter diesen Gründen nur die Gefahr, daß die Geschwornen durch die politische Natur der meisten Preßprocesse verleitet werden könnten, ihre Funktionen als politische, statt als richterliche anzusehen und bei ihrem Ausspruch mehr bemüht sind, der öffentlichen Meinung zum Ausdruck zu verhelfen, als ihre aus der Verhandlung gewonnene Ueberzeugung getreulich darzulegen. Diese Gefahr besteht nicht blos bei Preßprocessen, und wenn sie nicht durch eine zweckmäßige Bildung der Geschwornenlisten, durch eine ganz besonders darauf berechnete Einrichtung des Verfahrens und durch die beharrlichen Bemühungen aller Derer, welchen am Gedeihen der Institution liegt, bekämpft wird, — der Wegfall der Preßsachen wird daran wenig ändern. Wohl aber ist es richtig, daß das Schwurgericht kaum einer härteren nnd gefährlicheren Probe ausgesetzt werden könnte, als wenn man es unternähme, es ausnahmsweise für Preßsachen allein einzuführen.[27])

Die Versuchung hierzu ist aber allerdings keine geringe, denn — und damit ist wohl am besten Jenen geantwortet, welche gerade in Preßsachen allein die Jury ausschließen möchten — gerade jene Gründe, welche der Einführung der Jury überhaupt das Wort sprechen, haben Preßsachen (d. h. den durch den Inhalt der Druckschriften hervorgerufenen Processen) gegenüber eine erhöhte Bedeutung. Die Sache ist so einleuchtend, daß hier nur Weniges hervorgehoben zu werden braucht. Man wird wohl schwerlich sich der Hoffnung hingeben können, daß es der Gesetzgebung jemals gelingen werde, die gegen öffentliche Aeußerungen erlassenen Verbote so zu formuliren, daß die Anwendbarkeit der dabei gebrauchten Ausdrücke auf eine Druckschrift sich sofort und unbedenklich von selbst ergiebt. Fast niemals wird die sich entgegenstellende Schwierigkeit eine juristische sein, fast niemals wird sie sich auf die Meinung und Absicht des Gesetzes, immer nur auf die Würdigung des konkreten Falles beziehen. Das Gesetz wird immer Merkmale aufstellen müssen, deren Vorhandensein sich nicht durch die bloße Feststellung der Thatsachen unzweifelhaft nachweisen läßt, deren Annahme oder Nichtannahme vielmehr von der Würdigung der einzelnen Umstände, d. h. von dem subjektiven Urtheil über dieselben, abhängt. Gerade zur Lösung solcher Aufgaben aber sind Geschworne vorzugsweise geeignet und berufen. Andererseits fehlt es nicht an ernsten Männern, welche gerade im Interesse des Richterstandes auf die Beiziehung von Geschwornen in Preßsachen Werth legen und um der großen Vortheile willen, die sie sich davon versprechen, die Bedenken zum Schweigen bringen, welche sie gegen die Institution im Uebrigen hegen. Es muß wohl Eindruck machen, wenn man hört, wie Friedrich Gentz in einer geistvollen Schutzrede für die Censur — gewiß der besten, die ihr überhaupt zu Theil geworden, — für die Heranziehung der Jury in Preßstrafsachen sich ausspricht. Er sagt:[28]) „Das Urtheil über die politische Schädlichkeit oder Unschädlichkeit einer Schrift ist jederzeit mit einem gewissen Grade von Willkür behaftet. Wir meinen nicht jene unredliche Willkür, die, der Wahrheit und eigener Ueberzeugung zum Trotz, ihre Entscheidungen aus blinder Parteilichkeit oder fremdartigen Einwirkungen schöpft, sondern nur die Willkür des Gedankens, die bei der unendlichen Verschiedenheit menschlicher Ansichten dem Einen als lobenswerth zeigt, was der Andere höchst tadelhaft findet. Ist es gleichgiltig, die Autorität der Gerichtshöfe in den Kampf der Parteien zu verwickeln? eine Behörde, deren Ansehen und

---

[27]) Geyer in der allgem. Oesterreich. Gerichtszeitung 1862 Nr. 2.

[28]) Jahrbücher der Literatur I. (Wien 1818) S. 234 bis 236.

Kredit für das Wohl der Gesellschaft und für ihre eigene Beruhigung nicht rein und tadellos genug erhalten werden kann, in einen Schauplatz der Willkür, auch nur der unvorsätzlichen, auch nur der scheinbaren zu verwandeln? Diese Betrachtung ist nicht ohne Gewicht. Jeder aufgeklärte Richter, der die Würde seiner Bestimmung kennt, wird gewiß gern ein Geschäft von sich ablehnen, das ihn aus der wohlthätigen Freistätte seiner gesetzmäßigen geregelten Thätigkeit auf eine unbekannt schlüpfrige Bahn wirft und ihn ohne Richtschnur und Leitfaden einer fremdartigen schweren Verantwortlichkeit preisgiebt. Fällt sein Spruch wider den Staat, der den Schriftsteller vor ihm angeklagt hat, aus, was vergilt ihm das schmerzhafte Gefühl, sich mit Denen, welchen er Achtung schuldig ist und deren Meinung ihm nie gleichgiltig sein kann, im Widerspruch zu finden? Verurtheilt er den Schriftsteller, wer schützt ihn, wenn auch sein Gewissen ihn freispricht, gegen die Bitterkeiten aller Art, womit eine parteiische, leidenschaftliche, vielleicht aufgebrachte Volksstimme ihn bedroht? — Die Sache wird noch kritischer, wenn man erwägt, daß in Zeiten, wo Processe gegen Preßvergehungen sich häufen, ein Tribunal, das nicht wie ein politischer Censor jeden einzelnen Fall nach seinen besonderen (oft nur von diesem gekannten) Beziehungen behandeln kann, sondern in allen seinen Verhandlungen sich selbst allgemeine Grundsätze und allgemeine Normen vorschreiben muß, wenn es eine, zwei, drei Schriften von einem gewissen Tone oder Charakter gebilligt oder verdammt hätte, nicht mehr anstehen könnte, alle ähnlichen ebenfalls zu billigen oder zu verdammen. Hieraus würde sich bald ein systematischer Gang erzeugen, der das Tribunal in beständige Opposition mit der Regierung oder in beständige Opposition mit dem Publikum versetzt. Beides aber wäre gleich nachtheilig. In dem ersteren Falle würde die Regierung, von den Tribunalen verleugnet, in einem feindseligen, gehässigen Lichte, in dem anderen das Tribunal als ein unterwürfiges, blindes Werkzeug der Macht erscheinen. Und die Folge wäre immer, daß die Richter, sei es in der Wirklichkeit, sei es in der Meinung, ihre unabhängige würdevolle Stellung, die Achtung, die Gunst und das Vertrauen des besten Theils der Nation ohne Ersatz verloren haben würden. — Um einige dieser Einwürfe zu beseitigen, hat man den Vorschlag gethan, zur Aburtheilung fiskalisch belangter Schriften, anstatt der gewöhnlichen Gerichtshöfe, ein eigenes Tribunal zu ernennen, das aus wirklichen Richtern, politischen Beisitzern und einer gewissen Anzahl sachkundiger, wissenschaftlich gebildeter Männer gemischt wäre. Eine solche Behörde wäre aber nicht mehr ein Tribunal, sondern eine außerordentliche Kommission, welche die Stelle eines wahren Gerichtshofes nur unvollkommen und unsicher vertreten würde. Was eine solche Kommission durch die Art ihrer Zusammensetzung an Sachkenntniß und Fähigkeit zum Urtheil auf einer Seite allerdings gewinnen möchte, würde sie auf der anderen an Unabhängigkeit, an Selbstständigkeit, an Gewicht, an öffentlichem Vertrauen zehnfach wieder verlieren. — Einen weit besseren Ausweg als diesen gewährt zweifelsohne die in England bestehende Anordnung, vermöge welcher sich bei Processen dieser Art die richterliche Gewalt gleichsam in zwei abgesonderte Bestandtheile scheidet, wovon der eine, die Richterbank, den Proceß blos leitet und das Endurtheil spricht, der andere aber, die Jury, die Hauptfrage, ob der Beklagte strafbar sei oder nicht, entscheidet. Wir sind weit entfernt, in dieser Anordnung den Grad von Vollkommenheit zu erblicken, den viele sonst einsichtsvolle Männer (ganz neuerlich noch in Frankreich) ihr zugeschrieben haben. Wir glauben vielmehr, daß, wenn es auf Beurtheilung politischer Schriften ankommt, eine Jury in der Regel eine noch weit weniger kompetente Behörde sei, als ein gewöhnliches Tribunal. Da aber nach den vorhergehenden Bemerkungen der Verdacht, der Schein von Willkür und Parteilichkeit von keinem richterlichen Ausspruch über Preßvergehen ganz entfernt werden kann, so halten wir es unzweifelhaft für besser, daß dieser Verdacht oder dieser Schein auf einem Volksausschusse, als daß er auf den Richtern haftet. Aus diesem einzigen Grunde würden wir in Ländern, wo ähnliche Formen schon bestehen oder mit der Kriminalprocedur vereinbar sind, die Jury mit allen ihren Mängeln und Gefahren der ausschließenden Verantwortlichkeit der Richter, die wir für das größere Uebel halten, vorziehen."

Ganz in demselben Sinne spricht sich Chassan [29]) aus: „Hätte die Jury kein anderes Verdienst als das des Gefühls politischer Sicherheit, welches diese Institution Allen einflößt, so läge darin allein ein hinreichender Grund, ihr den Vorzug zu geben. Was würde aus der Magistratur, wenn sie über die politischen und Preßdelikte zu erkennen hätte? Es hälfe ihr wenig, die aufgeklärtesten, liberalsten, gerechtesten Entscheidungen zu fällen; sie gälte dennoch für ein bloßes Regierungswerkzeug, instrumentum regni. Nichts wäre für die Gesellschaft wie für die Regierung gefährlicher, als einer permanenten und unabsetzbaren Körperschaft die Preßdelikte ausschließlich in die Hand zu geben. Irrthum und böser Wille einer Jury sind kein Gegenstand der Ueberlieferung. Diese Körperschaft ist so beweglich, wie die Preßdelikte selbst, über die sie entscheidet. Man kann immer hoffen, daß neue Geschworne das Uebel wieder gut machen werden, das ihre Vorgänger angerichtet. Allein in einer permanenten Körperschaft werden die Irrthümer Präcedenzfälle; auch die Leidenschaft hat ihre Präcedentien und der Gemeinsinn einer Korporation schließt den Parteigeist nicht aus. Oft verbünden

---

[29]) L. c. II. 132, 133 u. 1328, 1329.

sie sich und erhalten sich so Jahre hindurch. Das Werkzeug, dessen man gegen das Volk sich bedienen zu können meinte, kehrt sich gegen die Regierung selbst — es ist das Rohr, welches bricht und die darauf sich stützende Hand durchbohrt."

Aus diesen Gründen bin ich der Ansicht, daß in Ländern, wo die Jury besteht, alle eigentlichen Preßdelikte — und zwar, weil überhaupt für die Kompetenz der Geschwornen neben der Schwere der Strafe auch die besondere Eignung des Deliktes zu berücksichtigen ist, ohne Rücksicht auf die Schwere der angedrohten Strafe — ihr zuzuweisen seien. Dieselben Gründe finden übrigens auch auf die uneigentlichen Preßdelikte Anwendung, wenigstens auf alle jene Delikte, bei welchen eine Verübung durch die Presse nicht zu den nur ganz ausnahmsweise eintretenden Verübungsarten gehört.

Gegen die durch die Periodicität der Schwurgerichtssitzungen veranlaßte Verzögerung der Entscheidung ließe sich leicht Vorsorge treffen. Da mit Verhandlungen dieser Art kein ausgedehntes Beweisverfahren verbunden ist, auch das Preßdelikt seiner Natur nach eine gewisse Ubiquität zeigt, könnten die Preßsachen durch das Gesetz an die Schwurgerichte der größeren Städte, welche ohnehin häufige Sitzungen halten, gewiesen werden.

Zu VII.

Die allgemeinen Vorschriften über Verjährung reichen für Preßsachen nicht aus. Es handelt sich nicht um eine Kürzung der Verjährungsfrist. Die Wohlthaten der Verjährung gehen nämlich den an der Presse betheiligten Personen, zumal den in zweiter Linie betroffenen, immer wieder verloren; jeder Wiederabdruck, jeder neue Verkauf eines Exemplars der Schrift ist für sie eine Erneuerung des Deliktes. Nun ist es aber sehr wohl denkbar, daß eine Schrift, die bei ihrem ersten Erscheinen unbeanstandet gelassen wurde, bei einer späteren Gelegenheit in Folge einer Aenderung der herrschenden Auffassung bedenklich gefunden und verfolgt wird. Doch kann man sich kaum etwas Härteres denken, als eine solche Verfolgung gegen Denjenigen, der zur Verbreitung einer schon seit längerer Zeit existirenden und nicht verbotenen Schrift mitwirkt. Das Verbot einer verspäteten Verfolgung solcher Schriften liegt übrigens eben so sehr im Interesse der öffentlichen Ordnung, als in dem der Privatsicherheit. Die Ansichten und Auffassungen der öffentlichen Behörden müssen nothwendig mit den Personen und Zeitläufen wechseln; wenn die Organe der Preßaufsicht genöthigt wären, entweder neu erschienene Schriften, deren Inhalt sie strafbar finden, unverfolgt zu lassen, oder der bloßen Konsequenz zu Liebe ältere in aller Händen befindliche Werke zum Gegenstand einer Verfolgung zu machen, so wäre das Eine wie das Andere kaum zu ertragen. Und doch vermag nur eine allgemeine Bestimmung, welche Verfolgungen der letzteren Art kategorisch untersagt, dem Dilemma ein Ende zu machen.[30]

---

[30]) Vgl. §. 40 des Oesterr. Preßgesetzes.

IX.

Gutachten des Rechtsanwalt M. J. Kuhwandl in München.

Gesetzgebungsfrage:

„Ist es für das mündliche Verfahren im Civilproceß angemessen, daß der Beweisantritt in der ersten mündlichen Verhandlung erfolge, und daß der vorbereitende Schriftenwechsel sich auch auf die Benennung der Beweismittel über die unter den Parteien bestritten gebliebenen Thatsachen erstrecke?"

Vorwort.

Die Beantwortung dieser Frage ist wesentlich abhängig von der Wahl, die man bezüglich eines ganzen Systems zusammengehöriger Bestimmungen getroffen haben wird, so daß also zunächst auf diese Wahl eingegangen werden muß.

Ueber die ein solches System fordernde umfassendere Gesetzgebungsfrage nämlich, wie behufs der Feststellung des Sachverhalts das thatsächliche Vorbringen der Parteien und die Beweisführung am zweckmäßigsten zu einander zu ordnen seien, sind bekanntlich die Meinungen noch immer getheilt.

Als die zur Zeit am meisten in den Vordergrund tretenden Resultate der weit verbreiteten gewaltigen Anstrengungen auf dem Gebiete der Civilproceßgesetzgebung bieten sich zur Anknüpfung der hier fraglichen Erörterung fünf Operate dar.

1. Die im Jahre 1852 in Hannover eingeführte und seitdem mit vielfach gerühmtem Erfolge in Uebung befindliche Proceßordnung;
2. der neueste Bayerische Entwurf von 1861;

3. derjenige Entwurf, welcher einem Beschlusse der Deutschen Bundesversammlung zufolge von den Kommissären mehrerer Deutschen Staaten zu Hannover in erster Lesung berathen ist, und den ich der Kürze wegen, nach dem Vorgange Anderer, den Deutschen nennen zu dürfen glaube;
4. der Oesterreichische von 1862;
5. der Preußische von 1864.

Der Bezugnahme hierauf glaube ich noch einige Vorbemerkungen anreihen zu müssen.

Einmal die, daß wir es hier blos mit dem Verfahren vor den Kollegialgerichten zu thun haben, —

sodann, daß es sich um Einrichtungen handelt, welche für umfangreiche und verwickelte, sonach schwierige Processe genügen, doch aber zugleich für einfache einen leichten Anschluß von Modifikationen möglich machen, [1]) —

ferner, daß selbstverständlich auf die Herbeiführung eines wahrhaft mündlichen Verfahrens das größte Gewicht gelegt, dennoch aber auch in diesem Punkte ein übertreibendes Extrem für möglich gehalten werden muß, z. B. wenn man so weit ginge, gesonderte Sammlung der im einzelnen Falle zu Gerichtshanden kommenden Aktenstücke mehr oder weniger zu verhindern; ein Bestreben. welches Leonhardt [2]) m. E. mit Recht bekämpft, —

endlich, daß auf Beibehaltung beziehungsweise Einführung des mit Rechtskraft (für alle Instanzen) vorauszuschickenden, sohin ein unabänderliches, bedingtes Endurtheil in sich enthaltenden, Beweisinterlokuts in keinem der erwähnten Entwürfe — und meines Wissens auch in keiner sonstigen Gesetzgebungsarbeit — angetragen wird; daher dieses System nur insoweit zu berücksichtigen ist, als dessen Princip, wenn auch beschränkt, noch in der Hannoverschen Proceßordnung wirkt, und demselben, wenigstens für ein bestimmtes System, wovon später die Rede sein wird, noch keineswegs die Empfehlung fehlt.

Selbstverständlich wird die nun folgende Erörterung Vielbekanntes in großem Maße wiederbringen, jedoch untergeordnete Argumente für und wider

---

[1]) Mit Recht wird diese Elasticität der Gliederung besonders betont. Es geschieht dieses auch in dem bekannten, höchst interessanten, belehrenden und anregenden Buche von Dr. J. W. Planck: „Die Lehre von dem Beweisurtheil. Mit Vorschlägen für die Gesetzgebung. 1848.“ S. 434. Auf dieses Buch werde ich mich häufig beziehen mit der abgekürzten Bezeichnung: Planck l. c.

[2]) Im jüngst erschienenen zweiten Beitrage: „Zur Reform des Civilprocesses in Deutschland. Eine vergleichende Kritik der Grundprincipien des Entwurfs einer Civilproceßordnung für den Preußischen Staat.“ Einl. S. 6 und dann S. 33 ff.

allenthalben möglichst umgehen, wo nicht ein besonderes Motiv zur Ausführlichkeit hinleitet.

Allgemeine Grundsätze.

Indem ich der eigentlichen Aufgabe näher trete, darf ich mich wohl zuerst mit einer kurzen Rückerinnerung an einige kurze Grundsätze beschäftigen, die, mehr oder minder folgerecht festgehalten, auf die verschiedenen Systeme leitend einwirken.

Entweder geht man davon aus, es solle des Richters Pflicht sein, — nachdem er das Vorbringen der Parteien über die Thatsachen kennt, und hierbei Streitiges, des Beweises Bedürftiges übrig ist, — von vornherein positiv zu bezeichnen, was und von wem zu beweisen sei, oder davon, daß es der Partei gesetzlich (ohne solche richterliche Bestimmung) obliege, eben so gut, wie alles Erhebliche zu behaupten, so auch es zu beweisen.

Bisher war in Deutschland jedenfalls vorwiegend der erste Standpunkt der maßgebende, und ich will denselben nicht als einen principiell unzulässigen anfechten, sondern mich nur auf die Behauptung stützen, daß der andere mindestens ebenso zulässig, die Wahl daher nach Rücksichten der Zweckmäßigkeit zu treffen sei.[3])

Man kann meines Erachtens mit Grund sagen: Für die Entscheidung des Richters darf auf dem Gebiete der Thatsachen nur das Bedeutung haben, was erheblich und wahr ist. Hat aber das bloße Behaupten dessen, was nicht durch gesetzliche Vermuthung geschützt, oder notorisch oder unbestritten ist, für den Richter noch gar keinen Werth, so liegt in der Pflicht der Partei, das Erhebliche zu behaupten, von selbst auch schon die entsprechende Obliegenheit des Beweises. — Bei dem Endurtheile muß allerdings der Richter mehr oder minder zur Prämisse seiner Entscheidung machen, was er über Beweislast, Beweissatz u. s. w. für richtig erkennt; aber daraus folgt keineswegs, daß man die Parteien für berechtigt erklären müsse, eine vorgängige Feststellung in dieser Hinsicht zu fordern.

Die streng konsequente Durchführung dieses Principes häuft zweifellos im Ganzen und Großen eine schwere Last der Verantwortlichkeit auf die Parteien und ihre Vertreter, und es ist daher leicht erklärlich, daß der zuerst erwähnte Standpunkt sich ein weites Feld eroberte. Man fand es in der Regel besser, die Aufladung der Last ganz zu unterlassen, weil man die Mittel nicht hatte, oder zu wenig kannte, sie erträglich zu machen.

Jetzt aber, scheint mir, ist die Gesetzgebungstechnik in Verbindung mit

---

[3]) Planck l. c. S. 378 u. speciell S. 386.

der Summe der bedingenden Zustände mehr befähigt, sich vom zweiten Grundsatze leiten zu lassen. Ich lege hierbei besonderes Gewicht auf das Princip der Mündlichkeit und das damit wesentlich verbundene Frage-Recht der Richter, auf zweckmäßige Einschränkung der Eventualmaxime, auf die freie Beweisführung als weitgehende Regel, und auf die Umgestaltung der Berufsinstanz in jenes Doppelwesen, welches neben der alten Appellation in großem Umfange auch die Gelegenheit für die Parteien einschließt, die von ihnen in erster Instanz begangenen Uebersehen und sonstigen Fehler wirkungslos zu machen.

Nach sorgfältiger Prüfung bin ich zu derselben Ansicht gekommen, welche bedeutende Autoritäten [4]) für die richtige erklären, indem sie sagen, nur zwei Systeme ließen sich konsequent durchführen: entweder das des bindenden Beweisinterlokuts, oder das Aufgeben jedes positiven Beweisdekrets.

Um einen kurzen Ausdruck zu haben, werde ich dieses letztere System im Verlaufe stets das des negativen Beweisdekrets nennen, [5]) und ich habe mich schließlich für dieses entschieden, indem ich zu finden glaubte, daß es, wenn einigermaßen richtig ausgearbeitet, auch das zweckmäßigste von allen sei.

Einiges zur Kritik des bindenden Beweisurtheils.

Es ist hier nicht der Platz, zur Rechtfertigung meiner Wahl die Gründe für und wider jedes der verschiedenen in bestehenden oder vorgeschlagenen Gesetzgebungen sich bewegenden Systeme zusammenzustellen und gegen einander abzuwägen. Einige Erörterungen werde ich mir jedoch in dieser Beziehung gestatten dürfen.

Die Hannoversche Proceßordnung theilt bekanntlich — abgesehen von den Fällen, wo kein Streit über Thatsachen, — das Hauptverfahren durchgreifend in das Stadium der Begründung und das des Beweises mit einem Interlokute dazwischen, welches Beweislast und Beweissatz für die Instanz bindend ausspricht, also ein bedingtes Endurtheil bildet, indem die Abhilfe für den Fall eines nicht stichhaltigen Interlokuts erst in der Berufungsinstanz eröffnet ist.

---

[4]) J. W. Planck, Gutachten für die Verhandlungen des II. Deutschen Juristentages. Bd. I. S. 87. — Leonhardt, bei jedem Anlasse in den Diskussionen der Deutschen Proceßgesetz-Konferenz in Hannover, dann in dem ersten Beitrag zur Reform des Civilprocesses rc. S. 15, 36.

[5]) Der neue Oesterreichische Entwurf beruht im Wesentlichen auf diesem System, indem nur die angebotenen Beweise zugelassen und überflüssige abgeschnitten werden. — Der Referent der Bayerischen Abgeordnetenkammer nähert sich gleichfalls demselben, jedoch nur unvollständig; wovon später.

Zahlreiche, höchst gewichtige Zeugnisse bestätigen, daß durch dieses mit legislatorischem Scharfsinn zurechtgelegte und durchgeführte, nun seit mehr als zwölf Jahren in der Praxis geprüfte, System die an das bindende Beweisurtheil geknüpften Uebelstände auf ein geringeres Maß herabgebracht und zugleich sehr bedeutende Vortheile errungen wurden, welche gerade auf den Eigenthümlichkeiten dieses Systemes beruhen. Es wird, insbesondere von Hannoverschen Juristen, mit immer noch ungeschwächter Kraft und Ausdauer für ihr geltendes Recht im fraglichen Punkte gekämpft, weshalb denn aber auch die Gegner nicht ermüden dürfen.

Die Stärke der eigenen Argumente Jener ist es nicht, welche sie dabei stützt, sondern nebstdem die auch jetzt noch bestehende Zerfahrenheit der Ansichten,. nach welchen Anderes geschaffen werden soll. Diese Zerfahrenheit wird endlich wohl noch so weit überwunden werden, daß der Hauptgrund, auf welchem der Widerwille gegen das bindende Beweisurtheil ruht, die sichernde Umwallung eines ausgebildeten anderen Systems erhält, von dem geschützt derselbe unüberwindlich wird.

Jener Hauptgrund entspringt dem Principe, daß die Gesetzgebung nach möglichstem Siege des materiellen Rechtes über das formelle zu streben habe.

Wenn Leonhardt [6]) sagt, dieses Princip spiele bei der Frage, ob Beweisurtheil oder Beweisdekret? eine eben so große als unverdiente Rolle, so liegt darin gewiß Wahrheit, aber nicht in jeder Beziehung. Für wahr halte ich diesen Ausspruch, wenn er Denjenigen entgegentreten will, die etwa meinen, daß man es mit einem anderen Systeme in Bezug auf Förderung der materiellen Gerechtigkeit im Allgemeinen so gar leicht und schnell um Vieles weiter bringen werde. [7])

Was mir aber bei jenem Ausspruche Leonhardt's außer Acht gelassen scheint, das ist die Rücksicht auf den **Unterschied der Ursachen**, aus denen die Hemmnisse der Findung des materiellen Rechtes entspringen.

Von der Verhandlungsmaxime wird im Civilproceß sicherlich Niemand abgehen, der Eventualmaxime Niemand ganz entsagen, Niemand die Wir-

---

[6]) Im ersten Beitrag zur Reform des Civilprocesses rc. S. 54.

[7]) „Fast jede Form hat eine gewisse Berechtigung in sich; unter gewissen Voraussetzungen und Umgebungen kann sie als die passendste erscheinen." Planck l. c. S. 131. — Vielleicht ist es hier am Orte, auch noch die freilich schon oft ausgesprochene Bemerkung beizufügen, daß eine mittelmäßig gelungene Proceßordnung, wenn tüchtige Anwälte und Richter sie vollziehen, befriedigende Rechtspflege zur Folge haben, eine sehr gut gelungene aber, angewendet von schwachen Handhabern, weniger Gutes hervorbringen wird. Bei Vergleichungen darf eben nie das: caeteris paribus vergessen werden.

kungen der Rechtskraft abschaffen wollen. Die Maximen machen es unvermeidlich, daß durch unverschuldete wie verschuldete Unterlassungen und Irrthümer der Parteien und Anwälte, und, was die res judicata betrifft, auch durch Irrthum der Gerichte zuweilen blos formelles Recht an die Stelle des materiellen sich setzt.

Wenn also bestimmt ist, für den Richter sei nicht Gegenstand der Entscheidung, was bereits rechtskräftig abgeurtheilt, oder wegen der Verhandlungs- und Eventualmaxime gar nicht vor ihn gelangt ist, so wird das nicht Anstoß erregen, so lange die Maximen nicht auf die Spitze getrieben, d. h. von jeder Milderung entblößt sind.

Dem gegenüber, was hier als Ursache eines solchen Erfolges erscheint, kann und muß man sich zufrieden geben mit der Erwägung, daß alle menschlichen Dinge nothwendig unvollkommen sind, daß der Streit denn doch ein Ende finden müsse u. s. w.

Sehr verschieden hiervon aber scheint mir der Fall, wenn der Verdrängung des materiellen Rechtes auch noch dadurch der Weg geöffnet sein soll, daß man dem Richter zumuthet, sofort aus den Parteivorträgen die des Beweises bedürftigen Thatumstände zu formuliren, und diese Formel — immer mehr oder weniger ein Abstraktes oder Konstruirtes — als Bedingung des Endurtheils aufzustellen; nicht also erst seiner Zeit bei dem Endurtheile das Faktum, wie es sich jetzt darstellt — das möglichst Konkrete — unter das Gesetz zu subsumiren.

Bei jener Formulirung spielt oft die gewichtigste Rolle das trügerische Wort, und die definitive Entscheidung kann bei Gesetzestreue nur beherrscht werden durch das Wort, gleichviel ob es den wahren Sachverhalt treu wiedergiebt oder nicht.

Welche Bedeutung das hat, welche in's fast verschwindend Feine sich verlierende Schwierigkeiten sich häufig dabei entgegenstellen, ist bekannt; Literatur wie Praxis liefern reiches Material.

Ich gebe gern zu, daß ein nicht unbedeutender Theil dieser Schwierigkeiten durch das mündliche Verfahren abgeschwächt wird, aber auch, was übrig bleibt, scheint mir noch viel zu viel.

Und das ist nun, den früher erwähnten Maximen gegenüber, eine Ursache ganz anderer Art. Während dort von Dingen die Rede ist, worüber man, ohne allen Halt zu verlieren, den Richter nicht urtheilen lassen kann, darf hier gerade das nicht mehr Gegenstand der Entscheidung sein, was so recht eigentlich ihre Grundlage sein sollte.

Wenn die Verfechter des Hannoverschen Systems den Gegnern zurufen, [8])

---

[8]) z. B. Planck (Hannoverscher Obergerichtsrath) in seiner, wie Alles, was von

es sei ein Mißverständniß, zu sagen, der Richter könne durch das bindende Beweisinterlokut in die Lage gerathen, „gegen seine Ueberzeugung“ entscheiden zu müssen; bei dem zweiten Urtheile gehe ja die Frage den Richter gar nichts an, ob das Interlokut richtig oder unrichtig sei; er habe nur zu prüfen, ob die daselbst bezeichneten Thatsachen bewiesen seien, nur seine Ueberzeugung hierüber sei in Frage, — wer, sage ich, so argumentirt, hat Recht aber nur darum, weil jenes „gegen seine Ueberzeugung“ nicht ein ganz unzweideutiger Ausdruck ist für das, was die Gegner im Sinne haben. Allenthalben spricht Jedermann, der sich genau ausdrückt, nicht von solcher Ueberzeugung, sondern davon, daß der Richter nicht selten in die Lage komme, bewußt ein anderes Definitivurtheil abgeben zu müssen (zu kondemniren statt zu absolviren, und umgekehrt), als er abgegeben haben würde, wenn das Beweisinterlokut nicht entgegenstünde. Allenthalben hat man Achtung vor dem Richter, der mit fester Gesetzestreue jenes Endurtheil ausspricht; aber was man nicht will, das ist eben, so lange Anderes denkbar bleibt, die Schaffung des Anlasses zu solcher Gesetzestreue, das ist die Zulassung der Herrschaft eines durch das Medium des Interlokuts gelieferten Zerrbildes, statt des möglichst approximativen wirklichen Sachverhalts; weil man eben davon ausgeht, dem Richter müsse möglich gemacht sein, so weit nur immer thunlich, materiell gerechte Endurtheile abzugeben. — Die große Rolle, welche hier, von dieser Seite betrachtet, das Ringen nach materiellem Rechte spielt, ist als mächtige Thatsache aufzufassen.

Es kann jetzt m. E. gar nicht mehr darauf ankommen, zu untersuchen, ob diese Thatsache eine beklagenswerthe sei oder nicht; sie ist da, und ihre Existenz wird mit Recht zum Motive für die Gesetzgebung. Für diese auf den ersten Blick vielleicht als gewagt erscheinende Behauptung führe ich Folgendes an:

Man wird es eine bekannte Erfahrung nennen dürfen, daß die Verschiedenheit der Menschen nach Grad und Mischung von Geistes- und Charaktereigenschaften im Richteramte mit Nothwendigkeit zu einem Dualismus von Individualitäten führt. Die Einen sind zur rücksichtslosen objektiven Gesetzestreue, die Anderen zu starker Reaktion dagegen dann disponirt, wenn nach ihrer subjektiven Anschauung materielle Ungerechtigkeit als Folge auftreten würde. Es kann dieser Dualismus, stark ausgeprägt, anknüpfend an Anlagen und geschichtliche Motive, sogar durch ganze Volksstämme sich gegenübertretend repräsentirt sein.

Ich deute hier keineswegs auf die selten vorkommenden Extreme beider

---

ihm kommt, höchst durchdachten und ansprechenden Ausführung in der Deutschen Gerichtszeitung 1861. S. 171, Spalte 3.

Richtungen hin, sondern denke überall an Männer, die mit dem redlichsten Willen Sachkunde und Einsicht verbinden; wie ich auch als bekannt voraussetze, daß Jeder den fraglichen Gegensatz irgend wie gestaltet in sich trägt, und derselbe am rechten Orte und im gehörigen Maße vorhanden nur wohlthätig wirkt, indem er insbesondere ein wesentliches Element zur guten Gesetzauslegung ist.

Kaum läßt sich nun aber bestreiten, daß, wie Aehnliches auf anderen Gebieten vorgeht, so auch in der Rechtspflege die zweite Richtung im Großen fortwährend an Umfang und Kraft wächst. Jene starre Gesetzestreue, die mit stoischer Ruhe den Beweis unter das fehlerhafte Interlokut subsumirt, ist eine Fähigkeit, die in weiterer Verbreitung mehr der Vergangenheit angehört, als der Gegenwart und Zukunft. Sie wurzelt im Geiste der Zeit, wo der Positivismus auch auf anderen Feldern stärker war. Jetzt ist der Drang nach individueller Selbstständigkeit im Vereine mit der Ueberzeugung, daß das rechte Objektive ein hinreichend entwickeltes oder wenigstens entwicklungsfähiges Gemeingut sei, so mächtig, daß immer ein großer Theil jene stoische Ruhe nicht über sich gewinnt, und so in der Rechtsprechung eine Unsicherheit schlimmer Art, man möchte fast sagen: Lockerung des positiven Rechtes entsteht. Ein gewisser Oppositionsgeist bemächtigt sich vieler Richter, die aber dabei gerade das Bessere zu thun auf's Innigste überzeugt sind. Derartige geistige Bewegungen charakterisiren die Uebergangs-Epochen, [*]) in denen jener Geist nicht selten ein gewisses Uebergreifen der richterlichen Gewalt in die gesetzgebende zur Folge hat, so daß die Parteien, wenn sie auf dem gewohnten Boden ihres positiven Gesetzes sich bewegen wollen, ein gefährliches Wanken desselben, gewöhnlich zu spät, empfinden.

Wird der fragliche Gegensatz besonders lebendig, so ist das meistens ein Ausdruck gesunder Fortentwicklung; aber in der Richterfunktion wäre dessen lange Dauer in Bezug auf wichtige Institute ein gefährliches Uebel. Darum soll am wenigsten eine neue Gesetzgebung Einrichtungen in sich aufnehmen, die jenen Dualismus stets herausfordern, wie z. B. das bindende Beweisinterlokut.

Dies sind einige der hauptsächlichsten Erwägungen, welche mich bestimmten, das Hannoversche System nicht zu begutachten, obwohl ich den fortgesetzten, mit bekannter Meisterschaft nahe gelegten Empfehlungen desselben die sorgfältigste Aufmerksamkeit widmete. Was diejenigen Motive jener Empfehlung betrifft, welche indirekt, durch Bekämpfung anderer Vorschläge, wirken sollen, so wird zur Besprechung in den durch die Sachlage gegebenen

---

[*]) Es wird kaum Widerspruch finden, wenn ich bemerke, daß in Bayern seit geraumer Zeit das Dasein einer solchen Epoche reichlich verspürt wird.

Schranken sogleich Gelegenheit geboten sein, da ich nun von der mehr negativen zur positiven Seite meines Gutachtens übergehe.

Empfehlung des Systems des negativen Beweisdekretes.

Ich beginne mit der Aufstellung einiger Grundsätze, von denen m. E. das System der im fraglichen Bereiche zusammenwirkenden Bestimmungen beherrscht werden soll.

1. Auch bezüglich der Frage, was zu beweisen sei (Beweislast und Beweissatz) stehen die Parteien[10]) gerade so unmittelbar unter der Herrschaft des Gesetzes, wie hinsichtlich ihrer Behauptungen.

2. Die entscheidende Beurtheilung der hierüber sich ergebenden Fragen durch das Gericht erfolgt lediglich mittels Motivirung des Enderkenntnisses.[11])

3. Was von Seite des Gerichts früher gesondert über angebotene Beweise verfügt wird, ist bloße Zulassung beziehungsweise Abschneidung des nach seiner Ansicht offenbar Ueberflüssigen und Ungehörigen.

Das Gericht erkennt also durch die Zulassung noch nichts positiv als erheblich und dergleichen.

4. In Konsequenz zu Nr. 1. kann niemals[12]) ein Beweis vom Gerichte gefordert, und keiner zugelassen werden, der nicht von einer Partei angeboten ist.

5. Aus den Beweishandlungen der Parteien folgt kein Anerkenntniß ihrerseits in Bezug auf Beweisbedürfniß, Beweislast und Beweissatz.[13])

6. Der Mangel einer Erklärung des Probaten über Beweisgründe und Beweismittel des Gegners erlaubt keinen Schluß auf ein Zugeständniß hinsichtlich der Form und des Inhalts derselben, außer insofern das Gesetz hierüber besondere Bestimmungen enthält. (Die Hauptherrschaft hat auf diesem Gebiete die freie Beweiswürdigung.)

7. Außer den Fällen, in welchen nur Rechtsfragen den Gegenstand des Streites bilden, umfaßt das sogenannte erste Verfahren auch die gesammte Beweisantretung.

---

[10]) Der Kürze wegen werde ich fortan immer blos von Parteien sprechen, obgleich dabei die Kumulative: Parteien und ihre Anwälte gemeint ist.

[11]) Wozu hier selbstverständlich auch das durch Eidesauflage bedingte zu rechnen ist.

[12]) Dies ist insofern nur Regel, als bezüglich des Augenscheines und der Erhebung von Gutachten Sachkundiger Ausnahmsbestimmungen sich rechtfertigen.

[13]) Es ist m. E. wünschenswerth, dies ausdrücklich im Gesetze auszusprechen, nicht einer bloßen Folgerung anheim zu geben, wie die Konferenz zu §. 282 des Deutschen Entwurfes nach Bd. VI. S. 2032 der Verhandlungen für genügend zu halten scheint.

8. In der Schlußverhandlung [14]) wird je nach den Umständen ganz oder abgekürzt das gesammte Material der ersten Verhandlung reproducirt, die Beweiserhebung gepflogen und die Beweisausführung daran geknüpft. Hiebei kann das Gesetz freilich nicht wohl weit gehende kasuistische Bestimmungen enthalten, es ist dies aber auch nicht nöthig. Das meiste eignet sich zur Ueberlassung an den Vollzug. Wäre in den Personen der Richter der geringste Wechsel eingetreten, so ist die volle Reproduktion selbstverständlich nothwendig; außerdem das Maß abhängig von der inzwischen verflossenen Zeit, der Individualität des Falles u. s. w.

9. Wenn in der Schlußverhandlung eine Ergänzung oder Umgestaltung relevanter Thatsachen oder ein neuer Beweisgrund sich ergiebt, so gehört dieses Ergebniß mit zur Grundlage des Urtheils; jedoch nur insoweit, als die Ueberzeugung des Gerichtes von der Wahrheit der Nova (Beweis) sich gebildet hat. Läge auch die Möglichkeit eines Gegenbeweises [15]) nahe, zu welchem der Probat wegen Mangels früherer Anregung des fraglichen Punktes keinen Anlaß hatte, so wäre dennoch keine nachträgliche Erhebung zulässig, sondern die Sache, wie sie liegt, abzuurtheilen.

Nova anderer Art sind für die Instanz ausgeschlossen.

10. Hinsichtlich der Nachschleifung einzelner Beweismittel, jedoch immer nur so, daß sie in der Schlußverhandlung selbst noch zur Erhebung kommen, soll die Eventualmaxime nicht in voller Strenge gelten. Die Kritik von Einzelvorschlägen hierüber würde zu weit führen.

11. Eine neuerliche Beweiserhebung (mit Vertagung der Schlußverhandlung) ist also blos in den, bei den übrigen Prämissen sicherlich nur höchst vereinzelt möglichen Fällen veranlaßt, wenn das Gericht Thatsachen, Beweisgründe oder Beweismittel als offenbar unerheblich oder ungehörig

---

[14]) Das Gesetz darf übrigens keine Bestimmung enthalten, welche verhindert, daß das erste und das Schlußverfahren auch unmittelbar aneinandergereiht, und sohin selbst eine solche Sache, in der es auf Beweis ankommt, in einer Sitzung definitiv erledigt werden kann, wenn dies durch Einfachheit der Sache und freiwilliges Zusammenwirken der Partei möglich ist.

[15]) Ich denke hier auch an Fälle, wie beispielsweise folgender: Der Beweisantritt bezieht sich lediglich direkt auf das unmittelbar erhebliche Faktum, und es werden Zeugen als Beweismittel benannt. Bei der Vernehmung erklären die Zeugen, sie hätten keine Kenntniß vom fraglichen Vorgange selbst, wohl aber habe Probat später ein (von Probanten nie erwähntes) Geständniß in ihrer Gegenwart abgelegt; oder sie erzählen ein anderes Faktum, welches eine starke Vermuthung für den Beweissatz bildet. Probat erklärt hierauf — gleich bei der Zeugendeposition oder erst in der Ausführung — das möge wahr sein, aber er könne beweisen, daß er damals bis zur Besinnungslosigkeit betrunken gewesen und dgl. Daß das Gesetz solcher Fälle wegen die Verhandlung abbrechen und den Gegenbeweis erheben lasse, wäre m. E. fehlerhaft.

vorläufig zurückgewiesen hat (Nr. 3.) und bei der Schlußverhandlung eine entgegengesetzte Ansicht sich geltend macht.

Aus diesen Grundzügen erhellt für jeden Kenner sofort, daß ich mich im Allgemeinen in der gemeinsamen Strömung des Bayerischen, Deutschen, Preußischen und Oesterreichischen Entwurfes, in wesentlichen Punkten aber speciell im Fahrwasser des zuletzt genannten befinde, und damit ist auch bereits von selbst so ziemlich klar, daß ich die zur Begutachtung gestellte Frage nur **bejahend** beantworten kann.

Fortsetzung. Zur Motivirung der Beweisverbindung.

Ein wahrhaft mündliches Verfahren führt seiner Natur nach zu dem Principe, daß der Stoff möglichst ununterbrochen aneinandergeschlossen werden muß. Einzelne Fälle abgerechnet, wird die Nothwendigkeit einer Beweis-**erhebung** unvermeidlich zur Unterbrechung führen; aber auf Alles, was **vorauszugehen** hat, erstreckt sich diese Unvermeidlichkeit nicht. Es spricht sonach im System des negativen Beweisdekretes fast alles dafür, fast nichts dagegen, daß die Beweisantretung in das erste Stadium der Hauptverhandlung eingeschlossen werde.[16])

Daraus folgt dann aber wieder von selbst das Verlangen, daß schon die schriftliche Vorverhandlung die Vorbereitung **auch dazu** mit umfaßte. Dem oben aufgestellten Principe ist Alles zuwider, was zur Unterbrechung begonnener Verhandlungen durch Vertagung führt. Solche Unterbrechung ist unvermeidlich, so oft durch deren Verweigerung die Rechtsvertheidigung ohne Verschulden der Partei verkürzt würde; letzteres aber der Fall, wenn es an genügender Vorbereitungsmöglichkeit unverkennbar fehlte; und zur Vollständigkeit dieser gehört im Durchschnitt, bei Uneinigkeit der Parteien über Faktisches, die Erstreckung der dem mündlichen Verfahren vorausgehenden, schriftlichen Thätigkeit auf den Beweisantritt, und zwar mit Einschluß der speciellen Angabe der Beweismittel.[17])

---

[16]) **Planck** l. c. postulirt für den Proceß mit **dem rechtskräftigen Beweisurtheil**.

[17]) An welchen Ort diese Thätigkeit im Vorbereitungsverfahren zu verweisen sei, ist eine untergeordnete Frage. Mir scheint der Oesterreichische Entwurf, welcher die Verbindung schon bei der allerersten Schrift vorschreibt, hierin zu weit zu gehen, und die Aufnahme in die s. g. **Schlußanträge**, wie die drei anderen Entwürfe gebieten, vorzuziehen. — Vergl. **Bayer.** Entw. Art. 218, **Deutscher** §. 241, **Preußischer** §§. 306 bis 309, **Oesterr.** §. 122 rc.

Fortsetzung. Speciell in Bezug auf die Beweismittel-Bezeichnung.

Zur Rechtfertigung des im vorigen Abschnitte ausgesprochenen letzten Satzes dürfte eine genauere Erörterung erforderlich und das Anknüpfen an den Bayerischen Entwurf besonders dienlich sein, weil gerade dieser eine dem obigen Schlußsatze widerstrebende Abweichung von dem empfiehlt, was die anderen drei mehrgenannten Entwürfe vorschlagen. Eine gewisse breite Umständlichkeit ist hier unvermeidlich und wird, so hoffe ich, Entschuldigung finden. —

Der Bayerische Entwurf proponirt:

Art. 218. (mit dem Marginale: Mittheilung der Schlußanträge.)

„Dem Gesuche (im Schlußantrage) sind die etwa zu stellenden eventuellen Bitten beizufügen, und dabei namentlich auch diejenigen Thatsachen bestimmt anzugeben, welche die Partei noch zu beweisen erbötig ist, mit der Art der Beweisführung." [18])

Art. 279. (Marginale: Beweisurtheil.)

„Sind am Schlusse des ersten Verfahrens erhebliche Thatsachen zwischen den Parteien streitig und unerwiesen, so soll jede Partei die Sätze aufstellen, welche sie erforderlichen Falles zu beweisen im Stande ist, und die Art der Beweisführung angeben, durch welche sie solche erwahren will."

„Diese Vorschrift gilt sowohl bezüglich der Sätze, welche zur Begründung der Klage und der Einrede u. s. w., als zur Herstellung des Gegenbeweises dienlich sind, insofern letzterer (künstlicher Gegenbeweis) auf besonderen Thatsachen beruht, wodurch die Wahrheit der Thatsachen des Hauptbeweises ausgeschlossen oder die Tauglichkeit der vorgeschlagenen Beweismittel im Allgemeinen aufgehoben oder gemindert werden soll."

„Die Führung des Gegenbeweises durch direkten Beweis der Unwahrheit des Beweissatzes steht jeder Partei, so weit der Gegenbeweis nicht ausgeschlossen oder gesetzlich beschränkt ist, nach den für die einzelnen Beweismittel ertheilten Vorschriften von Rechtswegen zu."

---

[18]) Die durchschossenen Stellen sind es nur hier, der Hervorhebung wegen, nicht im Original.

Art. 280.

„Das Gericht hat die Erheblichkeit der Beweissätze und die Zulässigkeit der vorgeschlagenen Beweismittel[19]) zu prüfen.

„Es ist aber bei der Entscheidung hierüber durch das Vorbringen der Parteien nicht gebunden, kann vielmehr auch andere zulässige und sachdienliche Beweisauflagen und Anordnungen erlassen.

„Die Thatsachen, welche jede Partei zu beweisen hat, sollen mit der Art der Beweisführung in dem Urtheile bestimmt aufgestellt werden."

Art. 281. (Marginale: Beweismittel.)

„Die zu erweisenden Thatsachen können in den vom Gesetze gesetzten Schranken unmittelbar oder mittels Schlußfolgerungen (künstlicher Beweis) durch die gesetzlich zulässigen Beweismittel zur rechtlichen Gewißheit gebracht werden ꝛc. ꝛc."

Der Referent des Gesetzgebungs-Ausschusses der Kammer der Abgeordneten ist im Allgemeinen mit diesem System einverstanden, will es aber, theilweise mit Annäherung an das System des negativen Beweisdekrets, konsequenter durchgeführt, also den Art. 280 so gefaßt wissen:

„Das Gericht hat die Erheblichkeit der Beweissätze, so wie die Zulässigkeit der vorgeschlagenen Art der Beweisführung zu prüfen und nach dem Ergebnisse dieser Prüfung das (nicht bindende) Beweisurtheil zu erlassen, in welchem die von jeder Partei zu beweisenden Thatsachen mit der Art der Beweisführung bestimmt zu bezeichnen sind.

„Das Gericht ist hiebei an die Wortfassung der von den Parteien aufgestellten Beweissätze nicht gebunden, kann aber weder eine Partei über Thatsachen, wofür dieselbe keinen Beweis angeboten hat, zur Beweisführung lassen, noch ihr eine andere als die angebotene Art der Beweisführung gestatten.

„Die Partei, welche über eine Thatsache nicht wenigstens eventuell Beweis angeboten hat, ist mit der Beweisführung hierüber, — und wenn sie nur eine bestimmte Art der Beweisführung angeboten hat, mit jeder anderen Art derselben — für diesen Rechtszug ausgeschlossen."

---

[19]) Hierunter ist offenbar wieder nur, wie im Art. 279 Abs. 2, „Beweismittel im Allgemeinen" zu verstehen, d. h. die allgemeine Bezeichnung der Beweismittel innerhalb des Begriffes: Art der Beweisführung. Wie dann aber von Minderung der Tauglichkeit die Rede sein kann, scheint freilich kaum zu verstehen.

So der Bayerische Entwurf und das Referat.

Die mit dem ersten Verfahren verbundene Beweisantretung soll demgemäß auf die Angabe der Beweissätze und der Art der Beweisführung — mit Ausschluß der Beweismittel — beschränkt sein, und es wird diese Kombination noch verbunden mit dem Vorschlage des Referenten, den Absatz 2. des Art. 279. zu streichen, weil er überflüssig sei, nämlich nur eine sich von selbst verstehende nähere Ausführung der im unmittelbar vorausgehenden Absatze vorkommenden Vorschrift enthalte und überdies, soweit er von dem Beweise solcher Thatsachen spreche, wodurch die Tauglichkeit der vorgeschlagenen Beweismittel aufgehoben oder gemindert werden solle, mit der Bestimmung des Absatz 1. nicht zusammenpasse, gemäß welcher die Bezeichnung einzelner Beweismittel in diesem Stadium der Sache überhaupt noch nicht stattzufinden habe.

Ich halte es, wenn man einmal den Beweisantritt irgendwie unmittelbar an das Stadium der Behauptungen anschließt, für keinen glücklichen Gedanken, in demselben das Anerbieten der „Art der Beweisführung" einerseits von der Angabe der „Beweismittel" andererseits zu scheiden.

Es gehen dadurch m. E. die guten Wirkungen der Beseitigung des bindenden Beweisinterlokuts und des sich daraus entwickelnden Systems, dem im Ganzen auch der Bayerische Entwurf, und noch mehr der erwähnte Referent nachstrebt, großentheils verloren. — Hieher Bezügliches werde ich später vorbringen; hier will ich nur hervorheben, daß man sodann für die Erledigung von Streitigkeiten über einzelne Beweismittel eine besondere passende Stelle suchen muß, was m. E. nicht gut gelingen kann.[20])

Zunächst erscheint mir aber jene Scheidung auch als eine Vorrathskammer subtiler Kontroversen. Ich erinnere an die bekannten Kategorieen: Unmittelbar und mittelbar erhebliche Thatsachen im Gebiete der Begründung, unmittelbare und mittelbare (d. i. künstliche) Beweisführung; ich erinnere speciell an die im außergerichtlichen Geständniß und der Präsumtion gegebenen Beweisgründe; ich erinnere endlich an die in der geschichtlichen Ausbildung des gemeinen Deutschen Processes vor sich gegangene willkürliche Abgränzung des Bereiches der Behauptungen und des Beweises, wie Planck l. c. sie meisterhaft dargestellt hat, und verweise noch besonders darauf, daß diese Abgränzung geradezu eine Begriffsverwirrung involvirte oder nach sich zog. — Die rein wissenschaftliche Theorie läßt das einzelne Proceßrecht, gleichsam die Spitze einer Pyramide, gestützt sein einerseits, nämlich auf dem Gebiete der Behauptungen, welches man auch als das der begrifflichen Wahrheit (des implere im Gegensatz zum probare) bezeichnen kann,

---

[20]) Vergl. auch Motive zum Preußischen Entwurf S. 70.

stufenweise zunächst von dem Rechtsverhältnisse, auch juristischer Begriff oder juristische Thatsache genannt, sodann auf zweiter Stufe von den „unmittelbar erheblichen" Thatsachen, zu unterst endlich von den s. g. natürlichen, d. h. möglichst konkret erkannten Thatsachen, die dann mittelbar erhebliche heißen; — andererseits, nämlich auf dem Gebiete der Frage nach der historischen Wahrheit, des eigentlichen probare, ist das Proceßrecht gestützt zunächst vom Beweise, dieser vom Beweisgrund und letzterer von den Beweismitteln.

Das Wort „beweisen" ist, wie viele andere an sich ein zweideutiges; es wird für beide Arten von Operationen (mit dem Ziele: begriffliche, wie: historische Wahrheit) promiscue gebraucht; aus der Sache muß man sodann erkennen, in welchem Sinne es in Funktion steht. Für den Proceß muß man auch durch den Ausdruck die in den Worten „begründen" und „beweisen" zu Gebot stehende Unterscheidung ausnahmslos festhalten. Im gemeinen Proceßrechte ist aber die Denk- und Sprachschärfe in diesem Punkte ein wenig abhanden gekommen. Ein bloßer Platzwechsel hätte nicht so viel zu bedeuten; aber daß ein so ganz äußerlicher Umstand auch den Begriff ummodeln wollte, ist vom Uebel.

Die „unmittelbar erheblichen" Thatsachen sind nicht durch einen scharfen, principiellen Gegensatz von den mittelbar erheblichen zu trennen, sondern nur im gewissermaßen elastischen Grad-Unterschiede, wonach die ersteren vorhanden sein sollen, wenn die konkrete Darstellung oder

> „Zergliederung so weit fortgeführt wurde, daß der Richter im Stande ist, genau zu erkennen, daß und auf welche Weise die von den Parteien für sich angeführten juristischen Begriffe einen realen Inhalt haben und sich auf ein im Leben wirklich existirendes Rechtsverhältniß, nicht aber auf eine falsche juristische Beurtheilung von Thatsachen durch die Partei stützen." [21])

Bekannt sind die damit in Verbindung stehenden gemeinrechtlichen Streitfragen, in wie weit im Interlokute ein Beweissatz sich nach oben, dem Abstraktum des s. g. juristischen Begriffes, oder nach unten, der s. g. mittelbar erheblichen Thatsache nähern dürfe oder solle. [22])

Das Alles bewegt sich auf dem Gebiete der Behauptung oder Substantiirung.

---

[21]) Planck l. c. S. 246, 261.

[22]) Planck l. c. S. 260, 274—277, 279—281. — Sicherlich war ein, der Theorie nach ungehörig, auf den juristischen Begriff gestelltes Interlokut nicht selten ein Glück für das materielle Recht. Die Hauptarbeit fiel dann in die Findung des Endurtheils; aber eben deshalb hätte man das ganze Interlokut leicht entbehrt.

Auf dem Felde des Beweises ist dann aber, wie erwähnt, auch wieder von Unmittelbarkeit und Mittelbarkeit die Rede.

Erstere ist vorhanden, wenn Thatsachen, gleichviel ob mehr oder minder unmittelbar oder mittelbar erhebliche, von den Beweismitteln direkt zu Tage gefördert oder negirt werden; letztere, wenn der durch die Beweismittel zu producirende Gegenstand ein solches Faktum ist, von dem erst auf die (historische) Wahrheit des eigentlichen Beweis- oder Gegenbeweissatz-Faktums geschlossen wird.

Es wäre wahrlich fast ein Wunder, wenn bei einer solchen Häufung von verschiedenen Dingen mit ähnlichen Bezeichnungen: Wahrheit hier und dort, aber einmal begriffliche, das anderemal historische, — Unmittelbarkeit und Mittelbarkeit hier und dort, aber in Verbindung einmal mit dieser, das anderemal mit jener Kategorie von Wahrheit, — Schlußfolgerung hier und dort, aber eben so dualistisch, — dazwischen die Begriffsverschiedenheit von Beweisgrund und Beweismittel[23]) und die drängenden praktischen Rücksichten, — ich sage, es wäre wahrhaftig fast ein Wunder, wenn bei einem so gefährlich neben- und durcheinander liegenden Gedanken- und Sprach-Material selbst bei kräftigem Einwirken einer streng wissenschaftlichen Behandlung eine Begriffsverwirrung schon in thesi, geschweige erst in hypothesi nicht entstünde. Im gemeinrechtlichen Processe ist sie, wie gesagt, entstanden, insbesondere in Bezug auf die Begriffsbildung beziehungsweise Bezeichnung: Künstlicher Beweis, und da dieser Ausdruck überall häufig vorkommt, so leuchtet die Erheblichkeit einer Untersuchung dieses Punktes wohl gleich von vorne ein; der Zusammenhang derselben mit gegenwärtiger Aufgabe wird jedenfalls später klar werden.

Man mußte als positive Norm lehren, Beweis der s. g. mittelbar erheblichen Thatsachen sei „künstlicher Beweis;“ [24]) dasjenige, was der Kläger (oder der Beklagte in s. g. wahrer Einrede u. s. w.) durch Zergliederung seiner unmittelbar relevanten Thatsachen thue, stehe auf ganz gleicher Linie mit dem, was der Gegner bewerkstellige, wenn er bei Verneinung jener Thatsachen seinerseits solche Fakta anführe, aus denen die Unmöglichkeit der bekämpften Thatsache abgeleitet werden kann; denn auch hier handle es sich um die Wahrheit der (Klage-) Thatsachen; auch hier um Schlußfolgerung; alles das sei aber auch bei dem zuerst erwähnten Vorgange vorhanden, und deshalb auch dort völlig promiscue der Gebrauch der Bezeichnung „Künstlicher Beweis“ — gerechtfertigt.

Hier ist, vom rein wissenschaftlichen Standpunkt betrachtet, die er-

---

[23]) Planck l. c. S. 173.

[24]) Planck l. c. S. 246, 261, 280, 346, 382—384.

wähnte Begriffsverwirrung gegeben, weil etwas ganz Verschiedenes vermengt. Da man, zum richtigen Verständnisse, für jede besondere Sache auch ein besonderes Wort haben muß, so ist es schlechterdings nothwendig, den Ausdruck „Künstlicher Beweis“, welcher, wie erwähnt, als Haupt- und Gegenbeweis vorkommen kann, auf die Kategorie zu beschränken, bei der ein Thatumstand als Beweisgrund auftritt, welcher dem zu beweisenden oder zu widerlegenden für die Hauptsache erheblichen Faktum begrifflich fremd ist, aber durch Schlußfolgerung für oder wider die Annahme der historischen Existenz jenes Faktums wirkt. — Betrachten wir beispielsweise den Fall, wenn Kläger sich auf Tradition einer Sache stützt und zum Beweise anführt, daß er sich jetzt im Besitze derselben befinde. Der Thatsache der Tradition ist dieser letztere Umstand begrifflich fremd, denn nicht darum frägt es sich bei jener, ob Kläger besitze, sondern, ob er auf bestimmte Weise vorher den Besitz erlangt habe; es könnte das ja inzwischen auch auf andere Weise geschehen sein. Allerdings aber mag der Umstand des dermaligen Besitzes einen gewichtigen Beweisgrund für die (historische) Wahrheit der behaupteten unmittelbar erheblichen Thatsache der Tradition bilden. Da ist also künstlicher Beweis gegeben. — Vermuthung und außergerichtliches Geständniß als solches sind künstliche Beweisgründe; ihr Inhalt gehört nicht zur Operation des Behauptens, mag man ihn wenig oder viel specialisiren, sondern er ist ein dem zu beweisenden Faktum begrifflich fremder.[25])

Unrichtig aber ist es, auch dann vom künstlichen Beweise zu sprechen, wenn ein auf dem Gebiete des Behauptens erhebliches, ein s. g. mittelbarrelevantes Faktum direkt durch die untersten Elemente der Beweisführung, d. h. durch Beweismittel erprobt wird. Mag dieses Faktum noch so speciell konkret z. B. behufs der Darstellung der Tradition die Aufzählung der s. g. natürlichen Thatsachen, mittels welcher solche vermeintlich perfekt wurde, noch so genau, gleichsam photographisch, vollendet sein, — bei dem direkten Beweise, welcher für die erwähnten natürlichen Thatumstände und also beziehungsweise für die unmittelbar erhebliche Thatsache geliefert wird, ist freilich auch Schlußfolgerung thätig, aber nur innerhalb des Gebiets der Behauptungen und damit der begrifflichen Wahrheit; sohin handelt es sich hier gar nicht um das genus Beweis (im processualischen Sinn) und damit selbstverständlich nicht um die species: Künstlicher Beweis. Was darin von Beweis

[25]) Man hat, wenn mich mein Gedächtniß nicht täuscht, auch schon deducirt, eigentlich sei aller Beweis — etwa mit Ausnahme der durch Augenschein gelieferten Evidenz — ein künstlicher; die Zeugenaussage bilde einen Beweisgrund erst mittelbar durch Schlußfolgerung aus ihr als einer dem bezeugten Inhalte begrifflich fremden Thatsache u. s. w. — Es dürfte aber der Sprachgebrauch, wie er unmittelbaren und künstlichen Beweis unterscheidet, doch wohl haltbar sein.

steckt, ist nicht künstlich, und was man künstlich nennen möchte (das **implere**) nicht Beweis. Auf die Gefahr hin, den Leser zu ermüden, erlaube ich mir noch, das von Planck l. c. S. 284 angeführte Beispiel zu analysiren, weil dabei die Sache so ziemlich auf der feinen Linie bloß gelegt ist, wo die Gränzverwirrung leicht entsteht: „Der Beklagte behauptet, an dem Tage, wo der klägerische Darlehnskontrakt durch Zahlung des Geldes angeblich abgeschlossen sein soll, viele Meilen weit von dem angegebenen Orte der Abschließung entfernt gewesen zu sein." Hier könnte man versucht sein, so zu argumentiren: die Behauptung des Alibi habe es ja doch gewiß mit keiner Thatsache zu thun, welche der angeblich an einem bestimmten Tage und Orte geleisteten Geldhingabe begrifflich fremd sei; sie bewege sich sonach im Bereiche der Behauptungen, könne deshalb gemäß obiger Darstellung nicht künstlicher Beweisgrund sein, und doch werde ihr diese Bezeichnung Niemand zu versagen vermögen. Letzteres gebe ich zu, aber ich finde darin keinen Widerspruch; denn es ist nicht richtig, zu sagen, daß sich das Alibi auf dem Gebiete der Behauptungen bewege. Begrifflich wesentlich für die Begründung des Darlehns ist die Angabe eines bestimmten Ortes und Tages der Geldhingabe nicht, diese Fixirung auf Ort- und Zeit-Moment bildet für die Hauptsache ein unerhebliches Beiwerk, und Gleiches gilt folglich von dem Alibi; es bedeutet hier nicht im Geringsten mehr, als die direkte, einfache Negation; wird es aber benutzt, um erhebliche Thatsachen bezüglich ihrer historischen Wahrheit anzugreifen, so ist eben klar, daß man sich damit im Bereich des Beweises befindet und ganz in der Ordnung, hier vom künstlichen Gegenbeweise[26]) zu sprechen.

---

[26]) Einem leidigen Sprachgebrauche gemäß könnte man bekanntlich diesen Gegenbeweis einen „indirekten direkten" nennen. —

Ich verhehle nicht, daß ich durch langathmige Ausführlichkeit der zuletzt gebrachten Erörterung nebenher auch den Zweck verfolge, den Gründen gegen das bindende Beweisinterlokut eine weitere Beleuchtung zu verschaffen. — Unpraktische Subtilitäten sind hier nicht vorgetragen Es giebt sicherlich brauchbare Feldmesser, die nichts von Mathematik verstehen; aber dem Anwalt und Richter werden häufig Aufgaben zu Theil, die mehr Vorbildung auf ihrem Gebiete voraussetzen, als die eines solchen Feldmessers auf dem seinigen. Allerdings kommt es nicht immer darauf an, daß man sich der abstrakten Direktiven seiner Argumente ganz klar und genau bewußt ist; aber implicite müssen sie immer thätig sein, und deren Auseinanderlegung eignet sich besonders dazu, die Menge und Art der Gelegenheiten zum Irrthum deutlich zu machen. Welcher der freundlichen Leser nicht Muße genug hat, diese Deutlichkeit herauszufinden, den möge — die Undeutlichkeit zu dem von mir ins Auge gefaßten Ziele führen. — Jene s g. Subtilitäten sind übrigens weit mehr praktisch für das System des bindenden Beweisurtheils, als für das des negativen Beweisdekretes. Das dürfte auch für letzteres empfehlend wirken. Mit der Nahrung für die Wissenschaft hat es dabei sicherlich dennoch keine Noth;

Bei dem Passus in Planck's Buch S. 383:

„Das ist die Schwierigkeit, unter dem relevanten Stoff jedem einzelnen Vorbringen seine richtige Stelle anzuweisen; was zum Haupt- und was zum Gegenbeweis, was zum direkten, was zum indirekten Gegenbeweis gehört, was in allen diesen Fächern unmittelbar, was mittelbar relevant ist, auseinander zu legen. Die Begriffe dieser Fächer theoretisch auseinander zu halten ist am Ende keine große Aufgabe für den, der das Proceßrecht nicht blos für eine Formenlehre für Klageschriften und Urtheile ansieht. Aber in jedem einzelnen Fall die Sortirung richtig vorzunehmen erfordert neben einer ausgedehnten und sichern Kenntniß der materiellen Rechtslehren einen äußerst scharfen und praktischen Verstand."

Bei dieser die Sache treffend zusammenfassenden Stelle verweise ich also auch noch auf die erörterte Begriffsverwirrung, welche im gemeinen Proceßrechte Theorie und Praxis miteinander ergriffen hat. — Es wird auch nach der Reform der Civilproceßgesetzgebung immerwährenden Wirkens der Union[27]) dieser beiden Faktoren der Rechtspflege bedürfen, um es in der Durchbildung der Grundsätze des fraglichen Bereiches und im richtigen Gebrauch derselben in schwierigen Fällen bei der Arbeit der Endentscheidung sehr weit zu bringen. Bei dem zusammenfassenden Blick auf vorstehende Ausführung dürfte nun — wenn man zum nächsten Anlaß derselben zurückkehrt — die Trennung von „Art der Beweisführung" einerseits und „Beweismittel" andererseits, mit fragmentarischer Hinweisung auf Hauptbeweis, Gegenbeweis und ihre Eintheilung in unmittelbaren und künstlichen, nicht die wünschenswerthe Klarheit schaffen. Die Französisch-Rheinische Jurisprudenz wird wohl so weit sein, daran keinen Anstoß nehmen zu müssen — ich kenne davon nicht genug, um hierüber zu urtheilen; — dem sei aber, wie ihm wolle, darauf möchte denn doch immer und immer wieder zu dringen sein, daß keine Proceßgesetzgebung eingeführt werde, für welche die Kenntniß jener Jurisprudenz als nothwendige Supposition gründlicher Anwendung zu fordern wäre. Wenn, mit Beiseitsetzung eines solchen Hilfsmittels, also aus den Gesetzesworten nach allgemeinen wissenschaftlichen Begriffen und Interpretationsregeln, die Frage zu beantworten sein würde, was man unter der Kumulative: „Sätze und Art der Beweisführung" zu verstehen habe, so

---

besonders wenn letztere eine für ganz Deutschland geltende Proceßordnung in ihrem Wirken zu begleiten und fortzubilden berufen sein wird.

[27]) Daß der Deutsche Juristentag diese Union fördert und befestiget, ist m. E. einer der Gründe, welche — mehr als hie und da der Fall scheint — dazu führen sollten, sich seines Daseins und Wirkens zu freuen.

wäre die Aufgabe vielleicht keine so leichte, als man bei dem Vollzuge eines neuen Gesetzes in einer so wichtigen Materie mit Grund verlangen kann.

Es würde etwa der Eine sagen: Indem man die Sätze und Art meiner Beweisführung zu erfahren verlangt, fordert man mich lediglich auf, bezüglich jeder behaupteten unmittelbar erheblichen Thatsache im Allgemeinen anzugeben, ob ich dafür Urkunden, Zeugen, Sachkundige, Augenschein, Eid, oder welche dieser Beweismittel vorschlagen will, —

ein Zweiter entgegnen: Das genügt nicht, es muß auch gesagt werden, ob man unmittelbar oder künstlich zu beweisen beabsichtige, —

ein Dritter: Auch das ist nicht zureichend, überall ist auf die Zergliederung in die konkreten Thatsachen einzugehen, aus denen die direkten oder künstlichen Beweissätze sich bilden, und zu jedem so specialisirten Punkte ist dann zu erklären, welche der obigen fünf Mittel dafür benutzt werden sollen, —

ein Vierter fragen: Soll dann auch jede Präsumtionsbasis, auch ein etwaiges außergerichtliches Geständniß speciell erzählt werden? Sind unter der gesetzlichen Bezeichnung „Beweismittel" nicht auch diese besonderen Beweisgründe gemeint, so daß also diese für die Angabe der speciellen Beweismittel verspart werden dürfen? [28])

Ich bin nun weit entfernt, zu behaupten, daß die Praxis nicht über kurz oder lang ohne gar zu große Mühe zu einer konstanten Interpretation gelangen würde; man könnte aber auch den Zweifeln auf legislativem Wege durch Umarbeitung der fraglichen Normen zuvorzukommen suchen.

Mir schiene bei dem Einen wie bei dem Anderen das Richtige, das gesammte Gebiet der Behauptungen bis zu den s. g. natürlichen oder mittelbar erheblichen Thatsachen einschließlich ganz deutlich in das erste Stadium des Processes zu verweisen, zugleich aber statt des Ausdruckes „Art der Beweisführung" eine so umfassende Formulirung zu wählen, daß die specielle

---

[28]) Man möge, um diese Zweifel entstehen zu sehen, nur den Art. 279 des Bayerischen Entwurfes genau prüfen. Im zweiten Absatze ist zu Anfang von den Sätzen die Rede, welche zur Begründung der Klage und der Einrede zc. dienlich sind, sodann von denen des künstlichen Gegenbeweises. Diese Fassung läßt jedenfalls ungewiß, ob per argumentum a contrario zu folgern sein würde oder nicht, daß die Beweissätze, welche einem künstlichen Beweise für das die Klage u. s. w. begründende Faktum als Basis dienen, erst mit Angabe der Beweismittel zu verbinden seien. S. Art. 281.

Nach Art. 280 sollen im Beweisurtheil „die von jeder Partei zu beweisenden Thatsachen" bestimmt bezeichnet werden. Hat man hier wirklich mehr als die s. g. unmittelbar erheblichen im Sinne, so müßte ein solches Urtheil mindestens die ganze Beweisantretung, soweit sie erheblich scheint, nieder- beziehungsweise abgeschrieben enthalten.

Angabe aller Grundlagen eines künstlichen Beweises[29]) mit Einschluß des außergerichtlichen Geständnisses und der Präsumtionen unzweifelhaft darin begriffen ist.

Dann wäre also von der Beweisantretung im vollen Sinne nichts mehr für später zurückgestellt, als die Specifikation der im Allgemeinen vorgeschlagenen Beweismittel, d. h. da bei Gutachten und Augenschein eine solche Specifikation wenig oder nicht hervortritt, — die Bezeichnung und Benennung der einzelnen Urkunden und Zeugen. Der Vorschlag der Beweisart in Bezug auf die Beweismittel würde aber ohne Zweifel in der Praxis zur stereotypen Formel: mit Wegstreichung des Wortes Augenschein oder eines anderen, wenn dazu offenbar jedenfalls kein Anlaß gegeben sein könnte.

Daß damit und mit der Aufsparung der Urkunden- und Zeugen-Specifikation irgend etwas Bedeutendes gewonnen sein sollte, glaube ich nimmermehr; besonders wenn man voraussetzen darf, daß die Beschränkung des Zeugen- und Präsumtionen-Beweises nach Französischem Muster sich nicht geltend macht, sohin die Verwerfung ganzer Kategorieen von Beweismitteln nur zu den seltenen Ausnahmen gehören kann.

Viel aber würde verloren, wie aus der weiteren Erörterung hervorgehen wird.

Beleuchtung der Einwürfe gegen das System des negativen Beweisdekretes.

Zunächst dürfte mir nun obliegen, die hauptsächlichsten Einwürfe gegen das System, aus welchem ich die Bejahung der zum Gutachten gestellten Frage ableite, zu beantworten.

Man giebt vor Allem zu bedenken, daß es selbst bei nicht unmäßiger Handhabung der Eventual-Maxime doch gar zu gefährlich, also zu hart für die Parteien sei, ihnen die volle Verantwortlichkeit dafür aufzuladen, daß sie bei den Operationen des Behauptens und Beweisens durchgängig korrekt und vollständig verfahren. Mehr sei noch der Richter im Stande, ähnlichen Gefahren zu entgehen.[30])

Allerdings sind der Gelegenheiten zum Fehlen viele. Man kann, abgesehen von Informationsmängeln und reinen Unachtsamkeiten, eine Beweisantretung, von welcher die Art der Endentscheidung abhängt, unterlassen, weil man irrthümlich etwas a) für notorisch, b) für zugestanden, c) für unerheblich oder d) zur Beweislast des Gegners gehörig erachtet.

---

[29]) Es könnte dann der Lehrsatz, daß die Partei nicht nur unmittelbar, sondern auch künstlich zu beweisen vermöge, aus dem Gesetzbuche, wo es sich m. E. nicht gut ausnimmt, wegbleiben.

[30]) Deutsche Conf.-Verh. VI. S. 1815. — Dagegen Planck l. c. S. 376.

Ich stelle mir diese Verantwortlichkeit nicht gering vor und würde sie für geradezu unerträglich halten, wenn im Uebrigen die Proceßordnung zu schwache Gegengewichte böte.

Allein für's Erste sind die erwähnten Gefahren an sich nicht so unermeßlich groß, als man häufig zu glauben scheint, und m. E. ist gerade die Partei auf ihrem Standpunkte in der Regel weniger Mißgriffen ausgesetzt, als der Richter bei einem Beweisurtheil. Denn im Durchschnitte kennt die Partei das konkrete Sachverhältniß ziemlich allseitig — nicht nur ihre eigene, sondern auch des Gegners Position — von vornherein weit genauer, als der Richter es Anfangs zu erfahren pflegt.

Alle anderen vom bindenden Beweisinterkolut sich entfernenden Systeme wollen im Grunde auch sehr bedeutende Anforderungen an die Parteien machen; aber mit dem Anfordern ist wenig gethan, wenn man nicht die Nöthigung zu schaffen weiß. Und daran fehlt es bei allen jenen Systemen, die deshalb m. E. mit Recht, insbesondere auf das Entschiedenste von Leonhardt, für nicht würdig erklärt werden, das Hannoversche System zu verdrängen.

Was sodann speciell die Punkte a. und b. betrifft, so gehört keine gar große Kenntniß und Aufmerksamkeit dazu, um hierin nicht irre zu gehen. Bei dem geringsten Zweifel über die Frage, ob ein Umstand noch streitig sei, kann die Partei vom Gegner Erklärung verlangen, Frage des Richters bewirken 2c.

Hinsichtlich der Erheblichkeit und Beweislast (c. und d.) gilt die Regel kluger Vorsicht, im Zweifel lieber mehr zu thun. Im ersten Punkte entsteht schwerlich sehr oft und in großem Umfange Anlaß zu übertriebener Anhäufung von Stoff, und im zweiten schadet Aengstlichkeit und ihre Wirkung überhaupt nicht. Denn die Partei, welche Gegenbeweis liefern kann, wird in keinem Falle unterlassen, es zu thun, und was sie mit Erfolg unternimmt, kann immer nur zur besseren Aufklärung des wahren Sachverhaltes führen.

Wird der positive Sachverhalt klar, sei es durch die Thätigkeit der einen oder die der anderen Partei, — und das gelingt sicherlich häufiger, wenn die Beweislast nicht vorher richterlich festgestellt ist, — so fällt die Frage darnach ganz weg: was ein Gewinn in der Richtung der materiellen Wahrheit ist, ohne daß man zu fürchten braucht, die Gerichte hätten dann zu wenig Uebungsstoff an den Kontroversen über die Beweislast. Dieser Uebungsstoff bleibt reichlich genug durch die Fälle, in denen eine positive vollständige Ermittlung des Hergangs nicht erreicht wird.

Soviel über die Gefahren an sich.

Dazu kommen nun aber als Haupt-Unterstützungsmittel zur Ueberwindung derselben:

I. das richterliche Fragerecht;
II. die zweckmäßige Regulirung der Eventual-Maxime;
III. die Regel der freien Beweiswürdigung;
IV. die Beschränkung der durch Fehler herbeigeführten üblen Folgen in der Sache auf die Instanz.

Zu I. Wenn das Gericht ein positives Beweisdekret erläßt, ohne an die demselben zu Grunde liegende Auffassung und Ansicht gebunden zu sein, so erscheint mir das, wie vielen Anderen, als ein durchaus ungehöriges Institut. Das Gericht soll nicht Rath ertheilen, am allerwenigsten einen unhaltbaren. Ganz etwas Anderes ist es, wenn die einzelnen Richterpersonen (und ich verstehe darunter nicht bloß den Vorsitzenden, sondern auch die anderen Votanten) durch Gebrauch des Fragerechts [31]) dazu beitragen, daß die erwähnten Fehler nicht vorkommen. Sie haben zu diesem Zwecke keinen direkten Rath zu ertheilen; es giebt mancherlei schickliche Ausdrucksweise, die etwa zweifelhaften Punkte oder Lücken in Anregung zu bringen. Einem Anwalte, der in einer von ihm studirten Sache nicht jede Andeutung im fraglichen Sinne herauszufinden wüßte, wäre bei keiner Proceßordnung viel anzuvertrauen.

Damit kein Zweifel darüber bestehe, daß das Fragerecht auch dazu bestimmt ist, die Gefahr der erwähnten Fehler zu verringern, trüge ich gar kein Bedenken, die Fassung der einschlägigen Bestimmungen passend zu erweitern. Die Besorgnisse, auf welche ein solcher Vorschlag häufig stößt [32]), sind freilich nicht ganz ohne Anhaltepunkte, aber m. E. nicht wichtig genug im Vergleich mit den Vortheilen des Fragerechts auch in dieser Richtung. Dahin, daß es unparteiisch und klug geübt wird, wirkt die Oeffentlichkeit und Mündlichkeit des Verfahrens.

Zu II. Ich habe darüber bereits in den Grundzügen des Systems, Nr. 10. und 11. das Wesentliche angedeutet. Eine Ausarbeitung würde viel zu weit führen. Obige Nr. 10. erinnert an den §. 324 des Preußischen Entwurfes, welch' letzterer die richterliche Ungebundenheit m. E. zu weit ausdehnt. Ich halte es für einen Vorzug des Systems des negativen Beweisdekretes, daß man bei ihm die in Nr. 10. in Vergleich mit jenem §. 324 ausgedrückte Moderation des Spielraums richterlichen Ermessens leichter wagen kann.

Zu III. Die gewöhnlichste Vorstellungsgabe oder Erfahrung muß lehren, wie vielfach das Princip der freien Beweiswürdigung dazu führt, gesetzliche Bestimmungen als unstatthaft erscheinen zu lassen, welche im Be-

[31]) Bayerischer Entwurf, Art. 129; Deutscher, §. 146; Preußischer, §. 262.
[32]) Deutsche Conf.-Verh. Bd. VI. S. 1955, 1970 u. a. O.

reiche jener Gefahren einen ungünstigen Einfluß ausüben könnten; und ebenso bedarf es

zu IV. keiner besonderen Erörterung, um zu zeigen, wie die mit dem mündlichen Verfahren untrennbar verbundene Ausdehnung des Verhandlungsstoffes der Berufungsinstanz hier eingreift.[33])

Eine andere Einwendung weist auf das richtige Postulat hin, daß nach der Beweisantretung das Gericht eine, im Geiste der Mitglieder wohl schon während der Verhandlung beginnende, gründliche Prüfung zum Schlusse bringen müsse, welche gegebenen Falles zu einem Definitiv-Urtheil, außerdem dazu führt, offenbar Unerhebliches und Ungehöriges abzuschneiden, und knüpft daran die Prophezeihung, es werde der Vollzug dieser Vorschrift frommer Wunsch bleiben. Man solle, sagt man, jenes Gebot lieber aufgeben; wenn die Parteien alle Gefahr tragen, müsse man ihrer Willkür auch vollkommen freien Spielraum lassen. Die Rechtspflege am weiland Reichskammergericht lehre, daß das fragliche System doch nothwendig zu jener Praxis führe.[34])

Dieses Argument scheint mir auf dem Standpunkte der Gegenwart von geringem Gewichte. Daraus, daß die Parteien viele Gefahr zu tragen haben, folgt keineswegs die Nothwendigkeit, auch die Gerichte nicht blos einer Gefahr auszusetzen, sondern sie nicht selten ganz augenscheinlich mit dem Uebel eines nutzlosen Zuviel zu beladen. Was aber die Hindeutung auf das Reichskammergericht betrifft, so genügt es, mit dem Blicke auf zweierlei Proceßsysteme in weit von einander verschiedenen Zeitperioden, an das bekannte Wort zu denken: Si duo faciunt idem, non est idem. Mir wenigstens scheint es praktisch unfaßbar, daß — im Großen und Ganzen — die Gerichte der Gegenwart im bevorstehenden öffentlich-mündlichen Verfahren die Erfüllung fraglicher Pflicht sollten zum bloßen frommen Wunsch herabschwinden lassen. Sie werden den Willen und die Fähigkeit haben, dem zu entgehen.

Der in allen möglichen Variationen urgirte Haupteinwand[35]) endlich besteht in der Prophezeihung der Unausführbarkeit in einem wahren mündlichen Verfahren.

Da heißt es: Dieses Verfahren bedinge nothwendig einen starken, wenn man wolle, einen starren Proceß in der Form, es könne dabei nur ein Gegenstand gleichzeitig zur Verhandlung gebracht werden, und dieser sei immer möglichst definitiv zu erledigen, damit er abgethan sei und man nicht wieder

---

[33]) J. W. Planck, Gutachten züm II. Juristentag. S. 64—76.

[34]) Planck l. c. S. 393.

[35]) Planck l. c. S. 367 und unzählige Stellen in den Deutschen Conf.-Verh.

darauf zurückzukommen nöthig habe: mit anderen Worten, jede Sitzung müsse auf einen geschlossenen Stoff beschränkt sein, es gäbe sonst für Richter und Parteien keine Haltepunkte, Alles würde gleichsam bis zur Athemlosigkeit fortgerissen werden, Niemand zur Einsicht dessen gelangen, worauf es eigentlich ankomme; gräuliche Ueberladung mit Unerheblichem und Verwirrung müsse entstehen; Verschleppung werde die Folge sein, die Parteien müßten Vertagungen über Vertagungen verlangen, die Gerichte sie gewähren, was, da immer wieder neue, faktische Angaben und Umgestaltungen, sowie Beweise zulässig blieben, kein Ende absehen lasse; die Sache werde dann immer wieder auf den früheren Punkt zurückgeworfen, oftmals wenigstens eine mehr oder minder vollständige Wiederholung früherer Verhandlungen unvermeidlich gemacht werden; ja man meint, es müsse dahin kommen, daß das mündliche Verfahren in mehrere, häufig in eine große Reihe äußerlich getrennter Akte zerfallen, über den Zeitraum vieler Monate sich erstrecken und endlich gleichsam ein Stand der Nothwehr eintreten werde, welcher faktisch zum Uebergang in ein, noch dazu grundschlechtes schriftliches Verfahren zwinge.[36])

Hier tummelt man sich nun freilich auf einem unabsehbaren Kampfgebiete. Es handelt sich um Glauben und Nichtglauben der erwähnten Vorhersagungen, denen ich vor Allem das bekannte: Bange machen gilt nicht! zuzurufen versucht bin.

Ich erlaube mir, einige Erwägungen zusammenzustellen, die mich zum Nichtgläubigen machen, und halte hier den tauglichsten Platz für gegeben, diejenigen Gesichtspunkte vorauszuschicken, welche m. E. direkt für das System des negativen Beweisdekretes sprechen.

Fortsetzung.

1. Ich lege — insbesondere auch nach den Erfahrungen einer mehr als 35jährigen Thätigkeit in der Advokatie — einen kaum hoch genug anzuschlagenden Werth darauf, daß die Parteien sich thatsächlich genöthigt sehen müssen, schon vor dem Beginne des Rechtsstreites und bei der Vorbereitung zur mündlichen Verhandlung mit der größten Sorgfalt, Geduld und Ausdauer die Sache für das ganze Gebiet der Behauptungen nicht nur, sondern auch für das des Beweises zu studiren. Es strömt in diesem Studium die reichste der verschiedenen Quellen einer guten Rechtspflege nicht

---

[36]) Leonhardt im Beitrag I. zur Reform des Civilprocesses ꝛc. richtet zwar eine Polemik dieser Art nur gegen den Deutschen Entwurf erster Lesung, und würde Gleiches dem System des negativen Beweisdekrets nicht entgegensetzen. Aber von Anderen wird Solches, wenigstens bis zu einem gewissen Maße, jedem System opponirt, welches das bindende Beweisurtheil und nicht zugleich die Eventualmaxime nahezu völlig aufgiebt.

allein unmittelbar in materieller Hinsicht, sondern auch in Bezug auf den Proceß, d. h. jenes Studium wird unendlich wirksam dazu beitragen, allen erwähnten Besorgnissen den Boden zu schmälern; es wird den Umfang der bestrittenen Thatsachen vermindern, den Kampf gegen die Eventualmaxime seltener machen; die Beherrschung des Materials ermöglichen, also die Sicherheit des Blickes, die den Ueberfluß und das Uebermaß abstößt, fördern; zur Ordnung auch im Vielen und Verwickelten befähigen; endlich durch Erfolge in allen diesen Beziehungen auf die Stimmung der Richter wohlthätigen Einfluß haben; von ihrer Arbeit, selbst bei den größten Zumuthungen an Anstrengung jeder Art, das Gefühl lästiger Mühe entfernen, sie vielmehr dem Bewußtsein einer geheiligten Pflichtübung, häufig sogar dem Genusse der den Geist befriedigenden Thätigkeit offen halten. Daß nun aber kein System den Zwang zum fraglichen rechtzeitigen Studium so kräftig und allgemein üben werde, wie das des negativen Beweisdekrets dürfte zweifellos sein. Ich träume selbstverständlich hier nicht von Idealen, sondern denke an durchschnittliche allmälige Erfolge.

2. In gleichem Sinne sage ich mit Zuversicht: Es giebt m. E. — abgesehen von den höchst seltenen ganz außerordentlichen Fällen, wofür das Gesetz ein eigenes Verfahren zu bestimmen hat, — kein so umfangreiches und verwickeltes Material, daß nicht bei angemessener Zeitverwendung und durchschnittlich gutem Wollen und Können der Mitwirkenden durch zweckmäßige Eintheilung und Leitung der nöthige Grad von Ordnung und Klarheit in die Verhandlung gebracht werden könnte. Mit der Hinweisung auf angemessene Zeit komme ich sodann

3. auf einen weiteren der erwähnten Punkte. Das Begehren einer Zerreißung der Sache in nach Sitzungen abgeschlossene und abgemachte Stücke, welche dann schließlich wie einzelne — nota bene jeder weiteren Behauung unzugängliche — Bausteine zusammengefügt werden sollen, — dieses Begehren darf ich auf meinem Standpunkte als abgethan betrachten. Richtig ist sonach, daß die angemessene Zeit nicht selten auf viele Stunden, zuweilen auf viele Tage sich erstrecken, und man dabei häufig mancherlei und zahlreiche in die Hauptsache eingreifende Nebenfragen zu behandeln haben wird. In Sachen, welche ein hohes Maß von Schwierigkeiten in sich tragen, treten aber auch gewöhnlich die mit dem bindenden Beweisurtheile verknüpften Gefahren in hohem Grade hervor, und jedes andere System würde bezüglich der fraglichen Wirkungen nicht viel vor dem des negativen Beweisdekretes voraus haben können, manches vielleicht am Gegentheil leiden.

4. Was die Rekapitulationen und Wiederholungen betrifft, so fordert allerdings das System des negativen Beweisdekretes, daß man die große

Scheu vor denselben, wie sie in den Berathungen über neue Proceßgesetze so häufig hervortritt, geradezu bekämpfe. — Es ist ein Postulat dieses Systems, daß die Reproduktion früherer Verhandlungen bei dem Schlußver-verfahren als Regel geboten und dieses Gebot weit genug gefaßt werde, um daraus zu erkennen, es sei die Reproduktion eher zu begünstigen als zu meiden.[37]) Ich kann auch vom Standpunkte des Strebens nach innerer, wahrer Güte der Rechtspflege jene Scheu schlechterdings nicht begreifen. Was hatten und haben Richter und Anwälte nach gemeinrechtlichem System zu erdulden durch oftmaliges Lesen und Wiederlesen derselben Aktenbündel, wobei das hinzugekommene Neue oft so wenig neu ist! Und dem gegenüber soll es so entsetzlich sein, wenn ein Rechtsfall in mündlich-öffentlicher Verhandlung zwei- oder gar mehrmal zu besprechen, beziehungsweise anzuhören ist!

Man denkt, wenn man das Sträuben hingegen beobachtet, unwillkürlich an die ungeduldigen Leute, die in jüngeren Jahren in der Postkutsche, wenn die Pferde einigermaßen frisch waren, sich höchlich ergötzten, nun aber gleich über peinliche Langsamkeit klagen, sobald der Eisenbahnzug seinen Lauf etwas ermäßigt.

Selbst im Verfahren mit dem bindenden Beweisinterlokut ist die Rekapitulation und Wiederholung nichts Seltenes, wie es denn auch der Natur der Sache nach nicht anders sein kann, wenn — wirklich Recht gesprochen werden soll.[38])

Im System des negativen Beweisdekretes tritt das Bedürfniß begreiflicherweise noch häufiger und stärker hervor, aber dessen Befriedigung wird der Sache zu gut kommen. Ist es doch bekanntlich gar keine Seltenheit, daß dem schärfsten und geübtesten Denker erst bei wiederholter Beschäftigung mit demselben Stoffe die richtige Auffassung und Beurtheilung sich erschließt.

5. Die Furcht vor der Nachschleppung neuer Thatsachen und Beweise wird m. E. gleichfalls viel zu weit getrieben. Ursache des Nachholens kann in der Regel nur zweierlei sein; einmal Nachlässigkeit im Vorbereitungsstadium und dann absichtliches Zurückhalten, um dem Gegner die vollständige Vertheidigung zu verkümmern. Im mündlich-öffentlichen Verfahren, und insbesondere im System des negativen Beweisdekretes kann ein massenhafter Mißstand dieser Art sich nicht festsetzen.

Jeder Rechtsfall hat im Behauptungs- und Beweismaterial für beide Parteien ein Maximum des Umfanges.

Wenn nun die Nöthigung, so weit eben überhaupt thunlich, eben da-

---

[37]) S. Nr. 8. der obigen Grundzüge.

[38]) Planck, Hannoverscher Obergerichtsrath, in der Deutschen Gerichtszeitung von 1861. S. 170, Nr. 3.

hin wirkt, daß dieses Material in der Vorbereitungszeit des Processes erschöpfend studirt wird, wo sollen dann die Parteien immer wieder wirklich Neues hernehmen? Der Anwalt aber, welcher jenes Studium mit Verletzung des im Gesetze als ein Kardinalpunkt nahe gelegten Gebotes lässig treiben wollte, müßte unvermeidlich in fortwährendem Konflikte mit dem Gerichte leben, oft zu Tergiversationen und Lügen seine Zuflucht nehmen und sich als ein Chikanenmacher und Schlimmeres proklamirt sehen.[39])

Ehedem war Zeitgewinn, um im Besitz zu bleiben, einen Vergleich zu erpressen u. dergl. häufig der Zweck illoyaler Mittel; dieses Motiv wird auf ein nicht mehr lohnendes Maß herabgebracht werden, die chikanirende Partei hätte im System des mündlich-öffentlichen Verfahrens und speciell in dem des negativen Beweisdekretes in allen Beziehungen fast nur Nachtheil zu gewärtigen.

Schluß.

Wenn nun aber Planck l. c. alles das, was bisher angeführt wurde, nur als Argument für die Verbindung des vollen Beweisantrittes mit dem ersten Verfahren gelten läßt, nicht zugleich gegen das bindende Beweisinterlokut, so ruht diese Divergenz zuletzt ausschließlich auf der Voraussetzung, es könnten bei jener Verbindung schlechterdings nur mehr ganz einfache, bestimmt begrenzte Thatumstände als klare Bedingungen der Entscheidung übrig bleiben; damit seien alle mißliebige Folgen jenes Interlokuts auf ein verschwindendes Minimum gebracht und man dürfe in diesem Sinne vorhersagen, daß kaum mehr anders als ganz richtig interloquirt werden könne. — Vermöchte man jene Voraussetzung als richtig gelten zu lassen, dann wäre es allerdings unverantwortlich, nicht sofort ein bedingtes Endurtheil zu haben, sondern erst noch — hier wirklich nutzloser Weise — eine wiederholte Verhandlung des Ganzen herbeizuführen. Allein m. E. berechtigt nichts dazu, von der bloßen Verlegung des Beweisantrittes in das erste Verfahren eine so gewaltig günstige Wirkung zu erwarten; das wäre m. E. viel zu weit gegriffen, sogar bei einem gemeinsamen kodificirten Civilrechte in Deutschland, geschweige erst bei dem Zustande der Quellen dieses Rechtes, der in einem bedeutenden Theil unseres großen Vaterlandes besteht. Für den Durchschnitt der einigermaßen verwickelten Fälle bleibt wohl das Allermeiste so ziemlich in Kraft, was gegen das bindende Beweisurtheil spricht.

Man beruft sich endlich zur Bekämpfung des Systems des negativen Beweisdekretes auch noch darauf, welch' große Abneigung in Deutschland gegen die Verbindung des Beweises mit den Behauptungen, insbesondere

---

[39]) Vergl. Planck l. c. S. 374.

durch das Votum des Juristentages über den ersten Waldeck'schen Antrag, sich kundgegeben habe.[40]) Ich kann bei der jetzigen Sachlage kein Gewicht hierauf legen. Der damalige Ausspruch des Juristentages gründete sich auf Voraussetzungen, welche durch die inzwischen eingetretene Entwickelung auf dem Gebiete der Gesetzberathung weit überholt sind. Der Bayerische, Preußische und Deutsche Entwurf sind unwiderlegliche Zeugen dafür, daß jene Abneigung jedenfalls jetzt fast überall gemindert oder verschwunden ist.

Im folgerechten Fortgange muß und wird, wenn mich nicht Alles täuscht, das System des negativen Beweisdekretes Boden gewinnen. Diesem Resultate geht als gewissermaßen dialektische Einleitung die am Eingange erwähnte Alternative voraus: Entweder das System der Hannoverschen Proceßordnung oder das des negativen Beweisdekretes! Für Hannover war es unter allen Umständen der Mühe werth, die Proceßordnung von 1850 erlangt zu haben; es knüpfen sich Ruhm und Glück in genügendem Maße daran. Trotz allen drohenden Vorhersagungen wurde durch sie dargethan, daß man auch mit einem so gefährlichem Principe, wie das des bindenden Beweisurtheils ist, ein im Großen und Ganzen sehr brauchbares Verfahren schaffen, also bei sonstigen guten Vorbedingungen einen höchst bedeutenden Fortschritt erzielen könne.

Zugleich aber ist dem genannten Lande das beneidenswerthe Glück zu Theil geworden, im allgemeinen gleich den linksrheinischen Deutschen Provinzen bei dem Eintritte einer weiteren Umgestaltung gegen den so sehr hohen Grad des Kontrastes in der Uebergangsperiode geschützt zu sein, wovon die Besitzer des gemeinen Processes u. dgl. ohne Zweifel werden empfindlich heimgesucht werden.

Es wäre ein unschätzbarer Gewinn, wenn die eminenten Männer, welche noch zur Stunde von dem System der Hannoverschen Proceßordnung nicht lassen, den Kampf als einen hoffnungslosen aufgeben und ihre vollen, ungetheilten Kräfte demjenigen zuwenden würden, welches von ihrer eigenen nur bisher eventuellen Ueberzeugung als das richtige erklärt ist.

Ich aber kann mein Gutachten nun in die wenigen Worte zusammenfassen:

Weil ich dem System des negativen Beweisdekretes den Vorzug gebe, beantrage ich, die an die Spitze gestellte Frage durchaus zu bejahen.

---

[40]) Leonhardt, I. Beitrag rc. S. 69.

X.

Gutachten des Handelsrichter Lupp zu Düsseldorf

über den Lesse'schen Antrag.

Obgleich erst seit wenigen Jahren mit dem Amte eines Handelsrichters betraut, habe ich doch geglaubt, der ehrenvollen Aufforderung der ständigen Deputation des Juristentages, ein Gutachten über die von dem Herrn Kreisrichter Lesse beantragte Akkordgesetzgebung zu erstatten, entsprechen zu müssen. Es wird zu entschuldigen sein, wenn ich mich darauf beschränke, mein Gutachten einseitig von dem Gesichtspunkte eines Rheinischen Handelsrichters abzugeben, welcher mit der Preußischen Konkurs-Ordnung weniger vertraut ist und seine Erfahrungen über diesen wichtigen Gegenstand nur an den hier geltenden bezüglichen Stellen des Rheinischen Rechtes machen konnte.

Die Anträge des Herrn Kreisrichter Lesse lauten wörtlich:

„Der Deutsche Juristentag wolle sich für folgende Sätze, betreffend das Konkursrecht, aussprechen:

I. Die baldige Herstellung eines gemeinsamen Deutschen kaufmännischen Akkordgesetzes erscheint dringend wünschenswerth und braucht nicht nothwendig vom Zustandekommen einer gemeinsamen Civilproceß-Ordnung abhängig gemacht zu werden.

II. Ein gemeinsames Akkordgesetz hat sich nicht auf den gerichtlichen Akkord im Konkurse zu beschränken, vielmehr ist auch auf Einführung eines zweckmäßigen gerichtlichen Akkordverfahrens außerhalb des Konkurses Bedacht zu nehmen.

III. Für beide Arten von Akkord sind vorzugsweise folgende Grundsätze durchzuführen:

1) Der Zeitpunkt für die Akkordschließung ist so festzustellen, daß den Gläubigern die Theilnahme daran möglichst erleichtert wird.

2) Der abgeschlossene Akkord bedarf zu seiner rechtlichen Wirksamkeit der Bestätigung durch das Gericht, welches sich dabei auch in eine Prüfung des Verhaltens des Gemeinschuldners einzulassen hat.

3) Der rechtskräftig bestätigte Akkord gilt als Vergleich zwischen dem Gemeinschuldner und sämmtlichen Konkursgläubigern, dieselben mögen ihre Forderungen angemeldet haben oder nicht, an der Beschlußfassung Theil genommen haben oder nicht.

IV. Für den Akkord außerhalb des Konkurses sind außerdem folgende Grundsätze durchzuführen:

1) Das Vermögen des Gemeinschuldners wird während des Verfahrens durch einen Gläubiger-Ausschuß möglichst selbstständig verwaltet.

2) Die Einleitung des Akkordverfahrens hat in ähnlicher Weise, wie die förmliche Konkurseröffnung, eine Beschränkung der bürgerlichen Ehrenrechte des Gemeinschuldners zur Folge."

Vor allem muß ich mein lebhaftes Bedauern darüber aussprechen, daß das nunmehr in fast sämmtlichen Deutschen Staaten eingeführte Allgemeine Deutsche Handelsrecht keine Bestimmungen über das kaufmännische Konkursverfahren enthält. Es wird sich deshalb auch empfehlen, den Principal-Antrag des Herrn Lesse dahin zu erweitern, daß der Juristentag ausspreche:

„es erscheine die baldige Herstellung eines gemeinsamen deutschen Konkursgesetzes dringend wünschenswerth und brauche solche nicht nothwendig vom Zustandekommen einer gemeinsamen Civilproceß-Ordnung abhängig gemacht werden."

Der Herr Antragsteller hat sich darauf beschränkt, ein gemeinsames Akkordgesetz zu befürworten; die angedeutete Erweiterung des Antrages erscheint aber deshalb zweckmäßig, weil wohl schwerlich ein allgemeines Akkordgesetz den in den verschiedenen Staaten Deutschlands noch zu Recht bestehenden Konkursordnungen anzupassen wäre. Im Uebrigen ist der Lesse'sche Principal-Antrag ad I. für durchaus begründet zu erachten, und wäre vom kaufmännischen Standpunkte aus namentlich noch darauf aufmerksam zu machen, wie mißlich es für einen Gläubiger in der Rheinprovinz ist, seinen Vertreter bei dem Konkurse in den alten Preußischen Provinzen oder in irgend einem Staate Deutschlands, in welchem eine andere als die Rheinische Akkordgesetzgebung zu Recht besteht, über den etwaigen Beitritt zum Akkorde instruiren zu müssen, wenn er die Grundsätze nicht kennt, welche bei der betreffenden Konkursgesetzgebung maßgebend sind. Das Handelsgesetzbuch wird nicht nur, wie auf dem fünften Deutschen Juristentage unbegreiflicherweise behauptet wurde, von dem gelehrten Juristen verstanden, — der gebildete Kaufmann macht sich sicherlich mit den ihn betreffenden Specialgesetzen bekannt, und da ist ihm namentlich über die Wirkung des Akkordes ein gesundes und richtiges Urtheil zuzutrauen. Erwünscht muß es daher ganz besonders für den Handelsstand sein, daß für ganz Deutschland ein gemeinsames Konkurs- resp. Akkordgesetz geschaffen werde, da ihm freilich nicht zuzumuthen ist, daß er sich mit den Specialgesetzen so vieler Staaten bekannt mache.

Mit dem Satze, daß der Preußische Handelsstand das Institut des Zwangsvergleichs unter keinen Umständen mehr entbehren möchte, kann sich der Handelsstand nur einverstanden erklären, und würde es namentlich dem Rheinischen Handelsstande eine schwere Entbehrung sein, das Fallimentsverfahren nicht mehr, wie bisher nach dem Rheinischen Gesetz, in so vielen Fällen durch den Akkord beendigt zu sehen. Ich schließe mich daher den Motiven für Aufnahme resp. Beibehaltung des Instituts des Zwangsvergleichs im Fallimentsverfahren überhaupt in jeder Beziehung an und will aus Erfahrung nur bestätigen, daß die Gläubiger in den meisten Fällen einen eben annehmbaren und der Lage der Aktivmasse des Falliments entsprechenden Akkord der Fortsetzung des Verfahrens vorziehen, und daß die Rheinischen Handelsgerichte nur in seltenen Fällen Veranlassung haben, dem Akkord die Bestätigung zu versagen.

Was die Gefahr betrifft, daß durch den in Aussicht stehenden Akkord mancher Kaufmann verleitet wird, seine Zahlungseinstellung anzumelden, in der Hoffnung, dadurch auf gute Art eines Theils seiner Verpflichtungen ledig zu werden, so werden die rigurösesten gesetzlichen Bestimmungen dem fraudulösen Verfahren solcher Kaufleute schwerlich Einhalt thun; das einzige Mittel gegen solchen Betrug ist in der strengsten und gewissenhaftesten Handhabung der Bestimmungen über die Versagung des Akkordes seitens der Handels- resp. Konkursgerichte zu suchen. Dieser Gesichtspunkt führt auch zu der Behauptung, daß die Besetzung dieser Gerichte durch Kaufleute eine strengere Handhabung der einschlagenden Bestimmungen erwarten läßt: wenn auch den Entscheidungen der mit Richtern des Juristenstandes besetzten Gerichte über diesen Punkt seitens des Handelsstandes die volle Anerkennung nicht versagt wird, so liegt es doch wohl auf der Hand, daß der Kaufmann, welcher leider zu häufig in den Fall kommt, beim Abschlusse eines Konkordats als Gläubiger mitwirken zu müssen, die betrügerischen Manipulationen eines

Falliten dabei eher durchschauen wird und demgemäß als Richter von der Befugniß der Nichtbestätigung um so eher Gebrauch machen wird; namentlich da der kaufmännische Richter als Falliments-Kommissar in der Regel auch das gute oder schlechte Benehmen des Falliten besser zu beurtheilen im Stande sein wird.

Mit dem zweiten Antrage, auch auf ein gerichtliches Akkordverfahren außerhalb des Konkurses Bedacht zu nehmen, kann ich mich nicht einverstanden erklären. Wenn auch die Nachtheile nicht zu verkennen sind, welche der außergerichtliche Vergleich stets für einen Theil der Gläubiger hat, da wohl, wie Herr Lesse richtig bemerkt, selten ein solcher zu Stande kommt, durch welchen alle Gläubiger gleichgestellt werden, so scheinen die Vortheile, welche ein gerichtlicher Akkord außerhalb des Konkurses für die Gläubiger und den Gemeinschuldner bietet, doch zu gering und zweifelhaft, um deshalb specielle Bestimmungen in das Konkursgesetz aufzunehmen. Der beabsichtigte Zweck wird meines Erachtens weit eher erreicht, wenn der Termin für den Abschluß des Akkordes im Konkurse sowohl durch gesetzliche Bestimmung als durch pünktliche Einhaltung der dadurch vorgeschriebenen Fristen zur Anmeldung und Verifikation der Forderungen in möglichst kurzer Zeit herbeizuführen gesucht wird. Die Erfolge, welche in dieser Beziehung das Englische und Oesterreichische Gesetz gehabt haben, sind mir nicht bekannt; das Belgische Fallimentsgesetz vom 18. April 1851 hat eine ähnliche Bestimmung in seinem Art. 520: „Wenn der Schuldner, indem er seine Zahlungseinstellung anmeldet, den Bestimmungen der Artikel 440 und 441 genügt hat (daß er die Anmeldung längstens 3 Tage nach der Zahlungseinstellung macht, die Bilanz einreicht 2c.), wenn er die Grundlagen eines Konkordats vorgelegt und die unmittelbare Zusammenberufung seiner Gläubiger verlangt hat, um darüber zu berathen, und wenn kein Verdacht vorhanden ist, daß er nicht in gutem Glauben handle, so kann das Gericht, entweder durch dasselbe Urtheil, welches die Falliterklärung ausspricht oder durch ein späteres Urtheil und ohne den Gang des Falliments aufzuhalten, verordnen, daß diese Zusammenberufung auf der Stelle stattfinde und mit Rücksicht auf die Entfernungen Ort, Tag und Stunde der Versammlung der Gläubiger festsetzen. In diesem Falle können die Erklärung, die Erhärtung, die Prüfung und, wenn es geht, die Zulassung der Forderungen in derselben Sitzung stattfinden, und das Konkordat kann nur zu Stande kommen durch Mitwirkung von $^3/_4$ der in die geprüfte Bilanz eingetragenen Gläubiger, und welche durch ihre Admissionstitel $^5/_6$ der nach dieser Bilanz schuldigen Summe darstellen. Beim Mangel einer solchen Mitwirkung soll die Berathung bis auf den bereits festgesetzten oder noch festzusetzenden Termin in Gemäßheit des Artikels 509 vertagt werden."

Der Gesetzgeber hat mit dieser Bestimmung augenscheinlich denselben Zweck erreichen wollen, den Herr Lesse durch das vorgeschlagene Akkordverfahren außerhalb des Konkurses beabsichtigt, wenngleich das Belgische Gesetz die Erklärung des Falliments und den Fortgang desselben nicht ausschließt. Welche Anwendung aber dieser Artikel in der Praxis gefunden hat, erfahren wir durch den langjährigen Präsidenten des Handelsgerichts in Brüssel, Herrn Carr. Vandermaeren, welcher in seinem 1864 erschienenen Werkchen: „de l'administration des faillites en Belgique" Seite 76—77 darüber sagt: „Man muß erstaunen, daß diese Bestimmungen, welche gleichzeitig dem Falliten und dem Gläubiger so günstig sind, bis heute, wenigstens in Brüssel, keine Anwendung gefunden haben, und daß diese Wohlthat sogar niemals begehrt worden ist. Diese Enthaltung scheint ohne Zweifel daher zu rühren, daß die Falliten sich fast nie in der Lage befinden, den Bedingungen genügen zu können, welche das Gesetz vorschreibt, um aus jenen Bestimmungen Nutzen ziehen zu können."

Da nun Herr Lesse in den Motiven zu seinem Antrage selbst sagt: „Der Handelsmann, welcher seine Zahlungen einstellt, muß als fallit gelten, einerlei, ob materielle Insufficienz vorhanden ist oder nicht, ob er auf förmliche Konkurseröffnung oder auf Einleitung eines Verfahrens unter anderem Namen behufs Herbeiführung eines Akkordes provocirt," so ist der Vortheil nicht abzusehen, der demjenigen, welcher seine Zahlungen einstellt, durch ein gerichtliches Akkordverfahren außerhalb des Konkurses hinsichtlich seiner kaufmännischen Ehre erwächst. Die Nachtheile, welche dem Gemeinschuldner sowohl wie den Gläubigern durch Ausführung des förmlichen Konkursverfahrens erwachsen, diese Nachtheile, welche Herr Lesse in seinen Motiven sehr richtig hervorhebt, werden sicherlich auch durch ein Akkordverfahren im Konkurse zu mildern sein; es kommt nur darauf an, wie schon oben bemerkt, die Fristen abzukürzen, — dann aber auch, die Bedingungen festzustellen, unter welchen ein abgekürztes und weniger kostspieliges Verfahren herbeizuführen ist. Unser Rheinisches Fallimentsgesetz zeigt zum großen Bedauern des Handelsstandes in dieser Hinsicht auch eine Lücke, indem keine Bestimmungen über ein abgekürztes Verfahren darin enthalten sind, und zudem die 40tägige Frist zur Anmeldung und Verifikation der Forderungen den heutigen Verkehrsverhältnissen durchaus nicht mehr entspricht. Das abgekürzte Konkursverfahren, welches die Preußische Konkursgesetzgebung nur bei Massen von geringem Bestande und wegen Geringfügigkeit des Verkehrs des Gemeinschuldners zuläßt und der Herbeiführung des Akkordes nur wenig Beachtung schenkt, dürfte zweckmäßig zu modificiren und auch auf Massen von bedeutendem Bestande auszudehnen sein, wenn der Gemeinschuldner sich eines guten Rufes erfreut und durch Vorlage einer von den bedeutenderen Gläubigern geprüften Bilanz ein Deficit von höchstens 25 pCt. der Passiv-Masse darthut. Es müßte an die Gestattung des abgekürzten Verfahrens und Herbeiführung eines Akkordtermins von längstens 4 Wochen vom Tage der Falliterklärung die fernere Bedingung für den Gemeinschuldner geknüpft werden, daß er von vornherein einen solventen Bürgen für 75 pCt. seiner Passiven bringt und nachweist, daß die Hälfte seiner Gläubiger, welche $^3/_4$ der Passiv-Masse vertreten, einem Akkord von 75 pCt. beizutreten bereit sind. Meines Erachtens würde zwar ebenso wie in Belgien der Fall, wo ein Fallit solchen Bedingungen zu entsprechen im Stande wäre, höchst selten vorkommen, allein es soll ja auch das abgekürzte Verfahren mit kurzem Konkordat-Termin zur Ausnahme gehören, da erfahrungsmäßig die Falliten in den häufigsten Fällen einer milden Beurtheilung nicht würdig sind.

Den von dem Herrn Antragsteller unter III. näher bezeichneten Grundsätzen, welche für den Akkord vorzugsweise durchzuführen seien, muß allgemeine Anerkennung zu Theil werden, und entsprechen die ad 2. und 3. vollständig den §§. 524 und 526 des Rheinischen Handelsgesetzbuches, deren Bestimmungen sich durch langjährige Erfahrungen bewährt haben.

Die unter IV. bezeichneten Grundsätze, welche Herr Lesse für den Akkord außerhalb des Konkurses durchgeführt zu sehen wünscht, unterziehe ich keiner weiteren Prüfung, da ich mich principaliter gegen den Akkord außerhalb des Konkurses ausspreche. —

Um mein Gutachten kurz zu resumiren, so unterstütze ich den Antrag des Herrn Kreisrichter Lesse ad I. mit der Maßgabe, daß nicht nur ein allgemeines Deutsches Akkordgesetz, sondern ein gemeinsames Konkursgesetz anzustreben ist.

Für den Antrag ad II., gegen welchen ich mich ausspreche, möchte ich einen Antrag einbringen, dahin gehend,

> der Juristentag wolle sich dafür erklären, daß in ein allgemeines Deutsches Konkursgesetz Bestimmungen aufgenommen werden, welche in näher zu definirenden Fällen ein abgekürztes Verfahren vorschreiben und den Akkordtermin in möglichst kurzer Frist herbeiführen.

P. S.

Nachdem obiges Gutachten soweit abgefaßt war, kommt mir der nachstehende Bericht der Stettiner Kaufmannschaft zu Gesicht, und wenn auch der bereits abgelaufene Termin nicht mehr gestattet, mich über denselben gutachtlich zu äußern, so glaube ich, dem Juristentag doch einen kleinen Dienst zu erweisen, indem ich den Bericht selbst meinem Gutachten folgen lasse.

Düsseldorf, den 11. April 1865. Lupp.

[Copia.]

Stettin, den 15. December 1864.

Bericht der Vorsteher der Kaufmannschaft, betreffend das Konkursverfahren.

An
den Königlichen Staats- und Justiz-Minister,
Ritter hoher Orden, Herrn Graf zur Lippe,
Excellenz
zu Berlin.

Die Konkursordnung vom 8. Mai 1855 hat sich zwar im Allgemeinen bewährt; es sind jedoch in der Praxis Mängel hervorgetreten, deren Beseitigung ein dringendes Bedürfniß ist.

I. Die meisten Konkurse werden durch Akkord beendigt. Die Erfahrung hat gezeigt, daß die betreffenden Vorschriften der Konkursordnung zum Schutz der Gläubiger nicht ausreichen. In der Regel gelingt es selbst solchen Gemeinschuldnern, welche durch Leichtsinn in Vermögensverfall gerathen und ihr Geschäft Jahre lang auf Gefahr und Kosten ihrer Gläubiger fortsetzen, sich durch einen Akkord mit einem geringen Procentsatz von ihren Schulden zu befreien. Früher drohten die Gläubiger mit dem Antrage auf Konkurseröffnung, jetzt bedroht der Schuldner seine Gläubiger mit der Zahlungseinstellung. Es erscheint daher nothwendig, das Akkordverfahren mit Schranken zu umgeben, welche dem Leichtsinn jede Aussicht auf einen Akkord abschneiden. Demgemäß dürfte die Konkursordnung dahin zu ergänzen sein:

1) daß der Antrag auf Schließung des Akkordes auch dann unzuläßig ist, wenn der Gemeinschuldner wegen einfachen Bankerotts in Anklagestand versetzt ist, bis er freigesprochen ist (§. 189).

Es wird außerdem noch zu bestimmen sein:

2) daß zwar zum Mitstimmen nur diejenigen Gläubiger zuzulassen, welche ihre Forderungen angemeldet haben (§. 185), jedoch bei der Berechnung der zur Entscheidung nöthigen Summe (§. 186 Nr. 2.) nicht der Betrag der zum Mitstimmen berechtigten Forderungen, sondern die ganze Summe der von dem Gemeinschuldner oder dem Verwalter angegebenen nicht bevorrechteten Passiva in Ansatz kommt;

3) daß die Ehefrau des Gemeinschuldners, die Verwandten desselben in aufsteigender und absteigender Linie, sowie die Geschwister, Schwäger und Schwägerinnen desselben zum Mitstimmen nicht zugelassen und ihre Forderungen bei Berechnung der Gesammtsumme (§. 186 Nr. 2.) außer Ansatz bleiben;

4) daß alle diejenigen Forderungen, welche nach dem Tage der Zahlungs-einstellung in andere Hände übergegangen sind, von der Berechtigung zum Mitstimmen ausgeschlossen werden.

Der Vorschlag zu Nr. 2. beruht in der Billigkeit, da auch die nicht angemeldeten Forderungen durch den Akkord betroffen werden. Die Vorschläge zu 3. und 4. werden durch die Erfahrung gerechtfertigt, daß die Gläubiger, welche dadurch berührt werden, in der Regel mit dem Gemeinschuldner zum Nachtheil seiner übrigen Gläubiger gemeinschaftliche Sache machen. Nicht selten wird der Akkord dadurch zu Stande gebracht, daß der Gemeinschuldner Forderungen seiner Gläubiger gegen einen höhern Entgelt, als den procentmäßigen Akkord aufkaufen und die neuen Inhaber dieser Forderung für sich stimmen läßt. Der Nachweis, daß dies im Interesse des Gemeinschuldners geschehen, ist selten oder sehr schwer zu führen, und die Anfechtung wird wegen ihrer Kostspieligkeit gescheut.

II. Das Vorzugsrecht, welches die Konkursordnung in den §§. 78 und 79 dem Fiskus und den Kommunen ꝛc. gewährt, läßt sich nicht rechtfertigen. Der Fiskus und die Kommunen können ihr Interesse durch Kautionen sichern. Soweit dies nicht möglich ist, kommt in Betracht, daß es unbillig ist, zum Vortheil der größeren Kreise (des Staats und der Kommunen) dem kleineren Kreis der Gläubiger den Schaden aufzubürden, welchen der Dieb oder der Betrüger angerichtet hat. Es werden daher die §§. 78 und 79 der Konkursordnung aufzuheben sein.

III. Die im §. 123 vorgeschriebene Bekanntmachung der Konkurseröffnung erfolgt nicht selten durch Anzeigen in wenig verbreiteten Blättern; dies hat zur Folge, daß manche Gläubiger davon nicht rechtzeitig Kenntniß erlangen. Es erscheint daher der Zusatz zweckmäßig, daß alle Konkurs-Anzeigen in einem bestimmten lediglich zu diesem Zwecke herauszugebenden Blatte in gedrängter Kürze zu veröffentlichen sind.

IV. Durch den im §. 163 vorgeschriebenen Bericht des Verwalters über die Natur und den Charakter des Konkurses wird das Interesse der Gläubiger nicht genügend gewahrt. Es ist dringend nothwendig, daß dem Konkursgericht die Pflicht auferlegt wird, in allen kaufmännischen Konkursen die Buchführung des Gemeinschuldners einer genauen Prüfung durch einen vereidigten Revisor zu unterwerfen.

V. Nach §. 244 werden die Posten, zu welchen sich kein Empfangsberechtigter meldet, auf Gefahr und Kosten der betreffenden Gläubiger als Specialmassen in gerichtlicher Aufbewahrung behalten. Auswärtige Gläubiger unterlassen es häufig, sich durch einen Mandatar vertreten zu lassen, weil die Gebühren desselben den Betrag ihrer Hebung absorbiren oder übersteigen würden. Es dürfte daher der Zusatz zweckmäßig sein, daß den auswärtigen Gläubigern ihre Hebungen mit der Post zu übersenden sind, so daß dieselben nur das Porto zu tragen haben.

Ew. Excellenz bitten wir ganz gehorsamst, dahin wirken zu wollen, daß die Vorschriften der Konkursordnung nach den vorstehenden Vorschlägen ergänzt und abgeändert werden.

Die Vorsteher der Kaufmannschaft.

XI.

Gutachten des Obergerichtsanwalt Dr. André in Osnabrück.

Soll im Civilproceß für das Vorbringen von Thatsachen, Einreden und Beweismitteln in erster Instanz eine Präklusivfrist bestehen und, bejahenden Falls, welche?

Seitdem der Juristentag zu Berlin für eine gemeinsame Deutsche Civilproceßordnung auf der Grundlage der Oeffentlichkeit und Mündlichkeit sich entschieden hat, ist der von der Deutschen Civilproceß-Kommission zu Hannover ausgearbeitete Entwurf nach erster Lesung der Oeffentlichkeit übergeben, der Preußische Entwurf liegt vor, für Sachsen, Bayern, Oesterreich sind Entwürfe ausgearbeitet. Dadurch sind die Gegensätze klarer geworden. Zwei jener Entwürfe — der Preußische und der Bayerische — schließen sich an das Rheinisch-Französische Proceßverfahren an; ganz im Gegensatz dazu beruht das Verfahren nach der Hannoverschen Proceßordnung von 1850 auf dem gemeinen Deutschen Proceßrecht und behält das gemeinrechtliche Beweisinterlokut bei.

Um nun die mir gestellte Frage zu beantworten, kommt es vorzüglich darauf an, den Standpunkt zu bezeichnen, auf den ich mich dabei stelle.

Soll eine durchgreifende Reform des Civilproceßrechts guten Erfolg haben, so muß man nach meiner Meinung an ein in der Praxis bestehendes Verfahren sich anschließen; man mag etwaige Verbesserungen an der Hand der Theorie und Erfahrung einschalten; vor allen Dingen aber hüte man sich, die Grundlagen des Verfahrens, von dem man ausgeht, zu zerstören. Wollte man gar gewisse abstrakte Principien zuvor diskutiren und dann nach diesen eine Proceßordnung aus freier Hand aufbauen, so würde man sicher in die Irre gehen. In einzelnen Fällen mag es einer genialen Auffassung, verbunden mit praktischer Erfahrung und gesetzgeberischer Begabung, gelingen, etwas ganz Neues auf freier Bahn zu gestalten; diesen Weg überhaupt zu empfehlen und mit gemeinsamer Arbeit Vieler darauf vorzuschreiten, ist geradezu undurchführbar. Jedes Proceßverfahren ist ein organisches Ganze, wenn es überhaupt brauchbar ist; jedes gute Proceßverfahren muß sich an der Hand der Erfahrung entwickeln und auf diese Weise Härten und Unzuträglichkeiten abstoßen, damit das Leben mit der Theorie im Einklang stehe. Nach meiner Meinung ist es daher schon ein großer Gewinn der letzten Jahre, daß die vorliegenden Entwürfe gestatten, den Weg der allgemeinen Diskussion zu verlassen, ausgebildete Systeme verschiedener Art gegenüber zu stellen und zu vergleichen, und auf diese Weise in eine praktisch fahrbare Straße einzulenken. Man wird gegenwärtig zunächst zu wählen haben, an welchen Entwurf man sich anschließen will, und vor allen Dingen muß man sich entscheiden, ob man an das Rheinisch-Französische Verfahren anknüpfen oder auf der Grundlage eines Deutschen Proceßsystems fortbauen will.

Die Kardinalfrage ist hierbei die, ob man das gemeinschaftliche Beweisinterlokut beibehalten will oder nicht. Fällt dasselbe, so ist nicht blos das System der Hannoverschen Proceßordnung unhaltbar, sondern man kommt dann nach meiner Meinung Schritt vor Schritt zu einer Nachbildung des Rheinisch-Französischen Verfahrens; läßt man das Beweisinterlokut bestehen, so bietet die Hannoversche Proceßordnung einen bequemen und sicheren Ausgangspunkt.

Ich spreche hierbei stets nur von einem mündlichen Verfahren in dem Sinne, daß Alles, was der mündlichen Verhandlung vorangeht, die Bedeutung lediglich einer Vorbereitung hat, mithin nichts präkludirt wird, bevor die mündliche Verhandlung über die gerade zur Entscheidung stehende Frage geschlossen ist. Will man diesen Charakter der mündlichen Verhandlung opfern und sie nur als Erläuterung des vorher schriftlich Fixirten benutzen, so gelangt man zu einer ganz anderen Grundlage, wobei folgeweise die Frage nach der rechtlichen Natur des Beweisinterlokuts auch anderen Erwägungen unterliegt. Denn wie fast jeder wichtige Theil der Proceßgesetzgebung hängt auch dieser mit anderen Dingen zusammen. Von einem absoluten Werth des einen oder anderen Princips läßt sich schwer reden; der Werth der Principien ist ein relativer, insofern nämlich alle zusammen ein brauchbares System geben müssen, in welchem konkreten System dann das eine oder andere Princip eine bestimmte Bedeutung hat, so daß durch seine Beseitigung das ganze System alterirt wird. — Ein schriftliches Verfahren nun mit mündlicher Schlußverhandlung habe ich hier nicht vor Augen, theils weil ich dem mündlichen Verfahren den Vorzug gebe, theils weil die beabsichtigte Reform des Civilprocesses die Mündlichkeit des Verfahrens zum Ausgangspunkt nehmen soll.

Daß nun von diesem Standpunkt der Mündlichkeit aus und weiter unter der Voraussetzung eines nicht bindenden Beweisinterlokuts in dem Preußischen und Bayerischen Entwurfe das Rheinisch-Französische Verfahren zum Ausgangspunkt genommen, ist nach meiner Meinung nicht blos zufällig dadurch veranlaßt, daß zu Bayern und Preußen Landestheile gehören, in welchen dieses Verfahren gilt, sondern hat innere Gründe. — Wenn man nämlich dem Richter gestattet, von dem Beweisinterlokut wieder abzugehen, so muß man, um den eigentlichen Charakter der mündlichen Verhandlung festzuhalten, der Partei auch gestatten, bei der späteren Verhandlung, ohne Rücksicht auf früheres Vorbringen, beliebig neue Einreden vorzutragen und sie auf beliebige Weise zu erweisen, wodurch man selbst dahin gelangt, einestheils die Eventualmaxime fallen zu lassen, anderentheils dem Richter eine diskretionäre Gewalt in Bezug auf die Zulassung neuer Einreden und Beweismittel einzuräumen, so daß man nun im Wesentlichen sofort auf dem Boden des Französischen Verfahrens steht.

Es giebt freilich verschiedene Möglichkeiten, ein Civilproceßverfahren ohne bindendes Interlokut auf der Grundlage der Mündlichkeit zu gestalten, und das Französische Verfahren ist keineswegs das einzige mündliche Verfahren dieser Art. Vielmehr ist es beispielsweise bekannt, daß England ein mündliches Verfahren ausgebildet hat, in welchem ebenfalls ein bindendes Interlokut nicht vorkommt.*)

In England wechseln die Parteien durch die Anwälte ohne Mitwirkung des Gerichts verschiedene der Zahl nach nicht genau bestimmte Schriftsätze behufs Feststellung der Streitpunkte. Die Abfassung dieser Schriftsätze hat mit unserer Art wenig gemein; sie beruht auf bestimmten, technisch ausgebildeten, für verschiedene Arten von Klagen verschiedenen, zum Theil höchst pedantischen Regeln und wird in einigermaßen schwierigen Fällen von einer besonderen Klasse der Rechtsgelehrten, die sich nur hiermit beschäftigen, besorgt. Manches dabei ist uns ganz fremdartig, so z. B., daß der Beklagte, wenn er den Klaggrund bestreitet, ohne Erlaubniß eines der Richter keine Einreden beifügen oder zwei Einreden zugleich vorbringen darf. Stellt sich durch den Schriftenwechsel heraus, daß die Parteien nur über eine Rechtsfrage

*) Näheres über das Englische Verfahren findet man in Rüttimann, der Englische Proceß, Leipzig 1851 (cf. das Englische Beweissystem in Best, Grundzüge des Englischen Beweisrechts, deutsch von Marquardson, Heidelberg 1851), und eine anschauliche Schilderung eines Englischen Civilprocesses in letztgedachter Schrift in Beilage II. S. 472 ff., ferner von Zimmermann in der Zeitschrift für Civilrecht und Proceß, Bd. XXII. Heft 2 S. 225 ff.

streitig sind, so gelangt die Sache ohne Mitwirkung einer Jury zur Entscheidung an das Gericht, deren England außer den Grafschaftsgerichten für Bagatellsachen und außer den Billigkeitshöfen nur drei in London besitzt. Sind die Parteien in der Hauptsache über Thatsachen streitig, so zieht man eine Jury zu, jedoch ohne daß das Gericht hierüber ein Erkenntniß abgäbe. Es werden dann die verhandelten Schriftsätze am Schlusse des Schriftsatzwechsels von einem der Anwalte zusammengestellt und bilden in dieser Form die Grundlage des Verfahrens vor der Jury, ersetzen mithin gewissermaßen das Beweisinterlokut. Die Beweisantretung erfolgt nun nicht vor dem Zusammentritt der Jury, sondern bei der Verhandlung selbst durch Produktion der Beweismittel. Alles drängt sich also in diesem Falle in den Schluß der Sache zusammen. Der nun folgende Spruch der Jury ist aber keineswegs unanfechtbar, keineswegs der Einwirkung des vorsitzenden Richters entzogen, und es fehlt auch keineswegs an Regeln über die Bedeutung und Zulässigkeit der einzelnen Beweismittel. Vielmehr zeichnet sich das Englische Verfahren durch den strikten Gegensatz gegen die Französische Lehre von der s. g. inneren Ueberzeugung durch ein sehr fein ausgebildetes, wissenschaftliches und zugleich dem Leben angepaßtes, weit tiefer als die Theorie unseres gemeinen Processes eindringendes Beweissystem aus, dessen Anwendung dadurch sicher gestellt wird, daß der der Jury präsidirende Richter unzulässige Beweismittel überhaupt verwirft (seit langer Zeit sind — um neben anderen wissenschaftlichen Regeln und gesetzlichen Vorschriften dies hervorzuheben — in sehr vielen Fällen nur schriftliche Beweismittel zulässig), daß er die Jury anweist, darauf kein Gewicht zu legen oder sie nur beschränkt zu berücksichtigen. Auf verschiedene Weise können Fehler in der Behandlung oder Beurtheilung der Sache noch am Schlusse redressirt werden, theils indem trotz der Entscheidung der Geschwornen zu Gunsten des Klägers oder Beklagten vom Gerichte entschieden wird, theils indem das Gericht die Einberufung einer neuen Jury gestattet, theils indem das Gericht gestattet, Fehler in der Abfassung der Schriftsätze nachträglich zu verbessern. Das Verfahren vor der Jury findet übrigens nur dann statt, wenn in der Hauptsache Thatsachen streitig sind; handelt es sich um Nebenpunkte, so entscheidet das Gericht selbst nach einem für solche Fälle besonders ausgebildeten und der Einzelheit des Falles angepaßten System von Bescheinigungen und Beweis. Auch werden Fragen untergeordneter Art oder Incidentpunkte in verschiedener Weise theils vom Gerichte, theils von einem einzelnen Richter mehr oder minder formlos entschieden.

Die Grundzüge des Englischen Verfahrens theoretisch zu rechtfertigen, wäre wohl nicht gerade schwer; damit ist aber für die Frage, ob es sich praktisch rechtfertigen würde, eine Nachbildung des Englischen Verfahrens zu versuchen, nichts gewonnen. Man wird sich vielmehr auch bei nur oberflächlicher Betrachtung des Englischen Verfahrens leicht überzeugen, daß es sehr schwierig sein würde, das Englische Verfahren auf unsere Verhältnisse zu übertragen. Dasselbe hängt auf das Genaueste mit dem Englischen Civilrecht zusammen, nicht minder mit einer sehr centralisirten Verfassung der Gerichte und der Advokatur und einer damit verbundenen Eintheilung der Arbeit, welche auf Deutsche Verhältnisse überhaupt nicht übertragen werden kann. In seinem jetzigen Zustande ist das Englische Civilproceßverfahren ohnehin sehr weitläufig und kostspielig, so daß durchschnittlich nur wohlhabende Leute zu ihrem Rechte gelangen können, in kaufmännischen Geschäften aber in der Regel schiedsrichterliche Entscheidungen eingeholt werden. Für einen Kaufmann würde es kaum anständig sein, sich dem Vorschlage der Entscheidung durch ein Schiedsgericht zu entziehen. Man wird also gut thun, den Engländern zu überlassen, daß sie ihr eigenes Verfahren auf ihre Weise reformiren, womit freilich nicht gesagt sein soll, daß ein Studium des Englischen Verfahrens ohne Nutzen für uns ist; im Gegentheil giebt es uns in seiner ganz abweichenden Originalität über unsere eigenen Grundsätze durch Vergleichung und Gegensatz nicht geringen Aufschluß.

Daß nun das Französisch-Rheinische Verfahren leichter auf unsere Verhältnisse übertragen werden kann, verkenne ich nicht; ich bestreite ferner keineswegs, daß das Rheinisch-Französische Verfahren in seiner Art und für Französische Verhältnisse den Anforderungen an eine gute Justizpflege genügen mag. Ich meine aber, daß das Französische Verfahren ein Ganzes und zwar ein sehr konsequent ausgebildetes und in sich zusammenhängendes Ganze ist, aus dem man einzelne Theile nicht entlehnen kann, ohne ihnen durch die veränderte Stellung eine ganz verschiedene Bedeutung zu geben. Das Charakteristische des Französischen Verfahrens, das ich als bekannt voraussetze, besteht nach meiner Meinung darin, daß in jedem Stadium des Verfahrens die einzelnen Streitpunkte rechtlich und thatsächlich sofort vollständig entschieden werden, daß mithin die Beweise gleich mit den Behauptungen verbunden werden müssen, daß die Zulassung eines Zeugenbeweises sehr beschränkt ist, daß die Urtheile auf Zulassung von Beweisen nur als Vorbescheide gelten, welche den Richter nicht binden, daß die Eventualmaxime ganz wegfällt, mithin zu jeder Zeit jede noch nicht abgeurtheilte Einrede vorgetragen werden kann, und daß der Richter nach allen Seiten hin eine sehr freie Stellung einnimmt. Der Richter entscheidet theils über die Frage, was bewiesen ist, nach seiner subjektiven Ueberzeugung, theils verwirft er Einreden, Repliken u. s. w. und Beweismittel aller Art, wenn ihm scheint, daß sie den Zweck haben, die Sache aufzuhalten, von vornherein; er übt überhaupt eine diskretionäre Gewalt aus in einem Umfange, welche der gemeine Deutsche Proceß nicht kennt; vergl. §. 324 des Preuß. Entw. Sogar in Bezug auf die Interpretation der Gesetze nimmt der Richter eine andere Stellung ein, als sie uns geläufig ist. Man unterscheidet nämlich in Frankreich den eigentlich dispositiven Theil der Gesetze von dem wissenschaftlichen Inhalt; in der letzteren Hinsicht bindet sich der Richter nicht unbedingt an den Wortlaut des Gesetzes. Dem Französischen Proceß eigenthümlich und für den Gang des Französischen Proceßverfahrens von großer Bedeutung (im schriftlichen Proceß mit bindendem Interlokut würde die Bedeutung eine andere sein) ist die Auffassung des qualificirten Geständnisses, welches in viel weiterem Umfange als bei uns für untheilbar gilt. Nach Französischem Rechte kann ein Geständniß nämlich auch dann nicht getheilt werden, wenn demselben die Behauptung selbstständiger Thatsachen hinzugefügt ist, z. B. dem Geständniß, ein Darlehn erhalten zu haben, die Einrede der Zahlung; im Falle der Eidesdelation kann der auszuschwörende Eid qualificirt ausgeschworen werden; vergl. Art. 305 des Bayerischen Entwurfs. Davon ist die Folge, daß sich die Parteien unbefangen über den Gegenstand des Streites auslassen können, ohne fürchten zu müssen, dem Gegner eine Waffe in die Hand zu geben.

Dem Rheinisch-Französischen Juristen muß das diesseitige Verfahren fremdartig erscheinen; der Deutsche Richter geht nach der Auffassung jener Juristen gewissermaßen in Spanischen Stiefeln einher.

Ich für meinen Theil liebe nun aber diese Freiheit des Französischen Richters nicht. Nach meiner Meinung steht sie mit dem inneren Wesen des Privatrechts nicht im Einklang und gefährdet die Rechte der Partei sehr. Zwar hat es den äußeren Schein für sich, daß der Richter sich möglichst frei bewegen könne; wer bürgt aber dafür, daß Derjenige, dem der freigestellte Richter Recht gegeben hat, auch wirklich Recht habe? Recht ist, was der Richter erkennt, und man kann hinterher freilich nicht sehen oder beweisen, daß einer Partei Unrecht geschehen; daraus folgt aber keineswegs, daß kein Unrecht verübt ist und daß die Ungebundenheit des Richters stets zu Gunsten des materiellen Rechts benutzt werde. Auch nach unserem Verfahren kann der Richter je nach seiner Subjektivität die Sachen in gewissem Grade verschieden behandeln und auffassen, — freier oder mit größerer Sorgfalt in der Beachtung formeller Vorschriften. Schon diese lediglich auf der Individualität des Richters beruhende Behandlungsart — obschon die Verschiedenheit der Stellung des Deutschen und Französischen Richters weit durchgreifender ist — führt gleichwohl mitunter zu Auffassungen, welche, weil sie zu frei sind und die Objektivität des Richters zu wenig beachten, das Richtige verfehlen und das materielle Recht verletzen, weil zufällig der so zu sagen augenblickliche moralische Eindruck der Sache demjenigen Theile ungünstig ist, welcher doch in der That das beste Recht in Händen hat. Ich halte daher meinerseits die s. g. freie Stellung des Richters, wie sie sich nach Französischem Rechte ausgebildet hat, für einen Bedruck der Parteien, und finde in der größeren Gebundenheit des Richters, wenn sie auch das eine oder andere Mal das materielle Recht verletzen sollte, eine unentbehrliche Garantie der Privatrechte, welche ich nicht entbehren will. — Es ist aber keineswegs diese Erwägung allein, welche mich von der Nachbildung des Französischen Proceßrechts abhält; eine andere Erwägung steht ihr zur Seite, greift tiefer, muß aber auch nach meiner Meinung schon allein durchschlagen.

Das Französische Proceßrecht ist keineswegs in einigen wenigen Gesetzen zu finden und darin völlig abgeschlossen. Die Französischen Proceßgesetze verhalten sich vielmehr zu dem Französischen Proceßrecht, wie die Partikulargesetze einzelner Deutschen Staaten zu dem Proceßsystem, auf dem sie beruhen, z. B. in Hannover die Untergerichtsordnung von 1827, oder für das Verfahren des Kammergerichts die Kammergerichtsordnung von 1555 zum gemeinen Deutschen Processe. Es wird Niemandem einfallen, in solchen Gesetzen das Ganze oder auch nur die Hauptsache des Proceßrechts zu suchen; die Hauptsache und namentlich der das System durchdringende wissenschaftliche Geist läßt sich nur durch sorgfältiges Studium des zum Grunde liegenden Proceßrechts begreifen. So ist es auch mit dem Rheinisch-Französischen Verfahren. Ein tüchtiger Rheinischer Jurist wird sich nicht begnügen, einzelne in der Rheinprovinz geltende Gesetze zu studiren, sondern wird mehrere Jahre dazu verwenden, durch wissenschaftliche Studien in den Geist des Französischen Verfahrens einzudringen; so geschult wird er die Proceßgesetze zur Hand nehmen und dann, aber auch nur dann, seinen Stoff völlig beherrschen. Wollen wir nun also das Französische Proceßrecht nach Deutschland übertragen, so müssen wir zunächst das Französische Proceßrecht für unseren Bedarf kodificiren; da uns das aber niemals der Art gelingen wird, daß wir dadurch das Studium der Französischen Wissenschaft überflüssig machen, so müssen wir uns mit der Französischen Wissenschaft in einen solchen Konnex setzen, daß wir die Französische Wissenschaft in Deutschland akklimatisiren. Wir müssen also auf dem Gebiete des Proceßrechts so ziemlich das Nämliche thun, was im 16. Jahrhundert mit dem Römischen Rechte geschehen ist, wenn auch die Uebertragung des Römischen Rechts nach Deutschland noch durchgreifendere Folgen hatte, weil das Gebiet ein ausgedehnteres war und durch die direkte Anknüpfung an eine fremde Kodifikation auch die Form der Uebertragung schließlich den Charakter größerer Gebundenheit angenommen hat. — Ein wenigstens ähnliches Verfahren jetzt für das Französische Proceßrecht einzuschlagen, scheint mir höchst bedenklich, und um so bedenklicher, da wir in Deutschland nach der Uebertragung des Französischen Rechts der

Französischen Jurisprudenz nicht mit gleichen Waffen ausgerüstet gegenüberstehen. Wäre Deutschland ein einheitlich organisirter Staat mit einem einzigen, die gesammte Rechtsentwickelung überwachenden und leitenden Gerichtshofe, so möchte trotz des fremden Ursprungs des Proceßrechts eher an eine selbstständige Fortbildung zu denken sein; wir würden dann freilich unser eigenes Proceßrecht auch fortbilden können und es nicht in der Mannichfaltigkeit der Partikulargesetze zu Grunde gehen lassen. Eine solche einheitliche Entwickelung und, wohl verstanden, auch einheitliche Fortbildung des Rechts ist nun aber bekanntlich zur Zeit keineswegs in Aussicht. Im Gegentheil beweisen die jetzigen Verhandlungen wieder recht deutlich, wieviel dazu gehört, daß wir uns zu irgend etwas Gemeinsamen verständigen und über den größeren Zweck den wenig rühmenswerthen Eifer partikulärer Besonderheit hintenansetzen.

Vgl. Nissen, der Entwurf der Deutschen Civilproceßordnung im Vergleich mit dem Sächsischen, S. 3 ff.

Sicher ist die Erwartung nicht unbegründet, daß man, nachdem die Französischen Grundlagen der Gesetzgebung adoptirt sind, sich besonders in den kleineren Staaten alsbald in der weiteren Rechtsentwickelung an Frankreich anlehnen würde, da die Grundlagen, auf denen die Deutschen Proceßordnungen beruhen würden, Französischen Ursprunges sind, während die Einheit der Französischen Rechtsentwickelung der Französischen Jurisprudenz ein Uebergewicht geben würde.

Warum nun den Gefahren einer solchen Nachahmung sich aussetzen, da doch das auf eigenem Boden vorhandene Gute weiter ausgebildet und auf eigenem Boden fortgebauet werden kann? In der That bietet dazu das System der Hannoverschen Proceßordnung von 1850 den besten und einen völlig genügenden Anhalt. Das Charakteristische dieses Systems besteht darin, daß behufs der mündlichen Verhandlung der gesammte Stoff des Rechtsstreits durch das gemeinrechtliche Beweisinterlokut in zwei große Hälften eingetheilt und in dem ersten Akte festgestellt wird, was etwa zu beweisen ist, in dem zweiten aber, ob der Beweis geführt werden kann.

Ich will keineswegs behaupten, daß diesem Verfahren gar keine Mängel ankleben. Man sagt gegen das gemeinrechtliche Beweisinterlokut einmal, daß der Anwalt die Sachen von vornherein genauer instruirt, wenn er genöthigt ist, von Anfang an die Beweisfrage zu prüfen. Sodann sagt man, beurtheilt der Richter die Sache richtiger, wenn die Beweise aufgenommen sind, als vorher. Beide Behauptungen haben etwas für sich. Daß man eine Sache besser kennt, wenn man nicht blos beide Theile gehört, sondern auch die Urkunden eingesehen, den Augenschein eingenommen, Zeugen abgehört hat, ist unbestreitbar. Das System der Hannoverschen Proceßordnung, nach welchem das Beweisinterlokut auf Grund der Behauptungen beider Theile definitiv entscheidet, bevor die Beweise instruirt sind, befindet sich also allerdings in den obigen Beziehungen, gegenüber dem Rheinisch-Französischen Verfahren, im Nachtheile. Ich behaupte aber, daß dieser Nachtheil nicht so groß ist, wie die Gegner des Interlokuts ihn darstellen, daß er sich durch einfache Mittel auf ein Minimum reduciren läßt, und daß das System der Hannoverschen Proceßordnung auch wieder eigenthümliche Vorzüge bietet.

Also ich meine, daß der Nachtheil nicht so groß ist, wie man gewöhnlich annimmt. Zum Beweise berufe ich mich auf die eigenen Behauptungen der Gegner, welche anführen, daß das Beweisinterlokut nur selten nach geführtem Beweise abgeändert werde. Daraus folgt doch von selbst, daß nur selten dazu ein Anlaß ist, und gewiß ist dieser Anlaß vorzugsweise dann selten, wenn der Richter von vornherein weiß, daß das Interlokut ihn bindet, mithin bei dessen Abfassung mit besonderer Sorgfalt zu Werke geht. Gewiß liegt ferner die größte Schwierigkeit in den Zeugenaussagen und etwa auch in dem Urtheil von Sachverständigen. Die hauptsächlichsten Urkunden schon in der ersten Verhandlung heranzuziehen und vorkommenden Falls der Verhandlung einen Augenschein vorher gehen zu lassen, ist nicht schwer. Gewiß vermindert sich also dort, wo der Zeugenbeweis ohnehin beschränkt ist, die Gefahr, daß der Richter das Material gleich im ersten Verfahren übersieht.

Ich behaupte ferner, daß es leicht ist, den Nachtheil auf ein Minimum zu reduciren. Es ist erstlich nicht nöthig, den Richter an jedes einzelne Wort des Interlokuts zu binden. Insofern man die dem Interlokute zum Grunde liegende Rechtsauffassung beibehält, von Zulassung neuer Einreden u. s. w. absieht, dahingegen gestattet, am Schlusse des Verfahrens in unwesentlichen Punkten von dem Interlokute abzugehen, etwa auch einen Beweis per aequipollens zuzulassen, stört man die Grundlage des Verfahrens keineswegs. Bei dieser Beschränkung kann jede Partei ihre Beweisantretung genügend verhandeln, ohne über nachträgliche Aenderung sich beschweren zu können; sie kann diese Möglichkeit gleich von vornherein in's Auge fassen, also darnach ihre Beweisantretung einrichten. Die größte Mehrzahl der Fälle, in denen durch das Interlokut das materielle Recht verletzt werden könnte, wird auf diese Weise beseitigt.

Sodann steht zweitens nichts im Wege, daß man dem Gerichte die Befugniß giebt, schon bei der ersten Verhandlung die Vorlegung gewisser Urkunden zu verlangen und den Augenschein zu anticipiren. Man stellt sich vielleicht vor, daß nach Hannoverschem Verfahren in der ersten Verhandlung nur thatsächliche Behauptungen der Parteien vorkommen, Urkunden höchst selten vorliegen, ein Augenschein erst später stattfindet. Dem ist schon jetzt nicht so. Freilich gehen die ausdrücklichen Bestimmungen der Hannoverschen Proceßordnung nicht weit genug; es wäre nach meiner Meinung wünschenswerth, dem Richter ausdrücklich die Befugniß einzuräumen, die sofortige Vorlegung gewisser Urkunden, welche gleich einzusehen ihm sachdienlich scheint, zu verlangen, einen Augenschein von vornherein eintreten zu lassen; ja, ich würde so weit gehen, daß ich dem Richter gestattete, die Vorlegung einzelner Zeugenaussagen gleich bei der ersten Verhandlung zu verlangen. Daneben würde durch einige Aenderungen in der Taxordnung und im §. 244 der Proceßordnung über Beweisaufnahme zum ewigen Gedächtnisse der anticipirten Instruktion wesentlicher Beweismittel vor der ersten Verhandlung ohne Gefahr noch weiter Vorschub zu leisten sein. Man füge endlich eine Aenderung des §. 112 der Hannoverschen Proceßordnung in dem Sinne hinzu, daß das Gericht eine Trennung der Verhandlungen überall dann verfügen kann, wenn solches sachgemäß scheint, und beseitige auf diese Weise die Nachtheile, welche die Eventualmaxime in einzelnen Fällen mit sich führt, soweit sie wirklich begründet sind; dann ist in der That Alles geschehen, was man vernünftiger Weise thun kann, die Verhandlung der Sache zu erleichtern, eine genaue Instruktion vor der ersten Verhandlung und die erschöpfende und richtige Beurtheilung in der ersten Verhandlung sicher zu stellen. Das Uebrige bleibt billig Sache der Parteien, ihrer Beistände und des Gerichts, welchen man doch nur die Möglichkeit, auf leichte Weise Uebelständen zu begegnen, zu bieten braucht.

Was nun endlich die eigenthümlichen Vorzüge des Hannoverschen Systems anbetrifft, so kommen zunächst die schon angeführten wesentlichen Gesichtspunkte in Betracht, daß man nämlich 1) die Nachahmung des Französischen Verfahrens vermeidet und 2) der Richter gegenüber den Parteirechten eine richtigere Stellung einnimmt, die Französische Souverainetät des Richters aber wegfällt. — Sodann gestattet

erstlich das Hannoversche Verfahren eine solche Vereinfachung des Schriftenwechsels vor der ersten Verhandlung, daß die Sachen nach dem Hannoverschen Verfahren nothwendig rascher gehen, als am Rhein und in Frankreich, wo die Processe in den Schreibstuben der Advokaten nicht selten Monate lang, ja Jahre lang schlafen.

Es ist in der That praktisch ein großer Unterschied, ob auf die Klage sofort ein Termin angesetzt wird oder nicht. Jeder Anwalt wird in Sachen, an deren Betreibung einigermaßen gelegen ist, darauf halten, daß, wenn ein Termin ausfällt, gleich ein anderer angesetzt wird, und zwar deshalb, damit die Sache sich besser treibt. Steht kein Termin an, so läßt man nur zu leicht die Frist verstreichen, und da die Konnivenz auf Gegenseitigkeit beruht, so kommt die Sache sehr leicht in's Liegen. Was das aber sagen will, weiß jeder beschäftigte Anwalt. Es ist daher unmöglich, daß nach dem System des Rheinisch-Französischen Verfahrens die Sachen sich so treiben können, wie nach dem Hannoverschen Verfahren.

Leonhardt: Zur Reform des Civilprocesses in Deutschland, I. S. 140.

In der Regel reichen für das Hannoversche Verfahren zwei Schriftsätze, Klage und Vernehmlassung, völlig aus; wäre dem nicht so, so würde man von dem Ausnahmeverfahren häufiger Gebrauch machen, als geschieht.

Leonhardt das. S. 82, 83.

Daß man davon selten Gebrauch macht, beweist deutlich, daß es durchschnittlich überflüssig ist.

Die Hannoversche Proceßordnung ermöglicht

zweitens eine viel sorgfältigere Beweisantretung als das Französische Verfahren, welches ohnehin nothwendig voraussetzt, daß der Zeugenbeweis wesentlich eingeschränkt werde.

Dernburg, Abhandlungen aus dem Gebiete des gemeinen und Französischen Civilproceßrechts, S. 278 ff.

Die Beschränkung des Zeugenbeweises in solcher Ausdehnung, wie sie das Französische Recht kennt, ist aber ein Nachtheil. Zwar mag man sehr wichtige Kontrakte (Verkauf von Höfen und Gütern, Erbverträge, Ehestiftungen und dergl.) an eine Form binden und dafür die Schriftlichkeit sich empfehlen. Geht man aber weiter, so kommt man mit dem praktischen Leben in Widerspruch, bietet zu Chikanen aller Art die Hand, welche eine rechtliche Partei zwar nicht benutzt, — dafür aber um so lieber die Unrechtliche, — erklärt sich so zu sagen außer Stande, das materielle Recht vollständig in den Kreis der Beurtheilung zu ziehen und beugt also das materielle Recht zu Gunsten der Proceßordnung. Nun ist aber die Proceßordnung wegen des materiellen Rechts da, nicht das materielle Recht, um nach der Proceßordnung zugeschnitten zu werden.

Das Hannoversche Verfahren gestattet

drittens in dem Abschnitt der Beweisführung nach verschiedenen Richtungen hin eine weitere Entwickelung und eine größere Mannichfaltigkeit, als das Französische Verfahren. Dieses verlangt nothwendig, daß dem Richter in Bezug auf die Beweiswürdigung freie Hand gegeben werde. Nach dem Hannoverschen Verfahren ist das nicht nöthig; man mag vielmehr daran denken, sich einem sachgemäßeren Beweissystem zuzuwenden, wenn man — wie ich — glaubt, daß die freie Beweiswürdigung dem Charakter des Privatrechts widerstreitet. Man mag aber auch, wenn man will, mit der s. g. inneren Ueberzeugung einen Versuch machen. Man würde, nachdem durch das Beweisinterlokut eine feste Grundlage gewonnen, daran denken können, in größerem Umfange als jetzt Zeugen vor dem erkennenden Richter persönlich erscheinen zu lassen. Mag man sich in dieser Richtung dem Englischen Verfahren nähern, dessen Vorzüge mit dem System der Hannoverschen Proceßordnung weit leichter, als mit dem Französischen Verfahren, ja man kann wohl sagen, mit dem Französischen Verfahren gar nicht sich vereinigen lassen. —

Das sind also die wesentlichsten Gesichtspunkte, welche mich bestimmen, dem System der Hannoverschen Proceßordnung und dem gemeinrechtlichen Beweisinterlokute den Vorzug zu geben. Es wäre zu wünschen, daß dieser eigentliche Kernpunkt der Sache jetzt, nachdem die verschiedenen Entwürfe ausgearbeitet vorliegen, einer nochmaligen allseitigen Erwägung unterzogen würde, ehe man sich entschließt, das System der Hannoverschen Proceßordnung zu verlassen und das Rheinisch-Französische Verfahren zu adoptiren. Angebahnt ist eine solche Erörterung durch die bekannten Broschüren von Leonhardt: „Zur Reform des Civilprocesses in Deutschland.“ Speciell erörtert ist die Frage über die bindende Kraft des Beweisinterlokuts unter Anderem in der Allg. Oesterr. Gerichts-Zeitung von 1862: Nr. 72, 73, 74 (Denkschrift der Regierung), von 1865: Nr. 10, 11, 12, 13, und in derselben 1861 (Glaser): Nr. 3, 4, 9. Plank in der Deutschen Gerichtszeitung 1861: Nr. 43, 45, 47. Nissen, Entwurf einer Deutschen Civilproceßordnung verglichen mit dem Sächsischen, S. 94 ff.

Was nun hiernach die Eingangs gestellte mir speciell vorgelegte Frage betrifft, so beantwortet sich diese auf dem von mir eingenommenen Standpunkt leicht:

Es ist 1) von vornherein klar, daß Thatsachen und Einreden vor der ersten mündlichen Verhandlung nicht präkludirt werden können, daß sie aber eben so gewiß bei Beendigung der mündlichen Verhandlung präkludirt sein müssen. Denn wenn die Thatsachen vor der mündlichen Verhandlung präkludirt würden, so würde man zu einem schriftlichen Verfahren mit mündlicher Schlußverhandlung gelangen; wenn dagegen nach der mündlichen Verhandlung noch neue Thatsachen und Einreden vorgebracht werden könnten, so müßte man die ganze mündliche Verhandlung wiederholen, weil die mündliche Verhandlung für die jedes Mal zur Beurtheilung stehende Frage, hier also die Frage: wer hat zu beweisen und was ist relevant? nicht getrennt werden kann, ohne das Wesen der Mündlichkeit aufzuheben. Ganz anders ist es einerseits im schriftlichen Proceß, andererseits nach dem Französischen Verfahren, welches letztere zwar unbeschränkt bis zum Endurtheil neue Thatsachen und Einreden zuläßt, dafür aber auch die Eventualmaxime opfert, jeden spruchreifen Punkt sofort entscheidet und durch die diskretionäre Gewalt des Richters Mißbrauch verhütet. Mit der bindenden Kraft des Interlokuts ist diese Frage von selbst entschieden; die Zulassung neuer Thatsachen und Einreden nach dem Interlokute würde eben die bindende Kraft des Interlokuts negiren.

Sodann 2) können Beweismittel zwar mit den Behauptungen schon in der ersten mündlichen Verhandlung verbunden werden und man kann das sogar zur Pflicht machen. Wenn aber das erste Verfahren durch ein den Richter, der es erlassen hat, bindendes Interlokut abgeschlossen wird, so liegt nach meiner Meinung kein Grund vor, die Beibringung der Beweismittel schon in der ersten mündlichen Verhandlung zu verlangen; es spricht vielmehr dagegen, daß durch eine solche Vorschrift das Material für die erste Verhandlung so sehr gehäuft wird, daß, wenn man nicht ein ganz anderes Verfahren voraussetzt (wie z. B. das Französische), bei der mündlichen Verhandlung die Uebersicht verloren geht. Man wird also einen Termin zur Beweisantretung nach dem Interlokute anzusetzen haben. Diesen Termin ungewöhnlich nahe anzusetzen, liegt kein Grund vor, da in der Regel ein Zeitverlust von einigen Wochen nicht in Betracht kommt. In diesem Beweisantretungstermine sind die Beweise auf Grund der vorbereitenden Schriftsätze anzutreten; derselbe bildet, vorbehältlich der Erfordernisse einer etwaigen Restitutionsklage und des Ersetzens unverschuldet ausgefallener Beweismittel, den Präklusionstermin für die Antretung der Beweise. Wollte man die Präklusion noch weiter hinaussetzen und nach Aufnahme der Beweise andere Beweismittel zulassen, so würde man damit eine unter der Voraussetzung des gemeinrechtlichen Interlokuts unnöthige Verschleppung der Sache herbeiführen. Diese Maßregel würde sich von diesem Standpunkte aus nur rechtfertigen, wenn man etwa die Beweisaufnahme vollständig vor dem erkennenden Gerichte vor sich gehen lassen und beiden Theilen gestatten wollte, in diesem Termine ohne gegenseitige Benachrichtigung Beweismittel und Zeugen mitzubringen (Englisches Verfahren). Da nun aber von einer solchen für das Beweisverfahren die Mündlichkeit ebenfalls vollständig herstellenden Maßregel vorläufig nicht die Rede ist, auch solche nothwendig ein tiefgreifendes Abgehen von der Art und Weise unserer Beweisaufnahme bedingen und zur Zeit jedenfalls hierüber eine Einigung nicht zu erzielen sein würde, so bleibt nichts Anderes übrig, als die Beweisantretung an einen bestimmten desfallsigen, bei Erlaß des Interlokuts zu bestimmenden Termin zu knüpfen.

Gegen diese Auffassung kann der Preußische und Bayerische Entwurf nicht angeführt werden, weil beide auf dem Rheinisch-Französischen Verfahren beruhen, in welchem freilich abweichende Grundsätze bestehen. Für das Rheinisch-Französische Verfahren ergiebt sich die Beantwortung obiger Fragen in anderem Sinne ebenfalls von selbst. Es kann nur in Frage kommen, ob die Verbindung der Beweismittel und der Behauptungen so vollständig sein soll, wie nach dem Preuß. Entwurf, oder ob man sich mit einer Vollständigkeit begnügen will, wie sie das Rheinisch-Französ. Verfahren verlangt, nach welchem die Zeugen nicht gleich namhaft gemacht zu werden brauchen, sondern der Beweis durch Zeugen nur im Allgemeinen anzubieten ist. Darauf gehe ich nicht näher ein, weil mir das Rheinisch-Französische Verfahren aus eigener Handhabung nicht bekannt ist, und um darüber sicher urtheilen zu können, eine praktische Beschäftigung mit jenem Verfahren wünschenswerth sein würde. Dagegen will ich näher auf die anderen drei Entwürfe, den Oesterreichischen, Sächsischen und den von der Deutschen Civilproceß-Kommission ausgearbeiteten eingehen.

Nach dem System des Oesterreichischen Entwurfs ist der Richter an das von ihm erlassene Interlokut zwar nicht gebunden, er darf aber Beweismittel, deren Aufnahme nicht schon in dem Interlokute verfügt ist, nachträglich nicht zulassen. Daneben ist für das erste Verfahren die Benennung der Beweismittel mit der Aufstellung der Behauptungen der Art verbunden, daß so wie neue Thatsachen bis zum Schlusse der mündlichen Verhandlung noch vorgebracht werden können, so auch bis dahin die Benennung anderweiter Beweismittel zulässig ist. Die Oesterreichische Proceßordnung zieht also den Hannoverschen Beweisantretungstermin in die erste Verhandlung dergestalt hinein, daß der Termin zur mündlichen Verhandlung der Hauptsache zugleich auch der Beweisantretungstermin ist.

Beides, die nicht bindende Kraft des Interlokuts und die Beweisanticipation, hält man in Oesterreich fest; sehr gewichtige entgegengesetzte Stimmen sind aber auch dort laut geworden.

Glaser, in der Allg. Oesterr. Gerichtszeitung von 1861: Nr. 3, 4, 9.

Vergl. ferner Oesterr. Gerichtszeitung von 1862: Nr. 72, 73, 74. Auszug aus der Denkschrift über einige Hauptfragen, betreffend die neue bürgerliche Proceßordnung.

Oesterr. Gerichtsztg. 1865: Nr. 10, 11, 12, 13. (Glossen zu dem Entwurfe einer allgemeinen Deutschen Civilproceßordnung von Koczynski.)

Der von der Deutschen Civilproceß-Kommission in Hannover ausgearbeitete Entwurf, so wie er in erster Lesung vorliegt, giebt die bindende Kraft des Beweisinterlokuts auf und verlangt, daß mit den Behauptungen die Angabe der Beweismittel verbunden werden soll. Eine nachträgliche Benutzung von Beweismitteln findet nur ausnahmsweise, nämlich nur dann statt, wenn das Gericht oder die Parteien eine nachher für erheblich gehaltene Thatsache nicht als erheblich und des Beweises bedürftig in der mündlichen Verhandlung bezeichnet haben, so daß auf diese Weise ein Uebersehen leichter vermieden wird.

Der Sächsische Entwurf verlangt nicht die Angabe der Beweismittel Seitens der Parteien neben den Behauptungen schon vor dem Interlokut; er bindet aber den Richter, der es erlassen hat, an das Interlokut nicht.

Bei dem System dieser Entwürfe, besonders dem des Sächsischen und Deutschen Entwurfs, fällt die Einheit der mündlichen Verhandlung weg. Die erste mündliche Verhandlung ist allerdings eine einheitliche, weil in dieser Alles vorgebracht werden kann, was zur Entscheidung der Sache dienlich scheint. Bei der zweiten, der Schlußverhandlung, welche nun also die entscheidende ist, können die Parteien das aber nicht; sie müssen vielmehr an das bei der ersten mündlichen Verhandlung vorgetragene Material sich halten. Beide Verhandlungen stehen also auf einem diametral entgegengesetzten Boden. Wie ist das durchführbar? Freilich, wenn der ersten Verhandlung ein bindendes schriftliches Verfahren vorangegangen wäre, wäre es nicht mißlich, dieses schon damals fixirte Material auch am Schlusse zum Grunde zu legen. Jetzt aber, wo man mit einer mündlichen Verhandlung den Anfang macht, kann man doch nicht diese erste mündliche Verhandlung benutzen, um das Material für die Schlußverhandlung zu fixiren. Ich verstehe daher wohl, daß man bei schriftlichem Verfahren mit mündlicher Schlußverhandlung das bindende Interlokut aufgiebt; ich verstehe auch, daß man das Französische Verfahren adoptirt; ich verstehe aber gar nicht, wie man erst mündlich verhandeln und hernach die mündliche Verhandlung zum Gegenstand einer nochmaligen Beurtheilung machen kann. Das muß ohnehin schon auf die erste Verhandlung einen entschieden nachtheiligen Einfluß haben; man wird in der Praxis nothwendig dahin gelangen, daß man der ersten Verhandlung den wirklich mündlichen Charakter nimmt, daß man jede einzelne Thatsache und jedes Beweismittel — genau zu Protokoll fixirt, damit man bei der Schlußverhandlung weiß, was im ersten Termine vorgetragen ist. Man gelangt auf diese Weise in der That zu einer wahrhaft qualvollen Verhandlungsart, bei der schon das erste Mal der Charakter der Mündlichkeit verloren geht und von Frische und Klarheit nicht mehr die Rede sein kann. Am wenigsten wird sich diese Inkonsequenz nach dem Oesterreichischen Entwurf fühlbar machen, weil nach diesem der Richter keine neuen Beweise instruiren darf, mithin kein so großes Interesse vorliegt, bei der letzten Verhandlung die Vorgänge der ersten Verhandlung genau zu kennen. Die Oesterreichische Proceßordnung steht daher auch dem Hannoverschen Systeme am nächsten.

Will man nun trotzdem das nicht bindende Interlokut adoptiren, so ist damit die Verbindung der Beweisantretung und der Behauptungen noch nicht nothwendig gegeben. Man kann auch in diesem Falle der ersten mündlichen Verhandlung auf Grund des Beweisinterlokuts eine Beweisantretung folgen lassen, und das würde ich auch in diesem Falle entschieden vorziehen. Mag man den Schriftenwechsel einrichten, wie man will, man wird stets für die erste mündliche Verhandlung ein zu großes Material zusammenbringen, die Schriftsätze zu umfangreich machen oder die Zahl derselben häufen und etwa gar zu der Französischen Einleitungsart des Verfahrens übergehen, welche nach meiner Meinung ganz und gar nicht zu einer Beschleunigung, sondern in der Wirklichkeit zu einer Verschleppung führt. Diese Französische Einleitungsart des Verfahrens, welche bei den übrigen Bestimmungen des Französischen Verfahrens leidlich erträglich sein mag, ist bei dem System des Deutschen Entwurfs ganz und gar unerträglich, da hier der Richter genöthigt ist, sämmtliche Schriftsätze bei der mündlichen Verhandlung zu vergleichen. Warum nun aber die Verbindung der Beweise mit den Behauptungen? Darauf, daß nach dem Beweisinterlokute vier oder selbst sechs Wochen bis zur Beweisantretung verstreichen, kann doch sicher in gewöhnlichen Fällen nichts ankommen; in eiligen Fällen hat ja aber das Gericht es in der Hand, die Frist abzukürzen.*) Oder glaubt man wirklich, ein Proceßverfahren erfinden zu können, welches in gewöhnlichen Fällen solche Eile entwickelt? Dann möchte ich doch aber in der That wissen, wo in aller Welt denn wirklich ein solches Verfahren anders als auf dem Papier existirt. Darauf kommt es an, daß die Sachen nicht ohne Termin vor der ersten mündlichen Verhandlung Monate, ja Jahre lang in den Schreibstuben stecken bleiben; davon aber, daß man einer Partei Zeit läßt, sich ihre Beweisantretung zu überlegen, ist gar kein Nachtheil zu befürchten. Darauf kommt es an, daß man den Vorsitzenden nicht zwingt, seine Aufmerksamkeit bei der mündlichen Verhandlung statt auf den Vortrag, auf voluminöse Schriften zu dem Zweck zu koncentriren, um zu kontroliren, ob etwas Abweichendes vorkommt; davon aber ist gar kein Vortheil abzusehen, daß man die Parteien zwingt, Beweismittel für die erste mündliche Verhandlung zusammenzuhäufen, die sich hinterher als nutzloser Ballast erweisen. Um die behauptete Nothwendigkeit der Verbindung der Beweisantretung mit den Behauptungen richtig zu beurtheilen, muß man sich fragen: Was will man eigentlich damit erreichen? Will man den Beweisantretungstermin behufs Zeit- und Kostenersparung vermeiden, so antworte ich, daß das gar kein Grund ist; denn das Verfahren, welches man zu diesem Behuf einschlägt, macht die Sache nicht kürzer und billiger, sondern theurer und länger; was man nach dem Interlokute spart, geht

*) In einem mir bekannten Falle wurde die Klage Ende December behändigt, das Beweisurtheil in erster Instanz am 5. Januar publicirt, am 11. Januar der Beweis angetreten und am 17. das Enderkenntniß publicirt, am 31 Januar die Berufungsanträge behändigt, am 5 Febr verhandelt, am 10 Februar das Erkenntniß publicirt, am 21 Februar der neue Beweis angetreten, am 28. Februar die neuen Beweismittel instruirt und am 9. März das Schlußerkenntniß publicirt. Ohne irgend welchen Nachtheil hätten sich noch 3—4 Wochen sparen lassen

vorher an Zeit und auch an Kosten verloren. Oder glaubt man, daß in der Wirklichkeit die gesetzlich vorgeschriebenen Fristen für den Wechsel der Schriftsätze werden beachtet werden? Ich wüßte in der That nicht, warum? — doch wohl nicht deshalb, um genau die Proceßordnung zu beachten? Strafen kann man ja doch nicht. Ganz anders liegt die Frage in Hannover, wo sich die Sache durch die Termine treibt. Ist nun also Zeit- und Kostenersparung nicht der Grund und will man dem Anwalt Gelegenheit geben, die Sache genauer zu instruiren, dem Richter, sie genauer zu übersehen, so bedarf man, um diesen Zweck zu erreichen, der vollständigen Beweisantretung aller Behauptungen nicht; es genügt die Möglichkeit, das Wesentliche der Beweise gleich in der ersten mündlichen Verhandlung zu beachten. Schon jetzt giebt dazu die Hannoversche Proceßordnung Mittel an die Hand. Man präge nur die Sache in dieser Richtung stärker aus, gebe der Hannoverschen Proceßordnung in den vorhin von mir angedeuteten Beziehungen Zusätze und dadurch dem, was schon jetzt in vielen Fällen geschieht, einen ausdrücklichen gesetzlichen Anhaltspunkt: dann ist die Möglichkeit, wesentliche Dinge aus der Beweisinstanz schon bei der ersten mündlichen Verhandlung zu beachten, völlig gegeben. Dadurch, daß man bei der Möglichkeit stehen bleibt, beschränkt man sich von selbst auf das Wesentliche und verhindert, daß ängstliche Sorgfalt eine Masse von Material herbeizieht, das, um in der Hauptsache den richtigen Gesichtspunkt zu treffen, ganz überflüssig ist, für die genauere Beurtheilung der Beweisfrage aber allerdings nothwendig oder doch vielleicht nothwendig sein wird: für den Fall nämlich, wenn gerade die einzelne Thatsache mit diesen einzelnen Nebenumständen für wesentlich gehalten würde. Um mich deutlicher auszudrücken, darf ich ein paar einzelne Beispiele anführen. Wenn ein Proceß über das Recht der Wassernutzung oder Wasserleitung geführt wird, so kann es, um dem Gerichte ein klares Bild der Oertlichkeit zu verschaffen, nothwendig sein, einen gerichtlichen Augenschein einzunehmen, und es ist oft zweckmäßig, diesen Augenschein der ersten mündlichen Verhandlung vorangehen zu lassen. Wenn aber in derselben Sache die Behauptung der Ersitzung eines Rechts vorkommt, so ist es für das Gericht völlig gleichgiltig, ob es die Namen der einzelnen Zeugen kennt, die zu diesem Zweck producirt werden sollen. Wiederum kann es wesentlich sein, sofern eine Berechtigung auf amtliche Verhandlungen oder Vergleich gestützt wird, daß die desfallsigen Aktenstücke in der ersten Verhandlung vorliegen; ganz gleichgiltig wird es aber sein, wenn die Authenticität einer vorgelegten Vergleichsurkunde bestritten wird, daß das Gericht schon jetzt erfahre, auf welche Weise diese Authenticität nachgewiesen werden soll. Handelt es sich um den Abschluß eines Kaufkontrakts, der mündlich geschlossen sein soll, so ist es für das Gericht gleichgiltig, ob es die Namen der zugegen gewesenen Zeugen schon jetzt erfährt; es kann aber unter Umständen zweckmäßig sein, daß es schon jetzt die Protokolle über die Vernehmung eines oder mehrerer Hauptzeugen kennen lernt. Wenn Jemand eine Quantität Taback unter Vorlegung einer Probe mit einer bestimmten Marke, z. B. Embalema-Taback MX., verkauft und die Waare nun nicht nach Probe fällt, so kann es für die rechtliche Beurtheilung der Sache schon bei der ersten mündlichen Verhandlung angemessen sein, dem Gerichte von beiden Seiten Aussagen von Sachverständigen vorzulegen, welche sich darüber äußern, wie ein solches Geschäft im Handel mit dieser Sorte Taback aufgefaßt wird, ob danach die Bezeichnung der Probe den Gegenstand des Kaufs specificirt, oder ob der Kauf lediglich der einer fungiblen Sache ist; ganz gleichgiltig ist es aber, daß das Gericht die Namen der Sachverständigen schon jetzt kenne, durch welche die desfallsigen Behauptungen erwiesen werden sollen.

Am leichtesten denkt man sich die Sache bei Urkunden; aber dem ist nicht so. Leicht ist es bei der ersten mündlichen Verhandlung, die wesentlichen Urkunden vorzulegen; schwer und undurchführbar ist es, gleich alle Urkunden vorzulegen, die überhaupt in Betracht kommen können. So erinnere ich mich eines Falles, in dem eine Kirche gegen einen Kolon anderer Konfession eine dingliche Berechtigung, zu Kirchenbaulasten beizutragen, in Anspruch nahm. In erster Instanz wurde nur der Beweis der unvordenklichen, in zweiter auch der 30jährigen Ersitzung nachgelassen, in beiden Instanzen das zum Grunde liegende Rechtsverhältniß, welches mit provinziellem Rechte zusammenhing, eingehend mehrere Stunden lang erörtert, und schließlich wurde der Gegenbeweis der Ersitzung hauptsächlich durch Urkunden erbracht. Die in der Beweisinstanz in Betracht kommenden Urkunden waren aber sehr zahlreich, bestanden in vielen Administrativakten und Rechnungen über eine Periode von mehr als 30 Jahren. Was sollten diese Urkunden bei der ersten Verhandlung nutzen? Sie hätten die Sache nur verwirrt und man hätte mit der ersten Verhandlung kaum zu Ende kommen können, oder man hätte nach anderen Richtungen hin nothwendig trennen müssen.

Was ist nun erforderlich, damit das Wesentliche des Beweisinterlokuts vor der mündlichen Verhandlung instruirt und gleich dem Richter vorgetragen werde?

1) Die Parteien müssen es in der Hand haben (und haben es nach der Hannoverschen Proceßordnung in der Hand), die wesentlichen Urkunden, deren Charakter den Parteien sicher nicht unbekannt ist, gleich vorzulegen oder auch sich von dem Gegner ediren zu lassen.

2) Sie müssen darauf antragen können, daß ein Augenschein vor der Verhandlung der Sache eingenommen werde.

3) Sie müssen in der Lage sein, Zeugen und Sachverständige zum ewigen Gedächtnisse vernehmen zu lassen, mit und ohne Zuziehung des Proceßgegners; sie können dann die desfallsigen Protokolle dem Gerichte vorlegen.

Man erweitere nun in der Hannoverschen Proceßordnung die Befugnisse

I. der Proceßdirektion dahin, daß das Gericht a) die Vorlegung gewisser Urkunden, b) die Einnahme des Augenscheins, c) die Vorlegung von Aussagen von Zeugen und Sachverständigen vorab verordnen kann. Man erweitere ferner

II. die Grundsätze über Beweisantretung zum ewigen Gedächtniß in der Art, daß diese nicht von der Behauptung vorhandener Gefahr, die unter zehn Fällen neun Mal nur ein Vorwand ist, abhängt, damit man nicht genöthigt ist, sich mit Unwahrheiten zu helfen. Man gestatte

III. dem Gerichte, um diesen Punkt auch hier nicht zu vergessen, eine Trennung der Verhandlungen ohne Beschränkung auf den Grund, daß eine zu große Weitläufigkeit der mündlichen Verhandlung zu besorgen sei, wenn Alles in einem Termine verhandelt wird.

Was fehlt dann noch, damit das Gericht alles wirklich Wesentliche gleich zur Hand habe, daß die Parteien in der Lage sind, mit einzelnen offenbar durchschlagenden Gesichtspunkten bedeutende Weitläufigkeiten zu vermeiden, die sonst, um Nichts zu versäumen, nöthig sind? Wozu soll es dann noch dienen, daß man Alles und Jedes, Wesentliches und Unwesentliches, Nebenpunkte, die nur höchst eventuell in Betracht kommen, Namen von Zeugen, die schon jetzt zu kennen ganz überflüssig ist, in die erste mündliche Verhandlung hineinzieht? Richter und Advokaten, die mit jener Möglichkeit in der Hand einen Proceß nicht gut instruiren können, wird man doch nicht dazu bringen, daß sie mit dieser Nothwendigkeit es besser machen; wohl aber wird man mit der großen Masse von nutzlosem Ballast die Lust an dem Wesentlichen auch da erdrücken, wo sie vorhanden ist.

Ganz verkehrt ist die anscheinend vorherrschende Vorstellung, daß nach dem Hannoverschen Verfahren dem Gerichte bei der ersten Verhandlung nur thatsächliche Behauptungen vorliegen, etwa gar nur thatsächliche Behauptungen vorliegen können. Es kann vielmehr, wenn der Anwalt Zeit und Lust hat oder das Gericht darauf hinwirkt (auch jetzt braucht es sich diese Befugniß nur zu nehmen, widersetzen wird sich Niemand), alles wesentliche (d. h. zur richtigen Beurtheilung der Sache und genauen Fassung des Interlokuts wesentliche) Material in der ersten Verhandlung vorgebracht werden, und es kann das Alles höchst kurz und übersichtlich geschehen, viel besser, viel tiefgehender und viel klarer, wenn die Nothwendigkeit den Anwälten erspart bleibt, jede Behauptung mit Angabe von Beweismitteln zu versehen; denn mit dieser Nothwendigkeit trifft man das, was eigentlich nöthig ist, gar nicht, und verschüttet vielmehr die Anwälte und das Gericht unter einem Wust von nutzlosem Material.

Man behauptet, daß in Oesterreich sich die Verbindung der Beweisantretung mit den Behauptungen sehr gut bewährt habe. Hören wir aber, was darüber ein Oesterreichischer praktischer Jurist (Dr. Wehli in der allg. Oesterr. Gerichtszeitung von 1861, Nr. 105 ff., ein Aufsatz, der die Sache nach meiner Meinung für das Oesterreichische Verfahren sehr anschaulich darstellt) und zwar S. 422 a. a. O. sagt. Es heißt dort:

„Die Verhandlung erhält dadurch jenen chaotischen Charakter, an dem bisher unsere Proceßschriften und Proceßprotokolle so sehr leiden und durch welchen die Uebersicht und Klarheit im hohen Grade beeinträchtigt wird. Man hat gut sagen, daß der Vertreter im Voraus wissen muß, über welche Umstände ein Beweis anzubieten sei; allein die Erfahrung zeigt nur zu sehr, daß hierüber sehr leicht Streit entstehen kann und daß die Ansichten hierüber in einzelnen Fällen sehr differiren, indem die Beantwortung der Frage, wen die Beweislast trifft, oft zu den schwierigsten gehört, so daß sehr häufig der ganze Rechtsstreit schon mit der Entscheidung dieser Frage entschieden ist. Der Vertreter befindet sich daher, wenn er die Beweise anticipiren soll, sehr häufig in nicht geringer Verlegenheit. Thut er des Guten zu viel, bietet er Beweise da an, wo nach seiner Ueberzeugung den Gegner die Beweislast trifft, so läuft er Gefahr, daß der Richter auf den angebotenen Beweis erkennt, blos deshalb, weil er angeboten wurde, und daß dann seiner Partei ungebührlicher Weise Beweise aufgebürdet werden. Bietet er aber zu wenig Beweis an, so läuft er wieder Gefahr, daß der Richter von der Ansicht ausgeht, daß seine Partei die Beweislast trifft und daß diese sachfällig wird — blos weil keine Beweise angeboten wurden. Stellt man den Grundsatz auf, daß die Partei die Beweise zu anticipiren hat, so kann es nur zu leicht geschehen, daß aus Versehen die Beweisanbietung unterlassen wird, und ein solches Versehen kann den Verlust des Processes zur Folge haben, so daß diesem Uebel erst wieder nur durch eine Wiedereinsetzung in den vorigen Stand abgeholfen werden kann. Man wird dieser Auseinandersetzung mit dem bekannten Satz entgegentreten: vigilantibus jura scripta sunt. Allein dieser Grundsatz darf nicht zu weit ausgedehnt werden. Aus der Unachtsamkeit des einen Theils darf nicht der andere einen Vortheil ziehen. Es handelt sich im Proceß um Recht und Unrecht, und durch ein geringes Versehen, durch eine Unachtsamkeit der einen Partei wird noch nicht das Recht zum Unrecht. Der Unredliche darf deshalb nicht über den Redlichen triumphiren, weil dieser in der Proceßführung etwas weniger vorsichtig und umsichtig war, und es ist gewiß eine durch nichts gerechtfertigte Härte, daß eine Partei deshalb eine namhafte Forderung verlieren soll, weil aus Unachtsamkeit ein Beweis nicht am gehörigen Orte angeboten wurde.

Daß durch die Verpflichtung zur Beweisanticipation dem Formalismus eine Thür geöffnet ist, läßt sich unmöglich leugnen."

Diese Auffassung, die auf das jetzige Verfahren sich bezieht, wird sicher noch viel schärfer und schlagender hervortreten, wenn man den Versuch machen will, die Beweisanticipation beim mündlichen Verfahren beizubehalten.

Ich wende mich also zu der aufgestellten Frage zurück und beantworte diese unter der Voraussetzung

1) eines mündlichen Verfahrens,

2) eines bindenden Interlokuts

dahin,

> daß das Vorbringen von Thatsachen und Einreden u. s. w. an die erste mündliche Verhandlung dergestalt geknüpft sein muß, daß vorher keine Präklusion eintritt, mit dem Schlusse der mündlichen Verhandlung aber das weitere Vorbringen präkludirt ist, daß die Beweisantretung mit den Behauptungen nicht zu verbinden ist, sondern auf Grund des Beweisurtheils in einem ferneren Termine unter Zugrundlegung vorbereitender Schriftsätze dergestalt zu geschehen hat, daß die Beweismittel vorher nicht präkludirt werden, nach diesem Termine aber ohne besondere Gründe (Erfordernisse der Restitutionsklage, Wegfallen von Beweismitteln) nicht vorgebracht werden können.

Nur dann, wenn man das Interlokut aufgiebt und dann weiter zum Französischen Verfahren übergeht, stellt sich die Sache anders; dann wird man Beweis und Behauptungen verbinden, aber vor dem Endurtheile (von proceßhindernden Einreden abgesehen) keine Einreden und Beweise zu präkludiren haben, es sei denn, daß der Richter sie als vexatorisch vorwirft.

XII.

Gutachten des Dr. jur. W. Kompe in Breslau

über den

Antrag des Kreisrichter Lesse zu Thorn,

betreffend

die baldige Herstellung eines gemeinsamen Deutschen kaufmännischen Akkordgesetzes.

Von der ständigen Deputation des Deutschen Juristentages aufgefordert, über den Antrag des Kreisrichters Lesse, betreffend ein gemeinsames Akkordgesetz (Deutsche Gerichtszeitung von 1864, Nr. 1 und 2), ein Gutachten für den sechsten Deutschen Juristentag zu erstatten, versuche ich es hiermit, diesen Auftrag auszuführen, soweit dies meine durch Berufsgeschäfte vollauf in Anspruch genommene Zeit gestattet.

Der erste Satz des Lesse'schen Antrages lautet: „Die baldige Herstellung eines gemeinsamen Deutschen kaufmännischen Akkordgesetzes erscheint dringend wünschenswerth und braucht nicht nothwendig vom Zustandekommen einer gemeinsamen Civilproceßordnung abhängig gemacht zu werden."

Für den kaufmännischen Verkehr, für das gesammte Wirthschaftsleben des Deutschen Volkes überhaupt ist das Bedürfniß nach gemeinschaftlichen Grundsätzen über das Verfahren in gerichtlichen Streitigkeiten auch nach dem Inkrafttreten des Handelsgesetzbuchs ein dringendes. Mit richtiger Einsicht beschränkte sich der „Entwurf eines Handelsgesetzbuchs für die Preußischen Staaten" (Berlin 1857) nicht auf die Kodifikation der eigentlichen handelsrechtlichen Normen; er erstreckte sich vielmehr zugleich auf den kaufmännischen Konkurs (Buch 5) und auf die Gerichtsbarkeit in

Handelssachen (Buch 6). Dieser Entwurf lag bekanntlich den Berathungen der Nürnberger Bundestagskommission zu Grunde, und im Schoße der Letzteren wurde anerkannt, daß die Vorzüge der Handelsgerichte „zu entschiedener Anerkennung" gelangt seien, daß in manchen Deutschen Staaten die Einführung der Handelsgerichte für einen der wesentlichsten Vortheile gehalten werde, welche man von dem neuen Gesetzbuche oder in Folge desselben überhaupt erwarte. Und in der That, das Proceßverfahren vor den Handelsgerichten ist nach der übereinstimmenden Anschauung der gesammten Deutschen Geschäftswelt die Hauptsache.*) Die Verschiedenheit des positiven Handelsrechts in Deutschland war nicht so groß; der Handelsverkehr wurde weniger durch verkehrte Rechtssätze der einzelnen Landesgesetzgebungen, als vielmehr durch die mangelnde Berücksichtigung seiner Eigenthümlichkeiten in den einzelnen Proceßordnungen und durch die Art des Procedirens Seitens der rechtsgelehrten Richter belästigt und gehemmt. Ein mangelhaftes Handelsrecht, welchem aber ein gutes Proceßverfahren, eine tüchtige Gerichtspraxis zur Seite steht, läßt sich eher ertragen, als ein vollendetes Handelsgesetzbuch mit schlechter Proceßordnung. Tüchtige kaufmännische Gerichte würden die Kodifikation des Handelsrechts auf unbestimmte Zeit entbehrlich gemacht, derselben aber jedenfalls in unschätzbarer Weise vorgearbeitet haben. Während die Parteien diesen oder jenen Satz des Handelsrechts durch Vertrag ändern können, entziehen sich die processualischen Bestimmungen gänzlich ihrer Einwirkung. Und doch hängt es gerade von den Proceßgesetzen ab, ob und wie man seinen Anspruch durchsetzen kann. Hierauf ist um so größeres Gewicht zu legen, als eine Reihe kaufmännischer Operationen, die Anknüpfung oder Fortsetzung von Geschäftsverbindungen, Spekulationen, wesentlich von der Vorfrage bedingt ist, welches Proceßrecht in dem betreffenden Lande gilt, resp. ob es genügende Sicherheit für die Realisirung von Forderungsrechten bietet.

Gleichwohl schloß die Bundestagskommission die gesetzliche Normirung des Konkursrechts und der Gerichtsbarkeit in Handelssachen aus. Man machte zwar den Versuch, das Fallitenrecht zu regeln; es war aber keine Einigkeit zu bewirken. So erhielten wir eine Kodifikation des Handelsrechts, welche nicht ohne Fehler und unzweckmäßige Bestimmungen ist,**) nicht aber dasjenige, was den Kaufleuten, mithin derjenigen Klasse der bürgerlichen

---

*) Mit Recht ist gesagt worden, daß der Rheinländer wegen der Handelsgerichtsordnung, nicht wegen des materiellen Handelsrechts an dem code de commerce hänge.

**) Vergl. z. B. die „Verhandlungen des ersten Deutschen Handelstags zu Heidelberg", Berlin 1861, S. 57 f., — Goldschmidt, Handbuch des Handelsrechts, 1. Band, S. 178, 179. — desselben Zeitschrift für das gesammte Handelsrecht, Band 5, S. 205—227, 515 f.

Gesellschaft, für welche in erster Linie das Gesetzeswerk bestimmt ist, das Wichtigste war und ist, gemeinsame Vorschriften über die Handelsgerichte und das Konkursverfahren.

Noch ehe das Handelsgesetzbuch abgeschlossen resp. eingeführt war, erklärte das Centralorgan des Deutschen Handelsstandes, der erste Deutsche Handelstag, daß es nöthig sei, „überall und möglichst gleichzeitig mit Einführung des Handelsgesetzbuchs die Organisation von Handelsgerichten in Angriff" zu nehmen, und „es mögen die Deutschen Regierungen und Stände alsbald eine Kodifikation des Fallitenrechts . . ." veranlassen.*)

Handelsgerichte sind nun bis jetzt weder gleichzeitig mit der Einführung des Handelsgesetzbuchs, noch weniger überall organisirt worden. Nur Bayern, welches schon Handelsgerichte besaß, reorganisirte dieselben. In Baden und Württemberg steht deren Einführung in naher Aussicht. In Preußen hat das Ministerium im Entwurf einer Proceßordnung (vom Jahre 1864) auch die Einrichtung von Handelsgerichten aufgenommen; die genannten Gesetze bezw. Entwürfe weichen in Haupt- und Nebenfragen mehr oder weniger von einander ab. Die Hannoversche Staatsregierung erkennt ein Bedürfniß nach Handelsgerichten gar nicht an.**)

So werden denn wohl einzelne Deutsche Staaten mit der Zeit Handelsgerichte bekommen, aber auf verschiedenen Grundlagen und ohne gemeinschaftlichen Handelsproceß.

Die Aussichten für ein gemeinschaftliches Deutsches Fallitenrecht sind nicht günstiger. Wo ist das Organ, welches ein „für sämmtliche Deutsche Bundesstaaten" giltiges Konkursrecht zu schaffen berechtigt und befähigt erscheint? Der Bundestag hat freilich am 6. Februar 1862 per majora beschlossen, eine Kommission zur Ausarbeitung und Vorlage einer allgemeinen Deutschen Civilproceßordnung in Hannover niederzusetzen, und eine zweite zur Ausarbeitung und Vorlage des Entwurfs eines allgemeinen Gesetzes über die Rechtsgeschäfte und Schuldverhältnisse (Obligationenrecht) für die Deutschen Bundesstaaten in Dresden zu bestellen.***) Beide Kommissionen sind auch in Thätigkeit; bekanntlich legten aber Preußen und einige andere Bundesglieder gegen die bezüglichen Beschlüsse Widerspruch und Verwahrung ein,†) und es ist nicht zu erwarten, daß Preußen davon

*) III. und VI. Resolution, betreffend die Einführung des Handelsgesetzbuchs und Organisation von Handelsgerichten. S. 57 und 109 a. a. O.

**) Vergleiche Leonhardt, die Errichtung von Handelsgerichten im Königreiche Hannover (1865), S. 17 f.

***) Vergleiche die Protokolle der Bundesversammlung von 1862, S. 59—68, von 1859, S. 888, von 1860, S. 13, 14, von 1861, S. 655—659.

†) Protokoll v. 1861, S. 668, 669, v. 1862, S. 59—61, 479—484, 591—616.

abgehen werde, so daß mithin auf diesem Wege wohl schwerlich ein gemeinschaftliches Obligationen- und Proceßrecht hergestellt werden wird.

Abgesehen davon auch, daß eine solche gesetzgeberische Thätigkeit, wie die Schaffung eines gemeinsamen Obligationenrechts nebst Konkurs- und Proceßordnung unter den Begriff der „gemeinnützigen Anordnungen" im Sinne des Bundesrechts (Artikel VI. VII. XIX. der Bundesakte, Artikel LXIV. LXV. der Wiener Schlußakte) nicht fällt,*) daß mithin die ersehnte Gemeinsamkeit der Gesetzgebung nicht durch unmittelbare Einwirkung des Bundestags erreicht werden kann, sprechen verschieden praktische Bedenken gegen eine solche Ausdehnung der Bundestagskompetenz. Wie die Nationalzeitung schon im Jahre 1858 (28. und 29. Juli) ausführte, liegt es wesentlich im Interesse des konstitutionellen Princips, daß die Wirksamkeit der Volksvertretungen nicht beeinträchtigt werde. Wie die Verhältnisse lagen, war aber die Zustimmung der Landtage in den einzelnen Deutschen Bundesstaaten bei Einführung des Handelsgesetzbuchs nicht viel mehr als eine leere Form; es handelte sich um Annahme des ganzen Gesetzgebungswerks mit allen seinen erkannten Mängeln oder um den Verzicht auf ein gemeinschaftliches Deutsches Handelsgesetz.**)

Aehnlich wird die Lage bei allen Gesetzgebungsarbeiten sein, welche durch Bundeskommissionen vorbereitet und durch die Bundesversammlung den einzelnen Landesregierungen zur Annahme empfohlen werden.***) Das

---

*) Gegenüber der allgemein herrschenden Ansicht, daß „gemeinnützige Anordnungen" nur durch Stimmeneinheit eingeführt werden können (Klüber, öffentliches Recht des Deutschen Bundes, §. 106, 120), stellte Linde (über gemeinnützige Anordnungen nach den Grundsätzen des Deutschen Bundesrechts, in besonderer Anwendung auf gemeinsame Gesetze und Delegirtenversammlung. Gießen, 1863) den Satz auf, daß dazu ein Mehrheitsbeschluß genüge.

**) Bei Besprechung der Ergebnisse des ersten Deutschen Handelstages äußerte die Haude und Spener'sche Zeitung: „Was dort (in den Kreisen der Reaktion) das Handelsgesetzbuch ganz besonders mundgerecht machen mußte, das ist der absolutistische haut-goût, der ihm kraft seiner Entstehungsgeschichte anhaftet. Ja, solch ein Gesetzbuch, nach Karlsbader Recepten am grünen Tische von Kommissionen der Regierungen ohne die Volksvertretungen zusammengebraut, ein Gesetzbuch, bei dessen Einführung in den Deutschen Staaten das ständische Zustimmungsrecht zu einer leeren Form herabgewürdigt werden soll, das war ein Werk nach ihrem Herzen. Denn diese Volksvertretungen, die den Siegeslauf der Konkordate in Deutschland aufgehalten haben, die auch die Macht haben, zu binden und zu lösen, sie sind ein Dorn im Auge; ihr Ansehen wurde durch Regierungskommissionen mit thatsächlich gesetzgebender Gewalt gründlich untergraben. Noch ein, zwei Gesetzbücher in solcher Weise zu Stande gebracht, und der Konstitutionalismus in Deutschland war verloren."

***) Goldschmidt in seiner Zeitschrift, Band V, S. 227, hält es sachlich für

ist aber gerade bei solchen Gesetzen höchst gefährlich, deren Bearbeitung eine besondere Fachkenntniß voraussetzt. Denn die Bundesversammlung als solche entbehrt die Fähigkeiten und Kenntnisse, welche für Gesetze über den Handelsverkehr nöthig sind; deren Kommissionen vermögen diesen Mangel auch nicht zu ersetzen. Die Beantwortung der Frage, was ist Bedürfniß des Handelsverkehrs und wie wird dasselbe zu befriedigen sein, fällt zum großen Theile in das Gebiet der Kaufleute, und Letztere haben darüber mit zu entscheiden, wenn Etwas geschaffen werden will, was dem Bedürfnisse wirklich genügt. Volksthümliche Interessen, das lehrt uns die Geschichte der letzten Jahrzehnte unzweideutig, lassen sich in Deutschland ohne die Mitwirkung des Volkes nicht wahren.

Fehlt es auch zur Zeit noch an einem legitimirten und qualificirten Organ für die Herstellung gemeinsamer Deutscher Gesetze über den Handelsverkehr, so ist die Diskussion des Juristentages über die Grundsätze, von welchen die künftige Reichsgesetzgebung auszugehen haben wird, doch keine unpraktische, insofern durch solche Verhandlungen jedenfalls den einzelnen Landesgesetzgebungen erwünschter Stoff gewährt und resp. eine gleichmäßige Behandlung der betreffenden Fragen angebahnt wird. Gelangen wir endlich zu einer Reichscentralgewalt mit dem Reichsparlament — die Gestaltung unserer politischen Zustände scheint von diesem Ziele freilich mehr ab als hin zu führen — so gewinnen wir damit zugleich einen Gesetzgebungskörper welchem wir die Schaffung gemeinsamer Deutscher Gesetze mit vollem Vertrauen überlassen können.

Aus vorstehenden Andeutungen, welche ich zur Darstellung meines principiellen Standpunkts gegenüber dem ersten Satze des Herrn Antragstellers mir erlauben mußte, ergiebt sich, daß ich die Herstellung von gemeinsamen Deutschen Gesetzen über das Verkehrsrecht überhaupt und den kaufmännischen Akkord insbesondere zwar für ein dringendes Bedürfniß, daß ich jedoch die „baldige" Befriedigung desselben nicht für wahrscheinlich halte, resp. daß und warum ich es gleichwohl für ein verdienstliches Unternehmen des Juristentages ansehe, die Hauptgrundlagen eines kaufmännischen Akkordgesetzes festzustellen.

Nicht unerwähnt will ich lassen, daß das „Bremer Handelsblatt" von 1864, Nr. 644, S. 66 bei Besprechung des Antrages von Lesse ebenfalls gegen den ersten generellen Satz desselben resp. gegen die Aufstellung eines „systematisch aus einem Princip hervorgehenden, gegen die Verschiedenheiten des Lebens nivellirend ankämpfenden Einheitsrechts in Deutschland"

---

gleichgiltig, ob solche Gesetze durch bundestägliche oder von den einzelnen Regierungen kraft besonderer Vereinbarung ernannte Kommissionen ausgearbeitet werden.

Bedenken erhebt. So sehr auch der Handelsstand einerseits an einer einheitlichen Deutschen Handelsgesetzgebung interessirt sei, so setze doch dessen Prosperiren auf der anderen Seite die möglichst große Freiheit der Bewegung im Privatrechtsgebiete und weiter voraus, daß das kaufmännische Recht aus den realen Verhältnissen heraus, wie sie an einem Handelsplatze oder in einem Lande sind, naturgemäß sich entwickele. Der kaufmännische Verkehr und die darauf fußenden Verhältnisse des Geschäftsbetriebes seien aber in vielen Richtungen wesentlich andere in unseren nord- und ostdeutschen Seestädten und in den Handelsplätzen des Binnenlands. In den solchergestalt vorhandenen und durch die Umstände begründeten individuellen Interessen werde daher eine jede auf Gleichstellung des kaufmännischen Verkehrsrechts zielende Kodifikation eine berechtigte Schranke anzuerkennen und zu respektiren haben.

Hiernach wende ich mich zu den Vorschlägen selbst. Der Herr Antragsteller befürwortet den Zwangsvergleich der Preußischen Konkursordnung vom 8. Mai 1855 (Gesetzsammlung Seite 321 und Koch, Proceßordnung S. 952 f.), wonach der Akkord als Vergleich zwischen dem Gemeinschuldner und allen seinen Gläubigern, auch für die widersprechenden und nicht theilnehmenden gilt.*) Allerdings hat dieses Institut in kaufmännischen Kreisen Anklang gefunden, weil es im Vergleiche zu dem früheren Verfahren ein Mittel zur möglichst schnellen Abwickelung des Konkurses bietet. Ein jeder Konkurs ist eine wirthschaftliche Kalamität, welche im Interesse aller Betheiligten so bald als möglich zu beseitigen ist, und der Hauptzweck des Konkursverfahrens soll einerseits in der thunlichsten Sicherstellung und möglichst schnellen Befriedigung der Gläubiger aus der vorhandenen Masse, andererseits, wenn irgend möglich, in Erhaltung des Schuldners für den Geschäftsbetrieb bestehen.**) Es fragt sich aber, ob nicht dieser Zweck auch auf andere Weise erreicht werden kann, resp. ob nicht ein anderer Modus noch mehr Anklang finden würde. In dieser Beziehung verdienen die Vorschriften der Bremenser Debitsordnung vom 1. Juli 1843 wohl eine nähere Betrachtung. „Unter gerichtlicher Leitung" — sagt das „Bremer Handelsblatt" a. a. O. S. 57 —, bei welcher die staatsseitig erforderliche Aufsicht nicht zu einer hemmenden Bevormundung ausgedehnt ist, bewegt sich der Gang des Insolvenzverfahrens in einfachen biegsamen Formen,

*) Die Gründe, welche für den Zwangsvergleich geltend gemacht zu werden pflegen, sind auch in den Motiven zum Preußischen Entwurf des Handelsgesetzbuchs S. 461 — 464 angeführt; daselbst finden sich auch Mittheilungen über verschiedene Deutsche Partikulargesetze; die Bremische Debitsordnung von 1843 ist aber nicht erwähnt.

**) Jahresbericht der Handelskammer in Breslau pro 1864, S. 9.

welche eine zweckmäßig rasche Beendigung und der Gläubigerschaft einen erheblichen, ihr Interesse sicherstellenden Einfluß auf dasselbe gewähren. Dies gilt insbesondere von dem auf einen Akkord abzielenden Moratorialverfahren, in welchem fast ausnahmslos alle größeren kaufmännischen Fallissements ihre Erledigung finden . . . Das Obergericht leitet nur das Verfahren ein, d. h. es nimmt die Insolvenzerklärung des Schuldners oder den Antrag seiner Gläubiger auf Eröffnung eines Debitsverfahrens entgegen, bestellt einen provisorischen Verwalter der Masse und verweist dann das ganze Verfahren an einen Einzelrichter, dem dabei volle richterliche Befugniß zusteht. Dieser letzte Punkt ist von großer Bedeutung für eine rasche, einheitliche Leitung des Verfahrens."

Ueber das Moratorialgesuch des Schuldners, resp. über die Abwendung des Konkurses durch Akkord entscheidet die Gläubigerschaft, und zwar von den erschienenen Gläubigern die absolute Mehrheit nach dem Betrage der Forderungen, ohne Rücksicht auf die Zahl der Personen und ohne Unterscheidung zwischen bevorzugten und nicht bevorzugten Forderungen.

„Der Akkord ist für die Minderheit kein Zwangsvergleich. Durch die Annahme seitens der gesetzlichen Mehrheit ist nicht auch die Minderheit zur Annahme und zum Nachlaß ihrer Forderungen verpflichtet; die überstimmte Minderheit, welche den Akkord ablehnt, behält ihre vollen Rechte, jedoch mit der Beschränkung einer gesetzlich erzwungenen Stundung für eine Reihe von Jahren."

Meines Wissens wurde das für kaufmännische Fallissements durchaus praktische bewährte Debitsverfahren, insbesondere der den Akkord betreffenden Theil desselben, nach dem Bremenser Gesetz vom Jahre 1843 Seitens des Deutschen Handelsstandes noch nicht eingehend geprüft. Ehe der Juristentag ein Votum über den Akkord abgiebt, dürfte es sich wohl empfehlen, die Ansichten derjenigen, welche von den Wirkungen des kaufmännischen Akkords unmittelbar betroffen werden, der Kaufleute, darüber zu hören, ob den davon berührten Interessen und Verhältnissen der Akkord als Zwangsvergleich im Sinne der Preußischen Konkursordnung mehr entspreche und förderlicher sei, als der Akkord nach Bremer Recht. In dem Deutschen Handelstage resp. im bleibenden Ausschusse desselben (zu Berlin), als dem Centralorgan des Deutschen Handelsstandes, bietet sich ein zur Abgabe eines solchen Gutachtens besonders qualificirtes Kollegium dar.*)

---

*) Die Mitglieder des bleibenden Ausschusses (15) werden von der Generalversammlung gewählt und zwar möglichst aus allen größeren Staaten Deutschlands. Das Centralbureau in Berlin unterhält einen regelmäßigen Geschäftsverkehr mit den

Was meine persönliche Ansicht anlangt, so ziehe ich das Bremer Institut des Akkords dem Preußischen vor, weil ersteres nicht so tief in das Privatrecht resp. die Selbstbestimmung der Minorität eingreift und die freie Disposition des dissentirenden Gläubigers weniger beschränkt, wie der Preußische Zwangsvergleich, welcher zur Expropriation von Privateigenthum ohne entsprechende Entschädigung und dazu nicht einmal für öffentliche Zwecke führt, sowie weil der Bremer Akkord im Uebrigen ebenfalls die rasche Beendigung des Konkurses bewirkt und den Schuldner in billiger Weise schützt.*) Ob und in wie weit neben dem Akkord noch ein gerichtliches Akkordverfahren außerhalb des Konkurses Bedürfniß sein würde, wäre m. E. ebenfalls zunächst durch Sachverständige aus kaufmännischen Kreisen (Handelstag) zu begutachten. In Bremen hat sich ein solches Institut bewährt, wie das „Bremer Handelsblatt" a. a. O. S. 66 bezeugt.

Was sodann die unter Nr. III. und IV. aufgestellten Grundsätze anlangt, welche vorzugsweise für beide Arten des Akkords durchzuführen sind, so ergiebt sich aus dem Vorstehenden, daß ich dem Satze (III. 3) nicht beistimme, wonach der Akkord als Vergleich zwischen dem Gemeinschuldner und sämmtlichen Konkursgläubigern gelten soll, mögen dieselben ihre Forderungen angemeldet haben oder nicht, an der Beschlußfassung theilgenommen haben oder nicht.

Dagegen bin ich mit den auf möglichst selbstständige Verwaltung der Masse durch einen Gläubigerausschuß und auf Einwirkung eines jeden Akkords auf die bürgerlichen Ehrenrechte des Schuldners gerichteten Anträgen (IV. 1, 2) und den dafür angeführten Erwägungen einverstanden.

Es bleiben mir mithin noch die Sätze unter III. 1 und 2, betreffend den Zeitpunkt der Akkordschließung, die Kompetenz des Gerichts resp. dessen Kommissars bei Prüfung und Bestätigung des Akkords zu besprechen.

Die im Jahre 1853 von der Preußischen Staatsregierung ausgearbeiteten Gesetzesentwürfe über den Konkurs wurden auch den Preußischen Han-

---

einzelnen Deutschen Handelsvorständen und bereitet die Verhandlungsgegenstände vor, ertheilt resp. beschafft auch Auskunft auf eingehende Anfragen.

*) Neuerlich sind auf Anregung der Vorsteher der Kaufmannschaft in Stettin, welche im December v. J. die Revision der Konkursordnung, namentlich der den Akkord betreffenden Vorschriften bei dem Justiz-Ministerium beantragten, die einschlagenden Bestimmungen von verschiedenen Preußischen Handelsvorständen namentlich in der Richtung geprüft worden, ob nicht das Akkordverfahren „mit Schranken zu umgeben sei, welche dem Leichtsinn jede Aussicht auf einen Akkord abschneiden." Es scheint dies darauf zu deuten, daß der Zwangsvergleich, wie er sich im Preußischen Verfahren praktisch gestaltet, mehr die Interessen des Schuldners, als diejenigen der Gläubiger begünstigt, und daß sich gegen diese Tendenz eine Reaktion geltend zu machen beginnt.

delsvorständen zur Begutachtung vorgelegt. Seitens der Handelskammer zu Breslau sind damals u. A. folgende auf den Akkord bezüglichen Desiderien gestellt worden:

Von der Ansicht ausgehend, daß der Akkord für die Gläubiger vortheilhaft sei, scheine es nicht angemessen, bei betrüglichem Bankerott den Akkord auszuschließen. Ferner sei die gerichtliche Bestätigung des Akkords nicht wünschenswerth, vielmehr vorzuziehen, daß der Kommissar des Gerichts die Bestätigung zu ertheilen habe. Falls der Schuldner beim Akkord betrüglich gehandelt, solle er der Vortheile, die ihm der Akkord gewährt, in der Art verlustig gehen, daß jeder Gläubiger befugt sei, den gesammten Betrag seiner Forderung resp. Restforderung geltend zu machen.

Nach Einführung der Konkursordnung traten bald verschiedene Uebelstände zu Tage, deren Abstellung in kaufmännischen Kreisen diskutirt wurde; insbesondere beschäftigte sich damit auch der Handelstag zu Berlin (im Febr. und März 1860)*); bezüglich des Akkords wurden drei Resolutionen angenommen, von welchen für Satz III. Nr. 1 unseres Antrages folgende von Interesse ist: Um die Gläubiger, namentlich die auswärts wohnenden, zu einer motivirten Entschließung über den Akkord in Stand zu setzen, sei es nöthig, daß der Masseverwalter einen Status ausarbeite und acht Tage vor dem Termine im Gerichtslokale zur Einsicht auflege resp. den am Gerichtsorte wohnenden oder vertretenen Gläubigern abschriftlich mittheile. Dieser Status habe im Allgemeinen zwar ganz summarisch die Lage der Masse darzustellen, in Bezug auf die Wechselverbindlichkeiten des Kridars aber dergestalt ins Einzelne einzugehen, daß die Beträge der einzelnen Wechsel, die Verfalltage und die Namen des Acceptanten, des Ausstellers und der Giranten, soweit solche aus den Büchern ersichtlich sind, darin aufgeführt werden.

Kaufleute, welche theils als Gläubiger, theils als Verwalter von Konkursmassen die praktischen Wirkungen des Preußischen Akkordverfahrens genauer kennen zu lernen Gelegenheit hatten, finden einen großen Uebelstand darin, daß die Akkordanträge zu frühzeitig gemacht werden, nämlich schon dann, ehe sich die Masse vollständig übersehen läßt resp. ehe noch die Aktiven vollständig realisirt sind, ehe also feststeht, was aus dem vorhandenen Waarenlager oder dgl. erlöst werden, welche Ausstände einzuziehen und welche als inexigibel nachgewiesen sind. Es wäre mithin principiell daran festzuhalten, daß der Akkordtermin erst nach Feststellung der Aktivmasse abzuhalten

*) Vgl. die Verhandlungen desselben (Berlin, F. Schulzes Buchhandlung), S. 59 bis 65.

ist, zumal man darin ein wirksames Mittel gegen das von so vielen Seiten angefochtene häufige Akkordiren zu erblicken glaubt.*)

Ferner melden sich bis zum ersten Anmeldungstermin erfahrungsmäßig viele Gläubiger nicht, theils weil ihnen die Konkurseröffnung gar nicht oder zu spät bekannt wurde,**) theils weil wegen der eigenthümlichen Natur ihrer Ansprüche eine Anmeldung in jenem Termin nicht möglich war. Daß solche Gläubiger von der Theilnahme am Akkordverfahren nicht ausgeschlossen werden, erscheint als eine Forderung des Rechts und der Billigkeit.

Während ich daher dem Satze III. 1 zustimme, weiche ich bezüglich des folgenden Satzes ab.

Zunächst halte ich es für genügend, wenn der mit der Instruktion des Konkursverfahrens zu beauftragende Einzelrichter auch über den Akkord zu verfügen hat resp. denselben zu bestätigen ermächtigt wird; sodann vermag ich ein zwingendes Motiv dafür resp. eine entsprechende Berücksichtigung der wirthschaftlichen Interessen darin nicht zu erkennen, daß das Verhalten des Gemeinschuldners gerichtlich geprüft werden resp. Vorbedingung für die Abwendung des Konkurses durch den Akkord sein soll.

Ist möglichst rasche Beseitigung der durch den Konkurs für alle Betheiligten entstehenden Kalamität ein Hauptzweck des Akkords, so wird eine jede, nicht absolut gebotene Maßregel zu vermeiden sein, welche jenen Zweck alterirt, insbesondere die thunlichst schleunige Regelung der Schuldverhältnisse zu verzögern geeignet ist.

Bei dem Konkurse als dem „großen Akt der Exekutionsvollstreckung" handelt es sich in erster Linie und vorzugsweise um Privatrechtsverhältnisse und die Frage, ob die Gläubiger einen Akkord bewilligen wollen, wird lediglich vom geschäftlichen Standpunkte zu beantworten sein. Liegt eine Ueberschuldung vor, so führt das Interesse der Betheiligten, der Gläubiger und des Kridars von selbst zu der Erwägung, ob und unter welchen Bedingungen ein Nachlaß an den Forderungen sich empfiehlt: es ist das Sache des Privatinteresses, und die endgiltige Entscheidung darüber

*) Die Motive eines hierauf im Juni 1860 gerichteten Antrages aus kaufmännischen Kreisen sagen z. B.: „Es ist leider dahin gekommen, daß, während sonst der Konkurs gemieden, der sittliche Makel desselben im Urtheil der Standesgenossen gefürchtet wurde, jetzt der Konkurs jener Scheu ziemlich entkleidet und der Akkord nicht mehr Mittel zur Abkürzung des Konkurses, sondern der Konkurs häufig nur Mittel zur Herbeiführung des Akkords geworden ist."

**) Die gerichtlichen Bekanntmachungen erfolgen nicht selten in Blättern, die in kaufmännischen Kreisen gar nicht oder nur wenig gelesen werden. Es ist dringend zu wünschen, daß die Wahl der öffentlichen Blätter für die Publikation von Verfügungen, welche kaufmännische Angelegenheiten betreffen, im Einverständnisse mit den betreffenden Handelsvorständen erfolge.

wird dem Rechte der Selbstbestimmung der Betheiligten zu vindiciren sein. Wie ein jeder andere Vertrag zwischen Personen über einen ihrer Disposition unterworfenen Gegenstand des Privatrechts, so stellt sich auch der Akkord als ein aus dieser Dispositionsbefugniß hervorgehender, durch die Interessen der Parteien motivirter Privatantrag dar.

Wird nun aber das Gericht resp. dessen Kommissar ermächtigt, die Würdigkeit oder Unwürdigkeit des Schuldners zu prüfen und je nach diesem Ergebnisse die Bestätigung des mit einem unwürdigen Kridar abgeschlossenen Akkords zu verweigern; so liegt hierin eine ungerechtfertigte Beschränkung der freien Dispositionsbefugniß durch Anordnung einer Vormundschaft resp. die Hereinziehung von sittlichen oder dem Strafrechte angehörenden Motiven in das reine Privatrechtsgebiet. Die Gläubiger aber bedürfen eines solchen Vormunds nicht; sie kennen ihre Interessen und was diesen förderlich ist besser, jedenfalls ebenso gut, wie das Konkursgericht.

Eine Vormundschaft dieser Art widerspricht auch dem Hauptzwecke des Akkords, rasche Beendigung des Konkurses. Denn gesetzt, alle Gläubiger sind auf den Akkord einverstanden und das Gericht hält den Kridar dieser „Wohlthat" für unwürdig, so nimmt der Konkurs seinen Lauf und von einer schnellen Beseitigung des „Unglücks" (— „jeder Konkurs ist mehr oder weniger ein Unglück zu nennen" —) ist dann nicht mehr die Rede.

Die Auffassung des Akkords als eine „Wohlthat" für den Schuldner verrückt die Stellung des Akkords als eines Instituts, welches vorwiegend im Interesse der Gläubiger besteht, resp. einzuführen ist, und führt dann durch die Prüfung der Ehrenhaftigkeit des Schuldners im angeblich öffentlichen Interesse auf ein ganz anderes Gebiet, resp. vermischt das Straf- mit dem Privatrecht, und zwar in unglücklicher Weise. Denn wenn der Akkord, welchen die Betheiligten abgeschlossen haben, weil sie ihn für vortheilhaft halten, vom Gerichte nicht bestätigt wird, weil der Kridar als unwürdig bestraft werden soll, so greift der Civilrichter in ein ihm fremdes Gebiet, in die Strafjustiz über, und es bleibt fraglich, ob die Strafe auch den Schuldigen treffe, resp. ob nicht zugleich Unschuldige, nämlich die Gläubiger, welche nun den langwierigen und kostspieligen Konkurs durchmachen müssen, gestraft werden und vielleicht noch härter als der Kridar. Wäre aber auch die Verweigerung des Akkords in jedem einzelnen Falle eine Strafe für den unehrenhaften Schuldner, so läßt sich doch nicht verkennen, daß dabei die pekuniären Interessen der Gläubiger preisgegeben werden.

Auch insoweit ist das Bremer Verfahren m. E. vorzuziehen, wonach ein fahrlässiger und selbst ein betrügerischer Bankeruttirer von der Möglichkeit eines Akkords nicht ausgeschlossen ist, resp. wonach zwar jeder Akkord vom Gerichtskommissar bestätigt werden muß, zu den einer Prüfung unterliegenden Voraussetzungen aber nicht die der Ehrenhaftigkeit des Schuldners gehört. Diese Prüfung, resp. Bestätigung des Akkords wird m. E. auch dem Kommissar, nicht dem Kollegium des Gerichts zu überlassen sein, theils weil es dazu einer Mitwirkung mehrerer Richter nicht bedarf, theils weil durch eine kollegiale Behandlung die endgiltige Erledigung immerhin verzögert werden kann. Als selbstverständlich setze ich voraus, daß das Konkursverfahren überhaupt demnächst vor den Handelsgerichten stattfindet, wie das im Preußischen Entwurfe einer Proceßordnung von 1864, §. 921, Nr. 3 (S. 223) beabsichtigt wird.*) Wo aber Handelsgerichte nicht bestehen, sollte jedenfalls ein Kaufmann als Sachverständiger auch im Akkordverfahren hinzugezogen und dessen Thätigkeit nicht etwa auf die Prüfung der Handelsbücher beschränkt werden.

Auf Grund dieser Erwägungen gelange ich zu dem Vorschlage:

Der Deutsche Juristentag wolle

I. zunächst den Deutschen Handelsstand (— durch den bleibenden Ausschuß des Deutschen Handelstages in Berlin —) zu einem sachverständigen Gutachten insbesondere über die Sätze Nr. II. und III. des Herrn Antragstellers, mithin namentlich über die Frage veranlassen, ob der kaufmännische Akkord mit den Wirkungen des Zwangsvergleichs zu versehen, oder ob nicht vielmehr das oben angedeutete Akkordverfahren nach Bremer Recht vorzuziehen sei, sowie ob und inwieweit die Einführung eines gerichtlichen Akkordverfahrens außerhalb des Konkurses als Bedürfniß sich darstelle,

II. bei Erörterung und Feststellung der über den kaufmännischen Akkord zu beschließenden Resolutionen von einem gemeinsamen Deutschen Akkordgesetze zur Zeit absehen, die vereinbarten Hauptgrundsätze vielmehr den einzelnen Landesgesetzgebungen zur baldigen gleichmäßigen Einführung empfehlen,

III. als solche Hauptgrundsätze eventuell folgende bezeichnen:

1) Der Akkord ist als reiner Privatvertrag zwischen den Kontrahenten zu behandeln; er bindet nur die Kontrahenten und verpflichtet nicht die dissentirende Minderheit zum Nachlasse ihrer Forderungen, beschränkt vielmehr nur die Ausübung ihrer Rechte für eine gesetzlich zu bestimmende Zeit (erzwungene Stundung).

*) Nach dem Württembergischen Entwurfe, betreffend die Errichtung von Handelsgerichten, vom November 1862, Art. 14, sind „Konkurssachen von der Zuständigkeit der Handelsgerichte bis auf Weiteres ausgeschlossen".

2) Der Akkord ist nicht abhängig zu machen von dem Verhalten des Gemeinschuldners und von der Prüfung desselben durch das Gericht, resp. den Kommissar.

3) Das Akkordverfahren wird geleitet und resp. der Akkord bestätigt von einem gerichtsseitig dafür bestellten Kommissar, und ist, wo Handelsgerichte nicht bestehen, jedenfalls ein Kaufmann als Sachverständiger hinzuzuziehen.

4) Der Akkordtermin ist erst nach der — schleunig zu bewirkenden — Feststellung der Aktivmasse abzuhalten.

5) Wo das Bedürfniß besteht, ist auch ein gerichtliches Akkordverfahren außerhalb des Konkurses einzuführen.

6) Die in Nr. IV., 1, 2 enthaltenen Sätze des Lesse'schen Antrages.

Indem ich hiermit mein Gutachten schließe, bin ich mir wohl bewußt, daß ich den Gegenstand nicht erschöpft habe, und daß die Ausarbeitung der Feile bedarf; es fehlt mir indessen die erforderliche Muße zur Beseitigung der Mängel.

XIII.

Gutachten des Zellengefängniß=Direktor Ekert in Bruchsal.

Von der ständigen Deputation des Deutschen Juristentages ist mir der ehrenvolle Auftrag geworden, für den sechsten Deutschen Juristentag die Frage zu begutachten:

„Entspricht es der Gerechtigkeit, daß die Strafvollstreckung gegen alle zu derselben Art von Freiheitsstrafe Verurtheilte in völlig gleicher Weise, also ohne jede Berücksichtigung der Individualität, insbesondere der Bildung des Verurtheilten, erfolgt? und wenn solche gleichmäßige Strafvollstreckung nicht der Gerechtigkeit entspricht, wie ist alsdann der Letzteren Rechnung zu tragen, ohne auf der einen Seite das Princip der Gleichheit vor dem Gesetze in Wahrheit zu verletzen und auf der anderen Seite der bloßen Willkür bei der Strafvollstreckung weiten Spielraum zu gewähren?"

Wenn ich mich auf Grund der in meinem gegenwärtigen Berufe gesammelten Kenntnisse und Erfahrungen dieser Arbeit unterziehe, so bitte ich diese mit Nachsicht zu beurtheilen.

I.

Einleitung.

Die bauliche und organische Einrichtung der Gefängnisse älterer und theilweise neuerer Zeit macht es erklärlich, daß man in vielen Fällen davor zurückschreckte, manche Individuen, welche der strafende Arm der Gerechtigkeit erreichte, besonders solche aus höheren, gebildeteren Ständen, an Orte zu bringen, die nicht mit Unrecht Hochschulen der Verbrecher, Pflanzstätten des Lasters genannt wurden. Die offenbare, allzugroße Härte der Maßregel in jenen Fällen mußte um so greller hervortreten, je mehr der geistige und materielle Fortschritt die Gleichheit Aller vor dem Gesetze im Leben, also auch in der Strafjustiz, zur Verwirklichung brachte und ächter Humanität zur wohlberechtigten Geltung verhalf. Der Kontrast war ferner um so schroffer, da die Gefängnisse von jeher das Stiefkind der staatlichen Fürsorge gewesen und theilweise noch sind. Die einzige Rücksicht auf Sicherung des Staates, welche in alter Zeit den dritten Diebstahl mit dem Strang bestrafte, dem Meineidigen die Finger abhauen ließ u. s. w. und so den Thäter unschädlich machte, hat später den Verbrecher in sichere, wohlverschlossene Räume verbracht, unbekümmert um das dortige Schicksal des „Auswurfs der menschlichen Gesellschaft“. Selbst heute noch — in wie vielen Staaten pflegt man Künste und Wissenschaften, Handel und Industrie, ja sogar die öffentliche Wohlthätigkeit nach sonst allen Richtungen; nur dem gefallenen Mitmenschen scheint der Born menschlicher Gerechtigkeit im Strafvollzug sich noch immer nicht erschließen zu wollen. Der Verbrecher, der Verletzer des Gesetzes, der Störer des Friedens kann freilich nicht verlangen, daß vor anderen Gegenständen der allgemeinen Fürsorge sein Schicksal berücksichtigt werde; aber mit, wenigstens nach allen anderen hat auch er den Anspruch, humaner Behandlung zu genießen, er, der nicht selten ein Opfer verkehrter socialer Zustände geworden, er, der seine Verhältnisse nicht mehr nach eigenem Willen gestalten kann, sondern ganz in die Hände des Staates gegeben ist.

Doch endlich beginnt es Tag zu werden; die Zeit ist vorüber, in der die Männer der juristischen Wissenschaft und Praxis ihre Aufgabe mit Lösung der Systeme und Verkündigung der Urtheile beendigt glaubten;*) man hat erkannt, welche Bedeutung dem Vollzug der Freiheitsstrafen zukommt.**) Nebst dem um das Gefängnißwesen hochverdienten Mittermaier sind es in neuerer Zeit insbesondere v. Holtzendorff und Wahlberg, die das Gefängnißwesen gründlich bearbeitet haben.

Noch immer aber bleibt die Praxis hinter den billigsten Ansprüchen weit zurück; noch immer entspricht selbst die Strafgesetzgebung in vielen Hinsichten nicht den bescheidensten Anforderungen der Humanität. Sundelin***)

*) Vergleiche von Jagemann in Julius Jahrbücher für Gefängnißkunde. II., 1843, S. 254.

**) Vergleiche von Holtzendorff in dessen Strafrechtszeitung, 1. Jahrgang, Spalte 3. 21.

***) In von Groß Strafrechtspflege, 3. Jahrgang, S. 291.

klagt darüber, daß wir noch immer nicht menschlich richten, noch immer nicht menschlich strafen und daß der Zustand der bei Weitem meisten Strafanstalten noch jetzt wie auf Entsittlichung, statt auf Besserung berechnet sei. Erkannte man es nun mit Recht bei den früheren Verhältnissen und den geschilderten Zuständen der Strafanstalten als eine Härte, eine Ungerechtigkeit, ja Grausamkeit, einen höher gestellten, gebildeten Menschen unter die gemeinen Verbrecher zu versetzen, so mußte Abhilfe geschaffen werden. Man verfügte daher — nicht etwa die Verbesserung der Strafanstalt, sondern, was einfacher und billiger war — ausnahmsweise für den einzelnen Fall im Wege der Begnadigung die Verbringung des gebildeten Delinquenten irgend wo andershin, auf die Festung, in abgesonderten Raum oder dergl. Man überging dabei, sei es mit oder ohne Absicht, die Erfahrung, daß unter dem bürgerlichen Rock des Handwerkers und unter dem Zwillichkittel des Bauern ein für Ehre und Tugend eben so warmes Herz schlagen kann, als unter dem feinen Kleide des Vornehmen.

Man übersah, daß die Ausnahme nothwendig wurde, weil die Strafanstalten nicht waren, wie sie sein sollten, — daß man hierdurch kaum die schreiendste Ungerechtigkeit vermied. Man scheute sich nicht, für alle Anderen, und darunter gar viele sonst ehrenhafte Menschen, die verabscheuungswürdigen Verbrechergemeinschaften fortdauern zu lassen und danach das ganze Strafanstaltsregime einzurichten, anstatt den Geist der Humanität hineinzutragen, der fast immer auch die rohesten Verbrechernaturen entwaffnet.

Dies ist die Entstehungsweise des Gedankens, daß im Gesetze für einzelne Individuen eine besondere Art des Strafvollzuges vorgesehen sein müsse.

II.

Art des Vollzuges der Freiheitsstrafen in Deutschland.

a. Im Allgemeinen.

Betrachten wir die Art, wie derzeit in Deutschland die Freiheitsstrafen vollzogen werden, um uns zu überzeugen, daß der Gedanke, für Gebildetere Ausnahme zu machen, noch immer sehr nahe gelegt ist.

Die Strafgesetzgebung läßt folgende Strafarten zu:

1. Kettenstrafe.

In Oesterreich (Strafgesetz vom 27. Mai 1852, auch für das Fürstenthum Lichtenstein giltig): Der „schwerer Kerker“ genannte zweite Grad der Kerkerstrafe, wobei der Bestrafte durch Eisen an den Füßen angehalten wird und demselben der Verkehr nach außen nur in ganz besonderen, wichtigen Fällen gestattet ist (§. 16 des Oesterr. Strafgesetzes).

In Hannover (Kriminalgesetzb. v. 8. Aug. 1840): Kettenstrafe, zwei Grade, der erste mit leichten Ketten und leichter Arbeit, der zweite mit schweren Ketten und schwerer Arbeit (Art. 10 d. Hann. Kriminalgesetzes).

Im Königreich Sachsen (Strafgesetzbuch vom 11. August 1855): Männliche Zuchthausgefangene, welche bereits wenigstens zweimal Zuchthaus- oder wegen eines vorsätzlichen Verbrechens Arbeitshausstrafe verbüßt haben, tragen während ihrer Strafzeit ein Beineisen, weibliche in gleichem Falle einen mit einer Kette am Fuße befestigten Klotz.

Diese Schärfung soll jedoch, wenn die Strafzeit länger als 10 Jahre dauert, für den Rest derselben hinwegfallen (Art. 13 d. Sächs. Strafgesetzes):

In Braunschweig (Kriminalgesetzbuch vom 10. Juli 1840, auch für Lippe-Detmold giltig): Zu Kettenstrafe Verurtheilte sollen Fesseln und eine ausgezeichnete Kleidung tragen, auch von sechs Monaten der Strafzeit einen Monat in einsamem Arreste zubringen, und zwar in der Regel jeden sechsten Monat. Wird von dieser Regel abgewichen, so müssen mindestens drei Monate nach Vollziehung des letzten einsamen Arrestes verstrichen sein, bevor von Neuem einsamer Arrest vollzogen wird. Während desselben erhalten die Kettensträflinge jeden zweiten Tag nur Wasser und Brod und sonst die durch die Hausordnung vorgeschriebene Kost (§. 9 des Braunschw. Kriminalgesetzes *). —

Wenn in Sachsen auch nicht eigentliche Ketten-, sondern nur mit Ketten geschärfte Zuchthausstrafe eingeführt ist, so kommt dies im Vollzug der Kettenstrafe ganz gleich.

Diese schwerste Strafe macht begreiflich unter gewissen Verhältnissen am ehesten eine individuelle Berücksichtigung nöthig; sie soll indeß nach den Beschlüssen des dritten Deutschen Juristentages künftig ganz entfallen.

2. Zuchthausstrafe

findet sich in den Strafgesetzen aller Deutschen Länder.

In Oesterreich (Kerker des ersten Grades): Der Gefangene wird enge verwahrt und in der Verpflegung so gehalten, wie es die Einrichtung der für solche Sträflinge bestimmten Strafanstalten nach den darüber bestehenden oder noch zu erlassenden Vorschriften mit sich bringt (§. 15 des Oesterr. Strafgesetzes).

In Preußen (Strafgesetzbuch vom 14. April 1851, auch in Anhalt-Bernburg und Waldeck eingeführt): Die zur Zuchthausstrafe Verurtheilten werden in einer Strafanstalt verwahrt und zu den in derselben eingeführten Arbeiten angehalten (§. 11 des Preuß. Strafgesetzes).

*) Man vergleiche hierher noch, was unten bei „Zuchthaus" in Betreff der Beschäftigung gesagt ist.

Ebenso in Oldenburg, dessen Strafgesetzbuch vom 3. Juli 1858 das modificirte Preußische ist. (§. 7 des Oldenb. Strafges.)

Das Anhalten zu den in der Strafanstalt eingeführten Arbeiten schreiben ferner vor:

Lübeck (Strafgesetzbuch vom 24. August 1863 — dem Preußischen ähnlich): §. 11 des Lübeck. Strafgesetzes.

Großherzogthum Hessen (Strafgesetzbuch vom 17 Septbr. 1841 — auch eingeführt in Frankfurt und Hessenhomburg): Artikel 12 des Hess. Strafgesetzes.

Nassau (Civil-Strafgesetzbuch vom 14. April 1849 — fast übereinstimmend mit dem Großh. Hessischen): Art. 10 d. Nass. Strafgesetzes.

Im Uebrigen verfügen die Deutschen Strafgesetze für Zuchthaussträflinge:

A. Ausgezeichnete Kleidung.
K. Sachsen: Artikel 17.
Hannover: Artikel 15.
Württemberg (Strafgesetzbuch vom 1. März 1839): Art. 12.
Baden (Strafgesetzbuch vom 6. März 1845): §. 16.
Großh. Hessen: Artikel 9.
Nassau: Artikel 8.
Lübeck: Artikel 11.
Braunschweig: §. 10.

B. Beschäftigung **innerhalb** des Zuchthauses.
Bayern (Strafgesetzbuch vom 10. Novbr. 1861): Artikel 24.
Hannover: Artikel 13.
Baden: §. 16.
Württemberg: Artikel 12.

C. Einfache Zwangsarbeit.
Bayern: Artikel 24.
Württemberg: Artikel 12 (14).

D. Schwere oder harte Arbeit.
Hannover: Artikel 13 (bei Zuchthaus zweiten Grades).
K. Sachsen: Artikel 11.
Baden: §. 16.

Baden verordnet außerdem ebenda noch schmale Kost für den Züchtling. — Zu erwähnen sind hier noch die Bestimmungen in dem Preußischen Strafgesetz, Artikel 11, wonach den Zuchthausgefangenen während des Strafvollzuges kein Theil ihres Vermögens oder ihrer Einkünfte verabreicht werden darf, — dem Großh. Hessischen, Artikel 9, — dem Nassauischen, Artikel 8, — dem Lübeckischen, Artikel 11, wonach dem Züchtling kein Geld, keine Nahrungsmittel und keine Kleider aus seinem

Vermögen verabreicht werden dürfen: um den Reichen beim Strafvollzug dem Armen gleichzustellen.

Eine Berücksichtigung der Individualität bei der Beschäftigung im Zuchthause schreiben vor

a) das Oesterreichische Strafgesetz, §. 18:

Mit der Kerkerstrafe (ersten und zweiten Grades) ist stets die Anhaltung zur Arbeit verbunden. Jeder Sträfling muß daher diejenige Arbeit verrichten, welche die Einrichtung der Strafanstalt mit sich bringt. Bei der Vertheilung dieser Arbeiten soll auf den Grad der Kerkerstrafe, die bisherige Beschäftigungsweise und die Bildungsstufe der Sträflinge thunliche Rücksicht getragen werden.

b) das Hannoversche Kriminalgesetz, Artikel 13:

Der zum Zuchthause Verurtheilte wird innerhalb der Strafanstalt, ohne Fesseln, zu den durch die Zuchthausordnung vorgeschriebenen Arbeiten angehalten. Diese Strafe hat zwei Grade, die sich durch leichtere Arbeit und schwerere Arbeit unterscheiden. Es kann jedoch auch durch gelindere oder strengere Behandlung auf diese Abstufung der Strafe eingewirkt werden. Sollte sich ergeben, daß ein zu schwerer Arbeit Verurtheilter wegen seiner Körperschwäche oder Gebrechlichkeit solche zu leisten nicht vermöchte, so ist derselbe, so lange dieser Zustand dauert, zu so schweren Arbeiten anzuhalten, wie seine Körperbeschaffenheit solche irgend verstattet.

c) das Braunschweigische Kriminalgesetz, §. 13:

Alle Strafgefangenen sind zu Arbeiten anzuhalten, welche ihrer Körperbeschaffenheit und ihren früheren bürgerlichen Verhältnissen thunlichst entsprechen.

Soweit solches mit diesem Grundsatze verträglich ist, sind die zu schwereren Strafen Verurtheilten zu schwereren Arbeiten zu verwenden.

Sie werden in jeder Strafanstalt dergestalt in Klassen getheilt, daß eine Sonderung der mit Handarbeiten beschäftigten von den zu solchen nicht zu verwendenden, sowie der jugendlichen von den älteren und verdorbeneren Verbrechern stattfindet (diese Bestimmungen beziehen sich auch auf Kettensträflinge).

d) die Strafgesetze für die Thüringischen Staaten (für Sachsen-Koburg-Gotha, Sachsen-Meiningen, Sachsen-Weimar, Schwarzburg-Rudolstadt, Schwarzburg-Sondershausen, Anhalt-Dessau v. 1850 und Reuß-Schleiz v. 1852), Artikel 8:

Alle Strafgefangenen sind zu Arbeiten anzuhalten, welche ihrer Körperbeschaffenheit thunlichst entsprechen.

Soweit es mit diesem Grundsatze verträglich ist, sind die zur Zuchthausstrafe Verurtheilten zu schwerer Arbeit zu verwenden (Anhalt verordnet dies nur für Zucht- und Arbeitshaussträflinge, Reuß verordnet außerdem die Sonderung wie Braunschweig oben zu c).

Hannover (freilich fast nur zur Verhütung der Barbarei), Braunschweig und Thüringen berücksichtigen also bei der Zutheilung zu den Arbeiten gesetzlich die Körperkraft, Braunschweig außerdem noch die „früheren bürgerlichen Verhältnisse", Oesterreich innerhalb des Kreises der eingeführten Arbeiten die bisherige Beschäftigungsweise und die Bildungsstufe.

Einen eigenthümlichen Gegensatz hierzu bildet der §. 11 des Preußischen Strafgesetzes nach der ihm von Goltdammer*) gegebenen Auslegung. Danach ist absoluter Arbeitszwang nach den Regeln der Strafanstalt ohne Anspruch auf individuelle Berücksichtigung nach Fähigkeiten oder bisherigen Lebensverhältnissen das Eigenthümliche der Zuchthausstrafe. Dieses wird auch beim Vollzug der Zuchthausstrafe in Oldenburg, Waldeck, Lübeck, Großh. Hessen, Frankfurt, Nassau und Homburg nach den für diese Staaten bestehenden Strafgesetzen, wenigstens nach der Intention dieser Strafgesetze, gelten.

Nach Gesetzen, Vollzugsverordnungen und Praxis gestalten sich die Arten des Vollzuges der Zuchthausstrafe daher entweder so, daß dabei gleichsam eine Vernichtung der Individualität angenommen, oder aber der durch die Freiheitsentziehung ohnehin beschränkten Individualität wenigstens noch einige Rechnung getragen wird. In ersterer Beziehung kommt noch der mit der Strafe verbundene Verlust der bürgerlichen und Ehren-Rechte in Betracht.

3. Arbeitshausstrafe.

Preußen und die Staaten, deren Strafgesetze dem Preußischen nachgebildet sind, kennen die Arbeitshausstrafe nicht.

Oesterreich verordnet in §. 245 etwas derartiges, den Arrest zweiten Grades, oder strengen Arrest für Vergehen und Uebertretungen. Der Verurtheilte wird (ohne Eisen) in Beziehung auf Verpflegung so gehalten, wie es die Einrichtung der für solche Sträflinge bestimmten Strafanstalten nach den Verordnungen mit sich bringt.

Bayern verordnet in Art. 18 den Vollzug der länger als zwei Monate dauernden Gefängnißstrafe in der Gefangenenanstalt.

Für diese gilt der oben angeführte Artikel 24 des Strafgesetzes.

*) Vergl. v. Holtzendorff, Gesetz- oder Verwaltungsmaxime, S. 18 ff.

Aehnliche Bestimmungen in Betreff der Arbeitshausstrafe haben

Sachsen: Artikel 13.
Hannover: Artikel 19.
Württemberg: Artikel 14.
Baden: §. 36, 37.
Hessen: Artikel 12.
Braunschweig (Zwangsarbeit): §. 11.
Nassau: Artikel 9, 10.
Thüringen: Artikel 7.

In der Regel ist für die Sträflinge eine besondere Kleidung vorgeschrieben.

In Württemberg wurde durch Artikel 3 des Gesetzes vom 14. April 1855 die Arbeitshausstrafe der Zuchthausstrafe im Vollzug vollkommen gleichgestellt, nur der Vollzug in besonderem Hause, mit anderer gleichförmiger Kleidung und mit Möglichkeit der Beschäftigung außerhalb der Strafanstalt beibehalten.

Baden läßt gegenüber den Züchtlingen in Verpflegung und Behandlung Erleichterungen zu und gestattet mit Einwilligung der Sträflinge deren Beschäftigung außerhalb der Anstalt.

Hessen, Braunschweig, Nassau und Thüringen haben die oben sub 2 angeführten allgemeinen Bestimmungen in Betreff der Arbeit.

4. Die übrigen Arten der Freiheitsstrafen

in den Deutschen Strafgesetzen sind leichtere und können unter dem Namen Gefängniß- und Festungsstrafe zusammengefaßt werden.

Hierher ist auch die Einschließung (§. 13 des Preußischen Strafgesetzes) zu rechnen. Gefängnißstrafe ist gewöhnlich nur von kürzerer Dauer.

Oesterreich läßt in §. 246 und 262 auch Hausarrest zu.

Bei der Gefängnißstrafe findet meist gar kein Zwang zur Arbeit oder doch nur mit Berücksichtigung der Verhältnisse statt; auch sind gewöhnlich Erleichterungen in Betreff der Kost ꝛc. zulässig. Nach dem Charakter dieser Strafarten kann hier gewöhnlich die Individualität der Gefangenen berücksichtigt werden.

Die Absicht, in der wir die gesetzlichen Bestimmungen über die Strafarten mittheilen, macht es unnöthig, auf das Detail dieser Bestimmungen bezüglich der leichteren Strafarten näher einzugehen.

Die Deutschen Strafgesetze bestimmen in Betreff der härteren, länger dauernden Freiheitsstrafen

1) viel zu wenig, in was die Strafe bestehen soll. Sie begnügen

sich, den Namen der Strafart zu nennen, die Straffolgen aufzuzählen, etwas von Arbeit zu sagen; mit Ausnahme der richterlich festgesetzten Dauer des Strafübels wird des Letzteren Quantität und Qualität durch Regierungsverordnungen bestimmt.

2) meist entweder den Ausschluß eines jeden Individualisirens beim Strafvollzug oder gar nichts in dieser Hinsicht.

Die Umstände bringen es mit sich, daß der Richter selten das von ihm zugemessene Strafübel in seinem ganzen Umfang, weder im Allgemeinen, noch in der Wirkung auf das Individuum, kennt.

Fast durchgängig wird in den Deutschen Strafgesetzen bei den härteren Freiheitsstrafen nur der Vollzug in gemeinschaftlicher Haft vorausgesetzt und der Einzelhaft ist gewöhnlich nur als Schärfung der Strafe gedacht.

Am großen Ganzen ändert es nur wenig, daß einzelne Einrichtungen für Einzelhaft vorhanden sind. So hat Preußen Einzelhaftvollstreckung in Moabit, Köln, Münster, Breslau, Insterburg und Ratibor, nach S. 111 der amtlichen Mittheilungen über die Preußischen Strafanstalten im Jahre 1859 2695 freilich nicht alle für Einzelhaft benützte Zellen. Drei größere Preußische Strafanstalten allein haben zusammen einen dieser Zellenzahl entsprechenden Gefangenenstand. Die anderen Länder, welche mit Einführung der Einzelhaft umgehen, wie Bayern, Hannover, Großh. Hessen, Braunschweig, Frankfurt u. s. w. sind noch in Ausführung der Maßregel begriffen. Baden isolirt von gegen 700 Gefangenen in den Strafanstalten mehr als die Hälfte und hat außerdem in den Bezirksgefängnissen über 400 Zellen.*)

Wenn man nun näher auf die Art eingeht, wie sich der Vollzug der härteren Freiheitsstrafen nach Gesetzen und Verordnungen in der wirklichen Praxis der einzelnen Strafanstalten gestaltet, wie der bauliche Zustand, das Regime, die gesammte Behandlung der Gefangenen, das niedere Personal beschaffen ist; wenn man ferner noch die bestehenden Schärfungen durch Ketten, körperliche Züchtigung, Dunkelarrest, Beschränkung der Kost 2c., endlich die Art der Disciplinarstrafen in Anschlag nimmt: so wird sich allerdings die Ueberzeugung aufdrängen, daß auch jetzt noch eine vom Gesetze nicht beabsichtigte unverhältnißmäßige Härte darin liegt oder läge, manche Individuen in die so beschaffene Strafanstalt zu bringen.

III.

Art des Vollzugs der Freiheitsstrafen in Deutschland.

b. Bezüglich der Rücksicht auf die Individualität.

Prüfen wir nun, wie einzelne Deutsche Strafgesetze dem erwähnten Gedanken Rechnung tragen.

*) Vergleiche Blätter für Gefängnißkunde. Heidelberg. Weiß, 3. Heft, S. 3

Das Oesterreichische Strafgesetz hat keine desfallsige Bestimmung. Die Absonderung wird nur als Schärfung bis zu 4 Wochen, resp. 14 Tagen ununterbrochen angewendet (§. 19, 22, 253, 256).

Der bei Leuten unbescholtenen Rufes die Stelle von leichtem Arrest vertretende Hausarrest (§. 246, 262) kann nur erkannt werden, wenn der zu Bestrafende durch die Entfernung von seiner Wohnung gehindert würde, seinem Amte, seinem Geschäft oder seiner Erwerbung obzuliegen.

Das Preußische Strafgesetz (§. 13) und das Oldenburgische (Artikel 8) haben zwar die, Einschließung genannte, Festungsstrafe; sie besteht in Freiheitsentziehung mit Beaufsichtigung der Beschäftigung und Lebensweise der Gefangenen und wird in Festungen oder in anderen besonders dazu bestimmten Räumen vollstreckt. Sie wird aber nicht in Rücksicht auf die individuellen Verhältnisse, sondern nur bei einzelnen Verbrechen, z. B. bei politischen, falls mildernde Umstände vorhanden sind, beim Zweikampf ꝛc., also bei einigen Verbrechen, wenn keine niedrigen, eigennützigen Motive der That vorliegen, erkannt.

Aehnlich die Festungsstrafe in Art. 7 des Anhalt'schen Strafgesetzes. Nassau kennt die Festungsstrafe nur für das Duell, Artikel 285 — 287. Regeln, wie solche vollstreckt werden sollen, sind im Gesetze nicht enthalten. Hannover (vergl. unten) läßt Staatsgefängniß für das Duell zu, Art. 175. Baden ermächtigt den Richter, den Vollzug der Arbeitshaus- und Gefängnißstrafe auf der Festung in denjenigen Fällen anzuordnen, wo auch auf abgesonderten Raum (vergleiche unten) erkannt werden kann, wenn gleichzeitig dem Verbrechen weder Eigennutz noch sonst eine schändliche Gesinnung zu Grunde liegt, §. 51, 52.

Preußen, Anhalt, Nassau und Hannover haben also Festung als eine besondere Strafart, Baden als Surrogatstrafe für einzelne Fälle, wo der That kein niedriges Motiv zu Grunde lag. In den anderen Deutschen Ländern, mit Ausnahme von Bayern, Württemberg und Hessen, kann die Strafe nur im Wege der Begnadigung in Festungsstrafe umgewandelt werden. Ausdrückliche desfallsige Bestimmungen enthält das

K. Sächsische Strafgesetz: Artikel 19,

Thüringische Strafgesetz: Artikel 7.

Ziemlich auf gemeinsamen Principien beruhend sind die Bestimmungen

1) des Bayerischen Strafgesetzes, Artikel 19:

Die Zuchthaus- oder Gefängnißstrafe ist in einer Festung zu vollziehen, wenn das Gericht solches der Bildungsstufe oder den bürgerlichen Verhältnissen des Verurtheilten, sowie den besonderen Umständen der That oder der derselben zu Grunde gelegenen Gesinnung angemessen findet und in dem Strafurtheile anordnet.

2) des Württembergischen, Artikel 18 (nach der ursprünglichen Fassung):

Die Gerichte haben die Vollziehung der Arbeitshausstrafe auf einer Festung oder in einer ihr gleichgestellten selbstständigen Anstalt anzuordnen, wofern ihnen solches nach sorgfältiger Erwägung der besonderen Umstände des Verbrechens, sowie der Bildungsstufe und der bürgerlichen Verhältnisse des Uebertreters begründet erscheint.

Artikel 23 gestattet dasselbe unter den gleichen Verhältnissen bei der Verhängung von Gefängniß gegen Jemanden, dem die Ehrenrechte nicht aberkannt sind oder werden.

Artikel 13 lautet in der älteren Fassung:

Die zeitliche Zuchthausstrafe ist von den Gerichten, wo ihnen solches nach sorgfältiger Erwägung der besonderen Umstände des Verbrechens, sowie der Bildungsstufe und der bürgerlichen Verhältnisse des Uebertreters begründet erscheint, in der Art zu erkennen, daß der Verurtheilte in einem von den übrigen Gefangenen abgesonderten Raume des Zuchthauses verwahrt und zu einer, soviel thunlich, seinen früheren Verhältnissen angemessenen Beschäftigung angehalten wird, daß er die vorgeschriebene ausgezeichnete Kleidung nicht zu tragen hat und daß die Disciplinarstrafe der körperlichen Züchtigung gegen ihn nicht zur Anwendung kommt.

3) des Großh. Hessischen Strafgesetzes, Artikel 11:

Den Gerichten ist gestattet, nach sorgfältiger Erwägung der bürgerlichen Verhältnisse und der Bildungsstufe des Schuldigen, die Vollziehung der Korrektionshausstrafe auf einer Festung oder in einer dieser gleichgestellten Anstalt anzuordnen.

Erläuterungen zu diesen Bestimmungen finden sich in Hufnagels und Breidenbachs Kommentaren*)

Man erkannte, daß es für das wirklich gebildetere Individuum eine ungerechte Härte wäre, wenn man es in ein und dieselbe Gesellschaft mit den gewöhnlichen, rohen, gemeinen Verbrechern brächte.

Wenn es für einen Staatsbürger, der vermöge seiner Verhältnisse in gebildeter honetter Gesellschaft gelebt hat, ein Uebel ist, mit rohen und verworfenen Menschen leben zu müssen, so leidet derselbe, mit rohen und nieder-

*) Hufnagel, I., S. 26, II., S. 884. Breidenbach, S. 352.

trächtigen Verbrechern verglichen, durch eine völlige Gleichstellung mit diesen doch unstreitig mehr als die Letzteren. Gerade jenes Uebel ist ein Zusatz zu der gesetzlichen Strafe, ein Voraus an solcher und deshalb der Rechtsgleichheit entgegen. Dem verurtheilten gebildeten Verbrecher, welcher durch die Gemeinschaft mit rohen oder doch sehr ungebildeten Verbrechern oder mit solchen, die durch die Beschaffenheit ihrer That niedrige Denkungsart an den Tag gelegt haben, ein härteres Uebel erleiden würde, als das Gesetz will, soll die Strafe nach dem Grundsatz einer wahren inneren Gleichheit zugemessen werden.

Man wollte indeß ein Zugeständniß machen der eigentlichen geistigen, höheren Bildung, die sich abspiegelt und ausspricht in Beruf, Beschäftigung, Umgang, häuslicher Einrichtung, kurz, in der ganzen Lebensweise. Man wollte kein Zugeständniß den höheren Ständen, sondern nur den Eigenschaften machen, die sich ein Jeder erwerben kann.

Bayern und Württemberg verlangen indeß außer dieser Berücksichtigung der Bildungsstufe und der bürgerlichen Verhältnisse noch die der besonderen Umstände der That, so daß also insbesondere bei Gründen größerer Strafbarkeit, bei ausgezeichneter Bosheit, gemeingefährlichem Willen, besonderer Verwerflichkeit der Gesinnung u. s. w. die Vergünstigung ausgeschlossen sein soll.

Weiter gehen nun die durch das Gesetz vom 13. August 1849 eingeführten Aenderungen des Württembergischen Strafgesetzes.

Demnach lauten die Artikel 13 und 18 jetzt:

> Die Gerichte haben die Vollziehung der Zucht- und Arbeitshausstrafe auf der Festung anzuordnen, wofern ihnen solches nach sorgfältiger Erwägung der besonderen Umstände des Verbrechens und der bisherigen Ehrenhaftigkeit des Uebertreters begründet erscheint.

In den Württembergischen Kammerverhandlungen wurde der Zusatz „und der bürgerlichen Verhältnisse“ *) von der Justizgesetzgebungskommission zwar beantragt, von der II. Kammer aber abgelehnt. Man dachte bei der Einführung der Bestimmung zunächst auch an die wegen politischer Verbrechen Verurtheilten.

Die jetzige Fassung des Gesetzes hält den Reichen und Armen, den Gebildeten und Ungebildeten gleich und faßt nur die Unbescholtenheit und Ehrenhaftigkeit eines Individuums in's Auge. Man wollte keinen Unterschied machen zwischen Honoratioren und Nichthonoratioren, und den ehren-

*) Verhandlungen der Württembergischen Kammer der Abgeordneten 1848/49. I. Beilagenband. Beil. 183, S. 351 ff., ebenda Beil. 412, S. 776.

haften Handwerker oder Bauersmann von der Wohlthat jener gesetzlichen Bestimmung nicht ausschließen.

Die Veränderung der Bestimmung bezüglich des Zuchthauses hat die wichtige Neuerung geschaffen, daß auch die zu Zuchthaus und anderen Strafen Verurtheilten nicht nur in abgesondertem Raume, sondern in besonderer Strafanstalt untergebracht werden, und man hielt diese Maßregel wegen des äußeren Ansehens, des künftigen Fortkommens der Bestraften für zweckmäßig; sie ist es auch in der That und weiter noch insofern, als die Anwesenheit derartiger Leute in der **gewöhnlichen** Strafanstalt nicht günstig auf dessen Disciplinarverhältnisse wirkt, öfter auch, besonders bei der Einsperrung politischer Gefangener mit gemeinen Verbrechern, Letzteren zum Nachtheile der guten Sache eine eigene Meinnng von ihrem Standpunkte gibt. Doch wäre dies Letztere nur eine kriminal-politische Rücksicht.

4. Das **Hannoversche** Kriminalgesetzbuch verfügt in Art. 23:

> „Wenn nach der Persönlichkeit des Verbrechers und vorzüglich nach den Rücksichten, welche aus dem sonstigen Lebenswandel desselben und der Natur des Verbrechens hervorgehen, dafür gehalten werden müßte, daß in dem besonderen Falle die Vollziehung einer nach dem Gesetze verwirkten Ketten- oder Zuchthausstrafe von einer so außerordentlichen Härte begleitet sein, daß dadurch ein richtiges Verhältniß zwischen Verbrechen und Strafe gänzlich aufgehoben würde, so ist statt derselben auf **Staatsgefängniß** zu erkennen. Es soll dann aber die Dauer der gesetzlichen Strafe, falls sie zeitlich ist, um ein Viertheil bis zur Hälfte verlängert werden.
>
> Auch die Arbeitshaus- und Gefängnißstrafe ist aus gleichen Gründen in Staatsgefängniß, jedoch ohne Verlängerung der Strafzeit, zu verwandeln."

(Hierher ist noch zu vergleichen Art. 174., welcher beim Duell das Erkennen auf Staatsgefängniß zuläßt.)

Die Motive dieser gesetzlichen Bestimmung sind dieselben, welche schon **Bauer** *) geltend gemacht hat. Derselbe sagt:

> „Gegen die Bestimmung ist eingewendet worden, es widerspreche dieselbe dem Grundsatze der Gleichheit Aller vor dem Gesetze, welcher es mit sich bringe, daß ohne Unterschied des Standes jeden Uebertreter des Strafgesetzes die in demselben angedrohte Strafe treffen müsse."

*) In seinem Entwurf eines Strafgesetzes für Hannover. Göttingen, 1826.

Es würde indeß eine offenbare Verletzung jener Gleichheit enthalten und vielmehr zu einer auffallenden Ungleichheit führen, wenn zwei gleich strafbare Uebertreter unter ganz verschiedenen persönlichen Verhältnissen zu der nämlichen Freiheitsstrafe verurtheilt würden. Denn der Mann von Stand oder Bildung, welcher an mancherlei Genüsse oder Bequemlichkeiten, sowie an den Umgang mit Gebildeten gewöhnt ist, würde in den gewöhnlichen Strafanstalten sehr viel mehr leiden als derjenige, welcher nach seinen bisherigen Verhältnissen an härtere Arbeit, schlechtere Kost und minder gebildete Gesellschaft gewöhnt, in den Strafanstalten oft eine bessere Pflege findet, als er bei sich gehabt haben würde. Gerade die Gleichheit vor dem Gesetze erfordert es also, daß man diese Verschiedenheit der persönlichen Verhältnisse eben sowohl berücksichtige als die physischen Verschiedenheiten. Auch ist dafür gesorgt, daß der Meinung begegnet werde, als ob durch Zulassung des Staatsgefängnisses gebildeten Verbrechern das Privilegium einer theilweisen Straflosigkeit verliehen werden solle, indem der Artikel theils eine Verlängerung der Strafzeit bis um die Hälfte vorschreibt, theils den Verlust der Ehrenrechte zu erkennen zuläßt."

Während nun Bayern, Württemberg und Hessen die rechtliche Qualität der Strafe in den angegebenen Fällen zur Erzielung möglichster Gleichheit vor dem Gesetze bestehen ließen und nur eine Ausnahme der thatsächlichen Qualität d. h. im Strafvollzuge zuließen, verordnet Hannover — demselben Gedanken Rechnung tragend — eine eigene Strafart. Ohne Zweifel war dabei der schon von Bauer a. a. O. geltend gemachte Grund leitend, daß der Standpunkt des Richters verrückt werde, wenn man ihm das Recht einräume, eine von ihm selbst zuerkannte Strafe nachher in eine andere zu verwandeln und wenn man dem Richter solchergestalt ein Attribut des Regenten beilege; daß ferner das Vertrauen zu einer unparteilichen Gerechtigkeitspflege geschwächt werde, wenn ein zu Ketten- oder Zuchthausstrafe Verurtheilter nicht in die entsprechende Strafanstalt, sondern in das Staatsgefängniß verbracht werde. — Es dürfte die Hinfälligkeit dieser Gründe von selbst einleuchten.

Tragen nun auch Bayern, Württemberg und Hessen den Gedanken der Rücksichtnahme auf die Individualität der Verbrecher innerhalb derselben Strafart Rechnung, so geschieht dies doch nur in einseitiger Weise, theils (in Hessen) nicht bei allen Strafarten, theils nur beim Vorhandensein bisheriger Ehrenhaftigkeit und der Begehung eines nicht niedrigen Gesinnungen entspringenden Verbrechens. Allein Baden läßt eine solche

Rücksichtnahme innerhalb derselben Strafart bei allen Verbrechen und allen Strafarten zu.

Der §. 51 des Badischen Strafgesetzes lautet:

„Werden Personen von Zuchthaus- oder Arbeitshaus- oder Gefängnißstrafe getroffen, für welche der Strafvollzug in der Gemeinschaft mit den übrigen Sträflingen nach ihren persönlichen Verhältnissen und der Stufe ihrer Bildung eine unverhältnißmäßige Härte enthalten würde, so ist im Straferkenntniß zugleich auszusprechen, daß die Strafe in einem abgesonderten Raume der Strafanstalt zu vollziehen sei, wo der Verurtheilte, ohne die sonst vorgeschriebene gleichförmige Kleidung, so viel thunlich, zu einer seinen persönlichen Verhältnissen angemessenen und mit der Ordnung des Hauses verträglichen Beschäftigung angehalten werden soll."

Die Motive zu dieser gesetzlichen Bestimmung finden wir in den Verhandlungen der II. Badischen Kammer. Die Anmerkungen der Gesetzgebungskommissionen zu diesem §. sagen:

„Für einen Verbrecher aus der gebildeten Klasse enthält die bloße Verwahrung in einer gewöhnlichen Strafanstalt, so lange darin beim Arbeiten, Essen und Schlafen das Beisammensein der Sträflinge nicht aufgehoben ist, ein Strafübel, welches nicht einmal mit der größten Verschuldung, die ihn, eben wegen der höheren Bildung, trifft, im Verhältnisse steht. Gerade um die Rechtsgleichheit herzustellen, mußte daher das Gesetz für solche Verbrecher eine Ausnahme machen, die übrigens nicht als Vorrecht eines Standes erscheint, weil sie nur durch persönliche Eigenschaften bedingt ist, die Jeder zu erwerben vermag."

Der Kommissionsbericht der II. Badischen Kammer lautet hierzu*):

„Die Verfügungen der §§. 50 und 51 fließen aus der gleich gerechten als humanen Erwägung, daß, wenn einerseits wahr ist, daß alle Bürger gleichmäßig unter dem Gesetze stehen, demnach für gleiches Verbrechen auch gleiche Strafe leiden sollen, andererseits nicht minder anerkannt werden muß, daß solche vom Recht geforderte Gleichheit keineswegs eine blos äußerliche und handgreifliche, sondern eine innere und wahre, d. h. eine dem verständigen Urtheil als solche erscheinende sein soll, und daß also, wenn eine und dieselbe — materiell gleiche — Strafe nach dem Urtheil jedes Vernünftigen von zwei, wegen eines gleichen

*) Verhandlungen der II. Kammer 1839, VII. Beilagenheft, S. 35 ff.

Verbrechens Verurtheilten, dem Einen, nach körperlichen oder Seelenzuständen, nach der Bildungsstufe, nach bürgerlichen Verhältnissen, Gewohnheiten, zu wahrer Lebensnothwendigkeit gewordenen Bedürfnissen u. s. w. zehn- oder hundertmal weher thun muß, als dem Anderen, nur ein sanskulottisches Gleichheitsprincip die Berücksichtigung solcher Verschiedenheiten verbieten kann.

Welcher vernünftige Richter z. B. wird nicht bei Ausmessung von Geldstrafen auf die ihm bekannten Vermögensverhältnisse des zu Verurtheilenden Rücksicht nehmen?

So hat man bei körperlichen Züchtigungen, so lange sie gesetzlich bestanden, von jeher Alter, Geschlecht, Leibesbeschaffenheit u. s. w. gebührend beachtet und die materielle Härte der Züchtigung jenen Verhältnissen nach Thunlichkeit angepaßt.

Soll nun nicht auch dasselbe bei den Freiheitsstrafen geschehen? Wer fühlt nicht, daß dieselbe ausgezeichnete Kleidung, dieselbe Kost, dieselbe harte Arbeit, die Gemeinschaftlichkeit in Beidem und das Zusammensein im Wachen und Schlafen mit rohen, zum Theil unflätigen Menschen u. s. w. einem Manne von Geistesbildung, von besseren Angewohnheiten, von schwächerer, zu harter Arbeit untauglicher Körperbeschaffenheit und von einem — trotz des Verbrechens, wozu ihn vielleicht ein unseliger Affekt oder eine augenblickliche Verirrung brachte, — noch immer lebendigen Ehrgefühl und Entsetzen vor Schande unermeßlich schwerer fallen muß, als einem Anderen, bei welchem das Gegentheil von all dem stattfindet, welcher, als einer harten Lebensweise, einer dürftigen Kost und schweren Arbeit gewöhnt, seinen physischen Zustand durch den Eintritt in's Zuchthaus nur ganz wenig verschlimmert, oder welcher auch außerhalb desselben in Gesellschaft von rohen und schlechten Menschen, vielleicht von Verbrechern, gelebt hat, in ihrem Umgang sich wohler als in jenem mit ehrlichen und sittlichen Leuten befindet und des Ehrgefühls oder der Furcht vor Schande längst bar geworden ist? Abstufungen oder gegenseitige Annäherungen von beiden Extremen finden wohl auch statt, und denselben kann die Gesetzgebung oder die Hausordnung der Strafanstalt nicht in's Einzelne folgen; aber einen Hauptunterschied darf oder soll sie machen, und es ist dieser durch die §§. 50 und 51 bezeichnet.

Wohl sagt man hinwieder: „Dem rohen, verwilderten, durch schlechte Erziehung und schlechten Umgang verdorbenen Menschen sei auch die Uebertretung nicht so hart zuzurechnen, als dem geistig gebildeten, mindestens durch Stand und Vermögensverhältnisse zur geistigen Bildung berufenen und mit den Mitteln dazu versehenen, zumal dem durch das Vertrauen der Regierung mit einem Staatsdienst bekleideten. Der Letzte also trage in dem für ihn allerdings schweren Gewicht der Strafe die entsprechende Folge seiner gleichfalls schweren Schuld. Er hatte weniger Versuchung zum Verbrechen und mehr davon abhaltende Beweggründe; wenn er es nun gleichwohl begeht, so ist dieses der Beweis eines desto schlechteren oder verdorbeneren Willens, und die schmerzlichere Strafe ist also eine verdiente. So viel Wahres aber in diesem Raisonnement — wenigstens in Bezug auf die aus niederträchtiger Gesinnung fließenden Verbrechen, wie Diebstahl, Betrug u. s. w. — liegt, so ist doch nicht zu übersehen, daß es auch viele Verbrechen, und hart verpönte Verbrechen giebt, die eben nicht eine solche Gesinnung nothwendig voraussetzen, und daß auch bei den anderen, das relativ schwerere Gewicht gewisser Strafen für den Gebildeten, verglichen mit dem Ungebildeten, das allerdings auch relativ schwerere Gewicht der Schuld bei Jenem, verglichen mit Diesem, noch weit überwiegt, und daß außerdem den Ersten überhaupt, zumal aber den Staatsdiener, noch neben der Freiheitsstrafe der Verlust von (höheren) Ehren und von Dienstrechten und den damit verbundenen Einkünften — oft das einzige Subsistenzmittel eines solchen Verbrechers — trifft, wodurch seine Strafe ohnehin schon, verglichen mit jener des gemeinen Verbrechers, ausnehmend erhöht wird. Es ist diese Bemerkung schon aus Anlaß des §. 17 gemacht worden, und sie muß hier wiederholt werden, um die milderen Bestimmungen der §§. 50 und 51 zu rechtfertigen.

In Bezug auf die Fassung jedoch muß Ihre Kommission bemerken, daß der in der Rubrik sowohl als im Text stehende Ausdruck „Personen aus der gebildeten Klasse“ das Bedenken veranlaßte, es möchte dadurch eine Art von aristokratischem Vorzug oder Standesprivilegium für bestimmte bürgerliche Rangklassen statuirt scheinen, anstatt der in der Intention des Gesetzes liegenden, blos zu Gunsten der dazu geeigneten einzelnen Personen, die da verurtheilt wurden, und aus Gründen, die lediglich auf ihre individuellen Eigenschaften und Verhältnisse sich beziehen, verordneten, humanen und gerechten Milderung. Man beschloß darum, den, auch in den Motiven zum Gesetzentwurf ausgesprochenen Grund dieser Bestimmung in die Paragraphen selbst aufzunehmen, um dadurch jeder Mißdeutung auszuweichen und dem Richter deutlich zu machen, in welchen Fällen er die Begünstigung auszusprechen habe, wo der gewöhnliche Strafvollzug „eine unverhältnißmäßige Härte wegen der persönlichen Eigenschaften oder Verhältnisse des Verurtheilten enthalten würde."

Das Badische Strafgesetz führt demgemäß den Gedanken konsequent durch, und in der That, wenn einmal bei gewissen individuellen Voreigenschaften des Thäters der Vollzug der gewöhnlichen Strafe als eine allzugroße Härte erscheint, so ist dies auch dann der Fall, wenn dem Verbrechen eine niedrige Gesinnung zu Grunde liegt. Die Strafe wird dadurch nicht gerechter.

IV.

Momente des Strafvollzugs, welche die Individualisirung erheischen.

Wenn nach den Beschlüssen des dritten Deutschen Juristentages*) das künftige Deutsche Strafgesetzbuch den Verlust der Ehrenrechte nicht mehr an die Strafart knüpft und außerdem eine besondere Strafart für solche Handlungen schafft, die nicht aus unehrenhafter Gesinnung entspringen, so entfallen damit auch alle jene Gründe für Berücksichtigung der Individualität, welche aus dem Verbringen an den Ort der Entehrung hergeleitet werden, insbesondere auch aus der Rücksicht auf das künftige Fortkommen des Bestraften. Der bessere soll künftig von dem gemeineren Verbrecher getrennt verwahrt, dagegen aber auch der gemeine Verbrecher nicht mehr durch Verbringung an den Ort der Entehrung betreffs seines künftigen Fortkommens unnöthigerweise geschädigt werden; der Aufenthalt in der Strafanstalt wird dem Sträfling nicht mehr das Brandmal der Entehrung aufdrücken, sondern die Qualität der Handlung wird bestimmen, inwieweit der Bestrafte der Ausübung der Ehrenrechte verlustig geht.

Die weiteren Momente sind theils dieselben, wie sie beim täglichen Leben auch ohne Gefangenschaft allenthalben in Frage kommen: Wohnung mit aller Einrichtung, besonders Schlafstelle, Kost, Beschäftigung, Gesellschaft, geistige und körperliche Pflege, theils der Gefangenschaft eigenthümliche, wie insbesondere das Maß der Beschränkung individueller Freiheit, die gesammte Behandlung der Gefangenen durch die Bediensteten der Strafanstalt, Hausordnung im Allgemeinen, Verkehr nach Außen, Disciplinarstrafen &c.

Es ist nun nicht nöthig, die verschiedenartige Wirkung hier durch detaillirte Aufzählung zu konstatiren, die verschiedenartige Wirkung, welche

*) Verhandl. des III. Deutschen Juristentages, 2. Band, S. 406 ff., S. 88 ff., besonders auch S. 414, 416 ff., 420.

die ganze Procedur des Strafvollzuges vom Bartscheeren und Einkleiden an bis zur Entlassung, vom Willkommen bis zum Abschiede auf die einzelnen Individuen je nach Stand*), Bildung, Beruf, Alter, körperlicher und geistiger Vereigenschaftung, insbesondere nach Charakter und Gemüthsbeschaffenheit ꝛc. ꝛc. hervorbringt. Wer sich in allen Lagen des Lebens dies vorstellen will, wird schon dadurch einigen Begriff davon erhalten. Man bedenke dabei, wie gar viel sonst Unbedeutendes für den Gefangenen, der in fremde Gewalt gegeben ist, besonders durch die tägliche Wiederholung von Wichtigkeit wird. Ein einfältiger tölpischer Mensch, der noch nie an etwas Ordentliches gewöhnt war, kann eine große Freude daran haben, wenn man ihn reinigt und in gute Kleider steckt; was wird aber das Gefühl des Denkenden sein, der bis daher sein Kleid in Ehren getragen? Das Ablegen der bisherigen Lumpen ist dem Ersten nicht schwer; wenn aber Letzterer seinen Ehering, der ihm nie vom Finger kam, abgeben muß? Der Erstere entbehrt keine Tagesliteratur; dem Letzteren war sie ein wirkliches Bedürfniß. In Krankheit würde Jener vielleicht zu Hause das Opfer einer barbarischen Gefühllosigkeit; Dieser aber hätte in der Heimath die sorgliche Pflege einer liebenden Gattin u. s. w. u. s. w. Kurz, der Eindruck im Einzelnen und im Gesammten ist ein anderer bei dem Besseren, Reumüthigen, als bei dem Verstockten, bei dem berufstreuen Vater einer zahlreichen Familie, als bei dem leichtsinnigen ledigen Tagedieb, bei dem gebrechlichen Greis, als bei dem in jugendlicher Vollkraft stehenden Manne, bei dem an sitzende Lebensweise und Arbeit Gewöhnten, als bei dem, der in tollster Ungebundenheit durch die Welt schweifte, bei dem Gemüthlichen, als bei dem kalten Verstandesmenschen u. s. f.

Gesetz und Hausordnung schlagen nun meistens alle diese vielerlei Individualitäten über einen Leisten, und das nennt man dann gleichmäßigen, gerechten Strafvollzug!

Jede Freiheitsentziehung bringt unvermeidliche Gleichheiten aller ihr Unterworfenenen mit sich; daher sollte man nicht auch da, wo das Gleichmachen oft im einzelnen Fall zur unnützen Quälerei wird, daran festhalten wollen, vor allen Dingen aber nicht die Beschränkung der individuellen Freiheit zu weit treiben. Gradationen der Strafe lassen sich, abgesehen von der Dauer, doch auffinden; freilich ist nöthig, das Wesen der Strafe richtig aufzufassen.

Wie wir oben gesehen, stehen die Gesetze von dem Vollzug der gewöhnlichen Strafart mitunter ab, wenn darin eine zu große Härte enthalten wäre; wenn die Härte und die dadurch bedingte Ungleichheit also nur

*) Vergleiche Berenger, répression pénale II., S. 103 ff.

einfach eine große ist, so läßt man es unbedenklich dabei bewendet sein. Manche Gesetzgebungen verlangen Berücksichtigung der individuellen Verhältnisse, wenigstens bei der Beschäftigung; weiter aber sind sie innerhalb der härteren Strafarten nicht gegangen.

Was nun Wohnung, Lagerung, selbst Kost*) anbelangt, so wird sich, je nach den Verhältnissen, eine richtige Mitte für Alle finden lassen, wenn man von dem Gedanken ausgeht, daß hier, theilweise schon um der Gesundheit willen, aller Luxus hinwegfallen muß. Dagegen sind es viele auf die gesammte Behandlung der Gefangenen bezügliche, anscheinend unbedeutende Punkte, wo individuellen Verhältnissen Rechnung getragen werden sollte.

Ein erster Hauptpunkt ist aber die Lebensgemeinschaft der Gefangenen unter sich.

Es ist eine allbekannte Thatsache, daß der weitaus größte Theil der Verbrecher den niederen, ungebildeteren Ständen angehört. Dies weis't die Statistik der Strafrechtspflege aller Länder aus. Die Gebildeteren sind ohnehin auch unter der freien Bevölkerung nicht die Mehrzahl; ihre Verhältnisse treiben sie in der Regel nicht zu Verbrechen gegen das Eigenthum, und sie lernen wohl meist ihre Leidenschaften mehr zähmen, als die roheren Naturen der Landbevölkerung; die Gebildeteren haben sodann in allen Lagen des Lebens, besonders auch gegen eine strafrechtliche Verfolgung, mehr Mittel zu Gebote. Daraus folgt indeß nicht, daß die ganze weniger gebildete Strafanstaltsbevölkerung schon vor der Einlieferung in die Strafanstalt derart beschaffen war, daß ein Weilen in ihrer Gesellschaft für jeden ordentlichen Menschen eine Tortur wäre; jene Rohheit, Schlechtigkeit, Unflätigkeit und andere, nicht nur dem Gebildeten, sondern jedem Besseren anstößige Eigenschaften von Gefangenen, wie sie in gemeinschaftlichen Strafanstalten sich in so ungehöriger Weise äußern sollen, und wie man behauptet, dort oft den Grundton des Zusammenseins bilden, sind durch die professionsmäßigen Verbrecher oder anderen verdorbenen Individuen dahin verpflanzt, dann nach und nach den Anderen durch Ansteckung mitgetheilt oder durch Einschüchterung aufgezwängt worden. Ist der Zustand der Strafanstalt so beklagenswerth, so muß dies doch gewiß dazu auffordern, ihn zu verbessern; unmöglich ist es nicht. Ist der Zustand aber gut, anders als geschildert, kehren die Leute nach Außen nirgends ihre Gemeinheit, Rohheit, Schlechtigkeit und Unflätigkeit heraus, je nun, dann weiß ich keinen Grund, aus dem ein gebildeter Mensch nicht auch ihre Gesellschaft soll ertragen können. Wenigstens

*) Vergleiche Dietz, Strafanstalten mit Einzelhaft, S. 192 ff. — Schück in v. Holtzendorff's Strafrechtszeitung IV., S. 418. — Marcard, Beiträge zur Gefängnißkunde, 1. Heft.

läge der gleiche Grund vor, für viele Andere, für die Besseren aller Stände, eine Ausnahme zu machen.

Mir scheint auch, diese Frage wäre wohl schon näher an die zuständigen Behörden herangetreten, wenn nicht nur die Gebildeteren, sondern auch noch Andere, besonders in der Literatur und sonstigen maßgebenden Kreisen ihre Stimme zur Geltung zu bringen wüßten*). Nicht weil manche Bessere, dem Stande der Gebildeteren nicht Angehörige es nicht fühlen, welche Tortur es ist, in einer solchen Strafanstalt zu sein, nicht deshalb redet man davon gar nicht, sondern weil jene Leute ihre Stimme theils freiwillig, theils wegen Mangel an Einfluß nicht zur Geltung bringen.

Sehen wir aber auch davon ganz ab, so ist es doch gewiß verkehrt, wenn man wegen des geschilderten schlimmen Zustandes der Strafanstalt für Gebildete u. dgl. eine Ausnahme im Gesetze macht und solche mitunter auf der Festung spazieren gehen läßt; dies heißt den bisherigen schlimmen Zustand der Strafanstalt gesetzlich sanktioniren, die Möglichkeit, etwas Anderes zu schaffen, aufgeben. Ja man behandelt damit durch das Gesetz den zu der gewöhnlichen Strafe Verurtheilten als den Verlorenen, Ausgestoßenen, Rechtlosen, für den der sonst unerträglich erachtete Aufenthalt in der Strafanstalt gut genug ist; man schafft durch Gesetz einen eigenen Verbrecherstand.

Ist der ganze schlimme Geist eines solchen Verbrecherstandes einmal eingebürgert, so wird er schwer zu beseitigen und seine Rückwirkung auf niedere Bedienstete und selbst das ganze Regime der Strafanstalt kaum zu vermeiden sein.

Wie sich diese Verfahrungsweise des Staats zur Strafpolitik stellt, ist leicht zu ermessen; der vom Staate geschaffene Verbrecherstand wird auf die allgemeine Rechtsordnung nicht fördernd einwirken. Der Mensch, den man nur als Objekt behandelt, wird seiner Erziehung in der Strafanstalt nach der Entlassung Ehre machen.

Ein zweiter Hauptpunkt ist die Beschäftigung. Gerade auch bezüglich dieser ist, wie im Allgemeinen bezüglich des ersten Hauptpunktes, am frühesten in einigen Strafgesetzen, wie oben gezeigt, bei allen Strafarten eine Individualisirung zugelassen worden.

Die zweite Versammlung Süddeutscher Strafanstaltsbeamten zu Bruchsal hat in ihrer Sitzung vom 18. Mai 1864 auf den Antrag des Rechnungsraths Bauer folgenden Beschluß gefaßt**):

„Bei der Zutheilung eines Gefangenen zu einer Beschäftigung soll

*) Trivial aber treffend spricht sich darüber aus Corvin: „Aus dem Leben eines Volkskämpfers". IV. Band, 2. Kapitel.

**) Blätter für Gefängnißkunde, 1 Heft, S. 58 ff. Vergleiche auch Bauer: „Der Gewerbsbetrieb in Strafanstalten". Karlsruhe 1861.

nicht die Strafgattung, sondern nur die Individualität des Gefangenen maßgebend sein. Die Rücksicht auf die Gesundheit ist hierbei die vorwiegende."

Motivirt wird dieser Satz durch die Erwägung, daß ein Anhalten zumal zu „harter Arbeit" ohne Rücksicht auf die Individualität bei konsequenter Durchführung zur Grausamkeit führen müßte; die Beschäftigung soll den Kräften, den Anlagen, Gewohnheiten und Neigungen des Gefangenen entsprechen, soweit dies überhaupt in einer Strafanstalt möglich ist.*) Dann wäre die Arbeit in der That, wenn schon Zwang, dennoch, wie Triest**) richtig bemerkt, keine Erschwerung der Strafe, sondern dasjenige, was sie erstehbar macht, und würde, richtig geleitet, dem Gefangenen unbewußt zum wirksamsten Besserungsmittel.

Wo obiger Grundsatz nicht anerkannt wird, entscheiden gewöhnlich gewerbliche, ökonomische Rücksichten bei der Zutheilung der Gefangenen zu der Arbeit. Soviel dürfte aber allenthalben anerkannt werden, und gebietet schon die finanzielle Rücksicht, daß man die körperlichen Kräfte des Menschen, seine Gesundheit stets im Auge behält, sonst wird selbst auch kürzere Gefangenschaft leicht zur Todesstrafe. Der an schwere Handarbeit Gewöhnte, der muskulöse Grobschmied wird nicht an den Schreibtisch, der körperlich schwächliche, geistig begabte Literat schwerlich irgendwo an den Ambos gestellt werden. So finden wir auch hier wieder das Gröbste meist vermieden, freilich manchmal wegen der Unmöglichkeit, es anders zu machen; wir finden den Grundsatz in der Praxis anerkannt, aber weder allenthalben durch das Gesetz sanktionirt, noch konsequent durchgeführt.***)

V.

Recht — nicht Gnade.

In den Verhandlungen des Deutschen Juristentages und anderwärts†) ist es mehrfach hervorgehoben worden, wie nothwendig es sei, daß die Strafen nach dem einzelnen Falle bestimmt, das Ermessen des Richters möglichst ausgedehnt und dem Angeklagten ein Recht auf Berücksichtigung aller einschlägigen Verhältnisse werde, er also nie oder nur höchst ausnahmsweise zur

---

*) Vergleiche d'Alinge in v. Holtzendorffs Strafrechtszeitung 1861, S. 236.

**) In v. Groß Strafrechtspflege, II. Jahrgang, S. 229.

***) Vergleiche v. Tippelskirch in v. Holtzendorffs Strafrechtszeitung I. Seite 523.

†) Verhandlungen des III. Deutschen Juristentages II., S. 87 ff., S. 383 ff., — (Wahlberg) des IV. Deutschen Juristentages I., S. 157 ff., — (v. Tippelskirch) Seite 213 ff., — Mittermaier in v. Groß Strafrechtspflege, II. Jahrgang, Seite 189 ff.

Herstellung eines gerechten Strafmaßes auf die Möglichkeit einer Begnadigung angewiesen sei. In letzterer Beziehung hat besonders Sundelin*) sich in beredter, warmer und überzeugender Weise ausgesprochen.

Wenn nun Art und Dauer der Strafe in dieser Weise vom Richter ängstlich genau allen in Frage kommenden Verhältnissen angepaßt ist und der Vollzug einer so erkannten Freiheitsstrafe beginnt, dann weiß trotzdem nach den gewöhnlichen Verhältnissen selten ein Verurtheilter, ja auch sonst Wenige, welche Quantität des Strafübels ihn erwartet. Das Strafgesetz begnügt sich meist damit, den Namen „Zuchthaus" oder dergleichen zu nennen und noch einige dürftige Bestimmungen über Beschäftigung und dergleichen beizufügen. Alles Uebrige pflegt der Uebung, der Verordnung überlassen zu werden. Es möchte nun oft ungleich wichtiger sein, für die mitunter vieljährige Dauer der Gefangenschaft einen Rechtsanspruch auf eine richtige, allen Verhältnissen entsprechende Behandlung zu haben, als den Rechtsanspruch auf einige Monate Strafe weniger. Insbesondere aber ist es hier, wie wir gesehen haben, von der größten Wichtigkeit, ob auch den individuellen Verhältnissen beim Strafvollzuge Rechnung getragen wird. Daher muß vor Allem verlangt werden, daß die Art und Weise des Strafvollzuges nicht wie bisher fast ganz den Verwaltungsbehörden anheimgegeben sei, da ja dann, je nach den Anschauungen einer Regierung, hier ein öfterer Wechsel eintreten kann und, wie die Erfahrung lehrt, auch eingetreten ist. Die einmal zuerkannte Strafe wird dann manchmal sogar während der Dauer des Vollzuges je nach den Anschauungen jener Behörden eine strengere oder eine mildere sein. Mit Recht verlangen daher Mittermaier**) und v. Holtzendorff***) eine gesetzliche Normirung der Art des Strafvollzuges.

Adoptirt man nun den Grundsatz, daß beim Strafvollzuge die Individualität des Verurtheilten thunlichst zu berücksichtigen sei, so nähert man sich hierdurch der möglichsten Gleichheit vor dem Gesetze; regelt man ferner die Art des Strafvollzuges in seinen Grundzügen, aber viel specieller als bisher, durch Gesetz, so beugt man der Willkür beim Strafvollzuge, und so auch insbesondere beim individualisirenden Strafvollzuge vor; man giebt dem Einzelnen ein Recht auf jene Berücksichtigung, welches bisher nach einzelnen Strafgesetzen nur Wenige genossen, auf die Berücksichtigung, die dann und wann durch die Begnadigung eintrat und die in der Zuerkennung leichter Festungsstrafe nicht selten zu weit ging.

---

*) In v. Groß Strafrechtspflege, III. Jahrgang, S. 289 ff.

**) Gefängnißfrage S. 74, — in v. Holtzendorff's Strafrechtszeitung 1861, Seite 280 ff.

***) v. Holtzendorff, ebenda, S. 324.

VI.

Gedanken über die Art des Vollzuges der Freiheitsstrafen.

Verlangt man die Individualisirung durchweg beim Strafvollzuge, so müßte vor Allem festgestellt werden, welches Maß der Freiheitsbeschränkung, also welche genauer zu bezeichnenden Strafarten künftig noch zur Anwendung kommen sollen. Diese Frage hängt aber wieder innig zusammen mit dem Wesen der Strafe überhaupt.

Es ist natürlich weder meine Sache, noch hier der Ort, über Strafrechtstheorien mich zu verbreiten; es scheint mir aber ganz in dem Geiste der bisherigen Verhandlungen des Deutschen Juristentages ausgesprochen zu sein, was v. Arnold*) schon vor längerer Zeit sagte:

„Die Strafe muß ein Uebel sein, welches dem Verbrecher in gerechtem Verhältniß zu seiner Verschuldung und in den Grenzen der Humanität zugefügt wird und welches dessen moralische Besserung zu bewirken geeignet ist."

Man würde also drei essentielle Merkmale der Strafe unterscheiden:

1) daß sie ein Uebel ist,

Die Verhandlungen des dritten Deutschen Juristentages**), insbesondere die von dem Referenten über den v. Stößer'schen Antrag, Sektionschef Ritter v. Hye-Gluneck aus Wien, ausgesprochenen Worte lassen keinen Zweifel, daß der Juristentag diese auch dem Nichtjuristen ohne Weiteres klare Ansicht adoptirt hat.***)

2) daß das Uebel im gerechten Verhältniß zum Verbrechen stehe und innerhalb der Grenzen der Humanität zugefügt werde.

Auch das bedarf keiner Erläuterung.

3) Die Strafe soll aber auch geeignet sein, die moralische Besserung des Verbrechers zu bewirken.

Die Frage „ob Besserungstheorie" ist durch den Antrag Göttings schon einmal sehr nahe an den Deutschen Juristentag herangetreten und hat damals die geistreichen und schlagenden Ausführungen v. Tippelskirch's†) hervorgerufen. Ich kann mich darauf beziehen, insoweit sie unwiderleglich

---

*) Archiv des Kriminalrechts 1854, S. 537.

**) II. Band, S. 91, 92.

***) Vergl. auch Christiansen: Qualität und Quantität der Strafe, Kiel 1865, Seite 42.

†) In der Deutschen Gerichtszeitung von 1862 (vgl. v. Holtzendorff's Strafrechtszeitung von 1861, S 521 ff.)

darthun, daß nicht bei jedem Verbrecher Besserung nöthig und möglich ist, daß die Strafe aber um der Gerechtigkeit willen trotzdem bestehen müsse. Dagegen lehrt mich die Erfahrung in dem Zellengefängniß, dem ich vorstehe, daß der Besserungszweck mit der Strafe wohl verbunden werden kann, ohne dadurch den Charakter der Strafe als eines Uebels zu beeinträchtigen. Es ist nur der Unterschied, ob man die Besserung als den im Zwangswege zu erreichenden Zweck der Strafe annimmt, was freilich verkehrt wäre, oder ob man deren Erreichung nebenher erstrebt. Sofern die Freiheitsstrafe in humaner und den Verhältnissen des Einzelnen thunlichst entsprechender Weise vollzogen wird, so dürfen schon alle jene Einrichtungen, wie Kirche, Schule, Lektüre, passende Beschäftigung 2c. nicht fehlen, welche dem Besseren ein Bedürfniß und überhaupt geeignet sind, den Besserungsbedürftigen auf den rechten Weg zu führen, sein künftiges Fortkommen zu sichern, also dem Staate einen nützlichen Bürger anstatt eines gefährlichen Menschen zurückzugeben. In dem Bruchsaler Zellengefängniß ist von allen den Mitteln, die auf Besserung des Gefangenen hinwirken sollen, außer der Arbeit nur der Besuch der Schule ein Zwang. Es ist mir aber kein Fall bekannt, in dem man dazu schreiten mußte; Alle besuchen die Schule gern.

Da der Schulzwang überhaupt nur so weit geht, als gegen Kinder aus der freien Bevölkerung, wird er vollkommen gerechtfertigt sein.

Meines Erachtens ist es zwar eben so ungerecht als unpraktisch, die reine Besserungstheorie einführen und den Gefangenen mit ungerechtfertigtem Eingriff in seine individuelle Freiheit zwangsweise zum Objekt von Besserungsexperimenten machen zu wollen; indeß ist bei manchen Einrichtungen in einer guten Strafanstalt unabsichtlich mit dem Zwang z. B. zur Ordnung, Reinlichkeit u. s. w. eben der Zwang zur Besserung hier des äußeren Verhaltens unzertrennlich verbunden.*)

Solcher Zwang rechtfertigt sich nicht nur vom Standpunkt der Nothwendigkeit, sondern auch deshalb, weil beim Vollzuge der gerechten Strafe die Erreichung des im Staate überall zu erstrebenden Zweckes, die Aufrechthaltung der Rechtsordnung, während des und für die Zeit nach dem Strafvollzuge, im Auge behalten werden muß. Bei der Arbeit insbesondere wird dies am meisten hervortreten. Es ist klar, daß man zum mindesten inhuman würde, wenn man hier nicht die Rücksicht auf des Sträflings Besserung vorwalten ließe, und konsequent auf einer ausschließlichen Bahn des Gerechtigkeitsprincips fortgefahren, müßte man wieder zur Tretmühle kommen.

Werden wir sonach den Besserungszweck bei dem Strafvollzuge nicht

*) Kühne: Strafanstalt St. Jakob, S. 79 ff.

außer Acht lassen können, so liegt auch darin die Nothwendigkeit, beim Strafvollzug zu individualisiren; denn ohne Letzteres ist ein Resultat in dieser Beziehung nie zu erreichen.*) Vernichtung der Individualität schließt jede moralische Hebung aus.

Wie indeß bemerkt, die Besserung ist weder Zweck noch Essentiale der Strafe. Durch die Verfolgung des Besserungbestrebens darf im Gegentheil die gerechte Quantität des Strafübels nicht alterirt werden. Jeder Strafanstaltsbeamte weiß auch aus Erfahrung, daß viele Verbrecher, selbst bei längerer Strafzeit, jeder Besserung unzugänglich sind. Ihnen widerfährt wenigstens Gerechtigkeit.

Was nun das Strafsystem anbelangt, so ist ebenfalls hier nicht der Ort, auf nähere desfallsige Erörterungen einzugehen oder das richtige System feststellen zu wollen; ich muß meiner Ansicht gemäß indeß eine Art des Vollzuges der Freiheitsstrafe verlangen, welche die individualisirende Behandlung möglich macht. Was die Einzelhaft anbelangt, so sagt von ihr ganz richtig Graf Görtz**):

> „Bei der Einzelhaft ist die Möglichkeit gegeben, die Behandlung dem Einzelnen anzupassen, somit die wahre Gleichheit in der Strafe herbeizuführen. Die Abstufungen des Standes, der Bildung, der Bedürfnisse, der Arbeitsfähigkeit, die Verschiedenheit in der Verderbtheit, der moralischen Kraft, der Empfänglichkeit und Reizbarkeit verdienen eine gerechte Würdigung."

Bevor man an detaillirte Vorschläge, wie die gesetzlichen Bestimmungen hinsichtlich des Strafvollzuges und insbesondere auch der individualisirenden Behandlung gehen könnte, wäre nothwendig, nicht nur über die Strafrechtstheorie und das Strafsystem, sondern auch über die Qualität der Strafen im Reinen zu sein.

Wir haben oben unter II. gesehen, welche Freiheitsstrafen derzeit in Uebung sind. Man kann im Allgemeinen hiernach einfaches Gefängniß und Zwangsarbeit, Letztere mit ihren verschiedenen Abstufungen, unterscheiden, obschon da und dort auch mit der Gefängnißstrafe ein Arbeitszwang verbunden zu sein pflegt.***)

Es dürfte sich nun empfehlen, nach dem Beispiel einiger neueren Strafgesetzgebungen und wohl auch ganz im Sinne der bisherigen Beschlüsse und Verhandlungen des Juristentages, außer der leichteren Freiheitsstrafe, Gefängniß

---

*) Vergleiche Christiansen a. a. O., S. 44.

**) Reise um die Welt I., S. 332, auch von Füeßlin angeführt: Einzelhaft, Seite 389.

***) Vergleiche Bluhme: System des Deutschen Strafrechts. Bonn 1865, Seite 34, 35.

genannt, nur noch eine andere Strafart anzunehmen. Man hätte dann:

1) Gefängnißstrafe ohne Arbeitszwang oder mit Wahl der Beschäftigung, ebenso mit beschränkter Wahl der Beschäftigung,
2) eine Strafe mit Arbeitszwang („Zuchthaus“ dürfte sie, des damit verbundenen Begriffs der Entehrung wegen, nicht genannt werden).

Das Preußische Strafgesetz und das ihm nachgebildete Oldenburgische kennen eigentlich auch nur zwei Strafarten; die Einschließung gleicht mehr einer mit besonderer Berücksichtigung vollzogenen Gefängnißstrafe. Das Bayerische hat Zuchthaus und Gefängnißstrafe; die weiter aufgenommene „Arreststrafe“ ist nur eine Folge der im Bayerischen Strafgesetz angenommenen Dreitheilung, die dann entfallen müßte. Württemberg hat, seitdem die Arbeitshausstrafe der Zuchthausstrafe in der Vollziehung gleichgestellt wurde, eigentlich auch nur zwei Strafarten; es vollzieht solche nur je nach Umständen in verschiedenerlei Strafanstalten und nimmt dabei auch auf die im Urtheil oder früher schon ausgesprochene Aberkennung der Ehrenrechte eine ängstlich sorgfältige Rücksicht. Baden geht damit um, bei einer Revision des Strafgesetzes den Unterschied zwischen Zucht- und Arbeitshausstrafe, damit die entehrenden Strafarten aufzuheben und den Verlust der Ehrenrechte nur im speciellen Fall erkennen zu lassen.

Würde man diesem Gedanken folgen, so müßte sich die, nach den Beschlüssen des Deutschen Juristentages für Handlungen, die keiner unehrenhaften Gesinnung entspringen, anzunehmende Strafart als „Festung“ oder „Einschließung“ noch beigesellen; indeß könnte man die dort verfolgte Absicht eben so gut erreichen, wenn man innerhalb der Grenzen nur zweier Strafarten für diese Fälle einen gesonderten Ort des Strafvollzuges feststellte. Durch Letzteres würde man der Gleichheit vor dem Gesetze mehr Rechnung tragen und könnte, dem leitenden Gedanken der Württembergischen Gesetzgebung folgend, der einem Hauptredner (v. Wächter) in jenen Verhandlungen des Juristentages vorschwebte, auch dann von dem Vollzuge in gesondertem Orte Abstand nehmen, wenn die Persönlichkeit des Verurtheilten, wie dies ja auch vorkommen kann, dessen unwürdig ist, besonders wegen gleichzeitig oder unmittelbar nachher verübter anderer, gemeiner Verbrechen und wegen früherer Aberkennung der Ehrenrechte. Eine solche Strafart — werde sie nun Festungsstrafe oder anders genannt — verlangt aber selbstverständlich bezüglich des Vollzuges dieselbe gesetzliche Regulirung und dieselbe Rücksichtsnahme auf die Individualität wie die anderen Strafarten. Durch eine solche gesesetzliche Regulirung würde auch dem Mißstand vorgebeugt, daß die Strafart nicht, wie bisher gar oft die Festungsstrafe es war, zu gelinde ausfällt.*)

*) Vergl. Berner in v. Holtzendorff's Strafrechtszeitung 1861, S. 211.

Wenn man, z. B. beim Duell, nicht ernstlich strafen will, so kürze man die Dauer der Strafe in der Androhung.

Da es, wie oben bemerkt, nothwendig ist, vorerst die Arten der Freiheitsstrafen und dann genau das Maß der individuellen Beschränkung innerhalb einer jeden Strafart festzustellen, durch Gesetz festzustellen, ehe man die im Strafvollzuge verlangte Individualisirung ihrer Ausdehnung nach näher abgrenzen kann, so können specielle desfallsige Vorschläge vorerst hier nicht gemacht werden.

Dagegen muß ich darauf hinweisen, wie schon einige Deutsche Staaten der Anforderung gerecht geworden sind, die Art des Strafvollzuges durch Gesetz zu normiren. Es giebt dies gleichzeitig einige Anhaltspunkte zu etwaigen künftigen gemeinsamen gesetzlichen Bestimmungen.

Baden läßt nach den Gesetzen vom 6. März 1845 und 2. Oktober 1863 die gegen Personen männlichen Geschlechts erkannte Zucht- und Arbeitshausstrafe in Einzelhaft vollziehen.*)

In diesen Gesetzen ist im Wesentlichen Folgendes bestimmt:

(§. 1.) „Die Strafe ist dergestalt zu vollziehen, daß jeder Sträfling in eine besondere Zelle gebracht und hier bei Tag und Nacht außer Gemeinschaft mit anderen Sträflingen gehalten wird.

(§. 2.) Die Sträflinge werden, mit Ausnahme der Sonn- und Feiertage, beschäftigt.

Sie erhalten, soweit sie dessen noch bedürfen, Unterricht in einem Gewerbe und in den Gegenständen, die in den Volksschulen gelehrt werden.

(§. 3.) Jeder Sträfling wird in seiner Zelle täglich wenigstens sechsmal besucht.

Es werden hierbei die Besuche der Werkmeister, der Aufseher, gleich jenen der Geistlichen, der Aerzte, der Lehrer, der Direktionsmitglieder, der Inspektoren, der Bekannten und Verwandten des Sträflings und anderer Personen, welche Zutritt erhalten, mit in Rechnung gebracht. Besuche von Personen, die nicht bei der Anstalt angestellt sind, noch sonst im öffentlichen Interesse zum Besuche derselben die Ermächtigung erhalten, kann sich der Sträfling erbitten.

(§. 4.) Jeder Sträfling darf täglich wenigstens eine halbe Stunde in einem dazu bestimmten Raume im Freien sich Bewegung machen.

In der zur Erholung bestimmten Zeit ist dem Sträfling

*) Vergl. Füeßlin: Die Einzelhaft, S. 60 ff., — Blätter für Gefängnißkunde, II. Heft, S. 6 ff.

gestattet, sich auch mit Lesen oder auf andere mit der Hausordnung verträgliche Weise zu beschäftigen. Von Zeit zu Zeit kann er auch, soweit es für den Strafzweck unnachtheilig ist, an Freunde oder Verwandte Briefe schreiben oder solche von denselben empfangen.

(§. 5.) Die völlige Absonderung (§. 1) darf die Dauer von 6 Jahren nicht übersteigen. Haben Sträflinge eine längere Strafzeit zu erstehen, so ist ihre völlige Absonderung auf 6 Jahre beschränkt, es wäre denn, daß sie die Fortdauer derselben ausdrücklich verlangen. Ohne solches Verlangen findet die völlige Absonderung auch nicht gegen Sträflinge statt, welche in das 70. Lebensjahr eingetreten sind.

(§. 6.) Insoweit nach dem vorhergehenden §. 5 einzelne Sträflinge der völligen Absonderung nicht unterworfen bleiben, wird je eine Mehrzahl derselben in bisheriger Weise im nämlichen Arbeitssaale beschäftigt. An Sonn- und Feiertagen, sowie an Werktagen, bis zum Anfang und nach Umfluß der Arbeitszeit, darf gleichwohl Keiner seine besondere Zelle verlassen.

Die Abtheilung geschieht mit Rücksicht auf die persönlichen Eigenschaften der Sträflinge. Die Vorschrift des §. 4 findet auch hier Anwendung.

(§. 7.) Zwei Monate in völliger Absonderung (§. 1) erstanden, gelten für 3 Monate gewöhnlicher Strafzeit.

(§. 12.) Der Aufsichtsrath, zu dessen Mitgliedern außer der als Inspektor zu bestellenden Gerichtsperson, und außer dem Direktor, den Aerzten und Geistlichen der Anstalt, auch noch andere Staatsbürger ernannt werden können, ist ermächtigt, Sträflinge, deren leidender körperlicher oder Seelenzustand es nöthig macht, auch während der im §. 5 bestimmten Zeit in gemeinsamen Arbeitssälen beschäftigen zu lassen.

(§. 14.) Die Zeit, welche der Sträfling nach Maßgabe des §. 12 an der Stelle der völligen Absonderung in gemeinsamen Arbeitssälen zubringt, wird ihm gleichwohl ebenso angerechnet, wie wenn er sie in völliger Absonderung zugebracht hätte.

(§. 15.) Für angemessene Beaufsichtigung der Strafanstalt, für Erhaltung einer gesunden Luft, Erwärmung und Erleuchtung der Strafzellen und Arbeitssäle, für gesetzliche und humane Behandlung, für gesunde Ernährung, Bekleidung und Lagerung der Sträflinge, für zweckmäßige Einrichtung des Gottesdienstes und für religiösen und moralischen Unterricht, sowie für Zurücklegung eines Theils des Arbeitsverdienstes zu ihrem Vortheil, wird durch Regierungsverordnungen gesorgt."

Ganz ähnliche Bestimmungen hat das Bayerische Gesetz über den Vollzug der Einzelhaft vom 10. Nov. 1861. Hervorzuheben sind daraus

(Art. 4.) „Die Sträflinge werden in ihren Zellen angemessen beschäftigt und zu diesem Behufe, wenn nöthig, in einem Gewerbe oder in sonstiger Handarbeit, welche ihnen nach ihrer Entlassung aus der Strafanstalt zu ihrem Fortkommen in der bürgerlichen Gesellschaft dienlich sein kann, unterrichtet.

Sie werden zum Gottesdienste und, soweit sie des Schulunterrichtes bedürfen, zur Schule angehalten.

(Art. 6.) Die Zeit der täglichen Bewegung im Freien beträgt für jeden Sträfling wenigstens eine Stunde."

Außerdem findet sich noch eine sehr zweckentsprechende, äußerst humane Bestimmung über den Vollzug der Freiheitsstrafe in Art. 26 des Württembergischen Strafgesetzes bezüglich aller Gefangenen:

(Art. 26.) „Den Gefangenen in sämmtlichen Strafanstalten wird genügende und angemessene Nahrung gereicht. Die ihnen auferlegte Arbeit, wo solche eintritt, soll, nach Art und Dauer, ihrer Gesundheit unnachtheilig sein. Zum Genusse der freien Luft werden sie täglich zugelassen, und der persönliche sowohl, als der schriftliche Verkehr mit ihren Angehörigen und Freunden ist denselben gestattet.

Diesen Vorschriften wird bei dem Vollzuge in den leichteren Strafanstalten eine den Gefangenen günstigere Ausdehnung als in den schwereren gegeben.

Die genaueren Bestimmungen hierüber und über die ganze innere Einrichtung der Strafanstalten, namentlich über die Beiträge, welche vermögliche Gefangene zu ihren Unterhaltungskosten zu leisten haben, sowie über Religions- und Schulunterricht, sind in den Hausordnungen enthalten, welche für die verschiedenen Strafanstalten ertheilt sind."

Und (Art. 24) bezüglich der Festungsgefangenen:

„Sämmtliche Festungsarrestanten werden in einem abgesonderten Gebäude verwahrt.

Diejenigen, deren Strafzeit sich nicht über 3 Monate erstreckt, dürfen dasselbe zu jeder Tagesstunde verlassen und innerhalb der Festung sich frei bewegen; diejenigen aber, welche eine längere Festungsarreststrafe zu erstehen haben, sind dem Hausarreste unterworfen, worüber die Hausordnung die näheren Bestimmungen enthält.

Nur solche Arrestanten, bei denen die Kreisgefängnißstrafe in Festungsarrest verwandelt worden und welche die Kosten ihres Unterhalts zu bestreiten nicht vermögen, können, behufs der Deckung derselben, wenn sie zu einer angemessenen Beschäftigung sich nicht von selbst erbieten, hierzu angehalten werden."

Alle anderen Deutschen Strafgesetze, die oben sub II, 2 a—d ausgenommen, enthalten nähere gesetzliche Bestimmungen über den Strafvollzug, sofern es sich dabei um Rechte des Sträflings handelt, nicht.

Es ist freilich leichter, dem Rechtlosen gegenüber zu regieren; es wird in Strafanstalten mit schlimmem Geist schwer sein, auch dem Sträfling seine Rechte zuzuerkennen: allein die Erfahrung weis't aus, daß es keine Unmöglichkeit ist.

Man befürchte nicht, daß die Berücksichtigung der Individualität zur Willkür hinleite; die eine Schranke ist das Gesetz, die andere eine geordnete, kontrollirte Verwaltung. Man prüfe den Zustand vieler jetzt ohne den Grundsatz des Individualisirens geleiteten Strafanstalten und urtheile, in welcher, abgesehen von der Erreichung der Besserung, die Strafe am gerechtesten vollzogen wird, ob in Strafanstalten, wo man vielleicht planlos den Einen in der Schreibstube, den Anderen an der Wasserpumpe beschäftigt, oder in den anderen, wo man allen Verhältnissen Rechnung trägt.

Man befürchte nicht, daß die Strafe zu leicht wird*), wenn man dem Gefangenen ein Recht und die Berücksichtigung seiner Individualität angedeihen läßt. Die Erfahrung Vieler bürgt dafür, daß mit roher Gewalt viel weniger als mit humaner Behandlung zu erreichen ist, und falls auch der eine oder der andere verdorbene Mensch in einer humanen Strafe kein Uebel sehen sollte — was indeß nach meiner Erfahrung höchst selten vorkommt —, so macht eine Schwalbe eben keinen Frühling.

Manche Leute essen auch Arsenik, ohne daß deshalb meines Wissens dieses Gift als ein gewöhnliches Nahrungsmittel gilt.

Man warte nicht, bis sich Niemand mehr findet, der inhumane Strafen vollstreckt.

Die Erfahrungen von Bruchsal, in dessen Zellengefängniß, soweit das Gesetz dies zuläßt, eine sorgfältige individualisirende Behandlung seit 17 Jahren in Uebung ist, bestätigen meine Behauptungen.**)

Bestimmt man durch Gesetz die Grundlinien des Strafvollzuges, so bleibt freilich immerhin noch ein bedeutender Theil durch Verordnung zu

---

*) Man müßte wohl schon sehr weit gehen, wenn man wie Metz (die öffentl. Meinung S. 19) befürchtete, durch die Art des Strafvollzuges anlockend zu wirken.

**) Vergl. auch Gutsch in der Zeitschrift für Psychiatrie, XIX. Band, 1. Heft.

reguliren; noch Anderes wird allenthalben Sache der Uebung sein. Deshalb ist meines Erachtens zur Erzielung einer gleichförmigen gerechten Behandlung der Strafgefangenen die Wirksamkeit des im letzten Jahre gegründeten Vereins der Deutschen Strafanstaltsbeamten von der größten Wichtigkeit.*)

Gebe man endlich auch dem letzten Staatsbürger, dem wegen Verletzung der Rechtsordnung aus der Gesellschaft zeitweise Ausgeschlossenen sein Recht; gebe man ihm sein Recht gegründet auf wahre Humanität und bedenke man, daß es sich um seine geistige und körperliche Gesundheit, um sein und damit der ganzen Gesellschaft sittliches Wohl, oft um das Leben des Unglücklichen handelt. Behandle man die Sache der Gefangenen immer nur mit jenem Gefühl, das auch in dem Gefallenen den Mitmenschen nicht verläugnet.

VII.

Resumé.

Meine Begutachtung geht dahin:

1) Es entspricht der Gerechtigkeit nicht, daß die Strafvollstreckung gegen alle zu derselben Art von Freiheitsstrafe Verurtheilten in völlig gleicher Weise, also ohne Berücksichtigung der Individualität erfolgt.

2) Die Arten der Freiheitsstrafen sind mit genauer Bezeichnung des Strafsystems und der Quantität der Beschränkung der Freiheit vorerst gesetzlich festzustellen, in dem Gesetze aber auch

3) die thunlichste Individualisirung bei der Behandlung aller Gefangenen vorzusehen.

*) Blätter für Gefängnißkunde, I. Heft.

XIV.

Gutachten des Obergerichtsassessor Struckmann zu Hannover

über die Gesetzgebungsfrage:

„Soll im Civilproceß durch die Beweisverfügung, unter der Voraussetzung, daß dieselbe für das Enderkenntniß nicht bindend ist, neben der Bezeichnung der relevanten, bestrittenen Thatsachen und der Anordnung des Beweiseinzuges ausgesprochen werden, welcher Partei die Beweislast obliegt, oder soll das auf die Endentscheidung ausgesetzt bleiben, soweit es zur Begründung derselben noch nöthig ist?"

Die Frage, mit deren Begutachtung die ständige Deputation des Deutschen Juristentages mich beehrt hat, ist bei den früheren Verhandlungen des Juristentages bereits mehrfach berührt worden und sogar schon Gegenstand der Beschlußfassung gewesen. Es sei mir daher erlaubt, hierauf mit kurzen Worten zu verweisen, ehe ich zur Beantwortung der Frage selbst übergehe.

Die Erörterungen über den zweiten der bekannten fünf Vorschläge des Obertribunalsraths Dr. Waldeck, über die Frage, ob Beweisinterlokute appellabel sein sollen, riefen bereits eine Verschiedenheit der Ansichten darüber hervor, ob das Beweisinterlokut oder die Beweisverfügung außer der Beweisanordnung nur die Festsetzung der Beweislast zu enthalten habe.

Der durchaus auf dem Standpunkte der nicht bindenden Beweisverfügung stehende Herr Antragsteller sprach sich dahin aus (Verhandlungen des zweiten Deutschen Juristentages Bd. 2. S. 516), daß der Richter auch bei der Form des bloßen Resoluts Beweissatz und Beweislast ausdrücklich aussprechen müsse.

In dem gleichfalls eine bloße Beweisverfügung befürwortenden Gutachten des Obertribunalraths v. Sternenfels in Stuttgart dagegen (a. a. O. Bd. 1. S. 13 ff.) wurde die Ansicht vertheidigt, daß die Beweisverfügung außer der Anordnung des Beweiseinzuges nur die einzelnen unter den Parteien bestrittenen erheblichen Thatsachen bezeichnen, die beweispflichtige Partei dagegen nicht angeben, vielmehr beiden Parteien die Herbeischaffung der Beweismittel ohne vorläufige Rücksicht darauf, ob solche als Haupt- oder als Gegenbeweismittel anzusehen seien, überlassen und die Entscheidung über die Beweislast dem Enderkenntnisse vorbehalten solle, sofern alsdann nach Lage der Sache eine solche Entscheidung überhaupt noch erforderlich sei. Auf dem zweiten Juristentage wurde die Frage: „Ob Beweisurtheil oder Beweisverfügung?“ bekanntlich nicht zum Austrage gebracht, vielmehr an die ständige Deputation zur weiteren Berichterstattung zurückverwiesen. Auf dem dritten Juristentage kam bei den Erörterungen über die bindende Kraft des Beweisinterlokuts die Frage nach der Feststellung der Beweislast nicht allein gleichfalls wieder zur Sprache (vergl. das Gutachten des Finanzprokurators Beschorner in Dresden in den Verhandlungen des dritten Juristentages Bd. 1. S. 102 und die Verhandlungen der vierten Abtheilung a. a. O. Bd. 2. S. 588 und 591), sondern es wurde auch entgegen dem Antrage des Obertribunalraths von Sternenfels die Frage von der Beweislast unberührt zu lassen, der Satz durch Stimmenmehrheit angenommen, daß in dem Beweisdekrete auch die Beweislast zu regeln sei (a. a. O. S. 591), so daß der vollständige, nachher im Plenum nicht beanstandete Beschluß lautete (a. a. O. S. 124):

> „Das Gericht hat in einem mit Gründen versehenen Dekrete die Beweislast zu regeln und den Beweis zu verordnen. Das Gericht ist bei der Entscheidung an dieses Beweisdekret nicht gebunden.“

Da indessen die diesem Beschlusse vorausgegangene Diskussion sich fast ausschließlich um die bindende Kraft des Beweisinterlokuts drehte und die Frage nach der Beweislast bei jener Gelegenheit nur ganz nebenher berührt wurde, so dürfte allerdings ungeachtet jenes Beschlusses eine genügende Veranlassung vorliegen, die letztere Frage einer eingehenderen Prüfung zu unterziehen und dem Juristentage zur nochmaligen Entscheidung vorzulegen.

Was nun die Sache selbst anbelangt, so kann es wohl keinem Zweifel unterliegen, daß, wenn die Beweisverfügung bindende Kraft hat, sei es im Sinne der Hannoverschen Prozeßordnung nur für den Richter, welcher sie erlassen hat, sei es im Sinne des gemeinen Rechts auch für den höheren Richter, dieselbe nicht blos den Beweissatz, sondern auch die Beweislast regeln muß. Denn alsdann ist die Beweisverfügung ihrer Natur nach ein bedingtes Endurtheil und muß, um diesen Zweck zu erfüllen, auch die Bedingungen genau aussprechen, unter welchen die eine oder andere Partei obsiegen oder unterliegen wird; dieses geschieht aber nur, wenn sie nicht allein die Thatsachen angiebt, von deren Beweise der Sieg oder das Unterliegen abhängt, sondern auch diejenige Partei bezeichnet, welche zunächst thätig werden muß, um ihren eigenen Sieg bez. das Unterliegen des Gegners zu bewirken. Nur unter der Voraussetzung, daß das Beweisinterlokut neben dem Beweissatze auch die Beweislast regelt, vermag dasselbe eine feste Grundlage zu bilden, auf welcher sich das Beweisverfahren aufbaut; ist die Beweislast in demselben nicht geregelt, so fehlt ein Stein, dessen Mangel bei der Endentscheidung den Umsturz des ganzen Gebäudes zur Folge haben kann. So viel mir bekannt, ist denn auch vom Standpunkte des bindenden Beweisinterlokuts aus niemals der Vorschlag gemacht worden, die Festsetzung der Beweislast von derjenigen des Beweissatzes zu trennen; vielmehr ist die erstere stets als eine Selbstfolge der letzteren betrachtet und von allen Gesetzgebungen, welche auf diesem Standpunkte stehen, festgehalten worden.

Anders liegt die Sache, wenn man von dem Standpunkte ausgeht, den der Deutsche Juristentag durch Annahme der nicht bindenden Beweisverfügung eingenommen hat und demgemäß auch die ständige Deputation in der zur Begutachtung vorgelegten Frage consequenterweise verfolgt. Von diesem Standpunkte aus fällt natürlich der Grund weg, daß ohne die Festsetzung der Beweislast die Bedingungen, unter denen eine günstige oder ungünstige Endentscheidung für die eine oder die andere Partei zu erwarten ist, nicht bestimmt ausgedrückt sein würden, und es fragt sich nur, ob noch andere Gründe vorhanden sind, welche die Beibehaltung der Ausscheidung der Beweislast wünschenswerth erscheinen lassen.

Diese Frage kann nun meines Erachtens in ihrer Allgemeinheit weder bejaht noch verneint werden, sondern ist je nach der Verschiedenheit des Beweisverfahrens, wie sie auch unter der Voraussetzung einer für das Endurtheil unverbindlichen Beweisverfügung möglich ist und in den Gesetzgebungen der einzelnen Staaten deutlich hervortritt, verschieden zu beantworten. Denn der Gegenstand, um welchen es sich dabei handelt, ist kein solcher, welcher auf die Gestaltung des ganzen processualischen Verfahrens einen überwiegenden, durchgreifenden Einfluß äußert, sondern ein solcher, auf welchen umgekehrt die das ganze Beweisverfahren beherrschenden Grundprincipien erheblich einwirken müssen.

Vor Allem tritt in dieser Beziehung der Grundsatz der Beweisanticipation oder der Beweisverbindung in den Vordergrund. Wo dieser Grundsatz neben der nicht bindenden Kraft der Beweisverfügung durchgeführt ist, erheischt die Konsequenz, die richterliche Ausscheidung der Beweislast fallen zu lassen, wo dagegen ungeachtet der nicht bindenden Natur der Beweisverfügung eine Trennung des Abschnitts der Behauptungen von demjenigen der Beweise festgehalten ist, erscheint es auch gerechtfertigt, die Feststellung der Beweislast in der Beweisverfügung beizubehalten. Der Deutsche Juristentag hat sich nun, wie ich glaube, mit vollem Rechte — die Erörterung der Gründe würde über den Bereich des von mir geforderten Gutachtens hinausgehen — durch den auf dem zweiten Juristentage in Veranlassung der Waldeck'schen Anträge gefaßten Beschluß (Verhandlungen des zweiten deutschen Juristentages Bd. 2. S. 509 und 616)

> „Die Angabe der Beweismittel für die Behauptungen der Parteien braucht in der Regel erst nach vorangegangener Beweisanordnung zu geschehen,"

auf den letzteren Standpunkt gestellt, und werde ich daher zunächst von diesem aus die Frage kurz beleuchten.

I. Einer der Antretung der Beweise voraufgehenden Beweisverfügung liegt der Gedanke zu Grunde, daß das ganze Verfahren in zwei Abschnitte, den der Behauptungen und den der Beweise, zu scheiden sei. In dem ersten Abschnitte sollen die Thatsachen, von denen das Recht des Klägers und die Verpflichtung des Beklagten abhängt, festgestellt, in dem zweiten die Wahrheit dieser Thatsachen, soweit solche unter den Parteien noch streitig ist, ermittelt werden. Beide Abschnitte werden von einander getrennt durch eine Verfügung, in welcher der Richter nach Prüfung der ihm vorliegenden gegenseitigen Behauptungen ausspricht, auf welche derselben es im ferneren Laufe des Processes noch ankommt und welche unter diesen mit Rücksicht darauf, daß sie bestritten sind, des Beweises noch bedürfen; sie dient dazu, den ersten Abschnitt abzuschließen und bildet die Grundlage des zweiten. Konsequent durchgeführt ist nach meiner Auffassung dieser Gedanke nur dann, wenn man der gedachten Verfügung zugleich Urtheilsnatur und damit eine für den Richter, der sie erlassen hat, bindende Kraft beilegt, denn nur unter dieser Voraussetzung ist es unmöglich, aus dem zweiten Abschnitt wieder in den ersten zurückzukehren. Allein der Gedanke selbst bleibt auch bestehen, wenngleich die Beweisverfügung nur die Natur eines Dekrets besitzt und folglich von derselben bei der Endentscheidung wieder abgegangen werden kann; denn letzteres und die damit verbundene Wiederaufnahme des ersten Abschnitts wird immer nur als eine selten vorkommende, die Regel nicht aufhebende Ausnahme anzusehen sein.

Zu den geistigen Operationen nun, welche nach diesem Grundgedanken der Richter bei Erlaß der Beweisverfügung vorzunehmen hat, gehört aber nicht allein die Prüfung der Frage, welche Thatsachen im Allgemeinen für den Sieg oder das Unterliegen der einen oder der anderen Partei entscheidend und wegen ihrer Ungewißheit noch zu beweisen seien, sondern auch die Entscheidung darüber, in welcher Beziehung die eine oder die andere Partei noch thätig sein müsse, um den Sieg zu bewirken oder das Unterliegen abzuwenden. Die Frage, wer die einzelnen Thatsachen zu beweisen hat, hängt auf das engste mit der Frage zusammen, was zu beweisen ist; beides sind Rechtsfragen, welche auf Grund der Vorträge der Parteien in dem ersten Proceßabschnitte sofort entschieden werden können und nach allgemeinen oder besonderen materiell rechtlichen Grundsätzen (man denke hier an die vielen Rechtsvermuthungen) zu entscheiden sind. Der erste Abschnitt hat mithin auch nur dann seinen vollständigen Abschluß erlangt, wenn gleich der zweiten auch die erste Frage entschieden ist. Geschieht dieses nicht, so wird ein Theil des in dem ersten Abschnitte zur Spruchreife gebrachten Proceßstoffes unerledigt mit in den zweiten Abschnitt hinübergenommen, in welchen er seinem Wesen nach nicht gehört, da die Frage nach der Regelung der Beweislast mit der Aufgabe dieses Abschnittes, welche in der Angabe und Aufnahme der Beweismittel und in der Prüfung des Ergebnisses der Beweisführung besteht, an sich nichts zu schaffen hat, vielmehr zu diesem Abschnitte, ebenso wie die Frage nach der Festsetzung des Beweissatzes, in dem Verhältnisse einer präjudiziellen Frage steht.

Erheischt somit der Grundgedanke einer Beweisverfügung, welche der Beweisanführung voraufgeht, eine gleiche Behandlung der Beweislast mit dem Beweissatze, so treffen auch die praktischen Gründe, welche für diese Art der Beweisverfügung im Allgemeinen sprechen, nicht blos in Bezug auf den Beweissatz, sondern auch in Bezug auf die Beweislast zu. Durch eine solche Beweisverfügung soll den Parteien hinsichtlich der anzutretenden Beweise gleichsam der Weg gewiesen werden, damit sie nicht in Folge von Irrthümern oder von übertriebener Vorsicht vom richtigen Ziele abkommen. Dieses ist in einer doppelten Richtung von Bedeutung. Auf der einen Seite wird dadurch verhütet, daß nicht zu viel Beweismaterial herbeigeschafft, auf der anderen, daß das Angebot des nöthigen Beweismaterials nicht unterlassen werde.

In der ersteren Richtung ist nun zwar zur Erreichung des Zweckes vor Allem erforderlich, daß die Beweisverfügung die erheblichen Thatsachen bezeichne, ehe die Parteien zur Angabe ihrer Beweismittel schreiten; denn gerade durch Angabe von Beweismitteln, welche sich auf unerhebliche Thatsachen beziehen, wird vorzugsweise das viele unnütze Beweismaterial aufgehäuft, welches durch eine vorgängige Beweisverfügung abgeschnitten werden soll. Aber es wird — wenngleich in geringerem Maße — dadurch auch die vorgängige Festsetzung der **Beweislast** zur Nothwendigkeit gemacht. Werden von dem Gerichte lediglich die erheblichen Thatsachen ohne Festsetzung der Beweislast in der Beweisverfügung bezeichnet, so ist jede Partei, um nicht Gefahr zu laufen, bei der Endentscheidung für beweispflichtig angesehen und im Falle unterlassener Angabe ihrer Beweismittel für beweisfällig erklärt zu werden, genöthigt, in Bezug auf jede für erheblich erklärte Thatsache, hinsichtlich welcher die Frage nach der Beweislast nur dem geringsten Zweifel unterliegen kann, sich als die zunächst beweispflichtige Partei anzusehen und daher den Beweis gerade so anzutreten, als ob sie in der Beweisverfügung vom Gerichte für beweispflichtig erklärt worden wäre.

Das Beweismaterial, welches in Folge dieser Zweifel der Parteien über ihre Beweispflicht nicht allein angeboten, sondern auch aufgenommen werden muß, würde zum großen Theile erspart worden sein, wenn die Parteien über ihre Beweispflicht vorher Gewißheit gehabt hätten. Hiergegen kann freilich der Einwand erhoben werden, (vergl. das Gutachten des Obertribunalraths von **Sternenfels** a. a. O. S. 13), daß die Ungewißheit der Parteien über die Beweispflicht deshalb auf die größere Anhäufung des Beweismaterials von keinem erheblichen Einflusse sein werde, weil eine Partei selbst für den Fall, daß ihr die Beweislast nicht aufgebürdet worden sei, doch meistens dieselben Beweismittel, welche sie bei nicht geschehener Festsetzung der Beweislast herbeischaffe, ohne sich Rechenschaft darüber zu geben, ob sie Beweis- oder Gegenbeweismittel seien, als direkte Gegenbeweismittel vorbringen werde. Es läßt sich nicht verkennen, daß dieser Einwand von Gewicht ist und daß in dem hervorgehobenen Umstande namentlich ein Unterschied von der Festsetzung des **Beweissatzes** liegt, indem ein Irrthum der Parteien in Bezug auf den letzteren regelmäßig die Herbeischaffung von Beweismaterial, welches bei vorgängiger Festsetzung des Beweissatzes gar nicht vorgebracht sein würde, zur Folge hat. Allein durchschlagend dürfte der Einwand trotzdem nicht sein. Denn wenn eine Partei weiß, daß der Beweis eines gewissen Thatumstandes zunächst dem Gegner obliegt, und wenn sie die von diesem zur Erbringung desselben angegebenen Beweismittel kennen gelernt hat, so wird sie häufig in der sicheren Voraussicht, daß durch diese Beweismittel der Beweis nie hergestellt werden könne, auf jedes Gegenbeweismittel Verzicht leisten, während sie solches nicht wagen darf, so lange sie nicht weiß, ob ihr nicht die Beweislast demnächst werde aufgebürdet werden. Ein Beispiel möge dies erläutern. Es ist eine bekannte Streitfrage, ob, wenn bei einem Darlehn eine kürzere Kündigungsfrist für den Fall vereinbart worden ist, daß der Schuldner in der Zinszahlung säumig sei, dem Gläubiger der Beweis obliege, daß der Schuldner die Zinsen nicht an dem bestimmten Tage bezahlt habe, oder dem Schuldner der Beweis der prompten

Zahlung. Wird diese Frage in der Beweisverfügung in dem letzteren Sinne entschieden, so wird ein Gläubiger, welcher mit Bestimmtheit weiß, daß der Schuldner diesen Beweis durch die von ihm vorgebrachten Beweismittel zu erbringen nicht im Stande sein wird, regelmäßig den Antritt des Gegenbeweises sparen können, während er, wenn in der Beweisverfügung jene Frage unentschieden gelassen sein würde, den vielleicht sehr schwierigen und, falls er sich nicht der Eideszuschiebung bedienen will, sehr weitläufigen Beweis der Negative Vorsichts halber hätte antreten müssen.

Ingleichen betrifft der andere Zweck, welcher, wie oben bereits erwähnt worden, durch die der Beweisantretung vorangehende Beweisverfügung erreicht werden soll, zu verhüten, daß die Parteien nicht die richtige Beweisantretung verfehlen und dadurch in ihrem materiellen Rechte geschädigt werden, nicht blos den Beweissatz, sondern auch die Beweislast. Auch in dieser Beziehung ist freilich die Gefahr die größere, daß die Parteien, wenn sie sich ganz selbst überlassen bleiben und vom Gerichte rücksichtlich der anzutretenden Beweise keine Anweisung erhalten, in Bezug auf den Beweissatz irren und es versäumen, den Beweis einzelner Thatsachen anzutreten, auf welche es, wie sich nachträglich, aber zu spät für sie, zeigt, nach der Ansicht des Gerichts ankommt; allein in geringerem Maße kann ein solcher Irrthum auch in Bezug auf die Beweislast vorkommen und für die Partei von verhängnißvollen Folgen sein. Bei den vielen Zweifeln, welche in der Lehre von der Beweislast bestehen, bei den überraschenden Ansichten, welche man in dieser Beziehung nicht selten in den Erkenntnissen der Gerichte ausgesprochen findet, kann es sich leicht ereignen, daß auch ein vorsichtiger Anwalt es unterläßt, den Beweis einer bestrittenen Thatsache anzutreten, hinsichtlich welcher er den Gegner für beweispflichtig hielt und wegen der Unerheblichkeit der Beweismittel desselben eine Gegenbeweisantretung für unnöthig erachtete, hinsichtlich welcher aber das Gericht bei der Endentscheidung von der entgegengesetzten Anschauung ausgeht, und vollends sind solche Fälle in einem Verfahren denkbar, in welchem, wie regelmäßig vor den Einzelgerichten, Anwälte nicht mitwirken. Geht man nun einmal von dem Grundsatze aus, daß jede Ueberraschung der Parteien in einem processualischen Verfahren zu vermeiden sei, so muß man auch diese Art der Ueberraschung durch eine vorgängige Regelung der Beweislast verhüten.

Ungeachtet dieser Gründe, welche bei einem Verfahren, in welchem die Beweisverfügung der Beweisantretung vorangeht, für die Ausscheidung der Beweislast sprechen, würde ich kein Bedenken tragen, mich für die entgegengesetzte Ansicht zu erklären, wenn überwiegende Zweckmäßigkeitsgründe derselben das Wort redeten; allein auch dieses scheint mir nicht der Fall zu sein.

Als ein Vorzug des Systems, nach welchem eine Ausscheidung der

Beweislast in der Beweisverfügung nicht stattfindet, wird meistens hervorgehoben, daß dadurch viele Mühe erspart werde, indem bei der Endentscheidung häufig der Beweis einer Thatsache nach Abwägung der dafür und dagegen vorgebrachten Beweismittel so vollständig erbracht vorliege, daß eine Beantwortung der schwierigen Frage der Beweislast unnöthig sei. Daß solche Fälle vorkommen, läßt sich nicht läugnen; indessen auf der einen Seite ist dagegen in Erwägung zu ziehen, daß dieselben, wenigstens in denjenigen Ländern, in welchen eine Beschränkung des Zeugenbeweises nicht stattfindet, bei Weitem die Minderzahl bilden werden, da erfahrungsmäßig in den meisten Fällen der Beweisführung der Beweis in der Endentscheidung für gänzlich verfehlt oder doch nur bis zu einem nothwendigen Eide erbracht erkannt wird, alsdann aber die Entscheidung über die Beweislast bei dem Enderkenntnisse niemals umgangen werden kann, und auf der anderen Seite ist zu bedenken, daß die Erörterung und Prüfung der Frage nach der Beweislast niemals den Gang des Processes in einer Weise, wie die Häufung unnöthigen Beweismaterials, zu verschleppen vermag, da sie in den meisten Fällen gar keine Mühe kosten wird, und in den Ausnahmsfällen, wo über die Beweispflicht erhebliche Zweifel bestehen, höchstens die zur Feststellung der Streitpunkte dienende mündliche Verhandlung um ein Geringes verlängern und die Zeit des Gerichts bei der Berathung der Beweisverfügung etwas mehr in Anspruch nehmen, zur Anberaumung einer neuen Tagfahrt aber wohl niemals Veranlassung geben wird. Ja, die Zeit, welche bei dem Systeme der Nichtausscheidung der Beweislast in einzelnen Fällen durch den Wegfall der Nothwendigkeit einer Prüfung jener Frage erspart wird, wird gewiß mehr als reichlich dadurch aufgewogen, daß in den Fällen, wo bei dem Enderkenntnisse demnächst eine Entscheidung über die Beweislast sich als erforderlich darstellt, diese Prüfung mit größeren Schwierigkeiten und Weitläufigkeiten verbunden ist, als wenn sie bei Gelegenheit des Erlasses der Beweisverfügung geschehen wäre; denn die Frage nach der Beweislast ist, wie bereits oben hervorgehoben wurde, eine Frage, die weit mehr eine materiellrechtliche als eine processualische Bedeutung hat, die sich daher auch auf das Engste an die in der Beweisverfügung entschiedenen Fragen über die Erheblichkeit und gehörige Substantiirung der von den Parteien zur Begründung der Klage, der Einreden, Repliken u. s. w. aufgestellten Behauptungen anschließt, und mithin am leichtesten von dem Richter in dem Augenblicke entschieden wird, wo derselbe überhaupt die ganzen dabei in Betracht kommenden Rechtsinstitute zum Gegenstande seiner Prüfung zu machen hat. Kommt dagegen die Frage nach der Beweislast erst bei dem Enderkenntnisse zur Sprache, so wird nicht allein der Richter behufs Entscheidung derselben häufig auf die den Behauptungen der Parteien zu Grunde liegenden rechtlichen Verhältnisse zurückgehen müssen, sondern auch die Parteien werden sich häufig genöthigt sehen, blos zu dem Zwecke, um ihre Ansichten über die Beweislast zu begründen, weiter auszuholen und auf eine Beleuchtung der durch die Beweisverfügung festgesetzten Streitpunkte zurückzukommen, während, wenn die Beweislast dort schon geregelt wäre, lediglich die oft blos eine processualische Bedeutung habende Frage nach dem Ergebnisse der Beweisführung den Gegenstand der Verhandlung bilden würde. Wenn die Beweisverfügung keine bindende Kraft hat, steht freilich sowohl den Parteien wie dem Richter bei der Endentscheidung stets frei, auf die durch die Beweisverfügung entschiedenen Streitpunkte zurückzukommen und eine erneuerte Verhandlung darüber eintreten zu lassen; allein da dieses nach den Erfahrungen derjenigen Länder, in welchen die Beweisverfügung bindende Kraft nicht besitzt, doch nur selten vorkommen soll, so hat es damit doch eine ganz andere Bewandtniß, als wenn durch die Prüfung der Frage über die Beweislast ein Zurückgehen auf die in der Beweisverfügung im Uebrigen zum Abschluß gelangten Rechtsmaterien wieder hervorgerufen wird.

Im geraden Gegensatze zu dieser Anschauung ist von anderer Seite behauptet worden, daß umgekehrt die Entscheidung über die Beweislast in der Beweisverfügung mit den größten Schwierigkeiten verbunden sei. Zink äußert sich hierüber in seinem bekannten Werke über die Ermittelung des Sachverhalts im Französischen Civilprocesse, Band 1, S. 307:

> „Auf die Vertheilung dieser Last fällt dadurch (sc. durch die Feststellung im Beweisinterlokute) in einem Zeitpunkte, wo man den ganzen Stand der Frage noch nicht übersehen kann, ein mehr als billiges Gewicht, weil dieselbe gleich im Beginne des Kampfes den Ausgang des Processes bezeichnet, zumal bei solchen Thatsachen, von denen klar vor Augen liegt, daß es keiner Partei gelingen werde, über die wahre Bewandtniß der Sache, die vielleicht hinter Jahrhunderte zurückfällt, einige nähere Aufklärung beizubringen. Diese Bemerkung gilt insbesondere von dem Ursprunge gewisser Feudallasten, den Niemand zu ergründen vermag — — — —. Durch die Nothwendigkeit jener Fixirung der Beweislast, die sich meistens an die erste Anführung in der Verhandlung, die Rolle des Klägers oder eine Rechtsvermuthung anlehnt, welcher alsdann wieder eine Reihe faktischer Vermuthungen gegenüberstehen, verschließt sich dem Gerichte der so natürliche und von selbst einleuchtende Weg, aus dem solidarischen Eindrucke aller Erkenntnißquellen am Ende diejenige Bewandtniß der Sache, welche die wahrscheinlichste ist, bei der Unmöglichkeit einer vollen Gewißheit vorzuziehen und auf sie die Anwendung des Rechts mit einer der

Wahrheit wenigsten am nächsten tretenden Sicherheit zu gründen. Der oft sehr zufälligen Parteirolle als Kläger, der sich fast immer die Beweislast an die Fersen hängt, wird hierdurch der ungünstigste Einfluß auf die Entscheidung zwischen zwei Parteien eingeräumt, welche sich dem Gegenstande des Streits gegenüber fast in gleicher Lage befinden, dem Gerichte selbst wird alle Wahl benommen, die streitige Sache derjenigen von ihnen zuzusprechen, welche das beste Recht auf dieselbe hat oder ihr Recht am besten darzulegen vermag." — —

In dieser Argumentation scheinen mir verschiedene Dinge durcheinandergemengt, insbesondere die Folgen der Nichtfeststellung der Beweislast mit den Folgen der freien Beweiswürdigung und der Abänderlichkeit der Beweisverfügung verwechselt zu sein. Der Weg, aus dem solidarischen Eindrucke aller Erkenntnißquellen am Ende diejenige Bewandtniß der Sache, welche die wahrscheinlichste ist, vorzuziehen, bleibt, soweit materiellrechtliche Grundsätze nicht entgegenstehen, bei Einführung einer freien Beweiswürdigung dem Richter auch dann nicht verschlossen, wenn er vorher die Beweislast festgestellt hat; denn diese Feststellung hat ja nur die Bedeutung, zu bestimmen, für welche Partei im Zweifelsfalle, wenn der Beweis der in Frage kommenden Thatsachen nicht vollständig erbracht ist, zu entscheiden sei; sie hindert folglich nicht, alle Umstände, welche im Laufe des Beweisverfahrens hervorgetreten sind, nach dem ihnen zukommenden Werthe zu berücksichtigen und insbesondere alle faktischen Vermuthungen, welche gegen die nicht beweispflichtige und durch die Beweisverfügung mithin günstiger gestellte Partei sprechen, in die Wagschale zu werfen. Daß aber die eine Partei hinsichtlich der Beweispflicht günstiger gestellt ist als die andere, ist gar keine Folge der Festsetzung der Beweislast, sondern eine Folge materiellrechtlicher Grundsätze, welche auch dann, wenn über die Beweislast erst am Schlusse des Beweisverfahrens entschieden wird, eben so gut Beachtung finden müssen. Insofern es Zink's Absicht ist, auch über sie sich hinwegzusetzen — und das scheint nach der oben mitgetheilten Stelle angenommen werden zu müssen —, würde darin ein höchst bedenklicher, zu richterlicher Willkür führender und wenigstens mit Deutschen Rechtsanschauungen nicht verträglicher Eingriff in das materielle Recht liegen. Die Rechtsvermuthungen, welche das Civilrecht in großer Anzahl aufstellt, würden dadurch ihre wesentliche Bedeutung verlieren; die unbedeutendste thatsächliche Vermuthung, welche gegen eine zu beweisende Thatsache spricht, würde darnach unter Umständen von größerem Gewichte sein, als eine jener Thatsache zur Seite stehende, aber durch keine weiteren Beweismittel unterstützte Rechtsvermuthung, und würde folglich bewirken, daß ohne Weiteres der Beweis zu Gunsten der beweispflichtigen Partei für erbracht angesehen wird. Eine Rechtsvermuthung streitet, z. B. für die Freiheit des Eigenthums, weshalb der Eigenthümer, welcher mit der actio negatoria gegen denjenigen klagt, welcher sich eine Servitut an seinem Grundstücke anmaßt, von der Beweispflicht befreit ist, und der Beklagte das Vorhandensein der Servitut zu beweisen hat. Macht Letzterer nun im Beweisverfahren den Erwerb der Servitut einigermaßen wahrscheinlich, ohne jedoch eine feste Ueberzeugung des Richters zu begründen, während der Kläger für die Freiheit des Eigenthums gar keine Beweise vorbringt, so wird nach richtigen Grundsätzen auf einen nothwendigen Eid zu erkennen sein, mag nun über die Beweislast bereits in der Beweisverfügung erkannt sein oder nicht; denn auch im letzteren Falle muß der Richter zunächst die dem Kläger zur Seite stehende Rechtsvermuthung vor Augen haben und sodann prüfen, ob diese durch den Gegenbeweis des Beklagten völlig entkräftet sei. Nach der Zink'schen Theorie würde dagegen die für den Kläger streitende Rechtsvermuthung hinsichtlich ihrer Bedeutung mit jedem eigentlichen Beweismittel im Wesentlichen auf gleicher Stufe stehen und daher bei der Würdigung des Beweises dem freien Ermessen des Richters unterliegen. — Ein Gleiches gilt in Bezug auf die Beweislast, die sich an die Rolle des Klägers anlehnt. Sie ist zwar unter Umständen von Zufälligkeiten abhängig, darf aber dessen ungeachtet niemals unbeachtet gelassen werden, mag nun die Prüfung der Beweislast bei Gelegenheit der Beweisverfügung oder der Endentscheidung erfolgen, wogegen es unter beiden Voraussetzungen dem Richter freisteht, alle Umstände, welche in dem konkreten Falle zu Gunsten des Klägers sprechen, gegenüber jener an sich ungünstigeren Stellung desselben in Anschlag zu bringen. Schöpft er aus diesen Umständen die sichere Ueberzeugung von dem Rechte des Klägers, so hat er zwar diesem das Recht zuzusprechen; dagegen darf er dieses nicht thun, wenn er trotz der zu Gunsten des Klägers sprechenden Gründe noch zweifelhaft bleibt, sondern ist genöthigt, auf einen nothwendigen Eid zu erkennen, und wenn nichts bewiesen ist, hat er nicht etwa die Wahl, wem er das Recht zuerkennen will, sondern muß zu Gunsten des Beklagten entscheiden. In allem diesem ändert sich dadurch allein, daß über die Beweislast erst bei der Endentscheidung erkannt wird, auch nicht das Geringste; wäre dieses der Fall, so würde damit zugleich der materiellrechtliche Satz „melior conditio est possidentis“ beseitigt sein.

Eben weil aber die Beweislast von dem Ergebnisse des Beweisverfahrens unabhängig ist, sich vielmehr nach Regeln richtet, welche ganz außerhalb des Letzteren bestehen, ist auch die Behauptung Zink's unrichtig, daß es große Schwierigkeiten habe, dieselbe schon im Eingange des Beweisverfahrens festzustellen. Die Schwierigkeiten der Feststellung der Beweislast liegen vielmehr auf anderen Gebieten, stammen insbesondere von den vielen Streitfragen des Civilrechts her und werden durch eine Verschiebung der Entscheidung über die Beweislast bis an das Ende des Beweisverfahrens an sich keineswegs vermindert, vielmehr nur, wie wir oben bereits anerkannt haben, dadurch in einzelnen Fällen hinweggeräumt, daß es nach der Lage der Sache nicht mehr erforderlich ist, die Frage überhaupt zur Entscheidung zu bringen. Sollte aber auch bisweilen in Folge der Aufklärungen, welche das Beweisverfahren dem Richter über die streitigen Rechtsverhältnisse gegeben hat, der Letztere eine andere und bessere Anschauung über die Frage der Beweislast gewinnen, so würde daraus zunächst nur ein Grund für die bei der hier zu begutachtenden Frage bereits unterstellte Abänderlichkeit der Beweisverfügung auch in Bezug auf die Beweislast zu entnehmen sein; die gänzliche Unterlassung der Festsetzung der Beweislast würde aber eben so wenig die nothwendige Folge davon bilden, wie daraus, daß der Richter in Folge des Beweisverfahrens in Bezug auf die zum Beweise zu verstellenden Thatsachen vielleicht eine andere Anschauung gewinnen wird, der Schluß gezogen werden muß, daß überhaupt keine richterliche Beweisauflage zu erfolgen habe.

Eine besondere Schwierigkeit der Ausscheidung der Beweislast in der Beweisverfügung ist noch für solche Fälle behauptet worden, in denen eine Partei eine Rechtsvermuthung für sich in Anspruch nimmt oder einen künstlichen Beweis durch Schlüsse führen zu können meint, die hierfür relevanten Thatsachen aber bestritten sind (von Sternenfels, Gutachten a. a. O., S. 12). Dieser Schwierigkeit kann aber einfach dadurch begegnet werden, daß in der Beweisverfügung der Beweissatz nicht auf diese letzteren Thatsachen, sondern auf die unmittelbar erhebliche Thatsache, welche durch die Rechtsvermuthung oder den künstlichen Beweis bewiesen werden soll, gerichtet wird, worauf dann am Schlusse des Beweisverfahrens zu entscheiden sein wird, nicht allein ob die Thatsachen, welche die Voraussetzungen der Rechtsvermuthung oder des künstlichen Beweises bilden, bewiesen sind, sondern auch, ob auf Grund der Rechtsvermuthung oder des künstlichen Beweises der Beweis der unmittelbar erheblichen Thatsache als erbracht anzusehen ist. In diesem Verfahren ist auch nicht etwa ein Widerspruch gegen den Grundsatz zu erblicken, daß die Beweislast schon in der Beweisverfügung zu regeln sei; denn diese Regelung erfolgt in der That auf Grund der allgemeinen Rechtsregeln, und wenn die von der einen Seite in Anspruch genommene Rechtsvermuthung dabei noch keine Berücksichtigung findet, so liegt dieses nur darin, daß von dem Bestehen einer die Beweislast umdrehenden Rechtsvermuthung so lange keine Rede sein kann, als die Voraussetzungen derselben nicht feststehen.

Als ferneren Einwand gegen das System der Ausscheidung der Beweislast findet man geltend gemacht, daß durch dasselbe das materielle Recht verletzt werden könne. Wenn nämlich der einen Partei der Hauptbeweis, der anderen der Gegenbeweis auferlegt sei, so komme der von der Letzteren etwa angetretene Gegenbeweis gar nicht in Betracht, sofern die Erstere den Hauptbeweis nicht angetreten habe, vielmehr werde die beweispflichtige Partei für sachfällig erklärt; wenn dagegen die Beweislast vom Gerichte nicht festgesetzt werde, so werde in dem unterstellten Falle der Beweis aufgenommen und könne möglicher Weise das Ergebniß liefern, daß auf Grund der Gegenbeweisführung gerade zu Gunsten des Hauptbeweisführers erkannt werden müsse, was dem materiellen Rechte völlig entsprechen würde. Dieser Einwand ist allerdings richtig, aber meines Erachtens von keinem erheblichen Gewichte; denn einestheils werden derartige Fälle, in denen der Hauptbeweisführer den Hauptbeweis gar nicht antritt, der Gegner aber Beweismittel nicht allein besitzt, sondern auch zu produciren bereit ist, welche gerade zu Gunsten des Hauptbeweisführers ein Ergebniß liefern, nur äußerst selten vorkommen, und anderentheils erscheint die Gefährdung des materiellen Rechts gewiß reichlich so groß, wenn bei der Nichtfestsetzung der Beweislast die beweispflichtige Partei blos deshalb sachfällig wird, weil sie einen Beweis nicht angetreten hat, in Bezug auf welchen sie die Gegenpartei für beweispflichtig hielt und vielleicht nach den bis dahin von dem Gerichte in ähnlichen Fällen angenommenen Grundsätzen halten mußte.

Der Haupteinwand gegen die Ausscheidung der Beweislast in einer keine bindende Kraft habenden Beweisverfügung ist endlich der, daß eine bei der Endentscheidung erfolgende Abänderung dieser Verfügung in Bezug auf die Beweislast jedes Mal ein neues Beweisverfahren erforderlich macht, während ein solches durch die Frage der Beweislast niemals hervorgerufen werden kann, wenn über Letztere erst in der Endentscheidung erkannt wird. Ein entschiedener Vorzug des letzteren Systems in dieser Beziehung läßt sich nicht abläugnen; allein es fragt sich doch, ob er gegenüber den oben geschilderten Nachtheilen desselben so hoch in Anschlag zu bringen ist, besonders wenn man berücksichtigt, daß nach den übereinstimmenden auch auf den Juristentagen häufig ausgesprochenen Behauptungen der Anhänger der Beweisverfügung Fälle, in denen dieselbe von dem nämlichen Gerichte, welches sie erlassen hat, abgeändert wird, nur selten vorkommen sollen, und unter diesen Fällen gewiß die große Minderzahl solche sind, in denen die Abänderung sich blos auf die Beweislast, nicht auch auf den Beweissatz bezieht. Auch würde dieser Grund dafür sprechen, die Ausscheidung der Beweislast sogar bei einem Systeme zu unterlassen, nach welchem, wie in der Hannoverschen Proceßordnung, die Beweisverfügung zwar für den Richter derselben Instanz, nicht aber für den höheren Richter bindende Kraft hat; denn auch nach diesem Systeme kann es vorkommen, daß die Anordnung eines neuen Beweisverfahrens blos deshalb nöthig wird, weil der höhere Richter die Frage der Beweislast anders beurtheilt als der untere. Bei einem Verfahren, in welchem die Beweisverfügung der Beweisantretung vorausgeht, erscheint mir deshalb die Unterlassung der Festsetzung der Beweislast nicht angemessen.

II. Anders gestaltet sich aber die Sache in einem Verfahren, in welchem eine Beweisanticipation oder Beweisverbindung durchgeführt ist und demgemäß eine Trennung des Abschnitts der Behauptungen von demjenigen der Beweise nicht stattfindet. Ein solches Verfahren wird von dem Grundsatze beherrscht, daß die Beweise gleich den Behauptungen zu behandeln sind und daß die Parteien die einen wie die anderen vor Erlaß der Beweisverfügung vollständig vorzubringen haben, sei es nun gleichzeitig in denselben Schriftsätzen, wie nach dem Entwurfe einer bürgerlichen Proceßordnung für Oesterreich (§§. 122 und 129) oder in gesonderten, auf einander folgenden Schriftsätzen, wie nach dem neuesten Entwurfe einer bürgerlichen Proceßordnung für den Preußischen Staat (§§. 306 und 307) und in dem Entwurfe einer allgemeinen Deutschen Proceßordnung (§§. 241 und 281). Wie in jedem Proceßverfahren, dem die Verhandlungsmaxime zu Grunde liegt, lediglich die Parteien zu bestimmen haben, welche Behauptungen sie zur Geltendmachung ihres Anspruchs, bezw. ihrer Vertheidigung, aufstellen wollen, so hängt es in einem solchen Verfahren auch von dem alleinigen Ermessen der Parteien ab, das Angebot welcher Beweise sie zur Durchführung ihres Rechts für nöthig erachten; das Gericht kommt ihnen in der letzteren Beziehung eben so wenig zu Hilfe wie in der ersteren. „Das Gesetz, und nicht das Gericht, sagt — wie Leonhardt (Zur Reform des Civilprocesses in Deutschland, Heft 1, S. 36) treffend bemerkt — den Parteien, was von ihnen behufs des endlichen Obsiegens im Processe bewiesen werden muß, wie das Gesetz, und nicht das Gericht, die Parteien auch darüber belehrt, welche Behauptungen sie zur Begründung ihrer Ansprüche und zur Widerlegung der gegnerischen Ansprüche vorzubringen haben." Ein Irrthum in der ersten Beziehung hat für sie die gleichen nachtheiligen Folgen, wie ein Versehen in der letzteren; wo nicht etwa Wiedereinsetzung in den vorigen Stand zulässig erscheint, haben sie die Gefahr desselben zu tragen. Von diesem Standpunkte aus enthält daher die Beweisverfügung keinerlei Auflage an die Parteien; denn da nur diejenigen Beweismittel berücksichtigt werden können, welche dieselben bereits vorher angeboten haben, würde eine Aufforderung an sie, noch Beweismittel für Thatsachen anzugeben, welche das Gericht für erheblich hält, sie selbst aber für erheblich nicht angesehen haben, völlig nutzlos sein. Vielmehr hat die Beweisverfügung lediglich die Natur eines Relevanz- oder Zulassungsbescheides. Aus der Masse der Thatsachen, welche die Parteien vorgebracht und zu beweisen sich erboten haben, sondert das Gericht diejenigen aus, welche es für erheblich hält, und verordnet, sofern sie als feststehend noch nicht betrachtet werden können, deren Beweisaufnahme; der Zweck ist dabei der, unnütze Beweiserhebungen abzuschneiden, nicht aber der, auch solche Beweiserhebungen, welche nach Ansicht des Gerichts den Parteien von Nutzen sein können, von diesen selbst aber nicht in Antrag gebracht worden sind, anzuordnen.

Mit diesem mehr negativen Charakter der Beweisverfügung würde es nun nicht vereinbar sein, wenn das Gericht in derselben die Beweislast positiv feststellen wollte, was selbstverständlich überhaupt nur hinsichtlich derjenigen Thatsachen würde geschehen können, deren Beweis wenigstens von einer der Parteien angeboten ist; denn die Feststellung der Beweislast ist, wie diejenige des Beweissatzes, ein Ausfluß des Grundsatzes, daß das Gericht die Parteien in Bezug auf ihre Thätigkeit bei der Beweisführung anzuweisen und zu belehren habe, und daß daher die Antretung der Beweise die vorgängige Kenntniß der Parteien von demjenigen, was sie zu beweisen haben, voraussetze. Geht man von diesem Grundsatze in der Hauptsache, in Bezug auf den Beweissatz, ab, so liegt kein genügender Grund vor, in dem mehr untergeordneten Punkte der Beweislast ihn festzuhalten. Trägt man kein Bedenken, den Parteien die Prüfung der Frage, welche Thatsachen für Durchführung ihres Rechts erheblich seien, allein zu überlassen, so ist es offenbar noch weniger gefährlich, auch die Frage, in Bezug auf welche erhebliche Thatsachen sie zunächst die Beweislast trifft, ihrer Beurtheilung anheimzustellen. Wird an die Parteien überhaupt keine Aufforderung erlassen, in Bezug auf den Beweis der bestrittenen Thatsachen ferner thätig zu sein, sondern nur von dem durch ihre Thätigkeit bereits herbeigeschafften Material dasjenige ausgesondert, welches der Richter zur Durchführung des Processes für erheblich erachtet, so kann auch von keiner Bezeichnung derjenigen Partei die Rede sein, welche speciell in Bezug auf die einzelnen Beweise thätig werden soll. Ein offenbarer Widerspruch würde darin liegen, falls das Gericht in der Beweisverfügung einer Partei, welche eine erhebliche Thatsache behauptet hat, den Beweis derselben dann nicht auferlegen dürfte, wenn solcher weder von ihr selbst noch von der Gegenpartei angetreten ist, wohl aber dann, wenn die Gegenpartei Beweismittel dafür angeboten hat.

Die gleichsam bevormundende Thätigkeit des Richters, welche in einer der Beweisantretung vorausgehenden Beweisverfügung, die keine wirkliche Urtheilsnatur hat, liegt, würde sich augenscheinlich in dem ersteren Falle eben so wohl rechtfertigen wie in dem zweiten.

Man könnte nun aber auch die Festsetzung der Beweislast in dem Sinne auffassen, daß in dem unterstellten Falle ein Beweis der in Frage stehenden Thatsache gar nicht aufzunehmen sei, weil derjenige, welchen nach gesetzlicher Vorschrift die Beweislast treffe, Beweise für dieselbe nicht angeboten habe. Alsdann würde freilich ein Widerspruch mit den Grundsätzen der Beweisverbindung nicht vorliegen, vielmehr die Festsetzung der Beweislast gleich derjenigen des Beweissatzes den mehr negativen Charakter der Abscheidung unnöthiger Beweiserhebungen an sich tragen; allein ohne genügenden Grund würde man einestheils die Aufnahme der von der Gegenpartei in Bezug auf diese Thatsache angebotenen Beweismittel verwehren und dadurch zum Nachtheile des materiellen Rechts die Möglichkeit abschneiden, daß der Hauptbeweis auf Grund dieser Beweismittel bei der Endentscheidung für geführt erkannt werde, sowie vor Allem anderentheils die Gefahr herbeiführen, daß der Richter, bei der Endentscheidung von der entgegengesetzten Ansicht über die Beweispflicht ausgehend, nachträglich noch die Aufnahme der angebotenen Beweise anordne, womit Kosten und Zeit verloren gehen.

Diejenigen Gründe, welche diese bereits oben als erheblich von mir anerkannten Einwände gegen die Ausscheidung der Beweislast bei dem Systeme der der Beweisantretung vorausgehenden Beweisverfügung mehr in den Hintergrund drängen, kommen bei dem Systeme der Beweisverbindung nicht weiter in Frage; principielle wie Zweckmäßigkeitsgründe sprechen vielmehr bei diesem Systeme gleich sehr gegen eine Ausscheidung der Beweislast in der Beweisverfügung.

Die hier vertheidigten Grundsätze in Bezug auf die Festsetzung der Beweislast sind nun auch größtentheils von älteren und neueren Gesetzgebungen befolgt worden. Die meisten neueren Gesetzgebungen, welche eine Beweisverfügung kennen, die der Beweisantretung voraufgeht, haben, wenngleich sie derselben eine bindende Kraft nicht beilegen, dennoch die Festsetzung der Beweislast in derselben angeordnet, so die Badische Proceßordnung in ihren verschiedenen Gestaltungen (vergl. z. B. §. 355 derjenigen von 1851 und §. 376 der von 1864) und die Entwürfe einer Proceßordnung für

Sachsen und für Nassau. Nur die Württembergische Proceßgesetzgebung von 1819 hat, obwohl sie eine Beweisantretung der Parteien erst nach vorausgegangener Beweisaufforderung verlangt, eine Ausscheidung der Beweislast in der Beweisaufforderung nicht angeordnet, und nach Aeußerungen von sehr beachtenswerther Seite (Verhandlungen des zweiten Deutschen Juristentags, Bd. 1, S. 17 und des dritten Juristentags, Bd. 2, S. 588) soll sich diese Einrichtung in Württemberg praktisch sehr bewährt haben. Allein hiegegen ist in Betracht zu ziehen, einerseits, daß auch in Ländern, wo die entgegenstehende Einrichtung besteht, z. B. in Baden, meines Wissens Klagen nicht laut geworden sind, und andererseits, daß in Württemberg selbst in späteren Entwürfen aus den Jahren 1844 und 1847, von welchen der erstere sogar von dem Verfasser der Proceßnovelle von 1819 selbst herrührt, der Grundsatz der Badischen Proceßordnung Aufnahme gefunden hat, was darauf hinweis't, daß wenigstens nicht von allen Seiten auf jene Eigenthümlichkeit der Württembergischen Gesetzgebung, welche übrigens wohl mit der in derselben mehr oder weniger vorwaltenden Instruktionsmaxime zusammenhängt, ein erhebliches Gewicht gelegt worden ist.

Dagegen ist denjenigen Gesetzgebungen, welche den Grundsatz der Beweisverbindung in der einen oder anderen Weise durchgeführt haben, und eine Trennung des Verfahrens in einen Abschnitt der Behauptungen und der Beweise nicht kennen, auch die Festsetzung der Beweislast in der Beweisverfügung meistens fremd. Dahin gehört vor Allem der Römische, der mittelalterlich Italienische und der reichskammergerichtliche Proceß (vergleiche darüber Planck: Die Lehre vom Beweisurtheil, S. 93 ff., insbesondere S. 122, 138, 146, 177), der Französische Proceß in seinen verschiedenen Gestaltungen (vgl. Zink a. a. O., S. 307, 319, 345 ff.), der Preußische Proceß sowohl nach der allgemeinen Gerichtsordnung und den Gesetzen von 1833 und 1846, wie nach dem neuesten Entwurfe (vgl. §§. 306 und 307 mit §. 396) und endlich der Oesterreichische Proceß sowohl nach der Josephinischen Gesetzgebung wie nach dem Entwurfe einer bürgerlichen Proceßordnung aus dem Jahre 1862 (vergl. §§. 122 und 129 mit §§. 166 und 167). Eine Abweichung enthalten der sonst sich meistens eng an den code de procédure anschließende Entwurf einer Proceßordnung für Bayern (Artikel 279 und 280, Absatz 3) und der Entwurf einer allgemeinen Deutschen Civilproceßordnung (vergl. §§. 241 und 281 mit §. 282). Allein der Erstere kennt im Gegensatze zum code de procédure ein abgesondertes Beweisverfahren und führt, obwohl er im Art. 279, Abs. 1 eine Angabe der Art der Beweisführung vor Erlaß der Beweisverfügung den Parteien auferlegt, doch kein eigentliches System der Beweisverbindung, indem er die Angabe der Beweismittel im Einzelnen vor der Beweisverfügung nicht verlangt und das Gericht bei Abgabe der Beweisverfügung an die Anträge der Parteien rücksichtlich der zum Beweise auszusetzenden Thatsachen nach keiner Richtung hin bindet. Der Letztere aber ist wenigstens insofern von einer strengen Durchführung des Grundsatzes der Beweisverbindung abgegangen, als er nach §. 281, Abs. 2 dem Gerichte für den Fall, daß es eine streitige, des Beweises bedürfende Thatsache für erheblich erachtet, welche von keiner der Parteien als solche bezeichnet wurde, die Verbindlichkeit auferlegt, vor Erlaß der förmlichen Beweisverfügung die Parteien zur Angabe der diese Thatsache betreffenden Beweismittel zu veranlassen, und dadurch eine gewisse bevormundende, die Parteien auf die Mängel ihres Beweisanerbietens aufmerksam machende Thätigkeit des Gerichts einführt.

Das Ergebniß meines Gutachtens geht demnach dahin, daß die mir vorgelegte Frage im Sinne der ersten in ihr enthaltenen Alternative zu beantworten ist, sofern der Grundsatz der Beweisverbindung keine Aufnahme findet und eine Trennung des Verfahrens in einen Abschnitt der Behauptungen und der Beweise statthat, im Sinne der zweiten Alternative dagegen, sofern jener Grundsatz durchgeführt und damit eine Trennung jener beiden Abschnitte aufgehoben wird.

XV.

Gutachten des Professor Dr. Goldschmidt zu Heidelberg
über
die Aufhebung der Wuchergesetze.

Die von der ständigen Deputation des Deutschen Juristentages mir zur Begutachtung vorgelegten Fragen lauten:

Sind die Wuchergesetze aufzuheben und ist die Feststellung des Zinsfußes lediglich der Vereinbarung der Paciscenten zu überlassen?

Ich erkläre mich für unbeschränkte Bejahung der zweiten und für beschränkte Bejahung der ersten Frage.

I. Rückblick auf die geschichtliche Entwickelung des Wucherrechts.

Die Römische Zinsgesetzgebung der republikanischen Zeit erscheint nur als charakteristisches Moment in dem natürlichen Kampfe, welcher auf niederer Kulturstufe zwischen dem Kapitalisten und dem Kapitalbedürftigen besteht, und welcher einerseits zur rücksichtslosen Ausbeutung des Letzteren bis zur bürgerlichen Vernichtung, andererseits zur gesetzlichen Einschränkung, ja zur Beraubung des Ersteren (Vernichtung aller Zinsrückstände, Reduktion und selbst Vernichtung der Kapitalforderungen) hindrängt. Ein in solchem vielhundertjährigen um die leibliche, bürgerliche und politische Existenz geführten Kampfe reichlich genährtes Vorurtheil, welches ja in der Hauptsache auch von den noch weniger entwickelten Nachbarvölkern getheilt wurde; der politische Einfluß der bei vorherrschender Sklavenarbeit nur kümmerlich ihre Existenz wahrenden und durch das Sklaventhum sittlich und wirthschaftlich immer mehr depravirten mittleren und unteren Bevölkerungsklassen, welche alles Heil nicht von eigener energischer Thätigkeit, sondern von Staatshilfe —

bis zur Ernährung auf Staatskosten — erwarteten; die Sittenverwilderung und die maßlose Verschwendung der höheren Klassen, für welche die Aufrechthaltung der Wuchergesetze, wo nicht sittliche und wirthschaftliche Schranke, doch mindestens Rechtsschutz gegen allzugefällige Gläubiger verhieß; die mangelnde Einsicht selbst der Häupter der Wissenschaft, wie eines Aristoteles, in die Natur der wirthschaftlichen Produktion und ihrer Faktoren, insbesondere von Arbeit und Kapital: alle diese Umstände haben den sonst in Fragen der bürgerlichen Rechtspolitik so klaren Sinn der Römer getrübt und die volle Beseitigung der alten Zinsgesetze auch dann noch verhindert, als die wirthschaftlichen Zustände, welchen dieselben ihre Entstehung verdankten, lange geschwunden und für produktive Unternehmungen aller Art genügendes Kapital vorhanden war. Immerhin aber ist es ein schwerer Mißgriff derjenigen, welche in dem tausendjährigen Bestande der Römischen Wuchergesetze ein Argument für deren Nothwendigkeit finden, wenn sie die Thatsache übersehen oder ignoriren, daß gerade in der Blüthezeit des inneren und auswärtigen Verkehrs des Römischen Weltreiches und zur Zeit der klassischen Jurisprudenz der Inhalt der Wuchergesetzgebung eine vollständige Aenderung erfahren hatte. Nicht allein waren die alten Strafgesetze gegen den Wucher völlig obsolet geworden, und man begnügte sich mit civilrechtlicher Unwirksamkeit der über das gesetzliche Maß hinaus bedungenen Zinsabrede, sondern dieses Maß selber, die gesetzliche Zinstaxe, war eine völlig andere geworden. Im letzten Jahrhundert der Republik war an die Stelle der alten niedrigen Zinstaxe, ja des freilich längst veralteten gesetzlichen Zinsverbots, die Zinstaxe von 12 % getreten, und für Kreditgeschäfte, an welche sich die rechtliche Gefahr des Kapitalverlustes knüpfte, foenus nauticum und quasi nauticum, gestattete man sogar die Attische Zinsfreiheit. Innerhalb einer Zinstaxe von 12 % aber, bei der Sitte monatlicher Berechnung und Zahlung, konnte sich der damalige Verkehr im Wesentlichen ungehindert bewegen, zumal nicht einmal die Verzinsung der nach Ablauf einer gewissen Zeit kapitalisirten Zinsrückstände (anatocismus anniversarius u. dgl.) unstatthaft war. Denn bei der steigenden Rechtssicherheit in allen Theilen des Reichs, bei dem wachsenden Wohlstand war inzwischen der landesübliche Zinsfuß weit unter das Maaß jener 12 % herabgegangen. Diese galten als höchst beschwerend (gravissimae usurae), und es ist durch juristische wie nichtjuristische Schriftsteller über allen Zweifel bezeugt, daß sich die Kapitalisten bei irgend sicherer Anlage mit 6, ja mit 5, 4, 3, 2 % begnügen mußten. So, um nur einen Beleg anzuführen, richtet sich das Maß der gesetzlichen Zinsen — im Gegensatz zu den Konventionalzinsen — in der Regel nach dem landesüblichen Zinsfuß, und gerade hier finden wir 5, 4 und noch weniger Procente bezeugt. In solchen Zuständen war die

Zinstaxe von 12 % nicht viel mehr als eine nominelle Schranke, und auch diese für die Ausnahmefälle, in welchen eine Ueberschreitung selbst dieser Taxe durch die Umstände geboten sein konnte, zu beseitigen, mochte den Römischen Staatsmännern der Kaiserzeit im Hinblick auf das noch immer herrschende Volksvorurtheil und die selbst in den festesten Zeiten des Kaiserthums stets gefährlichen Volkserregungen wohl nicht angemessen erscheinen.

Dieser Zustand einer thatsächlich fast ungehemmten Zinsfreiheit hat sich ohne wesentliche Aenderungen die ganze Kaiserzeit hindurch bis auf Justinian erhalten; denn eine angebliche Herabsetzung der Zinstaxe auf 4 % durch Severus Alexander ist nicht hinreichend beglaubigt, und ist, wenn allgemein, jedenfalls nur ganz vorübergehend gewesen. Eine Herabsetzung des gesetzlichen Zinsfußes auf die Hälfte zu Ausgang des vierten Jahrhunderts war nur gegen den großen Grundbesitzerstand, die Senatores, gerichtet. Aber freilich beginnt in dieser späteren Zeit der tiefsten staatlichen und wirthschaftlichen Zerrüttung, wo in der unsäglichen Verwirrung des Realkredits eine sichere Anlage von Kapitalien fast unmöglich und den Vormündern von oben herab angerathen wird, die Mündelgelder im Geldschrank aufzubewahren, wo man mit kleinen Mittelchen dem allgemeinen Verfall steuern zu können glaubt, wo man aus vermeintlicher Humanität gegen den Schuldner die heilsame Strenge der Kreditgesetze immer mehr abschwächt, auch der Rückgriff auf das Wucherrecht der republikanischen Zeit. So setzen Diokletian und Maximilian auf den Anatocismus die Strafe der Infamie; so stellen Kaiser des fünften Jahrhunderts die altrepublikanische Strafe des vierfachen Ersatzes gegen den Wucherer wieder her; so krönt endlich Justinian, veterem duram et gravissimam usurarum molem ad mediocritatem deducentes, wie er emphatisch von sich rühmt und wohl auch von seiner Maßregel erwartet, die rückschreitende Bewegung, indem er die gesetzliche Zinstaxe auf die Hälfte — d. h. vermuthlich auf den zu Justinians Zeit für ganz sichere Anlagen üblichen Zinsfuß — ja auf 1/3 herabsetzt und nur zu Gunsten der Fabrikanten und Kaufleute ein Maximum von 8 %, in einigen Fällen ein solches von 12 % gestattet, — indem er unter das Verbot des Anatocismus auch die Verzinsung kapitalisirter verfallener Zinsen stellt, — indem er das zwar schon in der klassischen Zeit geltende, aber wesentlich unschädliche und für den Fall der Befriedigung aus Faustpfändern nichtbestehende Verbot, daß die Zinsen in ihrem Gesammtrückstande den Kapitalbetrag nicht übersteigen sollen, dahin erweitert, daß der Gesammtbetrag sogar der bezahlten Zinsen die Kapitalsumme nicht übersteigen solle.

Wenn uns die letzte Bestimmung einen klaren Einblick in die gesetzgeberische Weisheit ihres Urhebers gestattet, so liegt doch nicht minder der

Herabsetzung der gesetzlichen Zinstaxe auf das für ganz sichere Anlagen seiner Zeit übliche Maß ein höchst verhängnißvoller Irrthum zu Grunde, von welchem sich die Kaiserzeit bisher freigehalten hatte. Allerdings vermögen wir nicht zu beurtheilen, inwiefern Justinian für seine Zeit seinen Zweck erreicht hat; denn einstweilen wurde der Einfluß dieser Gesetzgebung auf den Europäischen Rechtszustand paralysirt durch das absolute Zinsverbot des Kanonischen Rechts. Die legislativen Experimente der Spätrömischen Kaiser sind eben nur die ersten Schritte auf dem abschüssigen Wege, dessen Ziel das Kanonische Verbot alles Zinsennehmens bezeichnet. Wie groß auch der Unterschied zwischen dem übercivilisirten Römerthum und den mühsam zur höheren Kultur aufsteigenden Germanischen Völkern erscheinen mag, für welche jenes Zinsgebot wenigstens einen Anschein relativer Berechtigung hat, so begegneten doch Beide einander darin, daß das Römerthum, nach Zerrüttung aller treibenden Kräfte, in die Naturalwirthschaft zurücksank, auf welcher die Germanischen Stämme noch standen. Neuere Untersuchungen (Endemann: Die nationalökonomischen Grundsätze der Kanonischen Lehre. Jena 1863. — Neumann: Geschichte des Wuchers in Deuschland. Halle 1865.) haben hinlänglich gezeigt, wie wenig das Kanonische Zinsverbot nur als vereinzelter Ausdruck religiöser und ethischer Anschauungen zu begreifen ist, sondern wie es vornämlich auch in den wirthschaftlichen Auffassungen wurzelt, welche durch die Kulturzustände des Mittelalters hervorgerufen wurden. Neben dem Grundsatz der selbstlosen Nächstenliebe, als absolut göttliches Gebot für den Vermögensverkehr aufgefaßt, neben der idealen Anschauung von der Gefährlichkeit des Reichthums und der Vorzüglichkeit einer allgemeinen Gütergemeinschaft, steht das dem Alterthum entlehnte Axiom von der Unproduktivität des Geldes, nnd das neue wichtige Princip, daß aller Gewinn ohne rechte Arbeit, daher aus Handel und Geldverkehr, sündhaft sei. So lag es in der Tendenz der Kirche, Ackerbau und Industrie zu begünstigen, obwohl am Ende auch diese, sobald sie über die niedrigste Entwickelungsstufe hinausstrebten, durch den mangelnden Zufluß von Kapitalien gelähmt werden mußten. Darum ist erklärlich, daß das kirchliche Verbot aus dem Kreise der bloßen geistlichen Zucht heraustschritt, verschärft und gegen jedes weltliche Gesetz, gegen jede abweichende Gewohnheit gerade in dem Zeitpunkte durchgesetzt wurde, als in Italien, den übrigen Romanischen Staaten und in Deutschland Handel und Geldverkehr aus langer Erstarrung wieder aufzublühen begannen. Freilich vermochte nun auch die Kirche gegen die Naturgesetze des Verkehrs nicht durchzudringen. Durch subtile Unterscheidungen suchten Theologen und Juristen dem Verbot die praktische Spitze abzubrechen; der den gebundenen wirthschaftlichen Zuständen entsprechende, ganz naturwüchsig entstandene Rentenkauf ward zur

Umgehung des Zinsverbots benutzt und zahllose Surrogate des zinsbaren Darlehns lediglich zu diesem Zwecke erfunden oder wieder aufgenommen. Ob utilitatem publicam ward gestattet, daß gewisse, besonders rührige Klassen der Kapitalisten, insbesondere die Italienischen Geldhändler, die auf beweglichen Besitz beschränkten Juden und die Geistlichen selber sich von dem Verbote offen und vollkommen emancipirten. Bei dem relativen Mangel an Kapital, bei der herrschenden Rechtsunsicherheit mußte der Zinsfuß hoch stehen — noch unter Kaufleuten im 17. Jahrhundert regelmäßig 10 %, und selbst der regelmäßige Rentenzins beträgt im 16. Jahrhundert in Italien 7—8 %, während die Kanonisten einen Rentenzins von 10 % noch als zulässig anerkennen, und die von der Kirche privilegirten Leihhäuser (montes pietatis) 10—15 % nehmen. In Deutschland ist zwar im 16. Jahrhundert der Rentenzins niedriger, in Süddeutschland nur zwischen 5 und 6 %, im mittleren und östlichen Deutschland, namentlich in Oesterreich, 7, 10, ja 12 %; allein es kommen auch Fälle von 15 % und mehr vor (Tabellen bei Neumann: Geschichte des Wuchers in Deutschland. S. 266 ff.). Wo man sich um das kirchliche Verbot wenig kümmerte, hielt der Zinsfuß wesentlich seine den Umständen entsprechende natürliche Höhe ein. Ganz anders, wo die Gefahr der praktischen Durchführung dieses Verbots nahe trat. Hier wurde die natürliche Höhe des Zinsfußes um der Rechtsunsicherheit des Geschäfts willen ganz regelmäßig weit überschritten, und die Gefahr des Kapitalverlustes, gesteigert durch das künstlich genährte Vorurtheil und den großgezogenen Haß der Kapitalbedürftigen, welche sich in blutigen Verfolgungen der Kapitalisten entluden, erzeugte die nothwendige Gegenwirkung des rücksichtslosesten Wuchers.

Als dann endlich mit dem Uebergange aller Europäischen Staaten zur Geld- und Kreditwirthschaft das Kanonische Zinsverbot weichen mußte, als seit dem zweiten Viertel des 16. Jahrhunders zuerst die Deutschen Stadt- und Landrechte, dann die Gesetze Englands, der Niederlande, implicite auch die Reichsgesetzgebung und die gemeine Praxis die Statthaftigkeit des zinsbaren Darlehns anerkannte, da verhinderte doch das selbst in den erleuchtetsten Köpfen der Reformationszeit — unter den Reformatoren macht jedoch vornämlich Calvin eine Ausnahme — noch herrschende Vorurtheil den Uebergang zur völligen Zinsfreiheit. Es erschien schon als eine große, mit Mühe abgerungene Koncession gegen die Verkehrsbedürfnisse, daß man vom kanonischen Recht zum Justinianeischen, dem bisher gleichsam nur suspendirt gewesenen gemeinen kaiserlichen Recht zurückging. Ueberall behielt man eine gesetzliche Zinstaxe bei, und die Ueberschreitung dieser wie der im Justinianeischen Recht anerkannten Beschränkungen des Zinsenlaufs, nicht mehr aber das Zinsennehmen überhaupt, galt nun als civilrechtlich unstatthafter und strafrechtlich verpönter Wucher. Die Höhe der Zinstaxe aber wurde in den einzelnen Staaten sehr verschieden bestimmt. In Deutschland erkannte die Praxis des Reichskammergerichts und der meisten Landesgerichte nur den in Deutschland beim Rentenkauf und demnächst beim hypothekarischen Darlehn üblichen und auch in den Reichsgesetzen vielfach als zulässiges Maximum anerkannten Zinsfuß von 5 % an, ohne doch in der Erhebung des sechsten Zinsthalers einen strafbaren Zinswucher zu erblicken. Im Handelsverkehr galt der Zinsfuß von 6 % ziemlich allgemein als statthaft. In manchen Ländern, wie in Frankreich, hielt man dagegen formell sogar am kanonischen Zinsverbot fest, wenngleich die Umgehungsformen desselben auch rechtlich anerkannt wurden. —

So war man nach einem tausendjährigen Umwege im Wesentlichen zum spätrömischen Recht zurückgekehrt, nur verschärft durch die reichsgesetzliche Strafe einer jeden Ueberschreitung der Zinstaxe um den vierten Theil des Kapitals, wozu die ältere Praxis sogar noch eine arbiträre Geld- oder Gefängnißstrafe hinzufügte.

Nur sehr allmählich kam man zu der Einsicht, daß auch die Satzungen des Justinianeischen wie die ihm nachgebildeten des neueren Rechts auf einem großen Irrthum beruhten.

Zunächst band sich der große Handelsverkehr so wenig an die Schranken der Zinstaxe und die Beschränkungen des Zinsenlaufs, wie ehemals an das kanonische Zinsverbot. Durch Benutzung der althergebrachten, in gewissen Variationen immer neu auftauchenden Mittel, der Provisionen, Zählgebühren, der Verzinsung des Saldo's, der Vorwegabzüge, der Ausbedingung von Assekuranzprämien u. dergl., durch Benutzung des negociablen Wechsels im Diskontogeschäft, bald auch des negociablen Inhaberpapiers wußte er jeder obrigkeitlichen Kontrole zu spotten. Was im Mittelalter wesentlich nur lokal an einzelnen Handelsplätzen hervorgetreten war, die Bildung eines eigentlichen Geldmarktes, vollzog sich nun im größten Maßstabe unter dem Einfluß der durch das moderne Staatsschuldenwesen und die großen Aktienunternehmungen hervorgerufenen dauernden und der durch den unermeßlich gesteigerten Waarenverkehr bewirkten vorübergehenden Kapitalanlagen von kolossalem Umfange. Wie die steigende Solidarität der Verkehrsbeziehungen der civilisirten Staaten eine höhere Gleichmäßigkeit des Kapitalzinses in den verschiedenen Theilen Europa's hervorrief, so mußten auch die Schwankungen desselben überall wesentlich gleichmäßig hervortreten. Dem immer feiner ausgebildeten Gefühl der Europäischen Verkehrswelt für die leisesten Schwankungen des Geldmarktes vermochte keine Zinstaxe praktisch eine Schranke zu ziehen, und wenn die geldbedürftigen Staaten, Gemeinden, Großindustrieunternehmungen nun in voller Oeffentlichkeit den großen Kapitalisten und durch deren Vermittelung oder auch wohl direkt dem gesammten Publikum ihre Anleihen mit 10 und mehr Procent verzinsen mußten, so verstand es sich von selbst, daß auch den kleinereu Bankhäusern nicht verwehrt werden durfte, das den jedesmaligen Verhältnissen entsprechende Zinsenmaß auszubedingen.

So lasteten die gesetzlichen Zinsbeschränkungen wenig auf dem Handelsstande, weder dem geldverleihenden, noch dem geldbedürftigen, da auch der Letztere in der Regel viel zu einsichtig war, um gegen die Lage des Geldmarktes oder gegen seine eigene Kreditlosigkeit die Hilfe der Staatsgewalt anzurufen; Gleiches gilt von den Großindustriellen, den Fabrikanten. Anders dagegen bei den Gewerbtreibenden und den Grundbesitzern. Die Ersteren zumal, welche, bei regelmäßigem Mangel an sachlichen Kreditsicherungsmitteln, den Kapitalisten nur geringe Garantieen zu bieten vermögen, mußten theils jede noch so zweckmäßige Kapitalaufnahme unterlassen, theils verfielen sie im Nothfalle der rücksichtslosesten Ausbeutung ihres Kapitalbedürfnisses; nur wenn sie zum Aeußersten griffen, zum Versatz der beweglichen Habe, gewährten ihnen die öffentlichen Leihanstalten, wenn auch zu hohen, meist die Zinstaxe weit überschreitenden Sätzen, das nothdürftigste Kapital. Der Grundbesitzer stand insofern günstiger, als der landesübliche Zinsfuß für vollkommen sichere Hypotheken, in vielen Gegenden Deutschlands wenigstens, hinter der gesetzlichen Zinstaxe zurückzubleiben pflegte. War aber die Hypothek nicht durch den Werth des Grundstücks über allen Zweifel sichergestellt; wurde durch Krieg, durch schlechte Erndten, durch niedrige Getreidepreise die Kreditwürdigkeit des Grundbesitzers geschmälert; trat auch nur vorübergehend eine Strömung des Kapitals nach den nun so zahlreichen, einen höheren Gewinn in Aussicht stellenden inländischen oder auswärtigen Unternehmungen ein: so erwies sich die gesetzliche Zinstaxe als eine konventionelle Lüge, und die üblichen Vorwegabzüge am Kapital, die Provisionen an die Mittelspersonen, welche die Cession der Hypothekendokumente weit unter dem Nominalbetrag besorgten, die Auszahlung der Darlehnskapitalien in Werthpapieren, welche weit über ihren jedesmaligen Kourswerth angerechnet wurden, die Lieferungsverträge über landwirthschaftliche Erzeugnisse zu voraus bestimmten überaus niedrigen Preisen, sowie zahlreiche ähnliche Mittel brachten den jedesmaligen Zinsfuß nicht allein auf das den Verhältnissen des Schuldners entsprechende, sondern, um des Verbots willen, auf ein dasselbe weit übersteigende Maaß.

Hätte man sich an diese **unzweifelhaften Thatsachen** gehalten, um die praktische Wirkung der gesetzlichen Zinstaxe zu erkennen, statt, sei es an altüberkommene Vorurtheile, welche Roscher treffend bezeichnet „als die Gehässigkeit des sogenannten Zinswuchers in jedem Mittelalter“, sei es an die unleugbaren Erscheinungen wirklicher Ausbeutung der Kapitalsucher, welche völlig zu beseitigen keine menschliche Macht im Stande ist, sei es endlich an den gedankenlosen Glauben, daß staatliche Bevormundung gegen den Mangel wirthschaftlicher Energie und daß Gesetze gegen die zwingende Gewalt der wirthschaftlichen Verhältnisse genügenden Schutz gewähren — so würde schwerlich die gesetzliche Zinstaxe in irgend einem Staate Europa's mehr bestehen.

Allein nur sehr langsam hat die richtige Einsicht sich Bahn brechen, und hat die gewonnene Einsicht den Vorurtheilen und dem natürlichen Beharrungsvermögen des bestehenden Rechts gegenüber zur Beseitigung der Zinstaxe und deren Konsequenzen führen können. Die spätere Uebersicht wird indessen darthun, wie seit dem Ende des vergangenen Jahrhunderts zuerst in langsamerem, dann in immer schnellerem Schritt das Ziel einer völligen Freigebung des redlichen Verkehrs in den verschiedensten Theilen Europa's angestrebt und erreicht worden ist, so daß in den noch übrigen es kaum noch sich um die Principienfrage, sondern nur um den Zeitpunkt der Freigebung handelt.

Gleichwohl erscheint eine gedrängte Erörterung der Principienfrage noch immer nicht überflüssig, und wird bei derselben sich Gelegenheit finden, den gegenwärtigen Europäischen Rechtszustand und das Ergebniß der wirklichen Erfahrungen festzustellen. —

II. Principielle Beleuchtung der Wuchergesetze und Ergebniß der bei deren Bestand und nach deren Aufhebung gemachten Erfahrungen.

Es sind drei vielfach absichtlich oder unabsichtlich durch einander geworfene Fragen zu sondern:

1) Soll die gesetzliche Zinstaxe aufrechterhalten werden?
2) Sollen die gesetzlichen Beschränkungen des Zinsenlaufs aufrechterhalten werden?
3) Sollen die Strafgesetze gegen den Wucher aufrechterhalten werden?

1. Die gesetzliche Zinstaxe.*)

Die Zinsen eines kreditirten Kapitals können ein Dreifaches enthalten: stets den Miethpreis für die Benutzung des Kapitals; unter Umständen außerdem eine Assekuranzprämie, also: einen Entgelt für die Gefahr des Kapitalverlustes; endlich einen Lohn für die Kapitalverwaltung: für die mit der Anlegung und der Aufsicht über die Erhaltung des Kapitals ver-

*) Die Hauptsätze der folgenden Darstellung stimmen mit den in meinem Referat für den zweiten volkswirthschaftlichen Kongreß, Frankfurt, September 1859 aufgestellten Principien überein.

bundene Mühe des Gläubigers. Durch die gesetzliche Zinstaxe wird nun ein für allemal die Höhe dieses Entgelts in seiner dreifachen Beziehung dem Maximum nach fixirt — offenbar durchaus unzulässiger Weise. Gibt auch die Erfahrung einen gewissen Normalsatz an die Hand, über welchen in regelmäßigen Zuständen und bei genügender Sicherheit des Schuldners der Zinsfuß nicht zu steigen pflegt, so ist doch diese Regel von so zahlreichen Ausnahmen durchlöchert, daß sie vollkommen unfähig erscheint, als Regulator des wirthschaftlichen Verkehrs zu dienen. Freilich ist das Geld keineswegs allein Waare, sondern zugleich allgemeiner Werthmesser und unterliegt als solcher mancherlei eigenthümlichen Grundsätzen; allein soweit es sich um das Zinsmaß handelt, ist das Geld, oder richtiger das Geldkapital, nur Waare, und insofern steht es nothwendig unter dem wirthschaftlichen Gesetz, daß der Preis der Waare wie ihrer Produktivdienste sich nach dem Verhältniß von Angebot und Nachfrage einerseits, nach den konkreten Verhältnissen des einzelnen Falles andererseits richtet. Die naturgemäßen Schwankungen des Geldmarktes überhaupt, die verschiedene Produktivhöhe und Produktivsicherheit der Erwerbszweige und einzelnen Unternehmungen, auch die Beschaffenheit der Kreditinstitute und Kreditgesetze jedes einzelnen Landes influiren nothwendig auf die durchschnittliche, wie auf die zeitige Höhe des Zinsfußes. Ein entwickeltes Banksystem für den beweglichen wie für den unbeweglichen Verkehr, eine sichere und doch nicht allzuweitläufige Hypothekenordnung, ein sicheres und schnelles Verfahren in Handels- und bürgerlichen Streitigkeiten drücken den Zinsfuß herab, indem sie den Umlauf der vorhandenen Kapitalien erleichtern, fremde herbeiziehen, die Gefahr des Verlustes mindern.

Noch schlimmer steht es mit der gänzlichen Ignorirung der Umstände jedes einzelnen Falles. Dasselbe Geldkapital hat zu verschiedenen Zeiten und nach Verschiedenheit der Anlage für dieselbe Person einen sehr verschiedenen Werth und vermag in verschiedenen Händen einen ganz verschiedenen Ertrag abzuwerfen. Und wie auf diese Weise der Kapitalbedürftige je nach Umständen ein sehr verschiedenes Zinsmaß zu gewähren im Stande ist, so muß auch der Gläubiger je nach Umständen ein sehr verschiedenes Zinsmaß verlangen, je nach dem konkreten Verhältniß zwischen Nutzungspreis einerseits, Assekuranzprämie und Entgelt für die Kapitalverwaltung andererseits. Alle wirthschaftlichen und sittlichen Momente werden vollkommen ignorirt, wenn die gleiche Behandlung des begüterten Landwirths, des intelligenten und thätigen Handwerkers und des kleinen Zwergbauern, des stumpfen Tagelöhners, des noch unerprobten oder leichtsinnigen Anfängers verlangt wird, wenn langjährige hypothekarische Darlehen mit Wochen- und Tagesdarlehen auf nur persönlichen Kredit gleichgestellt werden.

Indem so die gesetzliche Zinstaxe dem Verkehr eine schlechterdings unmögliche Fessel auferlegt, bleibt sie nothwendig und erfahrungsgemäß **ein todter Buchstabe**, mag sie dem landesüblichen Zinsfuß, welcher ja eben nur die **mittlere** Zinshöhe der **sicher** und **mühelos** verliehenen Geldkapitalien ist, entsprechen, unter demselben zurückbleiben oder auch denselben beträchtlich überschreiten — nur daß sie im letzteren Falle, wie die gesetzliche Zinstaxe der Römischen Kaiserzeit, im Wesentlichen unschädlich sein kann; ganz freilich auch dann nicht, weil sich eben der Einfluß aller für die jedesmalige Zinshöhe maßgebenden objektiven und subjektiven Momente niemals auch nur annähernd in Zahlen fixiren läßt. So schwanken die Diskontosätze in normalen Zeiten zwischen 2 und 10 %; sie steigen aber auch, wie bei der Handelskrisis des Jahres 1857, bis auf 10 % per Monat. Der übliche Zinsfuß kapitalarmer oder in unentwickelten Rechtszuständen lebender Länder erreicht noch jetzt, trotz aller Zinstaxen, eine wahrhaft schwindelnde Höhe. Und selbst in den höchstentwickelten Europäischen Kulturstaaten sieht es unter geeigneten Voraussetzungen nicht viel anders aus. In Frankreich betrug und beträgt wohl noch gegenwärtig, trotz einer gesetzlichen Zinstaxe von 5 %, nach den im Jahre 1845 veranstalteten genauen Untersuchungen der übliche hypothekarische Zinsfuß in 57 Departements 6 bis 22 %, und selbst der Französische Crédit foncier leiht gegenwärtig, nach Angabe **Wolowski's**, nicht unter 6,05 % (**Roscher** I §. 185, not. 7, und **Wolowski**: Journal des Économistes, fevr. 1865, p. 244, 245). Es ist bezeugt, daß in gewissen Distrikten Preußens der übliche Zinsfuß für hypothekarische Darlehen 15 und mehr Procente beträgt (**Berndt**: Die Wuchergesetze. Berlin 1857. S. 72). Die Oesterreichische Nationalbank, welche von der gesetzlichen Zinstaxe befreit ist, leiht auf beste Pfandsicherheiten nicht unter 7 bis 8 % (**Pfeiffer**: Gegen die Schrift des Dr. Rizy. S. 62). Der Gewerbsmann vermag, wenn er gut beleumundet ist, vielleicht zu 8—12 % Darlehne zu erhalten; der Kreditlose schätzt sich glücklich, Vorschüsse auf kurze Zeit zu 4, 5 und mehr Procenten per Monat aufnehmen zu können! Und auf den untersten Stufen des Verkehrs begegnen uns noch jetzt in allen Europäischen Ländern Tages- und Wochenzins von unglaublicher Höhe. In Paris, wie im Senat 1862 erörtert wurde, 25 Centimes pro Tag für Darlehen von 5 Frs., = 1800 % jährlich, und zwar zu großem Vortheil der Darlehnsnehmer, welche energisch gegen jede gerichtliche Verfolgung ihrer Gläubiger, die bei diesem anscheinend so lukrativen Geschäft vielfach zu Grunde gingen, protestirten. Stellen doch die neueren, vorzüglich zum Besten des kleineren Handwerkerstandes gegründeten Vorschuß- und Kreditvereine einen Zinssatz von 8 — 14 % fest, von welchem nur ein Theil den Mitgliedern der Genossenschaft als Dividende zu Gute kommt, und selbst zu diesem Satze wird nur nach sorgfältiger Prüfung der Kreditverhältnisse und unter Verbürgung dargeliehen. Ein Herabgehen unter den Satz von 8 bis 10 % erklärt Schulze-Delitzsch sogar für unthunlich. Auch genügt es, einen Blick auf das kolossale Wachsthum des Wechselverkehrs gerade in dem Kreise der kleineren Gewerbtreibenden zu werfen, um zu erkennen, wie wenig die Zinstaxe beachtet wird und wie eifrig der Kreditsucher eine Kreditform benutzt oder zu benutzen genöthigt ist, welche die Anfechtung des Kreditvertrages wegen Wuchers zu erschweren oder auszuschließen geeignet ist. —

Diesen inneren und aus der Erfahrung entnommenen Gründen, welche die Verwerflichkeit einer jeden gesetzlichen Zinstaxe darthun, vermögen die wenigen Vertheidiger derselben, welche sich den Anschein einer wissenschaftlichen Begründung geben (wie z. B. Rizy: Ueber Zinstaxen und Wuchergesetze. Wien 1859 — und nach ihm P. F. Reichensperger: Gegen die Aufhebung der Zinswuchergesetze. Berlin 1860), keinen irgend nennenswerthen Einwand entgegenzustellen.

Ist es auch vollkommen richtig, daß die Stellung der Paciscenten in Kredit-, zumal in Darlehnsverträgen, nicht vollkommen deren Stellung in anderen Verträgen gleich ist, daß hier wegen mangelnden Angebots, herbeigeführt durch unmittelbar dringendes Bedürfniß oder durch Verheimlichung der Bedürftigkeit, leichter eine Ausbeutung vorkommen kann, und das um so mehr, je unentwickelter die Kreditanstalten für alle Theile der Bevölkerung sind, so ist es doch völlig unrichtig, daß der Gefahr dieser Ausbeutung durch eine gesetzliche Zinstaxe begegnet werde. Ueberdies ist es eine vollkommen ungegründete Anschauung, in jedem hohen Zinsatze eine Ausbeutung des Schuldners zu sehen. Es mag in früheren Wirthschaftsepochen eher zugetroffen haben, daß verzinsliche Darlehen vorzugsweise zur Befriedigung augenblicklich drängender Noth aufgenommen worden sind. Heutzutage ist das ganz unrichtig. Selbst auf niederer Verkehrsstufe pflegt gegenwärtig das Darlehn für den Nehmer mindestens ebenso nutzbringend zu sein als der Zinsgenuß für den Geber, so daß nicht einmal nach Moralgrundsätzen das Nehmen hoher Zinsen als unsittlich erachtet werden kann. Wenn, wie noch weiter unten sich zeigen wird, die Freigebung des Zinsfußes die Aufnahme der zu produktiven Anlagen erforderlichen Kapitalien erleichtert, so liegt offenbar die Beseitigung der Zinstaxe ganz überwiegend nicht im Interesse der Kapitalisten, sondern der Kapitalbedürftigen.

Man hat erinnert, es sei nicht hinreichendes Kapital zur Verwirklichung aller beabsichtigten Unternehmungen vorhanden, es würden somit durch die Zinsbeschränkungen die ganz sicheren Unternehmungen auch nicht vom Geldmarkte verdrängt, wohl aber im Interesse der Gesammtheit den unsoliden Unternehmungen eine Grenze gezogen. Und das Angesichts der vielen Hunderten von Millionen, welche in den verschiedensten ausländischen Staatsanleihen von sehr zweifelhafter Solidität aber zu sehr hohen Zinsen angelegt sind, Angesichts der Kapitalien, welche z. B. während der fünfziger Jahre den unsichersten Aktienprojekten zugeflossen sind! Man hat, mit Berufung auf die längst zur Genüge widerlegte Aeußerung A. Smith's, gesagt, daß nur Verschwender und Projektenmacher zu 8, 10 und mehr Procent Zinsen kontrahiren würden; ja es ist von den beiden neuesten Vertheidigern der Zinstaxe alles Ernstes behauptet worden, ein Jeder, welcher zu dem höchsten landesüblichen Zinsfuße — also zu 5 oder 6 % — kein Kapital aufzutreiben vermöge, sei ein Verschwender oder ein Projektenmacher! Auch die kanonische Anschauung von der Verderblichkeit der Bereicherung ohne Arbeit kehrt wieder; man fürchtet die Ueberfluthung durch gewagte Geschäfte, das Darlehen werde ein gewagter Vertrag werden, durch die Konkurrenz der Verschwender und Projektenmacher würden die soliden Leute vom Markt verdrängt werden, es würde eine gefährliche Konkurrenz der jetzt Kreditlosen entstehen u. dgl. m. Es genügt, diese Gründe anzuführen; eine ernstliche Widerlegung kann nicht zugemuthet werden. Verschwender und Projektenmacher (!?) werden vielleicht nach Aufhebung der Zinstaxe zu geringeren Zinsen Geld erhalten, sicherlich aber stets zu sehr hohen. Jetzt Kreditlosen, wenn auch zu höheren Zinsen als der gesetzlichen Zinstaxe, die Möglichkeit der Krediterlangung zu verschaffen, wäre gewiß eine würdige Aufgabe, und es erschiene, wenn überhaupt die Gefahr begründet wäre, welche durch deren Konkurrenz entstände, doch mindestens als ein ungeheuerlicher Egoismus der jetzt angeblich allein kreditwürdigen Klassen, oder klar gesagt, der großen Grundbesitzer, in deren anscheinendem, wenn auch freilich keineswegs wahrem, Interesse jene Deduktionen vorgetragen werden, daß sie den Kapitalmarkt lediglich für sich ausbeuten wollen.

In Ermangelung ausreichender innerer Gründe begeben sich die Gegner auf das Gebiet der Rechtspolitik, der Moral und der Wirthschaftspolitik.

Was nun die Rechtspolitik anlangt, so sind bekanntlich diejenigen Gesetze die bedenklichsten, welche sich ohne erhebliche Gefahr umgehen lassen. Zu diesen aber und zu den notorisch seit Jahrtausenden und noch täglich straflos umgangenen gehören die Wuchergesetze. Nur selten wird eine Ueberschreitung der gesetzlichen Zinstaxe vor Gericht gezogen, da jeder Versuch der Art dem Rufe und Kredit des angeblich Uebervortheilten mindestens ebenso sehr schadet, als dem Rufe des Wucherers. „Die Leichtigkeit dieser (zur Umgehung der Wuchergesetze geeigneten zahlreichen) Operationen," sagen die Regierungsmotive zu dem Preußischen Gesetzentwurf von 1860, „haben denn auch die Wirksamkeit der gegen den Wucher gerichteten Strafgesetze bereits fast vollständig gelähmt. Wie die vernommenen Gerichtsbehörden — mit wenigen Ausnahmen übereinstimmend — bekunden, sind trotz des häufigen Vorkommens wucherlicher Geschäfte die gerichtlichen Untersuchungen gegen Wucherer selten und von sehr geringen Erfolgen begleitet, die Civilklagen auf Auflösung derartiger Geschäfte oder auf Rückerstattung von Wucherzinsen fast unerhört. Nicht der eigentlich gefährliche, die Noth oder den Leichtsinn der Darlehnssucher gewerbsmäßig ausbeutende Wucherer verfällt jetzt noch dem Arm des Gesetzes, sondern in der Regel nur diejenigen, welche aus Gesetzesunkunde das an sich verbotene Geschäft in die erlaubten Formen zu kleiden verabsäumen, gelingt es **bisweilen** zur Strafe zu ziehen." So hat man, nach zahlreichen Versuchen strengster Durchführung, welche aber, für den gewollten Zweck erfolglos, überall die Lage der Kapitalbedürftigen weitaus erschwert haben, in Bayern 1861 sämmtliche Strafgesetze und Polizeistrafgesetze gegen die Ueberschreitung der Zinstaxe als verderblich beseitigt. Solche Gesetze aber, welche wesentlich straflos umgangen werden, sind ein sittlicher Krebsschaden, ganz geeignet, die Achtung vor dem Gesetz überhaupt zu vernichten. Um so mehr, wenn, wie neuerdings der französische Nationalökonom Wolowski vor der Untersuchungskommission des Französischen Staatsraths richtig bemerkte, die größte Gefahr für die Volkswirthschaft nicht in der Umgehung, sondern in der strikten Beobachtung der Wuchergesetze liegt. —

Noch schlimmer steht es mit der **Moral.** Wirkliche Sittengesetze schaffen sich nicht willkürlich, auch nicht durch tausendjährige Vorurtheile. Man darf nicht auf die Gefahr hin, alle ethischen Begriffe zu verwirren, sittlich gleichgiltige Handlungen als entehrend brandmarken. Die Ueberschreitung der Zinstaxe, einer rein positiven Schranke des Kapitalverkehrs, zu einer Unsittlichkeit stempeln, heißt das Sittengesetz in eine ganz ungehörige, niedere Sphäre herabziehen. Wer zu einer offenbar unproduktiven Anlage, wer einem offenbaren Verschwender wenngleich zu niedrigsten Zinsen Geld leiht, wird häufig unsittlich handeln; wer zu sehr hohen Zinsen einem wirthschaftlichen Nothstande abhilft, eine produktive Anlage unterstützt, kann höchst sittlich handeln, und in der Regel sittlicher als Derjenige, welcher, um nicht zu hohen Zinsen ausleihen zu müssen, der Noth gar nicht abhilft. Die Höhe der Zinsen allein gewährt keinen Maßstab für die Sittlichkeit des Verhaltens. Dies erkannte auch Savigny, obwohl derselbe, bei Festhalten der civilrechtlichen Zinstaxe, auch die Strafgesetze gegen deren Ueberschreitung vertheidigte, an, als er in den Verhandlungen des „Vereinigten ständischen Ausschusses" vom 25. Februar 1848 (Verh. IV. S. 339) bemerkte: „Man kann nicht sagen, daß 6 pCt. unrechtlicher wären als 5, 10 pCt. unrechtlicher als 6 pCt. Das ist willkürlich. Ein

Unrecht liegt nicht darin, wenn Jemand noch so hohe Zinsen nimmt mit Einwilligung eines Anderen. Es kann unbillig, es kann hart sein. Wo ist aber die Grenze, wenn die Frage auf Unbilligkeit gestellt wird. Man kann die allgemeine Regel aufstellen, Jeder solle unter allen Umständen ehrlich sein, aber nicht die Regel, Jeder solle wohlthätig und billig sein. Wohlthätigkeit und Billigkeit haben keine bestimmte Grenze."

Wenn behauptet wird, der Wucher sei durch die öffentliche Meinung gebrandmarkt, so vergißt man zu erklären: welche Art des Wuchers. Die öffentliche Meinung des republikanischen Roms und noch mehr des Mittelalters, beherrscht von dem staatlichen und kirchlichen Verbot, brandmarkte alles Zinsennehmen. Wer immer Zinsen nahm, war mit der höchsten kirchlichen Strafe, der Exkommunikation, mit dem Verlust der Testamentsfähigkeit, der Versagung des christlichen Begräbnisses bedroht. Die öffentliche Meinung der späteren Römischen und der neueren Zeit hielt das Zinsennehmen an sich nicht für unmoralisch, nur die Ueberschreitung der gesetzlichen Zinstaxe, den Wucher im neueren Sinne. Ob noch heutzutage die öffentliche Meinung so weit geht, mag dahingestellt bleiben; sicher aber ist, daß mit der Aufhebung der gesetzlichen Zinstaxe eben nur der Betrug und die rücksichtslose Ausbeutung von Unerfahrenheit, Leichtsinn, Nothstand als unsittlich gelten wird. „Nicht die Beseitigung, sondern die Beibehaltung des jetzigen unrichtigen Princips," sagen sehr richtig die Motive des Preußischen Gesetzentwurfs, „ist geeignet, die öffentliche Meinung irre zu führen." Es ist die Aufgabe der verständigen Staatsmänner, wie der Wissenschaft, wirthschaftliche Einsicht zu verbreiten und hierdurch alte Vorurtheile, welche unter der Herrschaft unzweckmäßiger Gesetze entstanden sind, zu vernichten, nicht aber mit eben diesen Vorurtheilen die heilsame Reform zu bekämpfen.

Und gerade nach der moralischen Seite sind die praktischen Wirkungen der Zinstaxe überaus bedenklich. Auf Seite der Schuldner führt sie zu leichtsinnig gegebenen und gebrochenen Versprechungen, Ehrenworten, Eiden; auf Seite der Gläubiger steigert sie mit der Gefahr den natürlichen Egoismus zur rücksichtslosesten, gemeinsten Schlauheit. Und wenn auch nicht gerade, wie man gesagt hat, die Wuchergesetze allein den wirklich verderblichen Wucher *schaffen*, so *befördern* sie doch denselben in eminentem Grade, indem sie objektiv den Zinsfuß steigern, subjektiv den Kreis der Darlehnsgeber beschränken, und zwar auf eine, sei es von Natur unsittliche, sei es durch die Gewöhnung der Gesetzesüberschreitung unsittlich gewordene Klasse einengen. Diesen wirklichen moralischen Schaden muß die Aufhebung der Zinstaxe, wenn auch schwerlich ganz und gar beseitigen, so doch erheblich mindern. —

Vorzugsweise aber hat man aus Gründen der *Wirthschaftspolizei* die Freigebung des Zinsvertrages bekämpft. Man hat behauptet, daß mit Beseitigung der Zinstaxe der Zinsfuß nothwendig steigen müsse, theils durch die Konkurrenz der jetzt kreditlosen Kreditbedürftigen (der Projektenmacher und Verschwender), theils weil damit jede Schranke gegen rücksichtslose Habgier fallen würde Und wenn man jetzt auch stillschweigend zugibt, daß Handel und Gewerbe dieses Schutzes im Wesentlichen nicht bedürfen, ja wohl anerkennt, daß für diese Wirthschaftszweige die Zinstaxe eher Nachtheil als Vortheil mit sich führe, so hält man an jener Behauptung um so entschiedener für den Grundbesitz fest, für welchen, auf einen wesentlich festen Ertrag angewiesen, mit Freigebung der Zinstaxe die Kreditbenutzung unmöglich, welchem alle Kapitalien gekündigt werden, der bei den unausbleiblichen steten Schwankungen des Zinsfußes jeder Sicherheit entbehren würde.

Wäre dem wirklich so, so läge vielleicht die Aufrechthaltung der Zinstaxe im öffentlichen Interesse, und man müßte dieselbe mit allen ihren sonstigen Nachtheilen ertragen, um den wichtigsten Stand vor dem Ruine zu wahren. Allein nichts ist unmotivirter, als jene Behauptung.

Es mag hier dahin gestellt bleiben, ob die Erhöhung des landesüblichen Zinsfußes schlechthin für den Grundbesitzer ein Uebel sein würde, ob sie nicht wichtige wirthschaftliche Tugenden, Sparsamkeit, Unternehmungsgeist wachrufen, ob nicht das für die Verbesserung des Betriebs, für Maschinen, Vieh u. dgl. selbst zu höheren Zinsen aufgenommene Kapital sich sehr gut verwerthet. Denn die ganze Voraussetzung, auf welcher jene Deduktion beruht, trifft nicht zu. Es wird supponirt, 1) daß gegenwärtig der Landwirth stets zum gesetzlichen Zinsfuß Kapitalien erhalten kann und 2) daß dies bei Freigebung der Zinstaxe niemals zu dem bisher gesetzlichen Zinsfuße der Fall sein wird.

Allein auch gegenwärtig vermag der Landwirth zu dem gesetzlichen Zinsfuße nur für ganz sichere Hypotheken Kapitalien zu erhalten, alsdann aber auch häufig, je nach der Lage des Geldmarktes und der Kreditverhältnisse der einzelnen Landschaft, zu beträchtlich geringeren, zu 3, $3^1/_2$, 4, $4^1/_2$ %. Für nicht vollkommen sicherzustellende Kapitalien muß er auch gegenwärtig höhere, und zwar meist die gesetzliche Zinstaxe weit überschreitende Zinsen zahlen. Wenn nun gegenwärtig für ganz sichere Anlagen der landesübliche Zinsfuß an vielen Orten erfahrungsmäßig **weit unter dem gesetzlichen Maße zurückbleibt,** so ist nicht einzusehen, wie für solche sichere Anlagen eine Freigebung der offenbar ganz einflußlosen gesetzlichen Zinstaxe eine Erhöhung des zur Zeit landesüblichen Zinsfußes herbeizuführen im Stande sein soll. Um der Zinstaxe willen leiht gegenwärtig nicht leicht Jemand Kapitalien zu 5 % aus, welche er in gleich sicherer Weise zu 6 oder 7 %

fruchtbar machen könnte; sondern er thut das vielleicht aus Freundschaft, aus Humanität, und diese Motive werden durch die Beseitigung der Zinstaxe so wenig ausgeschlossen, als bisher. In Zuständen, wo sichere Kapitalanlagen nur auf Grundstücke möglich sind, mag durch eine Zinstaxe vielleicht der Zufluß der Kapitalien zu geringen Zinsen auf Hypothekenanlagen verstärkt werden; in der Gegenwart, wo Werthpapiere der verschiedensten Art eine vollkommen oder annähernd gleich sichere Kapitalanlage ermöglichen, werden Hypotheken unter oder zur gesetzlichen Zinstaxe überall so lange, aber auch nicht länger, begehrt werden, als eine höhere gleich sichere Verwerthung durch anderweitige Anlage nicht möglich ist.

Wird so — und die unten anzuführenden Erfahrungen bestätigen diese Erwägungen in schlagender Weise — auf den Zinsfuß vollkommen sicherer Hypotheken unter normalen Verhältnissen die Freigebung der Zinstaxe an sich durchaus gar keinen Einfluß üben, so steht es freilich, wo diese vollkommene Sicherheit fehlt oder unter gewissen außerordentlichen Verhältnissen anders, aber nach entgegengesetzter Richtung als die Vertheidiger der bestehenden Wuchergesetze behaupten. Wo die vollkommene Sicherheit fehlt, wird bei Freigebung des Zinsmaßes scheinbar eine Erhöhung, in Wahrheit aber eine Erniedrigung desselben eintreten. Es wird der wirkliche Zins, welcher gegenwärtig in Vorwegabzügen und anderen schwer zu kontrolirenden Vortheilen des Gläubigers und seiner Mittelspersonen versteckt liegt und über dessen Höhe sich daher kaum irgendwo sichere statistische Daten gewinnen lassen, nackt hervortreten, damit aber allen Theilen und der Volkswirthschaft im Ganzen ein großer Dienst geschehen. Ist es denkbar, obwohl in der Gegenwart, bei der Leichtigkeit anderweitiger Kapitalanlage, gewiß äußerst selten, daß, trotz mangelnder Sicherheit der Anlage, sich ein Kapitalist mit 5 % oder weniger nur um der Zinstaxe willen begnügt, so ist doch noch viel gewisser, daß eben um der Zinstaxe willen sich sehr beträchtliche Kapitalien der Verwendung für die Landwirthschaft entziehen und daß, wo gleichwohl solche Verwendung erfolgt, das wirkliche Zinsenmaß unter den gedachten Voraussetzungen den der Sachlage angemessenen Betrag in der Regel weit übersteigt. Eine Menge von Kapitalien, welche gegenwärtig auf Unterstützung industrieller Unternehmungen, auswärtiger Staatsanleihen u. dgl. um des höheren Zins- und Dividendengenusses willen verwendet werden, würden zu eben diesem oder einem noch geringeren Zinse der Landwirthschaft zufließen und dadurch die Einführung besserer Wirthschaftsmethoden und anderweitige Meliorationen, welche auch die Grundrente zu steigern im Stande sind, ermöglichen, während gegenwärtig die

Verbesserung unterbleibt, weil sie nur um den Preis der drückendsten Wucherzinsen, somit ohne Aussicht auf Steigerung der Rente, herbeizuführen wäre. Denn, wie schon früher bemerkt, ist gegenwärtig die Zahl derjenigen, welche ohne Scheu vor Uebertretung des Gesetzes zu gesetzlich unstatthaften Zinsen ausleihen, eine verhältnißmäßig geringe, und die nothwendige Assekuranzprämie gegen die Gefahr der Ungiltigkeit des Geschäfts, des Verlustes aller Zinsen über das gesetzliche Maß hinaus oder gar der Bestrafung und des Verlustes der bürgerlichen Ehre ist um so höher, je schärfer die Gerichte über die Befolgung des Gesetzes wachen. Mit der Beseitigung der Zinstaxe aber steigt nicht allein die Nachfrage, sondern auch das Angebot der Kapitalien; den jetzigen gebrandmarkten Wucherern tritt die Konkurrenz der bisher zurückhaltenden vorsichtigen und ehrlichen Leute zur Seite, und für Anlagen, wo bisher Kapitalien gar nicht oder nur gegen Zinsen von 10 und mehr Procenten zu haben waren, wird in Zukunft ein Zinsfuß von vielleicht 6 oder 7 % genügen. So muß gerade für weniger sichere Anlagen der thatsächlich maßlose Zinsfuß herabgedrückt werden. Nichts ist verkehrter als die Vorstellung, daß mit Beseitigung der Zinstaxe der Kapitalist den höchsten Zinssatz fordern und erhalten werde; auch der Habgierigste wird sich mit einem geringeren Satze begnügen müssen und begnügen, wo nach der Lage des Geldmarktes und in Folge der Konkurrenz des Angebots sich ein höherer nicht erzielen läßt. Wo dagegen nach der Natur der Sache die Konkurrenz des Angebots jederzeit eine sehr geringe sein wird, wie bei Anlehen verschwenderischer Minderjährigen, da reicht das bestehende Recht, welches solche Geschäfte für ungiltig oder gar unter Umständen, z. B. in Preußen, für strafbar erklärt, völlig aus. Ebenso muß bei den verschämten Nothanlehen der untersten Bevölkerungsklassen nach wie vor durch öffentliche Leihanstalten mit festen Zinstaxen durchgegriffen werden, bis mit Vermehrung wirthschaftlicher Einsicht und Erweiterung der Kreditgenossenschaften sich rationellere Abhilfmittel finden. Wenn somit in Ausnahmefällen der Art ein Sinken des Zinsfußes in Folge Beseitigung der Zinstaxe nicht mit Sicherheit erwartet werden kann, so doch viel weniger eine Steigerung desselben; immerhin ist das Erstere noch weitaus wahrscheinlicher.

Dieselben Vortheile, welche die Freigebung des Zinsmaßes nothwendig für weniger sichere Anlagen mit sich führt, treten auch für an sich vollkommen sichere Anlagen in außerordentlichen Verhältnissen ein. Erscheint aus irgend einem Grunde auch nur die leichte Realisirbarkeit der hypothekarischen Anlagen gefährdet, oder tritt eine Strömung der Kapitalien nach anscheinend gewinnbringenderen Unternehmungen ein, oder erscheint gar deren Verwendung zur Komsumtion zweckmäßig oder erforderlich, z. B. in Kriegszeiten, so werden die Hypothekendarlehen massenhaft gekündigt, und der Grundbesitzer hat nur die Wahl zwischen der Subhastation und der Beschaffung anderweitiger Kapitalien um jeden, auch den höchsten Preis. Wäre dagegen in solchen Fällen eine Erhöhung des Zinsfußes um ein oder wenige Procent statthaft, so würde durch ein meist vorübergehendes Opfer diese Gefahr wesentlich verringert, ja in der Regel gänzlich abgewendet werden.

Es ergibt sich somit, daß unter normalen Verhältnissen für vollkommen sichere hypothekarische Anlagen die Freigebung des Zinsvertrages keine Erhöhung des gegenwärtigen Zinsfußes zu bewirken im Stande ist, daß dagegen dieselbe in außerordentlichen Verhältnissen oder für nicht vollkommen sichere Anlagen überhaupt erst die Möglichkeit eines reicheren Kapitalzuflusses und damit nothwendig die Erniedrigung des gegenwärtig unverhältnißmäßig hohen Zinsfußes begründet. —

Die Vertheidiger der Zinstaxe haben endlich behauptet, daß die volkswirthschaftliche Theorie, auch wenn sie an sich unwiderleglich erschiene, doch vollkommen durch „notorische Thatsachen" widerlegt würde, somit die Wissenschaft der Nationalökonomie, falls sie auf jener unmöglichen Theorie beharren wollte, durchaus werthlos erschiene. Die Erfahrungen derjenigen Länder, in welchen der Versuch einer völligen Aufhebung der Zinstaxe gemacht sei, müßten einen Jeden von der Unzuträglichkeit dieser Maßregel überzeugen.

Es lohnt wohl der Mühe, diese mit kaum glaublicher Kritiklosigkeit aufgestellten Behauptungen zu prüfen.

Die einzigen „Erfahrungen", welche Rizy und nach ihm Reichensperger beizubringen gewußt haben, betreffen Norwegen, Oesterreich und Frankreich.

Was zunächst die „bitteren Erfahrungen und schweren Leiden" Norwegens anbetrifft, auf welche sich die beiden genannten Schriftsteller und nach ihnen die Stimmführer der konservativen Partei im Preußischen Abgeordneten- und besonders im Herrenhause vorzugsweise berufen haben, so stehen folgende — aus der eigenen Darstellung Rizy's entnommene — Thatsachen fest:

Die Norwegische Zinstaxe betrug 4 %; deren Ueberschreitung war mit dem Verluste des dargeliehenen Kapitals bedroht. Im Jahre 1842 wurde für Wechsel- und solche Schuldforderungen, welche eine 6 Monate nicht überschreitende Zahlungsfrist enthalten und nicht hypothekarisch sichergestellt sind, der Zinsfuß völlig der Vereinbarung der Betheiligten überlassen. Dieses Gesetz wurde 1851 aufgehoben, dagegen für Darlehnsgeschäfte auf kurze Zeit ein Zinsfuß von 6 % gestattet. — Zunächst also hat die ganze Maßregel die hypothekarisch gesicherten Kapitalien völlig unberührt gelassen! Sodann wären die möglicherweise ungünstigen Erfahrungen, welche über eine solche zumal höchst beschränkte Freigebung des Zinsvertrages in einem so kapitalarmen und fast lediglich ackerbautreibenden Lande, wie Norwegen, gemacht sein könnten — welcher Art aber diese gewesen seien, ist weder mir, noch, wie ich ohne Bedenken annehmen zu dürfen glaube, irgend einem Vertheidiger der Zinstaxe bekannt —, für die gleiche Frage in entwickelteren und vielseitigeren Kulturzuständen nicht maßgebend. Gerade in Zuständen, wie die Norwegischen, hat eine solche partielle Aufhebung der Wuchergesetze der Landwirthschaft ernsten Schaden zufügen können. Endlich hat man — um den mildesten Ausdruck zu gebrauchen — übersehen, was doch Rizy selber an derselben Stelle anführt, wo er die Norwegische Gesetzgebung überhaupt darstellt — daß im Jahre 1857 bereits das Gesetz von 1842 wieder hergestellt, und sogar dazu der gesetzliche Zinsfuß von 4 auf 5 % erhöht worden ist!! Die „furchtbaren Leiden" Norwegens haben also doch vor einer Wiederholung nicht abgeschreckt, noch zu verhindern vermocht, daß Schweden im Jahre 1864, und zwar bei einem gesetzlichen Zinsfuße von 6 %, den gleichen Weg eingeschlagen hat. —

Nicht anders steht es mit der Oesterreichischen Gesetzgebung. Auch hier begegnet Verschweigung oder gar Entstellung der entscheidenden Thatsachen. Die gesetzliche Zinstaxe ist in Oesterreich niemals aufgehoben worden, vielmehr hat das Josephinische Patent vom 29. Januar 1787 zwar alle bisher bestandenen Wuchergesetze aufgehoben, „dergestalt jedoch, daß keine Gerichtsstelle auf andere Interessen erkenne oder Eintreibung gebe, als auf vier vom Hundert bei Darlehen, die eine ausgewiesene Hypothek haben, oder auf fünf vom Hundert, wenn keine Hypothek bestimmt ist." Wie von diesem Gesetze gesagt werden kann, „die Abschaffung der Wuchergesetze war somit in Oesterreich in einer Weise zur Wirksamkeit gekommen, welche selbst dem eifrigsten Vertheidiger der freien Kapitalsbewegung nichts zu wünschen übrig ließ," wie aus der wirklich oder scheinbar ungünstigen Wirkung dieses Gesetzes, zumal in einem an Kapital und Unternehmungsgeist gleich armen und von jeher an einem zerrütteten Finanzsystem krankenden Lande, wie Oesterreich, wo die Zinstaxe von 4 und selbst 5 % sogar bei vollkommen sicheren hypothekarischen Darlehen jederzeit weit unter dem landesüblichen Zinsfuße zurückblieb, und unter dem Zusammenflusse zahlreicher ungünstiger Umstände, welche gerade zur Zeit dieser Gesetzgebung und später auf den Oesterreichischen Geldmarkt drückten, ein Argument gegen die Freigebung des Zinsvertrages entnommen werden kann, ist kaum begreiflich. Denn offenbar hat das Josephinische Patent, mochte zu jener Zeit die Beseitigung der Wuchergesetze in Oesterreich überhaupt rathsam sein oder nicht, den möglichst verkehrten Weg eingeschlagen, indem es unter Aufhebung aller Strafgesetze die civilrechtliche Wirksamkeit der Zinstaxe vollkommen aufrecht erhielt, allenfalls dem Gläubiger für das die Taxe übersteigende Maß eine unklagbare Forderung offen lassend! Dieses Gesetz konnte, statt die Konkurrenz der vorsichtigen Kapitalisten, höchstens die Konkurrenz der leichtsinnigen und gewissenlosen Schuldenmacher, sowie der leichtsinnigen oder rücksichtslosen Kapitalisten, welche die drohende Gefahr des Zinsverlustes über die Taxe hinaus durch um so höhere Zinsen zu decken suchten, vermehren. Und wenn auch, um der beseitigten Gefahr der kriminellen Bestrafung willen, gewiß häufig das früher vorkommende Zinsmaß herabsank, so mußten doch die einfachen Ueberschreitungen des gesetzlichen Zinsfußes zunehmen und alle nun offen an's Licht treten — somit erkennbar „der Wucher" sich vermehren! Wollte man sich nicht zur völligen Freigebung der Zinstaxe entschließen — und solcher Schritt war der nachjosephinischen Zeit am wenigsten zuzutrauen — so erschien in der That die Rückkehr zum alten Recht, wie sie im Wesentlichen — wenn auch mit Beseitigung der äußersten Härten des Theresianischen Patents vom 26. April 1751 — das noch geltende Wucherpatent vom 2. December 1803 bewirkt hat, allein angemessen.

Eben so wenig können die „Erfahrungen" Frankreichs in Betracht kommen. In Frankreich ist die durch das Gesetz vom 12. Oktober 1789 eingeführte fünfprocentige Zinstaxe — bis dahin war wenigstens in den Ländern des Gewohnheitsrechts der Zinsvertrag überhaupt nur in Form des Rentenkaufs zu 5% und sonst auf mancherlei Umwegen statthaft gewesen — bis zur Publikation des Code civil nicht gesetzlich beseitigt worden. Sie ist nur in Folge der Assignatenwirthschaft der späteren Revolutionszeit faktisch suspendirt gewesen — und es ist eben so selbstverständlich, daß bei der damaligen Zerrüttung des ganzen socialen Bestandes während der Herrschaft des Maximums und des Zwangskourses der immer mehr entwertheten Assignaten jede Zinstaxe ein todter Buchstabe bleiben mußte, wie es thöricht wäre, die kolossalen Zinssätze jener Zeit auf Rechnung der Beseitigung der Zinstaxe zu setzen. Ob nun durch Artikel 1907 des Code civil (1804), welcher neben der Bestimmung, daß jeder Zinsvertrag schriftlich abgeschlossen werden müsse, erklärt: L'intérêt conventionnel peut excéder celui de la loi, toutes les fois que la loi ne le prohibe pas, principiell die Zinsfreiheit eingeführt worden, ist, trotz der darauf hindeutenden Aeußerungen der Regierungscommissare und parlamentarischen Redner, nicht zweifellos. Vielleicht erklärt sich die gewundene Fassung des Gesetzes daraus, daß man einmal die durch das Gesetz vom 12. Oktober 1789 für den Zins in Handelssachen ausdrücklich als maßgebend anerkannten Handelsgewohnheiten unbedingt wahren, sodann aber die ganze Frage in der Hauptsache noch offen lassen wollte. Mochte aber auch die Intention des Gesetzgebers dahin gehen, einstweilen eine Zinstaxe nicht vorzuschreiben, so ward das doch in der Praxis nur dahin verstanden, daß die Ausbedingung von Zinsen über 5 bez. 6% nicht unstatthaft und strafbar sein solle, eine Klage dagegen wurde von den Gerichten regelmäßig über diesen Betrag hinaus nicht gestattet. War aber dieses der Französische Rechtszustand bis zum Erlaß des Gesetzes vom 3. September 1807, welches jede Ueberschreitung der Zinstaxe von 5 % in Civilsachen und von 6 % in Handelssachen für unerlaubt und die gewohnheitsmäßige Ueberschreitung, zumal die mit Prellerei (verkleideter Wucher) verbundene für strafbar erklärte, so konnten in dieser Zwischenzeit, gerade wie unter der ganz verwandten Josephinischen Gesetzgebung, sehr wohl vorzugsweise nachtheilige Folgen eintreten oder doch an den Tag treten. Ob das freilich der Fall gewesen, ist schwer zu beurtheilen, da die Regierungsredner, welche das Gesetz vom 3. September 1807 empfahlen, zwar an Indignation gegen den Wucher und gegen die Schädlichkeit der Zinsfreiheit es nicht fehlen lassen, aber keinerlei Thatsachen an die Hand geben, welche die Prüfung ihrer allgemeinen Deductionen ermöglichen. Daß Napoleon selbst die Zinstaxe für geboten erachtete, ist bekannt genug, und die auf dem ganzen Gebiet der Verkehrsgesetzgebung hervortretende straffe Bevormundungspolitik des ersten Kaiserreiches, in Verbindung mit den gerade in Frankreich zufolge der dauernden Geltung des kanonischen Zinsverbots besonders lebhaften Volksvorurtheilen, hat damals, wie noch später wiederholt die richtigere Einsicht gehemmt. Zwar wurde — was vollständig übersehen wird — durch Dekret vom 15. Januar 1814 vorübergehend bis zum 1. Januar 1815 die Zinstaxe vom 3. September 1807 für alle Vorschüsse auf Waaren (Lombardgeschäft), und zwar ohne Unterschied der Person des Darlehnsgebers, suspendirt, und durch die Ordonnanz vom 7. December 1835 für Algier der Zinsvertrag völlig und auf immer freigegeben — allein auf der anderen Seite hat das Gesetz vom 19. December 1850 sogar die Strafe des gewohnheitsmäßigen Wuchers noch verschärft. Sehr merkwürdig aber ist, daß durch das Gesetz vom 9. Juni 1857 die Bank von Frankreich von der Einhaltung des gesetzlichen Zinsfußes befreit worden ist — der privilegirteste Kapitalist, der einen wesentlich unentgeltlichen Kapitalhandel treibt, während die kleineren Kapitalisten, welche von dem Ersteren und zu hohen Zinsen Geld entnehmen, sich gesetzlich mit einem geringeren Zinssatze begnügen sollen! Die Praxis sucht freilich seitdem wenigstens alle übrigen Banquiers der gleichen gesetzlichen Freiheit theilhaft zu machen. Und wie wenig man gegenwärtig von der Richtigkeit der bestehenden Gesetzgebung überzeugt ist, erweist die in Folge wachsender wirthschaftlicher Einsicht und stets zunehmender Agitation gegen den bestehenden Rechtszustand vor wenigen Monaten veranstaltete Untersuchung unter Vorsitz de Parieu's, in welcher freilich — so weit deren Ergebnisse bisher bekannt geworden sind (Journal des Économistes, février 1865) — sehr verschiedenartige Ansichten aufgestellt zu sein scheinen.

Auf ungünstige Erfahrungen somit von Staaten, in welchen eine völlige Freigebung der Zinstaxe stattgefunden hat, vermögen sich deren Anhänger auch nicht einmal scheinbar zu berufen. Fragt man aber nach dem Erfolge, welchen die strikte Durchführung der Zinstaxe in Frankreich und Oesterreich gehabt hat, so lauten die Erfahrungen wenig günstig; denn gerade aus diesen Ländern erschallen die lautesten Klagen über den Wucher, d. h. über die offene oder verkleidete Ueberschreitung der Taxe; notorisch steht der wirkliche Zinsfuß gerade hier höher als in allen übrigen mitteleuropäischen Staaten. — Dagegen spricht für die Freigebung des Zinsvertrages nicht allein

der Vorgang immer zahlreicherer Europäischer Staaten — von denen schon an sich anzunehmen ist, daß sie diesen wichtigen Schritt nur nach sorgfältiger Prüfung und unter Benutzung zahlreicher bei sich und in anderen Ländern gemachten Erfahrungen gethan haben,

sondern auch die

in sicherer Weise constatirten Erfahrungen von sehr vielen dieser Staaten, welche theils überwiegend Ackerbau-, Industrie-, Handels-Staaten sind, theils diese verschiedenen Wirthschaftszweige wesentlich gleichmäßig betreiben. Und zwar ergibt sich aus diesen Erfahrungen nicht allein, daß die Freigebung des Zinsmaßes keine **dauernde** Erhöhung des Zinsfußes zur Folge gehabt hat, sondern daß selbst **vorübergehend** diese von dem Gesetzgeber wohl befürchtete Folge nicht eingetreten ist.

Die nachfolgende Uebersicht beschränkt sich auf die Europäischen Staaten, da für die übrigen Welttheile nicht ausreichende Materialien zu Gebote stehen. So sollen nach Roscher (I. §. 192) in Peru die Wuchergesetze mit dem günstigsten Erfolge — Sinken des Zinsfußes von 50 auf 12 % — aufgehoben sein. So giebt ein Bericht des Bremer Handelsblattes Nr. 347 (1858) an, daß drei Staaten der Nordamerikanischen Union die Wuchergesetze gänzlich beseitigt, 24 dieselben wesentlich modificirt hätten. Der geschätzte Jurist Th. Parsons dagegen berichtet (Hunt's merchants magazine, December 1864, S. 436, 437), daß wenigstens in den 30 älteren Staaten der Union noch jetzt eine Zinstaxe zu Recht besteht, deren Ueberschreitung jedoch in sehr verschiedener Weise, zum Theil ausnehmend strenge, verpönt ist, mitunter auch keinerlei rechtliche Nachtheile nach sich zieht (Michigan, California). Die gesetzliche Zinstaxe beträgt regelmäßig 6 %; in New-York, zwei Städten von New-Yersey, in Georgia, Michigan und in Illinois für Banken 7 %; in Alabama und Texas 8 %, und auch in Louisiana, wo der gesetzliche Zinsfuß nur 5 % beträgt, ist

Vereinbarung bis auf 8% statthaft; in California 10%. Durch special contract dürfen jedoch 8% bedungen werden in Mississippi und Ohio, 10% in Iowa, Illinois, Michigan, 12% in Wisconsin und Texas.

Ist sonach die gewöhnliche, selbst von Anhängern der Zinstaxe aufgestellte Behauptung, daß die Staaten der Nordamerikanischen Union die Zinstaxe beseitigt hätten, ungegründet, so darf auf der anderen Seite auch nicht der wichtige, jedem Kenner der Amerikanischen Rechtsverhältnisse auffallende Umstand unbeachtet bleiben, wie zähe gerade die Staaten der Union in dem eigentlichen Rechtsgebiet an den überlieferten Zuständen festhalten, und wie wenig die zahlreichen und unzweifelhaften Verbesserungen, welche das Englische Mutterrecht (common law) durch neuere Statute erfahren hat, in dem Kolonielande Eingang gefunden haben. Ueber die thatsächliche Wirkung der Zinstaxe aber in jenen Staaten fehlt bisher irgend sicheres Material; nur so viel ist bekannt, daß der landesübliche Zinsfuß dort meist ein beträchtlich höherer als in Europa ist.

Unter den Europäischen Staaten sind nun zu nennen:

I. Großbritanien. Hier ist seit dem Jahre 1833 zwar allmählich, aber unaufhaltsam das ganze alte, überaus strenge Wucherrecht durch eine Reihe immer weiter gehender Gesetze beseitigt worden, zuletzt und bis auf die sogleich zu erwähnende Ausnahme vollständig (es werden als abgeschafft genannt 11 Gesetze für England, 5 für Schottland, 4 für Irland), durch das Gesetz vom 10. August 1854 (17 u. 18 Vict. c 90) — es herrscht völlige Zinsfreiheit, nur die den Pfandleihern ein gewisses Zinsmaximum vorschreibenden Gesetze sind aufrecht erhalten geblieben. Gerade diese schrittweise Beseitigung der Wuchergesetze beweist hinlänglich, daß die Erfahrungen, welche bei deren theilweiser Aufhebung gemacht waren, für die Zweckmäßigkeit der vollen Freiheit sprachen. Auch ist constatirt, und noch neuerlich von dem Belgischen Finanzminister sowohl im Abgeordnetenhause wie im Senat bestätigt worden, daß gerade die kleineren Grundbesitzer und Pächter die Aufhebung der in dem Zwischengesetze vom 29. Juni 1839 noch festgehaltenen Beschränkungen, insbesondere der Zinstaxe von 5% für alle hypothekarischen Darlehen und für alle Darlehen unter 10 Pfd., auf das Entschiedenste verlangt haben, und auf ihren Antrieb hauptsächlich das letzte durchgreifende Gesetz erlassen worden ist.

Gleiches gilt für Canada, nach einem Gesetz von 1858 — nur Banken dürfen an Interesse oder Disconto nicht über 7% ausschließlich Provision nehmen.

II. Norwegen. Theilweise Aufhebung (s. oben).

III. Spanien. Dem Anschein nach völlige Aufhebung. Gesetz vom 14 Mai 1856. (Rizy, S. 207.)

IV. Königreich Sardinien: Gesetz vom 5. Juni 1857. Völlige Zinsfreiheit, nur müssen in Civilsachen die vertragsmäßigen Zinsen schriftlich festgestellt sein bei Strafe der Nichtigkeit; auch darf der Schuldner jederzeit nach Verlauf von fünf Jahren nach der Vertragsschließung, ungeachtet entgegenstehender Verabredung, das zu höheren als den gesetzlichen Zinsen (5 % in Civilsachen, 6 % in Handelssachen) aufgenommene Kapital nach vorgängiger sechsmonatlicher schriftlicher Kündigung zurückzahlen. — Bei der bevorstehenden Unifikation der Italienischen Gesetzgebung wird voraussichtlich das vorstehende Gesetz im ganzen Königreich Italien zur Geltung gelangen. (Zeitschr. f. das gesammte Handelsr. **I.** S. 290 ff.). Ueber die Wirkungen dieses Gesetzes sagen die Regierungsmotive des Preußischen Gesetzentwurfes von 1860, daß nach einer Mittheilung der Italienischen Regierung das Kapital den Grundbesitzern leichter und zu günstigeren Bedingungen zugänglich geworden sei.

V. Königreich der Niederlande. Gesetz vom 29. December 1857. Völlige Zinsfreiheit. (Zeitschr. f. das gesammte Handelsr. **I.** S. 289). Die eben erwähnten Preußischen Regierungsmotive bemerken, es habe nach der Aufhebung der Zinstaxe der Zinsfuß für hypothekarische Darlehen noch immer $4\frac{1}{2}$ % nicht überstiegen.

VI. Königreich Schweden. Hier ist, wesentlich übereinstimmend mit dem oben erwähnten Norwegischen Gesetze, durch Gesetz vom 13. September 1864, die gesetzliche Zinstaxe von 6 % für unanwendbar erklärt worden auf Darlehen, welche gegen Verschreibung ohne Sicherung durch Eintragung auf Grundeigenthum oder Verpfändung einer auf Grundeigenthum eingetragenen Schuldurkunde für einen 6 Monate nicht übersteigenden Zeitraum gewährt werden (Zeitschr. f. d. ges. Handelsr. **VIII.**, S. 498).

VII. Königreich Belgien: Gesetz vom 5. Mai 1865. Völlige Zinsfreiheit. Bereits im Jahre 1860 hatte das Abgeordnetenhaus bei Gelegenheit der Revision des Strafgesetzbuches sich für völlige Freigebung ausgesprochen, nnd nur in den Entwurf des revidirten Strafgesetzbuches (Artikel 557) die Bestimmung aufgenommen, daß die mit Mißbrauch der Schwächen und Leidenschaften des Darlehnsnehmers verbundene gewohnheitsmäßige Ueberschreitung des bisherigen gesetzlichen Zinsmaßes strafbar sein solle. Ein im Jahre 1864 vorgelegter Regierungsentwurf, welcher mittelst Abschaffung des Französischen Gesetzes vom 3. September 1807 die Zinstaxe völlig beseitigt, fand allgemeine Zustimmung. Das Princip selbst wurde kaum bekämpft, und auch von den wenigen Stimmen, welche im Abgeordnetenhause und im Senat sich gegen das ganze Gesetz erklärten, bekämpfte die Mehrzahl nur die im §. 3 getroffene eigenthümliche Bestimmung über den Gewinn der Belgischen Bank. Die Annahme des ganzen Gesetzes ist im Abgeordnetenhause mit 77 gegen 2 Stimmen und 2 Stimmenthaltungen, im Senat mit 24 gegen 5 Stimmen und 1 Stimmenthaltung erfolgt! Es sind ferner alle proponirten Beschränkungen der völligen Zinsfreiheit abgelehnt worden: so das im Abgeordnetenhause gestellte Amendement, bei Darlehen, welche auf längere Frist über den normalen Zinsfuß von 5 % hinaus kontrahirt worden sind, dem Darlehnsnehmer ein Rückzahlungsrecht innerhalb der Vertragszeit zu gestatten; desgleichen das im Senat gestellte Amendement, den im Entwurf des Strafgesetzbuches aufgestellten Grundsatz, und zwar verschärft, in das Gesetz aufzunehmen — vielmehr ist es höchst zweifelhaft, ob auch nur dieser Grundsatz in das revidirte Strafgesetzbuch übergehen wird.

VIII. Die Schweiz. Die Zinstaxe ist vollkommen freigegeben, soweit nicht eine specielle gesetzliche Bestimmung entgegensteht: in Neuenburg, Code civil, art. 1529 (von 1855); Genf, Gesetz vom 7. Februar 1857; Graubünden, Civilgesetzbuch (1862): Anmerkung des Redakteurs (Planta) zu §. 436. „Diese Bestimmungen, welche lediglich den Zweck haben, den Schuldner gegen den Wucher zu schützen, müssen als unhaltbar und illusorisch, und mitunter sogar als ungerecht und widersinnig erklärt werden. Im Lichte der heutigen Volkswirthschaft verschwindet überhaupt der mittelalterliche Begriff von Wucher. Die Begriffe von Wucher sind übrigens in unseren Standesbehörden in den Jahren 1854 und 1858 bei Anlaß zweier Polizeigesetzentwürfe so gründlich verurtheilt worden, daß man sich der Mühe überheben mag, die Weglassung aller dahin einschlagenden Inhibitionen aus diesem Gesetze weiter zu rechtfertigen"; Baselstadt, Gesetz vom 23. Mai 1864 (Zeitschr. f. d. ges. Handelsr. VIII., S. 136).

Endlich liegen Entwürfe zur Aufhebung vor: in Zürich, und allgemein für Darlehen der Kaufleute und in Handelsgeschäften derselben, entsprechend dem Allg. Deutschen Handelsgesetzbuch, Art. 292, S. 2, in dem Entwurf eines Schweizerischen Handelsrechts (1864), Art. 225 — vgl. die Motive, verfaßt von dem Redaktor Munzinger, Bern 1865, S. 205 ff.

IX. Deutschland.

A. Im Handelsverkehr.

Die Modifikation oder gänzliche Beseitigung der Zinstaxe ist hier, wie überall, zuerst im Interesse des Handelsstandes erfolgt. So wurde ziemlich allgemein zu Gunsten von Kaufleuten der sechste Zinsthaler als schlechthin zulässig erkannt. Das Preußische Allgemeine Landrecht (1794) hielt zwar die Zinstaxe von 5 % und von 6 % für Kaufleute — nur für das sechste Procent ohne hypothekarische Sicherheit — aufrecht (A. L. R. I. 11, §. 804, 805); jedoch bei Darlehen an Großhändler ohne besondere Sicherheit auf nicht länger als 6 Monate ist völlige Zinsfreiheit gestattet (A. L. R. II. 8, §. 692). Selbst nach §. 2 des Oesterreichischen Wucherpatents vom 2. December 1803 sind die eigentlichen Handelsgeschäfte der Handelsleute und Fabrikanten unter sich von der Anwendung der Wuchergesetze befreit. Und zahlreichere neuere Strafgesetze haben ausdrücklich die kaufmännischen Schulden oder Schulden aus kaufmännischen Geschäften eximirt, z. B. Sachsen-Altenb. Strafgesetzbuch, Art. 301, Braunschweigisches, §. 232, Kgl. Sächsisches, Art. 348.

Viel weiter geht das Allg. Deutsche Handelsgesetzbuch, welches zur Zeit bereits in allen Staaten des Deutschen Bundes, bis auf Hamburg, Holstein, Lauenburg, Lippe-Schaumburg, Liechtenstein (?), Luxemburg und Limburg (— wo aber nach der maßgebenden Niederländischen Gesetzgebung völlige Zinsfreiheit herrscht), desgleichen im ganzen Oesterreichischen Kaiserreich, mit Ausnahme von Siebenbürgen, Ungarn, Croatien und Slavonien, in Geltung ist. Nach H.-G.-B., Artikel 292, 682, dürfen bei Darlehen, welche ein Kaufmann empfängt, und bei allen Schulden eines Kaufmannes aus seinen Handelsgeschäften, desgleichen im Bodmereigeschäft Zinsen in beliebiger Höhe, in allen Handelsgeschäften ohne Rücksicht auf die Person des Schuldners schlechthin 6 % Zinsen bedungen werden.

Erwägt man nun den weiten Kaufmannsbegriff des Handelsgesetzbuches, unter welchen nicht allein alle Fabrikanten, Buchhändler, alle Kleinhändler, bis herab auf die Trödler, Höker, Hausirer u. dergl., alle Frachtfuhrleute, Schiffer, Wirthe, Apotheker, die weitaus größte Zahl der Handwerker, nämlich alle diejenigen, welche nicht mit gelieferten, sondern selbst angeschafften Rohstoffen arbeiten, gehören; erwägt man ferner den gleichfalls sehr weiten Begriff des Handelsgeschäfts (H.-G.-B., Art. 271 — 273), und daß überall, wo hiernach ein höheres Zinsenmaß als 5 % gesetzlich statthaft ist, auch die Pfandstellung von Mobilien wie Immobilien für den höheren bedungenen Zinsbetrag ohne allen Zweifel erlaubt ist: so ist klar, daß die gesetzliche Zinstaxe im Wesentlichen nur noch für die Schulden der Grundbesitzer, gewisser geringerer Gewerbtreibenden, der eigentlichen Arbeiterklasse, der Beamten und ähnlicher Berufsklassen besteht, — daß bei einer Knappheit des Geldmarktes gerade diese Klassen von der Gefahr der Kreditlosigkeit bedroht sind, während den Kaufleuten zu den erlaubten höheren Zinsen die erforderlichen Gelder zufließen. Gerade diese Erfahrung ist, wie schon bemerkt, in England vor völliger Freigebung des Zinsfußes, und vor wenigen Monaten in Preußen gemacht worden. Die Preußische Bank darf nach §. 6 der Bankordnung vom 5. Oktober 1846 den Zinssatz von 6 % jährlich bei Lombardgeschäften nicht überschreiten. Stand nun auch seit Einführung des Deutschen Handelsgesetzbuches der Feststellung eines höheren Zinssatzes für Darlehen der Kaufleute kein rechtliches Hinderniß entgegen, so war doch Nichtkaufleuten gegenüber die Bank jedenfalls durch die gedachte Vorschrift der Bankordnung gebunden. So kam es, daß Grundbesitzern auf ihre landwirthschaftlichen Erzeugnisse von der Bank keine Darlehen gewährt werden konnten, als im Herbst des Jahres 1864 der Diskonto auf 7 und mehr Procente gestiegen war. Im Interesse somit vornämlich der Grundbesitzer ward zuerst provisorisch durch K. Erlaß vom 7. Oktober 1864, dann definitiv durch den K. Erlaß vom 24. Oktober 1864 der gedachte §. 6 der Bankordnung außer Kraft gesetzt, somit der Zinsfuß für den Lombardverkehr völlig freigegeben. — Es leuchtet aber auch ein, wie sehr durch diese Spaltung des Zinsrechtes in ein handelsrechtliches mit Vertragsfreiheit und ein bürgerliches mit Zinstaxe das ganze ohnehin wankende Fundament der Wuchergesetze aus den Fugen geht. Es ist fortan erlaubt, und selbst die von den Gegnern behauptete Volksmoral wird keinen Anstoß daran nehmen, dem kleinsten Schreiner, Schuhmacher, Töpfer, Korbmacher, Klempner u. dgl., weil diese Personen Kaufleute sind, zu 6, 7 und mehr Procent zu leihen, dagegen unstatthaft und selbst strafbar, falls einem Maler, Lackirer, Färber, Bleicher — nach Umständen einem Schneider, Maurer, Weber, Tapezirer, Gerber, Müller — zu mehr als 5 % geliehen wird! Nichts vermag in der That in höherem Grade alle sittlichen und Rechtsbegriffe zu verwirren. —

Auch abgesehen jedoch von dem weiten Gebiet der Handelsschulden, ist man in zahlreichen Deutschen Staaten immer entschiedener mit der Modifikation oder gänzlichen Beseitigung der Wuchergesetze vorgegangen.

B. Im allgemeinen bürgerlichen Verkehr.

Freilich ist die Musterkarte, welche in dieser Beziehung der bestehende Deutsche Rechtszustand gewährt, bunt genug.

Was zunächst die neueren Strafgesetze anlangt, so strafen die meisten derselben noch immer den einfachen Wucher, und daneben gewöhnlich härter den verkleideten oder gewerbemäßig betriebenen: Oesterr. Patent v. 2. Dec. 1803; Braunschw. Strafgesetzb. (1840), §. 232, 233; Großh. Hess. (1841), Art. 400, welches seit dem 1. Jan. 1857 bis zum Gesetz vom 2. Febr. 1864 auch in Frankfurt a. M. galt; Sachsen-Altenb. (1841), Art. 293—300; Nass. (1849), Art. 394; Anhalt. (1850), §. 286, 287; das Strafgesetzbuch der übrigen Thüringischen Staaten nur, wenn zugleich der dem Gläubiger bekannte Nothstand oder Leichtsinn des Darlehnsnehmers benutzt wird, Art. 286, 287. In diese Kategorie gehörte auch das Kgl. Sächs. Strafgesetzbuch (1855), Art. 340—348, dessen einschlägige Bestimmungen jedoch durch das Gesetz vom 25. Oktober 1864 aufgehoben sind. — Endlich wird, wo noch das gemeine Strafrecht gilt, auch der einfache Wucher mit Verlust des vierten Theils des Kapitals geahndet.

Andere neuere Strafgesetze strafen den einfachen Wucher entweder gar nicht, bedrohen ihn höchstens mit polizeilicher Ahndung, während mit Strafe nur der verkleidete oder betrügerische Wucher bedroht ist. In diese Kategorie gehörten bis vor Kurzem das Bayerische Strafgesetzbuch (1813), Art. 261, 262; das Oldenb. (1814), Art. 266; das Württemb. (1839), Artikel 355; doch sind die Strafvorschriften wie die polizeilichen Ahndungsmittel dieser drei Gesetze zur Zeit beseitigt: in Oldenburg durch das Gesetz vom 18. Juni 1858, in Württemberg mit der Freigebung des Zinsfußes durch das Gesetz vom 1. Mai 1849, in Bayern durch das neue Strafgesetzbuch und Polizeistrafgesetzbuch von 1861, welche keinerlei Strafvorschriften mehr enthalten, weil solche, wie die Regierungsmotive zum Entwurfe eines bürgerlichen Gesetzbuches, Th. II., Art. 630, ausführen, an sich ungerechtfertigt seien und sich als durchaus erfolglos erwiesen hätten. In diesen drei Staaten besteht der Wucher als selbstständiges Vergehen nicht mehr, wenn er auch geeignetenfalls unter dem Begriff des Betruges zu ahnden sein wird. In dieser Klasse bleibt somit nur das Badische Strafgesetzb. (1845), §. 533, welches jedoch selbst den verkleideten Wucher nur dann straft, wenn zugleich die bekannte Noth oder der bekannte Leichtsinn des Darlehnsnehmers benützt wird.

Eine dritte Kategorie straft sowohl den verkleideten wie den einfachen aber gewerbemäßigen (gewohnheitlichen) Wucher. So das Strafgesetzbuch von Hannover (1840), Art. 313, und von Preußen (1851), Art. 263 — nach dem Vorbild des Französischen Rechts —, während das hier, wie sonst vielfach, auf einem freieren Standpunkt stehende ältere Preußische Strafrecht (A. L. R. II., 20, §. 1273 ff.) nur den verkleideten Wucher geahndet, und noch im Februar 1848 der Vereinigte Ständische Ausschuß sich selbst für diese Strafbestimmung nur mit schwacher Majorität, gegen jede weitere mit 61 gegen 34 Stimmen erklärt hatte (Verhandl. IV., S. 363). —

In Beziehung auf die privatrechtliche Wirksamkeit der ein gewisses Maß (5 bezw. 6 %) übersteigenden Zinsverträge findet sich zunächst, daß

1) gar keine Wuchergesetze bestehen in Dalmatien (Blodig: Zeitschrift f. d. ges. Handelsrecht VIII., S. 80).

2) In Preußen ist zweimal das bestehende Wucherrecht suspendirt worden. Einmal während der Kreditkrisis der Jahre 1809 und 1810 durch die Verordnung vom 15. Februar 1809 bis zum 31. December 1810. Jedermann durfte beliebige Zinsen mit voller rechtlicher Wirkung, selbst mit hypothekarischer Sicherheit, ausbedingen; nur im Konkurse sollten die das Maß von 6 % übersteigenden Zinsen den übrigen nachstehen. Ein sehr

kompetenter Beurtheiler, Mathis, bemerkt bei Mittheilung dieser Verordnung (Allg. Juristische Monatsschrift für die Preußischen Staaten von 1809, Bd. VIII., S. 28): „Wenig Gesetze haben, nach meinem Dafürhalten, eine so wohlthätige Wirkung für den Preußischen Staat gehabt. Das vergrabene baare Geld kömmt nach und nach wieder zum Vorschein, und der Wucherer darf nicht mehr den Geldbedürftigen so drücken, weil rechtliche Männer ihm jetzt ihr Geld, was sie ehedem besser benutzen konnten, mit gleichem Nutzen mit der größten Sicherheit geben können. Ein jeder Geschäftsmann wird bemerkt haben, daß diese Verordnung den Zinsfuß nicht erhöht, sondern vielmehr solchen, ungeachtet die Staatspapiere durch öffentliche Konjunkturen seit der Zeit sehr gefallen sind, heruntergesetzt hat." Die zweite Suspension hat während der Handelskrisis des Jahres 1857 durch die provisorische Verordnung vom 27. November 1857 auf die Dauer von drei Monaten stattgefunden. Daß auch während dieser Suspension der Zinsfuß nicht gestiegen, vielmehr der Verkehr von der Freigebung nur wohlthätige Folgen empfunden hat, steht fest. Allerdings fügten, als im Februar 1858 die Königl. Verordnung den beiden Häusern des Preußischen Landtages zur verfassungsmäßigen Genehmigung vorgelegt wurde, beide Häuser ihrer Genehmigung die Resolution bei, daß hierdurch den erheblichen Bedenken nicht präjudicirt sein solle, welche der Aufhebung der Zinsbeschränkungen entgegenstehen. Diese Erklärung ist begreiflich für das Preußische Herrenhaus, welches aus allgemeinen Gründen die Wuchergesetze billigt und als Vertreter hauptsächlich des großen Grundbesitzes an der Ansicht festhält, daß in Folge der Beseitigung der Zinstaxe der hypothekarische Zinsfuß steigen müsse; sie ist aber auch für das Preußische Abgeordnetenhaus bei seiner damaligen Zusammensetzung weniger auffallend. Schon ein Jahr darauf hat das neue Abgeordnetenhaus die Beseitigung der Zinstaxe verlangt, nachdem die Preußischen Handelskammern und Handelsvorstände sich einstimmig in diesem Sinne ausgesprochen hatten (Preuß. Handelsarchiv von 1858). Ein von der Regierung dem entsprechend im Jahre 1860 vorgelegter Gesetzentwurf (Zeitschr. f. d. ges. Handelsr. III., S. 632) wurde in der Sitzung des Abgeordnetenhauses vom 13. und 14. März 1860 mit großer Majorität angenommen, hingegen im Herrenhause mit 93 gegen 8 Stimmen abgelehnt. Eine nochmalige Vorlegung des Gesetzentwurfes hat die Regierung, obwohl sie an dem Principe desselben festzuhalten erklärte, für nicht opportun erachtet. — Die neuerliche Modifikation der Bankordnung im Interesse gerade der Grundbesitzer ist schon oben erwähnt worden. — In den Regierungsmotiven jenes Gesetzentwurfes heißt es: „Die von der Regierung veranlaßten umfassenden Erörterungen, bei welchen die Handelskammern und die Vorsteher der kaufmännischen Korporationen, die Provinzialverwaltungen und die Landes-Justizkollegien, sowie endlich das Landes-Oekonomiekollegium (welches ein Zinsmaximum von 8 % für zweckmäßig erachtete) und die Vorstände der landschaftlichen Kreditverbände mit ihren Gutachten gehört worden sind, haben der Regierung die Ueberzeugung gewährt, daß die Wirkung der den vertragsmäßigen Zinssatz beschränkenden Gesetze eine entschieden nachtheilige, und daß daher die Geltung dieser Gesetze im öffentlichen Interesse nicht länger aufrecht zu halten ist."

3) In Baden hat bereits das Landrecht von 1809, Satz 1907 1907 a—e, unter bedeutenden Beschränkungen freilich, Zinsfreiheit gestattet. Es dürfen schlechthin 6 % Zinsen bedungen werden. Die Ausbedingung von höheren Zinsen ist giltig, falls sie schriftlich erfolgt; doch genießen die mehrbedungenen Zinsen weder Pfandrecht noch Unterpfandrecht, noch Vorzugsrecht, und richterliche Hilfe für ein solches pfandrechtlich gesichertes Anlehen findet nur mittelst Minderung der ganzen gezahlten und rückständigen Schuld auf den gesetzlichen Fuß statt; auch müssen in der Gant der Rückstand und das Laufende auf den gesetzlichen Zinsfuß herabgesetzt werden; endlich darf der Anleiher solche zu höheren Zinsen bedungene Schuld alle Monate, der Darleiher dagegen nur alle halbe Jahre kündigen und zahlen. Daß zugleich das Badische Strafgesetzbuch unter allen Deutschen Strafgesetzbüchern die Bestrafung des Wuchers an die strengsten Voraussetzungen knüpft, ergibt die obige Uebersicht.

Ueber die Erfahrungen, welche unter der Herrschaft dieser nunmehr 55jährigen wenigstens relativen Zinsfreiheit gemacht worden sind, spricht sich das Großh. Badische Ministerium des Großh. Hauses und der auswärtigen Angelegenheiten unterm 10. Februar 1865 folgendergestalt aus*):

„Obgleich ein Zinsfuß von 6 % auch für solche Darlehen, für welche Grundstücke als Unterpfänder eingesetzt sind, vollkommen erlaubt und klagbar wäre, hat in Wirklichkeit der Zinsfuß bei unterpfändlich gesicherten Darlehen niemals, vielleicht kurz vorübergehende Zeiten allgemeiner Geldnoth abgerechnet, jene Höhe erreicht und steht schon längst durchschnittlich auf 4—4½ %. Der Zinsfuß wird durch Angebot und Nachfrage und durch die Sicherheit, welche dem Gläubiger durch die

*) Diese und die nachfolgenden Mittheilungen der Deutschen Ministerien, welche sich vorzüglich mit der Beantwortung der an sie gestellten Frage befassen, ob seit Beseitigung der Zinstaxe eine nennenswerthe oder gar bedenkliche Steigerung des hypothekarischen Zinsfußes eingetreten sei, sind auf Ersuchen des Schweizerischen Bundesrathes an die mit der Revision der bestehenden Wuchergesetze befaßte Regierung des Kantons Zürich ergangen, und mir durch Vermittelung des Herrn Professor Fick freundlichst zur Verfügung gestellt.

Pfandgesetzgebung und durch die Gerichtseinrichtungen geboten ist, bestimmt und kann durch die Gesetzgebung unmittelbar nie auf einer bestimmten Höhe festgehalten werden. Die Befürchtung, daß die Freigebung des Zinsfußes eine Erhöhung desselben bei hypothekarischen Darlehen zur Folge haben könnte, darf nach diesseitigen Erfahrungen als ungegründet bezeichnet werden." —

4) In Württemberg war bereits durch das Gesetz vom 26. Februar 1836 ein Zinsfuß von 6 % für allgemein statthaft erklärt worden. Das Polizeistrafgesetzbuch vom 2. Oktober 1839 bahnte sodann die Zinsfreiheit an, indem Art. 75 unter Anderem bestimmte, daß auf Anlehen von Personen, welchen unbedingte Wechselfähigkeit zukommt, desgleichen auf die von den Ortsvorstehern des Entlehners konsentirten Darlehen die Zinstaxe keine Anwendung finden solle. Als nun mit Einführung der allgemeinen Deutschen Wechselordnung durch das Gesetz vom 1. Mai 1849 die Wechselfähigkeit jedem Vertragsfähigen zugesprochen war, gab es in Württemberg keine Personen mehr, auf welche die gesetzliche Zinstaxe Anwendung finden konnte. Und hierbei ist es, obwohl ein späteres Ministerium einmal an die Wiedereinführung der Wuchergesetze gedacht zu haben scheint, geblieben. Ueber die in diesem 15jährigen Zeitraum gemachten Erfahrungen haben, nach Mittheilung des Kgl. Württembergischen Ministeriums der auswärtigen Angelegenheiten in dem Schreiben vom 26. Februar 1865, die beiden Königl. Centralstellen für Gewerbe und Handel und für die Landwirthschaft sich übereinstimmend folgendermaßen ausgesprochen:

„Die Freigebung des Zinsfußes fiel zunächst in die Zeit, wo nach dem Mißwachs des Jahres 1847 und den politischen Wirren der Jahre 1848, 1849 der Kredit überhaupt und der ländliche Kredit insbesondere einen herben Stoß erlitten hatte, der sich namentlich in den sehr gedrückten Güterpreisen signalisirte. Gleichwohl sind auch von dieser Zeit keine Wahrnehmungen gemacht worden, aus welchen geschlossen werden könnte, daß die Aufhebung der Zinsbeschränkungen auf eine namhafte oder gar bedenkliche Steigerung des Zinsfußes im Lande hingewirkt hätte. Der Kredit der Grundbesitzer erholte sich in Bälde wieder in Folge günstiger Ernten und der zugleich stetig steigenden Preise der Erzeugnisse des Grundes und Bodens und der Produkte der Viehzucht, wozu der Aufschwung der Industrie und der mit der Vermehrung der Eisenbahnen sich außerordentlich steigernde Handelsverkehr sehr wesentlich beitrugen. In Uebereinstimmung hiermit **hat sich auch der Zinsfuß aus Darlehen, für welche Güter als Pfand eingesetzt sind, seit jener Zeit um 1 bis $1^1/_2$ % vermindert.** Während vor 15 Jahren Güter gegen Pfandscheine weit eher mit 5 % Verzinsung anzubringen waren, ist dieses seit circa 10 Jahren zur Unmöglichkeit geworden. Je nach dem Grade der Sicherheit werden von dem Schuldner 3—4½ % bezahlt, so daß es wohl richtig sein dürfte, als den durchschnittlichen Zinsfuß der gegenwärtig gegen Realversicherung ausstehenden Kapitalmasse in Württemberg 4 % anzunehmen. Ferner war auf die oben angeführte rasche Erholung des ländlichen Kredites sicher auch von größtem Einfluß, daß zu Anfang der 1850er Jahre nicht nur der Württembergische Kreditverein seine Geschäfte wesentlich ausdehnte, sondern auch theils neue Geldinstitute in's Leben traten, theils ältere Institute in der Art organisirt wurden, daß sie bedeutende Geldmittel auf Grundstücke gegen Annuitäten ausliehen, wodurch der einzelne Grundbesitzer gegen plötzliche Kündigung seitens des Gläubigers gesichert und es ihm ermöglicht wurde, mit einem verhältnißmäßig nicht bedeutenden Aufschlag auf den ordentlichen Jahreszins sein aufgenommenes Anlehen in einer bestimmten Anzahl von Jahren ganz abzutragen. Wie sich bei einer etwa künftig eintretenden neuen Krisis der ländliche Kredit verhalten und der Zinsfuß sich hierbei gestalten wird, ist zwar zur Zeit nicht näher im Voraus zu ermessen; das aber dürfte nach den Erfahrungen zu Anfang der 1850er Jahre mit Sicherheit anzunehmen sein, daß die Aufhebung der Zinsbeschränkungen an sich keinen wirklich nachtheiligen Einfluß hierauf ausüben werde." —

Ganz mit diesen Mittheilungen der K. Centralstellen stimmt überein und dieselben ergänzt, was der erfahrene Verfasser (Pfeiffer in Stuttgart) der anonymen Schrift „Gegen die Schrift des Dr. Theod. Rizy. Ueber Zinstaxen und Wuchergesetze", Stuttgart 1859, S. 36 ff. anführt:

„Württemberg hat in diesem letzten Decennium (seit Aufhebung der Wuchergesetze) sich fortwährend des besten Kredits unter den Deutschen Landen, sowohl des öffentlichen als des Privatkredits, erfreut; der Zinsfuß stand gemeinhin in Württemberg niedriger als in seinen Nachbarstaaten, welche noch Zinsschranken haben, und da Württemberg vor diesen durch Naturschätze oder glückliche geographische Lage nicht begünstigt ist, so darf man diese guten Württembergischen Kreditverhältnisse wohl der praktischen Bewährung des theoretischen Satzes der Nationalökonomie zuschreiben, „daß die Kapitalien am liebsten dahin streben, wo sie am sichersten und ungezwungensten sich bewegen können." Württemberg hat sich nicht nur der Zinsschranken entledigt, sondern auch das S. C. Macedonianum, die lex Anastasiana und andere ähnliche Bestimmungen, welche aus falsch berechneter Fürsorge den Kapitalienverkehr unsicher gemacht haben, über Bord geworfen; ja das Württembergische Recht erfordert für den Darlehnsvertrag nicht einmal eine schriftliche Urkunde oder irgend eine Förmlichkeit. Die Handelskrisis im Jahre 1857 und das durch die Kriegsgefahr verursachte Verkriechen des Geldes in der ersten Hälfte des Jahres 1859 haben den Württembergern recht deutlich die Vortheile ihres jetzigen Rechtszustandes in der fraglichen Beziehung vor Augen gestellt. Jene Ereignisse mußten auch natürlich auf Württemberg ihren Einfluß äußern und den Zinsfuß erhöhen; aber man konnte in Württemberg noch am leichtesten Geld kreditirt erhalten, während aus den mit Zinsschranken belasteten Deutschen Staaten damals die dringendsten Geldgesuche nach Württemberg gekommen sind. Das Opfer von 6—8 % per Jahr für ein vorübergehendes Anlehen über die Zeit der Geldnoth haben die Württembergischen Fabrikanten, Kaufleute ꝛc recht gern gebracht; denn es war nicht anzuschlagen gegen die Nachtheile, welche sonst eine Nichteinhaltung mit ihren Zahlungen, eine Beschränkung ihrer Fabrikthätigkeit, ein Nothverkauf von Waaren ꝛc. für sie gehabt haben würden. Man konnte vielfach deshalb die Württemberger es loben hören, daß keine Zinsschranken ihnen die schwere Zeit noch schwerer gemacht haben, und sie nicht erst, wie in Preußen, mit vieler Mühe wenigstens eine Suspension der Wuchergesetze hatten erkämpfen müssen." —

5) Der in Sachsen-Weimar-Eisenach durch die seit dem Beginn des Jahres 1858 erfolgte und noch fortdauernde Suspension der Wuchergesetze begründete rechtliche und wirthschaftliche Zustand ergibt sich aus der nachstehenden Mittheilung des Großh. Sächsischen Staatsministeriums vom 2. Februar 1865:

„Die im Jahre 1857 eingetretene allgemeine Krisis in den kommerciellen und Kreditverhältnissen gab die äußere Veranlassung zu dem Erlaß eines unterm 13. Januar 1858 publicirten Gesetzes, welches die bestehenden gesetzlichen Bestimmungen über Beschränkung des Zinsfußes vorläufig und auf eine bestimmte Zeit, nämlich bis zum 1. August 1859, außer Wirksamkeit setzte. Obwohl die Großh. Staatsregierung und der bei dem Zustandekommen dieses Gesetzes mitwirkende damalige außerordentliche Landtag des Großherzogthums sich in der Ueberzeugung begegneten, daß die Beschränkungen des Zinsfußes mit richtigen volkswirthschaftlichen Grundsätzen und mit den Verkehrsverhältnissen der Neuzeit nicht im Einklang ständen, so begnügte man sich doch mit jener provisorischen Maßregel, weil sie dem augenblicklichen Bedürfnisse Genüge leistete und die definitive Aufhebung der Wuchergesetze mit einem nur auf wenige Tage einberufenen außerordentlichen Landtage zu berathen nicht angemessen, dagegen aber zweckmäßig erschien, das Stadium der vorläufigen Suspension jener Gesetze zur Sammlung weiterer Erfahrungen zu benutzen, ob und welchen Einfluß die zeitweilige

Beseitigung der Zinsbeschränkungen auf den Geldmarkt und die Höhe des Zinsfußes im Großherzogthume etwa äußern werde.

Zu dem letzteren Zwecke wurden alsbald nach Erlaß des Gesetzes vom 13. Januar 1858 die Administrativmittelbehörden des Großherzogthums und sämmtliche Landesgerichte veranlaßt, ihr besonderes Augenmerk darauf zu richten, ob ein durch die Suspension der Wuchergesetze zu erklärendes Steigen des Zinsfußes, insbesondere über das gestattete Zinsmaß hinaus, sich bei den in den gewöhnlichen Lebensverhältnissen vorkommenden Darlehen, namentlich auch bei Darlehen auf Hypotheken im Allgemeinen oder in einzelnen bekannt gewordenen Fällen innerhalb ihrer resp. Verwaltungs- und Jurisdiktionsbezirke bemerkbar machen werde, bis zu einem bestimmten Zeitpunkte vor dem 1. August 1859 aber über die in den gedachten Beziehungen gemachten Erfahrungen zu berichten.

Diese Berichte gingen übereinstimmend dahin, daß ein Steigen des Zinsfußes überall nicht wahrzunehmen gewesen sei, die Höhe desselben sich vielmehr nach wie vor in den üblichen Grenzen von 4, 4½ und 5 vom Hundert gehalten habe. Nur bei den durch Banquiers vermittelten Geldgeschäften seien sechsprocentige Zinsen vorgekommen, eine Erscheinung, die jedoch nicht als Folge des Gesetzes v. 13. Januar 1858 hervorgetreten, sondern schon früher bei dergleichen Geschäftsvermittlungen gewöhnlich gewesen sei.

Ein Gesetz vom 4. Mai 1859 verordnete hierauf: „Die gesetzlichen Bestimmungen über Beschränkung des Zinsfußes bleiben auch vom 1. August 1859 an bis auf Weiteres außer Wirksamkeit." — Und dabei hat es bis jetzt sein Bewenden behalten.

Daß die definitive Aufhebung der Wuchergesetze noch nicht erfolgt ist, hat seinen Grund lediglich in dem Umstande, daß seit einer Reihe von Jahren an einer umfassenden bürgerlichen Gesetzgebung auch für das Großherzogthum gearbeitet worden ist, mit deren Promulgation auch die Zinsbeschränkungen definitiv beseitigt werden könnten und daß es, da die vorläufige Suspension der Wuchergesetze einstweilen dem Bedürfnisse genügt nicht für nothwendig erachtet wurde, die rechtliche Lehre von den Zinsen im Voraus zum Gegenstande einer isolirten legislatorischen Behandlung zu machen.

Auch in den weiteren sechs Jahren, welche seit dem Erlaß des Gesetzes vom 4. Mai 1859 verflossen sind, hat sich irgend ein Einfluß desselben auf die Höhe des Zinsfußes nicht bemerkbar gemacht. Auf Grundstücke, welche ein sicheres Unterpfand bieten, ist nach wie vor gegen mäßige Zinsen — durchschnittlich 4 — 4½ % — Geld zu leihen; ja der Kapitalist hat oft Mühe, sein Geld gegen Zinsen von solchem Betrage auf Hypothek unterzubringen."

6) Im Großherzogthume Oldenburg ist durch Gesetz v. 18. Juni 1858 die Zinstaxe aufgehoben worden, und zwar, wie sowohl die Regierungsmotive als der Bericht des Landtagsausschusses ergeben, vorzugsweise im Interesse des Grundbesitzes. Der Beschluß des Landtages ist mit 34 gegen 4 Stimmen gefaßt worden (Ztschr. f. d. ges. Handelsr., Bd. II., S. 102—109). Ueber die Wirkung der Freigebung spricht das Großh. Staatsministerium sich unterm 3. Februar 1865 dahin aus:

„Die nach den allegirten gesetzlichen Bestimmungen erfolgte Aufhebung der sogenannten Wuchergesetze ist ohne irgend welchen Einfluß auf den Zinsfuß überhaupt und insbesondere auf den Zinsfuß für hypothekarisch angeliehene Gelder geblieben."

Als Ergänzung dient die Mittheilung des Regierungsrathes Strackerjan aus Oldenburg in der ersten Versammlung der wirthschaftlichen Gesellschaft für Nordwestdeutschland, Bremen 28. Februar 1859 (Bremer Handelsblatt, 1859, Nr. 386, Beilage):

„Die Aufhebung der Wuchergesetze hat in Stadt und Land gar keinen Einfluß auf die Kreditverhältnisse gehabt. Die Verhältnisse in unserem Lande sind einfach. Oldenburg ist ein vorwiegend ackerbautreibender Staat. Das Geldbedürfniß unterliegt daher auch nicht den Schwankungen wie in einer Handelsstadt. Früher war lange Zeit der Zinsfuß auf hypothekarische Sicherheit 3½ %. Als vor einigen Jahren neue industrielle Unternehmungen entstanden, hob er sich bis auf 4 %, bis die Krisis (des Jahres 1857) eintrat. Da kamen einzelne Fälle vor, wo bei guter hypothekarischer Sicherheit 5 % bezahlt wurden. Nach Aufhebung der Zinswuchergesetze ist der Zinssatz im Allgemeinen 4 % geblieben. Einzelne werden auch wohl 5 % bezahlen; in ganz einzelnen Fällen sollen 6 % bezahlt sein. Fälle, wo über 6 % bezahlt wurden, sind bisher noch nicht vorgekommen. Es ist dies das Ergebniß meiner Erkundigungen beim Hypothekenamt in Oldenburg. — Auch in den Fürstenthümern Lübeck und Birkenfeld ist nach eingezogenen Erkundigungen kein Fall vorgekommen, wo über 6 % hinausgegangen ist. In den meisten Fällen wird 4 oder 5 % bezahlt. Für blos auf persönlichen Credit gegebene Darlehen werden, wie dies in der Natur der Sache liegt, mehr Zinsen bezahlt, in der Regel 5 %, was auch vorher bezahlt wurde. Während der Krisis wurden 7 % und mehr für diese Art Darlehen gegeben. Vor Aufhebung der Wuchergesetze sind allerdings einzelne Fälle vorgekommen, wo Bestrafungen nothwendig wurden, weil diese Gesetze noch bestanden. Nach Aufhebung der Wuchergesetze ist kein Fall vorgekommen, wo über 6 % eingeklagt wurde. Ich habe dies von einer großen Anzahl von Amtsrichtern des Oldenburger Landes gehört." —

7) In Bremen ist durch Verordnung v. 6. Januar 1858 die Zinstare bis zum 31. December 1858 suspendirt, durch das Gesetz vom 27. December 1858 definitiv aufgehoben worden, nur mit der Beschränkung, daß bei einer präferenzmäßigen Vertheilung Zinsen über 5, bez. 6 % allen übrigen Forderungen nachstehen — zum Schutze der Gläubiger, welche unter dem bisherigen Rechtszustande kreditirt haben, also ohne anzunehmen, daß ihnen Kapitalien mit höheren Zinsen als 5 % dem Range nach vorgehen. (Zeitschr. f. das ges. Handelsr. I. S. 289, II. S. 325—328).

Ueber die seither gemachten Erfahrungen heißt es in der Mittheilung des Präsidenten des Senats vom 1. Februar 1865:

„... Es haben sich nachtheilige Folgen dieser Aufhebung bisher noch nicht geltend gemacht. Es kann insbesondere nicht behauptet werden, daß der Zinsfuß für Darlehen, welche durch Hypotheken auf Immobilien gesichert sind, von zeitweiligen Schwankungen abgesehen, seitdem im Allgemeinen ein erheblich höherer geworden sei."

Ueber die bis zum Februar 1859 gemachten Erfahrungen äußert der Notar Dr. Meinertzhagen in der ersten Versammlung der wirthschaftlichen Gesellschaft für Nordwestdeutschland (Bremer Handelsblatt a. a. O.):

„Unsere (d. h. der Notare, durch deren Hand fast sämmtliche hypothekarische Belegungen in Bremen gehen) Erfahrung geht dahin, daß die Aufhebung der Wuchergesetze sich bei uns in Bezug auf den Immobiliarkredit und hypothekarische Darlehen überhaupt als unschädlich und ganz indifferent bewiesen habe. Zum Beweise erlaube ich mir anzuführen, daß im ersten Vierteljahr des Jahres 1858 bei uns eine einzige Schuldverschreibung vorkam, in welcher 5½ %, 6 in denen 6 % bedungen waren, zu einem höheren Zins keine einzige. Im zweiten Vierteljahre 1 zu 5½ %, 1 zu 6 %, zu höherem Zinsfuße keine. Im dritten Vierteljahr 5 mit 6 %, 1 zu 10 % und im vierten sind uns keine angezeigt worden. Bei der einzigen Obligation mit 10 % war durchaus nicht von einem Wucher die Rede, sondern nur eine Betheiligung der Darleiherin an den Gewinn der Unternehmung bezweckt. In gewöhnlichen Zeiten, wie die gegenwärtigen, ist daher eine Wirkung der Aufhebung der Wuchergesetze gar nicht zu spüren. Kommen aber wieder schwere Zeiten, wo das Geld rar ist, so würden sich die Vortheile der Aufhebung der Wuchergesetze anders darstellen — —".

8) In dem Herzogthum Sachsen-Koburg ist durch Gesetz vom

10. Februar 1860 die Zinstaxe aufgehoben worden, bis auf die für Privatleihinstitute rücksichtlich des Zinsfußes bestehenden Vorschriften (Zeitschrift f. das ges. Handelsr. III. S. 542).

Ueber die Wirkung der Freigebung sagt das Herz. Sächs. Ministerium in dem Schreiben vom 8. Februar 1865:

„Der Zinsfuß für Darlehen auf Hypothek hat sich seit dem Erlaß des Gesetzes nicht geändert, ist vielmehr im Ganzen der gleiche geblieben, und hat sich eine namenswerthe oder gar bedenkliche Neigung zur Erhöhung des Zinsfußes nirgends wahrnehmen lassen.“

9) In Lübeck ist durch Ges. v. 32. Juni 1862 (Zeitschr. für das ges. Handelsr. VIII. S. 497, 498) völlige Zinsfreiheit eingeführt — nur für das öffentliche Leihhaus und für den gewerbemäßigen Betrieb des Leihens auf Pfänder bleiben die bisherigen gesetzlichen Vorschriften in Kraft.

Ueber die Wirkung des Gesetzes sind mir keine Mittheilungen zugänglich.

10) In Frankfurt am Main ist die Zinstaxe völlig freigegeben durch Ges. v. 2. Februar 1864 (Zeitschr. f. das ges. Handelsr. VII. S. 451 und 452).

Ueber die Wirkungen dieses Gesetzes sprechen sich Bürgermeister und Rath in dem Schreiben vom 17. Februar 1865 dahin aus:

„Was den Einfluß betrifft, welchen das Gesetz vom 2. Februar 1864 auf den Zinsfluß von Darlehen gegen Verpfändung von Liegenschaften geübt hat, so haben wir durch Erkundigungen bei der städtischen und bei der landamtlichen Hypothekenbuchführung Folgendes ermittelt:

In der Stadt und deren Gemarkung betrug der Zinsfuß für Hypotheken seit einer Reihe von Jahren durchschnittlich 3 bis 5 % und ist an dieser Regel in letzterer Zeit nur insoferne eine Aenderung eingetreten, als jetzt selten eine Hypothek niedriger, als zu 4 % eingetragen wird. Seit dem Gesetze vom 2. Febr. 1864 sind dagegen nur drei bis vier Fälle vorgekommen, in welchen ein höherer Zinsfuß, als 5 %, eingeschrieben worden wäre, und auch hier wurde der Zinsfuß von 6 % nicht überschritten.

Die Anzahl der Fälle, in welchen das frühere, unter der Herrschaft der Wuchergesetze höchste Maß nicht eingehalten wurde, ist hiernach eine verschwindend kleine und wenn auch in den letzten Zeiten der Zinsfuß im Durchschnitte gestiegen sein mag, so ist dies doch augenscheinlich nur auf Rechnung der Knappheit des Geldmarktes und der letzten allgemeinen Geldkrisis, sowie des Umstandes zu setzen, daß in neuerer Zeit am hiesigen Platze ungewöhnlich viele Neubauten entstanden sind, welche die Nachfrage nach Darlehen gegen Hypotheken sehr vermehrt und auch nicht selten Personen zu Spekulationen verleitet haben, die persönlich nicht die geringste Sicherheit darboten und daher Geld nur zu lästigeren Bedingungen finden konnten. Solche Perioden waren auch früher schon vorhanden und wenn damals der Zinsfuß bei abundanterem Geldmarkte bald wieder in seine frühere normale Lage zurückgefallen ist, so kann mit Grund nicht bezweifelt werden, daß gleiche Ursachen auch jetzt wieder gleiche Wirkungen äußern werden. Einen weitern Beleg dafür, daß die Aufhebung der Zinsbeschränkungen bis jetzt eine Steigerung des Zinsfußes nicht herbeigeführt hat, liefert aber auch der Umstand, daß der Zinsfuß für Hypotheken in den zu Frankfurt gehörenden Landgemeinden überhaupt nicht gestiegen ist. Für die Bewohner dieser Gemeinden, welche vorzugsweise Feldbau treiben, betrug nämlich der Zinsfuß bei Darlehen gegen Hypotheken bereits lange vor dem 24. Febr. 1864 $4\frac{1}{2}$ bis 5 %, **und dieser Satz ist auch nach Aufhebung der Wuchergesetze ganz der nämliche geblieben.** Nur in einem einzigen Falle wurden für ein sehr kleines Kapital 6 % eingetragen, während alle übrigen zahlreichen Hypotheken nach wie vor auf dem früheren normalen Fuße stehen geblieben sind. Hiernach sind wir ohne Zweifel zu dem Ausspruche berechtigt, daß die Aufhebung der früheren Zinsbeschränkungen bis jetzt eine sichtbare Steigerung des Zinsfußes für Darlehen gegen Verpfändung von Grundstücken nicht zur Folge gehabt hat."

11) Im Königreich Sachsen ist durch Ges. v. 25. Oktober 1864 die Zinstaxe völlig beseitigt, nur mit folgender Modifikation:

§. 2. Derjenige, welcher für eine Schuld dem Gläubiger größere Vortheile als die Verzinsung nach jährlich 6 vom Hundert gewährt oder zusagt, ist zu einer halbjährlichen Kündigung des Vertrages befugt. Jedoch kann er von dieser Befugniß nicht unmittelbar bei Eingehung des Vertrags, sondern erst nach Ablauf eines halben Jahres Gebrauch machen. Vertragsbestimmungen, durch welche diese Vorschrift zum Nachtheile des Schuldners beschränkt oder aufgehoben wird, sind ungiltig.

§. 3. Auf Schuldverschreibungen, welche unter den gesetzlichen Voraussetzungen auf jeden Inhaber gestellt worden, sowie auf Darlehen, welche ein Kaufmann empfängt, und auf Schulden eines Kaufmanns aus seinen Handelsgeschäften leidet die in §. 2 enthaltene Vorschrift keine Anwendung. (Zeitschrift f. das ges. Handelsr. VIII. S. 221).

In dem Schreiben v. 22. Februar 1865 bemerkt das K. Sächs. Ministerium der auswärtigen Angelegenheiten, daß es, da ihm eine längere Erfahrung abgehe, sich über den Einfluß des Gesetzes auf die hypothekarisch versicherten Kapitalien nicht aussprechen könne; indessen sei Grund zu der Annahme vorhanden, daß der Zinsfuß für solche Kapitalien sich seit dem 25. Oktober 1864 nicht erhöht habe.

12) In Hamburg endlich, wo der gesetzliche Zinsfuß allgemein 6 %

beträgt, haben schon in den Jahren 1856 und 1857 nicht blos die Commerz-Deputation, sondern fast sämmtliche Gerichts- und Polizeibehörden sich für Aufhebung der Wuchergesetze ausgesprochen. — Der gegenwärtig zur Berathung stehende Entwurf eines Einführungsgesetzes zum Allg. Deutschen Handelsgesetzbuch bestimmt §. 34:

> Die Befugniß, höhere Zinsen als die bisher erlaubten, zu bedingen, findet auf Geschäfte aller Art und für Personen jedes Standes, unter folgender näherer Bestimmung, Anwendung:
>
> a) In Bezug auf die Darlehen des Lombards und der concessionirten Pfandleiher verbleibt es bei den bisher geltenden Gesetzen und Verordnungen.
>
> b) Wenn für die in einem Grundstücke versicherte Forderung ein höherer Zinsfuß als 6 vom Hundert jährlich vereinbart ist, so hat der Gläubiger für seine Zinsforderung, soweit dieselbe sechs vom Hundert übersteigt, keine hypothekarischen Rechte an dem Grundstück, kein Vorzugsrecht an den Revenuen desselben und im Konkurse nur die Rechte eines Buchgläubigers. Hinsichtlich der Zinsen bis sechs vom Hundert dagegen behält es bei dem bisher geltenden Recht sein Bewenden.

Motivirt wird die Ausnahme unter a) mit der besondern Gattung von Darlehen, welche ausschließlich von der verschämten Noth gesucht werden, also ihrer Natur nach nicht nur die freie Entschließung des Geldsuchenden unmöglich machen, sondern auch jede Konkurrenz des Angebots von vornherein ausschließen; die Ausnahme unter b) mit der besondern lokalen Einrichtung der hamburgischen Hypothekenbücher, bei welchen der Zinsfuß nicht beinotirt wird, so daß, wenn beliebig hohe Zinsen stipulirt werden dürften, es an jedem Maßstab für die Sicherheit der spätern Posten fehlen würde. — (Mittheilungen des Senats an die Bürgerschaft. 1864, No. 74).

Sogar in Bayern, wo noch in den fünfziger Jahren versucht wurde, den Wucher durch strafrechtliche Verfolgungen im ausgedehntesten Maße zu beseitigen, ist man wenigstens von der Ansicht der Zuträglichkeit derartiger Maßregeln zurückgekommen. Alle strafrechtlichen und polizeistrafrechtlichen Gesetze sind beseitigt (1861), und wenn der gleichzeitig erschienene Entwurf eines bürgerlichen Gesetzbuchs Th. II. art. 630 gleichwohl noch privatrechtlich die Zinstaxe von 6 % beibehält und deren Ueberschreitung für unzulässig erklärt, weil zur Zeit sich die öffentliche Meinung noch nicht entschieden für absolute Verkehrsfreiheit ausspreche, jedenfalls ein Theil der Bevölkerung noch entschieden eines Schutzes gegen übermäßige Bevortheilung des Kapitals bedürfe, auch in den benachbarten Staaten eine Aufhebung der Wuchergesetze noch nicht allgemein erfolgt sei (Motive S. 195) — so ergibt sich doch aus diesen Erwägungen, daß schon im Jahre 1861, wie auch ausdrücklich anerkannt wird, die Bayerische Regierung die Frage nur als eine der Zeit, nicht mehr des Princips betrachtete. —

Die vorstehende Uebersicht dürfte hinreichen, um die Befürchtung, daß mit Freigebung des Zinsfußes sich der landesübliche Zinsfuß für sicher angelegte Kapitalien irgend erhöhen könnte, als vollkommen unbegründet erscheinen zu lassen, wie sie andererseits darthut, daß bei geringerer Sicherheit und in Zeiten des Kapitalsmangels diese Freigebung die Kreditbenutzung ermöglicht oder erleichtert, somit hier den Zinsfuß herabgedrückt hat.

Erwägt man nun, daß für den Handels- und den weitaus größten Theil des gewerblichen Verkehrs die Zinstaxe in fast ganz Deutschland, daß dieselbe ferner in zahlreichen Europäischen Staaten und selbst in einem großen Theile Deutschlands allgemein beseitigt ist, so liegt es augenscheinlich im dringendsten Interesse vorzugsweise der Grundbesitzer, baldmöglichst überall des gleichen Rechtszustandes theilhaft zu werden. Denn überall, wo die gesetzliche Zinstaxe ein den jedesmaligen Verhältnissen des Geldmarktes und der konkreten Lage des Kreditsuchers nicht entsprechendes Aequivalent darbietet, werden gegenwärtig mehr als je die Kapitalien den zinstaxfreien Ländern und Anlagen zuströmen, und es muß nothwendig die Lage der Grundbesitzer eine sehr gefährdete werden.

Es erscheint daher auch keineswegs gerathen, eine durchgreifende Reform der noch sehr mangelhaften ländlichen Kreditanstalten und der Hypothekengesetzgebung als Vorbedingung für die Aufhebung der Zinstaxe hinzustellen. Denn nicht allein, daß Reformen dieser Art nur sehr allmählich und wesentlich nur durch Selbsthülfe der Betheiligten durchgeführt werden können, so gewährt ja auch, wie hinreichend gezeigt ist, unter den bestehenden Zuständen die gesetzliche Zinstaxe dem Grundbesitz nicht allein keinen Schutz, sondern verschlimmert vielmehr dessen Lage in bedenklichster Weise. Daher denn auch die zahlreichen wirthschaftlichen Vereine und Versammlungen, insbesondere der zweite volkswirthschaftliche Congreß zu Frankfurt a. M. 1859, welche fast ohne allen Widerspruch die Beseitigung der Zinstaxe gerade im Interesse des ländlichen Kredits für geboten erachteten, sich gegen jede Vorbedingung dieser Art ausgesprochen haben. —

Dagegen fragt es sich, inwiefern mit der principiellen Beseitigung der Zinstaxe gleichwohl gewisse Beschränkungen, wenn auch nur vorübergehend, zu verbinden seien.

Für eine durchaus statthafte und sogar durch die Eigenthümlichkeit des kleinsten und verschämten Leihverkehrs gebotene Beschränkung erachte ich die Aufrechthaltung der für die öffentlichen und die privilegirten privaten Pfandleihanstalten hinsichtlich des erlaubten Zinsmaßes bestehenden, vielleicht einer Revision zu unterwerfenden landesgesetzlichen Bestimmungen. —

Anders verhält es sich:

1) mit dem Vorzug der ein gewisses Maß (5 oder 6 %) nicht übersteigenden Zinsen vor dem darüber hinausgehenden Betrage im Konkurse und sonstigem Prioritätsverfahren. Solche Maßregel könnte höchstens vorübergehend zum Schutze der gegenwärtigen Gläubiger gerechtfertigt sein — im Princip führt sie, indem sie die Sicherheit der etwa den landesüblichen Zinsfuß übersteigeuden Zinsen gefährdet, nothwendig zur Erhöhung derselben, somit zur Bedrückung des Darlehnsnehmers. Kein Billigkeitsgrund steht den konkurrirenden Gläubigern zur Seite, deren Befriedigung ja der Schuldner nicht allein durch Bewilligung hoher Zinsen, sondern in der verschiedensten Weise zu schmälern im Stande ist.

2) Mit der Beschränkung der hypothekarischen Sicherheit auf ein gewisses Zinsmaß, aus den gleichen hierfür noch klarer hervortretenden Gründen. Ist die Hypothekeneinrichtung der Art mangelhaft, daß das Hypothekenbuch über den vertragsmäßigen Zinsfuß keinen Aufschluß gewährt, so erscheint es gewiß richtiger, die Hypothekenverfassung zu verbessern, als, um deren zeitiger Beschaffenheit willen, den hypothekarischen Zinsfuß zu beschränken. —

3) Mit der in mehreren Staaten anerkannten und auch von Volkswirthschafslehrern, z. B. Rau II. §. 323, empfohlenen Beschränkung, daß der Schuldner, welcher zu einem den landesüblichen Zinsfuße übersteigenden Maße Kapitalien auf längere Zeit aufgenommen hat, vor Ablauf der Vertragszeit zur Rückzahlung bez. Aufkündigung befugt sein solle. Diese Frage ist namentlich in Belgien in den letztverflossenen Monaten Gegenstand sorgfältiger Berathung gewesen, ein dahin zielender Antrag aber von der Regierung bekämpft und in der Centralsektion des Abgeordnetenhauses, wie im Abgeordnetenhause selbst mit großer Majorität abgelehnt worden. (Chambre des représentants. Session de 1864—1865 p. 231 ff. 594 ff. 605 ff). Läßt sich auch die Möglichkeit nicht verkennen, daß einmal ein Kapitalist die Lage des Geldmarktes benutzen mag, um zu einem exorbitanteu Zinsfuß eine Kapitalanlage auf sehr lange Zeit zu machen, so werden doch Fälle dieser Art schon um deswillen selten vorkommen, weil nicht leicht Jemand ein Verhältniß eingeht, welches eben wegen seiner langen Zeitdauer voraussichtlich den Schuldner ruiniren und damit seine eigene Befriedigung gefährden muß. Kreditgeschäfte zu sehr hohen Zinsen kommen erfahrungsmäßg nur auf sehr kurze Zeit vor. Auch wären Ausnahmen z. B. hinsichtlich der von Staat, Gemeinden, Aktiengesellschaften u. dergl. Instituten gemachten Anleihen ganz unerläßlich. Oder wollte man auch diesen die beliebige Rückzahlung vor Ablauf der Zeit gestatten? Vor Allem aber ist zu erwägen, daß ein solch einseitiges Auflösungsrecht des Schuldners in einem um so höheren Zinssatze,

mit welchem der Gläubiger sich die Gefahr der vorzeitigen Rückerstattung bezahlen lassen wird, sein Aequivalent finden muß, daß somit eine gesetzliche Beschränkung der Art in der Regel nicht sowohl zum Schutze, als vielmehr zur Gefährdung des Schuldners führen wird. Wer in der Lage ist, sich so exorbitanten Bedingungen unterwerfen zu müssen, wird genöthigt sein, auch noch schwerere einzugehen. Gewiß scheint es am richtigsten, hier der Umsicht und Besonnenheit der Betheiligten die entsprechende Regelung zu überlassen, und nicht durch eine wohlwollende Bevormundung das Gegentheil des gewollten Erfolges herbeizuführen.

4) Mit der gesetzlichen Nothwendigkeit schriftlicher Zinsabrede. Ganz sicherlich ist solche wünschenswerth, und der Gläubiger wird ohnehin regelmäßig für solch wichtiges Beweismittel Sorge tragen. Allein nicht nur, daß sie für die Darlehen und alle Handelsschulden der Kaufleute durch art. 317 des Deutschen Handelsgesetzbuchs allgemein beseitigt ist, so hat auch die Erfahrung hinlänglich die Unzweckmäßigkeit aller derartiger Formvorschriften erwiesen — es genügt auf die Erörterungen Bornemann's über die entsprechenden Grundsätze des Preußischen Landrechts hinzuweisen —, und es wird aus Würtemberg, welches am längsten unter allen Deutschen Staaten sich im Besitz voller Zinsfreiheit befindet, bezeugt, daß die hier statthafte Formlosigkeit der Zinsverträge zu keinerlei Bedenken Anlaß gegeben habe.

5) Mit der Lex Anastasiana, einem indirekten, völlig unpraktischen, im großen Verkehr längst, desgleichen in den neueren Gesetzbüchern und durch zahlreiche Partikulargesetze beseitigten Wuchergesetz. —

Selbstverständlich ist jedoch, daß für gesetzliche, insbesondere für Verzugszinsen ein fester Zinsfuß von 5 oder 6 % beibehalten werde. Es ist das keineswegs, wie von manchen Vertheidigern der Zinstaxe behauptet wird, eine Inkonsequenz — es ist vielmehr durchaus angemessen, das Uebliche zur Rechtsnorm zu erheben, wo es an einer Vereinbarung der Betheiligten fehlt oder nach Lage der Verhältnisse fehlen muß. Als selbstverständlich (s. Koch, Recht der Forderungen I. S. 115 ed. 1) ist die Bestimmung in §. 2 des Lübeckischen Gesetzes v. 23. Juni 1862 — entsprechend §. 2 des Preußischen Gesetzentwurfs v. 1860 — zu erachten, daß der die Höhe der gesetzlichen Zinsen übersteigende Conventionalzinsfuß auch für die Verzugszinsen maßgebend bleibt. —

2. Die gesetzlichen Beschränkungen des Zinsenlaufs.

Von den beiden zur Zeit bestehenden gemeinrechtlichen Beschränkungen des Zinsenlaufs hat die eine, die Sistirung des Zinsenlaufs sobald die rückständigen Zinsen — denn die weitergehende Vorschrift Justinians ist nie recipirt worden — den Betrag des Kapitals erreicht haben, keine erhebliche praktische Bedeutung. Nicht leicht wird der Gläubiger die rückständigen Zinsen über den Betrag des Kapitals hinaus anwachsen lassen, und es liegt, falls das einmal geschieht, hierin keinerlei Beschwerung für den Schuldner, der ja jederzeit durch Zinszahlung in der Lage ist, dieses Anwachsen zu verhüten. Ohnehin bestehen meist kurze Verjährungsfristen für verfallene Zinsen. Schon das Reichskammergericht hat die gemeinrechtliche Gültigkeit des Rechtssatzes in Abrede gestellt, zahlreiche ältere Schriftsteller sind dem Kammergericht gefolgt (Glück, XXI. S. 109 ff.), das Preußische Landrecht (I. 11, §. 852), der Code civil, das Sächs. Bürgerl. Gesetzbuch §. 682, das Deutsche H. G. B. art. 293, neuerdings die Gesetze von Frankfurt und Lübeck haben den Rechtssatz reprobirt, während das Oesterr. Gesetzbuch §. 1335 ihn beibehalten, und mehrere neuere Gesetze, welche nur die Beseitigung der Zinstaxe zum Zweck hatten, ihn unberührt gelassen haben. Der Beseitigung desselben, wo er noch in Kraft ist, steht kein Bedenken entgegen.

Anders verhält es sich mit dem Verbot des Anatocismus. Dieses ist unzweifelhaft in Deutschland recipirt und durch die Praxis aufrecht erhalten worden (Glück XXI. S. 119), bis auf die allgemein anerkannte Verzinslichkeit des kaufmännischen Contcorrentsaldo's, welche das Deutsche H. G. B. sogar nur zwischen Kaufleuten als allgemein gültig anerkennt: art. 291. Allgemein aufgehoben ist dieses Verbot bisher nur in Lübeck durch das Ges. v. 23. Juni 1862 art. 4 und in Frankfurt durch das Ges. vom 2. Februar 1864 §. 5, 4; in Bremen durch das Einführungsgesetz zum D. H. G. B. v. 6. Juni 1864 §. 30 für alle Saldi aus laufender Rechnung; im Königreich Sachsen, Bürgerl. Gesetzb. §. 681, für Kontokorrentforderungen der Kaufleute und anderer Gewerbtreibenden. Eine weit verbreitete, wenn auch mit dem Justinianeischen Recht nicht vereinbare (Fritz, Erläuterungen III. S. 64 ff.) Praxis gestattet dagegen die Verzinslichkeit der novirten oder zum Kapital geschlagenen verfallenen Zinsen (Glück XXI. S. 119 ff.), und dieser mittlere Weg, welcher auch dem klassischen Römischen Recht entspricht, ist in den meisten neueren Gesetzgebungen eingeschlagen worden. So gestattet das Preußische Gesetzbuch, A. L. R. I. 11, §. 819, 820, die gerichtliche Verschreibung von Zinsen mittelst neuer Schuldscheine über mindestens zweijährige Zinsrückstände, und läßt §. 821 von dem durch rechtskräftiges Urtheil festgestellten Zinsrückstand Verzugszinsen laufen; der Code civil art. 1154, welcher auch in Holland und Belgien aufrechterhalten ist, läßt von mindestens einjährigen Zinsrückständen neue Zinsen laufen im Falle der Einklagung oder eines darüber abgeschlossenen Vertrages — und zwar genügt nach der neueren Praxis sogar ein im Voraus abgeschlossener Vertrag (Zachariä ed. Anschütz II. §. 308 not. 33). Das Oesterr. Gesetzbuch

§. 998 gestattet formlose Kapitalisirung mindestens zweijähriger Zinsrückstände; ebenso das K. Sächs. Gesetzbuch §. 680 im Falle eines Neuerungsvertrages. Das Sardinische Ges. v. 5. Juni 1857 art. 2 bestimmt: „Die verfallenen Zinsen können neue Zinsen erzeugen, entweder nach dem geltenden gesetzlichen Fuß vom Tage einer gerichtlichen Klage an, oder kraft einer Verabredung nach Verfall derselben in dem verabredeten Maße. In Handessachen ist der Zins vom Zins überdies nach den Gebräuchen und Gewohnheiten geregelt. Die vertragsmäßigen oder gesetzlichen Zinsen von verfallenen Zinsen beginnen für Civilschulden nur zu laufen, sobald es sich um geschuldete Zinsen für ein ganzes Jahr handelt — ausgenommen die Sparkassenverhältnisse, für welche deren etwa abweichenden Reglements maßgebend bleiben."

Ein solches modificirtes System dürfte aus Gründen der Wirthschafts- und Rechtspolitik sich am meisten empfehlen. Nicht ein unbedingtes Verbot, denn ein solches widerstreitet der auch im bürgerlichen Verkehr zu erstrebenden Pünktlichkeit und Sorgfalt — der säumige Schuldner darf nicht besser daran sein, als der pünktliche Zahler, und zwischen Zins- und Kapitalverlust besteht wirthschaftlich keinerlei Unterschied. Andererseits empfiehlt sich auch nicht eine unbedingte Aufhebung. Denn grade bei Beseitigung der gesetzlichen Zinstaxe muß jede Verdunkelung der Schuldhöhe und ein uncontrolirbares Anschwellen derselben verhütet werden. Hier kann durch ein ganz regelmäßiges Maß von Unerfahrenheit auf der einen, durch rücksichtslose Ausbeutung der Umstände auf der andern Seite ein wirklicher Nothstand entstehen, da der Handwerker, der Landmann, überhaupt ein jeder nicht kaufmännisch geschulte Schuldner selten im Stande sein wird, zu berechnen, um wie viel durch Zinseszins die Schuldhöhe anwächst. Die Garantie, welche für den Handelsverkehr aus periodischer Saldirung sich ergibt, muß allgemein erstrebt werden. Daher würde es sich empfehlen, eine Verzinsung nur zu gestatten:

1) von verfallenen Zinsen, und nur falls

2) diese eingeklagt, oder aus laufender Rechnung dem Schuldner über mindestens einjährigen Zinsrückstand ein ordnungsmäßiger Rechnungsauszug mit Saldo zugestellt, oder über die Verzinsung des verfallenen Zinsbetrages nach Verfall ein neuer Vertrag abgeschlossen wird.

So bleibt die Vertragsfreiheit vollkommen gewahrt, während doch zugleich die Gefahr der Verdunkelung des Schuldbetrages abgewendet wird.

3. Die Strafgesetze.

Alle Strafgesetze, welche die einfache oder selbst gewohnheitsmäßige Ueberschreitung der gesetzlichen Zinstaxe ahnden, fallen selbstverständlich mit dieser.

Nicht minder die gegen Ausbeutung der Noth, Unerfahrenheit, des Leichtsinns des Schuldners durch Nehmen hoher Zinsen gerichteten Strafbestimmungen. Denn nicht nur sind diese Begriffe, insbesondere auch der Begriff „hoher Zinsen", sobald man einmal von der Zinstaxe absieht, weitaus zu schwankend, um dem richterlichen Ermessen einen genügenden Anhalt zu geben, es würden unter diesem Vorwand von den in ihren Hoffnungen getäuschten Darlehnsnehmern die solidesten Verträge angefochten werden und eine große Rechtsunsicherheit entstehen können — sondern es kann überhaupt nicht als die Aufgabe des Staates erachtet werden, jede Unsittlichkeit zu ahnden, vertragsfähige Personen gegen Gefahren der Art im Verkehr zu schützen, oder gar deren Benachtheiligung durch freien Vertrag unter Strafe zu stellen. Ob etwa zum Schutze Minderjähriger dergleichen Ausnahmegesetze erforderlich sind, wie z. B. das Preuß. Gesetz v. 2. März 1857, mag hier dahingestellt bleiben. Sicher ist, daß jede Bestimmung der Art, wie auch der Belgische Finanzminister in der Sitzung des Belgischen Senats v. 20. April 1865 hervorgehoben hat, nur die Lage des Darlehnsnehmers erschweren würde, da der Gläubiger durch um so drückendere Stipulationen sich für die Gefahr der Bestrafung im Voraus schadlos zu halten versuchen wird.

Soweit dagegen die selbstverständlich strafbare betrügerische Ausbeutung der Kreditbedürftigen durch Täuschung derselben über Betrag und Modalitäten der Schuld — insbesondere, aber nicht allein, in Form des s. g. verdeckten oder verkleideten Wuchers — in Frage steht, reichen die allgemeinen Strafgesetze gegen den Betrug vollkommen aus, der Art, daß selbst eine besondere Hervorhebung dieses Betrugsfalls durchaus nicht erforderlich scheint.

XVI.

Gutachten des Staatsanwalts Dr. jur. Wirk zu Wolfenbüttel.

Herr Anwaltsconcipient Gotthelf in München hat beantragt:

„Der Deutsche Juristentag wolle als seine Rechtsüberzeugung aussprechen:

I. Das Institut einer Berufungsinstanz für die Thatfrage steht in Widerspruch mit den Principien der Mündlichkeit und Unmittelbarkeit des Strafverfahrens und bietet keine Garantie für eine materiell richtige Rechtssprechung. Dieses Institut verdient daher auch für jene Fälle abgeschafft zu werden, in denen rechtsgelehrte Richter zur Entscheidung der Thatfrage berufen sind.

II. Es sind auf anderem Wege Garantien für eine richtige Rechtssprechung anzubahnen und als solche sind insbesondere zu erachten:

1. Beigebung eines Vertheidigers schon im Verlaufe der Voruntersuchung auf Verlangen des Beschuldigten und Zuziehung desselben zu allen wesentlichen Erhebungen;
2. kollegiale Aburtheilung selbst bei geringfügigen Strafsachen, stärkere Besetzung der Senate mit tüchtig gebildeten, politisch und finanziell unabhängig gestellten Richtern bei wichtigeren Straffachen (Vergehen; daß Verbrechen vor die Schwurgerichte gehören, wird als selbstverständlich vorausgesetzt);
3. möglichste Gleichstellung der Vertheidigung mit der Anklage in Bezug auf das Recht der Beschaffung von Beweismitteln;
4. Vorschrift, daß eine Verurtheilung nur bei erhöhter Stimmenmehrheit als erfolgt zu erachten sei (3/4, 2/3);
5. Statuirung eines Rechts der Anklage und Vertheidigung,

die Vertagung der Hauptverhandlung zu verlangen, wenn unvorhersehbare Nova sich ergeben;

6. Statuirung des Rechts, Revision (Wiederaufnahme des Verfahrens) zu Gunsten des Verurtheilten zu verlangen, wenn nach der Verhandlung vorher nicht bekannte Thatsachen oder Beweismittel auftauchen, welche als geeignet festgestellt werden, in wesentlichen Punkten die Sachlage zu Gunsten des Verurtheilten zu ändern, selbstverständlich unter entsprechenden processualen Kautelen gegen den Mißbrauch."

Das von mir geforderte Gutachten über diesen Antrag gebe ich im Folgenden ab:

Zu I.

Der Herr Antragsteller meint, indem er von „Thatfrage" spricht ohne Zweifel den Wahrspruch, und zwar seinem Inhalte nach. Es dürfte aber diese Bestimmung als die präcisere und sorgfältigere vorzuziehen sein. Unter „Thatfrage" versteht man sehr leicht auch schon die formelle Feststellung derselben, die als solche dem juristischen Urtheile anheim fällt, also etwas ganz Anderes ist, als die materielle Entscheidung der Thatfrage (der Wahrspruch), und die auch da, wo der ständige Richter selbst diese Entscheidung — ohne gesonderte Fragstellung — abgibt, doch immer noch intellektuell zu unterscheiden sein muß. Daß aber die Thatfrage in diesem formellen Sinne der Anfechtung durch Rechtsmittel, wenn etwa auch nur durch die Nichtigkeitsbeschwerde, unterworfen sein müsse, kann nicht wohl die Frage sein.

Anlangend dagegen den Wahrspruch, seinem Inhalte nach, — also abgesehen von den auch hier in Betracht kommenden formellen Voraussetzungen, von seiner formellen Rechtsbeständigkeit, — so ist es allerdings ein, wenn auch noch häufig in gesetzlicher Geltung stehender Widersinn, denselben der Berufung zu unterwerfen — gleichviel übrigens, ob man dabei an den von Geschworenen, oder an den von ständigen Richtern (als Geschworenen) abzugebenden Wahrspruch denkt. Hier wie dort bleibt der Wahrspruch seiner allgemeinen inneren Natur nach sich völlig gleich; hier wie dort ist es die materielle Beweisfrage (um einstweilen diesen generellen Ausdruck zu gebrauchen), über welche, und die gewissenhafte Ueberzeugung, kraft welcher entschieden wird. Es läßt sich im Strafprocesse keine (unmittelbar entscheidende) gewissenhafte Ueberzeugung des Richters denken, außer in Beziehung auf die materielle Beweisfrage rein als solche; und es läßt sich umgekehrt keine richtige Beweisfrage denken, außer inwiefern sie nach gewissenhafter Ueberzeugung entschieden werden soll. Eben nun in der durch diese beiden Faktoren bedingten eigensten Natur des Wahrspruchs liegt der letzte und hiermit allein erst unwidersprechliche Grund, weshalb der Wahrspruch nicht der Berufung, nicht der Berichtigung in sich selbst unterworfen sein kann. Weder kann die gewissenhafte Ueberzeugung eine höhere Potenz oder Instanz haben, d. h. es kann keine Berufung von der im Wahrspruche bethätigt vorliegenden gewissenhaften Ueberzeugung auf eine gewissenhaftere Gewissenhaftigkeit oder auf eine überzeugtere Ueberzeugung eines anderen Richters geben, — noch auch läßt sich eine zweite Potenz oder Instanz der Beweisfrage in dem Sinne denken, daß diese sich auch einmal außer Beziehung zu dem Entscheidungsprincipe der gewissenhaften Ueberzeugung befinden, sich aus einem Gegenstande dieses moralischen Urtheils in eine Angelegenheit der kritischen (juristischen) Beurtheilung verwandeln könnte. Der Herr Antragsteller dagegen setzt den Grund der Verwerflichkeit der Berufungsinstanz für den Wahrspruch darin, daß diese Einrichtung „im Widerspruche mit den Principien der Mündlichkeit und Unmittelbarkeit des Strafverfahrens" stehe. Dieser Grund dürfte sich nicht als zureichend erweisen. Das Princip der Mündlichkeit des Verfahrens beruht, insofern es bestimmt ist, die Unmittelbarkeit und Ursprünglichkeit der richterlichen Ueberzeugung in Bezug auf das Stoffliche der Beweisfrage zu gewährleisten, selbst wieder nur in dem Entscheidungsprincipe der gewissenhaften Ueberzeugung d. h. in dem wesentlichen, unabänderlichen Bedürfnisse der letzteren, eben auf diese Art und Weise zur Lösung ihres Problems — Entscheidung der Beweisfrage — in den Stand gesetzt zu werden. Würde nun in zweiter Instanz vielmehr auf Grund der Akten, wäre es auch nur theilweise, über den Inhalt der Beweisfrage entschieden, so würde darin allerdings eine Verletzung des Princips der Mündlichkeit liegen, aber doch nicht anders, als wenn in zweiter Instanz ebenfalls nach gewissenhafter Ueberzeugung entschieden werden sollte; folglich wäre es im letzten und eigentlichen Grunde nicht das Princip der Mündlichkeit, sondern das Entscheidungsprincip der gewissenhaften Ueberzeugung, welches von jener Verletzung betroffen würde. Falls aber in zweiter Instanz etwa nach positiven Beweisregeln (man muß einmal solche Wunderlichkeiten einstweilen statuiren) entschieden würde, so würde auch das Princip der Mündlichkeit nicht verletzt erscheinen, da eine solche Entscheidung schon lediglich auf Grund aktenmäßig festgestellten Materials denkbar ist. Würde dagegen in zweiter Instanz das ganze Verfahren mündlich wiederholt, so würde das Princip der Mündlichkeit sogar vollständig gewahrt erscheinen, während doch das Entscheidungsprincip der gewissenhaften Ueberzeugung — durch Erzielung einer gewissenhaften Ueberzeugung zweiter Potenz oder zweiter Auflage — immer noch eine Verkennung ärgster Art erführe. Dem Grunde des Herrn Antragstellers würde eben schon durch die Einrichtung einer Wiederholung des mündlichen Verfahrens in zweiter Instanz begegnet werden; die

Einrichtung dieser Instanz an und für sich selbst würde sich nicht weiter von jenem Grunde betroffen finden.

Um die ganze Frage gründlich erörtern zu können, ist es unerläßlich, umständlicher zu prüfen, was unter der Anfechtbarkeit eines richterlichen Urtheils eigentlich zu verstehen sei, und von welcher Beschaffenheit ein richterliches Urtheil sein müsse, um die Eigenschaft der Anfechtbarkeit haben zu können. Es wird sich dann ergeben, daß diese Eigenschaft nur dem kritischen Urtheile, dem Urtheile in der Rechtsfrage, zukommt, dagegen dem Wahrspruche, als dem moralischen Urtheile, von Haus aus fremd ist, so fremd, daß sie ihm nur auf Kosten seines eigensten Princips octroyirt werden kann.

Jedes richterliche Urtheil ist dem Schicksale ausgesetzt, fehlsam zu sein, wie alles menschliche Urtheilen. Dieser allgemeinen Möglichkeit der Fehlsamkeit eines richterlichen Urtheils ebenso allgemein und von Grund aus begegnen zu wollen, daran ist nicht zu denken, — die Rechtspflege muß sie mit in den Kauf nehmen. Läßt sich indessen an dem einzelnen Urtheile nachweisen, daß und worin es fehlsam sei, dann muß die Rechtspflege sich natürlich auch berufen finden, einem solchen Nachweise den Weg zu eröffnen und die Mittel der Abhilfe zu gewähren. Der Nachweis kann freilich selbst wieder irrig, ja, gerade erst recht irrig sein; das aber fällt wieder unter jene allgemeine Möglichkeit, für welche die Rechtspflege nicht verantwortlich zu machen ist. Genug vielmehr, wenn sie ihrerseits das Mögliche thut, um je für den einzelnen Fall eine Abhilfe, die vor ihr selbst bestehen kann, zu gewähren. Hierzu bedarf sie der allgemeinen Satzung und Einrichtung; und damit diese eben im Sinne und Geiste der Rechtspflege für sich einstehen könne, und zwar schon im Allgemeinen, so bedarf sie der theoretischen Begründung und Bewahrheitung. Gleich eins der ersten Augenmerke dieser Theorie der Rechtsmittel wird aber darin bestehen müssen, sich über den Begriff jener „Nachweisbarkeit" klar zu werden. Nachweisbar ist nun die Fehlsamkeit eines richterlichen Urtheils nur insofern, als dieselbe in oder an der Sache selbst nachgewiesen werden kann, aus an sich giltigen Gründen. Nur ein solcher unter objektiven und allgemeinen Gesichtspunkten stehender Nachweis kann gemeint sein; denn nur unter der Voraussetzung eines solchen vermag die Rechtspflege, so viel an ihr ist, der Gefahr zu entgehen, auf dem Wege der Abhilfe, den sie eröffnet, am Ende nur aus einem Irrthume in den anderen zu verfallen, beziehungsweise (wenn nämlich das erste Urtheil bestätigt würde) aus dem Irrthume nicht herauszukommen. Die bloße subjektive Meinung, und wenn sie sich auch noch so sehr aufzublähen wüßte, ist kein Nachweis in dem Sinne, wie die Rechtspflege ihn braucht, um ein Ergebniß ihrer selbst, das richterliche Urtheil, der Anfechtung preisgeben, ja, die

Mittel und Wege hierzu selbst gewähren zu können. Wenn es also eine Art des richterlichen Urtheils geben sollte, dessen allgemein mögliche Fehlsamkeit im individuellen Falle sachlich nachzuweisen schon nach der allgemeinen Natur eines solchen Urtheils nicht möglich wäre, indem letzteres überall kein faßbares Objekt und keinen leitenden Gesichtspunkt, außer in sich selbst, hätte, und wenn eine solche Art des Urtheils dabei doch in einem Principe der Rechtspflege selbst beruhte, so würde letztere planloser Weise sich gegen sich selbst kehren, wollte sie auch hier die Mittel und Wege einer Berichtigung gewähren. Es könnte eben nur die subjektive Meinung, nur diese in sich selbst schwankende und unbändige Autorität sein, welcher die Rechtspflege auf diese Weise ein Princip ihrer selbst im individuellen Falle zum Opfer brächte; somit müßte hier jede Garantie dafür, daß der Weg der Abhilfe nicht lediglich aufs Gerathewohl eröffnet werde, von vorn herein aufgegeben erscheinen. Bei einer Art des Urtheils, wie die vorausgesetzte, würde vielmehr die Fehlsamkeit des Urtheils nur jener allgemeinen, abstrakten Möglichkeit nach, nicht auch in individueller, konkreter Beziehung, also überhaupt nicht für die Rechtspflege vorhanden sein können, da dieselbe für jene allgemeine Möglichkeit nicht aufzukommen hat, und es hier eben immer nur bei dieser bloßen Möglichkeit, daß das Urtheil fehlsam sei, bleiben würde. Ob also auch die Partei durch ein solches Urtheil verletzt zu sein behauptete, die Rechtspflege würde ihr immer schon dieses einmal abgegebene Urtheil als das ein für allemal, in erster und letzter Instanz entscheidende entgegenzuhalten berechtigt sein, — man müßte denn, um zugleich dem subjektiven Gefühle der Partei gerecht werden zu können, auf ein historisch abgethanes Mittel zurück verfallen, nämlich der Partei gestatten wollen, das Urtheil mit Berufung auf ein Gottesurtheil zu schelten.

Eine solche Art des Urtheils nun, welches seinen Gegenstand und sein Gesetz überall nicht außer sich, sondern einzig und allein in sich selbst hat, von dessen allgemeiner Möglichkeit, fehlsam zu sein, daher auch niemals sachlich nachgewiesen werden kann, daß und inwiefern sie im konkreten Falle eingetroffen sei, ist der Wahrspruch, und zwar im kategorischen Gegensatze zu dem Urtheile in der Rechtsfrage oder zu diesem kritischen Urtheile. Der Berufung gegen den Wahrspruch Statt geben, heißt im Grunde der Sache weiter nichts, als der Partei nachlassen, dieses Urtheil zu schelten, nämlich zu prätendiren, daß de integro ein neues gemacht werde, blos weil ihr das erste nicht gefällt. Der abgegebene Wahrspruch wird einfach dementirt, und um Platz für einen neuen zu gewinnen, gleichviel ob für den letzteren blos das bisherige Material benutzt wird, oder ob Nova berücksichtigt werden, gleichviel auch, ob in zweiter Instanz abgeändert oder bestätigt wird, — genug, daß das zweite Urtheil niemals im inneren, kritischen Verhältnisse zu dem ersteren, stehen kann. Dies aber eben ist der Punkt, auf den es ankommt, wenn von Anfechtbarkeit eines Urtheils die Rede ist. Die Rechtspflege kann und darf von einer Einrichtung zum Zwecke der Anfechtung richterlicher Urtheile vernünftiger Weise nicht anders wissen, als insofern das Urtheil der Kritik, der Prüfung und Erprobung in sich selbst und an seinem Gegenstande unterzogen werden soll. Es ist dies dasselbe, als wenn verlangt wird, daß die Fehlsamkeit eines Urtheils im individuellen Falle in und an der Sache selbst müsse nachgewiesen werden können, um für die Rechtspflege vorhanden zu sein; denn ein solcher Nachweis ist eben Kritik. Dann aber folgt, daß das Urtheil, um Gegenstand einer solchen Kritik sein zu können, an sich selbst kritischer Natur sein müsse, wie es das Urtheil in der Rechtsfrage ist, daß also der Wahrspruch als dieses vielmehr moralische Urtheil der Eigenschaft der Anfechtbarkeit gänzlich entbehren müsse. Hat sich doch auch die Idee eines Instanzenzuges in der positiven und theoretischen Gestalt, wie wir sie kennen, von Alters her stets in engster und ausschließlicher Beziehung auf das Substrat eines in juristischer Erwägung beruhenden Richterspruchs oder eben des Urtheils in der Rechtsfrage entwickelt; denn selbst die Beweisfrage war, so lange die positive Beweistheorie bestand, ebenfalls nichts anders, als Rechtsfrage. Erscheint also jene Idee von Haus aus wie in ihrer weiteren Entwicklung eben mit einem solchen Substrate auf's Genaueste verwachsen, wie hat man denn den Wahrspruch, da er doch jedenfalls nicht in einer juristischen, überhaupt nicht in einer kritischen Erwägung beruht und somit jener Idee von Haus aus fremd erscheinen mußte, gleichwohl so ohne Weiteres als unter derselben mitbegriffen ansehen können? Sicher nur sehr unkritischer Weise. Es hat hierzu die unkritische Anwendung des Satzes verleitet, daß jedes richterliche Urtheil durch Rechtsmittel anzufechten sein müsse. Dieser Satz war der Sache nach richtig, so lange es noch keine anderen richterlichen Urtheile, als über Rechtsfragen gab. Als nun mit der Reorganisation der Rechtspflege die Beweisfrage sich als Gegensatz zur Rechtsfrage aussonderte, als der Wahrspruch oder diese ganz neue, nämlich nicht kritische Art richterlichen Urtheils hinzukam, da hätte dem Auge des Gesetzgebers nirgends verborgen bleiben sollen, daß hieran nun auch jener Satz seine nothwendige Beschränkung finde, und daß somit der Wahrspruch der Anfechtung durch Rechtsmittel nicht unterworfen werden könne, — es wäre denn vermöge eines in ihm selbst liegenden Gesichtspunkts, den aber wohl Niemand jemals zu entdecken im Stande sein wird.

Die Sache würde mit dieser Erörterung abgethan sein können, wenn nicht rücksichtlich der Begriffe kritisches und moralisches Urtheil, Urtheil in der Rechtsfrage und Urtheil in der Beweisfrage — Begriffe, welche für den der Anfechtbarkeit entscheidend sind, — immer noch so viel Uneinigkeit, ja

Unklarheit und Mißverständniß herrschte, daß nicht gehofft werden kann, den kategorischen Gegensatz jener beiden Arten von Urtheilen und hiermit den Unterschied von anfechtbarem und unanfechtbarem Urtheile schon durch jene bloße Bezeichnung ins volle Licht gestellt zu haben. Es wird vielmehr zu diesem Zwecke auf jene Begriffe an und für sich selbst noch näher eingegangen, es wird auf analytischem Wege gezeigt werden müssen, inwiefern das Urtheil in der Rechtsfrage eine kritisch in sich verbundene Komposition verschiedener Faktoren, somit kritisch in sich lösbar und eben hierin, weil der Berichtigung fähig, so auch anfechtbar ist, — und inwiefern dagegen der Wahrspruch gerade dieser Eigenschaft entbehrt, vielmehr als ein rein einfaches Urtheil keiner Auflösung in sich fähig, hiermit aber eben schlechthin unanfechtbar ist.

Was nun

A. das Urtheil in der Rechtsfrage betrifft, so stellt sich die Anfechtbarkeit desselben, seine wesentliche Natur und Bestimmung, sich kritisch zu verhalten und hierdurch selbst wieder Objekt der Kritik zu sein, unter folgenden Gesichtspunkten dar.

1. Das Material des Urtheils in der Rechtsfrage ist und bleibt stets gegenständlicher Natur, stets etwas außerhalb des Urtheils in selbstgiltiger Weise Vorhandenes, so daß jedes einzelne Urtheil stets wieder damit verglichen, solchergestalt aber eben in objecto geprüft oder unter diesem objektiven Gesichtspunkte aufgefaßt werden kann. Es besteht nämlich dieses Material a) in dem je im individuellen Falle gegebenen Proceßmateriale, b) in den für den individuellen Fall zur Anwendung kommenden allgemeinen Bestimmungen der Gesetze und des sonstigen abstrakten Rechts.

a. Das je im einzelnen Falle gegebene Proceßmaterial des Urtheils in der Rechtsfrage begreift alle die aktenmäßigen Data in sich, welche für die formelle Definirung und Entscheidung des Falles, nämlich eben als dieses besonderen Rechtsfalles, — somit aber juristisch — in Betracht kommen. Es gehören dahin vorzugsweise die Anklage und alle sonstwie auf die Darstellung des Thatbestandes eben nur in formeller, nicht auch schon in materieller Hinsicht abzielenden Vor- und Anträge der Parteien; weiter gehört auch der Wahrspruch dahin, insofern es nämlich Aufgabe abermals des juristischen Urtheils ist, dieses Beweisergebniß unter den strafrechtlichen Gesichtspunkt zu subsumiren, beziehungsweise die strafrechtlichen Folgen daran zu knüpfen. An diesem Material macht sich nun zunächst die Seite bemerklich, daß es aktenmäßig und somit urkundlich feststeht oder doch feststehen muß; es eignet sich nämlich bereits durch diese empirische Form eine gegenständliche Existenz an, worin es auch dem schon abgegebenen Urtheile immer noch als ein für sich giltiger Faktor, der jeden Augenblick wieder zur Vergleichung gezogen werden kann, gegenüber steht. Aber auch intellektuell verhält sich dieses Material zu dem Urtheile als eigentlicher, außerhalb des letzteren in selbstgiltiger Beschaffenheit vorhandener, die Sache selbst ausmachender Gegenstand, den also das Urtheil so gelten zu lassen und so zu nehmen hat, wie er sich ihm formell (aktenmäßig) eben darbietet, den es namentlich nicht erst intuitiv und somit stofflich in sich zu verarbeiten und umzuschaffen, sondern an welchem es blos — immer nur formell operirend — diejenige rechtliche Beziehung zu erfassen und aufzuweisen hat, welche diesem Gegenstande schon an sich, somit aber nicht etwa blos für dieses einzelne Urtheil, sondern für das Urtheil überhaupt eigen ist. Während so das Urtheil in der Rechtsfrage wesentlich die Aufgabe hat, dem Proceßmateriale als diesem, ihm im einzelnen Falle gegebenen Gegenstande eben ganz und gar nach der eigenen gegenständlichen Beschaffenheit desselben gerecht zu werden, sich also in dieser Beziehung rein objektiv zu verhalten, bleibt es nicht blos, wie schon bemerkt, stets der Vergleichung mit diesem Gegenstande unterworfen, sondern ist es auch, insofern es denselben in dem einen oder anderen Punkte nicht gehörig in Obacht genommen oder sonstwie verkannt haben sollte, stets der Berichtigung eben nach der eigenen Maßgabe dieses Objekts fähig. — Es läßt sich dies Alles leicht näher an den beiden Hauptformen des Urtheils in der Rechtsfrage, nämlich der formellen Beweisfrage (Fragstellung) und dem Rechtsspruche beobachten. Durch die erstere (thema probandum) wird entschieden, auf welche Thatsachen es in dem konkreten Falle rechtlich ankomme, wird also der Fall als Rechtsfall definirt, und zwar problematisch oder in der Form der reinen Voraussetzung (blos erst intellektuell). Die Beweisfrage in diesem Sinne bildet mit anderen Worten allein erst dieses formell ermessene und entschiedene Problem des Wahrspruchs, dessen materielle Entscheidung eben erst von dem Wahrspruche erwartet wird. Sie stellt sich demnach als die juristische Operation dar, welche der Richter an dem in dieser Hinsicht in Betracht kommenden Proceßmaterial vornimmt und vornehmen muß, um den Proceß eben rechtlich zu fördern. Darin liegt nun allerdings eine nothwendige Unterordnung dieses Materials unter den rechtlichen Gesichtspunkt; allein andererseits ist diese Unterordnung, ist mit anderen Worten jener rechtliche Gesichtspunkt und das aus diesem zu entnehmende formelle System der Beweisfrage des konkreten Falls doch wesentlich wieder durch die Eigenthümlichkeit jenes Materials bedingt, es darf daran nichts übersehen oder unrichtig aufgefaßt werden. Somit behauptet hier das Material dem Urtheile gegenüber seine sachliche, objektive Geltung; und da es zugleich aktenmäßig feststeht, also präsent bleibt, so steht hier das Urtheil überhaupt in dem Verhältnisse zu seinem Materiale, daß es nach Gestalt desselben stets kritisirt werden darf und kann. Gleichermaßen unterliegt der Rechtsspruch der Kritik nach Maßgabe des Wahrspruchs als des ihm zugehörigen, objektiv giltigen Materials.

b. Das Urtheil in der Rechtsfrage bemächtigt sich des ihm gegebenen Proceßmaterials im Allgemeinen auf die Weise, daß es Bestimmungen des objektiven Rechts auf dasselbe, auf diesen individuellen Fall zur Anwendung bringt. In dieser Hinsicht hat es abermals mit einem Materiale von durchaus gegenständlicher, ja, allgemeingiltiger Beschaffenheit zu thun, dem es sich zu akkomodiren hat, dem es verantwortlich ist, ohne es irgendwie in sich selbst verändern zu dürfen. Zunächst die Existenzform dieses Materials anlangend, so besteht das objektive Recht entweder als positives Gesetz ꝛc., oder als Doktrin, Juristenrecht, Praxis ꝛc. d. h. es besteht in dem einen wie in dem anderen Falle in einer Form, worin es dem Bewußtsein jederzeit gegenständlich zu sein, zugleich aber seine Existenz auch außerhalb des Wissens und Kennens der Einzelnen zu haben, also unabhängig von diesem subjektiven Gewußtwerden, als etwas schon für sich Giltiges, zu existiren bestimmt ist. Und zwar ist diese seine objektive Daseinsform zugleich eine allgemeine, die nicht etwa erst im individuellen Falle hervortritt. Sodann aber ist das objektive oder abstrakte Recht auch in sich selbst etwas Gegenständliches und Allgemeines; es ist allgemeiner Geltung wie allgemeinen Inhalts, und verlangt gerade im Punkte dieser seiner Allgemeinheit Gegenstand des richterlichen Bewußtseins zu sein. Es darf weder blos theilweise, weder blos hier und da gewußt, noch auch blos halb verstanden werden, sonst erweist sich der Richter dieses Materials noch nicht mächtig, und es kann dann geschehen, daß er dem Rechte an sich im individuellen Falle nicht gerecht wird; — es will aber auch als dieses objektive und allgemeine Recht im individuellen Falle unterschieden sein, sonst wird der Richter im individuellen Falle das Recht zwar allenfalls subjektiv herausfinden, nicht aber bewußtermaßen anwenden, er wird nur individuelles Recht sprechen können, welchem nämlich der Charakter oder doch die Gewähr fehlt, auch an sich und im Allgemeinen Recht zu sein. Jedes Urtheil in der Rechtsfrage ist somit wesentlich bestimmt, im Momente einer entsprechenden Beobachtung und Berücksichtigung der individuellen, in dem Proceßmateriale sich darlegenden Beschaffenheit des Falles zugleich dem objektiven, allgemeinen Rechte als solchem zu entsprechen, sich also auch in dieser Hinsicht objektiv zu verhalten, ja, in dieser Hinsicht zugleich denselben Charakter von Allgemeingiltigkeit, wenn auch nur als Moment, in sich zu tragen, der dem objektiven Rechte eigen ist. Wird nun einem solchen Urtheile vorgeworfen, daß es dem allgemeinen, objektiven Rechte nicht entspreche, so ist eben letzteres selbst da, um zur Vergleichung und falls sich eine Differenz ergibt, zur Berichtigung dienen zu können; und aus demselben Grunde kann dem Urtheile ein solcher Vorwurf gemacht werden.

2. Das **Urtheil selbst** oder diese subjektive Thätigkeit des Richters anlangend, so wird dasselbe, indem es sich darauf angewiesen findet, der Individualität des Falles im Momente der Allgemeinheit des Rechts und dem allgemeinen Rechte im Momente dieses individuellen Falles Rechnung zu tragen, darin bestehen müssen, zwischen diesen beiden Faktoren zu **vermitteln** — **dialektisch** zu vermitteln. Das eben ist das Kriterium des Urtheils in der Rechtsfrage, daß es sich zwischen entgegengesetzten, außerhalb seiner gegenständlich und selbstgiltig vorhandenen, Faktoren entscheiden soll, und zwar als gleiches Produkt aus beiden oder, wie gesagt, als deren dialektische Vermittelung. Der Richter wird zu diesem Zwecke sich zunächst die unmittelbare Differenz zwischen dem individuellen Falle, wie er in dem gegebenen Proceßmateriale vorliegt, und dem allgemeinen Rechte zu vergegenwärtigen haben, hiernächst aber im Wege kritischer Erwägung sich desjenigen äußeren Rechtszustandes bewußt werden müssen, in welchem diese unmittelbare Differenz als solche, dieser Widerspruch aufgehoben und das besondere, konkrete Recht dieses Falles hergestellt sein werde. In dieser Hinsicht gilt es nun, daß das einzelne Urtheil oder diese subjektive Thätigkeit und Methodik des Richters sich als eine Species der **allgemeinen, objektiv bestimmbaren und bestimmten Kunst des juristischen Urtheilens** qualificire, sie muß also mit der letzteren verglichen, muß im Punkte ihrer Uebereinstimmung oder Nichtübereinstimmung mit jener geprüft, muß im letzteren Falle nach Maßgabe jener berichtigt werden können. Die Subjektivität gehört hier nur als Form, nur in dem Sinne dazu, daß der Richter mit seinem ganzen Bewußtsein dabei sein muß, aber eben nur mit dem Bewußtsein des Richters als solchen, d. h, inwiefern der Gegenstand und die Aufgabe seines Wissens, Verstehens und Vermittelns hier zugleich etwas Objektiv- und Allgemein-Giltiges ist, was noch weit über die Sphäre der bloßen Subjektivität hinausliegt. Der Richter in der Rechtsfrage kann sein Urtheil nicht etwa aus seiner Subjektivität zu **schöpfen** haben, so wenig, als er andererseits blos von der Individualität des Falles sich angesprochen finden kann, — dafür ist hier ein Faktor der Objektivität und Allgemeinheit im Spiele. Der tüchtigste Richter in der Rechtsfrage ist in dieser Hinsicht vielmehr derjenige, der sein subjektives Urtheil, wie sehr auch die Individualität des Falles ihn gerade subjektiv interessiren möchte, doch streng und sicher unter die objektiven und allgemeinen Gesetze der Kunst des juristischen Urtheilens gefangen zu nehmen weiß.

Gerade nun darin, daß das Urtheilen in der Rechtsfrage in einem solchen Processe dialektischer Vermittelung zwischen den beiden Faktoren der Rechtsfrage, näher in der Anwendung der allgemeinen Kunst des juristischen Urtheilens auf den individuellen Fall, zu bestehen hat, offenbart sich die wesentlich kritische Natur dieses Urtheils, und zwar als eine solche, vermöge deren dasselbe selbst wieder Gegenstand der Kritik zu sein bestimmt ist. Zum äußeren Zeichen dessen wird wenigstens der Rechtsspruch mit Entscheidungsgründen abgegeben; in diesen nämich legt der dialektische Proceß, vermöge dessen der Richter in diesem Falle zu diesem Resultate gelangt ist, sich selbst offen zu jeder berufenen Prüfung dar. Auch für die Fassung der Beweisfrage könnten Entscheidungsgründe angegeben werden, wenn es für erforderlich gehalten würde. Inneres Kriterium dieses Processes dagegen ist es, daß er eben vermöge seiner geistig allgemeinen Natur (und indem die zu vermittelnden Faktoren der Rechtsfrage stets präsent bleiben) sich in einem und demselben Falle stets wiederholen läßt, also nicht etwa in dem einzelnen oder einmaligen Urtheile erschöpft und absorbirt werden kann. Demnach ist hier das einzelne oder einmal abgegebene Urtheil nicht nothwendig schon das Urtheil ein für allemal; die Einzelheit des Urtheils ist hier vielmehr bloße Form und bedeutet weiter nichts, als daß immer nur ein Urtheil bestimmt sein kann, die Rechtsfrage zu lösen, daß es also nicht auch zweierlei rc. Urtheile neben einander sein können. Eben nun die Wiederholung jenes dialektischen Processes in einem und demselben Falle bildet im Allgemeinen den Modus, wie das einmal abgegebene Urtheil selbst wieder der Kritik unterzogen wird; besteht es nun diese Probe, dann bleibt es das entscheidende, besteht es sie nicht, erweist es sich bei einer solchen Prüfung noch in der Einzelheit befangen, indem es so oder so des Charakters innerer Allgemeingiltigkeit entbehrt, dann wird es durch ein neues Urtheil absorbirt werden dürfen, und dieses zweite Urtheil wird nun das entscheidende sein. Obschon also bei diesem Modus der Kritik die Einzelheit des Urtheils, sein Einmal-Abgegebensein, sich gerade indifferent gesetzt findet, so bleibt es doch schließlich immer nur bei einem Urtheile; diese Vernunftnothwendigkeit wird aber nur dadurch erreicht, daß auf jene Weise das zweite Urtheil stets im inneren, kritischen Verhältnisse zu dem ersten steht, dasselbe entweder in sich bestätigt oder in sich aufhebt, und nicht etwa blos quantitativ zu demselben hinzukommt.

3. Anfechtung eines richterlichen Urtheils überhaupt — wenn sie nicht wider alle Rechtsvernunft schon in dem bloßen subjektiven Widerspruche der Partei gegen das Urtheil, schon in dem bloßen Schelten desselben soll bestehen dürfen — ist nur denkbar im Wege der Beschwerde. Unter Beschwerde ist aber noch nie etwas Anderes verstanden worden und wird auch nie etwas Anderes verstanden werden können, als das (unmittelbar hinge-

stellte) Urtheil der Partei, daß und inwiefern ihr ein richterliches Urtheil zu einer Rechtsverletzung gereiche, nämlich zu ihrem Nachtheile dem Rechte an sich nicht entspreche. In der Beschwerde bezeichnet die Partei die Differenz zwischen dem Urtheile, wie es lautet und wie es ihrer Meinung nach lauten sollte, um (in ihrem parteilichen Interesse) eben dem Rechte konform zu sein. Die Beschwerde beruht also, ihrem allgemeinen Grundzuge nach, in dieser Vergleichung. Sie kritisirt; es ist ihr Wesen zu kritisiren; sie kann nicht anders Beschwerde sein. Sie kann es nur sein als diese an dem Urtheile vorgenommene Unterscheidung, als die unterschiedliche Bezeichnung des Punktes, worin dasselbe fehlsam sein soll; sie perhorrescirt das Urtheil nicht etwa nur so schlechthin — das wäre ja wieder nur das bloße subjektive Widersprechen. Kurz, die Beschwerde oder dieser Modus der Anfechtung eines richterlichen Urtheils ist nothwendig kritischer Natur, ist die Kritik, welche die Partei — freilich eben nur parteilicher Weise — an dem Urtheile übt, um ihm eben kritisch, d. h. um ihm überhaupt beikommen zu können. Hiermit versteht sich aber ohne Weiteres von selbst, daß das Urtheil, um auf diese Weise angefochten werden zu können, in sich selbst kritischer Natur sein müsse, daß mit anderen Worten jener Modus der Anfechtung eines richterlichen Urtheils — der einzige, für welchen die Rechtspflege Sinn und Verständniß haben kann, — nur auf das kritisch qualificirte Urtheil paßt.

Das Resultat dieser ganzen Erörterung ist kurz zusammengefaßt folgendes: es ist ein Naturale des Urtheils in der Rechtsfrage, als dieses seiner Beschaffenheit und Bestimmung nach kritischen Urtheils, anfechtbar zu sein; umgekehrt ist ein richterliches Urtheil überhaupt nur anfechtbar, inwiefern es an sich kritischer Natur ist; anfechtbar ist also nur das Urtheil in der Rechtsfrage, falls die Eigenschaft und Bestimmung, sich kritisch zu seiner Aufgabe zu verhalten, eben nur diesem zukommen sollte.

Zugleich wird nun erhellen dürfen, was unter einer zweiten Instanz dem eigentlichen Grundgedanken nach zu verstehen sei. Die zweite Instanz ist nicht etwa blos eine Erfindung der Zweckmäßigkeit, die sich also blos äußerlich auf das richterliche Urtheil in Anwendung gebracht fände, sondern sie wohnt jedem Urtheile über eine Rechtsfrage als dessen eigenstes Naturale schon von selbst inne. Die zweite Instanz ist im Grunde nichts Anderes, als das Urtheil in zweiter Potenz — die in Gestalt eines einzelnen Urtheils bereits vollzogen vorliegende Kritik selbst wieder als Gegenstand der Kritik gedacht, oder genauer: das richterliche Urtheil als durch den hinzutretenden Gesichtspunkt der Beschwerde potenzirtes Urtheil. Es ist eben das eigenste Wesen und Bedürfniß aller Kritik, nicht blos subjektiv sich zu einem Gegenstande zu verhalten (erste Potenz), sondern darin zugleich sich selbst Objekt zu sein, vor sich selbst zu bestehen (zweite Potenz); — eben nun dieses intellektuelle Verhältniß der Kritik zu sich selbst als positive, mittels des Faktors der Beschwerde handhabbare Einrichtung im Processe gedacht, dies und nichts Anderes ist die zweite Instanz. Dann aber liegt abermals klar vor Augen, daß es eine zweite Instanz nur für das an sich kritische Urtheil geben könne.

Im Gegensatze hierzu ist

B. **Das Urtheil in der Beweisfrage**, der Wahrspruch, ein in sich so schlechthin einfaches, der Potenzirung, der Erprobung in der Sache selbst so wenig fähiges Urtheil, als das subjektive Ja oder Nein es nur sein kann.

Der Wahrspruch soll — um ihn hier zunächst blos seinem Umrisse nach zu kennzeichnen — Gewißheit geben über das rein Thatsächliche der in Frage stehenden Strafgesetzwidrigkeit, also über ein zwar aus menschlichem Wissen und Willen herrührendes, aber darum nicht weniger zufälliges Faktum. Denn gerade die gewußte und gewollte Uebertretung des Strafgesetzes trägt recht eigentlich den Charakter der Zufälligkeit an sich; sie bildet ja eben das willkürlich Umgekehrte der sittlichen und hiermit auch vernunftmäßigen Nothwendigkeit, in welcher das Strafgesetz beruht, und hat demnach sogar die Vermuthung gegen sich. Um so gründlicher irrte die alte positive Beweistheorie, wenn sie meinte, allgemein und schon in abstracto vorschreiben zu können, auf welche Bedingungen hin das Faktum der Strafgesetzes-Uebertretung sich im Wege des Beweises zu ergeben habe, gerade als ob vielmehr dieses Faktum in einer intellektuellen Nothwendigkeit beruhte. Aber auch abgesehen davon, daß einem solchen Faktum der Charakter der Zufälligkeit durch menschliche, gegen eine allgemeine Nothwendigkeit sich auflehnende Willkür noch besonders eingeprägt erscheint, daß es also die Nothwendigkeit gerade gegen sich hat, abgesehen mit Einem Worte von seiner Willkürlichkeit, ist und bleibt es, gemäß der Natur alles singulär Thatsächlichen, etwas durch und durch Zufälliges. Es kann sich eben so gut ereignet haben, als auch nicht; es ist da, weil es da ist, und nicht da, weil es nicht da ist; es hat keinen anderen Grund, als rein unmittelbarer und singulärer Weise in sich selbst, d. h. eben in seiner Zufälligkeit. Allgemeine, ein intellektuelles System des Thatsächlichen bildende Gesetze, wonach ein gewisses singuläres Faktum sich ereignen **müßte**, gibt es nicht; — man kann zwar unter Umständen gewisse thatsächliche Erfolge mehr oder weniger sicher voraussehen; dies betrifft dann aber nur die (erfahrungsmäßge) **Eigenschaft** jener, selbst wieder in singulären Thatsachen bestehenden Umstände, eine gewisse Wirkung thatsächlich zu äußern; und jedenfalls ist keine allgemeine Nothwendigkeit vorhanden, wonach **diese Umstände** sich ereignen müßten. Demnach kann auch die Frage, ob ein gewisses, an und für sich zufälliges Faktum sich ereignet **habe**, es kann namentlich die Beweisfrage des Strafprocesses nicht wohl mittels

Anwendung allgemeiner, schon im Voraus, schon in abstracto bestimmbarer oder bestimmter Gesetze zu entscheiden, sie kann also auch nicht Sache des kritischen Verstandes sein. Alles Faktische der bezeichneten Art ist vielmehr für das Bewußtsein nur vorhanden, inwiefern es erfahren wird; diese Erfahrung aber ist etwas rein Subjektives, was nicht etwa zugleich außerhalb des subjektiven Bewußtseins in gegenständlicher Gestalt, als ein Ding an und für sich, besteht; es wäre denn, daß das Faktum selbst noch real fortbestände, um für die Vorstellung des Subjekts von demselben als objektiver Vergleichungspunkt dienen zu können. Indessen haben jedenfalls Thatsachen, wie die hier in Betracht zu nehmenden — strafgesetzwidrige Handlungen — das Eigene, daß sie mit dem Augenblicke kommen und schwinden; zur Zeit, wo es sich, im Strafverfahren, um den Beweis derselben handelt, sind sie keinenfalls mehr real vorhanden, um objektiv von sich selbst zeugen zu können; hier bleibt also nur jene subjektive Gewißheit als einzige Möglichkeit übrig. Und eben diese auf empirischen Wege zu gewinnende rein subjektive Gewißheit ist es, auf welche der Beweisrichter sich angewiesen findet. Er wird der in Frage stehenden Strafgesetzwidrigkeit entweder für sich selbst (eben subjektiv) gewiß, oder er wird es nicht — das ist hier im letzten Grunde die einfache Alternative, von welcher die Entscheidung der Beweisfrage abhängt. Der Wahrspruch lautet demnach einfach entweder auf Ja oder auf Nein, und zwar — intellektuell — auch da, wo er gleich mit der Beweisfrage in Eins gefaßt wird (indem nämlich der ständige Richter selbst in der letzteren entscheidet). Die subjektive Gewißheit als solche bedarf keines anderen Ausdrucks, um von sich selbst zu zeugen, als dieses einfachen Ja oder Nein. Doch davon später mehr. Hier ist die weitere Frage zunächst die, wie ist rein subjektive Gewißheit — nämlich in Bezug auf ein nicht selbst anwesendes Faktum — überhaupt möglich, wie namentlich für den Beweisrichter? Im Allgemeinen, wie schon gesagt, nur empirisch. Subjektive Gewißheit in Bezug auf ein abwesendes Faktum, falls überhaupt denkbar, ist selbst wieder eine Thatsache, nämlich eine Thatsache des Bewußtseins, ist somit an und für sich selbst Sache der Erfahrung, ja recht eigentlich der inneren Erfahrung im Gegensatze der unmittelbaren äußeren Wahrnehmung, ist eben hierin erst recht eigentlich etwas rein Subjektives. Es kommt also darauf an, daß der Beweisrichter diese Thatsache in sich erfahren — als eine unmittelbar gegenwärtige. Darin vergegenwärtigt sich ihm dann das, obschon äußerlich nicht gegenwärtige, Faktum selbst — er erfährt es in sich in dieser Form der subjektiven Reproduktion, obschon er es nicht sinnlich wahrnimmt. Nun kann man zu einer solchen subjektiven Gewißheit, also in Bezug auf vergangene Thatsachen, sehr wohl gelangen durch Vermittelung gegenwärtiger Umstände, aus denen sich auf das in Frage stehende Faktum erfahrungsmäßig (nicht etwa logisch) zurückschließen läßt. Das Bewußtsein verhält sich dann zu diesen gegenwärtigen Umständen, die als solche ihm ohne Weiteres gewiß sind, lediglich mittels subjektiver Verständigung, obschon gemeine Erfahrung und gemeine Urtheilsfähigkeit — Dinge, die hier indessen wiederum nur subjektiv maßgebend sind, — nothwendig dabei mitwirken.

Solche gegenwärtige empirische Umstände sind nun für den Beweisrichter einerseits die Angaben des Angeklagten, andererseits die verschiedenen Beweismittel — Zeugnisse, Urkunden, Augenschein, Gutachten (letztere sind nämlich nur für den Begutachter ein Gegenstand des Fachwissens und des kritischen Urtheils, für den Beweisrichter dagegen immer nur ein empirisches Datum). In diesen Umständen besteht das Material des Wahrspruchs — wie gesagt, ein rein empirisches Material, das nirgends eine Beziehung auf den kritischen Gedanken, noch weniger schon den Stempel eines solchen an sich trägt, — denn nur auf ein empirisch begründetes Urtheil kommt es hier an. Und wie es eo ipso und in demselben Momente sich lediglich um ein subjektives Urtheil handelt, so ist auch jenes Material für das Urtheil in der Beweisfrage nur vorhanden, inwiefern letzteres sich dasselbe subjektiv aneignet, es subjektiv in sich verarbeitet, es somit aber auch in sich absorbirt. Das Material des Wahrspruchs ist, weil lediglich empirischer Art, so auch nur Material d. h. im subjektiven Urtheile des Beweisrichters eben materiell zu verarbeitender und darin aufzuzehrender Stoff. Der Wahrspruch erschafft sich aus diesem Stoffe, so zwar, daß dieser, sobald der Wahrspruch da ist, hiermit eben auch erschöpft und definitiv abgethan erscheinen muß. Das Material des Wahrspruchs qualificirt sich demnach dem letzteren gegenüber überall nicht als selbstgiltiger Gegenstand; somit ist nicht daran zu denken, daß der Wahrspruch irgendwie eine kritische Vergleichung mit seinem Materiale zu bestehen haben könnte, um daran geprüft und erprobt zu werden.*) Nicht das Beweismittel, z. B. nicht das Zeugniß als solches, gilt, selbst nicht einmal das Geständniß des Angeklagten als solches, sondern an der Stelle dieser Dinge allein erst das Urtheil des Beweisrichters, d. h. sie haben Geltung nur für dieses subjektive Urtheil als solches, nur insofern letzteres ihnen Geltung zugestehen wird, und zwar in seinem Sinne und in seiner Form. Es ist sinnlos, die Auslassungen des Angeklagten, die Aussagen der Zeugen rc. zu Protokoll zu nehmen; es ist dies sinnwidrig, insofern es in der Tendenz geschieht, durch solche aktenmäßige Konstatirung

---

*) Es ist übrigens zwischen juristischem und moralischem Beweise zu unterscheiden, und hiernach auch das Material des Wahrspruchs und dieser selbst zu begränzen; doch ist in dieser Hinsicht kaum schon irgendwo der Anfang zu einer richtigen Theorie des Wahrspruchs gemacht worden.

ein für sich giltiges Objekt fixiren zu wollen, womit der Wahrspruch nachher verglichen und woran er geprüft werden könne, um danach angefochten und nöthigenfalls berichtigt werden zu können, — doppelt sinnwidrig wenn solche Ergebnisse der mündlichen Verhandlung blos „in der Kürze" protokollirt werden sollen, was freilich in der Regel auch gar nicht anders möglich ist; denn das solchergestalt verkürzte Material ist ja schon darum — also der intellektuellen Umgestaltung durch die Protokollirung nicht einmal zu gedenken — nicht mehr dasselbe, aus welchem der Wahrspruch sich gebildet hat, also auch gar nicht geeignet, zur Vergleichung zu dienen. Ueberhaupt ist, was man da zu Protokoll bringt, nichts als die leere, dürre Hülse und Faser, — die Quintessenz jenes Materials, auf die es allein ankommt, hat der Wahrspruch in sich gesogen, und diese Quintessenz kann schlechterdings auf keine andere Weise beurkundet werden, als durch den Wahrspruch selbst.

Beobachtet man nun die subjektive Gewißheit ihrem allgemeinen Wesen nach genauer, so findet man sie auf zwiefache Weise bedingt, einmal durch die Vorstellung von dem in Frage stehenden Faktum, zweitens durch den unbedingten Glauben an diese Vorstellung. Unterscheiden läßt sich übrigens Beides nur im Wege der Abstraktion; in Wahrheit und Wirklichkeit fällt Beides untrennbar in Eins zusammen, wie denn überhaupt „subjektive Gewißheit" als dieses schließliche Resultat des subjektiven Processes, vermittels dessen der Beweisrichter eben diese Thatsache des Bewußtseins in sich erfahren soll, nur etwas schlechthin Einfaches ist. Dieser innere Proceß ist bedingt durch den äußeren, mittels dessen dem Beweisrichter das empirische Material vorgeführt wird. Dieser äußere Proceß muß geeignet sein, das in Frage stehende, ungewisse Faktum für die Vorstellung zu reproduciren; aber diese Wirkung selbst fällt in die subjektive Innerlichkeit des Beweisrichters, und existirt nicht etwa auch außerhalb derselben als etwas Gegenständliches. Vermag der Beweisrichter aus dem empirischen Materiale noch nicht einmal eine Vorstellung oder doch keine bestimmte, in sich widerspruchslose Vorstellung von dem in Frage stehenden Faktum zu gewinnen, dann wird letzteres überhaupt nicht für ihn vorhanden sein können. Gewinnt er dagegen aus den ihm vorgeführten empirischen Umständen eine bestimmte, in sich widerspruchslose Vorstellung, sei es von dem Geschehensein, bezw. dem so und so Geschehensein des Faktums, sei es von dem Gegentheile, so wird sich hiermit unwillkürlich (es wäre eben nur subjektive Willkür, wenn es nicht geschähe) auch der Glaube an diese Vorstellung verbinden, oder vielmehr: eine solche zuverlässige Vorstellung erzeugt sich als solche schon im Momente des Glaubens und der Glaube daran schon im Momente der Vorstellung. Beides ist eben Eins und dasselbe, ist einfach subjektive Gewißheit. Es ist rein subjektiv, wenn das Subjekt in Bezug auf ein ungewisses Faktum aus gewissen Umständen eine Vorstellung gewonnen hat oder aber nicht hat gewinnen können; es hat sie, weil es sie hat, und hat sie nicht, weil es sie nicht hat; es kann dafür, daß es sie hat oder nicht hat, nicht aus sachlichen Gründen verantwortlich gemacht, sondern es kann ihm darin nur einfach widersprochen werden, und zwar selbst wieder nur subjektiv. Und was auf diese Weise von der Vorstellung gilt, das gilt eo ipso auch von dem Glauben. Selbstverständlich ist hierdurch nicht etwa ausgeschlossen, daß die Geschworenen oder die als Geschworene urtheilenden ständigen Richter sich berathen, nämlich um ihrer Sache gewiß zu werden, zumal sie einen gemeinsamen Spruch abgeben sollen. Die subjektive Gewißheit oder, um es nunmehr mit dem gebräuchlichen Ausdrucke zu bezeichnen, die moralische Ueberzeugung ist nicht etwa zu denken, wie ein deus ex machina, sondern, wie schon gesagt, als das schließliche Ergebniß eines subjektiven Processes; wenn also Mehrere gemeinsam in der Beweisfrage zu entscheiden haben, so ist nichts natürlicher, als daß sie, gleichwie schon der Einzelne rücksichtlich seines subjektiven Pro und Contra mit sich zu Rathe gehen wird, dies gemeinschaftlich, durch Austausch ihrer subjektiven Erwägungen rc., thun, um sich unter einander zu einigen. Aber diese Einigung selbst kann immer nur subjektiver oder moralischer, nicht etwa kritischer Natur sein. Eben so wenig ist ausgeschlossen, daß man für eine gewonnene, moralische Ueberzeugung allerhand Gründe anzuführen finden kann, um dieselbe zu rechtfertigen oder zugleich Anderen plausibel zu machen. Allein das sind niemals Gründe an und für sich; sondern es ist im besten Falle nur eine Darstellung des subjektiven Processes, wie man — nach den und den empirischen Umständen und in der und der subjektiven Erwägung — zu diesem Ergebnisse gelangt sei; und wenn dadurch vielleicht ein Anderer für die gleiche Ansicht der Sache gewonnen wird, so ist auch dies nur rein subjektiv. Das eigentlich Entscheidende ist immer schon die moralische Ueberzeugung unmittelbar selbst, die einfache Thatsache, daß sie da ist. Es gibt seit Abschaffung der alten positiven Beweistheorie nur noch diesen Einen, einfachen Beweisgrund. Gründe für dieselbe im einzelnen Falle angeben zu wollen, ist ein reines hors d'œuvre; sie thun nichts zur Sache, sie beweisen für sich um so weniger etwas, als sie ganz außer Stande sind, die Sache selbst zu treffen. Es ist eine große Täuschung, wenn man meint, eine moralische Ueberzeugung, nämlich das eigentlich Nöthigende und Beweisende derselben expliciren zu können, wie man einen Gedanken, eine logische Bestimmung rc. expliciren kann. Es gibt also beim Wahrspruche keine Entscheidungsgründe.

Moralische Ueberzeugung, nämlich in Bezug auf ein nicht selbst gegenwärtiges singuläres Faktum, ist ein schon dem gemeinen Bewußtsein gerad-

im Punkte dieser Gegensätzlichkeit gegen die unmittelbare Wahrnehmung eines gegenwärtigen Faktums vollkommen geläufiger, ein insoweit schon unmittelbar in sich selbst verständlicher und klarer Begriff, dem es aber ergangen ist, wie es den Begriffen des gemeinen Bewußtseins überhaupt nicht selten ergeht, daß sie sich nämlich trüben, sobald die Gelehrsamkeit sie unter die Hände bekommt. Man spricht im alltäglichen Leben von moralischer Ueberzeugung eben nur in Bezug auf abwesende Thatsachen, und will dann nichts Anderes damit sagen, als daß man für seine Anschauung von der Sache zwar objektiv-giltige Gründe nicht anzuführen vermöge, sich aber schon durch die unmittelbare, einfache Thatsache, daß man sie habe, befriedigt und gesichert finde. Indessen, was so gemeinhin als moralische Ueberzeugung passirt, das kann die Rechtspflege noch lange nicht gebrauchen. Es ist hier noch ein wesentlicher Unterschied zu machen — nicht in Bezug auf Begrifflichkeit, wohl aber in Bezug auf Güte und Gewähr. Abgesehen davon, daß die Art und Weise, wie man im gemeinen Leben moralische Ueberzeugungen zu gewinnen pflegt, überall noch keine Garantie für die Zuverlässigkeit und Tauglichkeit einer solchen Vermittelung darbietet (wie es in der Rechtspflege der förmliche, gesetzlich geordnete Beweisproceß thut), so sind auch die Thatsachen, rücksichtlich deren im gemeinen Leben Dieser oder Jener eine moralische Ueberzeugung gewonnen zu haben behauptet, nicht selten etwas sehr Gleichgiltiges, was gar nicht werth ist, Gegenstand einer eigentlichen Ueberzeugung zu sein, somit aber auch gar nicht geeignet, das subjektive Bewußtsein innerlichst zu interessiren; oder wenn sie hierzu geeignet sind, so hat darum allein der Einzelne doch nicht schon den Beruf, sich ein subjektives Urtheil über dieselben zu bilden; sein moralisches Selbst findet sich also wenigstens in dieser Hinsicht noch nicht angelegentlich in Anspruch genommen. Im Strafprocesse verhält es sich mit diesen beiden Punkten so, daß erstens die Beweisfrage bedingt ist für Recht und Gerechtigkeit, also diesen hochwichtigen Belang hat, und daß zweitens der Beweisrichter zur Entscheidung derselben durch sein subjektives Urtheil sich eben auch berufen findet. Es koincidiren auf diese Weise beim Wahrspruche ein objektives und ein subjektives Interesse; das objektive, Recht und Gerechtigkeit, findet sich hier wesentlich darauf angewiesen, subjektiv erfaßt und gewahrt zu werden, — das subjektive Interesse aber findet sich in sich erfüllt und, so zu sagen, geweiht und geheiligt durch jenes objektive. Die Entscheidung der Beweisfrage qualificirt sich somit als eigenste, subjektive (moralische) Angelegenheit des Beweisrichters, als eine für ihn selbst ernste und hochwichtige, über den Belang eines alltäglichen und blos beiläufigen Interesses weit hinausgreifende Angelegenheit seines moralischen Ichs, worin er nicht fehlgehen darf, ohne sich mit sich selbst in empfindlichen Widerspruch zu setzen. Sie qualificirt sich dazu, weil es sich um Recht und Gerechtigkeit handelt, und er sich berufen findet, diese ernste und belangvolle Angelegenheit in sich und mit sich selbst auszumachen, damit sie im vorliegenden individuellen Falle überhaupt zur Entscheidung komme. Wie überhaupt schon der Beruf als solcher die Verantwortlichkeit mit sich bringt, so hier in der Weise, daß der Beweisrichter diese Verantwortlichkeit unmittelbar und ausschließlich gegen sich selbst, vor seinem moralischen Ich als allein kompetentem Forum, hat, weil hier eben jenes objektive Interesse sich wesentlich in das subjektive umsetzt und aufhebt. Die Entscheidung der Beweisfrage qualificirt sich demnach mit Einem Worte als Gewissenssache; was nichts Anderes heißt, als daß das eigentlich und im letzten Grunde in der Beweisfrage Entscheidende das Gewissen ist. Auch bei der Entscheidung der Rechtsfrage ist das Gewissen des Richters selbstverständlich betheiligt, allein die Entscheidung selbst trifft hier vielmehr der kritische Verstand, und das Gewissen hält sich im Hintergrunde, lediglich darüber wachend, daß der Verstand seine Schuldigkeit thue. Bei der Beweisfrage dagegen entscheidet das Gewissen so unmittelbar selbst, daß die Entscheidung (die moralische Ueberzeugung in dem Sinne und in der Güte, wie die Rechtspflege sie allein gebrauchen kann,) nicht eher da ist, als bis sie sich zugleich im Gewissen bestätigt findet, und daß hier demnach auch kein anderer Prüfstein, als einzig und allein das Gewissen denkbar ist. Die Strafrechtspflege — insofern sie im Punkte der Beweisfrage sich darauf angewiesen findet, durch das Medium der subjektiven Gewißheit, der moralischen Ueberzeugung zum Ziele zu gelangen, bedarf wirklicher Garantien für die Zuverlässigkeit und Zwecktüchtigkeit dieses Beweis- oder Entscheidungs-Princips, und zwar einerseits was die äußere Vermittelung der moralischen Ueberzeugung, andrerseits, was deren innere Nothwendigkeit und Bündigkeit betrifft. Den ersteren Punkt hat sie selbst in Händen durch Instituirung eines förmlichen Beweisprocesses, Anordnung in Bezug auf die Beweismittel u. s. w. — rücksichtlich des letzteren Punkts dagegen hat sie zwar nur einen Anspruch, nämlich an den Beweisrichter, aber einen Anspruch, der seinen Nachdruck schon in sich selbst trägt, einen Anspruch an den ganzen Menschen als sittlich bedingtes Subjekt, an seine Gewissenhaftigkeit. Sie nimmt die moralische Ueberzeugung des Beweisrichters nicht überhaupt nur als solche in Anspruch, sondern als gewissenhafte Ueberzeugung, d. h. als eine moralische Ueberzeugung, die sich zugleich vor sich selbst zu verantworten hat. Sie verlangt, daß der Beweisrichter die Entscheidung der Beweisfrage zu seiner eigensten subjektiven oder moralischen, für sein eignes Ich präjudiciellen Angelegenheit mache; dies kann aber allein erst dadurch geschehen, daß sie Gewissenssache für ihn ist. Nicht etwa, daß das Gewissen hier die Rolle zu übernehmen hätte, die Vorstellung des in Frage stehenden Faktums zu erzeugen — dies ist und bleibt vielmehr Aufgabe des empirisch bedingten Urtheils; wohl aber wird das letztere sich auf Schritt und Tritt vom Gewissen geleitet und beherrscht, es wird sich vom Charakter der Gewissenhaftigkeit durchdrungen finden müssen, so daß es eben nur vermöge dieses Charakters gilt. Das Gewissen wird es dem Beweisrichter ebenso unwillkürlich als unmittelbar, ebenso unwiderstehlich als ihm selbst entsprechend fühlbar machen, daß eine Entscheidung der Beweisfrage in diesem individuellen Falle, die nicht in sorgsamster Beobachtung und Erprobung der aus dem gegebenen empirischen Materiale sich bilden wollenden Ueberzeugung beruhen würde, für ihn selbst ein Widerspruch, ein an seinem eigenen edelsten Selbst verübter Frevel sein würde. Wenn er also eine Entscheidung nicht anders treffen wird, als inwiefern er dieselbe in seinem Gewissen bestätigt findet, dann ist das eigentlich Entscheidende eben auch das Gewissen — oder um an eine schon vorhin gegebene Bestimmung anzuknüpfen: dann bildet die moralische Ueberzeugung diesen unmittelbaren, einfachen Beweisgrund im Strafprocesse darin, daß sie sich zugleich als gewissenhafte Ueberzeugung qualificirt.

Allein um hiervon auch wirklich den richtigen Begriff haben und dieses begrifflichen Verständnisses eben als eines solchen gewiß sein zu können, darf man nicht versäumen, sich zugleich darüber klar zu werden, wie das Zusammenfallen des objektiven Interesses der Gerechtigkeit mit dem subjektiven oder moralischen Interesse des Beweisrichters in Wahrheit zu verstehen sei. Es scheint darin ein Widerspruch zu liegen. Und in der That, wenn man von Recht und Gerechtigkeit kein anderes Verständniß hat, als das rechtsgelehrte, dem Juristen als solchem angehörige, wenn man darunter vollends sich nichts weiter zu denken vermag, als ein System allgemeiner, abstrakter Bestimmungen und deren kritische Anwendung auf den einzelnen Fall, — dann freilich erscheint es widersinnig, verlangen oder statuiren zu wollen, daß der Beweisrichter sich des Bezogenseins der Beweisfrage auf Recht und Gerechtigkeit in der Form der subjektiven Unmittelbarkeit, namentlich des Gewissens — anstatt in der des kritischen Verstandes — bewußt werde. Dann aber wäre auch die Beweisfrage nur ein unselbständiger Anhang zur Rechtsfrage, ohne selbsteigenes, frei in sich beruhendes Entscheidungsprincip, — ja, dann wären es von allen Volksangehörigen nur die Juristen, die von Recht und Gerechtigkeit etwas wüßten und verständen, und die Begriffe der Uebrigen von diesen Dingen könnten nur als laienhafte Vorstellungen passiren. So verhält sich die Sache aber nicht. Die Gerechtigkeit ist zugleich, ja, sie ist vor allen Dingen **sittliche** Idee; und wenn dieser Gesichtspunkt auch nicht für die Rechtsgelehrsamkeit besteht, noch bestehen kann, so besteht er doch ganz gewiß für die **Rechtswissenschaft**.

Als sittliche Idee aber eignet sich die Gerechtigkeit schon zum unmittelbaren Verständnisse und gehört sie somit schon dem gemeinen Bewußtsein an. Nun besteht zwischen dem gemeinen sittlichen Bewußtsein und dem des Einzelnen im Principe kein Unterschied, doch aber ein formaler Gegensatz, wonach man sich das Verhältniß beider als das von Objektivem und Subjektivem denken kann. So rechtfertigt sich hier die Bestimmung, daß das Objektive sich zu subjektiviren, das einzelne Selbstbewußtsein sich im Momente des gemeinen Bewußtseins zu erfüllen habe, nämlich sittlich und hierin unmittelbarer Weise. Die im Bewußtsein der Allgemeinheit — der civilisirten Menschheit überhaupt — schon von Haus aus und wie von selbst lebendige und wirksame sittliche Idee, also diese unmittelbare sittliche Effektivität (nicht zu verwechseln mit der sogenannten, oft nur sehr partikulären und der kritischen Berichtigung bedürftigen öffentlichen Meinung) soll sich eo ipso auch in dem Bewußtsein des Einzelnen als solche erweisen. Was in sittlicher Hinsicht Sache des gemeinen Bewußtseins ist, das ist eben darum auch Sache und Angelegenheit des einzelnen Subjekts, und zwar in demselben unmittelbaren Sinne und auf dieselbe unmittelbare Art und Weise. Und umgekehrt: Alles, wodurch das einzelne Subjekt als solches sich sittlich in Anspruch genommen finden kann, qualificirt sich eben darum auch für das gemeine Bewußtsein zu einem Gegenstande des unmittelbaren Verständnisses und der Theilnahme. Die Substanz ist hier wie dort dieselbe, ebenso die Methode: Unmittelbarkeit des Bewußtseins (im Gegensatze des durch Studium und kritische Erforschung vermittelten und je im individuellen Falle sich stets von Neuem vermittelnden Wissens und Verstehens). Namentlich sind nun auch Recht und Gerechtigkeit solche Bestimmungen, welche schon das gemeine Bewußtsein in sich hegt, und auf die es sich in seiner Art und Weise, in der Form der Unmittelbarkeit, versteht, nämlich sittlich. Und zwar sind sie es, inwiefern Recht und Gerechtigkeit sich zugleich subjektiv oder moralisch erfassen und bewahrheiten lassen. Die Rechtlichkeit erscheint unter diesem Gesichtspunkte als moralischer Charakter und die Gerechtigkeit als Tugend. In diesem Allen findet sich nun aber bereits eine Beschränkung angedeutet, die nunmehr bestimmt auszusprechen sein wird. Die sittliche Idee ist nämlich eben als Idee zugleich logische Idee, bestimmt, sich dem Bewußtsein im Wege des Gedankens als ein logisches System allgemeiner Bestimmungen zu vermitteln. In dieser Hinsicht ist sie nicht Sache des gemeinen Bewußtseins, sondern allein Gegenstand des wissenschaftlichen Verständnisses (der Wissenschaft der Ethik, der Moral 2c.) Die Bestimmung, daß das gemeine Bewußtsein das Sittliche unmittelbarer Weise in sich hege, und zwar inwiefern dasselbe sich zugleich als subjektiv-moralische Bestimmtheit des Einzelnen qualificirt, hat zunächst eben diesen negativen Sinn, daß das Bewußtsein sich hier nicht wissenschaftlich, überhaupt nicht logisch oder kritisch verhält. Es fragt sich nun aber weiter, welchen affirmativen Sinn diese Bestimmung habe. Ohne Frage hegt auch das gemeine Bewußtsein die Grundsätze des Sittlichen eben schon als solche, in der Form der Allgemeinheit und in abstracto, in sich, indem ihm dieselben unmittelbar gewiß sind. Es bildet jedenfalls die Art und Weise, wie das Sittliche sich schon allgemeinhin von selbst versteht. Das Sittliche als solches soll sich eben allgemeinhin schon von selbst verstehen; diese Forderung erfüllt sich nun eben in der Form des gemeinen Bewußtseins. Somit kann man von einem theoretischen gemeinen Bewußtsein reden. Allein es ist nicht schon in sich selbst und durch sich selbst eine Macht und Autorität der Theorie; sondern jenen seinen allgemeinen Fonds und Beruf bewähren und bewahrheiten, sich als diese Autorität, Macht und Norm des Sittlichen erweisen, überhaupt zur Unterscheidung in sich gelangen, um hierin von sich zu zeugen und zu sich selbst zu kommen, das kann es überall nicht schon theoretisch, sondern allein erst praktisch, das kann es allein erst, inwiefern es sich durch den individuellen Fall angeregt und herausgefordert findet. Es kann dies mit Einem Worte wiederum nur auf unmittelbare Weise. Der individuelle Fall, die eigenthümliche empirische Situation — das ist das Ferment, worin das gemeine sittliche Bewußtsein als solches zu sich selbst zu kommen bestimmt ist, vorausgesetzt natürlich, daß der Fall eben schon das gemeine Bewußtsein, und zwar in sittlicher Hinsicht, in Anspruch nimmt. Es kann eben nur auf diese empirische Art und Weise — nicht auch logisch — zum unterschiedlichen Verständnisse seiner selbst gelangen, kann nur von sich zeugen und darin sich als diese Macht und Autorität des Sittlichen erweisen, inwiefern es dies unter den und den Umständen thut. Der sittliche Fonds, den es allerdings schon an sich in sich hegt, wird ihm doch erst unter der Gestalt eines solchen individuellen Falles eigentlich gegenständlich, stellt sich ihm somit erst unter dem empirischen Gesichtspunkte desselben unterschiedlich dar; es erfährt seine eigentliche Bestimmung und Geltung erst, inwiefern es dieselbe im individuellen Falle eben erfährt. Letzteres geschieht in näherer oder entfernterer Weise, jenachdem das einzelne Subjekt als solches und somit moralisch, oder blos die Allgemeinheit sich von einem solchen Falle in Anspruch genommen findet; immer aber ist die Methode, wie das Bewußtsein in einem solchen Falle sich zu sich selbst verhält, dieselbe. Es findet dabei allerdings eine Anwendung statt, nämlich das gemeine sittliche Bewußtsein, sei es zugleich in der Form der Allgemeinheit, sei es in dem einzelnen Subjekte als Theilhaber an jenem, wendet sich selbst auf den gegebenen individuellen Fall an, aber nicht inwiefern es eine schon im Voraus fertige Theorie mit sich brächte, um den individuellen Fall unter die allgemeinen Bestimmungen einer solchen zu subsumiren (was nur kritischer Weise geschehen könnte), sondern allein inwiefern es erst im Momente dieses Falles theoretisch zu sich selbst kommt, sich von sich selbst Rechenschaft gibt, so daß hier Theorie und Anwendung, Allgemeines und Besonderes unterschiedslos und untrennbar in Ein Moment zusammenfallen.

Hieraus ist nun bezüglich der Entscheidung der Beweisfrage Folgendes zu entnehmen. Die Beweisfrage ist auf Recht und Gerechtigkeit bezogen, nicht etwa blos in äußerer, formaler Beziehung, sondern so, daß dies zugleich ihren eigensten inneren Charakter ausmacht, der dem überhaupt nur fähigen Beweisrichter so wenig verborgen bleiben kann, daß er sich ihm vielmehr schon unmittelbar zu erkennen geben muß. Indem nun aber die Beweisfrage sich überhaupt nicht an ein kritisches, fachmäßiges Wissen und Verstehen des Beweisrichters, sondern an das gemeine Bewußtsein desselben wendet, so kann jener innere Charakter sich ihm auch nur in dem Sinne zu ergeben haben, in welchem das gemeine Bewußtsein ein Verständniß, und zwar unmittelbarer Weise, von Recht und Gerechtigkeit hat, nämlich nur im gemein-sittlichen. Weiter kann sich ihm Das, was die Gerechtigkeit in diesem Sinne des gemeinen Bewußtseins in dem in Frage stehenden Falle erfordere, nicht schon unter einem allgemeinen, theoretischen Gesichtspunkte, sondern einzig und allein im Momente dieses individuellen Falles und gebunden an dieses Moment, einzig und allein unter diesem individuell-empirischen Gesichtspunkte darzustellen haben. Somit ist zunächst nicht daran zu denken, daß der Beweisrichter schon das Recht an und für sich selbst für diesen individuellen Fall auszumitteln und festzustellen haben könnte; dies kann vielmehr stets nur vermittels kritischer Anwendung allgemeiner, und zwar *rechtlicher*, nicht etwa überhaupt nur sittlicher Bestimmungen geschehen. Indem vielmehr der Beweisrichter der Gerechtigkeit im Momente des in Frage stehenden Faktums und unter dem Gesichtspunkte desselben entsprechen soll, kann er nur daran zu denken haben, daß er *diesem Faktum selbst* entspreche und gerecht werde, mit Einem Worte: daß sein Spruch die *Wahrheit* treffe. Der Beweisrichter soll nicht *rechtsprechen*, er soll *wahrsprechen*. Sein Spruch entspricht der Gerechtigkeit darin, daß er *wahr* ist; *Wahrheit* der Entscheidung, das ist der unmittelbare, schon gemeinverständliche, *sittliche* Gesichtspunkt, unter welchem das Bezogensein der Beweisfrage auf Recht und Gerechtigkeit sich dem Beweisrichter darstellt. Aber wohl zu merken: es ist hier nicht die Rede und *kann* nicht die Rede sein von Wahrheit an und für sich, von Wahrheit im *allgemeinen* sittlichen Sinne, sondern nur in ganz individueller, thatsächlicher Beziehung, eben nur von Wahrheit des in Frage stehenden individuellen *Faktums*; denn, wie gesagt: nur im Momente eines solchen gegebenen Falles vermag das gemeine Bewußtsein als solches sich über einen solchen sittlichen Begriff — Wahrheit — Rechenschaft zu geben und sich darin als eine Macht und Autorität des Sittlichen zu verhalten und zu bewähren. Allein nun entsteht auch sofort die Frage: was kann unter der Wahrheit des Faktums, des individuellen Falles vernünftiger Weise zu verstehen sein? Ist etwa das bloße Geschehensein oder Nichtgeschehensein eines singulären, an und für sich zufälligen Faktums, ist diese Zufälligkeit des Thatsächlichen schon für Wahrheit im eigentlichen Sinne zu erachten; ist das schon Etwas, wofür das Bewußtsein sich ohne Weiteres sittlich interessirt finden könnte? Keineswegs. In Bezug auf dergleichen Thatsachen kann ohne Weiteres nie schon von Wahrheit, sondern allein erst von Richtigkeit die Rede sein. Wahrheit ist ein so hoher, idealer und inhaltsvoller Begriff, daß ihn nicht schon das vereinzelte, zufällige Faktum für seine selbstlose, an und für sich inhaltsleere Existenz in Anspruch nehmen kann. Erst wenn ein solches Faktum in Beziehung tritt zum sittlichen Bewußtsein, sei es als eine Affirmation, sei es als eine Negation an demselben, kann sich die Frage seiner thatsächlichen Richtigkeit dem Bewußtsein zugleich unter dem Gesichtspunkte der Wahrheit oder als diese sittliche Angelegenheit darstellen. Dann aber handelt es sich um die Wahrheit — nicht eigentlich dieses Faktums — sondern des sittlichen Bewußtseins in seinem Verhältnisse zu diesem Faktum, um das Zeugniß jenes von sich selbst im Punkte dieses Faktums. Als Negation oder Affirmation am (gemeinen) sittlichen Bewußtsein (— von dem Interesse, welches gewisse Thatsachen für den Verstand oder für die Wissenschaft haben, ist hier keine Rede —) kann aber ein Faktum nur auftreten, insofern es in menschlichem Wissen und Willen beruht, sich also als Handlung (oder Unterlassung) qualificirt. Jede mit Strafe bedrohte Uebertretung eines Gesetzes ist eine solche Negation am gemeinen sittlichen Bewußtsein, ein solcher, den Charakter der Verantwortlichkeit in sich tragender, thatsächlich gewordener Widerspruch gegen dieses Bewußtsein — am Gewissesten und Fühlbarsten dann, wenn das letztere in seiner eigensten Substanz davon betroffen wird (Verbrechen) aber auch schon dann, wenn blos eine äußere, gesetzlich sanktionirte Ordnung verletzt erscheint (bloße Kontraventionen), weil es nicht blos eine rechtliche, sondern auch eine, schon dem gemeinen Bewußtsein unmittelbar verständliche sittliche Nothwendigkeit ist, daß das Gesetz schon als solches aufrecht erhalten werde. Nur muß freilich vorausgesetzt werden dürfen: in Bezug auf Verbrechen, daß das (formelle) Strafgesetz dem gemeinen sittlichen Bewußtsein substantiell entspreche und nicht etwa Handlungen oder Unterlassungen zu Verbrechen stempele, die nicht zugleich jenes als unsittlich zu erkennen vermag*); und in Bezug auf bloße Kontraventionen, daß das Strafgesetz dem gemeinen sittlichen Bewußtsein wenigstens nicht zuwiderlaufe. Unter dieser vollkommen vernünftigen Voraussetzung ist also die Frage der thatsächlichen Richtigkeit einer Verletzung des Strafgesetzes zugleich eine Frage für das gemeine sittliche Bewußtsein, und als solche ganz und gar dazu angethan, sich den letzteren unter dem Gesichtspunkte der Wahrheit, d. h. seiner eigenen Wahrheit, worin es in diesem individuellen Falle von sich selbst zeugt, darzustellen. Sie ist für den Beweisrichter eine Frage seines eigensten sittlichen Ichs, weil und insofern er Theilhaber am gemeinen sittlichen Bewußtsein, und weil und insofern es eine Angelegenheit und ein Bedürfniß des letzteren ist, in Bezug auf das in Frage stehende Faktum — nicht etwa kritisch Recht zu sprechen, sondern unmittelbarer Weise von sich selbst zu zeugen, ob es sich darin negirt finde, ob nicht. Durch sein Ja macht der Beweisrichter wahr, daß ein Widerspruch gegen das gemeine sittliche Bewußtsein im Fragefalle existent geworden sei, — durch sein Nein: daß dies nicht geschehen oder doch nicht ersichtlich sei; und zwar ist es unmittelbar die Verantwortlichkeit oder Nichtverantwortlichkeit des Angeklagten, die dadurch aus dem gemeinen sittlichen Bewußtsein heraus bezeugt wird; denn nur unter diesem Gesichtspunkte der Verantwortlichkeit kann überhaupt von einem Widerspruche für das letztere die Rede sein. Was also in dem einen wie in dem anderen Falle bewahrheitet wird — konkret bewahrheitet — das ist dieses gemein sittliche Bewußtsein oder, wenn man will, das Faktum unter dem Gesichtspunkte dieser Wahrheit, also der Wahrheit im eigentlichen, idealen Sinne. Und erst auf diese Weise vermag der Beweisrichter des in Frage stehenden Faktums zugleich im Punkte seiner (äußeren) Richtigkeit wahrhaft gewiß zu werden, weil die Beweisfrage erst auf diese Weise sich an sein eigenstes — sittliches — Selbst wendet, erst so zur eigensten subjektiven Angelegenheit für ihn werden kann, und zwar, indem sie erst so dem gemeinen Bewußtsein als solchem ihrem inneren, idealen Belange nach unmittelbar verständlich ist. Letzteres ist nämlich eine unerläßliche Bedingung dafür, daß der Beweisrichter die Beweisfrage in diesem Belange als seine eigenste Angelegenheit in sich erfahre, unmittelbar erlebe; denn eben moralisch erlebt will sie sein, d. h. der Beweisrichter muß sich jenen inneren Belang der Beweisfrage, wodurch sie ihn selbst innerlichst angeht, nicht erst im Wege umständlicher Betrachtuug und Erwägung zu vermitteln haben, oder sie würde für ihn

*) Womit aber selbstverständlich nicht gesagt ist, daß jede Unsittlichkeit, zugleich gesetzlich mit Strafe bedroht sein müsse, oder zugleich schon einen rechtlichen Widerspruch bilde.

zur bloßen Verstandessache abgetödtet. Es ist daher gleichgiltig, ob der Beweisrichter der ständige, rechtsgelehrte Richter selbst ist oder nicht; auch der letztere steht als Beweisrichter in dem ganz gleichen Verhältnisse zu der Beweisfrage, wie der Geschworene. — Daß aber der Beweisrichter die Beweisfrage auch wirklich als seine eigenste moralische Angelegenheit in sich erfahre, dafür liegt die Garantie darin, daß er eben sich selbst in dieselbe moralisch verwickelt findet, d. h. er steht in einem ganz anderen Verhältnisse zur Sache, als der quilibet ex populo, der zwar im konkreten Falle auch ein sittliches Interesse an derselben nimmt, aber ohne daß sie ihn sonst etwas anginge. Das zur Entscheidung der Beweisfrage berufene Subjekt dagegen soll das Wort sprechen, welches die thatsächliche Spannung und Vermittelung zu lösen bestimmt ist, worin Recht und Gerechtigkeit in diesem individuellen Falle sich mit sich selbst befinden, — es selbst soll in dieser Hinsicht durch Wahrheit Gerechtigkeit üben. Das aber ist eine moralische Situation, worin es sich auf Schritt und Tritt von dem unwiderstehlichen Bewußtsein begleitet finden muß, daß es das, wozu es sich entscheiden werde, vor sich selbst zu verantworten habe, — das ist mit Einem Worte Gewissenssache.

Aus dieser Erörterung ergibt sich der innere Charakter der materiellen Beweisfrage näher als der der Verantwortlichkeit im Fermente des gemeinen sittlichen Bewußtseins. Man könnte die Beweisfrage: die dem gemeinen sittlichen Bewußtsein anheimfallende Verantwortlichkeitsfrage des konkreten Anklagefalles nennen. Der Beweisrichter soll vermöge des in ihm repräsentirten gemeinen sittlichen Bewußtseins bezeugen, ob der Angeklagte sich in dem durch die formelle Beweisfrage gekennzeichneten Falle und durch die darin bezeichnete Handlung (oder Unterlassung) verantwortlicher Weise in Widerspruch mit dem gemeinen sittlichen Bewußtsein gesetzt habe, ob nicht, — indem er nämlich im Momente der processualischen Reproduktion des Falles diesen Widerspruch an dem in ihm selbst lebendigen gemeinen sittlichen Bewußtsein unmittelbar erfährt oder nicht, so daß er eben ein Zeugniß darüber zu geben im Stande ist. Zugleich aber ist dieses Zeugniß selbst wieder ein verantwortliches im gemein-sittlichen Sinne, was er vor sich selbst, vor seinem Gewissen zu verantworten hat. Also ein im gemein-sittlichen Sinne verantwortliches Zeugniß über die Verantwortlichkeit des Angeklagten im gemein-sittlichen Sinne. — Daß aber dieser innere, seelische Charakter der Beweisfrage sich zugleich in die Gesetztheit, Nothwendigkeit und Begrifflichkeit des Rechts gefaßt und eingehegt finde, daß jenes Zeugniß in die aus dem rechtlichen Gesichtspunkte sich ergebenden Gränzen eingeschlossen bleibe und ebenso nur rechtlich Anwendung finde, dafür sorgen die formelle Beweisfrage und der Rechtsspruch.

Hiermit wird nun zugleich die Begriffsverwirrung gelöst erscheinen dürfen, in welcher das von der Jurisprudenz nach mannigfachen vergeblichen Abmühungen schließlich mit einer gewissen tragischen Resignation angenommene sauersüße Dogma beruht, daß wenigstens eine vollständige Trennung der Beweisfrage (Thatfrage) und der Rechtsfrage unmöglich sei. Eine Untersuchung der Appellabilität des Wahrspruchs wird diesen Punkt nicht umgehen können; denn wenn der Wahrspruch wirklich nicht sollte umhin können, etwas von Rechtsprechung und somit zugleich ein kritisches Urtheil in sich zu enthalten, dann ist er in dieser Hinsicht auch an sich appellabel, — nur daß ein solcher Richterspruch, ein latentes, der Analyse sich entziehendes Gemisch von subjektivem und kritischem Urtheile, in der That ein recht ärgerliches Unding wäre.

Die Beweisfrage steht als Verantwortlichkeitsfrage im gemeinsittlichen Sinne — und wenn man nicht etwa Rechtsfragen willkürlich in sie hineinlegt — im ganz bestimmten, klar unterscheidbaren Gegensatze zur Rechtsfrage. Dies ist jedoch erst die allgemeinste Bestimmung dieses Gegensatzes, gleichwie bisher der Begriff „Beweisfrage" noch ganz generell, nämlich ohne zwischen Verbrechensfällen und Fällen der bloßen Kontravention zu unterscheiden genommen wurde und genommen werden mußte. In jenen wie in diesen Fällen ist das Gleiche und Generelle, daß ein Angeklagter als solcher nicht blos rechtlich zur Verantwortung gezogen wird, wie ein Verklagter im Civilprocesse, sondern rechtlich erst insofern verantwortlich gemacht werden kann, als die Handlung oder Unterlassung sich zugleich als ein Widerspruch in sittlicher Hinsicht qualificirt, der die sittliche Allgemeinheit trifft, — denn das ist ja eben die grundbegriffliche Voraussetzung der Strafe. Unterhalb dieses allgemeinen Gesichtspunkts macht es nun einen belangreichen Unterschied, ob dieser, in einer Handlung (oder Unterlassung) zur realen Thatsache gewordene Widerspruch in die eigenste Substanz des gemeinen sittlichen Bewußtseins hineintrifft, so daß letzteres sich unmittelbar schon in sich selbst und von sich selbst zur Reaktion dagegen herausgefordert findet, indem es zugleich des Urtheils über einen solchen Widerspruch schon rein von sich selbst mächtig ist, — oder ob derselbe so zu sagen nur in die Peripherie des gemeinen sittlichen Bewußtseins trifft, nämlich für dieses ein Gegenstand des Urtheils und der Reaktion allein erst insofern ist, als es sich mittels der Form des positiven Gesetzes zu sich verhält, also erst an diesem einen solchen Widerspruch erkennt, und somit im konkreten Falle, um eines sicheren Urtheils mächtig zu sein, sich nicht schon rein auf sich selbst verlassen kann, sondern noch das positive Gesetz dabei haben und zur Vergleichung ziehen muß (was nicht mit der kritischen Anwendung dieses Gesetzes verwechselt werden darf). Der erstere Fall ist der des Verbrechens, der letztere der der bloßen Kontravention. Das Verbrechen nun ist That — die Kontravention blos erst Handlung. That aber bedeutet hier unmittelbar schuldvolle That, das subjektiv (moralisch) verantwortliche Thun, wo Jemand sich mit dem gemeinen sittlichen Bewußtsein nicht überhaupt nur durch eine Handlung in Widerspruch setzt, sondern wo er dies mit Wissen und Willen, nämlich so thut, daß er das gemeine sittliche Bewußtsein erst in ihm selbst negiren muß, um die Handlung vornehmen zu können. Alsdann aber besteht die Handlung eben auch von Grund aus und ihrem ganzen Inhalte und Wesen nach in der Bethätigung dieses Widerspruchs als solchen; sie ist nicht etwa zunächst überhaupt nur Handlung und blos von einer Seite her verbrecherische That, sondern dies ist sie ganz und ausschließlich: der Gesichtspunkt der bloßen Handlung hebt sich schlechthin auf in den der That. Sie ist nicht überhaupt nur diese Negation am gemeinen sittlichen Bewußtsein, für welche der Urheber, weil sie eben in einer Handlung desselben besteht, dem ersteren zwar auch verantwortlich ist, aber nur als Person — der Fall der bloßen Kontravention —, sondern sie ist diese dem gemeinen sittlichen Bewußtsein schon in der eigensten Subjektivität oder Moralität ihres Urhebers erwachsene und auf Grund und Autorität derselben angethane Negation, worin er den Widerspruch mit dem gemeinen sittlichen Bewußtsein äußerlich bethätigt und als sein eigenes Gesetz hinstellt, weil und insofern er denselben in seinem eigenen Selbstbewußtsein vollzogen hat, — wofür er also dem gemeinen sittlichen Bewußtsein nicht blos mehr als Person, sondern als Subjekt verantwortlich erscheint. Bei bloßen Kontraventionen gibt es lediglich einen objektiven Thatbestand mit der Voraussetzung, daß derselbe einer bestimmten Person als Handlung zugerechnet werden könne, — die subjektive Beschaffenheit der letzteren bleibt dabei gleichgiltig und muß, wie sich gleich noch näher ergeben wird, gleichgiltig bleiben. Zum Begriffe des Verbrechens dagegen gehört wesentlich, daß sich mit dem objektiven Thatbestande ein subjektiver verbinde, d. h. daß die Handlung sich als (schuldvolle) That qualificire. Hiernach bildet das Verbrechen diesen absoluten, die bloße Kontravention blos erst einen relativen Widerspruch mit dem gemeinen sittlichen Bewußtsein; letzteres muß sich daher im Falle eines Verbrechens ganz anders engagirt finden, als in einem Falle der bloßen Kontravention. Es findet sich im ersten Falle mit seiner eigensten Substanz, folglich mit seinem eigensten Urtheile engagirt; erst gegen diesen absoluten Widerspruch reagirt es mit eigentlichem Pathos, ja es erfühlt und erfährt denselben schon rein instinktmäßig an sich, in der Form des sittlichen Abscheus; wogegen die bloße Kontravention das sittliche Bewußtsein überall nicht schon in sich aufzuregen vermag. Die letztere richtet sich nur gegen eine äußere gesetzlich sanktionirte Ordnung, für welche das gemeine sittliche Bewußtsein zwar auch Sinn und Verständniß hat, aber nur inwiefern es **überhaupt** eine sittliche Forderung ist, daß das Gesetz nicht verletzt werde. Das **specielle** Gesetz ist hier nicht nothwendig schon zugleich in dem gemeinen sittlichen Bewußtsein selbst unmittelbar enthalten; es beruht regelmäßig in Erwägungen und Rücksichten, die nicht schon dem letzteren als solchem unmittelbar geläufig sind; letzteres vermag daher das Urtheil über die Verantwortlichkeit der bloßen Kontravention nicht schon rein aus sich selbst zu schöpfen, es bedarf dazu vielmehr erst der Kunde, daß die in Frage stehende Handlung oder Unterlassung gesetzlich verboten sei; es muß ihm dieses Merkmal der Verantwortlichkeit — ein selbst nur äußeres und positives — erst von außen her suppeditirt werden. Von dem absoluten Widerspruche dagegen, den das Verbrechen bildet, hat das gemeine sittliche Bewußtsein schon rein aus sich selbst ein unmittelbares Verständniß, und zwar nicht etwa überhaupt nur, sondern ja schon in Bezug auf die Species. Es hat dieses Verständniß nicht **begrifflicher**, nicht logisch allgemeiner und geordneter Weise, wie das juristische Wissen; aber es hat es ganz sicher im Momente des gegebenen individuellen Falles, im Punkte dieses individuell-empirischen Materials, überhaupt auf diese empirisch-unmittelbare Art und Weise. Es trägt in dieser Hinsicht und in diesem Maße seinen Kodex unmittelbar schon in sich selbst; es braucht sich über diesen, weil eben in seine eigenste Substanz hineintreffenden absoluten Widerspruch nicht erst durch das positive Gesetz belehren zu lassen — eben so wenig, wie derjenige, der von einem Anderen eine empfindliche Wunde bekommt, sich erst vom Arzte belehren zu lassen braucht, daß er verwundet worden sei. Im Gegentheile: gerade wie der Arzt Wunden und Krankheiten nicht aus sich selbst erfinden oder beliebig supponiren kann, so kann auch die positive Kriminalgesetzgebung nicht schon aus sich selbst Verbrechen erdenken, sondern sie hat sich in dieser Hinsicht vom gemeinen sittlichen Bewußtsein belehren und bestimmen zu lassen, d. h. sie kann vernünftiger und gerechter Weise keine Handlung oder Unterlassung als Verbrechen rechtlich kennzeichnen wollen, die nicht zugleich schon für das gemeine sittliche Bewußtsein diesen absoluten Widerspruch bildet. Sie spricht in dieser Hinsicht nur aus, was sich in der Idealität des sittlichen Bewußtseins bereits vorgezeichnet findet; sie bildet nur die formelle Fassung und Satzung dieser sittlichen Substanz, ihren **rechtlichen** Schutz und Trutz; sie hat wesentlich diesen **substantiell**-sittlichen Inhalt. Für sich selbst aber ist diese Substanz des Sittlichen keineswegs an diese Form Rechtens dergestalt gebunden, daß sie nur durch das Medium derselben sich selbst gegenständlich und verständlichu sein vermöchte, sie ist vielmehr, wie gesagt, bereits in der Form des gemeinen Bewußtseins ihrer selbst vollkommen gewiß und mächtig, wenn auch je nur im Fermente und unter dem Eindrucke des individuellen Falles. Ist ein

Verbrechen begangen worden, so weiß ganz gewiß jeder Theilhaber am gemeinen sittlichen Bewußtsein lediglich schon als solcher und ohne erst das Kriminalgesetzbuch studiren zu müssen, daß es ein Verbrechen ist; ja er weiß zu unterscheiden, ob es Mord, Brandstiftung, Diebstahl, Meineid u. s. w. ist, er ist eines Urtheils darüber fähig, ob Vorsatz oder blos Fahrlässigkeit, ob gewinnsüchtige Absicht, ob wissentliche Fälschung der Wahrheit u. s. w. vorliegt; — er ist vielleicht nicht im Stande, über dies Alles in korrekter Weise begriffliche Rechenschaft zu geben, aber er ist dieses sittlichen Urtheils über den Fall in allen den Punkten und in dem Maße, worin derselbe in widersprüchlicher Beziehung zur Substanz des Sittlichen steht oder nicht steht, vollkommen mächtig, und zwar indem das gemeine sittliche Bewußtsein in ihm sich an den Umständen des individuellen Falles unmittelbarer Weise in sich reflektirt findet. Und nun gar der Verbrecher selbst, vollends der infimus ex plebe, dem jede allgemeinere Bildung und selbst die Erziehung abgeht, dem eine eingehendere Kenntniß und gar ein Studium der Kriminalgesetzgebung in unabsehbarer Ferne liegt, — wie dürfte er für sein Verbrechen subjektiv, durch Kriminalstrafe, verantwortlich gemacht werden, wenn nicht gerade vermöge des auch bei ihm, sofern er nur zurechnungsfähig, vorauszusetzenden gemein-sittlichen Urtheils eben über diese absolute — nicht blos objektive, sondern zugleich subjektive Unverantwortlichkeit seiner That! Kurz, wenn das Verbrechen seinem inneren, wesentlichen Charakter nach, — und um diesen handelt es sich, — diesen in die Substanz des Sittlichen hineintreffenden absoluten Widerspruch bildet, der als solcher im vorkommenden Falle sich nothwendig unmittelbarer Weise fühlbar macht, nämlich im gemeinen Bewußtsein, so kann sogar im individuellen Falle nur das letztere das allein kompetente Urtheil darüber haben, d. h. nur es kann zu bezeugen, kann wahr zu machen haben, ob und inwiefern es sich in diesem Falle von einem solchen Widerspruche in sich selbst betroffen fühle, ob nicht. Das Recht als solches ist zu einem solchen Urtheil platterdings unfähig, es kann allein erst in der Voraussetzung eines solchen Zeugnisses des gemeinen Bewußtseins weiter mit der Sache zu thun haben. — Daß nun aber das Verbrechen, im Gegensatze zur bloßen Kontravention, in der That diesen absoluten Widerspruch bildet, der das sittliche Bewußtsein nicht blos mehr peripherisch berührt, sondern in die Substanz, in die innerste Seele desselben hineintrifft und somit das eigenste Urtheil und das ganze Pathos desselben gegen sich herausfordert, dafür liegt der letzte Bestimmungsgrund darin, daß es die sittliche Freiheit ist, an welcher der Verbrecher frevelt, während der Kontravenient, wie gesagt, nur eine äußere Ordnung verletzt. Freiheit kann nicht bestehen, wo der Widerspruch zu herrschen prätendirt; und vor Allem die sittliche Freiheit trägt es als ihr innerstes, unmittelbarstes Lebensprincip in sich, gegen den ihr angethanen Widerspruch mit promptester Elasticität zu reagiren. Das Verbrechen als diese Negation an der Substanz des Sittlichen — es findet sich im gemeinen Bewußtsein kraft eben dieser Substanz des Sittlichen sofort selbst wieder negirt, wenn auch nur auf sittlich-intellektuelle Art und Weise; denn diese Substanz des Sittlichen will vor allen Dingen frei sein von solchem Widerspruche oder ist vielmehr schon in sich selbst diese Freiheit und darum je im individuellen Falle zugleich diese unmittelbare Macht über den Widerspruch. Und so muß das Urtheil, das Zeugniß darüber, ob im individuellen Falle ein solcher absoluter Widerspruch vorliege und inwieweit? dem gemein-sittlichen Bewußtsein — als dem, dem juristischen Wissen und Verstehen qualitativ entgegengesetzten — vindicirt werden. — Zugleich erhellt hier nun dem letzten Grunde nach, weshalb das Verbrechen diesen in die Substanz des Sittlichen hineintreffenden, absoluten Widerspruch erst darin bilden kann, daß sich mit dem objektiven Thatbestande der entsprechende subjektive Thatbestand, die Schuld, verbindet. Für die sittliche Freiheit nämlich kann überall nicht schon der bloße objektive Thatbestand eine Negation enthalten; sondern ein Frevel an der sittlichen Freiheit als solcher ist nur denkbar, sofern durch die sittliche Freiheit, d. h. durch den Mißbrauch derselben Seitens des einzelnen Subjekts gefrevelt wird, — nur denkbar, sofern das Subjekt eben als solches, nicht überhaupt nur als handelnde Person, sich in dem Verbrechen und mittels desselben bethätigt, nämlich im erkannten oder doch erkennbaren und dennoch gewollten Widerspruche mit der Substanz des Sittlichen, in einem Widerspruche, der für es selbst ein absoluter Widerspruch ist, weil für das gemeine Bewußtsein, und für das letztere, weil für und durch das einzelne Subjekt. Eben erst aus diesem Gesichtspunkte des Widerspruchs im Punkte der sittlichen Freiheit qualificirt sich die verbrecherische Handlung als That, d. h. als schuldvolle That; sie bildet nicht etwa überhaupt nur diese thatsächliche Verletzung, sie bildet sie als dieser Akt der freien, aber im selbstbewußten Widerspruche mit der sittlichen Freiheit, im Selbstbewußtsein dieser absoluten Unvereinbarkeit und Unverantwortlichkeit sich vollendenden Selbstbestimmung. Der Verbrecher als solcher erscheint nicht blos mehr dem positiven Strafgesetze, sondern unabhängig hiervon zugleich schon dem gemeinen sittlichen Bewußtsein in Bezug auf dessen eigenstes Ich, auf seine innerste Seele verantwortlich, weil er diese innerste Seele, die sittliche Freiheit, in seinem eigenen Ich in diesen heillosen Widerspruch mit sich selbst verkehrt, so zwar daß er darin für sich selbst das Genüge seiner subjektiven Freiheit findet. Und eben diese Verantwortlichkeit macht den inneren Charakter der That, macht die Schuld aus; sie begründet somit diesen substantiell-sittlichen Gesichtspunkt im Unterschiede von dem blos formell-rechtlichen.

So erweist sich die Beweisfrage in Bezug auf Verbrechen als That- oder Schuldfrage, so zwar, daß es sich nunmehr um die substantielle Wahrheit des sittlichen Bewußtseins in seinem Verhältnisse zu dem konkreten Falle handelt. Der Beweisrichter wird hier also zum Richter der That oder der Schuld (gleichviel ob ständiger Richter, ob Geschworener); er hat hier nicht blos mehr über ein „Erwiesen" oder „Nichterwiesen" zu entscheiden, sondern er hat „schuldig" oder „nichtschuldig" zu sprechen und hierin die Wahrheit des gemeinen sittlichen Bewußtseins in ihm in Bezug auf den vorliegenden Fall zu bezeugen d. h. wahrzusprechen. Er thut dies aus der Seele dieses gemeinen sittlichen Bewußtseins in ihm in die Seele des Angeklagten hinein, indem er sich der Schuld oder Nichtschuld des Angeklagten aus der Seele desselben in die Seele des gemeinen sittlichen Bewußtseins hinein bewußt wird.

Nach dieser Erörterung kann die vollständige Trennbarkeit der Thatfrage und der Rechtsfrage keinem Zweifel unterliegen, mag auch im einzelnen Falle die ganze Kunst des wissenschaftlich gebildeten Juristen erforderlich sein, um die Gränze zu finden und zu setzen. Es wäre doch wahrlich arg, wenn solche Begriffe sich nicht bis in den letzten Grund hinein unterscheiden lassen sollten. Man nehme die Sache nur eben begrifflich und hiermit wissenschaftlich. Der bloße gelehrte Verstand löst die Frage freilich nicht, sondern kann nur Verwirrung anrichten. Eine solche Begriffsverwirrung ist es, wenn die Schuldfrage — von den Einen mehr, von den Anderen weniger entschieden — als mit der Rechtsfrage zusammenfallend angesehen, wenn die Schuld vorgestellt wird als „rechtliche Qualifikation der That", als „gesetzlicher Thatbestand" u. dergl. m. Dagegen sträubt sich natürlich die Sache selbst auf jedem Punkte. Der gelehrte Verstand kommt daher hier aus der Verlegenheit gar nicht heraus; endlich liegt er erschöpft am Boden und seufzt in desperater Resignation: es gibt keine vollständige Trennbarkeit der Thatfrage und der Rechtsfrage! Vielmehr: Schuld- und Thatfrage sind unmittelbar Eins und dasselbe, — die Schuld ist nichts, als jener vorhin erörterte innere Charakter der That, durch den sie in (negativer) Beziehung zum substantiell-sittlichen Bewußtsein steht, durch den das Verbrechen erst wirkliches Verbrechen, und nicht blos mehr eine abstrakte Rechtsbestimmung, ein formeller Lehrbegriff, ein Prädikat ist, ohne den daher auch von „That" überhaupt keine Rede sein kann. Die Schuld ist diejenige Qualität der That, vermöge deren die letztere sich gerade recht eigentlich nicht zum juristischen Bewußtsein, weil überall nicht formell verhält, — die Schuldfrage ist substantieller Natur. Rechtliche Qualifikation der That dagegen ist weiter nichts, als daß dieselbe nun in diese oder jene abstraktrechtliche Bestimmung, so zu sagen in dieses Gehäuse, hineinpaßt, sich unter dieser Form Rechtens unterschiedlich darstellt, unter diesen oder jenen abstrakten Verbrechensbegriff fällt, die und die abstraktrechtlich vorausgesetzten Auszeichnungen an sich trägt, sich als Versuch oder Vollendung, als Anstiftung oder Urheberschaft, als Theilnahme, Beihilfe oder Begünstigung verhält, sich mit den und den Straferhöhungs- oder Strafherabsetzungsgründen vergesellschaftet zeigt u. s. w. Dies zu finden und zu unterscheiden ist Sache einer kritischen Verstandesoperation, Sache der Beobachtung, sei es der allein erst intellektuell vorausgesetzten Schuld oder That (formelle Beweisfrage), sei es der durch den Wahrspruch bereits entschiedenen (Rechtsspruch), — die Schuld oder That an und für sich selbst wird dadurch nicht festgestellt und kann dadurch nicht festgestellt werden. Also gränzen sich einerseits das Gebiet dieser kritisch und zwar lediglich in formeller Hinsicht vermittelnden Verstandesoperationen und andererseits das Gebiet des in substantieller Hinsicht und zwar unmittelbarer Weise entscheidenden gemein-sittlichen Urtheils, es gränzen sich die Rechtsfrage einerseits und die That- oder Schuldfrage andererseits vollkommen bestimmt und deutlich gegen einander ab; und es kann in Wahrheit keinerlei Noth vorhanden sein, entweder die Schuldfrage mit zum rechtlichen Urtheile verstellen, oder die Rechtsfrage irgendwie unter den Wahrspruch bringen zu müssen. Somit erscheint aber auch der letztere in Wahrheit überall nicht der Gefahr ausgesetzt, irgendwie ein juristisch-kritisches Urtheil in sich zu enthalten und hierdurch an sich anfechtbar zu werden. Namentlich hat er mit der Subsumtion der bejahend entschiedenen Schuld oder That unter den abstrakten Verbrechensbegriff nichts zu thun. Dies ist eben schon ein Uebriges in Bezug auf jenen inneren Charakter der That. Ist man indessen einmal ein Liebhaber davon, dem Wahrspruche zugleich jene Subsumtion zu übertragen (obschon der Rechtsspruch dieselbe jedenfalls wird wiederholen müssen, wäre es auch nur stillschweigend), so ist dagegen in allen den Fällen, wo der fragliche Verbrechensbegriff auch schon dem gemeinen Bewußtsein sich unmittelbar aus dem Falle selbst wird ergeben dürfen, im Wesentlichen nichts zu erinnern. Anderenfalls, z. B. beim Hochverrath, oder wenn zweifelhaft erscheint, ob der Fall z. B. als Diebstahl oder als Unterschlagung, als Betrug oder als Fälschung u. s. w. aufzufassen sei, darf die Entscheidung hierüber, weil sie nunmehr durch ein kritisches Urtheil bedingt erscheint, nicht zum Wahrspruche verstellt werden, damit dieser nicht, seiner ganzen begrifflichen Natur zuwider, zu einem halb subjektiven, halb kritischen Urtheile werde.

Um nunmehr das Resultat dieser ganzen Entwicklung der begrifflichen

Natur des Wahrspruchs in Bezug auf die Frage der **Anfechtbarkeit** desselben zu resumiren, und zwar unter dem Gesichtspunkte der Anfechtbarkeit eines richterlichen Urtheils, wie solcher früher schon erörtert worden und in Vergleichung mit dem kritischen Urtheile, so ergibt sich Folgendes:

1. Das empirische Proceßmaterial des Wahrspruchs steht demselben nicht, wie dies bei dem Proceßmateriale des Urtheils in der Rechtsfrage der Fall ist, als für sich giltiges Objekt gegenüber, so wenig, daß es vielmehr durch den Wahrspruch absorbirt zu werden bestimmt ist. Es cessirt hiermit also beim Wahrspruche zunächst *dieser* objektive Faktor und Anhaltspunkt, durch welchen bei dem Urtheile in der Rechtsfrage die Anfechtbarkeit bedingt ist. Ebenso aber auch der andere, d. h. es handelt sich beim Wahrspruche überall nicht um *Anwendung allgemeiner, objektiv-giltiger Bestimmungen* auf den gegebenen, individuellen Fall; sondern es ist lediglich das subjektive Bewußtsein und Urtheil des Beweisrichters, welches dabei zur Anwendung kommt, so zwar, daß es Subjekt und Objekt der Anwendung in Eins ist (s. Nr. 2). Wenn *gemeine* Erfahrung, *gemeiner* Verstand, überhaupt *gemeine* Urtheilsfähigkeit und dazu Gewissenhaftigkeit zur Fällung eines Wahrspruchs erforderlich sind, so sind dies nur solche allgemeine Eigenschaften, welche eben schon die Urtheilstüchtigkeit überhaupt bedingen, für den Richter in der Rechtsfrage so gut, wie für den Beweisrichter die also mit den allgemeinen objektiven Bestimmungen, auf deren Anwendung der Erstere sich angewiesen findet, nicht in dieselbe Kategorie fallen und bei der Aufgabe des Beweisrichters immer nur subjektiv wirken und nicht etwa objektiv beobachtbar sind. Ob z. B. ein allgemeiner Erfahrungssatz beim Wahrspruche zur Anwendung gekommen ist oder nicht, das entzieht sich der Natur der Sache nach jeder Analyse — es ist das eben rein subjektiv. Demnach kann

2. die Methode des Wahrspruchs überall nicht, gleich der des kritischen Urtheils, in einer dialektischen Vermittelung zwischen einander und dem Urtheile selbst gegenüberstehenden, für sich giltigen Faktoren bestehen. Es gibt keine allgemeine, schon an sich und in abstracto bestimmbare Kunst des Wahrspruchs mit welcher der Wahrspruch im konkreten Falle sich vergleichen ließe, um kritisirt werden zu können. Die Methode des Wahrspruchs ist vielmehr die der empirischen Unmittelbarkeit und des rein subjektiven Urtheils. Der Beweisrichter spricht sein Ja oder Nein, weil und insofern er des in Frage gestellten Falles auf rein empirischem Wege in seiner subjekjektiven Innerlichkeit unmittelbar gewiß wird oder nicht wird. Sein Urtheil ist überall keine gedankenmäßige Operation, kein Werk logischer Vermittelung, sondern ein inneres, unmittelbares Erlebniß, zu welchem er im Momente dieses individuellen Falles gelangt, und welches an dieses *Moment* gebunden

bleibt. Wie hier das Urtheil sich nicht bildet, ohne das gegebene empirische Material des Falles subjektiv in sich aufzuzehren, so wird es andererseits auch von diesem individuellen Falle schlechthin absorbirt; es ist durch und durch etwas ebenso Individuelles und Einzelnes, wie dieser Fall selbst, — es ist ja im Grunde nur das Zeugniß von diesem Falle, nur nicht das auf unmittelbarer sinnlicher Wahrnehmung, sondern das auf innerer, subjektiver Vermittelung beruhende, aber im Resultate doch immer wieder nur in der Form der Unmittelbarkeit gewisse Zeugniß, und es soll auch eben nichts Anderes sein Es fällt also mit seinem Substrate schlechthin und unlöslich in Eins zusammen und kann überall nicht davon unterschieden werden, wie das kritische Urtheil von dem seinigen, weil dieses in der Anwendung einer allgemeinen und objektiv giltigen Methode des Urtheilens auf den gegebenen Fall besteht; es ist mithin so zu nehmen, wie es ist — oder man verwerfe es überhaupt. Kurz, der Wahrspruch, dieses einfache Ja oder Nein, kann einfach nur mit sich selbst verglichen, d. h. überall nicht sondirt und erprobt werden. Es gibt also keinen Wahrspruch zweiter Potenz und darum keine zweite Instanz des Wahrspruchs. Es ist seine wesentliche Natur, schon als dieses einzelne Urtheil, d. h. gleich ein für allemal zu entscheiden; tritt ein zweiter Wahrspruch hinzu, so ist dies ein reiner, unvermittelbarer Dualismus, so wird gegen den einfach selbstverständlichen Satz verstoßen, daß in einer und derselben Sache nicht zweierlei Urtheile neben einander bestehen können. — Schon hiernach bedarf es kaum noch der Bemerkung, daß

3. die einzig vernünftige Art und Weise, wie ein richterliches Urtheil überhaupt angefochten werden kann, die Beschwerde, beim Wahrspruche schlechthin ausgeschlossen erscheint. Wie wäre es möglich, an diesem rein in die subjektive Innerlichkeit des Beweisrichters fallenden Processe, durch welchen der Wahrspruch sich bildet, einen Punkt bezeichnen zu wollen, wo dieser Proceß gefehlt habe, — und nun vollends sagen zu wollen, warum er in diesem Punkte für verfehlt zu erachten sei, und weshalb der Wahrspruch anders hätte lauten müssen! Das hieße den Wahrspruch dafür verantwortlich machen, daß er Wahrspruch ist; es hieße ihm den Proceß machen, um schließlich an der Stelle der subjektiven Ueberzeugung die subjektive Ansicht als das Maßgebende sich breit machen zu lassen.

Nimmt man nun zu diesem Allen noch, daß das eigentlich Entscheidende beim Wahrspruche das Gewissen ist, so wird der letzte Schein einer Appellabilität des Wahrspruchs verschwinden, ja, es wird — und das ist hier noch besonders zu betonen — als ein Aergerniß für die Idee der Rechtspflege erscheinen müssen, wenn man den Wahrspruch der Berufung unterwirft. Das Gewissen, wo es zu entscheiden berufen ist, entscheidet in erster und letzter Instanz; es entscheidet in einem und demselben Falle

Einmal und nicht wieder, oder es dementirt sich selbst. Alle Beanstandungen eines gefällten Wahrspruchs, und wenn sie noch so plausible Anhaltspunkte in dem empirischen Materiale des Falles zu finden scheinen, müssen vor der gewissenhaften Ueberzeugung verstummen, in welcher dieser Wahrspruch (präsumtiv) beruht, und können, diesem Beweisgrunde gegenüber, nichts weiter sein, als unbündige, zugleich schon innerlich unberufene subjektive Ansicht. Welcher Werth z. B. einer Zeugenaussage oder einer gewissen Erwägung zuzugestehen sei, darüber kann einzig und allein das Gewissen des Beweisrichters zu entscheiden haben. Nun ist es freilich denkbar, daß in einem und demselben Falle und selbst bei genauester Wiederholung der Verhandlung ein zweiter Beweisrichter einen entgegengesetzten Spruch ebenfalls nach gewissenhafter Ueberzeugung abgeben würde; wo aber in aller Welt wäre die Entscheidung zu suchen und zu finden, welches von diesen zwei einzelnen, sich direkt ausschließenden, hart gegen einander prallenden Urtheilen das wahre sei? Doch nicht etwa in der positiven Bestimmung, daß der zweite Beweisrichter mehr gelten solle? Dann müßte der höher gestellte Richter eo ipso zugleich der Gewissenhaftere und Ueberzeugungsfähigere sein. Nun kann man allerdings statuiren, daß der Richter höherer Instanz ein erprobterer Jurist sei, — man kann dies statuiren, ohne dadurch den Begriff des Richters in sich selbst zu verletzen. Man kann aber nicht statuiren, daß der Richter zweiter Instanz ein richtigerer Mensch sei, oder man stellt in der Person des ersten Richters den Richter überhaupt in Frage. Gewissenhaftigkeit und Urtheilsfähigkeit sind Eigenschaften, die jeder Richter schon als Mensch besitzen muß. Es ist zwar noch ein Unterschied zwischen Urtheilsfähigkeit überhaupt und dem Urtheile im individuellen Falle. Aber nur in Bezug auf Gegenstände der kritischen Beurtheilung. In Angelegenheiten, wie die Beweisfrage ist die Richtigkeit des Urtheils identisch mit der Gewissenhaftigkeit desselben. Zwischen Gewissenhaftigkeit überhaupt und Gewissenhaftigkeit im individuellen Falle ist aber kein Unterschied. Demnach kann ein Wahrspruch nur angezweifelt werden, insofern es dem Beweisrichter entweder am Urtheile überhaupt oder am Gewissen, also an diesen allgemein-menschlichen Eigenschaften fehlt. Gegen das Urtheil in der Rechtsfrage die Berufung zulassen, heißt blos den Juristen in der Person des judex a quo in Frage stellen, und zwar blos für den individuellen Fall. Dagegen den Wahrspruch der Berufung unterwerfen, heißt in der Person des Beweisrichters den Menschen und hiermit den Richter überhaupt in Frage stellen. Ein Richter, bei welchem solche allgemein-menschliche Eigenschaften, wie Gewissenhaftigkeit und Urtheilsfähigkeit überhaupt problematisch bleiben dürfen, kann überhaupt nicht Richter sein. Die Einrichtung einer zweiten Instanz für den Wahrspruch muß demnach der

Idee der Rechtspflege geradezu zum Aergerniß gereichen. Man vergegenwärtige sich nur, worin hier die Beschwerde der Partei, um nicht blos ein plattes, eigensinniges Widersprechen zu sein, sondern um im inneren Kontakte mit dem Wahrspruche, so daß derselbe wirklich in sich selbst davon afficirt würde, erscheinen zu können, — worin hier also die Beschwerde, als eigentliche Anfechtung gedacht, allein bestehen könnte? Nur darin, daß der Wahrspruch nicht nach gewissenhafter Ueberzeugung abgegeben worden sei. Ein Vorwurf von solcher Prägung würde aber im besten Falle nur durch eine Kriminaluntersuchung gegen den Beweisrichter (falls derselbe nicht etwa gar ärztlich zu untersuchen sein würde), oder aber gegen die Partei wegen beleidigender Herabsetzung des Richters, nimmermehr aber im Wege eines Rechtsmittels ausgemacht werden können. Es bleibt also nichts übrig, als der Beschwerde eben nur in dem Sinne eines glatten subjektiven Widerspruchs der Partei gegen den Spruch des Richters Statt zu geben und hierbei die Augen dagegen zu verschließen, wie sie im Grunde doch eben nur in jener ärgerlichen Verneinung der gewissenhaften Ueberzeugung des Beweisrichters besteht, und wie auf diese Weise die Partei den Richterspruch ganz ebenso einfach negirt, als wäre er selbst nur eine parteiliche Behauptung, so daß hier der Richter in der That in die Stellung der Partei herabgezogen erscheint. Und der judex ad quem — was kann er mit einer solchen Beschwerde, was kann er in einer solchen Stellung zu dem angefochtenen Richterspruche, wo ihm dieser selbst nur wie eine parteiliche Behauptung gegenüber gestellt wird, anzufangen haben? Er mag bestätigen oder reformiren — das Eine bleibt so unbegreiflich, wie das Andere. Reformirt er, so thut er nichts Anderes, als daß er seine anderweite gewissenhafte Ueberzeugung — so wenigstens wird man es nennen wollen — platthin an die Stelle der vom ersten Richter ausgesprochenen setzt, welche Weisheit er auch dabei, um letzteren zu widerlegen, an dem empirischen Material etwa entwickeln möge, — liegt doch das Objekt eben nicht in diesem Materiale, sondern unerreichbar für jede Kritik in der subjektiven Innerlichkeit des judex a quo als etwas selbst nur Subjektives. Er verwirft das Urtheil des ersten Richters als dieses einzelne Urtheil, nicht, weil es in seiner Einzelheit der inneren Allgemeingiltigkeit entbehrte, sondern weil er dafür ein anderes ebenfalls nur singuläres Urtheil in petto hat. Er bringt die gewissenhafte Ueberzeugung in einem und demselben individuellen Falle, wo sie ihrer wesentlichen Einfachheit und Unmittelbarkeit wegen doch immer nur Eine sein und nur Einmal zu entscheiden haben kann, in diesen geraden, unvermittelbaren Widerspruch mit sich selbst; er negirt gewissenhafte Ueberzeugung durch gewissenhafte Ueberzeugung d. h. er negirt sie schon im Principe. Und wie es etwa auch ihm selbst gelingen möge, sich in einer so heillosen Aufgabe mit seiner Vernunft und seinem Gewissen zurecht zu finden, — die Rechtspflege wird sich schon darein ergeben müssen, auf diese Weise sich selbst zu belügen und zu betrügen, — in einem der beiden Wahrsprüche muß das Entscheidungsprincip der gewissenhaften Ueberzeugung sich dergestalt verläugnet finden, daß er überhaupt nicht hätte abgegeben werden sollen. Und daß man nun eben nicht weiß, in welchem? — daß man dies auch, immer den besten Fall, nämlich eine vollständige und genaue Wiederholung des Verfahrens, vorausgesetzt, absolut nicht wissen kann, daß vielmehr aus dieser ganzen Erscheinung platterdings nichts weiter zum Bewußtsein sprechen kann, als dieser im Wege und im Namen der Rechtspflege schließlich zu Stande gebrachte Widerspruch der Entscheidung, worin sie sich selbst, im Principe, Lügen straft — das ist erst recht das Aergerniß bei der Sache! Wird aber das Verfahren erster Instanz in der zweiten nicht genau und vollständig wiederholt, dann muß der reformatorische Wahrspruch im Vergleiche zu dem ersten schon darum die Vermuthung wider sich haben, und dies um so mehr, je mehr sich die Wiederholung nur auf gewisse Punkte einschränkt oder das zweite Urtheil sich sonstwie an der Möglichkeit, sich in gleichem Maße, wie das erste, als gewissenhafte Ueberzeugung zu verhalten, verkürzt findet. In diesem Falle besteht das Aergerniß darin, daß man weiß: der zweite Spruch entbehre der Voraussetzungen um für sich selbst einstehen zu können, während der erste eine solche Garantie in sich getragen habe. Bestätigt dagegen der zweite Beweisrichter den Spruch des ersten, so ist das Gelindeste, was hiervon gesagt werden kann, daß dies nichts beweist. Der erste Spruch wird dadurch nicht etwa beweiskräftiger, als er schon von selbst ist. Die Dementirung aber des Entscheidungsprincips der gewissenhaften Ueberzeugung bleibt dieselbe.

Uebrigens ist eine vollkommen genaue, wörtlich und in allen sonstigen Einzelheiten durchaus getreue Wiederholung der Verhandlung ein Ding der Unmöglichkeit. Gleichwohl wäre doch eine solche Wiederholung die erste und äußerste Bedingung dafür, um dem zweiten Wahrspruche einen Anspruch darauf, den ersten zu ersetzen, sich statt desselben als das Ergebniß der Verhandlung darzustellen, vindiciren zu können. Oder vielmehr: es wäre dies noch die einzige Möglichkeit um ein tertium comparationis zu gewinnen, woran der abgegebene Wahrspruch doch wenigstens scheinbar geprüft werden könnte. Jede Wiederholung des Verfahrens ist vielmehr ein neues Verfahren und der auf Grund einer solchen Wiederholung abgegebene Wahrspruch ein neuer Wahrspruch — ohne Zusammenhang mit dem vorigen. Vollends — nämlich zugleich materiell — ist es ein neues Verfahren, wenn Nova mit in Berücksichtigung gezogen werden. Hiermit verändert sich aber auf Einmal der ganze Gesichtspunkt. Als des Pudels Kern tritt plötzlich die Frage hervor: ob nicht unter gewissen Voraussetzungen das durch Richterspruch bereits erledigte, und zwar auf an und für sich giltige Weise erledigte Verfahren zum Zwecke einer neuen Entscheidung der Beweisfrage wiederholt d. h. wieder aufgenommen werden könne? Daß diese wesentlich verschiedene Frage sich gleichwohl als Frage der Appellabilität des Wahrspruchs hat darstellen können, das war blos erst der Pudel. Aber es kostet eben erst etwas, den Pudel zu beschwören.

Der Wahrspruch ist anfechtbar im Punkte seiner formellen Rechtsbeständigkeit. Dann aber handelt es sich nie um eine Berichtigung desselben, sondern um seine Vernichtung, und zwar im Zusammenhange mit einer Vernichtung des ganzen Verfahrens. Oder, wenn blos eine Ausschreitung des Wahrspruchs, richtiger der formellen Beweisfrage vorliegt, die schon mittels Rechtsspruchs wieder gut gemacht werden kann, so wird doch eben nur diese formelle oder quantitative Reduktion des Wahrspruchs auf sein richtiges Substrat vorgenommen. In Bezug auf seinen Inhalt entzieht sich der Wahrspruch absolut und unter allen Umständen jeder Berichtigung, weil jeder Anfechtung.

Hiernach ist der Antrag sub I. zur Annahme zu empfehlen, jedoch nur in entsprechend veränderter Fassung — etwa in folgender:

> Den Wahrspruch — auch den von ständigen Richtern abgegebenen — in Bezug auf seinen Inhalt der Anfechtung durch Rechtsmittel zu unterwerfen, ist wider den Begriff und die Natur des Wahrspruchs und verletzt die Rechtspflege in ihrer innersten Wahrheit und Würde.

Zu II.

Wenn die Einrichtung einer Berufsinstanz gegen den Wahrspruch so wenig eine Garantie für eine „richtige Rechtsprechung" bildet, daß sie vielmehr zu einer schweren Verletzung der Idee der Rechtspflege gereicht, so wird hier auch nicht wohl von einer Ersetzung einer Garantie durch andere Garantien die Rede sein können. Es fällt hiermit der obere systematische Gesichtspunkt weg, den der Hr. Antragsteller für die Propositionen unter II, 1—6 annehmen zu wollen scheint; überhaupt aber möchte eine systematische Zusammenfassung derselben sich als unthunlich erweisen, man müßte denn und zwar unter integrirender Berücksichtigung der übrigen, in jenen Propositionen noch nicht angegebenen Garantien der Strafrechtspflege ein System der letzteren schreiben wollen. Ich vermag hiernach jene Propositionen je nur in ihrer Einzelheit zum Gegenstande der Begutachtung zu nehmen; ja, ich werde bei der Anzahl derselben und da ich nachgerade fürchten muß, den, einem Gutachten in diesen Blättern zu bewilligenden Raum vielleicht schon überschritten zu haben, selbst der Gefahr nicht entgehen können, darüber nur Einzelnes zu sagen.

Zu 1. Die Voruntersuchung ist ein blos erst präparatorisches Verfahren, ohne kontradiktorischen, ohne präjudiciellen Charakter; sie verwickelt die Person des Verdächtigen oder desjenigen, gegen welchen demnächst eine Anklage zu erheben sein könnte, nicht schon überhaupt und unbedingt, nicht schon ihrem allgemeinen Wesen nach in die Sache, sondern erst in der Form einzelner besonderer, von besonderen Umständen abhängiger Untersuchungshandlungen, wie namentlich, wenn gegen denselben eine Verhaftung, eine Haussuchung 2c. verfügt, oder wenn er als Beschuldigter verhört wird oder verhört werden soll (welchem Verhöre er sich nämlich rein nach Willkür muß entziehen dürfen). Aber eben selbst dieses Verwickeltwerden in die Untersuchung ist noch kein definitives und kein präjudicielles; es kann einfach durch Einstellung des Verfahrens wieder gelöst werden, es muß nicht etwa nothwendig eine Anklage darauf folgen, wie auf die Anklage ein Erkenntniß folgen muß. Kurz, dem Beschuldigten wird auf diese Weise nicht eigentlich schon der Proceß gemacht, wie dem Angeklagten, — er kommt dadurch nicht schon in eine Parteistellung, so wenig, als andererseits der Staatsanwalt schon eine solche gegen ihn einnimmt oder einnehmen darf. Hiernach ist die Einwirkung auf die Voruntersuchung zu bemessen, welche dem Verdächtigen oder Beschuldigten zu gestatten sein kann. Zunächst erscheint zweifellos: insofern ihm die Voruntersuchung (in Gestalt der einen oder anderen der gedachten Untersuchungshandlungen) an die Person geht, muß er auch volle Freiheit haben, hiergegen alle ihm zu Gebote stehenden rechtlichen Mittel der Vertheidigung in Anwendung zu bringen, sich also namentlich auch eines Vertheidigers zu bedienen, welchem sogar die Einsicht der Akten zu gestatten sein kann. Dagegen läßt sich bei dem bezeichneten Charakter der Voruntersuchung überall keine Forderung der Gerechtigkeit begründen, wonach ihm, wenn auch nur auf sein Verlangen, ein Vertheidiger beigegeben werden müßte, insofern dies heißen soll: auf Kosten der Staatskasse. Eine solche Einrichtung kann im Allgemeinen allein erst für den Fall erhobener Anklage geboten erscheinen. Es muß nur sonst mit der Voruntersuchung Alles in der Ordnung sein; der Verhaftete muß sich zu Protokoll beschweren können u. dergl. m. — Für geradezu unvereinbar mit dem Wesen der Voruntersuchung dürfte aber die „Zuziehung des Vertheidigers zu allen wesentlichen Erhebungen“ zu erachten sein. Was sind wesentliche Erhebungen in der Voruntersuchung? Und welche Bedeutung soll die Zuziehung des Vertheidigers haben? Soll vielleicht, wenn es z. B. auf eine Haussuchung, möglicher Weise eine höchst wesentliche Erhebung, ankommt, der Vertheidiger erst gehört werden? oder ein Veto haben bis zu höherer Entscheidung? Oder wenn der Untersuchungsrichter eine Erhebung nicht für wesentlich hielte und den Vertheidiger nicht zuzöge, und dieser wäre anderer Meinung, welche rechtliche Folgen sollte dies haben und von welcher Tragweite? Unter einer wesentlichen Erhebung kann möglicher Weise jeder Schritt und Tritt der Voruntersuchung zu verstehen sein; der Untersuchungsrichter wäre also überall an den Vertheidiger gebunden; der Gang der Voruntersuchung würde dadurch in mannigfacher Beziehung gehemmt, die Instruktion oder selbst schon die hier geltende Maxime der Instruktion dadurch leicht in unzuträglicher Weise irritirt werden, denn der Vertheidiger würde seine Stellung zur Sache unausbleiblich schon als eine eigentliche Parteistellung auffassen und durchzuführen suchen, um den Antrag auf Voruntersuchung, gleich als wäre es schon eine Anklage, zu bekämpfen; der Staatsanwalt würde der Sicherheit und Kontrole wegen kaum unterlassen können, ebenfalls allen wesentlichen Erhebungen beizuwohnen; so würde die Voruntersuchung vollends den Charakter eines parteilichen Hin und Wider annehmen, u. s. w. — Ich bezweifle, daß sich für Einrichtungen, wie die proponirten, schon ein wirkliches Bedürfniß in der Praxis herausgestellt hat; nimmt man aber hinzu, wie kostspielig die Voruntersuchungen durch Zuziehung eines Vertheidigers zu allen wesentlichen Erhebungen, insofern derselbe zugleich aus der Staatskasse zu honoriren wäre, werden würden, so scheinen jene Propositionen schon hiernach keine Aussicht auf den Beifall der Gesetzgebung zu haben.*)

Zu 2. „Kollegiale Aburtheilung selbst bei geringfügigen Strafsachen" scheint heißen zu sollen: bei allen Strafsachen. Eine solche Einrichtung wäre allerdings recht wünschenswerth, aber auch ziemlich luxuriös und darum von der Gesetzgebung wohl kaum zu erhoffen. Auch möchte am Ende unbedenklich sein, bloße Kontraventionen der Aburtheilung durch Einzelrichter zu überlassen, außer insofern man sich hier für die, allem Anscheine nach beachtenswerthe Einrichtung von Schöffengerichten würde entscheiden wollen. Nur für Verbrechen, wo es sich also um Schuld des Angeklagten und um kriminelle, wenn auch noch so geringe Strafe handelt (— einen inneren, begrifflichen Unterschied zwischen Vergehen und Verbrechen weiß ich nicht zu machen —) wäre Ueberweisung an Kollegialgerichte zu fordern, natürlich soweit nicht Geschworene den Wahrspruch zu fällen haben. Würden nun eben sämmtliche bloße Kontraventionen, ohne Rücksicht auf die Höhe der Strafe, an den Einzelrichter (vorbehaltlich der etwa rathsam erscheinenden Zuziehung von Schöffen), sämmtliche Verbrechen dagegen, von

*) Sollte das Gegentheil dieses Gutachtens auf einem früheren Juristentage bereits durch förmlichen Beschluß anerkannt sein, worüber ich etwas aufzufinden nicht vermocht habe, so habe ich selbstverständlich nicht gegen einen solchen Beschluß ankämpfen wollen.

der geringsten Stufe der Strafbarkeit an bis zur schwurgerichtlichen Kategorie an die unteren Kollegialgerichte verwiesen, so dürfte dies eine Einrichtung sein, die sich zugleich ohne erhebliche äußere Unzuträglichkeiten durchführen lassen würde.

Die Proposition, die Senate stärker mit tüchtig gebildeten rc. Richtern zu besetzen, möchte zu allgemein sein, um zum Beschlusse erhoben werden zu können. In den Motiven werden in dieser Hinsicht „juristisch“ tüchtige Richter verlangt; danach scheint die stärkere Besetzung um der besseren Entscheidung der Rechtsfrage willen gefordert werden zu sollen. Dennoch drängt sich auch hier wieder die Voraussetzung auf, daß es auf eine Garantie für den Wahrspruch abgesehen sei. An welche Art von Gerichtsverfassung wäre aber in diesem Falle zu denken, und was wäre unter den „wichtigeren Straffachen“, für welche die zugleich über die Thatfrage urtheilenden Senate stärker zu besetzen wären, zu verstehen? — Wenn einmal nicht sämmtliche Verbrechen vor das Schwurgericht gebracht werden können, ein Theil derselben vielmehr der Aburtheilung durch ständige Richterkollegien, nämlich zugleich in Bezug auf die Thatfrage, überlassen bleiben muß, so wird man, wie mir scheint, rücksichtlich der letzteren sich auch dazu verstehen dürfen, daß schon drei „tüchtig gebildete, politisch und finanziell unabhängig gestellte“ und dabei sittenreine und gewissenhafte — ordentliche — Richter eine genugsame Garantie für den Wahrspruch gewähren. Es ist freilich immer noch besser, wenn man solcher Richter fünf oder sieben haben kann; es ist aber eben dies Habenkönnen häufig nicht der Fall. — Ebenso möchten für Entscheidung der Rechtsfrage in Kriminalsachen drei juristisch tüchtige Richter schon für ausreichend zu erachten sein. — Es scheint sich hier nicht um ein wesentliches Princip und Kriterium der Rechtspflege zu handeln, und so die ganze Frage lediglich der legislatorischen Disposition der einzelnen Staaten überlassen werden zu können.

Zu 3. Diese Proposition empfiehlt sich wohl ohne Weiteres.

Zu 4. Ob der Wahrspruch (an welchen hier doch wohl gedacht werden soll) mit einfacher, ob mit Zweidrittel-, ob mit Dreiviertel-Stimmenmehrheit gefaßt wird, ist Alles einerlei. Wirkliche Garantie in dieser Hinsicht gewährt allein die Einstimmigkeit. Diese muß wenigstens für den verurtheilenden Wahrspruch gefordert werden. Im Principe wird Jedermann so viel anerkennen wollen, daß Einstimmigkeit des Wahrspruchs jedenfalls das Sicherste sei. Aber man traut dem Dinge in praktischer Hinsicht nichts Gutes zu.

Dabei hätte also vor allen Dingen die Erfahrung eine Stimme. Um nur davon zu reden, wie das Princip der Einstimmigkeit sich auf Deutschem Boden und unter Deutschen Verhältnissen macht, so hat es im Herzogthume Braunschweig seit den 15 Jahren seiner dortigen Geltung sich vollkommen bewährt; und von den Bedenken gegen dasselbe, welche die Gegner am Schnürchen herzuzählen wissen, hat sich dort nichts fühlbar gemacht. Es ist während jenes Zeitraums im Ganzen höchstens viermal (nnter etwa je 150 Fällen einmal) vorgekommen, daß die Geschworenen binnen der gesetzlichen Frist von 24 Stunden sich nicht haben einigen können, und daß demnach die Sache an ein anderes Schwurgericht hat verwiesen werden müssen; und es besteht keine Kunde nnd Klage darüber, daß die Einstimmigkeit nur auf Kosten der Ueberzeugung Einzelner zu erreichen wäre. Jene vier Fälle aber beweisen noch nichts gegen das Princip, wohl aber, daß die Geschworenen bei einmal wirklich mangelnder Einstimmigkeit auszuharren gewußt haben, anstatt sich à tout prix zu einigen. — Die Einstimmigkeit des Wahrspruchs ist, um auf diesen Kernpunkt der ganzen Frage noch kurz einzugehen, überall nicht Sache einer Reflexion, die sich aus allerhand klugen Gründen dafür und eben so gut auch dawider entscheiden könnte, — sie ist eine unabweisbare innere, begriffliche Nothwendigkeit. Es ist der Begriff der subjektiven Ueberzeugung, der hier unbedingt entscheidet, und zwar indem zugleich der Gegenstand ein solcher ist, daß sich darüber nur ein Urtheil denken läßt und daß dieses Eine Urtheil auch von einer Mehrzahl von Beweisrichtern einstimmig muß getroffen werden können. Eine subjektive Ueberzeugung (in Bezug auf ein fragliches Faktum) hat man noch nicht, so lange man noch irgendwie zweifelt. Eine Ueberzeugung dieser Art ist entweder ganz da, oder gar nicht. Nun müssen aber die Geschworenen und ebenso müssen die mehren ständigen Richter, welche den Wahrspruch gemeinsam zu fällen haben, in Bezug hierauf als ein und dasselbe ungetheilte Subjekt der desiderirten Ueberzeugung angesehen werden, und somit kann von keiner Ueberzeugung dieser Einheit die Rede sein, wenn auch nur Einer dissentirt. Sein Dissens bedeutet hier für das Ganze gerade eben so viel, als der Zweifel, den, in Bezug auf einen Gegenstand der subjektiven Ueberzeugung, der Einzelne für sich noch hegt und vermöge dessen er noch nicht überzeugt ist. Es ist etwas ganz Anderes mit rein intellektuellen Fragen, mit Gegenständen der kritischen Erwägung und Beurtheilung. Hier handelt es sich im Zweifelsfalle um Abwägung eines Für und Wider und schließlich um das Uebergewicht des einen über das andere; hier sind demnach an sich verschiedene Urtheile möglich. Man hat sich hier zwischen verschiedenen Annehmbarkeiten zu entscheiden, von denen die, welche schließlich mit dem stärkeren Gewichte ausgerüstet erscheint, darum allein doch nicht schon die anderen schlechthin absorbirt, sondern eben blos überwiegt, also noch gewissermaßen bestehen läßt. Für den Einzelnen ist in einem solchen Falle das Uebergewicht von Gründen, für eine kollegialische Einheit von Einzelnen das Uebergewicht von Stimmen entscheidend. Auf diese Weise und in dieser Beziehung rechtfertigt sich der Majoritätsbeschluß. So namentlich bei der Entscheidung der Rechtsfrage, wo es gilt, auseinander liegende, je für sich giltige Faktoren zum konkreten Rechte des individuellen Falls kritisch zu ermitteln. Hier kann sich, der Natur der Sache nach, eine mehrfache Möglichkeit des zu findenden konkreten Vermittelungspunkts ergeben, und eben zwischen diesen verschiedenen Möglichkeiten hat sich, im Zweifelsfalle, das Urtheil nach dem Uebergewichte von Gründen resp. von Stimmen zu entscheiden. Dagegen handelt es sich bei der Entscheidung der Thatfrage überall nicht um einen Gegenstand, der unter verschiedenen intellektuellen Gesichtspunkten kritisch aufzufassen wäre, nicht um Meinungen oder Ansichten, deren Widerstreit sich schließlich in der Form des Uebergewichts der einen zu entscheiden haben könnte, sondern um die Eine, einfache subjektive Gewißheit in Bezug auf das Eine, individuelle Faktum, welches sich entweder ereignet hat, oder nicht; eine Entscheidung der Thatfrage, welche nur einen Theil der Stimmen, wenn auch den größeren, für sich, die anderen aber wider sich hat, ist daher mit einem Widerspruche in sich selbst behaftet, der die desiderirte Gewißheit in Wahrheit gradezu wieder vereitelt. Sie bringt das Zeugniß ihrer Trüglichkeit gleich fix und fertig mit. Die subjektive Ueberzeugung, in welcher der Wahrspruch seinen Grund hat, ist etwas schlechthin Einfaches, was als solches kein Für und Wider in sich befassen, sich somit nicht in sich selbst als ein Uebergewicht des einen über das andere verhalten kann.

Die fragliche Proposition dürfte hiernach keine Garantie, sondern blos eine Variation eines und desselben Mißverstandes zum Gegenstandes haben.

Zu 5. Zu dieser Proposition bemerkt der Herr Antragsteller in den Motiven: „Uebereilten Proceduren wird besser, als durch eine zweite Instanz, dadurch vorgebeugt, daß bei wichtigen Aenderungen der Sachlage in öffentlicher Sitzung auf Verlangen desjenigen Faktors, der ein Interesse an weiteren Recherchen hat, die Vertagung auszusprechen ist." Es scheint hiernach der Fall gemeint zu sein, wenn sich durch Ausbeutung der bei der Hauptverhandlung präsenten Beweismittel eine andere Sachlage, als in der Anklage angenommen worden, eine Abweichung im Thatbestande (natürlich in thatsächlicher Hinsicht) ergibt. In einem solchen Falle hat indessen niemals der Angeklagte ein Interesse, Vertagung zu verlangen. Denn entweder ergibt sich ein schwererer oder ein ganz anderer Thatbestand, als in der Anklage angenommen worden: dann schadet dies dem Angeklagten nicht, weil er doch nicht über die Anklage hinaus verurtheilt werden kann; — oder es stellt sich ein geringerer Thatbestand oder auch gänzlicher Mangel am Thatbestande heraus: dann ist dies eine dem Angeklagten günstige Wendung. — Dem Ankläger aber kann lediglich im ersteren Falle ein Anspruch auf

Vertagung erwachsen, indem es ihm darauf ankommt, die Anklage auf den schwereren oder anderweiten Thatbestand zu erstrecken, also gewissermaßen eine neue Anklage zu erheben. Ein solcher Anspruch des Anklägers wird auch gesetzlich anzuerkennen sein, nur nicht ohne entsprechende Fürsorge dafür, daß das Verfahren demnächst auch wirklich seinen Fortgang habe, und zwar auf Grund der bisherigen Anklage, wenn die neue nicht erhoben werden sollte.

Ob die Hauptverhandlung zu vertagen sei, weil bei derselben sich neue Beweismittel ergeben haben, die nicht sofort zu haben sind, wird dem vernünftigen und umsichtigen Ermessen des Gerichts überlassen bleiben dürfen; nur daß eine solche Vertagung nicht zur Verschleppung der Sache werden, und das neue Beweismittel, insofern lediglich die Partei bei dessen Erhebung interessirt erscheint (nicht etwa wesentlich auch schon das Gericht selbst) der Partei nicht schon vorher bekannt gewesen und von ihr verabsäumt worden sein darf.

Zu 6. Sicher ist es eine unabweisliche Forderung der Gerechtigkeit, welche der Herr Antragsteller bei dieser Proposition im Auge hat. Allein es bedarf auch hier oder vielmehr gerade erst recht bei einer so kritischen Angelegenheit, wie die hier angeregte, einer ganz bestimmten theoretischen Fassung und Einhegung des Gedankens, damit man sich nicht unversehens zu weiteren Einräumungen verleiten lasse, als am Ende in anderer Hinsicht mit dem Heile der Rechtspflege verträglich sind. Nur unter folgenden beiden Voraussetzungen kann eine Wiederaufnahme des Hauptverfahrens gerechtfertigt erscheinen:

a. wenn der Verurtheilte seine Unschuld — wäre es auch nur in Bezug auf den einen oder anderen Punkt des gegen ihn angenommenen Thatbestandes — durch neue Beweismittel positiv darthun kann; und

b. wenn bei dem Hauptverfahren oder dem Urtheile wider ihn Fälschungen im Spiele gewesen sind — Fälschungen in dem Sinne und Belange, daß dadurch, wenn auch nicht nothwendig schon die Richtigkeit seiner Verurtheilung, so doch jedenfalls die nothwendigste Zuverlässigkeit derselben ausgeschlossen erscheint.

Die erstere Voraussetzung (a) ist zu unterscheiden von dem Falle, wenn der Verurtheilte neue Thatsachen oder Beweise nur in der subjektiven (wenn auch vielleicht plausibel erscheinenden) Meinung anzuführen vermag: ein unter Berücksichtigung dieser Nova wiederholtes Hauptverfahren werde zu einem „Nichtschuldig“ oder „Nicht erwiesen“ (— beides ist mit Unschuld noch nicht nothwendig identisch —) führen. Unter einem solchen Gesichtspunkte kann sich die Rechtspflege zur Statuirung einer Wiederaufnahme des Verfahrens nicht verstehen. Es liefe das im Grunde wieder auf eine, wenn auch durch Nova bedingte Berufung wider den Wahrspruch hinaus oder könnte doch leicht als solche benutzt und exercirt werden; noch dazu fände der Verurtheilte sich hier der Beobachtung von Fristen enthoben. Die Nova müssen eben in dem prägnanten Sinne eines davon zu erhoffenden positiven Unschuldsbeweises angeführt und in Beziehung zur Sache gebracht werden können; die Rechtspflege kann mit anderen Worten nach einmal abgeurtheilter Sache blos dafür, daß überhaupt nur sich noch anderweites Material findet, wonach möglicher Weise anders hätte geurtheilt sein können, keinen Sinn mehr haben. — Daß nun ein solcher Unschuldsbeweis nicht an gewisse, gesetzlich oder theoretisch im Voraus zu determinirende Fälle oder Voraussetzungen zu binden sein kann, vielmehr die Zulässigkeit desselben je im konkreten Falle lediglich Sache der richterlichen Erwägung sei, ergibt sich schon von selbst.

Dagegen die Voraussetzung unter b. anlangend, so muß schon in abstracto feststehen, welche Fälle von Fälschungen den Anspruch auf Wiederaufnahme des Verfahrens sollen begründen können. Es gehören dahin namentlich die Fälle: wenn falsche Zeugnisse, Gutachten oder Urkunden gegen den Verurtheilten benutzt worden sind, oder wenn die Zeugen oder Sachverständigen auch nur bestochen worden waren, oder wenn die Richter es waren, oder wenn dieselben wissentlich falsch geurtheilt haben. Es kann sein, daß der Verurtheilte dennoch wirklich schuldig war und somit der Sache nach richtig verurtheilt worden ist; was hier aber in den Vordergrund tritt, ist nicht die Unschuldsfrage, sondern der Charakter gänzlicher Unzuverläßigkeit, den die Verurtheilung auf diese Weise in dem Maße annimmt, daß die Gerechtigkeitspflege nun schon überhaupt nicht mehr für dieselbe einzustehen, sie überhaupt nicht als ihr konform zu rekognosciren vermag. — Indessen müssen die gedachten Voraussetzungen je im einzelnen Falle zunächst für sich selbst, nämlich in der Form eines besonderen Untersuchungsverfahrens, erwiesen sein; nur hat die Gesetzgebung so weit als thunlich Bedacht darauf zu nehmen, daß, wenn ein solches Untersuchungsverfahren an sich begründet, der Anspruch des Verurtheilten auf Wiederaufnahme des wider ihn Statt gehabten Verfahrens also indicirt erscheint, der Verurtheilte nicht durch eine Zufälligkeit, wie z. B. die, daß der Zeuge, Sachverständige oder Richter, gegen welchen zu procediren sein würde, inzwischen verstorben ist, um diesen Anspruch gebracht werde.

XVII.

Gutachten des Professor Dr. John in Königsberg

über die durch den Deutschen Journalistentag angeregte Gesetzgebungsfrage, betreffend die Preßvergehen.

Rara temporum felicitas, ubi sentire,
quae velis, et quae sentias, dicere licet.
Tacitus.

Das Gutachten des Herrn Professor Dr. Glaser liegt mir bereits gedruckt vor. (Verhandlungen des sechsten Deutschen Juristentages Bd. I. S. 68 ff.) Da dieses Gutachten ein so reichhaltiges Material in dankenswerthester Weise beibringt, glaube ich der Sache, wenn überhaupt, so dadurch am förderlichsten sein zu können, wenn ich die nachfolgenden Betrachtungen an diejenigen Resultate anlehne, welche Herr Professor Glaser durch seine Untersuchungen gewonnen hat.

Herr Professor Glaser unterscheidet zwischen „uneigentlichen" und „eigentlichen" Preßdelikten. Erstere sind „Handlungen, deren Thatbestand nicht schon an und für sich durch den Mißbrauch der öffentlichen Meinungsäußerung bedingt ist, wenn sie durch die Presse verübt werden," — letztere sind „für die öffentliche Ordnung gefährliche und blos darum verbotene Publikationen."

Diese Unterscheidung dürfte als eine solche bezeichnet werden können, welche für die Praxis der Preßprocesse nicht nothwendig ist. Die Thatsache wenigstens kann angeführt werden, daß die in Preßvergehen so reiche Preußische Praxis dieser Unterscheidung bis jetzt noch nicht bedurft hat, daß sie vielmehr alle vorkommenden Preßdelikte in jeder Beziehung als eigentliche Preßdelikte behandelt.

Ich möchte mir erlauben, dasjenige, was Herr Professor *Glaser* ausgesprochen hat, in etwas anderen Worten wiederzugeben. Sehen wir einmal ganz von der Presse ab; stellen wir uns vielmehr auf einen ganz allgemeinen kriminalistischen Standpunkt. Ich glaube, man wird ohne Weiteres zugeben, daß die mit Strafe bedrohten Handlungen keineswegs *gleichartige* Handlungen sind. Es ist zwar unbestreitbar, daß die *meisten* derselben verbrecherische *Rechtsverletzungen* sind; aber außer und neben den Handlungen, durch welche Rechtsverletzungen begangen oder versucht werden, finden sich doch auch in jedem positiven Strafrechte Handlungen *ganz anderer Art* mit Strafe bedroht. Es sind dies die *gefährlichen* und die *unsittlichen Handlungen*. Natürlich wird nicht die Vornahme jeder Handlung, welche gefährlich, oder welche unsittlich ist, blos weil sie gefährlich oder unsittlich ist, mit Strafe bedroht werden; vielmehr fällt es ja lediglich dem legislatorischen Ermessen anheim, *welche* der gefährlichen oder unsittlichen Handlungen mit Strafe zu bedrohen sind. Das aber, worauf es hier ankommt, ist, und Hr. Prof. *Glaser* stimmt dem ja auch bei, daß *verbrecherische Rechtsverletzungen* und *gefährliche Handlungen* ihrer Art nach so wesentlich von einander verschieden sind, daß sie eben nichts weiter mit einander gemein haben, als das Mittel, durch welches gegen sie reagirt wird, nämlich die *Strafe*.

Halten wir dies fest, so reducirt sich die *Glaser*sche Eintheilung auf Folgendes:

> *Rechtsverletzungen* durch die Presse begangen sind *uneigentliche Preßdelikte*;
>
> *Gefährliche Handlungen* durch die Presse begangen sind *eigentliche Preßdelikte*.

Diese Eintheilung will Herr Prof. *Glaser* legislatorisch verwerthen. Er sagt:

Die *uneigentlichen Preßdelikte* sind nach den allgemeinen Strafrechtsgrundsätzen und Strafgesetzen zu beurtheilen;

die *eigentlichen Preßdelikte* dagegen fallen nur aus formellen Gründen in das Gebiet des Strafrechts; für ihre Abgrenzung und Behandlung müssen daher besondere, ihrer eigenthümlichen Natur entsprechende Regeln gelten.

Was die „*formellen Günde*“ für einen Sinn haben sollen, ist nicht wohl ersichtlich; soviel steht jedenfalls fest, daß diese sog. „*formellen Gründe*“ keine anderen sind, als die, um derentwillen man überhaupt gefährliche Handlungen mit Strafe bedroht.

Da Herr Prof. *Glaser* über die *processualische* Behandlung der Preßvergehen erst an einem anderen Orte spricht (vgl. S. 70. unter **IV.** u. **V.**)

so kann der von ihm an dieser Stelle gebrauchte Ausdruck „Behandlung" der Preßdelikte sich nur auf die Behandlung derselben bezüglich des materiellen Strafrechts beziehen.

Fragen wir nun: In welchen Punkten soll die Gesetzgebung die uneigentlichen Preßdelikte anders behandeln als die eigentlichen Preßdelikte? so giebt uns Herr Prof. Glaser hierauf folgende Antwort:

Die Gesetzgebung hat bei Feststellung der Strafbestimmungeu, insoweit dieselben sich auf Rechtsverletzungen beziehen, keinerlei Rücksicht auf die Presse zu nehmen. Ob die Rechtsverletzungen durch die Presse oder auf andere Weise begangen worden, ist gleichgültig.*)

Handelt es sich dagegen um die Bestrafung gefährlicher Handlungen, so muß die Gesetzgebung auf die Presse Rücksicht nehmen; denn durch die Presse erlangt Manches den Charakter der strafbaren Gefährlichkeit, was auf andere Weise begangen entweder überhaupt nicht gefährlich, oder doch wenigstens nicht bis zu dem Grade gefährlich ist, um von der Strafgesetzgebung berücksichtigt zu werden. —

Herr Professor Glaser sucht nämlich S. 70. ff. den Beweis dafür beizubringen, daß die Strafgesetzgebung einen unrichtigen Weg betreten habe, wenn dieselbe die Anstiftung über ihre natürlichen Grenzen hinaus erweitere. Er bezieht sich u. A. auf die Bestimmung des Preußischen Strafgesetzbuches §. 36:

> „Wer durch Reden an öffentlichen Orten oder bei öffentlichen Zusammenkünften, oder durch Schriften, Abbildungen oder andere Darstellungen, welche verkauft, vertheilt oder umhergetragen, oder öffentlich ausgestellt oder angeschlagen werden, zu einer Handlung auffordert, anreizt, verleitet oder zu bestimmen sucht, welche ein Verbrechen oder Vergehen darstellt, soll als Theilnehmer betrachtet und bestraft werden, wenn die Aufforderung das Verbrechen oder Vergehen, oder einen strafbaren Versuch zur Folge hat.
>
> Ist die Aufforderung ohne Erfolg geblieben, so tritt Gefängniß bis zu einem Jahre ein, sofern nicht bei einzelnen Verbrechen etwas Anderes bestimmt ist."

Und des Bayerischen Gesetzbuches Art. 57.

„Wer öffentlich vor einer Menschenmenge oder mittels eines Preß-

*) d. h. für den Thatbestand des Delikts; für das Strafmaß soll die „erhöhte Publicität" allerdings von Einfluß sein können. (Vergl. Seite 71. Not. 1.) Das würde also beispielsweise heißen: der Thatbestand der Injurie ist derselbe, das Delikt mag durch die Presse verübt sein oder auf andere Weise. Aber die durch die Presse begangene Injurie ist die strafbarere, wegen der erhöhten Publicität.

erzeugnisses zur Verübung einer strafbaren That aufgefordert hat, ist, wenn die Aufforderung die Vollendung oder einen strafbaren Versuch der That zur Folge hatte, als Theilnehmer zu bestrafen.

Ist ein Erfolg nicht eingetreten, so soll die auf ein Verbrechen gerichtete Aufforderung mit Gefängniß bis zu einem Jahre, womit Geldstrafe bis zu vierhundert Gulden verbunden werden kann, die auf ein Vergehen gerichtete mit Gefängniß bis zu sechs Monaten, womit Geldstrafe bis zu zweihundert Gulden verbunden werden kann, bestraft werden."

Von diesen und ähnlichen Bestimmungen der Strafgesetzgebung (vergl. S. 72—79) sagt Herr Prof. Glaser: „Man kann nicht lebhaft genug wünschen, daß dieser Weg verlassen werde; es wäre eben so sehr im Interesse der Presse, als der öffentlichen Ordnung, gewiß aber in dem der Gerechtigkeit gelegen, wenn man diese zu Fiktionen verlockende Bestimmung aufgäbe; wahre Fälle der Anstiftung bedürfen ihrer nicht; in den anderen aber wirkt sie nur nachtheilig, denn nichts erbittert mehr, als eine ernste Bestrafung auf Grund der Gleichstellung ungleicher Fälle "

Ich will zugestehen, daß es Gesetzen gegenüber, wie die so eben genannten, vollkommen unzuläßig ist, von „Anstiftung" zu sprechen. Geschieht dies aber, so ist das nicht Schuld der Gesetzgebung, sondern Schuld der Theoretiker, welche derartige gesetzliche Bestimmungen unter einen unrichtigen theoretischen Gesichtspunkt bringen. Ich will zugestehen, daß die Gesetze nicht den Anforderungen der Gerechtigkeit entsprechen, wenn sie die in's Allgemeine gehende Aufforderung zur Begehung von Verbrechen und Vergehen mit der Strafe der Anstiftung bedrohen; und ebenso will ich zugestehen, daß die Fassung derartiger gesetzlicher Bestimmungen nicht selten so unbestimmt ist, daß Willkürlichkeiten in der Praxis durch dieselben provocirt werden können. Daß aber daraus folgen müsse, daß die allgemeinen Strafgesetze die Aufforderung zu Verbrechen und Vergehen, unter dem Gesichtspunkte von gefährlichen Handlungen und in einer den Anforderungen der Praxis genügend präcisirten Form, überhaupt nicht mit Strafe bedrohen dürften, das kann ich nicht zugeben. Die Strafbestimmungen dieser Art, wie sie sich in den Gesetzen finden, mögen zu Ausstellungen nach mancher Seite hin, und so auch mit Bezug auf das Strafmaß Veranlassung geben. Aber zu behaupten, daß schon die Existenz derartiger Strafbestimmungen ein legislatorischer Fehler sei, dazu würde ich nicht früher Veranlassung finden, als bis mir der Beweis geführt ist, die gefährlichen Handlungen seien von der allgemeinen Strafgesetzgebung einer Berücksichtigung überhaupt nicht zu würdigen.

Nachdem nun aber Hr. Prof. Glaser die Aufforderung zu Verbrechen und Vergehen aus den allgemeinen Strafgesetzen entfernt hat, macht er die Bemerkung, daß er sich jetzt für die Verhältnisse der Presse einem nicht ausreichenden Kriminal-Kodex gegenüber befindet. Er fährt daher (S. 81.) in folgender Weise fort:

„Verzichtet man auf den zu I. bezeichneten Vorgang, so ist klar, daß der bisherige Kreis von Strafbestimmungen unmöglich ausreichen könne. Man wird vor Allem einer besonderen Strafbestimmung gegen Aufreizung zu strafbaren Handlungen bedürfen, welche überall da einzutreten hat, wo nicht Anstiftung nach allgemeinen Grundsätzen vorliegt; diese Strafbestimmung müßte den wirklichen Inhalt der That, die Aufreizung, zum Ausgangspunkt nehmen, den Umstand aber, daß in Folge der Aufreizung wirklich ein Delikt begangen wurde, lediglich als straferschwerendes Moment hinstellen."

Ob es wahrscheinlich ist, daß aus diesen Angaben sich ein Strafgesetz formuliren ließe, welches präciser sein würde, als diejenigen, welche Herr Prof. Glaser ihrer zu großen Unbestimmtheit wegen tadelt, mag dahingestellt bleiben. Der „Ausgangspunkt" für dasselbe soll der „wirkliche" Inhalt der That, nämlich die „Aufreizung" sein. Geschieht nachher etwas Schlimmes, so soll das lediglich als „straferschwerendes Moment" hingestellt werden. — Ich glaube, die Gesetzgebungen Preußens und Bayerns könnten mit gutem Rechte sagen, daß ihre Bestimmungen im §. 36 resp. Art. 57 diesen Anforderungen nachkämen. Denn — so werden sie behaupten — die Anstiftung da zu bestrafen, wo sie nicht existirt, fällt uns gar nicht ein; wir nehmen vielmehr nur den wirklichen Inhalt der That, nämlich die Aufreizung zum Ausgangspunkt und behandeln den Umstand, daß in Folge der Aufreizung wirklich ein Delikt begangen worden, lediglich als straferschwerendes Moment. Allerdings hüten wir uns, die Straferschwerung ein für allemale zu fixiren, da dieses in Hinsicht auf die Verschiedenartigkeit der in Folge der Aufreizung begangenen Delikte nicht möglich sein würde; wir bestimmen statt dessen für die Aufreizung, in Folge deren ein Delikt begangen wurde, diejenige Strafe, welche der Anstifter des Deliktes verwirkt haben würde; denn daß wir eine geringere als diese Strafe bestimmen müssen, das verlangt Herr Glaser gar nicht und in welchem Verhältniß etwa die geringere Strafe zu der Anstiftungsstrafe stehen müßte, das sagt er uns nicht. Er will nur die Aufreizungsstrafe erhöht haben, wenn ein Delikt in Folge der Aufreizung begangen ist; diesem seinen Verlangen ist entsprochen.

Aber, so sagt Herr Prof. Glaser weiter: „Auch eine solche Bestimmung würde, wenn sie nicht dehnbar und willkürlich gehandhabt werden soll,"

— wie das freilich zu vermeiden, darüber läßt sich Herr Prof. **Glaser** nicht weiter aus —, „noch nicht ausreichen, der öffentlichen Ordnung jenen Schutz zu gewähren, dessen sie bedarf; es muß sich also an dieselbe eine Reihe anderer Strafbestimmungen anschließen, welche zusammen den Kreis der eigentlichen Preßdelikte bilden — derjenigen Delikte, welche lediglich durch Mißbrauch der Publicität, durch unerlaubte Veröffentlichungen begangen werden."

Welcher Art diese weiteren Strafbestimmungen sein sollen, das finden wir in dem Gutachten des Herrn Prof. **Glaser** unter III. S. 70 ausgesprochen. Hier heißt es:

„III. Als verboten sind nur diejenigen Veröffentlichungen anzusehn, durch welche entweder

a. zu strafbaren oder wenigstens rechtswidrigen Handlungen aufgereizt, oder

b. ein durch das Gesetz geschütztes Objekt *in einer an sich verwerflichen Form angegriffen wird.*"

Diese These ist in mancher Beziehung nicht vollkommen deutlich. Zunächst möchten wir fragen: Was sollen die Worte „zu strafbaren *oder wenigstens* rechtswidrigen Handlungen" für einen Sinn haben? So wie Herr Prof. **Glaser** seinen Satz hinstellt, muß man nach den Regeln des Deutschen Sprachgebrauches annehmen, daß die *rechtswidrigen* Handlungen einen beschränkteren Umfang haben, als die *strafbaren*. Das ist nun aber doch nicht richtig, denn was *strafbar* ist, das ist jedenfalls auch *rechtswidrig*; aber keineswegs ist alles dasjenige, was *rechtswidrig* ist, auch *strafbar*. Rechtswidrig ist es ohne Zweifel, wenn der Schuldner das von ihm geschuldete Darlehn zur gehörigen Zeit nicht zurückzahlt, aber strafbar ist diese Rechtswidrigkeit doch gewiß nicht. Soll nun eine Veröffentlichung als verboten angesehen werden, durch welche A. „aufgereizt" wird, dem B. hundert Thaler nicht zu bezahlen, falls B. die hundert Thaler von A. zu fordern hätte? — Wir bezweifeln keinen Augenblick, daß Herr Prof. **Glaser** in diesem Falle eine Bestrafung der betreffenden „Aufreizung" nicht verlangen würde, und doch wird er uns zugestehen, daß, wenn seine These ein publicirtes Gesetz wäre, die Bestrafung eintreten müßte, wenn nicht in Folge der Worte „oder wenigstens" dem Ausdrucke „*rechtwidrige* Handlungen" eine restriktive Interpretation zu Theil würde, welche mit dem Sprachgebrauche unvereinbar ist.

Noch bedenklicher aber ist der zweite Theil der unter III. aufgestellten These. Verboten soll danach jede Veröffentlichung sein, durch welche „*ein durch das Gesetz geschütztes Objekt*" in einer an sich verwerflichen Form angegriffen wird. Das Gesetz ist hienach das schützende *Subjekt*.

Objekt des Schutzes ist dasjenige, was durch das Gesetz geschützt wird. Nun muß man doch fragen, was denn durch das Gesetz, wenn es nicht eine Widerrechtlichkeit ist, nicht geschützt wird? Nimmt man freilich auf die zu dieser These S. 81 ff. gegebenen Erläuterungen Rücksicht, so scheint es als ob Herr Prof. Glaser der Meinung wäre, daß von dem Preßgesetze selbst ganz bestimmte, und zwar hauptsächlich in das Gebiet des öffentlichen Rechtes fallende Rechtsverhältnisse bezeichnet werden müßten, mit Bezug auf welche zwar nicht jeder Angriff, wohl aber der „in einer an sich verwerflichen Form“ bewirkte Angriff zu verbieten sein möchte. Sollte dieses aber der Sinn der Glaserschen These sein, so hätten diejenigen Rechtsverhältnisse, welche in strafbarer Weise angegriffen werden können, speciell bezeichnet werden müssen. Da dieses nun nicht geschehen ist, so bleibt die Glasersche These durchaus unbestimmt. Endlich sind auch die Worte: „in einer an sich verwerflichen Form“ in hohem Grade bedenklich. Unzweifelhaft ist es nämlich, daß alles Unsittliche etwas an sich Verwerfliches ist. Aber ebenso unzweifelhaft ist es auch, daß die Unsittlichkeit, welche in der Form der Veröffentlichung liegt, der strafrechtlichen Kognition nicht anheimfällt. Bemerkenswerth ist in dieser Beziehung, was Weber „über Injurien und Schmähschriften“ in dieser Beziehung sagt:*)

> „Der Moralist z. B. belehrt uns, 1) daß man die Thorheiten und Fehler Anderer nie öffentlich rügen sollte, ohne ein überwiegendes Gute durch die Bekanntmachung zu beabsichtigen, und mit Wahrscheinlichkeit vorherzusehen, daß man seinen wohlgemeinten Zweck erreichen werde; folglich 2) keinem Menschen durch Erzählung seiner Fehler, durch freimüthige Urtheile u. s. w. einen vermeidlichen Schaden zuzufügen; noch weniger 3) dadurch seine Schadenfreude zu nähren oder seine Rachsucht zu kühlen; insonderheit aber 4) Männer von Werth und entschiedenem Verdienst auch bei offenbarsten Blößen, die sie aus menschlicher Schwachheit uns geben, gänzlich zu schonen, und diese am allerwenigsten mit Rügung ihrer Fehler zu kränken; wenigstens 5) bei der öffentlichen Beurtheilung Anderer die größte Sorgfalt und strengste Unparteilichkeit zu beobachten, um nicht durch hämische oder auch nur leichtsinnige Anzeigen, Recensionen u. s. w. das zeitliche Glück und Fortkommen Anderer zu hindern, oder gar zu zerstören. Die Justiz kann nach

---

*) Vielleicht ist es gerechtfertigt, aus dieser anerkannt trefflichen Schrift einzelne Stellen wörtlich wiederzugeben. Das, was Weber über die Preßfreiheit sagt, scheint im Allgemeinen zu wenig bekannt. Auch das Glasersche Gutachten übersieht diese Schrift. Die Ausführungen über Censur und Preßfreiheit finden sich bei Weber Thl. II. S. 163 ff.

diesen und ähnlichen Regeln durchaus nicht verfahren. Sie hat die Gesinnung und Absicht des Schriftstellers nur insofern zu untersuchen, als sein Vortrag den Zwangsrechten Anderer entgegen ist."

Ich bezweifle keinen Augenblick, daß Herr Professor Glaser diese Ansicht Webers vollkommen theilt, ich bezweifle dies um so weniger, als er selbst a. a. O. S. 86 sich in folgender Weise ausspricht:

„Es kann vielleicht keine schlagendere Beleuchtung des Unterschiedes zwischen dem, was staatlich unzulässig, und dem, was sittlich verwerflich ist, geben, als gerade dies, daß es für die Frage, ob eine bestimmte Aeußerung strafbar oder nicht strafbar sein soll, vollkommen gleichgültig ist, ob der Redende mit sich selbst im Einklang oder im Widerspruche steht, ob er es redlich meint, oder gegen seine eigene Ueberzeugung spricht."

Es scheint daher, daß unter der „an sich verwerflichen Form" die staatlich unzulässige oder rechtlich unzulässige Form zu verstehen sei. Aber freilich, sobald wir in der Glaserschen These für die Worte: „in einer an sich verwerflichen Form" die Worte: „in einer rechtlich unzulässigen Form" substituiren wollten, so würde sofort ein anderes Bedenken entstehen. Denn ein Angriff, der in einer rechtlich unzulässigen Form geschieht, ist schon eben dieser Form wegen unzulässig; und es würde sich nicht rechtfertigen lassen, einen derartigen Angriff nur alsdann verbieten zu wollen, wenn er gegen bestimmte Objekte gerichtet ist. Herr Prof. Glaser will ja aber nur gewisse Objekte durch preßgesetzliche Verbote gegen Angriffe geschützt wissen. Er muß also wohl unter dem von ihm gewählten Ausdrucke „in einer an sich verwerflichen Form" etwas anderes verstanden haben als unter den Worten: „in einer rechtlich unzulässigen Form" zu verstehen sein würde. —

Die vorstehenden Ausführungen verfolgten lediglich den Zweck, darzuthun, daß, selbst wenn die Ansicht des Herrn Prof. Glaser über das durch ein Preßgesetz zu Verbietende richtig sein sollte, doch die Formel, die seine Ansicht zu repräsentiren hat, mindestens so vieldeutig ist, daß dieselbe unmöglich dazu dienen kann, um die Rechtsüberzeugung des Juristentages zum Ausdrucke zu bringen.

Der principielle Gedanke, welcher den Ausführungen des Herrn Prof. Glaser zu Grunde liegt, findet sich S. 86. Da heißt es:

„Niemals kann eine öffentliche Aeußerung darum, weil sie der angebliche oder wirkliche Ausdruck einer Meinung oder Gesinnung ist, unter Verantwortung gestellt werden; immer nur darum, weil durch sie auf die Gesinnung oder Meinung Anderer eingewirkt wird, und weil diese Einwirkung eine Gefahr für den Staat, oder für Objekte, die er zu schützen hat, begründet.

Damit aber ist den eigentlichen Preßdelikten ihre Stellung im System angewiesen, welche für deren Behandlung durchaus maßgebend ist: sie sind „gefährliche und darum verbotene Handlungen," Polizei-Verbrechen, Uebertretungen positiver, zum Schutz des allgemeinen Wohles erlassener Anordnungen."

Nachdem dann S. 87 die Erfordernisse eines gerechtfertigten polizeilichen Verbots angeführt sind, heißt es S. 88 weiter:

„Das Charakteristische der Preßdelikte besteht in der Hervorrufung gewisser Gesinnungen und Ueberzeugungen. Die Gefahr, welche damit verbunden ist, daß diese Gesinnungen oder Ueberzeugungen bei Anderen Eingang finden, kann nun entweder darin bestehen, daß diese Personen dadurch unmittelbar zu rechtswidrigen oder doch unsittlichen Handlungen bestimmt werden, oder darin, daß sie von der ihnen gesetzlich eingeräumten Freiheit einen mißliebigen (d. h. für nachtheilig erachteten) Gebrauch machen; es kann aber auch geschehen, daß sich die Wirkung der durch die Druckschrift herbeigeführten Aenderung der Ueberzeugung oder Gesinnung gar nicht näher bestimmeu läßt, sondern, daß man lediglich auf Muthmaßungen darüber, was in Folge dessen früher oder später geschehen könnte, angewiesen ist. Im ersten Falle ist das Verbot gerechtfertigt; im dritten halte ich es für unzulässig; der zweite bedarf noch einer näheren Erörterung."

Diese nähere Erörterung findet sich denn auf S. 88 ff. und schließt mit dem Resultat:

„Daß das Verbot sich niemals gegen den Inhalt einer Behauptung immer nur gegen die Form, gegen die Art, wie sie vorgebracht und vertheidigt wird, kehren dürfe."

Ich bemerke hierzu, daß es nicht das Charakteristische der Preßdelikte ist, gewisse Gesinnungen und Ueberzeugungen hervorzurufen, sondern daß der Zweck für welchen die Presse überhaupt thätig ist, darin besteht, Gesinnungen und Ueberzeugungen hervorzurufen. Herr Prof. Glaser sagt ja selbst: „es kann aber auch geschehen, daß sich die Wirkung der durch die **Druckschrift** herbeigeführten Aenderung der Ueberzeugung u. s. w." —

Demnach läuft die Ansicht des Herrn Prof. Glaser auf Folgendes hinaus: Hinsichtlich ihrer Wirksamkeit sind drei Kategorien von Druckschriften zu unterscheiden:

1. Druckschriften, welche bei ihren Lesern eine solche Wirkung hervorrufen, daß diese in Folge der Lektüre unmittelbar zu rechtswidrigen oder doch unsittlichen Handlungen bestimmt werden. Diese Druckschriften sind gefährlich, und unter dem Gesichtspunkte einer gefährlichen Handlung zu verbieten und zu bestrafen.

2. Druckschriften, welche auf ihre Leser eine solche Wirkung äußern, daß diese in Folge ihrer Lektüre von der ihnen gesetzlich eingeräumten Freiheit einen mißliebigen (d. h. für nachtheilig erachteten) Gebrauch machen. Druckschriften dieser Art sind gefährlich, wenn die Form, in welcher die beabsichtigte Wirkung erzielt wird, eine verwerfliche ist, nnd unter dieser Voraussetzung sind dieselben zu verbieten, resp. zu bestrafen.

3. Druckschriften, bei denen sich gar nicht näher bestimmen läßt, welche Wirkung sie auf die Ueberzeugung oder Gesinnung ihrer Leser haben werden. Diese Druckschriften sind ungefährlich, in Folge dessen also weder zu verbieten noch zu bestrafen.

Ich will einmal den Glaserschen Standpunkt der Gefährlichkeit einnehmen; ich will zugeben, daß es Druckschriften giebt, die gefährlich sein können. Daß eine nicht geringe Anzahl gefährlicher Handlungen, wenn sie begangen sind, gestraft werden, ist ja auch eine bekannte Thatsache.

Aber wir müssen uns doch auch erinnern, weshalb die blos gefährlichen Handlungen, das „mögliche Unrecht“ mit Strafe bedroht wird. Nimmt denn diesem möglichen Unrecht gegenüber die Staatsgewalt keine andere Stellung ein, als blos diejenige, welche durch Ausübung der Strafgerichtsbarkeit zum Ausdrucke kommt? Das, meine ich, ist doch allgemein bekannt, daß die Staatsgewalt dem möglichen Unrecht zunächst zu präkaviren sucht, daß ihr Bestreben an erster Stelle darauf gerichtet ist, und gerichtet sein muß, das in's Leben treten der gefährlichen Handlungen zu verhindern. Das ist ja die Aufgabe der Sicherheits-Polizei, einer staatsrechtlichen Institution, die in der Art und Weise, wie sie ihre Aufgabe hie und da aufgefaßt haben mag, Angriffe provocirt hat, aber doch nicht Angriffe, welche das Institut selbst als ein unberechtigtes nachgewiesen hätten. Die Strafgesetzgebung befaßt sich mit den gefährlichen Handlungen, mit dem blos möglichen Unrecht doch nur unter den beiden Voraussetzungen, daß entweder gegen einzelne gefährliche Handlungen Präventionen überhaupt nicht möglich sind, oder daß trotz der stattgehabten Präventivmaßregeln dieselben in einzelnen konkreten Fällen durchbrochen und die gefährlichen Handlungen dennoch begangen sind. Würde man es aber wohl für denkbar erachten, daß ein civilisirtes Staatswesen die Maxime aufstellte:

Ich bin vollkommen im Stande, gefährliche Handlungen zu verhindern, ich will es aber nicht thun; vielmehr werde ich die Hände in den Schoß legen und abwarten, ob nicht die gefährlichen Handlungen begangen werden möchten; alsdann werde ich mich erheben und das Schwert der strafenden Gerechtigkeit in Bewegung setzen?

Und wie steht es mit der Presse? Darf man wohl behaupten, daß gegen die Vornahme derjenigen gefährlichen Handlungen, welche durch Veröffentlichung von Preßerzeugnissen begangen werden könnten, Präkavirungen für nicht möglich gehalten sind? Die jahrhundertlange Existenz der Censur zeigt, daß man dies geglaubt hat. Ja noch mehr! man hat sogar durch die Censur in sehr wirksamer Weise präkavirt, wofür einerseits die Seltenheit der während des Bestehens der Censur vorgekommenen Preßprocesse, die übrigens sämmtlich auf Grund der bestehenden allgemeinen Strafgesetze geführt worden sind, und andererseits die reiche Blüthe derartiger Processe nach Beseitigung der Censur einen genügenden Beweis liefern.

Wenn daher heute gesagt wird, der Staat will gegen Preßerzeugnisse nicht präveniren, wenn der Satz aufgestellt wird: Es hat ein „Uebergang vom Präventiv- zum Repressiv-System" stattgefunden, so wird dadurch der Standpunkt derjenigen, welche von der „Gefährlichkeit" der Presse ausgehen, auf das erheblichste erschüttert.

Es ist eben Preßfreiheit an Stelle der Censur getreten. Weil dies der Fall ist, so muß auch das Princip, welches der Preßfreiheit zu Grunde liegt, die Preßgesetzgebung beherrschen, nicht aber darf dieselbe von dem der Censur zu Grunde liegenden Principe beherrscht werden. Die einzelnen Bestimmungen des Preßgesetzes müssen sich überall als richtige Konsequenzen des der Preßfreiheit zu Grunde liegenden Princips darstellen; dagegen sind solche Anordnungen, welche aus dem der Censur zu Grunde liegenden Principe hervorgehen, zu beseitigen.

Ich möchte hier eine Bemerkung allgemeiner Art nicht unterdrücken. Man wird häufig, vielleicht regelmäßig die Erfahrung machen, daß, wenn irgend ein Rechtsgebiet lange Zeit hindurch von einem bestimmten Principe aus geregelt worden ist, dann aber an Stelle des für fehlerhaft erkannten Princips ein richtigeres gesetzt werden soll, daß dann durch die vielleicht Jahrhunderte lang dauernde Herrschaft des schlechteren Princips die Fähigkeit, das richtigere zu verstehen, eine so beschränkte geworden ist, daß man nicht selten, statt das Wesen des Richtigen zu erfassen, nur einzelne Symptome desselben zu erkennen vermag. Man greift dann nach Einzelheiten, oft Aeußerlichkeiten und giebt sich der Täuschung hin, man habe dadurch das Fehlerhafte beseitigt und das Richtige an seine Stelle gesetzt. Bald aber nimmt man den geschehenen Mißgriff wahr und gelangt zu der Ueberzeugung, daß trotz der Errungenschaft jener Einzelheiten es im Wesentlichen beim Alten geblieben ist.

Man findet Beispiele, daß Staaten, welche eine Reihe von Jahren absolut regiert wurden, in die Reihe der konstitutionellen Staaten einzutreten beschließen. Es muß also eine Verfassung gegeben und beschworen werden. Wie ist es aber, wenn dasjenige nicht geschieht, was nach den Bestimmungen der Verfassung geschehen soll? Existirt überhaupt eine Verfassung, wenn die Mittel fehlen, durch rechtlichen Zwang ihre Befolgung zu sichern? —

Der Strafproceß wurde durch das Inquisitionsprincip beherrscht. Das soll nicht mehr sein; es soll Anklageproceß eingeführt werden; und so geschah es. Am Schlusse des Hauptverfahrens halten Staatsanwalt und Vertheidiger Partei-Vorträge! Vielleicht bestreitet man mir selbst dies, — und thäte man es, man thäte es nicht ohne Grund, da ja die staatsanwaltlichen Reden nicht Parteireden sein, sondern über den Parteien schweben sollen. Daß wir auch heute noch in Deutschland bis über die Ohren im Inquisitionsprocesse stecken, welcher Kundige würde dies in Abrede stellen? und doch ist die Zahl derer, welche auch heute noch den auf Französischen Principien beruhenden Strafproceß alles Ernstes als Anklageproceß angesehen wissen wollen, eine wahrlich nicht geringe.

Ist es uns nun mit Censur und Preßfreiheit anders gegangen? Die Censur muß abgeschafft, Preßfreiheit muß gewährt werden! Man kommt dem Verlangen nach, d. h. man schafft den Censor ab. Ist nun aber Beseitigung der Censur identisch mit der Beseitigung des Censors? Ist Preßfreiheit dadurch zu definiren, daß man etwa sagt: Preßfreiheit ist in allen Ländern vorhanden, in denen es keinen Censor giebt?

So kann die Sache sich nicht verhalten. Wir müssen daher etwas näher darauf eingehen zu untersuchen, welches das der Censur zu Grunde liegende Princip ist, und welches Princip dagegen durchgeführt sein muß, wenn mit Recht das Vorhandensein der Preßfreiheit behauptet werden darf. —

Weber sagt (a. a. O. S. 163) zur Unterscheidung der Censur von der Preßfreiheit:

> Um sowohl die gemeine Wohlfahrt, als auch die Rechte einzelner Staatsbürger gegen aufrührerische, unsittliche und beleidigende Schriften zu sichern, sind vorzüglich zwei Wege zu prüfen:
>
> Erstlich, man kann den Gebrauch der Presse einschränken, und ihn einer beständigen Aufsicht — Censur — unterwerfen.
>
> Zweitens, man kann den Gebrauch mit jener Aufsicht zwar verschonen, aber auf den Mißbrauch, oder auf die

Verbrechen der Schriftsteller, Verleger und Buchdrucker u. s. w. angemessene Strafen setzen; dies ist es, was man eigentlich Preßfreiheit nennen, und vernünftiger Weise nur darunter verstehen kann."

Hiernach schließt Weber von der Preßfreiheit aus: 1) die Beschränkung des Gebrauches der Pressen und 2) die beständige Aufsicht über den Gebrauch der Pressen. Er bezeichnet es ferner als Censur, wenn fortdauernde Aufsicht über den Gebrauch der Pressen ausgeübt wird. Daß zum Wesen der Censur die Existenz einer in bestimmter Weise organisirten Behörde, die Existenz eines streichenden Censors wesentlich gehöre, das sagt Weber mit gutem Grunde nicht.

So nützlich diese Bemerkung Weber's auch immerhin sein mag, so erlangt sie ihre vollkommene Bedeutung doch erst, durch die Geschichte der Censur. Mögen die wenigen Worte, die Weber hierüber beibringt, (a. a. S. 165) auch hier einen Platz finden. Sie lauten:

„Wenn es jemals einen Fall gab, wo die Vermuthung entstehen konnte, daß ein gewisser gegen das menschliche Geschlecht feindseliger Geist der Vorsehung entgegen arbeite und Alles, was sie zur Beförderung der Vollkommenheit und Glückseligkeit der Menschen veranstaltet, zu zerstören oder doch zu verderben suche: so traf dieser Fall ein, als der ungerechte und wollüstige Papst Alexander VI. zuerst bei Strafe des Bannes befahl, daß kein Buchdrucker ein Buch anders, als nach vorgängiger Censur seines Bischofs drucken sollte, welche Ordnung in der Folge von seinen Nachfolgern unter geschärften Strafen von Zeit zu Zeit erneuert worden ist. In Deutschland bestellte Kurfürst Berthold von Mainz zuerst 1486 eine Censur in seiner Diöcese. In Ansehung des ganzen Reichs finden sich die ersten Spuren dieser Anordnung im XVI. Jahrhundert, und seitdem beharrte man darauf."

Bekannt ist es, daß die Censur nicht nur ebenso alt ist, als die Erfindung der Buchdruckerkunst, sondern daß sie viel älter ist. „Lange vor Erfindung der Druckerei" sagt Beckmann*) „schon gleich nachdem die Verfolgung der Christen aufgehört hatte, haben die Fürsten oft Bücher verboten und unterdrückt, welche auf den Kirchenversammlungen verdammet waren, und zwar wohl nicht allemal nur wegen jener Verdammung, sondern auch aus politischen Gründen. Das Nicäische Koncil verdammte die Lehren des Arius und Kaiser Constantin verboth seine Bücher, verurtheilte sie zum Feuer, und drohete denen Strafen, welche sie verheimlichen oder zurück-

*) Beckmann, Beiträge zur Geschichte der Erfindungen Bd. I. S. 96.

halten würden. Das Koncil zu Ephesus verdammete die Bücher des Nestorius und Theodosius II., befahl sie auszusuchen und zu verbrennen. Diese und noch mehrere Beispiele erzählt Baillet in Jugements des savans sur les principaux ouvrages des auteurs; revus et augmentés par M De la Monnoye. Paris 1722, 7 Theile in 4° I. S. 22."

„Auch hat man Beispiele, daß schon vor Erfindung der Druckerei, Schriftsteller ihre Bücher vor der Bekanntmachung ihren Oberen zur Beurtheilung überreicht haben. Vornehmlich geschah dieses von Geistlichen, theils um sich wider besorgliche Angriffe zu sichern, theils auch um Päpsten und Bischöfen ihre Ehrerbietung zu bezeigen. Aber, daß dieses eine Pflicht gewesen sei, kann man nicht beweisen; vielmehr scheint das Gegentheil erweislich zu sein. Ambrosius Autpert, ein Benediktiner Mönch, schickte im Jahre 768 seine Erklärung der Offenbarung Johannis dem Papste Stephan III., und bat um dessen Einwilligung die Arbeit fortzusetzen und bekannt zu machen. Dabei sagte er ausdrücklich, er sei der erste Schriftsteller, der eine solche Bewilligung suche, da sonst die Freiheit zu schreiben, jedem zustände, der sich nicht von den Lehren der Kirchenväter entfernen wolle, und er hoffe diese Freiheit durch seine freiwillige Unterwerfung nicht zu schmälern. Baillet I. p. 26."

„Nach Erfindung der Druckerei, fing man bald an, den Büchern die Bewilligung der Obern beizudrucken, und es zum Gesetz zu machen, daß kein Buch ohne Censur gedruckt werden solle. Sehr vermuthlich ist, daß die Furcht der Geistlichen vor Büchern, die der Religion und dadurch ihnen nachtheilig sein könnten, die Büchercensur beschleunigt hat."

Die an dieser Stelle nach Weber und Beckmann mitgetheilten Anfänge der Geschichte der Censur erläutern auch die weitere historische Entwickelung dieses Instituts*). — Wenn Wilda in der Zeitschrift für deutsches Recht Bd. XI. S. 185 von der Religionsfreiheit sagt:

> „Unsere deutschrechtliche Gewissensfreiheit ist auf dem Boden der überkommenen Religionsherrschaft erwachsen und besteht in der Beschränkung des von Kirche und Staat geübten Religionszwanges" . . .

so läßt sich dieser Satz auch auf die Preßfreiheit übertragen. Zuerst die Kirche; dann der Staat, beide haben durch Anwendung der ihnen zustehenden Macht die Freiheit der Meinungsäußerung soweit zu beschränken gesucht, als es ihnen gut dünkte. Auf diesem Boden der überkommenen

---

*) Die Thatsachen gibt Ludwig Hoffmann „Censur und Preßfreiheit" Th. I. Das Buch ist erschienen im Jahre 1819 und erklärt sich hieraus die Art und Weise, wie der Verfasser die von ihm vorgetragenen Thatsachen beurtheilt.

Herrschaft über die Presse soll die Preßfreiheit, d. h. die Beseitigung des von Kirche und Staate geübten Gedankenzwanges erst noch erwachsen.

Der Entwicklungsproceß der Civilisation ist der Kampf der Kritik gegen das Dogma, mag das Dogma ein religiöses, ein philosophisches, ein Dogma des Privat- oder des öffentlichen Rechtes sein, ein Dogma der Volkswirthschaft, der Naturwissenschaft, ein Dogma der Wissenschaften der Künste überhaupt. Der Fortschritt in der Civilisation tritt ein, wenn die Kritik einen Sieg über das bestehende Dogma errungen, wenn sie an Stelle des als falsch nachgewiesenen Dogmas ein anderes, richtigeres gesetzt hat. Die Thatsache, daß es zu keiner Zeit an Menschen fehlte, welche Dogmen, die jetzt als unrichtig anerkannt sind, mit voller Ueberzeugung für absolute Wahrheit hingenommen haben, muß uns mit dem demüthigen Bewußtsein erfüllen, daß die menschliche Unvollkommenheit sich dabei bescheiden muß, überhaupt nur relative Wahrheit zu erkennen. Aber ebenso gewiß wie dieses, ist auch das Weitere, daß der Mensch durch eigene Kraft es vermag, der absoluten Wahrheit immer näher zu kommen. Ein Ausspruch Lessing's in seinen theologischen Streitschriften drückt dies trefflicher aus, als es irgend Jemand zu sagen vermöchte, — ein Ausspruch, an den auch in der heutigen Zeit nicht oft genug erinnert werden kann, ein Ausspruch, der in nahem Zusammenhange mit dem von uns zu behandelnden Gegenstande steht und der daher auch hier wohl angeführt werden darf.

> „Nicht die Wahrheit“, so sagt Lessing, „in deren Besitz irgend ein Mensch ist oder zu sein vermeint, sondern die aufrichtige Mühe, die er angewandt hat, hinter die Wahrheit zu kommen, macht den Werth des Menschen. Denn nicht durch den Besitz, sondern durch die Nachforschung der Wahrheit erweitern sich seine Kräfte, worin allein seine immer wachsende Vollkommenheit besteht. Der Besitz macht ruhig, träge, stolz. —
>
> Wenn Gott in seiner Rechten alle Wahrheit, und in seiner Linken den einzigen immer regen Trieb nach Wahrheit, obschon mit dem Zusatze, mich immer und ewig zu irren, verschlossen hielte, und spräche zu mir: wähle: Ich fiele ihm mit Demuth in seine Linke, und sagte: Vater gieb! die reine Wahrheit ist ja doch nur für Dich allein.“

Das Dogma ist die Wahrheit, in deren Besitz der Mensch ist, oder zu sein vermeint; die Kritik ist die aufrichtige Mühe, hinter die Wahrheit zu kommen. Das Dogma erzeugt Stagnation; die Kritik bewirkt fortdauernd sich neu gestaltendes Leben.

Wie aber, wenn das so eben Gesagte nicht anerkannt wird, wenn man im Gegentheil von der Voraussetzung ausgeht, es gäbe in Staat und Kirche, für Recht und Sitte wenigstens gewisse Dogmen, die zum Heile der Menschheit nicht angegriffen werden dürfen, deren Erforschung durch die Kritik selbst schon ein Frevel an der irdischen und himmlischen Glückseligkeit des Menschengeschlechtes wäre? — Dann ergibt sich mit Nothwendigkeit die Anschauung von der Gefährlichkeit der Kritik überhaupt, namentlich aber auch von der Gefährlichkeit der Presse, des wesentlichsten und hauptsächlichsteu Organs der Kritik. Und von selbst führt denn diese Anschauung dazu, die Presse um ihrer Gefährlichkeit willen unter fortdauernder Aufsicht zu behalten, damit gehindert werde, was man fürchtet, — vielleicht in der besten Absicht fürchtet. Die Censur ist dann zwar nichts weiter, als das Resultat der Bornirtheit, aber sie schadet wie jede aus der Bornirtheit hervorgegangene Einrichtung.

Es ist aber noch ein weiterer Gesichtspunkt festzuhalten. Von je an hat es Dogmen gegeben, deren Anerkennung einzelnen Menschen Rechte gewährte, anderen Verpflichtungen auferlegte, Dogmen, welche diesem Macht zuerkannten, jenem Unterwürfigkeit anbefahlen, Dogmen endlich, welche Einen mit Unfehlbarkeit ausstatteten und alle Anderen unter den unfehlbaren Willen dieses Einen beugten. Und man darf wohl sagen, daß es nicht daran gefehlt hat, gerade die Dogmen dieser Art mit einem Nimbus von besonderer Heiligkeit zu umgeben, gerade ihre Kritik als eine vorzugsweise gefährliche hinzustellen. Die Kritik dieser Dogmen fürchtete man nicht mehr wegen des allgemeinen, sondern wegen des eigenen Wohles; und die Censurmaßregeln, die sich hieraus entwickelten — mochten sie von ihren guten Absichten auch viele Worte machen — waren nichts weiter als Mittel zur Aufrechterhaltung derjenigen Macht, welche jene Dogmen gewährten, Dogmen, die man gerade deshalb der Kritik entziehen wollte, weil sie Macht gewährten, und die man um so mehr der Kritik entziehen mußte, je zahlreicher die Blößen sein mochten, die sie derselben dargeboten haben würden. —

Das Axiom, von welchem die Censur ausgeht, heißt: **die Presse ist gefährlich.** Alles, was eine Konsequenz dieses Axioms ist, ist eine Konsequenz der Censur und mit dem Wesen der Preßfreiheit unvereinbar.

Erachtet man die Presse für gefährlich, so ergeben sich hieraus folgende Präventivmaßregeln:

1. Man schränkt den Gebrauch der Pressen ein, dadurch, daß man das Zustandekommen der Preßerzeugnisse erschwert. Dahin gehört zunächst die Auferlegung einer Zeitungssteuer; denn

man erschwert die Benutzung der Presse, wenn man die Preß-Erzeugnisse von Staats wegen vertheuert.

Ferner gehört sicher hieher die Forderung, daß für Zeitungen eine Kaution gestellt werde. Bei der Kautionsstellung ist freilich noch ein anderer Gesichtspunkt maßgebend. Die Kaution soll ein vorweg sichergestelltes Exekutionsobjekt für die durch Preßdelikte verwirkten Geldstrafen und für die durch Preßprocesse entstandenen Kosten abgeben. Aus diesem Grunde bleibt ja auch die Kaution selbst nach Aufhebung der Zeitung, für die sie bestellt ist, noch so lange liegen — dies ist wenigstens eine Vorschrift des Preußischen Preßgesetzes — bis nach dem Erscheinen der letzten Nummer der Zeitung die vollständige Verjährungsfrist für die etwa begangenen Preßdelikte abgelaufen ist. — Es ist nun aber doch ein allgemeiner strafrechtlicher Grundsatz: Quisquis præsumitur bonus. Und diesen Grundsatz anerkennt ja auch die Strafgesetzgebung. Denn bei jedem Delikte wird doch erst abgewartet, ob dasselbe begangen ist, ehe man für die etwa verwirkte Strafe eine Sicherstellung verlangt. Und doch würde es in manchen Fällen möglich sein, Kautionen vor Begehung der Delikte zu verlangen. Man könnte ja von Gastwirthen eine Kaution verlangen, damit die Strafen gedeckt werden, die sie verwirken dadurch, daß sie Hazardspiele in ihren Lokalen gestatten, „oder zur Verheimlichung solcher Spiele mitwirken." (Preuß. Str.-G.-B. §. 267). Man könnte von den öffentlichen Pfandleihern eine Kaution verlangen, weil sie doch möglicherweise „die von ihnen in Pfand genommenen Gegenstände unbefugt in Gebrauch nehmen" könnten (Pr. Str.-G.-B. §. 265). Es würde ja möglich sein, von allen Kaufleuten eine Kaution zu verlangen; denn diese könnten ja leicht dadurch delinquiren, daß sie „Waaren oder deren Verpackung fälschlich mit dem Namen oder der Firma und mit dem Wohn- oder Fabrikorte eines inländischen Fabrik-Unternehmers, Producenten oder Kaufmanns bezeichnen, oder wissentlich dergleichen fälschlich bezeichnete Waaren in den Verkehr bringen" (Str.-G.-B. §. 269). Es ist nicht abzusehen, weshalb nicht alle Staatsbeamten — mittelbare und unmittelbare — eine Kaution stellen müßten; denn alle können in die Lage kommen, sich „der Achtung, des Ansehens und des Vertrauens unwürdig zu machen, die ihr Beruf erfordert" (Disciplinargesetz für richterliche und für nicht richterliche Beamte §. 2) und in Folge dessen mit einer Geldstrafe belegt zu werden. Sämmtliche Kaufleute, Fabrikanten, Gewerbtreibende, die irgendwie mit den Steuerbehörden zu thun haben, sie alle können denkbarer Weise defraudiren und in Folge dessen zur Zahlung der Defraudationsstrafe verurtheilt werden.

Und doch, obwohl man es könnte, in keinem dieser und ähnlicher Fälle verlangt man die Stellung einer Kaution.

Einzig und allein den Zeitungen gegenüber hält man

dieses für erforderlich. Man sollte fast glauben, es läge ein unwiderstehlicher Trieb in den Menschen, gerade durch Zeitungen zu delinquiren, — ein so unwiderstehlicher Trieb, daß, obwohl alle anderen Delikte vermieden werden können, doch Preßvergehen unvermeidlich seien.

Zu den Präventivmaßregeln, durch welche man den Gebrauch der Presse einschränkt, gehört auch noch die Entziehung des Postdebits. Die Post ist eine Staatsanstalt und es ist gesetzlich bestimmt, was diese Staatsanstalt zu leisten hat. Zu diesen Leistungen gehört auch die Beförderung von Zeitungen an diejenigen, welche sie bestellt haben. Es wäre nun möglich, daß der Vertrieb der Zeitungen durch die Post überhaupt beseitigt würde. Aber, wenn man Zeitungen vertreibt, und doch einzelne derselben nicht vertreiben zu wollen erklärt, so ist das nichts Anderes, als wenn man den Befehl ertheilte, Briefe von oder an gewisse Personen durch die Post nicht zu befördern. Es könnte ja auch ein solches Verbot im Interesse der öffentlichen Ordnung dringend geboten erscheinen.

2. Man unterwirft den Gebrauch der Pressen einer beständigen Aufsicht.

Ich will hier zunächst die Bestimmung erwähnen, nach welcher von den erscheinenden Drucksachen den Polizeibehörden Pflichtexemplare eingereicht werden müssen. Diese Bestimmung ist meines Erachtens mit der Preßfreiheit wohl vereinbar, vorausgesetzt nämlich, daß die Ueberreichung des Pflichtexemplars nur dazu dient, denjenigen Behörden, welchen die Strafverfolgung obliegt, in der einfachsten Weise ein Urtheil darüber zu verschaffen, ob ihrer Ansicht nach durch die betreffende Druckschrift ein Delikt begangen ist oder nicht. Soll freilich die Einreichung des Pflichtexemplares dazu dienen, die Ausübung der Beschlagnahme zu erleichtern, so wird sie sich nicht recht fertigen. Der Grund hiefür liegt dann aber in der Beschlagnahme, die allerdings in jeder Gestalt mit der Preßfreiheit unvereinbar ist.

Wenn früher ein Manuskript dem Censor vorgelegt wurde, und dieser dasjenige strich, was er streichen zu müssen glaubte, so hieß das: die Aufsichtsbehörde verbietet, daß das vom Censor Gestrichene gedruckt und dann gelesen werde. Wenn dagegen die Polizeibehörde eine Druckschrift mit Beschlag belegt, so heißt das: die Aufsichtsbehörde verbietet, das das bereits Gedruckte gelesen werde. In dem Wesentlichen der Sache, nämlich in dem Verbote, daß etwas gelesen werde, stimmt der Strich des Censors mit der Beschlagnahme der Polizei vollkommen überein. Aber auch die äußere Erscheinung ist bei beiden Einrichtungen nicht unähnlich. Wenn nämlich die Polizeibehörde es mit dem öffentlichen Interesse für vereinbar hält, so läßt sie sich wohl herbei, einen bestimmten Artikel der betreffenden Zeitungsnummer als denjenigen zu bezeichnen, welcher die Beschlagnahme veranlaßt habe oder veranlassen würde, falls die Veröffentlichung erfolgen sollte. Die Polizeibehörde streicht also einen Artikel, zwar nicht im Manuskript, wie es der Censor that, sondern statt dessen — und es liest sich ja auch so leichter – in dem ersten Druck-Exemplar, welches abgezogen worden. Es leuchtet ein, daß dieser Gebrauch einer weiteren Entwicklung leicht zugeführt werden kann. Denn es würde ja nichts hindern, den Polizeibeamten anzuweisen, statt des ganzen Artikels die einzelnen Stellen oder Worte zu bezeichnen, welche zur Vermeidung der Beschlagnahme wegbleiben müßten. Erhielte das Institut der polizeilichen Beschlagnahme diese durch Nichts gehinderte Erweiterung, so würde der Unterschied zwischen dem Censor und der Polizei nur noch darin bestehen, daß der Censor Geschriebenes strich und der Polizeibeamte Gedrucktes streicht. Diese Aehnlichkeit ist aber, wie gesagt, nur unter der Voraussetzung nachweisbar, daß die Polizeibehörde es mit dem Interesse für das öffentliche Wohl zu vereinigen vermag, den Grund der Beschlagnahme in engeren oder weiteren Grenzen anzugeben. Wenn es dagegen das Interesse für das öffentliche Wohl verlangt, daß dies nicht geschehe, so bleibt freilich zwischen dem Censor und der Polizeibehörde ein sehr bemerkbarer Unterschied bestehen. Der Censor verbietet, daß Etwas nicht gelesen werde; der Polizeibeamte unterdrückt das Ganze, weil Etwas in der Druckschrift vorkommt, wovon er nicht will, daß es gelesen werde.

Aber freilich, diese polizeiliche Beschlagnahme ist ja nur eine vorläufige. Das Gericht hat über die Aufrechterhaltung zu entscheiden. Es würde indessen nicht richtig sein, in dieser gerichtlichen Prüfung etwas zu finden, was sich im Wesentlichen von der polizeilichen Prüfung unterschiede. Man wird uns freilich entgegenhalten, daß es bei der richterlichen Prüfung darauf ankomme, festzustellen, ob die vorläufig mit Beschlag belegte Druckschrift muthmaßlich zu einer Verurtheilung führen werde. Wenn dieses jedoch wirklich der Zweck der richterlichen Prüfung wäre, so leuchtet ein, daß dieselbe in ausreichender Weise an einem Exemplar vorgenommen werden könnte, wie ja denn eine etwaige Anklage und Verurtheilung immer nur auf das zu den Proceßakten genommene Exemplar, nicht aber auf die in polizeilichem Gewahrsam befindlichen Ballen gestützt wird. Ferner könnte man einwenden, es handle sich bei der gerichtlichen Beschlagnahme auch noch darum, das Exekutionsobjekt für die muthmaßliche Bestrafung zu sichern, falls diese unter Anderem auch darin bestehen sollte, die ganze Schrift oder einen Theil derselben zu vernichten. Ist nun aber diese Strafart selbst eine solche, welche sich legislatorisch rechtfertigen läßt? So viel ist wohl von vorn herein klar, daß sie sich nur dann exequiren läßt, wenn eine Verbreitung der betreffenden Druckschrift gehindert ist. Die absolut nothwendige Voraussetzung dieser Strafart ist also die polizeiliche Beschlagnahme. Da wird man doch alles Ernstes erwägen müssen, ob nicht mit diesem Preise ein Strafmittel zu theuer bezahlt wäre, selbst wenn es nützlich sein sollte. Als nützlich würde man dieses Strafmittel aber nur dann ansehen können, wenn man davon ausgeht, daß die Presse für gefährlich zu erachten sei. Wenn ein Mord begangen wäre, so erlangt die Thatsache, daß dieses geschehen, sofort die weiteste Publicität. Die Zeitungen bringen das genaueste Detail über die Art, wie das Verbrechen ausgeführt wurde, und man erfährt, daß und warum gestraft worden ist. Und so ist es ja auch mit allen übrigen Delikten. Wenn aber durch die Presse delinquirt wurde, so soll das Bekanntwerden der Thatsachen, welche das Delikt bilden, gefährlich sein. Daher wird die Vernichtung des Preßerzeugnisses selbst beschlossen und es entstehen neue Anklagen, wenn öffentlich mitgetheilt wird, aus welchen Gründen die Verurtheilung stattgefunden habe. Die Strafe der Vernichtung des Preßerzeugnisses widerstreitet somit dem Principe der Oeffentlichkeit des Verfahrens, welches ein Fundamental-Princip unseres modernen Strafprocesses sein soll.

Ich muß mich hier gleich gegen eine Ansicht des Herrn Prof. Glaser wenden. Derselbe will die Oeffentlichkeit bei Preßprocessen nicht aufgeben, erklärt jedoch S. 99:

> „Das Bekanntwerden der inkriminirten Schrift in dem immerhin beschränkten Kreise derselben Zuhörer, welche Zeugen der Verhandlung und des Urtheils sind, ist ganz unbedenklich, während es keineswegs selbstverständlich ist, daß es gestattet sein müsse, in dem Bericht über die Gerichtssitzung den Wortlaut der inkriminirten Stellen zu wiederholen."

Wenn dies nicht selbstverständlich ist, so existirt eben keine Oeffentlichkeit. Denn die Oeffentlichkeit ist doch wahrlich nicht dadurch gegeben, daß man einem „immerhin beschränkten Kreise" von Zuhörern die Thüren des Gerichtslokals öffnet. Um dieses Zweckes willen wäre es wahrlich nicht nöthig gewesen, die Oeffentlichkeit einzuführen. Denn diese soll doch die Art und Weise, wie die Justiz gehandhabt wird, der öffentlichen Beurtheilung unterwerfen. Will man unter öffentlicher Beurtheilung nichts anderes verstehen, als das Urtheil derjenigen, welche zufällig einmal in einem Gerichtslokale anwesend sind, will man nicht überall, wo im Staatsleben Angelegenheiten des öffentlichen Interesses öffentlich verhandelt werden, den Inhalt der Verhandlungen durch die Vermittelung der Presse zur allgemeinen Kenntniß und somit auch zur Kenntniß derer bringen, die eine Kritik der Verhandlungen ausüben können und ausüben wollen, so würde es in der That besser sein, die Oeffentlichkeit im Strafverfahren so einzurichten, wie etwa das Bayerische und das Preußische Strafgesetzbuch auch die Intramuran Hinrichtung — einen Akt der nicht öffentlichen Justiz — wenigstens noch bis zu einem gewissen Grade unter die Garantie der Oeffentlichkeit gestellt haben. Denn sollen die Berichte über die öffentlichen Gerichtsverhandlungen von den öffentlichen Blättern mit der Vollständigkeit nicht gebracht werden, daß man aus ihnen ersehen kann, was der Gegenstand des richterlichen Urtheils war, soll man also nicht einmal den vollen Inhalt der Beschuldigung kennen lernen, so hat die Oeffentlichkeit nicht nur gar keinen Werth, sondern ist geradezu schädlich. Denn diejenigen, welche zufällig bei der Verhandlung anwesend gewesen sind, können doch nicht zum Schweigen verurtheilt werden, und statt auf Grund eines klaren, vollständigen Berichts das erfolgte richterliche Urtheil zu prüfen, wird dasselbe auf Grund schwankender und unsicherer Gerüchte dennoch beurtheilt werden; und das ist wahrlich kein Vortheil für die Justizpflege. Also man wähle: Entweder Oeffentlichkeit, dann aber auch die ganze Oeffentlichkeit, mit welcher die Strafe der Vernichtung einer Druckschrift oder einzelner Stellen derselben unvereinbar ist; — oder man entscheide sich für diese Strafart und scheue sich dann nicht, konsequent zu sein und die Oeffentlichkeit der Verhandlungen in Preßsachen überhaupt zu verwerfen. —

Man wird mir vielleicht entgegenhalten, daß, wenn der erkennende Richter die ganze oder theilweise Vernichtung einer Druckschrift befehle, dieses so eigentlich eine Strafe nicht sei, daß vielmehr durch diese Procedur nur das begangene Delikt ungeschehen gemacht werde. Dieser Einwand würde aber, falls derselbe erhoben werden möchte, doch auf einem nicht zu verkennenden Mißverständnisse beruhen. Denn für's Erste kann ein Delikt, wenn es einmal begangen ist, nicht mehr ungeschehen gemacht werden; und für's Zweite wird ja auch diese Strafe niemals selbstständig für sich erkannt, sondern immer nur als eine accessorische. Die Hauptstrafe aber, welche sonst noch festgesetzt wird, zeigt ja auch, daß es sich nicht blos darum handle, ein Delikt ungeschehen zu machen, sondern auch darum, ein geschehenes Delikt mit Strafe zu belegen. — Die Geld- oder Freiheisstrafe, die erkannt wird, ist die Strafe für das durch die Verbreitung begangene Delikt; die Vernichtung der Druckschrift eine durch richterliches Urtheil angeordnete Präkavirung gegen die Gefährlichkeit der noch nicht verbreiteten Exemplare.

In früherer Zeit ließ man die verurtheilten Bücher durch Henkershand auf öffentlichem Markte verbrennen. Jetzt läßt man sie einstampfen oder bedient sich — vielleicht nach russischem Vorbild — der Druckerschwärze, um die gefährlichen Stellen einer Zeitung oder eines Buches unleserlich zu machen. Die Sache ist dieselbe geblieben, wie ja auch die Todesstrafe noch immer die Todesstrafe ist, obschon man mit Rad und Galgen den offenen Markt verlassen und im Gefühle des feineren Anstandes sich hinter die Mauern eines umschlossenen Platzes zurückgezogen hat. —

Die gerichtliche Beschlagnahme ist also weder daraus zu begründen, daß der Beweis des Deliktes festgestellt werden muß, — denn dazu genügt ein Exemplar, — noch auch daraus, daß das Exekutionsobjekt für die Strafe der Vernichtung der Druckschrift gesichert werde, — denn diese Strafe ist überhaupt nicht zu rechtfertigen. Vielmehr ist die gerichtliche Beschlagnahme nichts weiter, als das Resultat der nochmaligen Prüfung über die bereits von der Polizeibehörde und der Staatsanwaltschaft anerkannte Gefährlichkeit eines Preßerzeugnisses. Man nimmt aber an, daß Staatsanwalt und Polizei von der Regierung abhängige Behörden seien, der Richter dagegen unabhängig dastehe.

Der deutsche Journalistentag fordert unter den nothwendigen Grundlagen einer rechtlichen Stellung der Presse unter Anderen auch:

„Vollständige Unabhängigkeit der Gerichte“

und versteht darunter unzweifelhaft nicht blos eine solche Verfassungsbestimmung, welche den Richtern die Unabhängigkeit zusichert, sondern solche Gerichte, welche unabhängig urtheilen können und unabhängig urtheilen wollen. Herr Professor Glaser sagt dazu (S. 99): „daß die Forderung vollständiger Unabhängigkeit der Gerichte innerhalb des Deutschen Juristentages weder begutachtet noch sonst diskutirt zu werden braucht.“ Ich stimme ihm darin vollständig bei und lege meinerseits nur den Ton auf die Worte „innerhalb des Deutschen Juristentages.“

Ich will also von der Voraussetzung ausgehen, daß vollständig unabhängige Gerichte über die Aufrechterhaltung oder Beseitigung der von der Polizei oder Staatsanwaltschaft verfügten Beschlagnahme urtheilen. Dennoch bleibt das Bedenken bestehen, daß das Gericht lediglich in Folge des einseitigen Antrages der die vorläufige Beschlagnahme bewirkenden Behörde ohne Gehör der Angeschuldigten beschließt, daß also diesem Beschlusse die erste Voraussetzung eines jeden richterlichen Urtheils, das Gehör beider Parteien fehlt.

Aber selbst davon abgesehen. Es wird doch immer die Aufrechterhaltung der Beschlagnahme nur den Sinn haben können, daß, weil möglicherweise einzelne Stellen der Druckschrift gefährlich sein, oder weil möglicherweise wegen einzelner Stellen der Druckschrift eine Verurtheilung erfolgen könnte, das Ganze nicht gelesen werden dürfe, wenigstens nicht früher, als bis in Folge der vorauszusehenden Verurtheilung die verbrecherischen Stellen durch Druckerschwärze vertilgt sein werden.

Der Censor strich. War das geschehen, so konnte gedruckt und sofort gelesen werden. Jetzt existirt kein Censor, aber die gerichtliche Beschlagnahme erklärt, daß vor dem endlichen Austrage der Sache das Gedruckte nicht gelesen werden dürfe. Nachher könne dieses, falls nicht die ganze Druckschrift vernichtet werden müsse, allerdings geschehen, sei es nun ohne Streichung im Falle der Freisprechung, sei es mit Streichung im Falle der Verurtheilung.

Beschließt aber das Gericht, die vorläufige Beschlagnahme aufzuheben und die Druckschrift freizugeben, und ist dann noch der Staatsanwaltschaft das Recht eingeräumt, gegen einen solchen Beschluß Beschwerde mit suspensiver Wirkung zu erheben, so leuchtet ein, daß es in die Hand der Staatsanwaltschaft gelegt ist, das Bekanntwerden einer jeden Druckschrift auf lange Zeit zu verhindern, auf so lange Zeit, daß wenn dann endlich auch die letzte Instanz sich für Freigebung entschieden haben sollte, in den meisten Fällen — nämlich überall da, wo Zeitungen mit Beschlag belegt wurden, — die Druckschrift den größten Theil ihres Werthes verloren hat.

Bekanntlich sind aber die polizeilichen und gerichtlichen Beschlagnahmen nicht die einzigen Mittel, durch welche die Presse einer fortdauernden Aufsicht unterworfen wird. Neben ihnen steht noch die aus dem Koncessionswesen hervorgehende Beaufsichtigung, welcher alle Personen, die das Preßgewerbe betreiben, unterworfen zu sein pflegen. Das Koncessioniren und die Koncessions-Entziehungen sind nothwendige Konsequenzen des der Censur zu Grunde liegenden Principes. So lange man den Satz aufrecht erhält, die Presse sei gefährlich, so lange wird man koncessioniren und gewährte Koncessionen wegen Unzuverlässigkeit der Koncessionirten entziehen. Sobald man dagegen das der Preßfreiheit zu Grunde liegende Princip anerkennen wird, werden auch die Koncessionirungen und die Koncessionsentziehungen fortfallen müssen.*)

Ich glaube, der Beweis dafür ist erbracht, daß man heute noch den Gebrauch der Pressen einschränkt, und ihn einer beständigen Aufsicht unterwirft; daß mithin der Sache nach die Censur noch besteht. Der Sprachgebrauch ist freilich ein anderer. Denn alle genannten Vorkehrungen bezeichnet man heute in der officiellen Sprache mit dem Ausdrucke: **Beschränkungen der Preßfreiheit.**

So erklärt z. B. die Preußische Verfassungsurkunde Art. 27:

*) Verbote ganzer Zeitschriften, selbst eines ganzen Verlages kommen vor. Derartige Dinge jedoch zu würdigen, dazu erscheint eine wissenschaftliche Arbeit wohl nicht als der geeignete Ort. —

„Die Censur darf nicht eingeführt werden: jede andere Beschränkung der Preßfreiheit nur im Wege der Gesetzgebung."

Danach würde also auch die Censur nur eine Beschränkung der Preßfreiheit sein. Das ist eine Ausdrucksweise, die es auch rechtfertigen würde, wenn man sagen wollte:

„Die Absolutie darf nicht eingeführt werden; jede andere Beschränkung des Konstitutionalismus nur ꝛc."

Die Ausdrucksweise war nicht ohne nachtheiligen Erfolg. Die Censur war eben eine Beschränkung der Presse und zwar die Beschränkung durch den Censor. Diese sollte beseitigt werden, andere Beschränkungen wurden für verfassungsmäßig zulässig erklärt. Daß die Erkenntniß von der principiellen Unvereinbarkeit der Censur und der Preßfreiheit bei der Redaktion der Verfassung vorhanden gewesen, ist wenigstens aus dem Wortlaute der Verfassungsurkunde nicht ersichtlich.

Doch dem sei wie ihm wolle; so viel steht doch jedenfalls fest, daß als man verlangte, die Preßfreiheit solle an Stelle der Censur treten, man damit eine freiere und gesichertere Stellung für die Presse verlangte, als ihr bisher zu Theil geworden. Und man muß doch auch von der Annahme ausgehen, daß die Regierungen, welche dem Verlangen nach Preßfreiheit nachgaben, der Presse eine freiere und gesichertere Stellung bereiten wollten.

Nun lege man aber auf die eine Seite der Wagschale: 1) die Zeitungssteuer, 2) die Entziehung des Postdebits, 3) die Kautionen, 4) die polizeiliche Beschlagnahme, 5) die gerichtliche Beschlagnahme, 6) Verbote von Zeitungen, Zeitschriften u. s. w., 7) Koncessions-Entziehungen, 8) Strafen (Geld und Gefängniß) für Autor, Redakteur, Verleger, Drucker, 9) Zeugenzwang, um den s. g. „wirklichen Verfasser" herauszubekommen, —

Und auf die andere Seite der Wagschale lege man nichts von alle dem, sondern nur einzig und allein den Censor; vielleicht sogar einen von der Regierung unabhängigen Censor, — denn etwas an sich Undenkbares würde dies ebenso wenig sein, als eine von der Regierung unabhängige Staatsanwaltschaft. —

Dies mag man einander gegenüberstellen, dann auf die Verfassung hinweisen und erklären:

„Wir hatten einst die Censur; die darf nicht wieder eingeführt werden, das ist verfassungsmäßig garantirt; jetzt haben wir Preßfreiheit mit gesetzlichen Beschränkungen."

Ob man dabei auch behaupten wird, daß die Presse sich jetzt besser befinde, als früher? —

Soll die Preßfreiheit zur Geltung gelangen, so muß das der Preßfreiheit zu Grunde liegende Princip anerkannt, und zwar in allen seinen Konsequenzen anerkannt werden. Dies Princip heißt aber: die Presse ist **nicht** gefährlich.

Daß die Presse nützlich sei, das gestehen wohl Alle zu; und auch diejenigen, welche im Innersten ihrer Seele die Presse verdammen und verfluchen möchten, sie werden äußerlich den Nutzen der Presse zugestehen.

Nun wird man aber einwenden, daß aus der Nützlichkeit der Presse noch durchaus nicht die Ungefährlichkeit derselben folge. Man führt andere den Menschen nützliche Erfindungen an, z. B. die Dampfmaschine, und weist nach, daß trotz des Nutzens, den sie gewähren, die Gefahr derselben bei unangemessener Benutzung eine überaus bedeutende sei und daß in Folge dessen Anordnungen getroffen werden müssen, welche ohne den Nutzen zu schmälern, doch die Gefahr beseitigen. So könne man auch der Presse gegenüber anerkennen, daß sie dem Nutzen der Menschheit diene; wenn man aber Mittel gegen die Gefährlichkeit der Presse ergreife, so mindere man nicht ihren Nutzen, man erhöhe ihn vielmehr.

Eine derartige Exemplifikation würde aber aus mehr als einem Grunde unrichtig sein. Denn wenn bei einer Dampfmaschine der Dampfkessel springt und dadurch Unglück entsteht, so geschieht etwas, was ganz außerhalb der Bestimmung, ganz außerhalb des Zweckes liegt, welchen die Dampfmaschine hat. Wenn aber die Presse dazu benutzt wird, um vorhandene Schäden aufzudecken, gegen erkannte Irrthümer anzukämpfen, dann geschieht gerade das, was geschehen muß, wenn die Presse ihre Bestimmung erfüllen soll. Leugnen kann man es aber gewiß nicht, daß man gerade in dieser ihrer Bestimmung die Gefährlichkeit der Presse gesucht hat und zum Theil noch jetzt sucht, daß man mithin auch durch die Bekämpfung dieser vermeintlichen Gefahr den Nutzen der Presse hemmt. — Wenn man aber auch hievon vollkommen absehen und lediglich behaupten wollte, daß die Vorkehrungen gegen die Gefahr der Presse beschränkt bleiben müßten auf Beschädigungen, welche durch die Presse veranlaßt werden könnten und welche ganz außerhalb der Bestimmung und des Zweckes derselben lägen, so wird man auch diese Ansicht nicht aufrecht erhalten können.

Zu dem Urtheile nämlich, daß etwas gefährlich sei, kann man doch nur auf folgende Weise gelangen. Man beobachtet zunächst, daß ein bestimmter schädlicher Erfolg auf eine bestimmte Ursache zurückzuführen ist, also z. B. daß ein Mensch getödtet wurde, weil ihm aus der oberen Etage eines Hauses ein Blumentopf auf den Kopf gefallen ist. Durch diese Beobachtung allein wird man aber nicht zu dem Urtheile gelangen, daß ein Blumentopf gefährlich sei; sondern man wird sich sagen, daß der schädliche Erfolg eingetreten sei, weil der Blumentopf von einer bedeutenden Höhe herabgefallen, weil dieses Herabfallen durch einen plötzlich entstandenen Zugwind und zwar zu einer Zeit veranlaßt wurde, als sich an der betreffenden Stelle zufällig gerade ein Mensch befand. — In einem anderen Falle beobachtete man dagegen, daß ein Tiger einen Menschen zerrissen hat. Hier wird man urtheilen dürfen, daß der Tiger ein gefährliches Thier sei, weil es eine diesem Thiere immanente Eigenschaft ist, Menschen zu zerreißen. Man wird daher Vorkehrungen gegen die Gefährlichkeit der Tiger in zoologischen, aber nicht Vorkehrungen gegen Blumentöpfe in botanischen Gärten treffen.

Will man nun behaupten, die Presse sei gefährlich, so muß zweierlei erfahrungsmäßig feststehen. Erstens, daß die Presse schädliche Erfolge herbeigeführt habe, und zweitens, daß diese angeblich oder wirklich durch die Presse entstandenen schädlichen Folgen aus einer der Presse immanenten Eigenschaft — und aus keinem anderen koincidirenden Ereignisse resultiren.

Ich stelle die ganze Weltgeschichte zur Disposition, um durch historische Thatsachen den Beweis beizubringen, daß Revolutionen, daß Verletzungen des allgemeinen Wohls durch die Presse herbeigeführt würden. Mit Phrasen und Phantasieen freilich, wie sie von denen zum Besten gegeben werden, welche um ihrer persönlichen Interessen willen die Presse fürchten und sie deshalb für gefährlich erklären, wünsche ich nichts zu thun zu haben.

Dagegen läßt sich positiv der Beweis wohl führen, daß die Presse ihrer Natur nach nicht gefährlich ist, daß sie im Gegentheil Gefahren verhütet.

Den ersten Grund hat bereits Weber (a. a. O. S. 174) mit folgenden Worten ausgesprochen:

> „Man erwäge," so sagt er, „daß eben die Preßfreiheit, welche der Lästerer mißbraucht, auch dem Vertheidiger eigener und fremder Unschuld die Ehrenrettung erleichtert, und, wenn Frevler Könige und Obrigkeiten schmähen, es nicht leicht an edelgesinnten Schriftstellern fehlen wird, um für diese zu streiten."

Die Presse heilt die Wunden, die sie schlägt, — d. h. wenn sie eine freie Presse ist.

Den zweiten Grund führt Weber nicht auf. Es ist der, daß dasjenige, was öffentlich geschieht, überhaupt nicht gefährlich werden kann, eben wegen der Oeffentlichkeit. Einem hochverrätherischen oder sonst staatsgefährlichen Unternehmen, wenn dasselbe durch die Presse verbreitet wird, kann man entgegentreten. Gefährlich ist das, was die Oeffentlichkeit scheut, gefährlich ist die Konspiration. In gleichem Maße, wie man die Freiheit der Presse schmälert, fördert man aber die Konspiration; und es ist demnach so evident, wie nur irgend etwas evident sein kann, daß nicht die Freiheit der Presse, sondern die Beschränkung der Preßfreiheit gefährlich ist.

Dazu kommt denn endlich noch, daß, wer durch die Presse ein Delikt zu begehen unternimmt, durch das von ihm gewählte Mittel selbst alles thut, um das begangene Delikt zu möglichster Publicität zu bringen. Die gefährlichen Verbrechen sind aber gewiß nicht diejenigen, welche die Oeffentlichkeit suchen, sondern gerade diejenigen, welche sie scheuen.

Bleibt man nun aber bei dem Satze stehen:

„Die Presse ist **nicht** gefährlich,“

so ergeben sich aus diesem Satze für die legislatorische Behandlung der Presse folgende beide wichtigen Sätze:

1. Was nicht aus allgemeinen legislatorischen Gründen strafbar ist, kann dadurch nicht strafbar werden, daß es durch die Presse begangen wird;
2. Was aus allgemeinen legislatorischen Gründen strafbar ist, wird dadurch, daß es durch die Presse begangen ist, nicht in höherem Grade strafbar.

Demnach beantworte ich die von der ständigen Deputation des Deutschen Juristentages gestellte Gesetzgebungsfrage zunächst dahin:

1. Die nothwendige Freiheit der Presse fordert den Wegfall aller derjenigen gesetzlichen Bestimmungen, welche von der Voraussetzung der Gefährlichkeit der Presse ausgehend den Gebrauch der Pressen einschränken und ihn einer beständigen Aufsicht unterwerfen.
2. Für die öffentliche Sicherheit genügt es, wenn bei den mittelst der Presse verübten strafbaren Handlungen die allgemeinen Strafgesetze zur Anwendung kommen. —

Die gestellte Gesetzgebungsfrage ist damit aber noch nicht vollständig beantwortet. Es soll weiter noch geprüft werden, ob auch die allgemeinen Strafrechtsgrundsätze bei den durch die Presse verübten Delikten ausnahmslos zur Geltung kommen sollen?

Veranlaßt ist diese Erweiterung der Frage unzweifelhaft durch den vom Deutschen Journalistentag unter Nr. 4 aufgestellten Grundsatz, der dahin lautet:

„Anwendung der allgemeinen Strafgesetze und Rechtsgrundsätze (z. B. hinsichtlich der Haftbarkeit) auch auf die Presse unter Ausschluß jeder Art von Specialgesetzgebung.“

Ich bin der Ansicht, daß außer der Frage, ob die allgemeinen Grundsätze über die strafrechtliche Haftbarkeit auch auf die Preßdelikte anwendbar sind, höchstens noch die Frage aufgeworfen werden könnte, ob etwa die allgemeinen Grundsätze über die Verjährung im Interesse der Presse zu modificiren sein dürften. Es ist mir wenigstens vollkommen entgangen, daß man die Anwendbarkeit irgend eines weiteren allgemeinen Strafrechtsgrundsatzes auf Preßdelikte bezweifelt habe.

Der Deutsche Journalistentag formulirt nun seine Ansicht dahin, daß diejenigen Grundsätze, welche für die Haftbarkeit überhaupt maßgebend sind, ausnahmslos auch bei der Presse in Anwendung zu bringen seien.

Dieser Ansicht kann ich nicht vollständig beipflichten, glaube vielmehr, daß sowohl das Interesse der Presse wie auch die Rücksicht auf die öffentliche Sicherheit es gebieten, daß von den allgemeinen Grundsätzen über die Haftbarkeit bei Preßdelikten Ausnahmen gemacht werden.

Da es sich um eine Gesetzgebungsfrage handelt, so darf auch wohl ein kriminalpolitischer Grund mit in Betracht gezogen werden.

Man wird nämlich wohl zu erwägen haben, daß es zunächst darauf ankommen wird, die der Presse so nachtheiligen Präventivmaßregeln zu beseitigen. Hier steht man aber geltenden, positiven Gesetzen gegenüber, welche diese Präventivmaßregeln sanktioniren. Sollten letztere auf gesetzlichem Wege beseitigt werden, so wird dies nur unter der Bedingung zu ermöglichen sein, daß die Bestrafung der begangenen Preßdelikte mit möglichst großer Sicherheit erfolgen könne.

Beständen nun die gesammten Preßerzeugnisse in nichts Anderem als in Büchern, welche unter dem Namen ihrer Verfasser veröffentlicht würden, so könnte man allerdings das etwa in ihnen enthaltene Delikt mit größter Sicherheit zur Strafe ziehen.

Soll aber die Presse dasjenige leisten, was sie im allgemeinen Interesse zu leisten vermag, so muß ihr das Recht der Anonymität zustehen. Denn wenn es auch überall nur darauf ankommt, was gesagt wird, und nicht wer es sagt, so kann doch auch nicht selten der Fall eintreten, wo ein Schriftsteller der Meinung ist, daß sein Name dem, was er zu veröffentlichen gedenkt eher schädlich als nützlich sein möchte, sei es, daß die Aufgabe, die er sich gestellt, von der Art ist, daß man ihre Lösung nur von einer anerkannten Kapacität ersten Ranges erwarten würde, sei es, daß der Gegenstand, der behandelt werden soll, eine Beurtheilung verlangt, welche auch nicht einmal durch die Kenntniß von dem Namen des Verfassers befangen gemacht werden soll. Andere nahe liegende und bei den einmal bestehenden Verhältnissen wohl zu respektirende Gründe können auch die Wirkung äußern, daß entweder gar keine oder nur eine anonyme Schrift veröffentlicht wird. Könnte man aber auch noch die Anonymität bei selbstständigen Publikationen missen, so würde der Fortfall derselben bei der Zeitungspresse ungefähr gleichbedeutend sein mit dem Fortfallen der Zeitungspresse selbst.

Wie steht nun die strafverfolgende Behörde gegenüber den in anonymen Druckschriften begangenen Delikten, wenn sie nach den allgemeinen Grundsätzen über die Haftbarkeit zu Werke gehen soll? — Natürlich, so wird man antworten, sie hat den Verfasser der für strafbar erachteten Schrift zu ermitteln. Aber wie?! Denn nachdem das Manuskript gesetzt ist, kann es verworfen werden und wird in vielen Fällen verworfen; und nachdem der Druck vollendet, kann auch der Satz auseinander genommen werden. So liegt also der strafverfolgenden Behörde ein Exemplar einer Druckschrift vor — und die einzigen Anknüpfungspunkte zur Ermittelung des Urhebers des Delikts bilden die Beschaffenheit des Papiers, die Beschaffenheit der Typen, vielleicht einige stylistische Wendungen, welche Indicien entferntester Art über die Person des Verfassers entstehen lassen mögen.

Man wird zugeben, daß diese Anzeigen nicht ausreichend sind, um die Person des Thäters zu ermitteln, und man wird es gerechtfertigt finden, wenn die Gesetzgebung die Vorschrift aufstellt, daß auf der Druckschrift der Name des Druckers, des Verlegers, genug solcher Personen sich finden müsse, durch deren Vermittelung es möglich wird, den Verfasser einer inkriminirten Druckschrift herauszustellen.

Sollte man hier einwenden, daß sich dieses ja von selbst verstehe, so möchte ich mir dagegen nur die Bemerkung erlauben, daß diese Selbstverständlichkeit lediglich eine Folge der bestehenden Preßgesetzgebung ist, und daß gewiß nicht viele Verhältnisse aufgefunden werden können, welche der strafverfolgenden Behörde eine ähnliche, gesetzlich bestimmte Unterstützung zur Ermittelung des Urhebers eines Deliktes gewähren.

Durch diese exceptionelle Bestimmung wird es dann in den meisten Fällen, namentlich durch Anwendung des Zeugenzwanges, möglich sein, den Urheber eines Preßdeliktes zu ermitteln. Der Zeugenzwang aber, mag er auch selbst ein beschränkter sein, ist aus nahe liegenden Gründen jedenfalls nur ein sparsam anzuwendendes processualisches Zwangsmittel. Wäre dieses aber auch nicht der Fall, so würde doch, so oft der Zeugenzwang bei anonymen Druckschriften in Anwendung käme, die Anonymität durchbrochen werden. Mag man nun auch zugeben, daß dies in den meisten Fällen, wo es sich um die Ermittelung des Verfassers einer selbstständigen anonymen Schrift handelt, nicht mit erheblichen Nachtheilen verknüpft sein möchte, so muß man doch für die Zeitungspresse geradezu behaupten, daß diese vollständig ihre Lebensfähigkeit verlieren würde, wenn es der strafverfolgenden Behörde zustände, überall wo sie ein Delikt begangen wähnt, die Anonymität durch Anwendung des Zeugenzwanges zu durchbrechen.

Der Konflikt ist also eklatant. Die Rechtsordnung verlangt Durchbrechung der Anonymität, um den Urheber des Preßdeliktes zu ermitteln;

die Zeitungspresse verweigert die Ermittelung des Urhebers im Interesse der Anonymität.

Dieser Konflikt läßt sich lösen, aber er läßt sich nur lösen, indem man von den allgemeinen strafrechtlichen Grundsätzen über die Haftbarkeit abweicht, und den Satz festhält:

„Der verantwortliche Redakteur ist Verfasser der ganzen Zeitung."

Ich weiß es wohl, man wird diesen Satz damit angreifen, daß man sagt, derselbe enthalte eine Präsumtion, da ja, wenn auch der Redakteur in der That der Verfasser mehrerer Artikel seiner Zeitung sein könne, er doch gewiß nicht der Verfasser dieser Artikel sein müsse. Man wird ferner sagen, dieser Satz enthalte eine Fiktion; denn es sei unmöglich, daß der Redakteur die Korrespondenzartikel selbst verfaßt habe, und überdem sei es unzweifelhaft, daß die aus anderen Zeitungen entnommenen Artikel von dem Redakteur der inkriminirten Zeitung nicht herrühren. Nun sei es aber ein allgemeiner Grundsatz, daß zur Ermittelung der Thäterschaft eines Deliktes Präsumtionen und Fiktionen nicht genügten, wie denn das Strafrecht überhaupt mit Präsumtionen und Fiktionen nichts zu thun haben dürfe, sondern überall die materielle Wahrheit ermitteln müsse.

Auf einen derartigen Einwand würde man vielleicht erwidern können, daß, obwohl das Strafrecht die Aufgabe hat, die materielle Wahrheit zu ermitteln, dasselbe dieser seiner Aufgabe doch nicht überall nachzukommen vermag, sondern nicht selten mit Präsumtionen und auch mit Fiktionen sich begnügen muß. Man könnte neben vielen anderen Beispielen darauf aufmerksam machen, daß die mit CCC. Art. 148 zusammenhängenden Strafbestimmungen fast durchgängig die bei einer Schlägerei Betheiligten, mag dieselbe nun den Tod eines Menschen oder eine Körperverletzung zur Folge gehabt haben, zum guten Theile auf Grund von Präsumtionen strafen; daß ferner die Strafbestimmungen über die Unterschlagung nicht selten die stattgehabte Aneignung der fremden Sache aus Handlungen präsumiren lassen, welche nur gewöhnlich die Folge der voraufgegangenen Aneignung zu sein pflegen, daß der Fortfall der restitutio ex capite novorum und die Anerkennung des Grundsatzes non bis in idem das Streben nach Erforschung der materiellen Wahrheit doch einigermaßen beschränken. Man könnte namentlich auch in Betreff der Fiktionen im Gebiete des Strafrechts darauf aufmerksam machen, daß das gesammte praktische Strafrecht zur Zeit auf der Voraussetzung basirt, daß Jedermann im Lande die Gesetze kenne, eine Voraussetzung, von welcher Jeder zugeben wird, daß sie nichts weiter als eine Fiktion ist.

Es würde also vielleicht der Nachweis möglich sein, daß der oben aufgestellte Satz: „Der verantwortliche Redakteur ist Verfasser der ganzen Zeitung“ mit seinen etwaigen Präsumtionen und Fiktionen durchaus nicht als eine kriminalistische Abnormität zu betrachten sei.

Aber ich bin auch zugleich der Ansicht, daß dieser Satz in der That nicht so sehr viel Präsumtionen und Fiktionen enthält, daß er vielmehr der materiellen Wahrheit recht nahe kommt.

Tüchtige Redakteure werden mir wenigstens gewiß darin beistimmen, daß eine Zeitung nicht ein bloßes Aggregat einzelner selbstständiger Artikel, daß vielmehr die Zeitung ein einheitliches Produkt der selbstständigen schriftstellerischen Thätigkeit ihres Redakteurs ist. Welche Materialien dieser zur Herstellung seines Werkes benutzt, das hängt lediglich von dem Zwecke ab, den zu erreichen, der Redakteur seiner Zeitung die Aufgabe gestellt hat. Der Redakteur steht den ihm für seine Zeitung zufließenden Materialien nicht anders gegenüber, als irgend ein anderer Schriftsteller den ihm für seine Arbeit zu Gebote stehenden Materialien. Wenn der Redakteur die Leitartikel und Korrespondenzen für seine Zeitung verarbeitet, so thut er im Wesentlichen nichts Anderes als was ein anderer Schriftsteller auch thut, wenn er die Materialien für seine Arbeit in einem Buche zusammenstellt. Nach dem Verfasser eines einzelnen Artikels einer Zeitung zu fragen, hat nicht mehr Berechtigung als nach dem Verfasser eines in irgend einem Buche enthaltenen Excerpts zu fragen. Ebenso wie der Schriftsteller dieses zu seinem Eigenthum macht, und, sollte es etwas Strafbares enthalten, auch ganz gewiß die volle strafrechtliche Verantwortlichkeit dafür übernehmen muß, ebenso eignet sich auch der Redakteur die ihm für seine Zeitung zugehenden Materialien an und schafft aus ihnen ein selbstständiges, in sich selbst zusammenhängendes, vollkommen neues Werk. Der einzelne Artikel einer Zeitung ist für sich allein gar kein selbstständiges schriftstellerisches Werk; er würde für sich allein gar nicht publicirt werden. Zu dem Zwecke geschrieben, daß er in einer Zeitung, und zwar in einer bestimmten Zeitung abgedruckt werde, wird er Nichts, wenn ihm diejenigen Ergänzungen fehlen, die ihm die Zeitung für die er bestimmt ist, durch ihren sonstigen Inhalt gewähren muß; er wird, in einer anderen Zeitung abgedruckt, oft etwas vollkommen anders als er sein sollte, und auch wirklich war, als er seinen Platz in der Zeitung fand, in welcher er ihn finden sollte.*)

Im Allgemeinen wird man dies auch zugeben, aber, wie ich glaube,

*) Ich will beispielsweise auf die bekannten Preußischen Amtsblatts-Artikel hinweisen, und auf die so sehr verschiedenartige Wirkung, die sie im Amtsblatt selbst haben mögen und in einer liberalen Zeitung abgedruckt, wirklich haben.

doch noch folgende Einwendungen machen. Man wird nämlich sagen: Es kommen viele Fälle vor, in denen der Redakteur wegen der Eile, mit der er arbeiten muß, einzelne Artikel, die er in seiner Zeitung abdrucken läßt, in der That nicht gelesen hat, deren Abdruck er vielmehr in gutem Vertrauen auf die Gewandheit des Verfassers ohne Weiteres anordnet. Wollte man in derartigen Fällen fingiren, daß der Redakteur den etwa strafbaren Inhalt des Artikels gekannt habe, und ihn demgemäß bestrafen, so würde man sich zweifellos einer Ungerechtigkeit schuldig machen. Fiktionen sollen dazu dienen, die Idee der Gerechtigkeit zu fördern, aber nicht dazu, um Ungerechtigkeiten herbeizuführen.

Nun muß man aber doch fragen, ob der Redakteur den Inhalt seiner Zeitung regelmäßig kennt, oder ob er ihn regelmäßig nicht kennt. Wäre letzteres der Fall, so würde man eine gesetzliche Bestimmung, welche anordnete:

> „Für den Inhalt einer Zeitung übernimmt der Redakteur die strafrechtliche Verantwortlichkeit"

für vollkommen unberechtigt halten. Berechtigt aber würde sie ganz gewiß sein, wenn man als Regel aufstellen darf, daß der Redakteur den Inhalt seiner Zeitung kenne. Ist dann das Gesetz in seinen Strafbestimmungen so weit gefaßt, daß auch der ausnahmsweise einmal vorkommende Fall der Nichtkenntniß des Redakteurs — also seine Fahrlässigkeit bei der Redaktion*) — in einer der ganzen Sachlage entsprechenden Weise geahndet werden kann,**) so wird ein derartiges Gesetz den wirklich bestehenden Verhältnissen sehr viel entsprechender sein, als wenn man die Haftbarkeit für die durch die Presse begangenen Delikte unter Zugrundelegung der Voraussetzung regeln wollte, daß der Redakteur den Inhalt seiner Zeitung nicht gekannt habe.

Ein weiterer Einwand würde vielleicht noch dahin gehen: Wenn, so wird man sagen, die Haftbarkeit für den Inhalt einer Zeitung lediglich auf den Redakteur beschränkt bleiben soll, so würde doch die Strafbarkeit des Verfassers ausgeschlossen werden. Nun könne es aber nicht wohl bezweifelt werden, daß der Verfasser eines strafbaren Artikels etwas Strafbares begangen habe; und demnach heiße die Enthebung des Verfassers von jeglicher

---

*) Die Fahrlässigkeit bei der Redaktion wird wohl zu unterscheiden sein von der fahrlässigen Begehung des Delikts.

**) Am leichtesten wird dies dadurch zu erreichen sein, daß die Gesetzgebung die Strafminima nicht zu hoch greift. Ob es überhaupt zweckmäßig sein dürfte, bei solchen Delikten, welche auch durch die Presse begangen werden können, überhaupt ein bestimmt hohes Strafminimum gesetzlich zu fixiren, das ist eine Gesetzgebungsfrage, welche für Preßdelikte allein nicht entschieden werden kann. Es muß daher darauf verzichtet werden, diese Frage hier zu erörtern.

Verantwortlichkeit nicht Geringeres als die Proklamirung der Straflosigkeit für eine strafbare Handlung.

Hierauf würde Folgendes zu entgegnen sein: Das bloße Schreiben eines Artikels ist doch noch nichts Strafbares; denn das mit Tinte beschriebene Papier verletzt weder die Rechte eines Einzelnen noch die öffentliche Ordnung überhaupt. Soll dies geschehen, so muß das Geschriebene erst zur Kenntniß Anderer kommen. Ob dies nun bei einem für eine Zeitung geschriebenen Artikel der Fall sein wird, oder nicht, darüber hat der Verfasser eines derartigen Artikels nicht die Entscheidung zu treffen, sondern diese trifft lediglich der Redakteur. Dasjenige also, was den betreffenden Artikel in den Bereich der Strafgerichtsbarkeit bringt, das ist die von dem Redakteur vorgenommene Veröffentlichung. Kommt der betreffende Artikel statt unter die Presse in den Papierkorb der Redaktion, so ist doch nichts Strafbares geschehen. Geschieht also etwas Strafbares, so geschieht es durch den Redakteur und nicht durch den Verfasser. Und daher ist es auch durchaus konsequent, wenn man jenem und nicht diesem die strafrechtliche Verantwortlichkeit auferlegt.

Aber der Verfasser will doch, daß sein Artikel veröffentlich werde!

Wenn er dieses will, d. h. so will, daß sein Wille eine strafrechtliche Bedeutsamkeit erlangt, dann wird auch der Verfasser die seinem Willen entsprechende Handlung begehen. In der bloßen Zusendung des Artikels an den Redakteur ist eine derartige Handlung aber noch nicht zu erkennen; denn damit geschieht nichts weiter, als daß der Verfasser dem Redakteur Material für die Zeitung zu Gebote stellt, Material, von dem er glaubt, daß es brauchbar sein werde, über dessen Brauchbarkeit aber doch erst noch der Redakteur befinden wird. Hält dieser den Artikel nicht für brauchbar, so wird derselbe entweder vernichtet, oder dem Verfasser zurückgesandt, in dessen Eigenthum er alsdann verbleibt. Soll aber der betreffende Artikel veröffentlicht werden, so eignet sich der Redakteur denselben an; er läßt ihn ganz oder theilweise abdrucken, mit Veränderungen oder ohne dieselben, entweder sofort oder erst zu einer späteren ihm zweckmäßig erscheinenden Zeit, — genug er disponirt darüber, wie über sein Eigenthum. Will man den Verfasser eines Artikels für dasjenige verantwortlich machen, was mit einer Schrift geschieht, die, ehe sie sich der Redakteur angeeignet hatte, allerdings sein Eigenthum war, jetzt aber, nachdem sie sich der Redakteur angeeignet, vollkommen aufgehört hat, sein Eigenthum zu sein?

Man möchte auch endlich fragen, was denn in aller Welt ein verantwortlicher Redakteur zu bedeuten haben soll, wenn er die Verantwortlichkeit für den Inhalt seiner Zeitung nicht übernimmt? Wenn die Verfasser aller einzelnen Artikel als Urheber strafbar bleiben sollten, dann sind sie die verantwortlichen Personen und dann ist die Verantwortlichkeit des Redakteurs nicht mehr erforderlich. Oder sollte man für die Presse den Grundsatz aufstellen, den man im gewöhnlichen Leben mit den Worten zu bezeichnen pflegt: „doppelt reißt nicht“? Allerdings, wenn man der gefährlichen Wirksamkeit der Zeitungspresse möglichst viele Hemmnisse bereiten will, so ist nicht zu verkennen, daß aus der beschränkten Haftbarkeit des Redakteurs sich recht viel solcher Hemmnisse ergeben. Würde man die volle Haftbarkeit des Redakteurs anerkennen und konsequent durchführen, so könnte ein strafbarer Artikel einer Zeitung doch immer nur einen Preßproceß erzeugen. Die beschränkte Haftbarkeit des Redakteurs neben der Verantwortlichkeit des Verfassers kann — wenigstens nach den Bestimmungen des Preußischen Rechts so, wie dieselben in der Praxis gehandhabt werden — mit Leichtigkeit nicht weniger als vier strafrechtliche Proceduren wegen eines und desselben strafbaren Artikels einer und derselben Zeitungsnummer veranlassen. Derjenige, dem dies etwa unglaublich sein sollte, mag sich durch folgendes Beispiel von der Wahrheit meiner Behauptung überzeugen. Die Staatsanwaltschaft hält einen Artikel in einer Zeitungsnummer für geeignet, um ihn processualisch zu verfolgen. Demgemäß wird:

1) Der Redakteur angeklagt auf Grund des Preßgesetzes §. 37.

2) Erhält der Verleger eine gerichtliche Vorladung, um den Verfasser oder Herausgeber, d. h. den „wirklichen“ Verfasser oder Herausgeber, der nach der Ansicht des Ober-Tribunals von dem Redakteur sorglich unterschieden werden muß, nachzuweisen. Ist der Verleger selbst trotz des besten Willens hiezu nicht sofort bei seiner ersten gerichtlichen Vernehmung im Stande, so wird er angeklagt. (Preßgesetz §. 35).

3) Die Staatsanwaltschaft ist der Ansicht, daß wahrscheinlich der Drucker oder der Expedient wissen werde, wer den strafbaren Artikel geschrieben. Einer derselben wird nun als Zeuge vorgeladen und verweigert seine Aussage. (Zeugenzwang bis zur vollständigen Vermögenskonfiskation oder Einsperrung allenfalls lebenslänglich. Kriminal-Ordnung §. 312.)

4) Die gegen den Zeugen angewandten Zwangsmittel erweisen sich erfolgreich; der Zeuge nennt den Verfasser des inkriminirten Artikels. Anklage gegen den Verfasser auf Grund des Preßgesetzes §. 34 und irgend eines Paragraphen des Strafgesetzbuches, wahrscheinlich §. 100 oder §. 101 oder §. 102. —

Die üblichen Haussuchungen nach dem Manuskript des inkriminirten Artikels sowohl in dem Redaktionslokale wie auch in der Privatwohnung des Redakteurs sind lediglich eine ganz natürliche Folge der Nachforschung nach dem „wirklichen“ Urheber.

Hieraus wird man wohl die Ueberzeugung gewinnen, daß wenn man im Interesse der öffentlichen Ordnung nach dem „wirklichen Verfasser" eines strafbaren Artikels suchen zu müssen glaubt, die Arzenei leicht schlimmer sein dürfte als die Krankheit, daß es aber auch ebenso im Interesse der Presse selbst liegt, wenn dieses Suchen nach dem „wirklichen Verfasser" aufhört und der Redakteur die volle Verantwortlichkeit übernimmt.

In Betreff der Verjährung der Preßdelikte stellt Herr Professor Glaser folgenden Satz auf:

> „Unabhängig von den Vorschriften über Verjährung soll die Verfolgung jeder Druckschrift ausgeschlossen sein, welche während einer bestimmten Zeit, während welcher ihre Verfolgung im Inlande möglich war, unverfolgt geblieben ist."

Dieser Satz, der im Wesentlichen die Bestimmung des Oesterreichischen Preßgesetzes (17. Dezember 1862 §. 40) wiedergibt, soll nach der Ausführung des Herrn Professor Glaser, der sich dabei, wie angenommen werden darf, auf diejenige Auslegung stützt, welche das Oesterreichische Preßgesetz in der Praxis gefunden hat, die Bedeutung haben, daß der Anfangspunkt der Verjährungsfrist das erste Bekanntwerden der Druckschrift im Inlande bildet, und daß von diesem Zeitpunkte an die Verjährungsfrist auch für alle späteren Veröffentlichungen der gleichen Druckschrift zu berechnen ist; so daß also, wenn beispielsweise in einer Oesterreichischen Zeitung am 1. Januar 1865 ein Artikel zum ersten Male veröffentlicht wäre, derselbe am 1. Juli 1865 auch dann nicht mehr verfolgt werden dürfte, wenn er auch erst am 30. Juni 1865 in einer anderen Zeitung wiedergegeben wäre. *)

Die Gründe, durch welche diese Bestimmung gerechtfertigt wird, verdienen gewiß die vollkommenste Beachtung; und kann es an dieser Stelle nur noch darauf ankommen, an das von Herrn Prof. Glaser Gesagte, eine kleine Bemerkung anzuknüpfen.

Wenn nämlich ein Preßgesetz bestimmt, daß die erneute Veröffentlichung einer Druckschrift nicht einen neuen Anfangspunkt der Verjährungsfrist bilden solle, so ist diese Bestimmung nur unter der Voraussetzung verständlich, wenn dasselbe Preßgesetz auch den Grundsatz anerkennt, daß der erneute Abdruck einer Druckschrift, also etwa die Aufnahme eines Artikels einer Zeitung in eine andere Zeitung ein neues Preßdelikt nicht sei. Denn ginge man von

---

*) A. a. O. S. 103. Das Oesterreichische Preßgesetz stimmt in der Bestimmung der Verjährungsfrist mit dem Preußischen überein. Beide haben die sechsmonatliche Frist für ausreichend erachtet.

der Ansicht aus, daß dieses ein neues Preßdelikt wäre, so würde es die allergrößte Inkonsequenz sein, dessenungeachtet zu erklären, daß diese neuen Delikte den Anfangspunkt einer neuen Verjährungsfrist nicht bilden sollten.

Und in der That dürfte sich auch aus allgemeinen strafrechtlichen Grundsätzen die sogenannte Reproduktiou der Preßdelikte kaum rechtfertigen lassen. Nehmen wir den Fall an, eine Zeitung habe einen Artikel abgedruckt, welcher gegen die bestehende Strafgesetzgebung verstößt. Damit ist denn doch das Delikt vollendet. Nun ist aber klar, daß für ein vollendetes Delikt nicht noch nachträglich ein Miturheber oder ein Theilnehmer entstehen kann. Es bliebe also nur noch die Begünstigung übrig. Irgend ein Beistand wird aber demjenigen, der den betreffenden Artikel veröffentlichte, gewiß nicht gewährt, wenn ein Wiederabdruck desselben erfolgt; weder ein Beistand, um den Thäter der Bestrafung zu entziehen — eher das Gegentheil — noch auch ein Beistand, um ihm die Vortheile des Verbrechens oder Vergehens zu sichern; denn das etwaige Honorar oder die etwaige Redaktions-Remuneration werden dem Verfasser oder dem Redakteur dadurch gewiß nicht gesicherter, daß der zu honorirende Artikel noch in irgend einer anderen Zeitung abgedruckt wird.

Der Redakteur einer Zeitung, welcher einen in einer anderen Zeitung veröffentlichten Artikel abdruckt, begeht daher auch gar keine strafbare Handlung; denn er befördert selbst nichts an die Oeffentlichkeit, sondern verhilft nur dem bereits in die Oeffentlichkeit Gebrachten zu einer weiteren Verbreitung.

Geht man freilich von dem Grundsatze aus, daß die Presse gefährlich sei, — so wird man den Verbreiter eines für strafbar erachteten Artikels der Begehung einer gefährlichen Handlung schuldig finden können; geht man dagegen davon aus, daß die Presse nicht gefährlich sei, so wird man auch in der bloßen Verbreitung eines bereits veröffentlichten Artikels eine strafbare Handluug nicht erblicken können. Oben wurde bereits gezeigt, daß, wenn für Preßprocesse die Oeffentlichkeit nicht ausgeschlossen bleiben soll, die Mittheilung der verurtheilten Artikel durch die Presse erforderlich sei. Um so weniger wird durch die bloße Mittheilung nicht verurtheilter Artikel irgendwie ein Delikt begangen werden können.

Diese Betrachtungen führen aber zu einem, namentlich für die Zeitungspresse überaus wichtigen Resultat, nämlich zu dem, daß nur die strafrechtliche Verfolgung der Originalartikel, nicht aber der unter Angabe der Quelle in andere Zeitungen übertragenen Artikel zulässig sein kann.

Mit den Originalartikeln haben übrigens die aus ausländischen Zeitungen entnommenen Artikel gleiche Bedeutung. Denn die Frage, ob eine Druckschrift strafbar ist, kann nach dem fremden in anderer Weise beantwortet werden, als nach dem einheimischen Rechte; und deswegen ist dem einheimischen Rechte gegenüber der einer fremden Zeitung entnommene Artikel ebenso eine neue Erscheinung, wie ein Originalartikel einer im Inlande erscheinenden Zeitung.

Käme es lediglich auf das Interesse der Presse an, so könnte die an sich zulässige Verfolgung überall da statt finden, wo das Preßerzeugniß verbreitet worden ist. Denn, wurde in einer Zeitung oder sonst in einer Druckschrift delinquirt, so ist das Delikt zu strafen und es ist — äußere Unbequemlichkeiten abgerechnet — der Sache nach gleichgültig, ob dieses oder jenes Gericht das Urtheil fällt. Da indessen nicht blos die Interessen der Presse, sondern auch die der öffentlichen Ordnung zu berücksichtigen sind, so scheint noch eine weitere gesetzliche Anordnung geboten zu sein.

Das Strafrecht eines Staates ist doch überall das gleiche, und in Folge dessen muß es gradezu eine Unmöglichkeit sein, daß unter der Herrschaft ein und desselben Rechtes etwas an einem Orte straflos erscheint, was an einem anderen Orte der strafrechtlichen Verfolgung ausgesetzt wird. Und doch dürfte es beinahe unmöglich sein, ein derartiges Resultat zu vermeiden, wenn es der individuellen Anschauung eines jeden einzelnen Staatsanwaltes anheim gegeben sein sollte, darüber zu befinden, ob in irgend einer im Inlande erscheinenden Zeitung oder sonstiger Druckschrift ein Preßdelikt begangen sei. Man vergegenwärtige sich nur den Eindruck, den es machen müßte, wenn beispielsweise eine Zeitungsnummer, die an dem Orte ihres Erscheinens dem Staatsanwalte vollkommen korrekt erschien, von einem anderen Staatsanwalte als der Strafverfolgung würdig erachtet wird. Denn soviel steht wohl in einem solchen Falle fest, daß wenn der erstere der beiden Staatsanwälte seine Pflicht erfüllte, der letztere zu viel, und daß, wenn dieser richtig handelte, jener zu wenig gethan hat. — Im Interesse der öffentlichen Ordnung liegt es aber wohl jedenfalls, daß ein derartiger Konflikt vermieden werde.

Man darf gewiß von der Voraussetzung ausgehen, daß jeder von den im Staate angestellten Staatsanwälten auch der Presse gegenüber seine Pflicht in vollem Maße erfüllen werde, und das Gleiche ist von den Gerichten des Landes anzunehmen. Es liegt ferner in der Natur der Sache, daß derjenige Staatsanwalt, in dessen Amtsbezirk eine inländische Druckschrift erscheint, zuerst von dem Inhalte derselben Kenntniß erlangt. Und hieraus würde sich denn als Folge der Satz ergeben:

> Zur Entscheidung von Preßprocessen, welche durch inländische Druckschriften veranlaßt werden, ist ausschließlich dasjenige Strafgericht kompetent, in dessen Bezirk die betreffende Druckschrift erschienen ist.

Dieser Satz betrifft allerdings nicht mehr die allgemeinen Strafrechtsgrundsätze, sondern greift schon in das Proceßrecht über. Wegen des nahen Zusammenhanges jedoch, in welchem derselbe mit der Haftbarkeit bei Preßdelikten steht, durfte er an dieser Stelle wohl noch einen Platz finden.

Herr Professor Glaser ist in seinem Gutachten noch weiter auf die processualische Behandlung der Preßdelikte eingegangen (vergl. die unter V. und VI. S. 70 aufgestellten Sätze). Da indessen die von der ständigen Deputation des Deutschen Juristentages gestellte Gesetzgebungsfrage, auf das Processualische nicht Bezug nimmt, so glaube ich, daß es im Allgemeinen nicht erforderlich sein dürfte auf diese Seite der Preßgesetzgebungsfrage näher einzugehen. —

Einen Punkt dieser Art glaube ich freilich nicht übergehen zu können, nämlich die Entscheidung der Preßprocesse durch Geschworenengerichte. Ich bin nämlich der Ansicht, daß, wenn der deutsche Juristentag die Angelegenheiten der Presse überhaupt zu seiner Kognition zieht, derselbe den eben beregten Gegenstand nicht wohl wird übergehen dürfen.

Freilich wird man das Verlangen nach Geschwornengerichten in der Weise nicht motiviren dürfen, daß man, wie nicht selten geschieht, die Integrität oder die Fähigkeit der Gerichtshöfe angreift und dann einen solchen Angriff damit abschließt, daß man erklärt: Wir müssen Geschwornengerichte für Preßprocesse haben.

Eine derartige Deduktion würde vom juristischen Standpunkte aus vollkommen unzulässig sein und zwar aus folgenden Gründen:

Sollte es nämlich vorkommen, daß man die ständigen Gerichte zu politischen Parteizwecken mißbrauchte, so wäre das gewiß eine der größten Kalamitäten, von denen ein Staat heimgesucht werden könnte. Aber unzweifelhaft würde die Kalamität eine noch größere sein, wollte man dem Geschwornengericht den Charakter eines politischen Instituts beilegen. Die Heiligkeit der **Rechtspflege** ist da am höchsten, wo der Spruch darüber, ob ein Unrecht geschehen ist, nicht von irgend einem Organe der Staatsgewalt, sondern von den Staatsangehörigen selbst abgegeben wird. Das Geschwornengericht ist schlechterdings kein politisches, sondern ein Rechts-Institut. Aus politischen Gründen irgendwo das Geschwornengericht einführen, würde gerade so viel sein, als wollte man diesem Institute gleich bei seinem Entstehen den nothwendigen Untergang bereiten. Die Erfahrung hat auch gelehrt, daß, wo man das Geschwornengericht lediglich für politische und Preßprocesse einführte, dasselbe sehr bald wieder beseitigt wurde und im Interesse der Rechtspflege auch wohl beseitigt werden mußte.*)

---

*) Sehr zu billigen ist es daher, wenn Herr Professor Glaser die Preßprocesse

Das Geschwornengericht darf nicht dazu bestimmt werden, den politischen Nutzen gegen die Anforderungen des Rechtes zur Geltung zu bringen. Es soll nichts weiter zur Geltung bringen als nur das Recht; und wenn es dies thut, wird es auch die Kraft gewinnen, das Recht selbst da zu schützen, wo es aus Gründen der Politik gebeugt werden soll.

Uebrigens sollte man bei der Forderung nach Geschwornengerichten in solchen Fällen, wo man die Unbefangenheit der vom Staate angestellten Richter zu vermissen glaubt, es nicht außer Acht lassen, daß bei der Art wie nach Französischem Vorbilde die Geschwornenlisten gebildet werden, die eminenteste Gefahr vorliegt, das Geschwornengericht zu einem politischen Parteiorgan zu machen. Wenn jetzt der Regierungspräsident die Jahres- und Dienstlisten anfertigt, während er weiß, daß die Jury mit politischen und Preßprocessen nichts zu thun hat, so ist das im Ganzen eine recht harmlose Arbeit. Aber ganz anders würde die Sache sich gestalten, wenn den Regierungspräsidenten die Aufgabe entstände, Dienstlisten auch für politische Processe zu fertigen. Man möge es doch genau erwägen, was es heißt, wenn man für politische und Preßprocesse Geschwornengerichte fordert, und zugleich die Anfertigung der Dienstlisten in der Hand eines Beamten läßt, welcher in jedem Augenblick zur Disposition gestellt werden kann. —

Doch von diesen Dingen ist hier abzusehen. Ich nehme an, das Problem eines nach politischen Rücksichten nicht gebildeten Geschwornengerichts sei auch auf dem Kontinent überall in befriedigenster Weise gelöst und unter dieser Voraussetzung schließe ich mich der Zahl derjenigen an, welche die Preßprocesse den Geschwornengerichten zuweisen wollen. Ich thue dies aus folgenden Gründen.

1. Wenn man die Entscheidung der Thatfrage dem rechtsgelehrten Richter entzieht und dieselbe in die Hand von Geschwornen legt, so thut man dies deswegen, weil man glaubt, daß die letzteren besser als die ersteren im Stande sein werden, die Frage, ob ein Angeklagter das ihm zur Last gelegte Verbrechen begangen habe, zu beantworten. Ob diese Voraussetzung eine richtige oder falsche, das kann hier nicht untersucht werden; denn wir haben hier nicht die Brauchbarkeit des Geschwornengerichts an sich, sondern nur dessen Anwendbarkeit für Preßprocesse zu untersuchen.

Ist nun aber einmal der Satz anerkannt, daß die Entscheidung der Thatfrage durch Geschworne besser sei, als die durch rechtsgelehrte Richter so folgt daraus mit Nothwendigkeit, daß principiell alle Strafprocesse unter Mitwirkung von Geschwornen durchgeführt werden müßten. Wo da-

den Geschwornen nur in denjenigen Ländern überweisen will, in denen überhaupt Geschwornengerichte bestehen.

her bestimmt ist, daß einzelne Kategorien von Strafprocessen den Geschwornenen entzogen und ausschließlich den rechtsgelehrten Richtern anvertraut sein sollen, da wird eine Ausnahme gegen das Princip aufgestellt, und für die Nothwendigkeit dieser Ausnahme wird man den Beweis verlangen, nicht aber für die Nothwendigkeit, das Princip in Anwendung zu bringen.

Daraus folgt denn, daß man in denjenigen Ländern, in denen Geschwornengerichte überhaupt bestehen, gar nicht zu fragen hat: „Weshalb sollen für Preßprocesse Geschwornengerichte in Anwendung kommen?“ — daß man vielmehr die Frage dahin zu formuliren hat: „Weshalb sollen für Preßprocesse Geschwornengerichte nicht in Anwendung kommen?

Nun führt man Folgendes an: die Pflicht zum Geschwornendienste darf nicht über Gebühr ausgedehnt werden. Deshalb ist das Geschwornengericht auf die wichtigsten Straffälle zu beschränken. Das Verfahren mit Geschwornen macht auch die Verhandlungen komplicirter, als dies sonst der Fall sein würde; bei minder wichtigen Straffachen empfiehlt sich aber ein einfaches Verfahren; deshalb ist es zweckmäßig die Geschwornengerichte und mit ihnen mehrere Weitläufigkeiten des Verfahrens bei Straffällen von geringerer Bedeutsamkeit nicht in Anwendung zu bringen.

Die Frage reducirt sich also darauf:

Sind Preßprocesse Straffachen von minderer Bedeutsamkeit oder sind die Preßprocesse den wichtigsten Straffachen zuzuzählen?

Die Französische Schablone antwortet hierauf natürlich in der sehr einfachen Weise, daß dieses von der Höhe der für Preßdelikte angedrohten Strafe abhänge. Kämen Preßdelikte in Folge der auf sie gesetzten Strafe in die Kategorie der Verbrechen (crimes) so seien es wichtigere Straffälle; Preßdelikte jedoch, welche lediglich Vergehen oder Uebertretungen wären, müßten den minder wichtigen Straffachen zugezählt werden.

Hieraus würde denn wenigstens das Eine folgen, daß diejenigen Preßprocesse, bei denen die Strafe eine Verbrechensstrafe ist, jedenfalls den Geschwornengerichten zugewiesen werden müßten. Das ist aber noch nicht ausreichend.

Bei Preßprocessen ist nämlich zweierlei in's Auge zu fassen. Erstens handelt es sich um diejenigen Angriffe und Rechtsverletzungen, welche die Presse selbst begeht. Und hier mag man zwar zugeben, daß der Straffall sehr häufig von so untergeordneter Bedeutung sein kann, daß man die geringsten processualischen Garantieen zu seiner Entscheidung für ausreichend erachten darf. Aber die Presse ist keineswegs immer blos der angreifende Theil, vielmehr ist die Presse selbst Angriffsobjekt. Die Angriffe, welche gegen die Presse gerichtet werden, sind die Anklagen und die in Folge derselben entstehenden Preßprocesse. Diese gegen die Presse selbst gerichteten Angriffe, das ist das Zweite, was bei Preßprocessen nicht übersehen werden darf. Zum Schutze der Presse selbst wird man um so gewichtigere processualische Garanticen verlangen, je mehr man davon überzeugt ist, daß die Presse einer der wichtigsten Faktoren namentlich jedes öffentlichen Lebens ist.

Hier hört freilich die juristische Deduktion auf.

Der Jurist kann nur sagen: Wenn der Gesetzgeber die Presse als einen der wichtigsten Faktoren des öffentlichen und des privaten Lebens anerkennt, so muß er der Presse denjenigen Schutz angedeihen lassen, welcher als der höchste processualische Schutz überhaupt anerkannt ist.

Ob der Gesetzgeber der Presse eine derartige Bedeutsamkeit beilegen will, das ist freilich seine Sache. Das aber da, wo man die Presse als eine Bagatelle oder gar als etwas Schädliches behandeln möchte, die erforderlichen Voraussetzungen für eine gedeihliche Preßgesetzgebung fehlen würden, das mag hier auch noch ausgesprochen sein.

2. Man wird zugeben können, daß richtige Entscheidungen von Rechtsstreitigkeiten auf zwei Wegen zu ermöglichen sind. Der eine derselben ist dadurch gegeben, daß man den jedem Menschen angebornen Rechts-Instinkt befolgt; auf dem anderen wird man durch die juristische Methode geleitet. Soll nun zur Beantwortung der Thatfrage die juristische Methode in Anwendung gebracht werden können, so müssen auch die Voraussetzungen für ihre Anwendbarkeit vorhanden sein. Wenn nun aber der Fall eintritt, daß irgend welche gesetzlichen Regeln über die Wirksamkeit der Beweismittel nicht existiren, und wenn außerdem alle und jede gesetzlich bestimmten Merkmale des angeblich begangenen Verbrechens fehlen, so wird zugestanden werden müssen, daß die Voraussetzungen zur Anwendbarkeit der juristischen Methode überhaupt nicht vorhanden sind.

Nun hat aber der neuere Deutsche Strafproceß die gesetzlichen Vorschriften über die Wirksamkeit der Beweismittel aufgegeben; und die Delikte, wegen deren die Staatsanwaltschaften in den bei Weitem meisten Fällen gegen die Presse einschreiten, haben keine Legal-Definition, d. h. es fehlen bei ihnen die gesetzlich fixirten Merkmale, von deren Vorhandensein die Existenz des Delikts abhängig gemacht ist. Man denke namentlich an die Preßprocesse, die daraus entstehen, daß behauptet wird, es sei irgend etwas „dem Hasse oder der Verachtung ausgesetzt“, es sei etwas „verspottet“ worden u. s. w. Was soll in derartigen Fällen die juristische Methode nützen? Sie versagt in der That jeden Dienst. Und wenn es für den Begriff der Injurien an juristischen Theorien auch nicht fehlt, so dürfte es doch unter allen Umständen überaus schwierig sein, diese Theorien zu Legaldefinitionen zu verwerthen, d. h. gesetzlich diejenigen Merkmale zu bezeichnen, bei deren Vorhandensein eine Injurie angenommen werden müsse und bei deren Fehlen von einer Beleidigung nicht die Rede sein kann.

In den bei Weitem meisten Fällen der Preßprocesse fehlt es also an jeder Voraussetzung für die Anwendbarkeit der juristischen Methode.

Ueberantwortet man die Preßprocesse dennoch dem rechtsgelehrten Richter, so stellt man an diesen die Anforderung, nicht nach juristischen Gründen, sondern lediglich nach dem Rechts-Instinkt seine Entscheidung zu treffen.

Das hat nun aber folgende sehr bedenkliche Uebelstände.

Der rechtsgelehrte Richter ist darauf hingewiesen, seine Entscheidungen unter Anwendung der juristischen Methode zu treffen; und je besser der Richter als Jurist ist, um so mehr wird die juristische Methode einen integrirenden Theil seines ganzen Wesens ausmachen. Es liegt daher die Gefahr nahe, daß der rechtsgelehrte Richter die juristische Methode auch da wird anwenden wollen, wo die Voraussetzuugen für die Anwendbarkeit derselben fehlen, und tritt dieser Fall ein, so müssen mit Nothwendigkeit mindestens schiefe, oft geradezu fehlerhafte Urtheile hievon die Folge sein.

Nun wäre es freilich möglich, daß der rechtsgelehrte Richter Kritik genug besäße, um die juristische Methode da nicht in Anwendung zu bringen, wo ihr Gebrauch ein Fehler sein würde. Aber, selbst wenn dieses der Fall wäre, würde der Richter nicht in der Lage sein, den von ihm als solchen erkannten Fehler zu vermeiden. Denn die Gesetze verlangen ausdrücklich, daß in allen Fällen, in denen der rechtsgelehrte Richter die Thatfrage entscheidet, von demselben die Entscheidungsgründe für die getroffene thatsächliche Feststellung angegeben werden sollen. Mögen auch immerhin derartige Entscheidungsgründe insoweit der juristischen Bedeutsamkeit entbehren, als eine thatsächliche Feststellung um deswillen nicht angegriffen werden darf, weil dieselbe sich als das Resultat unrichtiger Entscheidungsgründe darstellt, so wird man doch die Behauptung nicht aufstellen mögen, daß in derartigen Fällen richterliche Entscheidungsgründe überhaupt nicht vorlägen. Es ist aber geradezu eine Kränkung des Ansehens, welches der juristischen Methode gebührt, wenn man ihre Anwendung da fordert, wo die Voraussetzungen ihrer Anwendbarkeit fehlen. Denn aus den Entscheidungsgründen soll sich die Entscheidung selbst mit logischer Nothwendigkeit ergeben, nicht aber sollen die Entscheidungsgründe dazu dienen, einem bereits in anderer Weise festgestellten Resultat, zur juristischen Kourfähigkeit zu verhelfen.

Da, wo die Voraussetzungen für die Anwendbarkeit der juristischen Methode fehlen, vermögen die Entscheidungsgründe es keineswegs, die getroffene Entscheidung selbst zu decken. Und darin liegt eine Gefährdung der richterlichen Unabhängigkeit. Die juristische Methode zwingt den Richter zu einer bestimmten Entscheidung — und deshalb ist sie sein Schutz in den Fällen, wo sie andwendbar ist. Es muß a=c sein, weil a=b, und b=c war. Kann nun aber wohl diese zwingende Nothwendigkeit auch da schützen, wo der Richter sich für eine Beleidigung entschieden, während der Justiz-Minister der Ansicht ist, daß keine Beleidigung vorgelegen; oder wo der Richter im Widerspruch mit seinem Chef, zu dem Resultate gelangt, der Angeklagte habe die Anordnungen der Obrigkeit nicht dem Hasse und der Verachtung ausgesetzt?

Man wird es in Deutschland nicht für möglich halten, daß eine direkte Beeinflussung der Justiz stattfindet. Diese Art der Beeinflussung ist aber nicht die einzige, die vorkommen kann. Es giebt Belohnungen für gewonnenes, Zurücksetzungen für getäuschtes Vertrauen. Soll die richterliche Unabhängigkeit auch gegen derartige Beeinflussungen gesichert sein, so kann dies nur dadurch erreicht werden, daß man die Beantworturg der Thatfrage, wenn nicht in allen, so doch wenigstens in den Fällen den Geschwornen überträgt, wo die Voraussetzungen für die Anwendbarkeit der juristischen Methode fehlen.

Dies wären die Gründe, welche von juristischer Seite das Verlangen nach Geschwornengerichten in Preßprocessen zu rechtfertigen vermöchten.

Den vorstehenden Ausführungen gemäß beantworte ich die von der ständigen Deputation des Deutschen Juristentages gestellte Gesetzgebungsfrage dahin:

I. Die nothwendige Freiheit der Presse fordert den Wegfall aller derjenigen gesetzlichen Bestimmungen, welche von der Voraussetzung der Gefährlichkeit der Presse ausgehend den Gebrauch der Presse einschränken und ihn einer beständigen Aufsicht unterwerfen.

II. Für die öffentliche Sicherheit genügt es, wenn bei den mittelst der Presse verübten strafbaren Handlungen die allgemeinen Strafgesetze zur Anwendung kommen.

III. Es ist im Interesse der nothwendigen Freiheit der Presse erforderlich und zugleich im Interesse der öffentlichen Sicherheit geboten, daß der verantwortliche Redakteur die volle strafrechtliche Verantwortlichkeit der von ihm herausgegebenen Zeitung oder Zeitschrift übernimmt.

IV. Es ist im Interesse der nothwendigen Freiheit der Presse erforderlich und zugleich ohne Nachtheil für die öffentliche Sicherheit zulässig, daß die Verjährungsfrist für sämmtliche Preßdelikte auf einen Zeitraum von sechs Monaten, vom Tage der ersten Veröffentlichung der betreffenden Druckschrift im Inlande an gerechnet, beschränkt werde.

V. Es ist im Interesse der nothwendigen Freiheit der Presse erforderlich und zugleich ohne Nachtheil für die öffentliche Sicherheit zulässig, daß die Strafverfolgung gegen Zeitungen wegen der aus anderen Zeitungen unter Angabe der Quelle entnommenen Artikeln, nicht stattfinde.

VI. Es ist im Interesse der nothwendigen Freiheit der Presse und zugleich im Interesse der öffentlichen Sicherheit geboten, daß

1. Für diejenigen Preßprocesse, zu welchem die im Inlande erscheinenden Druckschriften Veranlassung geben, dasjenige Gericht das ausschließlich kompetente sei, in dessen Bezirk die betreffende Druckschrift erschienen.
2. Sämmtliche Preßprocesse in denjenigen Ländern, in welchen Geschwornengerichte bestehen, den Geschwornengerichten zugewiesen werden.

XVIII.

Gutachten des Staatsanwalt Dr. jur. Wirk zu Wolfenbüttel

über den Antrag des Herrn General-Staatsanwalt Dr. Schwarze zu Dresden:

der Deutsche Juristentag wolle aussprechen:

a. dem Staatsanwalte ist die Berufung gegem die Enderkenntnisse der Kollegialstrafgerichte zum Nachtheile des Angeklagten nicht einzuräumen;

b. dem Staatsanwalte ist die Befugniß einzuräumen, zu Gunsten des Angeklagten sowohl die Nichtigkeitsbeschwerde einzuwenden, als auch auf Wiederaufnahme der Untersuchung anzutragen, und zwar unter den Voraussetzungen und in den Fällen, wo es dem Angeklagten gestattet sein würde.

Zu a.

In Bezug auf die Anfechtbarkeit der Enderkenntnisse im Strafprocesse sind das Berufungs- und Kassations-System zu unterscheiden. Nach dem Berufungssysteme unterliegt das Enderkenntniß der Anfechtung und Prüfung im Wege einer zweiten Instanz, d. h. einer Wiederholung des Urtheilsprocesses, wobei der zweite Richter das angefochtene Urtheil nach Maßgabe der Beschwerde *in sich selbst* prüft, um entweder zu einer Bestätigung oder zu einer Abänderung desselben zu gelangen; und zwar findet dieses System, wie es einmal geht und steht, sowohl rücksichtlich der Entscheidung der Thatfrage, als rücksichtlich derjenigen der Rechts- und der Straffrage statt, nur daß der Wahrspruch der Geschworenen der Anfechtung entnommen bleiben soll. Gegen das Urtheil zweiter Instanz wird dann noch das Rechtsmittel der Nichtigkeitsbeschwerde gewährt, oder es muß dies wenigstens konsequenter

Weise geschehen*). — Dagegen statuirt das, in Deutschland nur von der Braunschweigischen Gesetzgebung angenommene Kassationssystem überhaupt keine eigentliche zweite Instanz, sondern eben nur das Mittel der Kassation. Das Enderkenntniß gilt hier also nur für anfechtbar, insofern es nichtig ist; die Kassation hat alsdann die Bedeutung, daß de integro ein anderweites Urtheil abzugeben ist. Nach diesem Systeme findet gegen die Entscheidung der Thatfrage, ohne Unterschied zwischen schwurgerichtlichen und nichtschwurgerichtlichen Sachen, findet ferner gegen die Strafausmessung innerhalb der gesetzlichen Schranken kein Rechtsmittel statt, da bei Beiden nicht wohl von Nichtigkeit die Rede sein kann. Nur daß diese Urtheile nicht etwa deshalb für unanfechtbar anzusehen sind, weil man sich zufällig für das Kassationssystem entscheidet; vielmehr wird es umgekehrt als einer von den Gründen, sich für das Kassationssystem zu entscheiden, anzusehen sein, wenn etwa die Entscheidung der Thatfrage schon an sich für unanfechtbar zu erachten sein und die Strafausmessung innerhalb der gesetzlichen Schranken sich ohne wesentliches Bedenken der Anfechtung entnehmen lassen sollte. Denn gerade mit diesen beiden Punkten verliert die Berufung das ihr eigenthümliche Anwendungsgebiet, worin nur sie und nicht auch die Nichtigkeitsbeschwerde zutrifft; im Uebrigen kann nämlich das Erkenntniß nur wegen Rechts- oder Gesetzwidrigkeit angefochten werden, ein solcher Vorwurf aber involvirt den der Nichtigkeit, und somit trifft hier die Nichtigkeitsbeschwerde eben so gut zu, als die Berufung.

Der vorliegende Antrag stellt sich auf den Grund und Boden des Berufungssystems; er scheint somit demselben zugleich im Principe beizustimmen, ja, er scheint es als unbestritten oder unbestreitbar vorauszusetzen. Nur eine, das Princip selbst nicht berührende Modifikation will er der Theorie des Berufungssystems einverleibt wissen, die nämlich, daß lediglich dem Angeklagten, nicht auch dem Staatsanwalte die Berufung zustehen soll. Die Meinung ist also nicht etwa die, daß erst das verurtheilende Erkenntniß als solches für an sich appellabel anzusehen sei, sondern sie wird dahin gehen, daß die dem Staatsanwalte an sich eben so gut zustehende Berufung gleichwohl aus anderweiten Gründen — aus Gründen der Billigkeit, Rechtsanständigkeit, Zweckmäßigkeit ꝛc. — aufzugeben sei. Nur hinsichtlich der Frage: woher die Beschränkung der Proposition auf Enderkenntnisse der Kollegialstrafgerichte d. h. der Korrektional- oder Zuchtpolizei-Gerichte? wird man einigermaßen in Verlegenheit gerathen dürfen. In einer Beziehung ist dieser beschränkende Ausdruck freilich ohne Weiteres verständlich; in Bezug nämlich auf die Entscheidung der Thatfrage konnte nur von Kollegialgerichten (den ständigen Richtern der That) annoch die Rede sein, weil

*) Vergl. v. Arnold im Gerichtssaal 1858. I. S. 207.

der Wahrspruch der Geschworenen ohnehin schon für inappellabel gilt. Allein die Appellabilität eines Enderkenntnisses im Strafprocesse kommt doch auch im Punkte der rechtlichen Entscheidung, einschließlich der Strafermittelung, in Betracht. Will die Proposition sich nun auch in dieser Hinsicht auf die vor jene Gerichte gehörigen, also auf nicht schwurgerichtliche Kriminalfälle beschränkt wissen? soll mit anderen Worten dem Staatsanwalte die Berufung zwar gegen die rechtlichen Entscheidungen der Schwurgerichtshöfe zustehen, gleich dem Angeklagten, nicht aber auch gegen die der bezeichneten Kollegialgerichte? Jedenfalls scheint diese Frage auf einen Grund der Disposition zu führen. Ich werde demgemäß bei meiner Begutachtung die Anfechtbarkeit des Wahrspruchs und die des Rechtsspruchs unterscheiden, und zwar ohne dabei den Gegensatz von schwurgerichtlichen und nicht schwurgerichtlichen Sachen zum Grunde zu legen. Unter Wahrspruch nämlich verstehe ich ebensowohl die durch ständige Richter wie die durch Geschworene erfolgende Entscheidung der That- oder Schuldfrage (beides halte ich für identisch), unter Rechtsspruch aber hier wie dort die auf den Wahrspruch gebaute Entscheidung, durch welche in der Sache erst eigentlich Recht gesprochen wird, während der Wahrspruch nur wahrgesprochen hat.

I. Soll die Berufung gegen den Wahrspruch (soweit derselbe, nämlich in schwurgerichtlichen Sachen, nicht überhaupt schon für inappellabel gilt) dem Staatsanwalte versagt werden, während sie dem Angeklagten verstattet wird?

Wie schon bemerkt unterwerfen fast alle Deutschen Gesetzgebungen, indem sie überhaupt dem Berufungssysteme huldigen, auch den Wahrspruch — aber nur in nicht schwurgerichtlichen Sachen — der Anfechtung durch das Rechtsmittel der Berufung (des Rekurses). Auf dem Gebiete der Wissenschaft hat sich indessen schon seit einer Reihe von Jahren ein lebhafter Streit darüber entsponnen, ob dieser Standpunkt der Gesetzgebung sich rechtfertigen lasse, ob nicht vielmehr der Wahrspruch überhaupt, also auch der durch ständige Richter abzugebende, unangefochten bleiben müsse. Vor allen aber ist gerade der Herr Antragsteller für die Inappellabilität in die Schranken getreten*); ja, derselbe ist, nach seinem eigenen Ausdrucke, so „ketzerisch" gewesen, einen Unterschied zwischen dem von Geschworenen und dem von Korrektionalgerichten abzugebenden Wahrspruche, wonach nur der erstere und nicht auch der letztere inappellabel wäre, „im Hauptwerke zu läugnen"**). Auch ist der

---

*) Ich habe hier namentlich vor Augen: Schwarze, „die zweite Instanz im mündlichen Strafverfahren," im Gerichtssaal 1855 II. S. 1 und 81. S. außerdem die Citate bei Mittermaier, Gesetzg. und Rechtsübung, S. 624 Note 5 und 6.

**) Schwarze a. a. O. S. 20. Ders. im Gerichtssaal 1858 I. S. 83. Vergl. auch Mittermaier im Arch. d. Krim. R. 1854 S. 134.

Herr Antragsteller dieser Ansicht, wie ich nicht anders weiß, bis auf die neueste Zeit treu geblieben*); er hat sich indessen dazu verstanden, in der Abhandlung: „Ueber die Stellung des Appellationsrichters im mündlichen Strafverfahren“**) das entgegengesetzte Princip theoretisch auszuarbeiten, — ohne Zweifel wohl nur, weil und insofern die Berufung gegen den Wahrspruch der Korrektionalgerichte nun einmal gesetzlich bestehe, und hiermit denn auch für die Uebung und Handhabung dieser Einrichtung das Bedürfniß eines theoretischen Apparats gegeben sei. Jene theoretische Ausführung des Princips der Appellabilität wäre demnach vom Standpunkte des Herrn Verfassers aus als ein nothgedrungenes Zugeständniß und Opfer anzusehen, um dem einmal in Geltung stehenden, wenn auch für falsch zu erachtenden Principe doch wenigstens eine solche Richtung zu geben, in welcher es noch am ersten zum Frommen der Rechtspflege oder auch am Wenigsten zum Nachtheile derselben ausschlagen möge. Und eben in dieser Bedingtheit und Relativität wird auch der vorliegende Antrag, soweit es sich dabei um Berufung gegen den Wahrspruch handelt, zu verstehen sein. Derselbe nimmt die Appellabilität des Wahrspruchs in nicht schwurgerichtlichen Sachen als positiv gegebenes Material, als fait accompli der Gesetzgebung, in welches man sich nun einmal zu fügen, dessen begriffliche Wahrheit man also dahin gestellt sein zu lassen habe; nur so viel glaubt er fordern zu dürfen, daß die Befugniß, diesen Wahrspruch im Wege der Berufung anzufechten, dem Staatsanwalte genommen werde, um lediglich auf den Angeklagten beschränkt zu bleiben.

Indessen glaube ich, dem Herrn Antragsteller auf diesen Standpunkt nicht folgen zu dürfen. Es hat gewiß sein Verdienstliches, einer Rechtsübung, die sich nun einmal unter die Botmäßigkeit eines für falsch erachteten Princips gestellt findet, in dieser Kalamität so weit als thunlich theoretisch durchzuhelfen; es wird dies aber, wenn dieses Princip wirklich falsch ist, doch immer nur eine Noththeorie sein können, die also blos relativen Werth hat. Vor dem Forum der freien Wissenschaft bezw. der quæstio de lege ferenda — und für ein solches Forum wird der Deutsche Juristentag sich erachten wollen — muß ein solcher in Bezug auf das Princip positivistisch gebundener Standpunkt verschwinden, um vor allen Dingen der Vorfrage Platz zu machen, wie es mit dem Principe an sich selbst bestellt sei. Besteht letzteres vor diesem Forum schon an sich selbst nicht, dann wird es eben auch

*) Schwarze: „Ueber die Stellung des Appellationsrichters im mündlichen Strafverfahren“ im Gerichtssaal 1857 I. S. 447 und 1861 I. S. 102. Ders. in Goltdammers Arch. Bd. XI. S. 11 u. 73. Vergl. auch Schletters Jahrb. X. 2b. S. 142 u. 143.

**) S. die vorige Note.

schon an und für sich selbst, also mit Einschluß der gesammten aus ihm zu entwickelnden Theorie unbedingt zu verwerfen sein. Einer Frage, wie die, welchergestalt die Rechtspflege sich einem für unächt anerkannten Principe in diesem oder jenem Punkte am Besten zu akkommodireu haben könnte, scheint mir vor diesem Forum überhaupt die Legitimität zu fehlen. Es besteht für die Wissenschaft keinerlei Nothwendigkeit einer solchen Akkomodation, wie sie für die Rechtsübung in einem einzelnen Staate zufolge der lex lata bestehen kann. Demnach wird die Erwägung des vorliegenden Antrages sich unwillkürlich auf die Vorfrage zurückgedrängt finden, ob der Wahrspruch überhaupt für appellabel zu erachten sei.

Meiner Ueberzeugung nach ist diese Frage unbedingt zu verneinen. Ich werde mich dieserhalb, so viel eben meine eigenen Gründe betrifft, einfach auf mein Gutachten zu dem ersten Theile des Gotthelf'schen Antrages für den sechsten Deutschen Juristentag beziehen dürfen. Nur auf einen Punkt, der gerade hier im Wege zu liegen scheint, will ich noch besonders eingehen, ich meine die zwischen dem Wahrspruche der Jury und dem Wahrspruche ständiger Richter gemachte Unterscheidung in Bezug auf Appellabilität. Die Lehre, daß der Wahrspruch ständiger Richter der Berufung unterliegen müsse, während der der Jury darüber erhaben sei, hat ihren Schwerpunkt eben nur in dieser Entgegensetzung, oder würde doch gar nicht umhin können, ihn schließlich immer wieder in diese Entgegensetzung hinein zu verlegen. Sobald ihr also diese Distinktion vereitelt wird, muß sie sofort ins Wirbeln gerathen. Einen wissenschaftlichen Ankergrund, einen Begriff von der Sache, so zwar, daß sie eine begriffliche Deduktion in sich enthielte, hat sie nicht; man darf daher in der Ketzerei sogar so weit gehen, zu sagen, daß sie niemals hätte entstehen sollen. Sie kümmert sich mit anderen Worten nicht um die Frage, ob der Wahrspruch an sich oder seiner begrifflichen Natur nach appellabel sei, worauf doch wahrlich Alles ankommt; wenigstens bleibt sie sich über diesen Punkt völlig unklar; — sie verhält sich demnach auch nicht als rationell in sich gefügtes und verbundenes System, weder in dem Sinne, daß der Wahrspruch zwar an sich appellabel sei, jedoch in schwurgerichtlichen Sachen aus Gründen der Veränderung seiner Natur oder Gestalt sich der Anfechtung entziehe, noch auch in dem Sinne, daß der Wahrspruch zwar an sich inappellabel sei, jedoch in nichtschwurgerichtlichen Sachen der besonderen Konstellation nach appellabel werde. In einer solchen Theorie wäre doch wenigstens Einheit und somit Gliederung; sie verhielte sich hierin, ob sie auch irrig sein möchte, doch als eine Art von gedankenmäßigem Gefüge; — jene Lehre dagegen abstrahirt selbst von diesem Aeußersten logischer Verhältnißmäßigkeit, und stellt sich hiemit vollends auf außerwissenschaftliches Gebiet. Rein dualistisch, rein zersetzend, d. h. mit Aufhebung jeder begrifflichen Zusammenfassung nimmt sie den Wahrspruch ständiger Richter als ein Ding für sich und den Wahrspruch der Jury als ein Ding für sich; nur die äußere Aehnlichkeit zwischen beiden bleibt ihr; und um sich dieses Verhältniß in Ordnung zu bringen, bestimmt sie es als ein Verhältniß der Abstoßung, der Geschiedenheit, der reinen gegenseitigen Exclusivität. Was in schwurgerichtlichen Sachen das Gleiche und Gemeinsame des Wahrspruchs sei, darum kümmert sie sich nicht. So kommt hier der allgemeine Begriff des Wahrspruchs, es kommt also das eigentlich Wahre und Wesentliche der Sache, das, was die Sache selbst fordert und mit sich bringt, noch nicht einmal in Frage; sondern der ganze Mechanismus läuft darauf hinaus, dieses Begriffliche der Sache als das Gleichgiltige oder gar Störende allseitig auszuscheiden und auszuschließen. Welchen einheitlichen Angelpunkt, welche Evidenz in sich selbst könnte also diese Lehre haben? Sie hat ein Vorurtheil dafür, daß der Wahrspruch ständiger Richter appellabel sei, und ein Vorurtheil dafür, daß der Wahrspruch der Jury nicht appellabel sei; dieses Vorurtheil theoretisirt sie sich, so gut oder so schlecht es eben geht, — das ist Alles. Eine gelehrte Erwägung, um dem Dinge ein rationelles Ansehen zu geben, ist bald aufgetrieben (auf dem hier bezeichneten methodischen Standpunkte ist nämlich die Sache die, daß man zuerst eine Ansicht, ein Vorurtheil hat und sich in zweiter Linie besinnt, welche Gründe, Erklärungen und Rechtfertigungen dafür wohl anzugeben sein könnten, wo denn ein scharfsinniger Jurist immer etwas findet); so sagt man namentlich: für die Richtigkeit des Wahrspruchs der Jury seien ganz andere Garantien vorhanden, als für die des Wahrspruchs ständiger Richter; darum müsse der letztere der Berufung unterworfen werden, der erstere aber könne (— oder müsse? —) ihr entzogen bleiben. Wissenschaftliche Unbefangenheit läßt sich das nicht weis machen. Wenn die Einrichtung, daß in gewissen Sachen der Wahrspruch von ständigen Richtern gefällt wird, in der That noch keine hinreichende Garantie für die Zuverlässigkeit desselben darbietet, so ist eben, nur Unbefangenheit des Urtheils vorausgesetzt, unschwer einzusehen, daß dieses Bedenken für die zweite Instanz, wo doch auch wieder nur ständige Richter über die Thatfrage entscheiden, gerade ebenso zutrifft und nicht wohl dadurch zu heben sein kann, daß dieser Mißlichkeit eine neue Chance (durch Hinzufügung einer zweiten Instanz) gegeben wird. Weiter aber springt in die Augen, daß, soviel die in der Mündlichkeit der Verhandlung liegende Garantie betrifft, die zweite Instanz unbedingt hinter die erste zurücktritt — zurücktritt in das schauerliche Dunkel der Schriftlichkeit, welches sich durch die Einmischung dieser oder jener einzelnen mündlichen Erhebung höchstens doch immer nur bis zu einem ungewissen Dämmerlichte aufhellen läßt. Entweder muß die Rechtspflege belastet werden mit einer jedesmaligen vollständigen

Wiederholung der mündlichen Verhandlung, wo dann aber nicht mehr von einer zweiten Instanz, sondern nur von einem neuen Processe, von einer Wiederaufnahme des Verfahrens die Rede sein kann, so daß eo ipso der Gesichtspunkt der Berufung gänzlich hinwegfällt,*) — oder das Princip der Mündlichkeit, diese Aegide des Wahrspruchs, ohne die er ein Wagniß ist, muß in zweiter Instanz eben schon im Principe aufgegeben werden; denn in dem Stück- und Flickwerke, diese oder jene einzelne mündliche Erhebung zu wiederholen bezw. nachzuholen, findet sich das Princip wahrlich nicht mehr gewahrt, sondern nur dem Scheine desselben ein schwächliches Opfer gebracht. Dann aber kann abermals nur von einem ganz neuen, einem aus dem ganzen grundbegrifflichen Plane der reorganisirten Rechtspflege herausfallenden, wunderlich eigenartigen Urtheile, einem Sonderdinge von Urtheil, nicht aber von einem Urtheile zweiter Instanz d. h. zweiter Potenz mehr die Rede sein; und somit cessirt auch hier der Gesichtspunkt der Berufung. Wenn in der zweiten Instanz, wie sie in Uebung steht, das erste Urtheil gleichwohl einer Prüfung in sich selbst zu unterliegen, somit jener Nexus vorhanden zu sein, die Sache sich also wirklich im Stadium einer zweiten Instanz zu befinden scheint, so ist dies nur ein Quiproquo und nur dadurch zu erreichen, daß man den Wahrspruch seiner wesentlichen Natur zuwider in ein kritisches, also auch kritisch zersetzbares Urtheil, die Thatfrage in eine Art von Rechtsfrage im Sinne der alten gesetzlichen Beweistheorie umkünstelt, letzteres jedoch mit dem gefährlichen Unterschiede, daß bei dem Wegfalle der positiven Beweisregeln, durch welche ehedem das Urtheil sich objektiv geleitet fand, das Steuer nunmehr der subjektiven Ansicht des Appellationsrichters in die Hand gegeben wird, der nämlich, da er doch einmal kritisch zu Werke gehen, also den angefochtenen Wahrspruch in sich zerlegen und im Momente dieser Zerlegung mit dem Beweismateriale vergleichen soll, um ihn gerechtfertigt oder nicht gerechtfertigt finden zu können, für

*) Daß eine solche Wiederholung regelmäßig nicht im Stande sein werde, die erste Verhandlung durchaus getreu wiederzugeben, ist freilich kein Grund, um die Einrichtung einer zweiten Instanz aus dem Gesichtspunkte einer Verletzung des Princips der Mündlichkeit bekämpfen zu können, wohl aber eine Betrachtung, die in Bezug auf den eigentlichen und wahren Grund der Inappellabilität des Wahrspruchs irre zu leiten geeignet ist. Man verwechselt dabei das Princip der Mündlichkeit an sich und im Allgemeinen mit der Reproducirbarkeit einer individuellen Verhandlung. Jenes Princip an sich fällt nicht etwa schon mit demjenigen zusammen, was sich unter seiner Herrschaft im individuellen Falle ergibt. Man kann einer mündlichen Wiederholung aus dem Grunde, weil sie keine getreue Reproduktion enthalten werde, eben nur den Charakter einer zweiten Instanz absprechen; nicht aber kann man sagen: weil die mündliche Verhandlung keine getreue Reproduktion gewähre, so werde das Princip der Mündlichkeit darin verletzt.

diese kritische Operation gar keine andere Richtschnur und Anleitung hat, als eben nur seine subjektive Ansicht. Lediglich dieses Afterprincip, dieses charakterlose Mittelding zwischen juristischem Urtheile nud gewissenhafter Ueberzeugung bleibt hier übrig und schmuggelt sich somit in die Rechtspflege ein; denn so wenig hier, wie gesagt, der Appellationsrichter beim Mangel objektiver Normen zu einer eigentlich juristischen Kritik im Stande ist, ebenso wenig vermag er andererseits nach gewissenhafter Ueberzeugung zu urtheilen, einestheils nicht, weil es dazu allemal der totalen mündlichen Wiederholung der Verhandlung bedürfen würde, da gewissenhafte Ueberzeugung nur im Bunde mit dem Principe der Mündlichkeit als solchem denkbar ist, anderentheils nicht, weil gewissenhafte Ueberzeugung gerade ebenso wenig sich als kritisirendes Urtheil verhalten und aussprechen, als kritisirt werden kann. So wird also das Urtheil über die Thatfrage durch eine zweite Instanz im Principe degradirt, ja noch unter den Standpunkt der alten gesetzlichen Beweistheorie hinab degradirt; denn die letztere hatte doch eben überhaupt ein, wenn auch einseitiges Princip, welchem sie Charakter und eine gewisse Bündigkeit verdankte. Und das will man eine höhere Garantie nennen, welche die zweite Instanz darbiete? — Oder wenn in der zweiten Instanz sich etwa diese oder jene einzelne Garantie auffinden läßt, deren die erste noch nicht theilhaftig erscheint, z. B. stärkere Besetzung der Richterbank, was kann daraus weiter folgen, als daß die erste Instanz um solche Garantien zu bereichern sei, damit sie desto sicherer zugleich die letzte sein könne? Es ist ein dem Vorurtheile der Appellabilität des nicht schwurgerichtlichen Wahrspruchs dargebrachtes Opfer, wenn man demselben statt dessen eine zweite Instanz auf den Nacken setzt, damit er in zweiter Auflage nun auch jener Garantien theilhaftig werde. Man will im eigentlichen Grunde nicht diese erhöhete Garantie, denn man kann dieselbe auf diese Art und Weise nicht wollen; man will die zweite Instanz, — jene muß nur den Vorwand dazu hergeben. Liegt es etwa im wesentlichen, ausschließlichen Begriffe der zweiten Instanz, daß nur in dieser, nicht auch in der ersten, z. B. eine stärkere Besetzung der Richterbank stattfinden kann, oder ist dies lediglich Sache der äußeren Einrichtung und insofern der Willkür? Wenn letzteres, dann ist nicht daran zu denken, einen wissenschaftlichen Grund für die zweite Justanz darin zu finden, daß das höhere Gericht zahlreicher besetzt sei und dergl. Dieser Grund wird sofort dadurch vernichtet, daß auch die Zahl der Richter erster (und letzter) Instanz vermehrt werden kann. Muß hierin wirklich eine unmißbare Garantie erkannt werden, und ist vielleicht dieser oder jener einzelne Staat gleichwohl nicht im Stande, eine solche Einrichtung zu treffen (was als durchgängige Erscheinung nicht betrachtet werden kann), so liegt darin nur noch eine Frage der Kalamität, nicht der Wissenschaft. — Uebrigens muß gegen eine höhere Garantie, welche man der zweiten Instanz als solcher zu vindiciren geneigt ist, protestirt werden — gegen die Annahme nämlich, als seien die Mitglieder des höheren Gerichts als solche nothwendig Leute von größerer Erfahrung. Was soll dies heißen? Daß sie (was sich aber noch gar nicht von selbst versteht) schon viel mehr Kriminalfälle erlebt resp. bearbeitet haben? Dann sind die Geschworenen von allen denkbaren Richtern der That die unberufensten und bedenklichsten. Dergleichen Sätze sind Abstraktionen, die unversehens niederreißen, wo sie aufzubauen vermeinen. Außerdem reicht solche Erfahrung noch keineswegs aus, um gleich jedem neuen Falle sein Geheimniß entlocken zu können; jeder neue Fall bietet der Erfahrung neue Seiten und neue Probleme dar, will überhaupt von Frischem erst an und für sich im Wege der Untersuchung erfahren werden; ja es ist bedenklich, ihn von vorn herein blos als Material für die Anwendung bereits fix und fertig vorhandener Erfahrung behandeln zu wollen. Oder soll es heißen: die Mitglieder der höheren Gerichte haben mehr gemeine Urtheilsfähigkeit (— es ist doch eben nur von Erfahrung, nicht von höherer juristischer Befähigung die Rede —), mehr Auffassungs- und Unterscheidungsgabe für thatsächliche Vorkommnisse, sind Leute von richtigerem Menschenverstande u. dergl.? Das hieße in der Person des judex a quo den Richter überhaupt in Frage stellen. In Bezug auf gemeine Urtheilsfähigkeit, auf eine Urtheilsfähigkeit, die man bereits dem Bauer rc., der als Geschworener herangezogen wird, in vollständig ausreichendem Maße zutraut, darf beileibe kein Unterschied zwischen höheren und niederen Richtern statuirt werden, oder man statuirt, und zwar als ein unvermeidliches Accidentale der Rechtspflege, daß die Gerechtigkeit bei den niederen Richtern sich in sehr unsicheren Händen befinde, und erst bei den höheren aus dem Risiko herauskomme. Kurz, der Satz, daß die Sache durch eine zweite Instanz in die Hände von erfahrneren Leuten gelange, ist unerfindlich. — Abgesehen von dem Allen gestaltet sich die Sache unter dem Gesichtspunkte, daß es eine zweite Instanz für den Wahrspruch geben müsse, damit derselbe auch noch der einzelnen Garantien, der Privilegien der letzteren theilhaftig werde, dahin, daß um solcher vereinzelter Garantien willen alles das aufgegeben wird, was die erste Instanz, und zwar in systematischer Totalität, an Garantien darbietet und was in eine zweite Instanz nicht mit hinüber genommen werden soll oder kann, also namentlich die Mündlichkeit der Verhandlung, d. h. die principmäßige, also totale und unverbrüchliche Durchführung derselben. Ein Tausch von Garantien, wobei der Wahrspruch nur verlieren kann — überhaupt eine Täuschung!

Dem Grunde, daß die zweite Instanz höhere Garantien für den Wahrspruch darbiete, muß in der That schon die wissenschaftliche Legitimation bestritten werden. Die ganze Lehre fühlt auch instinktmäßig selbst das Unzulängliche und Mißliche dieses Baus. Dem Vorurtheile für die Appellabilität ist in diesem Baue noch nicht recht wohl und heimisch. Es macht einen Anbau. Man sagt: der nicht schwurgerichtliche Wahrspruch müsse auch deshalb der Berufung unterworfen werden, weil der Verurtheilte nicht selten erst durch die (erste) Verhandlung dahinter komme, worum es sich eigentlich für ihn handle, — ferner, weil sich hinterdrein Nova ergeben könnten, durch welche die Sache ein anderes Ansehen gewinne. Aber mit diesem Anbaue baut die ganze Lehre über ihr Fundament hinaus, in das Gebiet des Nachbars hinein. Dieser Nachbar ist der Wahrspruch der Jury. Wenn jene Erwägungen wirklich geeignet sind, die Nothwendigkeit einer zweiten Instanz zu ergeben, so muß auch der Wahrspruch der Jury der Berufung unterworfen werden; denn sie treffen bei diesem ebenfalls zu. Dies kann zunächst hinsichtlich der Nova keinem Zweifel unterliegen. Aber auch die Supposition, daß der Verurtheilte erst durch die Hauptverhandlung sich darüber belehrt finde, wie er sich eigentlich hätte vertheidigen müssen, kann, soweit sie überhaupt statthaft, auf schwurgerichtliche Sachen ausgedehnt werden, ob auch hier die Vorbereitung regelmäßig eine umständlichere ist. An und für sich ist diese Erfahrung bei schwurgerichtlichen Sachen eben so gut möglich, zumal es auch bei diesen vorkommen kann, daß z. B. Zeugen oder Sachverständige in der Hauptverhandlung vernommen werden, die in der Voruntersuchung noch nicht vernommen sind, ja, an welche vorher überhaupt noch nicht gedacht wurde. Man kann etwa nur sagen, daß jene Erfahrung im Ganzen bei schwurgerichtlichen Sachen seltener sein werde. Dadurch nun, daß für die Anfechtbarkeit des Wahrspruchs ständiger Richter Gründe angezogen werden und als Sukkurs angezogen werden müssen, welche auf den Wahrspruch der Jury ebenfalls passen, wird die zwischen jenem und diesem in Bezug auf Appellabilität gemachte Distinktion aufgehoben; die ganze Lehre gelangt also schließlich dabei an, ihren eigenen Ausgangspunkt zu negiren, ihre eigene Grundlage, eben jene Entgegensetzung, zu widerlegen. Mindestens also beweist sie nichts. Muß sie am Ende selbst zugeben, daß auch der Wahrspruch der Jury noch nicht über alle Bedenken hinaus sei, daß auch hier der Fall und das Bedürfniß einer zweiten Instanz übrig bleibe, nun, dann verändert sich ja eben der ganze Standpunkt, dann ist es allem Anscheine nach eine Schuld schon des Wahrspruchs *an sich* und ohne Unterschied zwischen schwurgerichtlichen und nicht schwurgerichtlichen Sachen, daß er noch keine zureichende Garantie gewährt, außer insofern eine zweite Instanz hinzukommt. Oder auch: es ist dies Schuld der äußeren Institution des Wahrspruchs, und zwar wiederum *ohne* jenen Unterschied; also das Geschworenengericht mit Allem, was dem Wahrspruche der Jury vorangeht, um ihn sorgsam vorzubereiten, ist rücksichtlich der Triftigkeit und Zuverlässigkeit desselben eine im Grunde noch eben so unsichere Institution, als wenn der Wahrspruch Korrektionalgerichten anvertraut wird; sie läßt die höheren Garantien, welche erst die zweite Instanz darbieten soll, ebenfalls, wenn auch nur in dieser oder jener Hinsicht, noch vermissen. Eine Lehre also, welche den nichtschwurgerichtlichen Wahrspruch gerade als solchen, gerade deshalb der Berufung unterwirft, weil er nicht von der Jury, nicht auf Grund einer umständlicheren Vorbereitung, sondern von ständigen Richtern, zuweilen selbst ohne Voruntersuchung rc. abgegeben werde, eine solche Lehre ist unerfindlich, da sie nicht im Stande ist, ihr eben bezeichnetes Kriterium klar zu halten. Man gehe also endlich einmal auf die Sache selbst ein, anstatt sich auf Beobachtungen an der Oberfläche zu verlassen, deren Konturen in einander laufen; man lasse einmal die vorgefaßte Meinung von dem Unterschiede zwischen schwurgerichtlichem und nichtschwurgerichtlichem Wahrspruche in Bezug auf Appellabilität fallen und beweise statt dessen, wenn es denn einmal absolut appellirt sein muß, daß der Wahrspruch schon an sich, schon seinem allgemeinen Begriffe und Wesen nach, ohne Unterschied der Institution, ein der Berichtigung fähiges und bedürftiges Urtheil sei; — man wird dann freilich, in böse Verlegenheiten gerathen; auch könnte ein solcher Beweis gar nicht geführt werden, ohne den Wahrspruch schon im Princip todt zu machen, denn auch der Wahrspruch der zweiten Instanz würde derselben Verdammniß nicht entgehen können. Es ist etwas ganz Anderes mit dem Urtheile; hier ergibt sich die zweite Instanz als eine vollkommen naturale Konsequenz des Urtheils selbst.

Uebrigens sind die in Rede stehenden Erwägungen schon an und für sich unzutreffend oder unhaltbar. Was die Nova betrifft, so ist schon anderweit, namentlich von dem Herrn Antragsteller, überzeugend dargethan worden, daß Nova zwar den Grund und Stoff zu einer Wiederaufnahme des Verfahrens (zum Zwecke einer Wiedereinsetzung in den vorigen Stand), nicht aber das Substrat einer Berufung bilden können. Die Betrachtung aber, daß der Angeklagte nicht selten erst durch die gegen ihn ergehende Verurtheilung dahinter komme, um was es sich eigentlich gegen ihn gehandelt habe, scheint mir mindestens im Gedanken nicht klar zu sein*). Ich nehme an, daß zwischen dem Wahrspruche der Korrektionalgerichte und dem der Jury, was die allgemeine Art und Weise der Konstatirung des Thatbestandes betrifft, kein Unterschied besteht, außer in der Operation. Der Jury werden Fragen gestellt, die sie mit Ja oder Nein beantwortet; bei dem ständigen Richter fällt blos die Frageform weg, indem dieser den in Betracht

*) Vergl. außerdem Schwarze im Gerichtssaal 1857. I. S. 449.

kommenden Thatbestand gleich affirmativ oder negativ ausdrückt (der „Angeklagte ist schuldig" oder „ist nicht schuldig," das und das gethan zu haben). Wenigstens halte ich die Forderung für begründet, daß es so sei. Die Grundlage des Wahrspruchs, in schwurgerichtlichen, wie in nicht schwurgerichtlichen Sachen, ist die juristisch ermessene und abgegränzte (die formelle) Thatfrage. Bei schwurgerichtlichen Sachen tritt diese zugleich in der Form der Frage auf; bei nichtschwurgerichtlichen muß sie jedenfalls intellektuell zu unterscheiden, es muß dem abgegebenen Wahrspruche unzweideutig anzusehen sein, welche Thatfrage im juristischen Sinne die Richter sich gestellt haben. Diese formelle Thatfrage aber findet sich unbedingt eingeschlossen in die durch die Anklage gezeichneten Grenzen des Thatbestandes; sie darf in dieser Hinsicht niemals über die Anklage hinausgreifen, oder sie unterliegt der Nichtigkeitsbeschwerde. Ist die Anklage in diesem Punkte unklar oder zweideutig, so ist sie überhaupt nicht zuzulassen. Es ist also zunächst nicht wohl einzusehen, wie der Wahrspruch, indem er verurtheilt, dem Angeklagten einen Aufschluß über seine Situation als Angeklagter geben könne, den ihm nicht schon die Anklage geben mußte. Freilich wenn dem (nichtschwurgerichtlichen) Wahrspruche Entscheidungsgründe hinzugefügt werden, und wenn somit dieses an sich rein einfache moralische Urtheil in ein kritisches umgekünstelt, wenn die entscheidende gewissenhafte Ueberzeugung explicirt wird, wie ein verstandesmäßiges System unterschiedlicher Urtheilsmomente, dann ist es kein Wunder, wenn der nicht geständige Verurtheilte zumal in komplicirteren Fällen bald hier bald da einen Grund zur Beschwerde entdeckt, den er eben so gut expliciren oder kritisch geltend machen kann; und zwar wird er hier nicht selten in der Lage sein, sagen zu können: die und die Wendung der richterlichen Erwägung überrascht mich, darauf bin ich bei meiner Vertheidigung nicht gefaßt gewesen, sonst hätte ich noch dies und das dagegen einwenden können. Die kritische Konstruirung des Urtheils in der Form der Entscheidungsgründe fordert ja eben die Gegenkritik des Verurtheilten recht eigentlich heraus; und wenn beim Wahrspruche Entscheidungsgründe in Wahrheit und nicht blos zufolge eines gelehrten Vorurtheils zur Sache gehören, wenn es im Wesen des Wahrspruchs liegt, kritisch erwogen und konstruirt und somit auch kritisch dargelegt zu werden, gleich dem Urtheile über die Rechtsfrage, wenn somit ein kategorischer Unterschied zwischen Wahrspruch und Rechtsurtheil nicht besteht, dann kann auch keinen Augenblick zweifelhaft sein, daß jener so gut wie dieses der Anfechtung unterliege. Nur muß im Auge behalten werden, daß diese Anfechtung immer eben nur den Entscheidungsgründen, d. h. dieser kritischen Leistung des Richters gelten kann, insofern nämlich das Zutreffende und Beweisende einer derartigen Entscheidung immer nur in den Gründen, die sich dafür anführen und behaupten lassen, enthalten sein und nicht auch noch sonstwo liegen kann. Sollte also das eigentlich Entscheidende und Beweisende des Wahrspruchs am Ende doch wo anders, als in einer solchen Leistung des Richters oder überhaupt in solchen explicirbaren Gründen, sollte es in der gewissenhaften Ueberzeugung zu suchen sein, die sich nicht expliciren läßt, dann würde auch jene Gegenkritik des Verurtheilten niemals den Wahrspruch in sich selbst, sondern in ihrer Richtung gegen die Entscheidungsgründe immer nur dieses Hors d'oeuvre, d. h. immer nur beizu treffen können. Wie nun aber beim Wahrspruche das im letzten Grunde Entscheidende allerdings nur die gewissenhafte Ueberzeugung ist, und dieser Eine, überall sich gleich bleibende Grund stets nur einfach ausgesprochen, nicht aber explicirt werden kann, so hat es auch gar keinen Werth und keinen Sinn, wenn der Verurtheilte etwa gegen die hinzugefügten Entscheidungsgründe, gegen dieses opus operatum zu plänkeln im Stande ist, und was namentlich den Fall betrifft, wo der Verurtheilte von einer Wendung in den Entscheidungsgründen überrascht worden zu sein und sich in diesem Punkte schutzlos gestellt zu finden behauptet, so wird es damit weiter nichts auf sich haben, als daß ihm, möglicher Weise nur zufolge eigener Unachtsamkeit, eine Gelegenheit zum Argumentiren, vielleicht gar nur zum Disputiren entgangen ist. Es mag sich mit der Angreifbarkeit oder Unangreifbarkeit jener Wendung verhalten, wie es will (sie taugt jedenfalls gerade nur so viel, wie die Entscheidungsgründe überhaupt) — die Sache bleibt immer die, daß der Richter sich von der Schuld des Angeklagten überzeugt hat. — Wie aber, wenn vielmehr die Verhandlung der Sache, namentlich die Beweisaufnahme eine den (nachher verurtheilten) Angeklagten überraschende Wendung zu seinen Ungunsten nähme, gegen die er sich, wenn er darauf gefaßt gewesen wäre, durch Vorführung von Beweismitteln hätte decken können? Man muß sich in dieser Hinsicht zunächst davor hüten, Kuriositäten oder gar Monstrositäten wie etwas in der Praxis Gewöhnliches zu supponiren, als ob das Faktum sich mit der Gerechtigkeitspflege in die Herrschaft theile. Allerdings kommt es vor, daß Angeklagte, nachdem sie in der Hauptverhandlung die Zeugen gehört haben, die ihnen ungünstigen Aussagen derselben aus dem Grunde bestreiten, weil sie andere Zeugen hätten, oder daß ein verurtheilter Angeklagter das Erkenntniß verwirft und einen „neuen Termin“ verlangt, wo seine Zeugen vernommen werden sollen. In der weit überwiegenden Mehrzahl der Fälle (wenn nicht in allen) sind dies Angeklagte von unterster Bildungsstufe, Leute, die trotz der in der Ladung ausdrücklich enthaltenen Mahnung sich nicht im Geringsten um die Vorbereitung ihrer Vertheidigung bemühen, vielmehr mit frecher oder dummer Sicherheit, nicht selten in dem Wahne, es könne ihnen doch „nichts bewiesen werden“, in's Gericht gehen, und die sich dann allerdings aus dieser Sicherheit aufgestört finden, wenn sie nun merken, daß ihnen am Ende doch etwas bewiesen werden könnte und daß überhaupt Ernst mit der Sache gemacht wird*). Meistens auch wissen dergleichen Angeklagte entweder überhaupt nicht bestimmt anzugeben, worüber die Zeugen, die sie noch haben wollen, vernommen werden sollen, oder sie bezeichnen Vernehmungspunkte, die offenbar irrelevant sind oder einen sophistischen Zielpunkt haben, oder einer Kaprice dienen sollen. Berufungen solcher Angeklagten auf Zeugen, die sie noch hätten, kommen vor, obwohl sie mit einem Vertheidiger versehen sind, der auf eine solche Berufung selbst keinen Werth legt. Was es nun mit solchen Berufungen auf anderweite Beweismittel, selbst wenn dabei Beweispunkte angegeben werden, die an sich relevant und statthaft sind, auf sich zu haben pflegt, das zeigt sich, wenn solche Verurtheilte, wie nicht selten geschieht, hinterher mit Bezugnahme auf jene Beweismittel den einen oder anderen der gegen sie vernommenen Zeugen wegen Meineids oder leichtsinnigen Eides denunciren. In den meisten Fällen ergibt die Untersuchung oder schon die gerichtspolizeiliche Nachforschung, daß diese Beweismittel nicht im Stande sind, das angefochtene Zeugniß zu entkräften, oder auch, daß sie selbst wieder durch andere Beweismittel entkräftet werden, so daß man sich über die stattgehabte Verurtheilung des Denunciaten vollständig beruhigen kann. — Dies wären nun, soweit meine Erfahrung reicht, die noch am ehesten in der Praxis vorkommenden Fälle, an welche sich etwa die Betrachtung knüpfen ließe, ob der Angeklagte nicht manchmal erst durch die mündliche Verhandlung sich über seine Zuständigkeiten und Beweise aufgeklärt finden könne, und ob ihm daher nicht durch eine zweite Instanz Gelegenheit gegeben werden müsse, die Zuständigkeiten und Beweise zu bringen. Man wird Anstand nehmen wollen, diese Frage zu bejahen. Entschuldbare Säumniß in zeitiger Angabe der Entlastungsbeweise, wohin auch wirkliche Stupidität oder natürliche Unerfahrenheit des

*) Freilich sollen Angeklagte von solcher Verblendung, Unachtsamkeit rc. nicht blos schon darum eine Opfer der Justiz werden. Allein andererseits ist handgreiflich, daß der Gang und die ganze Ordnung der Rechtspflege nicht der Willkür des Angeklagten oder auch nur einem groben Verschulden desselben preisgegeben werden kann, auch nicht unter dem legitim klingenden Namen einer zweiten Instanz, wo nämlich ein Angeklagter mit seinen beliebig oder aus roher Gedankenlosigkeit nnd Zuversicht früher nicht producirten oder aus berechnender Taktik in Reserve behaltenen Beweismitteln nunmehr hervorrücken könnte. Dann wäre die zweite Instanz, zumal in Verbindung mit der breiten Zielscheibe der Entscheidungsgründe, nur ein dem Angeklagten gewährtes Mittel, die Justiz an der Nase herumzuführen, aus den Verhandlungen der Sache einen Handel mit der Justiz zu machen u. s. w. Kurz Willkür und grobe Indiligenz des Angeklagten können nicht als ratio dienen, nm darauf eine solche Institution, wie die zweite Instanz, zu gründen.

Angeklagten zu rechnen sein, und die überhaupt so liberal als möglich genommen werden mag, ferner erhebliche Hindernisse für den Angeklagten, seine Beweise zeitig zu ermitteln oder herbeizuschaffen, werden schon von vorn herein, durch Aussetzung des Hauptverfahrens, zu berücksichtigen sein; liegt dagegen der Nichtangabe nur Willkür, grobes Verschulden, platter, kapriciöser Unverstand und dergl. zum Grunde, und besteht nun die Aufklärung des Angeklagten durch die Hauptverhandlung am Ende bald darin, daß er merkt, es sei unklug von ihm gewesen, seine Beweise nicht anzugeben, so ist nicht wohl abzusehen, wie die Rechtspflege sich dadurch gerührt und bis zu dem Zugeständnisse einer nochmaligen Vornahme der Sache erweicht sollte finden können. Eine solche Nachgiebigkeit gegen die Indolenz wäre eine des Ernstes der Strafjustiz unwürdige Schwäche, noch dazu als allgemeine Einrichtung gedacht. Wenn man aber jene Fälle abzieht, welches plausible, praktische Substrat für die in Rede stehende Betrachtung bliebe etwa noch übrig? Ich gestehe, daß ich davon keine rechte Vorstellung gewinnen kann. Meint man etwa jene Fälle, wo der Verurtheilte zugleich auf Wiederaufnahme des Verfahrens würde antragen, wo er also nachträglich seine Unschuld würde darthun, oder durch nachträgliche Beweise die Fides des gegen ihn Statt gehabten Verfahrens in irgend einem Punkte, namentlich was die Aechtheit der gegen ihn benutzten Zeugnisse, Gutachten und Urkunden betrifft, würde anfechten können? Nun, für solche Fälle muß eben der Weg der Wiederaufnahme des Verfahrens zum Zwecke einer Wiedereinsetzung in den vorigen Stand offen stehen; und da dieselben eben schon hierin ihre Beachtung finden, so können sie nicht auch daneben noch auf die Idee einer zweiten Instanz leiten. Ich möchte in der That glauben, daß schon jener Weg der Wiederaufnahme des Verfahrens vollkommen ausreiche, um jedem in der fraglichen Hinsicht sich herausstellenden wirklichen und nicht blos vermeintlichen oder problematischen oder kapriciösen Bedürfnisse der Vertheidigung gerecht zu werden. Mehr an diesem Orte über diesen Punkt zu sagen, namentlich auch darüber, wie die zweite Instanz, die begrifflich nur eine zweite Instanz oder Potenz des Urtheils ist, eben darum nicht zugleich als eine zweite Instanz der Beweisaufnahme aufgefaßt werden darf, es wäre denn unter dem kategorischen Gesichtspunkte einer Wiederaufnahme des Verfahrens *), dürfte zur Begründung des gegenwärtigen Gutachtens nicht erforderlich sein.

Das Dogma von der Verschiedenheit zwischem dem Wahrspruche der Jury und dem der Korrektionalgerichte in Bezug auf Appellabilität ist aus dem Französischen Rechte entsprungen. Eine Quelle der positiven Auktorität,

*) S. über dieses mein Gutachten zum Gotthelf'schen Antrage II. 6.

nicht der freien Wissenschaft! Aber was verlangt man auch mehr? Nach Französischem Recht also unterliegt nicht der Wahrspruch der Jury, wohl aber der der Korrektionalgerichte (der ständigen Richter) der Berufung — ein Fund! — und zugleich ein Pfund, mit dem man nun weiter wuchert! Nach Französischem Rechte! Ein Recht des Begriffs, der inneren logischen Natur und Nothwendigkeit der Sache, eine Quelle des Rechts in sich selbst gibt es auf diesem Standpunkte nicht, sondern nur ein Französisches Recht, Englisches Recht rc. Man hat also jene Entdeckung im Französischen Rechte gemacht, nimmt dieselbe unbesehens, ja für das Mal sogar blind gegen andere entgegengesetzte positive Auktoritäten, für die Wahrheit und Nothwendigkeit der Sache selbst, und hat nun weiter nichts mehr zu thun, als sich dermaßen in die Täuschung hinein zu versetzen, daß Wahrheit und Widerspruch wohl draußen bleiben müssen. So sagt man*): nach Französischem Recht habe der Wahrspruch der ständigen Richter einen „wesentlich verschiedenen Charakter", wie der der Geschworenen, „den Charakter äußerer Verantwortlichkeit, den Charakter nothwendiger Uebereinstimmung dieses subjektiven Fürwahrhaltens mit den allgemeinen Grundsätzen und Anforderungen der Vernunft, Wissenschaft und Erfahrung". Denn das Französische Gesetz verordne „die Beifügung von Entscheidungsgründen zu den Erkenntnissen" und gestatte „die Appellation gegen die Entscheidung über die Thatfrage"; es habe „darum auch das System der mündlichen Verhandlung vor diesen Gerichten in weniger strenger Weise durchgeführt, wie bei dem Geschworenengerichte". Es habe „durch die Verstattung der Appellation gegen die Urtheile der aus Staatsbeamten gebildeten Gerichte die Entscheidung über die Thatfragen einer äußeren Kontrole unterworfen, die subjektive Auffassung und Ueberzeugung der Richter noch auf eine weitere, mehr allgemeine (?) objektive (?) dem Bewußtsein und der Erkenntniß aller Menschen zugängliche (?) Quelle und Grundlage der Gewißheit, auf die Grundlage des vernünftigen Denkens, der Wissenschaft und Erfahrung verwiesen" rc. In dieser Art von Erörterung findet sich zunächst überall nichts erklärt, nichts begründet, sondern blos mit umständlicheren Worten gesagt, was das Französische Recht aus dem Wahrspruche der ständigen Richter gemacht habe, — das Französische Machwerk ist näher geschildert worden (vorausgesetzt, daß diese Schilderung überhaupt zutrifft). Die wissenschaftliche Frage ist hier aber nicht die, was das Französische Recht aus dem Wahrspruche der ständigen Richter gemacht habe, sondern die, ob es dies daraus habe machen dürfen. Hierüber indessen altum silentium! Dieses Dürfen, dieses Demonstrandum der ganzen Angelegenheit wird hier in gläubiger Einfalt und Unschuld geradezu vorausgesetzt. Zudem enthält jene

---

*) Gerau im Arch. d. Krim. R. 1854. S. 269.

Argumentation schon in sich selbst eine **Unbegreiflichkeit über die andere.** Eine weniger strenge Durchführung der Mündlichkeit, auf daß der Wahrspruch einen strengeren Charakter habe! Ein Wahrspruch mit dem Charakter äußerer Verantwortlichkeit rc., auf daß dagegen appellirt werden könne! Eine Appellation gegen den Wahrspruch, weil er den Charakter hat, mit den allgemeinen Grundsätzen und Anforderungen der Vernunft, Wissenschaft und Erfahrung übereinzustimmen! Eine Kontrole der subjektiven Auffassung und Ueberzeugung der Richter, damit diese subjektive Auffassung rc. sich als eine allgemeine, objektive Quelle, also als ihr gerades Gegentheil, verhalte, noch dazu als eine für Alle zugängliche Quelle der Wissenschaft rc.! Ist das Französische Recht wirklich so zu verstehen, wie es hier geschildert wird, so begreift man nicht, wie es sich als ein Muster der Nachahmung empfehlen könne, anstatt unwillkürlich abzuschrecken. Namentlich die weniger strenge Durchführung des Princips der Mündlichkeit, damit die Appellation zur Anwendung kommen könne, müßte schon von vorn herein mit Mißtrauen gegen das Französische Recht erfüllen. — Und nun fragt man billig: welchen Charakter hat denn nach Französischem Recht oder nach dieser Auffassung desselben der Wahrspruch der Geschworenen, so zwar, daß er darnach über die Anfechtbarkeit hinaus ist? Findet er sich etwa von der Grundlage der Vernunft und der Erfahrnng entbunden und ist er vielleicht dieserhalb inappellabel, etwa nach Art und Weise eines vollkommenen Widerspruchs, der gleich geheimnißvoll ist für Weise wie für Thoren? Oder gibt es zweierlei Sorten von Vernunft und von Erfahrung je nachdem Geschworene oder ständige Richter über die Thatfrage entscheiden? Rücksichtlich der ständigen Richter ist von allgemeiner Vernunft und Erfahrung die Rede, nach welcher sie und nur sie ihren Spruch zu fällen haben sollen, — was ist denn nun das für eine hierdurch noch nicht einbegriffene, sondern ausgeschlossene Art von Partikular-Vernunft und Erfahrung, wonach die Geschworenen urtheilen? Durch Wissenschaft freilich und durch ein Denken in Form logischer Allgemeinheit findet sich der Wahrspruch der Geschworenen überall nicht bedingt, aber der der ständigen Richter gerade eben so wenig.

Der Gedankengang der fraglichen Argumentation, soweit er sich fassen und zu Tage legen läßt, ist kurzweg folgender: a. das Französische Recht unterwirft den Wahrspruch der ständigen Richter der Berufung; b. dadurch nimmt dieser Wahrspruch einen von dem der Geschworenen wesentlich verschiedenen Charakter an; c. folglich ist er der Berufung zu unterwerfen, — quod erat demonstrandum. Eine böse petitio principii und zugleich ein böses Quiproquo, indem der Wahrspruch nach Französischem Rechte unversehens und im

Handumdrehen für den Wahrspruch nach dem Rechte des Begriffs genommen wird*)

Der Wahrspruch ist begrifflich, ist im Punkte seiner inneren Natur und Bedingtheit genau dasselbe, ob er von Geschworenen, ob er von ständigen Richtern (als Geschworenen) abgegeben wird. Dieser Unterschied ist lediglich ein Unterschied der äußeren positiven Institution; und diese darf niemals so weit gehen, den Begriff, dem sie dient, in sich selbst zu theilen, wenn sie nicht begrifflos werden, ja, den Widerspruch zu ihrer Seele machen will; denn der in sich selbst zertheilte und entgegengesetzte Begriff ist eben der konstituirte Widerspruch. Dem Französischen Recht gebührt, insofern es im Betreff des Wahrspruchs einen solchen Widerspruch in sich vollzogen hat, das Prädikat wissenschaftlicher Unfreiheit und Unebenbürtigkeit. Die ursprünglich wegen Rückstandes der Wissenschaft ziemlich rathlosen und in dieser Rathlosigkeit auf fremde Muster angewiesenen Deutschen Gesetzgebungen, die dann auch später nicht so leicht wieder von sich loskommen konnten, sind zu entschuldigen, wenn sie dergleichen Widersprüche in sich herübergenommen haben und ferner in sich hegen; nicht aber sind sie dieserhalb zu rechtfertigen und glücklich zu preisen. Die Deutsche Rechtswissenschaft sollte vielmehr nach gerade dahin gelangt sein, von solchen positiv bestehenden Widersprüchen des Begriffs sich ihrerseits im Wege und Geiste eben des Begriffs der Sache innerlich frei zu machen, um von diesem Standpunkte aus ihre Theorien aufzubauen, sich erhaben zu wissen über die Verwechslung dessen, was sich aus dem Begriffe gerade gemacht findet, mit diesem Begriffe selbst sich somit, unbeschadet natürlich der Geltung des einmal bestehenden, wenn auch begriffswidrigen Gesetzes, der kritischen Herrschaft über das Positive zu erfreuen, anstatt das vorgefundene Machwerk in blinder Gläubigkeit, falls es nur bequem zu fassen scheint oder gar einem mitgebrachten Vorurtheile entspricht, schon für die Wahrheit und Nothwendigkeit der Sache selbst zu nehmen und nun mit einem wissentschaftlich sein sollenden Aufwande von allerhand subjektiven, gleichviel, ob geistreichen oder dürren, ob scharfsinnigen oder stumpfen Reflexionen zu präkonisiren. — Keinem der Gegner ist, so viel ich weiß, auch nur einmal eingefallen, die behauptete Verschiedenheit zwischen dem Wahrspruche der Jury und dem der ständigen Richter aus dem Begriffe und Wesen des Wahrspruchs selbst herzuleiten, oder vielmehr: nachzuweisen, daß der eine schon an sich etwas Anderes sei, als der andere. Diese angenommene Verschiedenheit erweist sich vielmehr als reine Voraussetzung, die sich hartnäckig immer wieder auf die positive Auktorität steift, — es ist ja aber gerade die Frage, ob dieses Positive sich an sich selbst rechtfertigen

*) Vergl. noch Schwarze im Gerichtssaal 1855 II. S. 25.

lasse und beizubehalten sei. Und wenn man diese Rechtfertigung im letzten Gedanken darin setzt, daß es ein Bedürfniß und eine Forderung der Gerechtigkeit sei, daß gegen den Wahrspruch ständiger Richter der Weg der Berufung offen stehe, da derselbe leicht fehlgreifen könne, während dies von dem Wahrspruche der Jury nicht zu befürchten sei, so hat ja diese Reflexion nicht etwa schon von vorn herein die Natur eines Axioms, sondern sie ist gerade wieder das eigentlich Fragliche der Sache, was erst bewiesen werden muß und nicht vorausgesetzt werden kann.

Aus dem Wahrspruche der ständigen Richter ein zur Noth appellabeles Urtheil machen auf die Gefahr hin, daß es nun aber kein Wahrspruch mehr ist, ja, daß daraus der Kriminalrechtspflege viel schlimmere Mißstände erwachsen, als man zu verhüten meint, — und umgekehrt den Wahrspruch der Jury am Ende nur aus dem verschwiegenen Grunde für inappellabel erklären, weil man es hier mit der Berufung nicht recht anzustellen weiß, — das ist keine Kunst, aber auch keine Wissenschaft. Die gegenseitige Lehre bedarf keiner anderen Widerlegung, als eben nur jener Hinweisung darauf, wie sie das, was eben fraglich ist, schon als ausgemachte Sache voraussetzt. Sie bleibt grund- und haltlos, so lange sie nicht eben ihre Grundanlage, den Gegensatz zwischen dem Wahrspruche der Jury und dem der ständigen Richter, beweist (was ihr nie gelingen wird); es bedarf demnach auch gar nicht noch der Prüfung, ob die Gründe, aus denen sie den Wahrspruch der Jury für inappellabel erachtet, die richtigen sind (schwerlich!), oder ob nicht.

Demnach kann ich dem vorliegenden Antrage, insofern er sich auf den Grund und Boden jener Lehre stellt, also die Appellabilität des Wahrspruchs der ständigen Richter an sich statuirt, und daß diese Eigenschaft nicht auch dem Staatsanwalte zu Gute kommen soll, in dieser Fassung und Begründung nicht beistimmen, vielmehr (mit Bezugnahme auf mein Gutachten zu dem Gotthelf'schen Antrage) meine Ueberzeugung nur dahin aussprechen,

> daß der Wahrspruch überhaupt inappellabel sei, ohne Unterschied zwischen schwurgerichtlichen und nichtschwurgerichtlichen Sachen, desgleichen ohne Unterschied zwischen Ankläger und Angeklagtem.

II. Soll dem Staatsanwalte die Berufung gegen den Rechtsspruch versagt werden?

Oben wurde als fraglich bezeichnet, ob die Proposition, dem Staatsanwalte die Berufung gegen die Enderkenntnisse der „Kollegialstrafgerichte" (Korrektionalgerichte) zu versagen, auch bezüglich des Rechtsspruchs sich eben nur auf diese Gerichte, im Gegensatze der Schwurgerichtshöfe, beschränkt wissen wolle, wonach also dem Staatsanwalte die Berufung gegen die Rechtssprüche der Schwurgerichtshöfe allerdings einzuräumen wäre, was doch aber die Meinung nicht zu sein scheint. Die Verlegenheit, die sich hieraus für die Begutachtung ergeben könnte, fällt nun weg, wenn sich, wie hier versucht werden soll, der Satz aufstellen und durchführen läßt, daß der Rechtsspruch überhaupt, d. h. ohne Unterschied zwischen schwurgerichtlichen und nicht schwurgerichtlichen Sachen, also aus den gleichen Gründen bei jenen, wie bei diesen, der Anfechtung Seitens des Staatsanwalts entnommen bleiben dürfe. Besteht doch auch, gleichwie zwischen dem Wahrspruche der Jury und dem der ständigen Richter, so zwischen dem Rechtsspruche jener und dieser kein begrifflicher Unterschied. Die Auffassung, als habe der Rechtsspruch in nicht schwurgerichtlichen Sachen ein weiteres Gebiet, indem er hier das Urtheil über den „gesetzlichen Thatbestand" oder die „rechtliche Qualifikation" der That mit unter sich begreife, während dasselbe in schwurgerichtlichen Sachen bereits dem Wahrspruche angehöre, ist falsch; sie beruht in einer Verwechslung des „gesetzlichen Thatbestandes" &c. mit dem inneren, moralisch-sittlichen Charakter der That, also mit der Schuld. That- und Schuldfrage ist eins und dasselbe und überall lediglich Gegenstand des Wahrspruchs; die Konstatirung dagegen des gesetzlichen Thatbestandes oder der rechtlichen Qualifikation der That ist Sache der kritischen Subsumtion und somit des Rechtsspruchs, in schwurgerichtlichen Sachen gerade eben so gut, wie in nicht schwurgerichtlichen.

Der Rechtsspruch nun — ein kritisches und somit im kategorischen Gegensatze zum Wahrspruche stehendes Urtheil, oder doch, was nämlich die Strafzumessung innerhalb der gesetzlichen Schranken betrifft, ein auf Reflexion und Ermessen beruhendes und auch darin abermals vom Wahrspruche verschiedenes Urtheil — ist eben vermöge dieser seiner Natur anfechtbar; und zwar ist er dies:

A. im Punkte der Subsumtion der durch den Wahrspruch konstatirten That und Schuld unter Gesetz und Recht und der sonstigen rechtlichen Beurtheilung und Entscheidung des Falles einschließlich der Strafermittelung und der Erkennung von Nebenstrafübeln, soweit es sich dort und hier nicht blos um Zumessung innerhalb der gesetzlichen Schranken, wohl aber um die letzteren selbst handelt;

B. im Punkte eben dieser Zumessung innerhalb der gesetzlichen Schranken.

Zu A. Der Rechtsspruch in der hier bezeichneten Beziehung unterliegt an sich der Beschwerde: daß wider Gesetz und Recht erkannt oder, wie es sich auch ausgedrückt findet, daß das Strafgesetz (oder eine Bestimmung des Kriminalrechts) verletzt worden sei.

Eine solche Beschwerde als begründet vorausgesetzt, ist der Rechtsspruch nichtig; und zwar wird die Nichtigkeit nicht erst von der unklaren Voraussetzung abhängig gemacht werden dürfen, daß klares Recht verletzt worden sei; sondern was im konkreten Falle nach Inhalt des Wahrspruchs Rechtens sei, das wird ohne Unterscheidung zwischen klarem und unklarem Rechte als etwas an und für sich unbedingt Bestimmbares anzusehen sein, d. h. es wird die etwaige Zweifelhaftigkeit nicht geradezu als eine solche, deren Lösung doch immer nur eine problematische bliebe, hingestellt werden dürfen, vielmehr diejenige Lösung, welche der letzterkennende Richter finden oder anerkennen wird, für das unzweifelhafte Recht des Falles erachtet werden müssen. — Demnach unterliegt der Rechtsspruch schon unmittelbar der Nichtigkeitsbeschwerde eben so gut, als der Berufung; der Unterschied ist nur der, daß, wenn man sich für Berufung entscheidet, noch die Instanz der Nichtigkeitsbeschwerde übrig bleibt, daß also die Berufung noch kein erschöpfendes Rechtsmittel ist, während die gleich anstatt der Berufung instituirte Nichtigkeitsbeschwerde (Kassationssystem), so viel den Instanzenweg betrifft, ohne Weiteres zum Ziele führt. Wie indessen die zu beantwortende Frage im Grunde und im Allgemeinen doch nur die ist, ob dem Staatsanwalte, gleich dem Angeklagten, ein Rechtsmittel gegen den Rechtsspruch, gleichviel ob Berufung oder Nichtigkeitsbeschwerde, einzuräumen sei, so wird hier nicht etwa zu untersuchen nöthig sein, ob das Kassations- oder das Berufungssystem den Vorzug verdiene.

An sich ist nun der Rechtsspruch für den Ankläger gerade so gut anfechtbar, wie für den Angeklagten. Die Parteirolle begründet in dieser Hinsicht keinerlei begrifflichen Unterschied. Die Frage kann nur die sein, ob nicht die Rechtspflege auf Anfechtung des Rechtsspruchs Seitens der öffentlichen Anklage verzichten, ob sie nicht, unbeschadet ihrer selbst, diesen Akt der Selbstverläugnung üben könne und solle, anstatt sich auf das begriffliche Recht zu steifen.

In dieser Beziehung ist zunächst zu konstatiren, daß hier lediglich von dem auf den Wahrspruch gebauten Rechtsurtheile die Rede ist, nicht auch von der Fragstellung oder Fragfassung, obwohl diese juristische Operation, für welche bereits der rechtliche Gesichtspunkt jenes Schlußurtheils im Voraus maßgebend ist, eben darum gewissermaßen als mit zum Enderkenntnisse gehörig angesehen werden kann, zumal in nicht schwurgerichtlichen Sachen, wo Fragfassung und Wahrspruch (letzterer ein Theil des Enderkenntnisses) zugleich formell in Eins fallen und erstere nur noch intellektuell zu unterscheiden bleibt. Was nun eben die Feststellung der formellen Thatfrage betrifft, so kann und darf die Rechtspflege sich zu dem fraglichen Verzichte nicht verstehen.*) Eine zum Nachtheile der Anklage unrichtige Fragfassung muß vielmehr der Anfechtung unterworfen sein; denn sie besteht effektiv

*) Das Rechtsmittel kann hier nur die Nichtigkeitsbeschwerde sein.

darin, daß die Anklage, sei es im Ganzen, sei es im einzelnen wesentlichen Punkte, des entsprechenden richterlichen Spruchs überhaupt nicht theilhaftig wird, also unentschieden bleibt. Es wäre eine wunderliche Art von Selbstverläugnung, wenn die Rechtspflege hier auf das Rechtsmittel verzichten wollte — eine Verläugnung der Anklage an und für sich, nicht blos eine Verläugnung des Anklage-Interesses im Punkte des besonderen Erfolges im individuellen Falle.

Anlangend dagegen das auf den Wahrspruch gebaute Rechtsurtheil oder den eigentlichen, definitiven Rechtsspruch, und vorausgesetzt, daß derselbe eben nicht aus einem Grunde der unrichtigen Fragfassung angefochten werden soll, daß also die Sache über diesen Beschwerdepunkt hinaus ist, die Anklage vielmehr als durch die Fragfassung und den darauf abgegebenen Wahrspruch in die entsprechende Beziehung zur richterlichen Kognition und Entscheidung gesetzt erscheint, so wird die Rechtspflege auf ein Rechtsmittel für den Staatsanwalt allerdings verzichten können und auch wohl hieran thun, — nur daß dem Oberstaatsanwalte die Nichtigkeitsbeschwerde im Interesse des Gesetzes (ohne Einfluß auf die abgeurtheilte Sache) offen stehen muß. Es handelt sich in einem solchen Falle, wie bereits angedeutet worden, allein noch um einen Unterschied im Erfolge der Anklage, nicht mehr um den Erfolg überhaupt. Es ist an sich so gut ein Erfolg der Anklage, wenn der Angeklagte freigesprochen, als wenn er verurtheilt wird; in letzterer Hinsicht macht es wiederum nur in modo, nicht in Bezug auf den Erfolg überhaupt einen Unterschied, wenn die Verurtheilung hinter dem Antrage des Staatsanwalts zurückbleibt. Die Rechtspflege muß in jedem einzelnen Falle darauf bestehen, daß die Anklage überhaupt zu einem bestimmten Erfolge gelange, und zwar im gesetzlich vorgezeichneten Wege und ohne auf diesem Wege eine intellektuelle Einbuße, wie namentlich durch eine unrichtige Fassung des thema probandum, zu erleiden — desgleichen in der Form der Vermittelung durch richterliches Endurtheil. Erscheinen diese Bedingungen im einzelnen Falle erfüllt, dann bildet der zu Tage gekommene Erfolg jedenfalls formelles Recht. Eben nun schon mit einem solchen formellrechtlich korrekten Erfolge wird die Rechtspflege, so viel das Anklage-Interesse betrifft, im Einzelfalle ungeachtet des materiell günstigeren Erfolges, welcher im Wege eines Rechtsmittels zu erlangen sein würde, sich begnügen, sie wird diesen besonderen Erfolg unbeschadet ihrer selbst daran geben dürfen, sofern sie nur dem Allgemeinen, dem Gesetze und Rechte an sich, nichts dadurch vergibt. Diese letztere Rücksicht wird aber bereits durch die eben nur im Interesse des Gesetzes zu verfolgende Nichtigkeitsbeschwerde gewahrt; denn auf diesem Wege läßt sich die im einzelnen Falle in der Freisprechung oder in der geringeren Verurtheilung etwa zu befindende Verletzung von Gesetz und Recht expreß auf diesen vereinzelten Fall einschränken, sich aus dem Ganzen der Kriminalrechtspflege als eine unpräjudicirliche Zufälligkeit ausscheiden, so zwar, daß Gesetz und Recht sich gegen diese Einzelheit und in Bezug auf dieselbe doch immer wieder salvirt finden, auch ohne daß der salvatorischen Sentenz Einfluß auf die bereits abgeurtheilte Sache gewährt zu werden braucht. Es ist hierbei näher folgender Unterschied ins Auge zu fassen. Wenn das Urtheil eine Gesetz- oder Rechtswidrigkeit zum Nachtheile des Angeklagten enthält, so ist es die Person, an welcher dieses Unrecht zum Effekte gelangt. Dies ist aber ein absoluter Widerspruch für das Recht selbst, in welchen die Rechtspflege sich nicht auch irgendwie finden kann. In der Person wird vielmehr das Recht so gewiß und in so unmittelbarer und konkreter Weise verletzt, daß eine solche Verletzung nun und nimmermehr effektiven Bestand haben kann, ohne einen Pfahl im Fleische der Rechtspflege zu bilden. Freilich kann die Person sich über das ihr durch ein Strafurtheil zugefügte Unrecht moralisch erheben; die Stellung der Kriminalrechtspflege zu dem Angeklagten ist aber nicht die, daß sie demselben zumuthen dürfte, sich schlimmsten Falles moralisch gegen sie zu salviren, damit sie die Verantwortung los werde; sondern sie ist dem Angeklagten eben dafür verantwortlich, daß er sich überhaupt nicht über Unrecht zu beklagen haben dürfe. Dem Angeklagten ein effektives Rechtsmittel zu gewähren, ist demnach eine unbedingte Nothwendigkeit für die Rechtspflege selbst. Dieser Gesichtspunkt der Gerechtigkeit gegen die Person fällt weg, wenn die in dem Urtheile enthaltene Rechtsverletzung lediglich zum Nachtheile der Anklage, also des Allgemein-Interesses, gereicht. Die Rechtspflege kann hier im Einzelfalle auf einen absolut rechtsgestrengen Erfolg eben deshalb verzichten, weil sie vermöge und im Punkte ihrer unpersönlichen Allgemeinheit und Idealität sich einer unendlich größeren Unverletzbarkeit erfreut, als wenn es sich um Gerechtigkeit gegen die Person handelt. Für das einzelne Subjekt, den Angeklagten, der eben insofern Rechtssubjekt ist, d. h. Anspruch auf Gerechtigkeit hat, als er zugleich Person ist, bildet der einzelne Fall — sein Fall — bereits eine Totalität von Rechtsinteresse, eine durch und durch belangvolle Angelegenheit; — für die Allgemeinheit dagegen, die hier zwar ebenfalls Rechtssubjekt ist, aber nicht in der endlichen Formbestimmtheit als Person, sondern in der Form der Idealität, bildet der einzelne Fall eben darum nur eine verschwindende Einzelheit. Ob also auch im Einzelfalle das Urtheil dem Interesse der Allgemeinheit nicht in dem Maße gerecht werde, wie es nach Recht und Gesetz verlangt werden könnte, so ist doch ein solcher Einzelfall noch keine Totalangelegenheit der Rechtspflege, wenigstens nicht in dem Sinne, daß die letztere sich aus demselben nicht in ihre Allgemeinheit, in diese Sphäre unbedingter Unverletzlichkeit zurücknehmen, nicht unbeschadet ihrer selbst für das Mal auf den der Allgemeinheit günstigeren Erfolg verzichten könnte. Im Gegentheil, es entspricht der Würde und der Idealität der Rechtspflege, Alles zu vermeiden, wodurch sie selbst den Charakter oder auch nur den Schein persönlichen Bedürfens und Abzweckens annehmen könnte, wie wenn sie schon an und für sich selbst sich auf den Standpunkt und das Maß der Person angewiesen fände. Einen solchen Charakter persönlicher Tendenz nimmt aber die Rechtspflege nur zu leicht an, wenn der Staatsanwalt Rechtsmittel gegen den Rechtsspruch verfolgt.

Selbstverständlich ist es für die Allgemeinheit nicht etwa überhaupt gleichgültig, welchen besonderen Erfolg eine Anklage habe, wenn derselbe nur formell in der Ordnung sei. Die Allgemeinheit hat vielmehr ein ganz entschiedenes Interesse, daß jeder Angeklagte, wenn er nach Maßgabe des Wahrspruchs als dem Strafgesetze verfallen rechtlich anzusehen ist, auch wirklich verurtheilt, bezw. daß er in dem Maße verurtheilt werde, wie Recht und Gesetz, richtig verstanden und angewandt, es mit sich bringen. Nur soll dieses Allgemein-Interesse sich nicht in dem Maße eifersüchtig auf sich selbst erweisen, daß es dadurch im Einzelfalle den Charakter eines Sonder-Interesses, die Schärfe und Zuspitzung der Absichtlichkeit anzunehmen in Gefahr kommen könnte, wie wenn es sich von jeder einzelnen Verletzung auch schon bis in seine Seele hinein aufgeregt und verletzt finden müßte, dergestalt, daß es in keinem solchen Einzelfalle der effektiven Abhilfe zu entrathen im Stande wäre. — Wenn in diesen Bestimmungen ein Widerspruch zu liegen scheint, so wird derselbe verschwinden, sobald man die Fälle einer Verletzung von Gesetz und Recht durch den Wahrspruch, namentlich einer solchen, von welcher sich die unpersönliche Allgemeinheit schon merklicher betroffen finden könnte, zu den Ausnahmen zählen darf. In der That aber bilden diese Fälle erfahrungsmäßig im Ganzen nur Ausnahmen; und diese Erfahrung ist nicht etwa nur eine glückliche Zufälligkeit, sondern wohl begründet in der Art und Weise, wie heutigen Tages die Rechtspflege, sich bei uns instituirt und innerlich belebt findet. Eine Art der Rechtspflege bei welcher das Allgemein-Interesse als solches überhaupt schon Gefahr liefe, durch nichtige Rechtssprüche verletzt zu werden, würde freilich ganz und gar geeignet sein, auf die Nothwendigkeit eines auch dem Staatsanwalte gegen den Rechtsspruch einzuräumenden Rechtsmittels zu führen, da es der Allgemeinheit, wie gesagt, nicht schon überhaupt gleichgiltig sein kann, ob zu ihren Ungunsten nichtig erkannt wird oder nicht. Allein eine solche Rechtspflege liegt außerhalb der Voraussetzung. Sie würde schon in der Wurzel nichts taugen, und wäre aus einem ganz anderen Punkte zu korrigiren, als blos mittels der Einrichtung jenes Rechtsmittels. Darf und muß also im Allgemeinen eine solche Art der Rechtspflege vorausgesetzt oder doch gefordert werden, bei welcher nichtige Rechtssprüche zu den Ausnahmen gehören, so kann auch das Allgemein-Interesse als solches durch einen solchen zu seinen Ungunsten eintretenden Ausnahmefall als solchen nicht schon überhaupt, nicht schon im Ganzen, nicht schon in seiner Allgemeinheit und Idealität erschüttert und beeinträchtigt werden; sondern es behält innere wie äußere Haltung und Selbstgewißheit genug übrig, um sich über einen solchen Fall hinwegsetzen, ihn so zu sagen verschmerzen zu können, zumal wenn ihm immer noch das Rechtsmittel der Nichtigkeitsbeschwerde im Interesse des Gesetzes zu Gebote steht. Keinenfalls kann es sich durch einen solchen Fall in dem gleichen Maße geschädigt finden, in welchem der Angeklagte, der nicht in der Lage ist, sich mit der bloßen Ausnahme trösten zu können, durch eine irgendwie zu seinem Nachtheile nichtige Verurtheilung geschädigt wird; mindestens also läßt sich das Interesse der Anklage, ein Rechtsmittel gegen einen solchen Rechtsspruch zu haben, mit dem gleichen Interesse des Angeklagten nicht auf dieselbe Linie stellen.

Man wird sich hiernach unbedenklich damit einverstanden erklären dürfen, daß dem Staatsanwalte ein Rechtsmittel gegen den Rechtsspruch (in der hier zunächst in Frage stehenden Beziehung) nicht einzuräumen sei.*)

Zu B. Auch gegen die Strafzumessung innerhalb der gesetzlichen Schranken soll dem Staatsanwalte kein Rechtsmittel zustehen. Liegt dies nicht aber schon von selbst in dem zu A. Gesagten? Allerdings. Wenn das Allgemein-Interesse sich im Einzelfalle schon bei einem zu seinen Ungunsten nichtigen Rechtsspruche soll beruhigen dürfen, wie viel mehr wird es sich beruhigen können, wenn weiter nichts vorliegt, als daß die Strafzumessung strenger hätte ausfallen können? — und wie viel mehr würde die Rechtspflege den Charakter tendenziöser Verfolgung, persönlicher Absichtlichkeit gegen die Person des Angeklagten anzunehmen in Gefahr sein, wenn dem Staatsanwalte zustände, ein Rechtsmittel behufs strengerer Strafzumessung zu verfolgen? Wozu also die Unterscheidung zwischen A und B? Weil zugleich in Frage kommt, ob nicht auch dem Angeklagten ein Rechtsmittel gegen die Strafzumessung zu versagen sei. Die Proposition des Herrn Antragstellers scheint in dem Sinne genommen werden zu wollen, daß ein

*) Aus der obigen Deduktion ergibt sich übrigens, daß dem Privatankläger (wo nämlich das Institut der Privatanklage wegen Ehrenkränkung, geringerer Körperverletzung u. s. w. besteht) das Rechtsmittel eben so gut eingeräumt werden müsse, wie dem Angeklagten, weil im Grunde die Sache für ihn eben so gut eine persönliche Angelegenheit ist, und die ratio des Instituts der Privatanklage eben darin besteht, dies anzuerkennen. Dem Privatankläger kann eben so wenig, als dem Angeklagten, rechtlich zugemuthet werden, daß er moralisch darüber hinaus zu gelangen suche, wenn er kein Recht bekommt, wo er es fordern konnte

Rechtsmittel gegen den Rechtsspruch ohne Unterschied zwischen der auf eigentlich juristischer Interpretation und Dialektik beruhenden Entscheidung und der auf bloßem Ermessen beruhenden Strafzumessung blos dem Staatsanwalte zu versagen, also dem Angeklagten wiederum ohne jenen Unterschied, mithin in der letzteren Beziehung eben so gut, wie in der ersteren, zu gewähren sei. In diesem Sinne würde ich nun der Proposition eben nicht zustimmen können, da ich der Ansicht bin, daß rücksichtlich der Strafzumessung auch dem Angeklagten ein Rechtsmittel nicht einzuräumen sei. Läßt sich nun aber diese Ansicht begründen, so modificirt sich darnach der theoretische Standpunkt allerdings in der Weise, daß eine Unterscheidung von A und B gerechtfertigt erscheint. Indessen würde eine ausführlichere, auf jeden denkbaren Einwand Rücksicht nehmende Begründung jener Ansicht doch wohl über den Zweck dieses Gutachtens hinausgehen; eine Bezeichnung der Hauptanhaltspunkte dagegen dürfte immerhin am Orte sein, zumal dadurch zugleich der Satz, daß auch der Staatsanwalt nicht gegen die Strafzumessung appelliren solle, noch an näherer Begründung gewinnt.

Das an sich Beschwerliche bei der Strafzumessung innerhalb der gesetzlichen Schranken liegt darin, daß das Entscheidende hier immer nur das Ermessen ist. Ueber diesen letzten Beschwerdegrund vermag aber auch die zweite Instanz nicht hinauszuführen, weil auch in zweiter Instanz wiederum nach keiner anderen Richtschnur, als nach bloßem Ermessen erkannt werden kann. Die Sache erhebt sich im Momente der Beschwerde und der zweiten Entscheidung nicht etwa aus sich selbst heraus in ein präciseres und helleres Licht; es findet keine eigentliche Potenzirung des Urtheils statt. So darf man sich dazu verstehen, das Ermessen gleich ein für allemal entscheiden zu lassen — rücksichtlich des Angeklagten so gut, als rücksichtlich der Anklage. Einen Grund und einen Maßstab des Rechts gibt es hier nicht. Die Partei hat ein Recht zu verlangen, daß bei der Strafausmessung die gesetzliche Schranke inne gehalten werde; was nun aber eben die Zumessung innerhalb dieser Schranken betrifft, so hat der (straffällige) Angeklagte so wenig ein Recht auf milde Bestrafung, als der Ankläger auf strenge Strafzumessung. Von dem Begriffe „Recht" kann hier so wenig, als sonstwo das Moment der objektiven Gesetztheit und der abstrakten Vorausbestimmtheit und Allgemeinheit getrennt werden. Gerade nun insoweit das Gesetz die Strafe blos relativ androht, verschwindet dieses Moment und kann somit von einem Rechte der Partei auf irgend welche Gränze, welche die Strafzumessung sich im einzelnen Falle nur noch innerhalb jener gesetzlichen Schranke zu setzen hätte, keine Rede sein. Wie wäre es möglich, im individuellen Falle eine solche Gränze rechtlich zu bestimmen, da sie eben für den individuellen Fall nun und nimmer schon objektiv und in abstracto zum Voraus bestimmt sein kann? Wenn man im individuellen Falle in einer zu harten bezw. zu gelinden Strafzumessung, die sich aber doch innerhalb der gesetzlichen Schranken hält, eine Rechtsverletzung für die Partei finden will, so muß man derselben dieserhalb konsequenter Weise selbst die Nichtigkeitsbeschwerde zugestehen, woran aber wohl Niemand denken wird. Kurz, eine Strafzumessung, die sich innerhalb der gesetzlichen Schranken hält, ist eben darum unter allen Umständen rechtlich unanfechtbar, mag selbst auf das Maximum oder selbst auf das Minimum erkannt worden sein. Dagegen das innerhalb dieser Schranke schaltende Ermessen anlangend, so ist allerdings nicht zu läugnen, daß sich im individuellen Fall eine gewisse, wenn auch immer noch sehr schwankende Gränze setzen lasse. Die Strafzumessung kann im individuellen Falle denkbarer Weise so hart oder so gelinde sein, daß dadurch sowohl das praktisch routinirte Urtheil als das unmittelbare Rechtsgefühl sich unwillkürlich aufgeregt findet. Hierdurch also würde sich jene Gränze des Ermessens im individuellen Falle bezeichnet finden. Zunächst ist nun darauf hinzuweisen, daß innerhalb dieser, wie gesagt, immer nur ungefähr bestimmbaren und dabei im Verhältnisse zu der ganzen gesetzlichen Straforدnung schon sehr weiten Gränze jeder Punkt, in den die Ausmessung treffen könnte, indifferent ist, jeder schon für das Schwarze genommen werden kann. In den mit geringerer Strafe bedrohten Fällen ist ein Unterschied von Tagen oder auch Wochen, in den mit höherer Strafe bedrohten ein Unterschied von Monaten und selbst von Jahren indifferent. Es läuft daher auf ein reines Spiel des Gutdünkens hinaus, wenn ein zweitinstanzlicher Richter innerhalb jener Gränze abändert. Also nur wenn diese Gränze überschritten, wenn nach dem vorhin bezeichneten instinktiven Kriterium die Strafe entschieden zu hoch oder zu niedrig bestimmt erschiene, könnte die Rechtspflege sich bewogen finden, ein Rechtsmittel zu gewähren, d. h. immer noch nicht aus einem Grunde des Rechts, sondern lediglich aus dem Grunde des Ermessens. Allein einerseits wäre es ganz unmöglich, diese Voraussetzung der Anfechtbarkeit als solche objektiv und in abstracto dergestalt zu ordiniren und zu begränzen, daß nicht am Ende doch wieder alle Fälle dem Rechtsmittel offen stehen würden, d. h. die Partei würde in jedem individuellen Falle ihrerseits erst einmal darauf bestehen können, daß gerade jene äußerste Gränze des Ermessens nicht eingehalten sei, und der zweite Richter würde, um so zu sagen, diese formelle Zulässigkeit des Rechtsmittels prüfen zu können, allemal doch in die Sache selbst eingehen müssen, oder vielmehr: zwischen einer formellen Zulässigkeit und der materiellen Begründung des Rechtsmittels würde gar nicht mehr unterschieden werden können, was doch wahrlich eine wunderliche, juristisch nicht mehr definirbare Art von Rechtsmittel wäre; — andererseits aber ist auch selbst für die bezeichnete Voraussetzung noch gar kein hinreichendes Bedürfniß zur Gewährung eines Rechtsmittels vorhanden. Zunächst gehören Fälle, wie die in Rede stehenden, erfahrungsmäßig zu den seltensten Ausnahmen, da bei uns weder empfindsame Mädchen noch Barbaren zu Gericht sitzen. Ist aber ja einmal entschieden zu gelinde erkannt worden, so kann doch das öffentliche Interesse, wie bereits dargethan worden, sich dabei beruhigen; ist aber einmal übermäßig hart erkannt worden, so kann im Wege der Gnade geholfen werden. Der hiergegen schon öfter erhobene Einwand, daß ein zu streng Verurtheilter sich nicht an die Gnade verweisen zu lassen brauche, sondern sein Recht fordern könne, ist unerfindlich; weil es, wie gesagt, ein Recht des straffälligen Angeklagten auf milde Beurtheilung (innerhalb der gesetzlichen Schranken) gar nicht gibt.

Ich glaube mich hier auf diese Erörterung beschränken zu sollen, obwohl ich weiß, daß die ganze Frage eine etwas verwickeltere Gestalt annehmen kann, wenn man supponirt, daß ein namhafter, gesetzlich anerkannter Strafzumessungsgrund bei der Strafzumessung außer Acht geblieben sei. Die letzten Gründe, weshalb selbst in einem solchen Falle von der Gewährung eines Rechtsmittels abzusehen ist, finden sich immer schon in der obigen Erörterung mit eingeschlossen*).

Zu b.

Hier scheinen die beiden Fragen getrennt werden zu müssen:

1. ist dem Staatsanwalte die Befugniß einzuräumen, zu Gunsten des Angeklagten die Nichtigkeitsbeschwerde einzuwenden, wenn der Angeklagte dieselbe haben würde?

2. ist dem Staatsanwalte die Befugniß einzuräumen, zu Gunsten des Angeklagten auf Wiederaufnahme der Untersuchung anzutragen?

Zu 1. gestehe ich, mir nicht klar darüber geworden zu sein, weshalb hier nunmehr von Nichtigkeitsbeschwerden, statt fernerweit von Berufung die Rede ist. Soll vielleicht nicht weiter mehr an beschwerliche „Enderkenntnisse" (wie bei a.), sondern an Verstöße im Verfahren, oder soll vielleicht an Beides

*) Für den Wegfall der Berufung gegen die Strafzumessung sind: v. Arnold im Gerichtssaal 1855 II. S. 472 (wo dieselbe indessen noch nicht unbedingt aufgegeben werden zu sollen scheint, cf. S 477) und ebendas 1858 I. S 209 (wo sie ohne weitere Beschränkung aufgegeben wird). Schwarze ebendas 1855 II S. 102 Pitis: „Ueber die Strafmilderung in zweiter Instanz", im Gerichtssaal 1850. I. S. 334, eine aus ächt wissenschaftlicher Vertiefung in die begriffliche Idee geschöpfte Abhandlung. — Anderer Meinung sind: Mittermaier im Archiv d Krim. R. 1854, S 319 (wo indessen das Rechtsmittel nur für den Angeklagten gefordert werden zu sollen scheint), Gerau ebendas. S. 271, und 287, Merckel im Gerichtssaal 1853. II. §. 498 (gegen Pitis, dessen Gedankengang aber hier noch nicht einmal begriffen, viel weniger widerlegt worden ist).

zusammen gedacht werden, insoweit für Beides gemeinsam der Gesichtspunkt der Nichtigkeit zutrifft? Indessen werde ich diesen Zweifeln aus dem Wege gehen und gleichwohl der Intention der Proposition entsprechen können, wenn ich auch hier wieder dem generellen Begriffe „Rechtsmittel" folge. Die Frage wäre demnach:

> Soll der Staatsanwalt zu Gunsten des Angeklagten ein Rechtsmittel, sei es Berufung, sei es Nichtigkeitsbeschwerde, alsdann einwenden können, wenn der Angeklagte selbst dies Rechtsmittel haben würde (aber keinen Gebrauch davon macht)?

Diese Frage verneine ich. Allerdings ist auch der Staatsanwalt, ungeachtet seiner Parteistellung (die nämlich für ihn zwar ein subjektives, aber nicht auch ein persönliches Parteiinteresse mit sich bringt) dem Angeklagten volle Gerechtigkeit schon vermöge seines Berufs schuldig, jedoch nicht in dem Sinne, daß er dadurch jemals zum Anwalte des Angeklagten, ja zu einem Kurator desselben ad hoc werden könnte. Jener Satz hat vielmehr nur den negativen Sinn, daß der Staatsanwalt dem Angeklagten gegenüber sich stets innerhalb der berufsmäßig erwogenen Grenzen des Rechts und seiner pflichtmäßigen Ueberzeugung halten soll; etwas ganz anderes aber ist es, wenn man verlangt, daß er als Aktor für den Angeklagten auftrete oder förmlich die Partei desselben nehme. Auch der Staatsanwalt kann, obschon nicht persönlich Partei, niemals die Rollen der Partei und der Gegenpartei, d. h. diese verschiedenen Aktionen, in seiner Thätigkeit zu vereinigen haben, auch nicht successiv. Nun aber ist die Verfolgung eines Rechtsmittels, wie die Berufung oder die Nichtigkeitsbeschwerde, in der That Parteisache, d. h. von dem Partei-Urtheile, von der Disposition derjenigen Partei abhängig, welche bei solcher Verfolgung ein Partei-Interesse hat. Wie aber könnte der Staatsanwalt ein Partei-Interesse haben, zu Gunsten des Angeklagten zu appelliren oder zu queruliren? Vielleicht insofern, als die geschehene Verurtheilung des Angeklagten zugleich dem allgemeinen Gerechtigkeits-Interesse, welches der Staatsanwalt bei den Gerichten zu vertreten hat, zuwider liefe? Sicher ist der Staatsanwalt unter dieser Voraussetzung für an sich berufen zu erachten, gegen die Verurtheilung im Wege Rechtens aufzukommen, aber eben nur in seiner Stellung als Anwalt der Allgemeinheit und ohne dadurch in die entgegengesetzte Rolle eines Anwalts des Angeklagten verfallen zu können, ob hier auch das Interesse der Allgemeinheit mit dem persönlichen des Angeklagten materiell in Eins zusammenfiele, ja in der Person desselben gleichsam verkörpert und individualisirt erschiene. In der That will die ganze Frage im letzten Grunde aus dieser Vergleichung zwischen dem Interesse der Allgemeinheit und dem des Angeklagten entschieden sein. Demnach ist zu untersuchen: inwiefern wird die Allgemeinheit in einer geschehenen Verurtheilung schon ein ihr selbst widerfahrenes Unrecht erkennen wollen und müssen, dergestalt, daß es für sie selbst zu einer Nothwendigkeit wird, im Wege Rechtens dagegen zu reagiren? Doch nicht etwa schon aus dem Grunde, weil der Staatsanwalt anderer Ansicht ist, als das Gericht, gerade als wäre der Staatsanwalt, nämlich dieses Individuum, schon die Allgemeinheit? Im Gegentheile: wenn hier die formelle Geltung zu entscheiden hätte, so müßte das Gericht (welches verurtheilt hat) eine höhere Auktorität für die Allgemeinheit bilden, als die Ansicht des Staatsanwalts. Aber selbst angenommen, daß an der Richtigkeit der letzteren nicht zu zweifeln stände, daß also in der That „unrichtig" procedirt oder erkannt worden wäre, so wäre das immer noch kein Fall, worüber die Allgemeinheit als solche in und für sich selbst, aus ihrer Ruhe gerathen könnte. Es gehören ganz andere Voraussetzungen dazu, damit die Allgemeinheit sich aus diesem Zustande ruhiger Beobachtung des Ganges der Justiz durch eine Verurtheilnng aufgeregt und um ihrer selbst willen zur Intervention in der Form der Aktio, zu diesem förmlichen aktiven Parteinehmen wider die Verurtheilung excitirt finden können. Es ist in dieser Hinsicht zu denken an solche Fälle, wo die Verurtheilung schon mit der allgemeinen Idee der Gerechtigkeit als solcher in unmittelbarem, absoluten Widerspruche steht, wo sie demnach verletzend eingreift in die Substanz des gemeinen Rechtsbewußtseins, sich an dem sittlich qualificirten Rechtsprincipe als rechtswidrig zu erkennen gibt —: Unschuld des Verurtheilten, Perfidität des wider ihn stattgehabten Verfahrens. Rechtsverletzungen in procedendo oder in judicando, die sich nicht an jenem substantiellen, sondern blos erst an dem formellen Gesichtspunkte kennzeichnen, bloße „Unrichtigkeiten", bloße Differenzen des nüchternen formellen Rechtsverständnisses, des Scharfsinns, der Aufmerksamkeit auf das gegebene Material und auf die einschlagenden Rechtsbestimmungen, des juristischen Judiciums rc. bieten der Allgemeinheit noch lange keinen Anlaß dar, für sich selbst zu interveniren; sondern in solcher Hinsicht fordert das allgemeine Rechtsinteresse weiter nichts, als daß der Sache ihr regelmäßiger und regelrechter Lauf gelassen werde, daß also namentlich dem verurtheilten Angeklagten unverwehrt bleibe, sich der ihm gegen die Verurtheilung rücksichtlich der formellen Rechtsgemäßheit derselben gesetzlich gewährten Rechtsmittel zu bedienen, sofern nämlich er selbst sich in solcher Rücksicht für beschwert erachtet, also jenen formellen Rechtsverstand im Wege Rechtens, durch eine Berufung auf eben diesen Rechtsverstand, einer ihn beschwerenden Verirrung, einer „Unrichtigkeit" zeihen zu können glaubt. Es ist eben nur ein Anspruch des Angeklagten an diesen formellen Rechtsverstand, um welchen sich hier das ganze Interesse dreht; das Maßgebende dieses Interesses und die ganze

Initiative kann also nur in dem Partei-Urtheile des Angeklagten, nicht in einem Urtheile der Allgemeinheit liegen. Nun aber besteht das Substrat der Nichtigkeitsbeschwerde wie der Berufung stets nur in einer solchen Differenz des formellen Rechtsverstandes. Bietet also eine Verurtheilung noch weiter nichts dar, als einen Fall der Berufung oder der Nichtigkeitsbeschwerde, so kann sich darin überall kein Diskrimen für das allgemeine Gerechtigkeitsinteresse herausstellen; vielmehr muß lediglich dem Verurtheilten die Disposition über das Rechtsmittel überlassen bleiben. Ein Weg und Steg, um über diesen Grenzpunkt hinaus zu dem Satze zu gelangen, daß auch der Staatsanwalt als solcher berufen sein könne, ein solches Rechtsmittel anstatt und zu Gunsten des Verurtheilten zu verfolgen, ist nicht zu entdecken.

Zu 2. Eine Wiederaufnahme des Verfahrens zum Zwecke der Wiedereinsetzung des Verurtheilten in den vorigen Stand erscheint materiell begründet, wenn hinreichender Grund zu der Annahme vorliegt, entweder, daß der Verurtheilte unschuldig sei, oder daß es dem gegen ihn stattgehabten Verfahren (wegen darin zum Nachtheile des Verurtheilten vorgekommener falscher Zeugnisse, Gutachten und Urkunden oder weil die Auskunftspersonen oder die Richter bestochen waren und dergl. m.) an der schon allgemeinhin unerläßlichen Fides mangele. Der Staatsanwalt hat in einem solchen Falle nicht allein dem Verurtheilten nach besten Kräften zu sekundiren, sondern er ist auch, wenn der Verurtheilte selbst sich nicht rührt, für legitimirt und zugleich für verpflichtet zu erachten, die Wiederaufnahme selbstständig zu betreiben *). Aber nicht als Anwalt oder sonstiger Vertreter des Angeklagten, nicht in dem Sinne „zu Gunsten des Angeklagten", als trete er nun in die Parteirolle des letzteren hinüber, sondern als Anwalt des Staats, d. h. hier: des allgemeinen Gerechtigkeitsinteresses, welches aber für das Mal mit dem persönlichen Heile des Verurtheilten dergestalt zusammenfällt, daß die Gegnerschaft zwischen diesem und dem Staatsanwalte verschwindet. Jede der gedachten beiden Voraussetzungen einer Wiederaufnahme des gegen den Verurtheilten stattgehabten Verfahrens bildet nämlich für das gemeine Rechtsbewußtsein sowohl wie für die Idee der Gerechtigkeit und vermöge dessen für die durch den Staatsanwalt gerichtlich zu vertretende Allgemeinheit einen so unmittelbaren, schneidenden Widerspruch, daß dadurch die letztere sich bis in ihre Seele hinein betroffen finden und somit für sich selbst, um ihrer

*) Nur läßt sich fragen, ob alsdann auch die Durchführung des Verfahrens lediglich vom Staatsanwalte zu betreiben sei, und nicht vielmehr zu diesem Zwecke dem Verurtheilten ein Vertheidiger, gewissermaßen zugleich als Proceßkurator, von Amtswegen bestellt werden müsse, damit das Verfahren nicht aus dem Rahmen einer Verhandlung von Partei zu Partei herausfalle, — ein Bedürfniß, welches bestehen bleibt, obwohl hier der Staatsanwalt sich nicht als Gegner des Verurtheilten verhält.

selbst willen, des Bedürfnisses einer Intervention, einer processualischen Aktion, um diesen thatsächlich gewordenen Widerspruch, sofern er als solcher konstatirt werden würde, wieder ausscheiden zu können, inne werden muß. Wie könnte es sich mit der Idee der Gerechtigkeit, wie solche im Staate und in der bürgerlichen Gesellschaft allgemein in Wirksamkeit stehen soll und steht, irgendwie vertragen, daß ein Unschuldiger verurtheilt werde und, wenn es einmal geschehen, verurtheilt bleibe; wie ferner ließe es sich mit dieser Idee vereinigen, daß ein Verfahren zu Recht bestehe, in welchem Lug und Trug eine Rolle gegen den Angeklagten zu spielen gewußt haben, und auf welches daher die Justiz sich ehrlicher Weise überall nicht berufen und stützen kann, gleichviel ob der Verurtheilte wirklich schuldig ist oder nicht! Niemand wird zugleich den großen Unterschied zwischen solchen Fällen der an und für sich, in ihrer ideellen Allgemeinheit verletzten und eben darum schon kraft dieser ihrer Allgemeinheit reagirenden Gerechtigkeit oder Rechtspflege und der lediglich auf Rechnung des formellen Rechtsverstandes, des blos technischen Urtheils zu setzenden Differenz in der Behandlung oder Beurtheilung des einzelnen Falles verkennen wollen. Die letztere ist eine Chance, welche die Rechtspflege sehr wohl ohne Widerspruch mit ihrer Idee in sich enthalten kann, ja, in sich enthalten muß, — genug, wenn dem Angeklagten die Wege Rechtens offen stehen, um sich in dieser Hinsicht vor Schaden zu wahren. Ist doch die bloße „Unrichtigkeit“ nicht nothwendig zugleich schon eine Ungerechtigkeit in der Sache selbst, sondern eben nur eine Inkorrektheit der blos verstandesmäßigen Beobachtung oder Reflexion, die der Verurtheilte sich auch gefallen lassen wollen kann, ohne daß darüber die Gerechtigkeit an und für sich in Unruhe gerathen müßte; — ist doch selbst im Allgemeinen nicht einmal absolut auszumachen, was im individuellen Falle das „Richtige“ sei, sondern erst durch den zuletzt erkennenden Richter und kraft der demselben gesetzlich, also positiv beigelegten Auktorität wird dies ausgemacht; die Rechtspflege im Allgemeinen kann daher abwarten, ob der Verurtheilte diese Auktorität in Anspruch nehmen und für sich gewinnen werde, kann bis dahin die stattgehabte, ebenfalls schon durch gerichtliche Auktorität gedeckte Behandlung oder Beurtheilung des Falles für die richtige gelten lassen. Wenn dagegen ein Unschuldiger verurtheilt worden ist, oder wenn in dem Verfahren gegen einen Verurtheilten Lug und Trug sich in die Rechtspflege einzuschmuggeln gewußt haben, dann hört das Ding auf, eine bloße Chance innerhalb der Rechtspflege zu sein; dann vielmehr tritt eine absolute, unter allen Umständen gewisse Differenz der in diesem einzelnen Falle stattgehabten Rechtspflege gegen die allgemeine Idee der Rechtspflege zu Tage; dann also erscheint der Fall gegeben, wo die Rechtspflege eben schon als solche, um ihrer selbst willen, krafft ihrer Allgemeinheit und im Interesse derselben das unabweisbare Bedürfniß in sich erfahren muß, sich mittels förmlicher processualischer Aktion — Wiederaufnahme des Verfahrens — in Bewegung zu setzen, um sich von einer solchen Ausartung ihrer selbst im Wege Rechtens wieder zu reinigen. Wie nun der Staatsanwalt in dieser Hinsicht sich als das geeignete Organ darstellt, indem es überhaupt die Idee der Staatsanwaltschaft ist, die Allgemeinheit gerichtlich zu vertreten, so muß sich (für den Gesetzgeber) zugleich der oben bezeichnete Beruf des Staatsanwalts ergeben, die Wiederaufnahme des Verfahrens nöthigenfalls selbstständig, als Anwalt der Allgemeinheit, zu betreiben.

Für eine solche Einrichtung ist zugleich ein ganz entschiedenes, wenn auch im Ganzen seltenes, praktisches Bedürfniß vorhanden. Es wird genügen, in dieser Hinsicht ein Beispiel anzuführen. Ich wähle dazu den in Hitzig's Annalen, neue Folge Bd. 40 S. 131, mitgetheilten Fall aus der Preußischen Praxis. Ein junger Mensch von 21 Jahren klagt aus Lebensüberdruß sich selbst verschiedener schwerer Verbrechen fälschlich an. Er weiß diese Selbstanklage mit so viel Geschick zu begründen und durchzuführen, daß er wirklich verurtheilt wurde — zum Tode. Vor der Vollziehung des Urtheils kommt durch einen Zufall seine Unschuld an den Tag. Allein die Preußische Gesetzgebung bietet keinerlei Mittel und Möglichkeit dar, das Urtheil im Wege Rechtens wieder aus der Welt zu schaffen, so daß nichts übrig bleibt, als Begnadigung. — Offenbar handelt es sich in einem solchen Falle um eine eigenste Angelegenheit der Rechtspflege selbst und als solcher, mag der Verurtheilte verurtheilt bleiben wollen oder nicht; und diese ihre eigene Angelegenheit muß auch die Rechtspflege selbst in Händen und nicht der Gnade, zu überlassen haben. Die Rechtspflege soll nicht in sich selbst durch die Gnade ergänzt werden. Sie soll sich in einem solchen Falle in sich selbst ergänzen auf dem von dem Herrn Antragsteller proponirten Wege. Demnach ist dieser Proposition der beste Erfolg zu wünschen.

XIX.

Gutachten des Dr. Schaffrath in Dresden.

Sind die Wuchergesetze aufzuheben?
Ist die Festsetzung des Zinsfußes lediglich der Vereinbarung der Paciscenten zu überlassen?

Von dem Problem der Gesetzgebungspolitik, welches in vorstehenden, von der ständigen Deputation zur gutachtlichen Beantwortung gestellten Fragen seinen Ausdruck findet, läßt sich behaupten, daß dasselbe von den Autoritäten der zu seiner Lösung vorzugsweise berufenen Wissenschaft — der Volkswirthschaftslehre — eine ebenso übereinstimmende, wie unbedingte Lösung im bejahenden Sinne gefunden habe.

Die Vertheidiger der Wuchergesetze bestreiten zwar die Richtigkeit dieser Behauptung, indem sie dabei hauptsächlich auf die von Rau und Roscher vertretenen Ansichten Bezug nehmen.

Allein, abgesehen von der gerade diesen beiden Spitzen der Nationalökonomie eigenthümlichen Tendenz, in möglichst objektiver Form der Darstellung zwischen den entgegengesetzten Principien, deren strenger Konsequenz in der Sache sie sich keineswegs entziehen, möglichst zu vermitteln, dürfte diese Bezugnahme keine zutreffende zu nennen sein. Im Princip haben sich beide Schriftsteller von jeher für Beseitigung der Wuchergesetze ausgesprochen. Rau erklärt sich in der neuesten (5.) Ausgabe seiner Volkswirthschaftspolitik, §. 323 lediglich für die Zweckmäßigkeit gewisser gesetzlicher Formen bei der Eingehung von Darlehnsverträgen, ohne die Höhe der Zinsen selbst irgendwie beschränken zu wollen. Die einzige, von ihm in letzterer Hinsicht statuirte Ausnahme, nämlich die Festsetzung einer gesetzlichen, durch Vertrag der Parteien nicht zu beseitigenden Kündigungsfrist bei solchen Darlehnen, bei welchen der verabredete Zinsfuß den gesetzlichen beträchtlich überschreitet, wird bekanntlich auch von den meisten Gegnern der Wuchergesetze als eine unwesentliche Abweichung von der strengen Folgerichtigkeit nicht beanstandet (vergl. z. B. auch das Königl. Sächs. Gesetz über die Aufhebung der Zinsbeschränkungen vom 25. Oktober 1864) und liegt somit eigentlich außerhalb der Grenzen des streitigen Gebiets. Roscher's ganze Darstellung läuft so entschieden auf ein Votum gegen jede Art von Zinsbeschränkungen hinaus, daß der lediglich historischen Bemerkung: die völlige Aufhebung von Wuchergesetzen habe sich (nämlich in Oesterreich und Frankreich) nicht unter allen Umständen bewährt, um so weniger das ihr von den Gegnern beigemessene Gewicht zukommen kann, als auch er nur das Verbot solcher Vertragsbedingungen, durch welche ein unerfahrener Schuldner am klaren Ueberblicke der vereinbarten Last und an rechtzeitiger Tilgung seiner Schuld gehindert werde, mithin nur dieselben unwesentlichen Beschränkungen, welche Rau für zweckmäßig erklärt, für zulässig erachtet. Gleichwohl sind Roscher und Rau diejenigen Volkswirthschaftslehrer, welche den Vertheidigern der Wuchergesetzgebung noch die weiter gehenden Zugeständnisse machen. Unter diesen Umständen nimmt es denn freilich kaum Wunder, wenn die Verfechter der Zinsbeschränkungen die Autorität von Adam Smith anrufen, von dem sie aber schwerlich in vollem Ernst behaupten können, daß dessen System, wenn auch nur in dieser Hinsicht, den gegenwärtigen Stand der Wissenschaft wiederspiegele. (Mit nicht viel geringerem Rechte hätten sie sich auf Aristoteles berufen können.) Alle Hochachtung vor jenem Schöpfer der neueren Volkswirthschaftslehre, aber es wäre fürwahr traurig, wenn die Wissenschaft der Volkswirthschaft seit nunmehr nahezu hundert Jahren keinen Fortschritt über sein System hinausgemacht und nicht einmal die nothwendigen Folgerungen aus den von ihm selbst aufgestellten Principien gezogen hätte. Als eine solche Folgerung ist nun in der heutigen Volkswirthschaftswissenschaft auch die Zweckmäßigkeit und Nothwendigkeit der Aufhebung der Wuchergesetze allgemein anerkannt. —

Gegen die Richtigkeit dieser Lösung des an die Spitze dieses Gutachtens gestellten Problems der Gesetzgebungspolitik sind nun in neuerer Zeit namentlich von Juristen Zweifel erhoben worden, die vielleicht auf den Fortschritt der Gesetzgebung nicht ganz ohne hemmenden Einfluß geblieben sind und schon deshalb eine wiederholte wissenschaftliche Erörterung erheischen.

Da jedoch diese Zweifel weniger der Volkswirthschaft, als der Rechtswissenschaft entlehnt und zum Theil nur deshalb aufgestellt sind, weil „diejenigen, welche die strafrechtliche Seite des Gegenstandes zu vertreten haben, schwerlich geneigt sein dürften, ein Terrain leichten Kaufes aufzugeben, auf welchem die Strafgewalt eben erst mit so überraschendem Erfolge ihre ganze Wirksamkeit zu entfalten angefangen hat", so dürfte es nicht ganz ungerechtfertigt erscheinen, die Ergebnisse der Volkswirthschaft bis auf Weiteres als feststehenden Ausgangspunkt der anzustellenden Erörterung zu betrachten und soweit von einer nochmaligen selbstständigen wissenschaftlichen Begründung derselben abzusehen, als nicht das Gewicht der neuerdings dagegen geltend gemachten Einwände hierzu nöthigt. Auf diesen Standpunkt stellt sich die nachfolgende Betrachtung. Sie geht von der Voraussetzung aus, daß die Volkswirthschaftslehre, deren Bereiche das hier zu besprechende materielle Verhältniß ausschließlich angehört, die an die Spitze gestellten Fragen bedinglos bejaht habe, und begnügt sich deshalb mit einer Beleuchtung der Gründe, durch welche man dieses Resultat neuerdings zu erschüttern unternommen hat.

Zur Abschneidung von etwaigen Mißverständen mag vorausgeschickt werden, daß unter dem Ausdruck „Wuchergesetze" alle diejenigen gesetzlichen Bestimmungen zu verstehen sind, wodurch die Höhe der beim (Geld)- Darlehnsvertrage auszubedingenden Gegenleistung irgendwie beschränkt wird, gleichviel ob dieselben lediglich civilrechtlicher Natur sind und nur die Klagbarkeit der vollen Gegenleistung ausschließen, oder sich auf das Kriminal- (oder Polizei-) Recht erstrecken und die Ueberschreitung der gesetzlichen Schranken mit Strafe bedrohen.

Es ist keine leichte Aufgabe, mit Sicherheit zu ermitteln, ob und inwieweit die Vertheidiger der Wuchergesetzgebung dem Axiome der Volkswirthschaftslehre beistimmen, daß der Staat die Feststellung des Verhältnisses zwischen Leistung und Gegenleistung, und mithin, wenn die Gegenleistung in Geld gewährt wird, die Feststellung des Kapital-Mieth-Preises lediglich der freien Uebereinkunft der Kontrahenten zu überlassen hat. Da die sachlichen Bestimmungsgründe des freien Willens der Kontrahenten bekanntlich in dem durch die Konkurrenz bedingten Verhältnisse zwischen Nachfrage und Angebot ihren Ausdruck finden, die Vertheidiger der Wuchergesetzgebung aber hier und da einen Anlauf nehmen, die Allgemeingültigkeit dieses Preisbestimmungsgesetzes anzuzweifeln, so gewinnt es allerdings den Anschein, als ob sie jenem Axiome ihre Anerkennung versagten. Freilich ist die Art und Weise ihrer Argumentation hierbei keine sehr glückliche zu nennen. Denn wenn man das Gesetz der Konkurrenz als eine bloße logische Formel bezeichnet, oder mit den strengen Regeln der reinen Mechanik vergleicht, so erkennt man gerade hierdurch seine unbedingte Allgemeingültigkeit an. Das Gesetz der Konkurrenz wirkt mit derselben unfehlbaren Genauigkeit, wie eine logische Formel oder die Regeln der reinen Mechanik. Wenn die Anwendung der einen oder der anderen zu einem unrichtigen oder unbefriedigenden Ergebniß führt, so liegt die Schuld hiervon nicht an dem Gesetz, an der Formel oder Regel, sondern an den materiellen Unterlagen oder Voraussetzungen, auf welche Gesetz, Formel oder Regel Anwendung gefunden haben. Dies ist denn nun auch die eigentliche Meinung der Gegner. Sie wollen dem Staate auf die materiellen, thatsächlichen Voraussetzungen ihrer Anwendung einen bestimmenden Einfluß eingeräumt wissen. Da nun der Staat auf die Masse und Intensität des Angebots, der Natur der Sache nach, einen indirekten Einfluß durch Anwendung von Zwangsbestimmungen nicht auszuüben vermag, so bleibt nur der Ausweg übrig, Masse und Intensität der Nachfrage auf diese Weise zu beschränken, und da ferner Masse und Intensität der Nachfrage von der Ausdehnung und Dringlichkeit des vorhandenen Bedürfnisses abhängt, so bleibt dem Staate nichts anderes übrig, als diesem Bedürfnisse eine feste Grenze anzuweisen und die Befriedigung desselben, soweit es diese Grenze überschreitet, zu untersagen. Aufgabe der Gegner würde es nun sein, einmal diese Grenze genau anzugeben, und sodann die Nothwendigkeit ihrer Feststellung aus den Bedürfnissen des Verkehrs, also aus volkswirthschaftlichen Gründen zu rechtfertigen. Diese Aufgabe ist aber völlig ungelöst geblieben. Denn die bloße Bezugnahme auf den Unterschied zwischen dem berechtigten Geiste des Erwerbs und dem rechtswidrigen Geiste der Habsucht, der Härte und der Unterdrückung auf der einen, sowie zwischen der kalt berechnenden Spekulation und dem Zwange zur Befriedigung der Bedürfnisse des Augenblicks auf der anderen Seite läßt es in ersterer Beziehung an jedem Anhalte zu einer festen Grenzbestimmung fehlen und enthält in letzterer Hinsicht, abgesehen von der völlig unjuristischen Gebrauchsweise der Begriffe „berechtigt“ und „rechtswidrig“ eine offenbare petitio principii. Ebenso wenig ist mit dem an sich ganz richtigen, aber viel zu allgemeinen und abstrakten Satze anzufangen, daß die Freiheit der Verträge, obwohl sie allerdings die Grundlage des Civilrechts sei, wie jede andere Freiheit der allgemeinen, durch die sociale Lebensordnung gebotenen Beschränkung unterliege, daß sie nicht im Widerspruch mit den Forderungen des Rechts, der guten Sitten und der öffentlichen Ordnung ausgeübt werde. Weit verdienstlicher würde es gewesen sein, aus den vorhandenen positiven Rechtssystemen den Nachweis zu erbringen, inwieweit es dem Staate bisher wirklich gelungen sei, diesen Forderungen durch Beschränkung jener Freiheit gerecht zu werden. Freilich würden die zu diesem Behufe anzustellenden Erörterungen schwerlich eine befriedigende Ausbeute gewährt haben. Denn eigentlich materielle Freiheitsbeschränkungen im Gebiete des Vertragsrechts kommen im Grunde genommen nur wenige, z. B. bei dem — in neueren Gesetzgebungen, z. B. dem Bürgerlichen Gesetzbuch für das Königreich Sachsen vom 2. Januar 1863 aber auch aufgehobenen — **Senatus consultum Macedonianum**, bei den Glücksverträgen (z. B. nach demselben Bürgerlichen Gesetzbuch für das Königreich Sachsen §§. 1480—1480 bei Spiel und Wette, Lotterie und Ausspiel, sowie Differenz-Geschäften) vor, und selbst hinsichtlich dieser letzteren kann es füglich als eine noch offene Frage der Gesetzgebungspolitik bezeichnet werden, ob die unbedingte Aufrechthaltung von Treu und Glauben nicht für den Staat ein höheres Interesse sei, als die mögliche wirthschaftliche und moralische Bedenklichkeit gewisser Verträge. Im Uebrigen kennt das Recht nur gewisse formelle Schranken, deren Einhaltung es beim Abschluß einiger Verträge vorschreibt; und dies gilt namentlich auch von den bei Erörterung des vorliegenden Gegenstandes regelmäßig angezogenen, übrigens dermalen auf dem Gebiete des ganzen gemeinen Deutschen Handelsrechts, sowie in einzelnen Partikulargesetzgebungen, (z. B. in dem Bürgerlichen Gesetzbuch für das Königreich Sachsen vom 2. Januar 1863 §. 864) aufgehobenen Bestimmungen über die **læsio enormis**, die, abgesehen von dem immerhin noch sehr großen Spielraum, welchen sie der Freiheit der Kontrahenten gestatten, wegen der unbedingten Zulassung des vorgängigen privatautonomischen Verzichts auf die betreffende Einrede lediglich den Charakter einer formalen Beschränkung an sich tragen. Es muß in der That mit der Verwerthbarkeit des obigen allgemeinen Satzes bedenklich gestanden haben, wenn man sich zu seiner Begründung auf das völlig fremdartige Gebiet der letztwilligen Verfügungen verirrt, ja sogar auf die Beschränkung der Befugniß zur Errichtung von Lehen und zur Stiftung von Familienfideikommissen bezogen und die Gegner der Zinsbeschränkungsgesetze, wegen ihrer ziemlich ausnahmslosen Hinneigung zu der letzterwähnten Beschränkung, eines Widerspruchs mit sich selbst zeihen zu dürfen geglaubt, oder wenn man sich auf die sogenannten gesetzlichen Zinsen im engeren und eigentlichen Sinne des Worts (im Gegensatz zu den vertragsmäßigen) berufen hat, obwohl man weiß, daß diese lediglich auf einer, zur Erleichterung des Beweises geschaffenen und den Beweis eines höheren erlittenen Schadens oder entgangenen Gewinns nicht ausschließenden rechtlichen Präsumtion beruhen.

Unter diesen Umständen, und da auch die Anhänger der Zinswuchergesetze den Grundsatz der Vertragsfreiheit im Allgemeinen anzuerkennen sich nicht entbrechen können, sehen sich dieselben in die Nothwendigkeit versetzt, die von ihnen befürwortete Beschränkung dieses Grundsatzes aus der eigenthümlichen Natur des Darlehns- oder, richtiger ausgedrückt, des Zinsvertrages*)

*) Im Grunde genommen, handelt es sich bei der Wucherfrage blos um den Zinsvertrag als Nebenvertrag des Darlehnsvertrages. Der letztere wird z. B. nach

zu rechtfertigen. Sie haben es sich aber hierbei sehr leicht gemacht. Statt den Vertrag scharf und richtig zu definiren, haben sie ihre Waffen gegen eine vielleicht nicht ganz glücklich gewählte Ausdrucksweise der Gegner gekehrt.

„Geld ist Waare", hatten diese gesagt, um mit kurzen Worten die Ansicht auszudrücken, daß keinerlei Grund vorliege, den im Darlehns- und Zinsvertrage vor sich gehenden Austausch von Leistungen rechtlich anders zu behandeln, wie irgend einen anderen Austausch anderer Leistungen. Natürlich hatten sie damit nicht in Abrede stellen wollen, daß zwischen den Begriffen „Geld" und „Waare" immerhin noch ein Unterschied gemacht werden, ja daß diese Begriffe sogar als Gegensätze zu einander gelten können. Ihre Meinung war nur dahin gegangen, daß das Geld (zuweilen, unter Umständen) auch Waare sei und daß es insbesondere im Zinsvertrage auf Seiten des Darleihers als Waare erscheine (wie dies etwa im „Bankgeschäfte" der Fall ist, indem, wenn z. B. es wenig Silbergeld giebt, man mehr Gold dafür geben muß und umgekehrt, und sogar bei Kupfermünzen der Mangel einen Preisaufschlag erzeugt). Nun hält zwar auch diese Anschauung des Sachverhältnisses vielleicht nicht die strengste Probe aus. Denn, streng begrifflich gesagt, ist dies Geld*) niemals Waare, nicht einmal „im Bankgeschäfte",

§. 1067 des Bürgerlichen Gesetzbuchs für das Königreich Sachsen vom 2. Januar 1863 „geschlossen, wenn vertretbare Sachen unter der Verpflichtung zur künftigen Rückgabe einer gleichen Summe oder Menge von derselben Gattung und Güte zu Eigenthum gegeben werden," während Zinsen z. B. nach §. 673 a. a. O. eine Leistung sind, welche ein Schuldner einer Summe Geldes für die ihm von dem Gläubiger gestattete, von ihm dem Gläubiger entzogene Benutzung derselben nach Verhältniß des Schuldbetrages und der Zeitdauer der Benutzung zu gewähren hat. Dieser wesentlichste Bestandtheil des Zinses, nämlich die Entschädigung für die Kapitalsnutzung, findet seine hauptsächlichste Begründung in dem Zinsvertrage. Da nun aber die beiden anderen Bestandtheile des „Zinses", nämlich: Versicherungsprämie und Geschäftsprovision, sowohl in dem Darlehns- als auch in dem Zinsvertrage ihren Grund haben und überhaupt jene einzelnen Bestandtheile nicht getrennt veranschlagt und noch viel weniger getrennt versprochen zu werden pflegen, so wird es gestattet sein, die Ausdrücke: „Darlehnsvertrag" und „Zinsvertrag" hier promiscue zu gebrauchen, ohne eine Verwechselung befürchten zu müssen.

*) Darum ist der Ausdruck: „Geld" in der hier fraglichen Bedeutung neuerdings aus der volkswirthschaftlichen Litteratur verschwunden und unwandelbar durch den korrekteren Ausdruck: „Kapital" ersetzt. Damit ist sofort die contradictio in adiecto: „Geld ist Waare" beseitigt, welche heillose Verwirrung angerichtet hat, indem unter „Geld" bald „Kapital" bald „Tauschmittel" verstanden worden ist. Auf dem Kapitalmarkte handelt es sich um den Kapitalsgebrauch. Der Preis dieser Waare ist der Zins, für welchen der Nutzen, den der Verkäufer des Kapitalsgebrauches selbst aus demselben ziehen kann, die Minimalschranke, der Nutzen, den der

wo es in demselben Augenblicke, in welchem es wegen des Vorhandenseins gewisser zufälliger, individueller, beim Gelde als Geld wegen dessen allgemeiner Natur nicht in Betracht kommender Eigenschaften die Natur einer Waare annimmt, zunächst, und so lange diese Eigenschaften in Betracht kommen, aufhört, Geld zu sein. Ganz besonders aber ist das Geld nicht die Waare des Zinsvertrages. Wendet man, wie man zur Veranschaulichung der Sache wohl darf, auf diesen Vertrag die Kategorien des Kaufvertrages an und versteht man demgemäß unter dem Zinse den (in Gelde bestehenden) Preis des Darlehns, so ist die Waare desselben nicht die vom Darleiher hingegebene Geldsumme, sondern die von ihm gestattete zeitweilige Benutzung desselben. Diese aber ist etwas, von der Geldsumme selbst qualitativ Verschiedenes. Diesen Unterschied haben die Vertheidiger der Wuchergesetze übersehen, wenn sie mit einer wohlfeilen Polemik gegen die mehr schiefe als falsche Ausdrucksweise „Geld ist Waare"*) die Nothwendigkeit einer exceptionellen Behandlung eines Vertrages dargethan zu haben glauben, bei welchem das Geld nicht selbst die Waare, sondern nur ein begriffliches Element der Waare (wie es denn überhaupt das bequemste Tauschmittel) ist.

Indeß reicht vielleicht schon der letztere Umstand aus, um jene exceptio-

Käufer ziehen kann, die Maximalschranke, bildet, zwischen welchen Schranken Angebot und Nachfrage den konkreten Tagespreis erzeugen. Dieser steigt beim Ueberschuß der Nachfrage über das Angebot so lange, bis die daraus fließende Vermehrung des Angebots und Verminderung der Nachfrage die Ausgleichung hergestellt haben Und ebenso fällt der konkrete Tagespreis des Kapitalsgebrauches beim Ueberschusse des Angebots über die Nachfrage bis zur Ausgleichung durch Verminderung des Angebots und Vermehrung der Nachfrage.

*) Die Eigenschaft des „Geldes" als „Waare" läßt sich viel entschiedener behaupten, wenn man hierbei nicht von „Geld", sondern von „Kapital" spricht. Bei „Geld" denkt man sofort an die andere Eigenschaft (eines Theils der vorhandenen Kapitalien) als Tauschmittel zu dienen. Dieser Ausdruck ist freilich nicht korrekt. Das Kapital dient nämlich, um dies gleich hier kurz zu anticipiren, niemals als Tauschmittel; gerade darum war früher der Ausdruck „Geld" statt „Kapital" so verwirrend, weil eben das Geld, auch das goldene und silberne, niemals als Kapital fungirt, d. h. Kapitalsnutzen abwirft. Alles Andere, nur das Geld nicht, ist Kapital. Gold und Silber und Papier ja auch, insoweit sie gemünzt sind, hören damit auf, entweder Produktionswerkzeug oder bereit gehaltener Vorrath zur Ausführung der Arbeitstheilung zu sein, welches die beiden körperlichen Formen sind, in denen das Kapital den Kapitalsnutzen abwirft. Man sieht dies gleich daraus, daß bei ganz fester Menge des umlaufenden Geldes der Diskont steigt und fällt. Geld-Quittung für geleisteten Dienst und Anweisung auf vorhandenes Produkt — ist nur der Schlüssel zu dem Kasten, in dem sich das wirkliche Kapital befindet, welches aus Waaren und nur aus Waaren besteht. Man findet die kompendiöse Definition des Kapitals am Anfange eines Artikels Dr. Faucher's über die Baumwollennoth in Heft 1 Jahrgang 1863 seiner Vierteljahresschrift.

nelle Behandlung zu rechtfertigen? Offenbar ist es lediglich dieser Umstand, der die Feststellung eines einfachen Zahlenverhältnisses zwischen Preis und Waare, eines Procentsatzes, und damit Zinsbeschränkungen und Wuchergesetze erst ermöglicht und darauf geführt hat; sollte er sie nicht auch rechtfertigen? Diese Frage ist in der That nicht blos aufgeworfen, sondern auch bejaht worden, indem man das Sachverhältniß geradezu auf den Kopf gestellt, die Nebensache zur Hauptsache und die Hauptsache zur Nebensache gemacht hat. Man räumt zwar ein, daß der Geldanleiher nicht das Geld als solches, sondern die ihm fehlenden Waaren und Werthobjekte oder Arbeitskräfte will und nur deshalb Geld beim „Kapitalisten" sucht, weil er mittels des Geldes am einfachsten und sichersten zum Ziele kommt. Statt aber hieraus die sich von selbst ergebende Schlußfolgerung zu ziehen, daß beim Darleiher diejenige Eigenschaft des Geldes, vermöge deren es — wenn auch nur der Möglichkeit, so doch einer unter gewöhnlichen Verhältnissen fast jeden Augenblick mit unbedingter Sicherheit realisirbaren Möglichkeit nach — Kapital ist (oder wird) vorzugsweise und so gut wie ausschließlich, die eigenthümliche Form der Allgemeinheit und leisen Bedingtheit aber, in welcher jene Kapitalseigenschaft auftritt, in ganz untergeordneter Weise und so gut wie gar nicht in Betracht kommt*), dreht man die Sache um und stellt den Geldbesitzer als den eigentlichen Monopolisten des cirkulirenden Kapitals dar, ohne sich auch nur das einfache thatsächliche Verhältniß zu vergegenwärtigen, daß selbst der Eintritt der ganz unmöglichen und deshalb müßigen Voraussetzung, daß selbst alle Geldinhaber mit ihrem vermeintlichen Monopole Ernst zu machen und ihr Geld zurückzuhalten sich versucht fühlen sollten, lediglich eine Erschwerung, keinenfalls aber einen Stillstand des Kapitalverkehrs zur Folge haben würde. Wenn nämlich Geldkredit aus Grille, Eigensinn, Mißverstand u. s. w. vom Markte zurückgehalten wird, tritt unvermeidlich Waarenkredit an seine Stelle, oder Waarenvermiethung ohne Uebertragung des vollen Verfügungsrechts. Soweit

*) Da das „Geld" nicht unmittelbar verbraucht werden, da aus dem „Gelde" unmittelbar kein neues Gut erzeugt werden kann, so ist es das Geld an sich, unmittelbar in der Wirklichkeit, nicht „Kapital." Wohl aber ist es dies mittelbar, der Möglichkeit nach, insofern es, unter gewöhnlichen Verhältnissen, allemal in jedes beliebige andere Gut, also in unmittelbares, wirkliches „Kapital" umgesetzt, verwandelt werden kann, und insofern in der Regel für Geld Alles zu haben ist. Das unterscheidet sich also von dem wirklichen konkreten Kapitale einerseits durch seinen Charakter der Allgemeinheit, vermöge deren es alle anderen Güter, alle konkreten und wirklichen Kapitalien vertreibt, andererseits durch seinen Charakter der Bedingtheit, vermöge deren seine Brauchbarkeit als Kapital von der — in der Regel vorhandenen — Möglichkeit der Verwandlung in andere Güter abhängt.

der Ausfall des Angebots aus dem Kapitalsmarkte hierdurch nicht gedeckt wird, geschieht es durch Sinken des Waarenpreises, bis der Gesammtmarktwerth der vorhandenen Waare zu dem, nicht zurückgehaltenen Tauschmittel in demselben Verhältnisse steht, als früher obwaltete. Der ganze Erfolg ist, daß die eigensinnigen Geldbesitzer den Zins verlieren und der Wirthschaftsproceß vor sich geht, ohne daß sie dabei mitsprechen. -- Reducirt sich somit die angeblich monopolistische Stellung des Geldes im Kapitalverkehr auf ein verschwindendes Minimum, so entfällt auch die darauf gestützte — an sich nicht unrichtige — Folgerung, daß der Staat (dessen Thätigkeit und Gesammtbürgschaft das Geld seinen eigenthümlichen privilegirten Charakter verdankt) gerade darum auch in ganz anderer, direkter Weise berechtigt erscheine, die Benutzung des Geldes zu normiren, als er dies aus allgemeinen Gründen hinsichtlich der Normirung der Vermögensrechte und der Arbeitsnutzung in Handel, Gewerbe und sonstigen Thätigkeiten ohnehin sei. Denn was der Staat am Gelde schafft und garantirt, das ist nicht dessen Haupteigenschaft, seine Kapitalmacht, sondern lediglich sein den Tauschverkehr erleichternder nebensächlicher Charakter der Allgemeinheit einerseits und der Mittelbarkeit andererseits. Hiernach beschränkt sich auch der berechtigte Einfluß des Staats auf die Geldverhältnisse auf ein sehr enges Gebiet. Völlig ausgeschlossen bleibt derselbe von der Feststellung des Zinsfußes, der bekanntlich, wie jedes Handbuch der Nationalökonomie lehrt, den Vertheidigern der Zinswuchergesetze aber in der That entgangen zu sein scheint, nur von der Menge des vorhandenen Kapitals bedingt, von der Menge des vorhandenen Geldes dagegen und mithin auch von dem charakteristischen Unterschiede zwischen Geld und Kapital völlig unabhängig ist.

Mit weit größerem Rechte läßt sich behaupten, daß der Staat gerade der im Gelde sich darstellenden Form des Kapitals weit weniger, als jeder anderen, den Charakter des Monopols aufzudrücken im Stande sei. Und zwar kann er es deswegen nicht, weil es absolut außer seiner Gewalt liegt, den Gesammtwerth des umlaufenden Tauschmittels zu bestimmen. Ist zu wenig davon im Umlauf innerhalb der Grenzen eines bestimmten Staats, so hat der sinkende Preis der Waaren, der dann in diesem Staate statt findet, zur Folge, daß die Einfuhr ermuthigt wird, die Handelsbilanz also zum Nachtheile des Auslandes gestört wird, welches so lange Geld und Silber in fremder Münzung schickt, bis die richtige Tauschmittelmenge hergestellt ist und der gestiegene Waarenpreis der Sache ein Ende macht. Mehr als jede andere Kapitalsform, entzieht sich also das Geld wegen des ihm eigenthümlichen Charakters der Allgemeinheit und Leichtbeweglichkeit der Kontrole des Staats. Der Staat kann bestimmten Formen des Besitzes von Kapital und Arbeitskraft, z. B. dem Grundbesitze, dem Handwerke, eine monopolistische Stellung einräumen und daraus das Recht ableiten, ihrer Benutzung gewisse Schranken zu setzen, aber er vermag dies kaum bei der allgemeinen Form des Kapitalbesitzes im Gelde. Weit entfernt daher, daß gerade die Eigenthümlichkeit des Geldes einen Eingriff des Staats in den Geldkapitalverkehr rechtfertige, schließt dieselbe vielmehr jeden solchen Eingriff als völlig unberechtigt aus.

Erweist sich hiernach die ganze, auf die Natur des Zinsvertrages gestützte Argumentation für die Wuchergesetze als ein mehr oder minder unbewußtes Sophisma, mit dessen Bloslegung das Streben ihrer Vertheidiger nach einer Art von wissenschaftlicher Begründung derselben sich sofort als vergeblich darstellt, so verlohnt es sich gleichwohl der Mühe, diesem Streben noch einen Schritt weiter zu folgen. Denn wäre es den Gegnern auch gelungen, dem Staate das Recht zur „Normirung der Geldbenutzung" im Allgemeinen zu vindiciren, so würde ihnen immerhin noch obliegen, den Nachweis zu erbringen, weshalb der Staat von diesem Rechte gerade beim Darlehnsvertrage durch Feststellung eines bestimmten Zinsfußes Gebrauch zu machen befugt sei. Dieser Obliegenheit haben sich die Vertheidiger der Zinsbeschränkungen auch nicht entzogen. „Es ist," so sagen sie, „offenbar im Interesse der Gesammtheit, womöglich die soliden und nicht die unsoliden Unternehmungen gefördert zu sehen; das ist es nun aber gerade, was durch die Zinsbeschränkungsgesetze geräuschlos und sicher herbeigeführt wird." Fragen wir nun aber weiter, welches denn das Merkmal einer unsoliden Unternehmung sei, so erhalten wir die Antwort: eben die Unmöglichkeit, zu dem höchsten landesüblichen Zinsfuße noch Kapital für dieselbe zu erlangen. Wir bewegen uns also in einem Cirkelschlusse von reinstem Wasser. Doch finden sich daneben auch zerstreute Anläufe zu einer etwas weniger runden Begründung.

Die Gegner der Zinsbeschränkungen erkennen nämlich durchaus nicht an, daß der landesübliche und gesetzliche Zinsfuß dem normalen Nutzungswerthe des Kapitals einschließlich der mit Sicherheit des Rückempfanges verbundenen Mühen und Kosten entspreche. Sie behaupten im Gegentheil auf Grund alltäglicher Erfahrung, daß, namentlich bei geringeren Darlehen auf kürzere Zeit, die Mühen und Kosten des Darleihers, welche übrigens nicht blos durch den Rückempfang, sondern auch durch die Hingabe des Hauptstammes, nicht blos durch die Empfangnahme des letzteren, sondern auch durch die der Zinsen, und nicht blos durch die Rücksicht auf Sicherung, sondern überhaupt durch Abschluß und Erfüllung des Darlehns- und Zinsengeschäfts erwachsen, oft durch den gesammten höchsten Betrag des gesetzlichen Zinsfußes nicht aufgewogen werden. Ebensowenig geben sie zu, daß der gesetzliche Zinsfuß dem normalen Nutzungswerthe der Kapitalien entspreche; denn sie kennen überhaupt keinen normalen Nutzungswerth, sondern wissen, daß der Nutzungswerth eines Kapitals je nach Verschiedenheit des Ortes, der Zeit und der Person des Darlehngebers und Darlehnsuchers ein sehr verschiedener, den gesetzlichen Zinsfuß weit übersteigender sein kann, und daß er namentlich ein um so höherer sein wird, je größer die Arbeitskraft ist, welche auf Befruchtung durch das Kapital wartet.

Noch weit entschiedener aber gehen die Ansichten der Vertheidiger und der Gegner der Zinsbeschränkungen hinsichtlich desjenigen Bestandtheils der Zinsen auseinander, welcher als Assekuranzprämie zu betrachten ist. Die Vertheidiger der Zinsbeschränkungen sprechen diesem Bestandtheile alle und jede Berechtigung ab, indem sie behaupten, daß dadurch die rechtliche Natur des Darlehnsvertrages denaturirt werde, weil er aufhöre, ein normaler und reeller Vertrag des Civilrechts zu sein, und in ein wirkliches aleatorisches Geschäft übergehe, wie der Assekuranzvertrag überhaupt, wie die Lebensversicherung, der Leibrenten- und Auszugsvertrag, wie das Spiel, die Wette und das Differenzgeschäft. Die Gegner erkennen hierin eine arge Verwechselung der einfachsten wirthschaftlichen und rechtlichen Begriffe. Weit entfernt in dem Assekuranzvertrage im Allgemeinen, in der Lebensversicherung und dem Leibrenten- und Auszugsvertrage im Besonderen ein aleatorisches Geschäft zu erblicken, finden diese in den gedachten Verträgen im Gegentheil ein glückliches und heilsames Auskunftsmittel, die Herrschaft des Zufalls in den einzelnen Verkehrsverhältnissen unter die Regel eines allgemeinen Gesetzes zu beugen, und bedauern nur, daß es bis jetzt noch nicht gelungen ist, auch das dem Begriffe des Kredits wesentliche Element des Zufalls einem gleichen Gesetze dienstbar zu machen. Nichtsdestoweniger müssen sie sich ernstlich verwahren, daß blos aus diesem Grunde der Darlehnsvertrag mit seinem präsumtiv wirthschaftlichen Zwecke dem Spiel- oder Wettvertrage mit seinem ausgesprochenermaßen unwirthschaftlichen Zwecke gleichgestellt werde. Ein derartiges Verfahren beweist blos, wie wenig die Vertheidiger der Zinsbeschränkungen sich die Natur des Kredits klar gemacht und den Umstand zu Gemüthe geführt haben, daß jedes Kreditgeschäft mehr oder weniger ein gewagtes Geschäft ist. Ist aber dies der Fall, so bedarf es speciellerer Rechtfertigungsgründe, wenn man es unternimmt, der, somit auch in jedem Kreditgeschäfte eine mehr oder minder wichtige Rolle spielenden, Versicherungsprämie eine feste Grenze zu stecken. Nach solchen Rechtfertigungsgründen sucht man vergebens. Die Vertheidiger der Zinsbeschränkungen glauben genug gethan zu haben, wenn sie überhaupt eine willkürliche Grenze stecken, indem sie sich mit der Erwägung trösten, daß eine willkürliche Grenze besser als gar keine Grenze, und daß es schon ein hinreichendes Verdienst um die Gesellschaft sei, wenigstens die gefährlichsten Kreditoperationen unmöglich gemacht zu haben. Dabei erlaubt man sich, die Begriffe „Gefährlichkeit" und „Unsolidität" ohne Weiteres zu identificiren. Man scheint hierbei zu übersehen, daß nicht einmal zu den Zeiten der alten Römer der Fall der sogenannten pecunia trajecticia (sogen. foenus nauticum) der einzige war, wo die Aufrechterhaltung und Entwickelung von Verkehr und Kultur die Eingehung sehr gewagter Geschäfte erheischte, daß aber namentlich heutzutage der Bereich dieser ebenso nothwendigen wie gefährlichen Geschäfte eine sehr bedeutende Ausdehnung erfahren hat. Man geht mehr oder weniger bewußt darauf aus, den Unternehmungsgeist auf das Niveau der Mittelmäßigkeit herabzudrücken. Und da die Gefährlichkeit eines Darlehnsgeschäfts für den Gläubiger sich zu einem nicht unwesentlichen Theile mit nach den individuellen Vermögensverhältnissen abstuft, so verfolgt man zu gleicher Zeit die Tendenz: der bloßen Arbeitskraft und insbesondere der geistigen Arbeitskraft, indem man ihr durch gewaltsame Hemmung des Kapitalzuflusses den Gegenstand ihrer Bethätigung abschneidet, ihr natürliches Recht zu verkümmern und den Kredit für den Besitz zu monopolisiren.

Die beiden so eben angedeuteten Neigungen der Vertheidiger der Wuchergesetze sind es denn auch, welche deren zärtliche Besorgnisse für den Grundbesitz, oder, da der Grundbesitz sich unter allen Umständen seinen Herrn und Ausbeuter finden wird, richtiger ausgedrückt, für den jeweiligen Grundbesitzer erklärlich machen. Sie möchten den Grundbesitz unter allen Umständen vor der relativen Entwerthung schützen, die ihm allerdings droht, wenn die Bodenindustrie nicht mit der technischen und wirthschaftlichen Entwickelung der übrigen Industrien gleichen Schritt hält. Allein die Erfüllung dieses Wunsches ist eben so unmöglich wie ungerechtfertigt. Wäre die Behauptung, daß das in Grund und Boden angelegte Kapital notorisch nicht mehr als vier, höchstens fünf Procent und jedenfalls, unter Betrachtnahme aller einschlagenden Vergleichsmomente, nicht eine eben so hohe Durchschnittsrente, wie das anderswo angelegte Kapital abzuwerfen im Stande sei, thatsächlich begründet, was sie in dieser Allgemeinheit jedoch nicht ist, so würde daraus nur folgen, daß die Bodenindustrie bisher entweder Kapital unnütz verschwendet oder aber sich noch nicht mit hinreichendem Kapital gesättigt hat, und wenn die Wuchergesetze wirklich zur Herbeiführung oder Aufrechterhaltung dieses Zustandes beigetragen haben sollten, so könnte deren Beseitigung nur den segensreichen Erfolg haben, im ersten Falle jener Kapitalverschwendung ein Ende zu machen und im letzteren zu einer besseren Befruchtung der Bodenindustrie den Anstoß zu geben. Glücklicherweise handelt es sich in der That nur um die letztere Alternative.

Da ein näheres Eingehen auf diese specielle Seite der Frage an gegenwärtigem Orte nicht wohl möglich ist, so wird es genügen, folgendes Urtheil eines anerkannt tüchtigen Französischen volkswirthschaftlichen Schriftstellers anzuführen, das umsomehr ins Gewicht fällt, je entschiedener gerade in Frankreich die Interessen der Bodenindustrie in den Vordergrund treten. „Es ist," sagt R. de Fontenay im Journal des Économistes, 1865 I. S. 74, ff., „ein Irrthum, wenn man sich einbildet, daß in der Landwirthschaft der gewöhnliche Ertrag nicht erlaube, Zinsen von 6, 8 und noch mehr Procent zu zahlen. Es würde ohne Zweifel sehr schwer sein, so hohe Zinsen zu entrichten, wenn man Darlehne aufnähme, um den Grund und Boden selbst zu erwerben; aber nichts ist leichter, wenn man in beschränkterem Maße und zu dem Zwecke borgt, das, was man bereits besitzt, zu verbessern. So sind verbesserte Werkzeuge, zur rechten Zeit eingekauftes Vieh, Düngestoffe, auserlesene Samen u. s. w. Ausgaben, die leicht 10, 15 und 20 Procent ihres Einkaufspreises abwerfen können, und für die der Landwirth folglich mit Vortheil Darlehne zu einem sehr hohen Zinsfuße aufnehmen kann. Bemühen wir uns zunächst um reichlichen Kredit für die Landwirthschaft, der billige Kredit wird dann von selbst kommen."

Endlich mag noch an dieser Stelle mit kurzen Worten darauf hingedeutet werden, daß die Argumentation der Vertheidiger der Wuchergesetze, wenn sie zutreffend wäre, zuviel beweisen würde. Denn wenn die Solidität des Verkehrs dadurch leidet, daß für das Geld, d. h. für das mittelbare Betriebskapital, ein zu hoher, gewagte Unternehmungen voraussetzender Kaufpreis gewährt wird, so leidet sie nicht minder unter der Gewährung eines ebenso hohen Miethzinses oder eines ebenso hohen Kaufpreises für das unmittelbare Betriebskapital in Rohstoffen, Hülfsstoffen, Werkzeugen, Arbeitsleistungen u. s. w. Ist aber dies der Fall, so hat der Staat nicht blos ein Zinsmaximum, sondern auch ein Waarenpreismaximum, ein Miethpreismaximum, ein Lohnmaximum u. s. w. gesetzlich festzustellen, wenn er seinen Zweck erreichen will. So weit zu gehen, haben jedoch auch die rücksichtslosesten Anhänger der Zinswuchergesetzgebung nicht die Kühnheit, obwohl ihre Neigungen ganz entschieden nach dieser Richtung hin liegen. — Die Zinswuchergesetze sind eben überhaupt der letzte Rest der gesetzlichen Taxen.

Im Vorhergehenden ist die Unhaltbarkeit der von den Vertheidigern der Wuchergesetze für ihre Ansicht in neuerer Zeit aufgestellten principiellen Gründe dargethan worden. Wie nun aber der Begriff der Principlosigkeit jedesmal den der Willkür und der praktischen Unausführbarkeit involvirt, so haben die Gegner der Wuchergesetze mit Recht von jeher deren Willkürlichkeit und Unwirksamkeit betont. Beide zeigen sich sowohl auf dem Gebiete der Gesetzgebung, als auf dem der Rechtsausübung.

Das Princip der Zinsbeschränkungen ist auch dort, wo diese noch bestehen, durch neuere Gesetze allmälig so durchlöchert worden, daß in der That meist nur zusammenhangslose Ueberreste davon übrig geblieben sind. Die gröbste Inkonsequenz ist wohl darin zu erblicken, daß der Staat selbst bei seinen Darlehnsgeschäften sich von den beschränkenden Bestimmungen der Wuchergesetze entbindet. Der Versuch, gerade aus dieser Erscheinung die Nothwendigkeit der Beibehaltung der Wuchergesetze zu deduciren, verdient wohl nur um seiner Kuriosität willen Erwähnung. Ebenso mißlungen aber ist die jedenfalls ernster gemeinte Bezugnahme auf einen angeblichen Nothstand des Staats. Denn abgesehen davon, daß, wie die Erfahrung lehrt, der Staat keineswegs blos in Fällen eines wirklichen Nothstandes die Wuchergesetze zu übertreten pflegt, ist es gar nicht wahr, daß der Nothstand des Staats einen ganz anderen Charakter, als der eines Privaten, an sich trage, daß er ein „absoluter" Nothstand sei. Auch bei einem Privaten kann die ganze wirthschaftliche, bürgerliche und sittliche Existenz von der Möglichkeit abhängen, ein Darlehn unter irgend welchen Bedingungen zu erlangen, und die Existenz des Individuums ist principiell genau soviel werth, wie die Existenz des Staats. Der Unterschied ist nur der, daß der Staat vermöge seiner Gewalt, dafern er nämlich überhaupt noch eine Berechtigung zur Forterxistenz hat, allemal in der Lage sein muß, sein Bedürfniß auf anderem Wege, durch Steuern, Zwangsanlehen und sonstige, durch einen wirklichen Nothstand gerechtfertigte Auskunftsmittel zu befriedigen, während dem Individuum jeder derartige Ausweg abgeschnitten ist. Offenbar ist der Staat weit mehr als der einzelne Staatsangehörige verpflichtet, sich gewissenhaft aller Transaktionen zu enthalten, die er selbst als unwirthschaftlich und unsittlich brandmarkt. Thut er dies nicht, weil er es nicht thun kann, so beweist er damit unwiderleglich, daß seine Verbote wirthschaftlich und sittlich unhaltbar sind.

Noch greller tritt der Widerspruch zu Tage, wenn der Staat, wie dies die Regel ist, das von ihm selbst in Anspruch genommene Privilegium auch einzelnen Kreditanstalten ertheilt. Der Staat thut dies allerdings nicht aus Willkür oder Laune, sondern sucht dadurch einem allgemeinen Verkehrsbedürfnisse gerecht zu werden. Allein er benachtheiligt durch eine solche vereinzelte Maßregel den gesammten Kreditverkehr aller nicht privilegirten Staatsangehörigen nur um so entschiedener. Denn sobald die bevorzugten Kreditanstalten von der ihnen ertheilten Ermächtigung Gebrauch machen und den gesetzlichen Zinsfuß überschreiten, bereichern sie sich einfach auf Unkosten der an diesen gebundenen übrigen Kreditgeber des Landes. Der Staat stört mithin durch derartige Exemtionen den ganzen Güterverthcilungsproceß und sanktionirt eine schreiende Ungerechtigkeit.

Dies hat sich namentlich in Frankreich seit dem Gesetz vom 9. Juni

1857 herausgestellt. Da die der Bank hierdurch gewährte Befreiung von den Zinsbeschränkungen nicht wohl wieder zurückgezogen werden kann, die Verletzung der Interessen des Privatkreditverkehrs aber immer auffallender zu Tage getreten ist, so beschäftigt sich die Regierung jetzt ernstlich mit der völligen Abschaffung der Wuchergesetze. — Wohin die Begünstigung einzelner öffentlicher Kreditinstitute führt, darüber giebt ein Gutachten der Handelskammer zu Pesth aus dem Jahre 1859 interessanten Aufschluß. „Dem Bodenbesitzer", heißt es in diesem Gutachten, „steht nur die Hypothekar-Abtheilung der Nationalbank offen; ihre Pfandbriefe sind heute auf der k. k. Börse in Wien mit 73 notirt, und es wird Jedermann einsehen, daß ein sechsprocentiges Kapital unter diesen Umständen ein offenbarer Ruin des Darlehnswerbers wäre. Und doch ist dieses Darlehn das allein gesetzmäßige, wogegen die Privaten oder eine andere Anstalt, die volle hundert Gulden zu 6 % gegen Hypothek anbieten wollten, die ganze Strenge des Wuchergesetzes treffen müßte, während nach den letzten Berichten der Platzdiskont in Wien sich auf 9½ bis 12 % ohne alle Scheu vor gesetzlicher Ahndung gehoben hat. Einen schreienderen Gegensatz zwischen Theorie und Praxis, zwischen Privilegium und Gesetz hat es wohl noch nicht gegeben."

Weniger empfindlich treten diese Uebelstände natürlich hervor, wenn der Staat ganze Klassen von Personen oder Rechtsgeschäften, namentlich die Kaufleute und Handelsgeschäfte, von den Zinsbeschränkungsgesetzen eximirt. Dies ändert aber an der Beurtheilung dieser Gesetze nicht das Geringste, da die größere oder geringere Anzahl der dadurch Geschädigten auf die Frage nach ihrer Berechtigung ohne Einfluß ist. Auch die, z. B. von der älteren Württembergischen und Sächsischen Gesetzgebung, gebotene Möglichkeit einer Befreiung von den gesetzlichen Beschränkungen auf Grund einer speciellen obrigkeitlichen Kognition involvirt, abgesehen von ihrer praktischen Undurchführbarkeit und dem Mangel an jeder Gewähr für eine materiell richtige Entscheidung im einzelnen Falle, eine ungerechtfertigte Beschwerung der betheiligten Kontrahenten und mithin eine rechtliche Benachtheiligung derselben.

Wo aber die Gesetzgebung nicht einmal den dringendsten Bedürfnissen des Verkehrs Befriedigung zu verschaffen versucht, sondern an den strengsten Konsequenzen eines falschen Princips festgehalten hat, da erblicken wir das widerliche Schauspiel einer Rechtsübung, welche zu sophistischen Gesetzverdrehungen ihre Zuflucht nimmt, um statt des Gesetzgebers jenen Bedürfnissen wenigstens einigermaßen gerecht zu werden. So hat es z. B. kommen können, daß die Praxis der Französischen Gerichte dem Diskont die Eigenschaft eines Zinses abgesprochen, die der Deutschen Gerichte die Anwendbarkeit der Wuchergesetze auf die von Vorschußvereinen an ihre Mitglieder zu einem den gesetzlichen Zinsfuß in der Regel weit überschreitenden Procentsatze gegebenen Darlehne aus dem ganz unstichhaltigen Grunde für ausgeschlossen erachtet hat, weil die Mitglieder zugleich Geschäftstheilhaber sind und, was jedoch keineswegs zutrifft, im Verhältnisse der von ihnen gewährten Zinsen, am Gewinne participirten. Derartige Vorgänge aber verletzen die Würde der Rechtsprechung und das Rechtsbewußtsein des Volkes.

Hierzu kommt noch ein anderer Umstand. Bei der innigen organischen Verknüpfung aller Rechtsverhältnisse, Rechtsinstitute und Rechtsnormen kann es nicht fehlen, daß der „wucherische" Zweck eines Darlehnsgeschäfts sich auch durch andere formell erlaubte Rechtsgeschäfte erreichen und hinter solchen Geschäften verstecken läßt. Nun soll zwar keineswegs behauptet werden, daß derartige „verschleierte Wuchergeschäfte" der richterlichen Würdigung und Ahndung ganz entrückt seien; auf der anderen Seite läßt sich aber auch schwerlich in Abrede stellen, daß dies in sehr vielen einzelnen Fällen doch sich so verhält und daß die Sicherheit des Verkehrs in jedem Falle eine schwere Beeinträchtigung erleidet, wenn der Einrede des Scheingeschäfts ein so enormer Spielraum gestattet wird. Beides gilt namentlich von dem Hypotheken- und Wechselverkehr, welcher sich einerseits wegen der Schwierigkeit des, dritten Erwerbern gegenüber (z. B. nach §. 278. 463. 464 des Bürgerlichen Gesetz-Buchs für das Königreich Sachsen und Art. 74 der Allg. Deutschen Wechsel-Ordnung) erforderlichen Erweises einer malafides oder eines dolus am besten zur Verschleierung von Darlehnsgeschäften eignet und deshalb am gewöhnlichsten dazu benutzt wird, und welcher andererseits die fortwährende Gefahr drohender Anfechtung und Störung aus angeblichen Gründen des öffentlichen Interesses*) am allerwenigsten verträgt. Thatsächlich gestaltet sich daher die Sache doch so, daß die weitaus größte Anzahl der verschleierten Wuchergeschäfte sich der richterlichen Kognition entzieht. Dies gilt aber nicht blos von verschleierten, sondern auch von den offenen Wuchergeschäften. Es ist von kompetenter Seite (Kammerbericht, erstattet vom Ober-Appellations-Richter Hesse, zu §§. 400 und 401 des Großherzogl. Hessischen Straf-Gesetzbuchs) behauptet worden, daß kaum eines von fünfzig wucherlichen Geschäften zur Anzeige gebracht und von fünf zur Kenntniß des

*) „Die Theorie der Mitschuld der Giratare am Wucher ist neu. Sie scheint eine Waffe der Nothwehr gegen die Unbesiegbarkeit der wucherischen Proteusgestalten; allein eine Waffe mit gefährlicher Doppelschneide, die ganze Natur des Wechsels wird durch sie zerstört. Der Wechsel hört auf, ein cirkulirendes Werthobjekt zu sein, wenn man dem Giratar zumuthet, die Rechtlichkeit der Transaktion zwischen Aussteller und Acceptanten zu untersuchen. Niemand ist sicher vor der Möglichkeit, mit dem Wechsel zugleich einen Wucherproceß zu kaufen, der ihm endlose Unannehmlichkeiten, Lasten nnd Verluste zuzieht. Die Theorie verkennt offenbar die praktische Gefährlichkeit ihrer Wirksamkeit." Pesther Lloyd, Februar 1856.

Richters gelangenden Wucherfällen kaum einer mittelst Straferkenntnisses erledigt werde, und diese Behauptung erscheint, wenigstens in ihrem ersteren Theile, durchaus nicht widerlegt, wenn man uns versichert, daß in Oesterreich die Thätigkeit der Strafgewalt in Wuchersachen „unter dem belebenden Einflusse der Strafproceßordnung vom Jahre 1850" sich binnen des kurzen Zeitraums von vier Jahren in dem Verhältniß von 2, 4, 24, 97, 105 gesteigert habe. Man erfährt nicht, wie das Verhältniß sich später gestaltet hat, ob der Eifer der Gerichte anderer Länder in Wuchersachen, und ob er in den späteren Jahren wirksamer zur Unterdrückung des Wuchers beigetragen hat, als dies während der ersten Jahre des „belebenden Einflusses der neuen Strafproceßordnung" der Fall gewesen zu sein scheint. Bis jetzt wissen wir nur soviel mit Bestimmtheit, daß überall die weitaus größte Zahl der Wucherfälle gar nicht zur richterlichen Kognition und noch weniger zur Bestrafung kommt, und daß das Einschreiten der strafrichterlichen Behörden sehr viel an Stätigkeit und Konsequenz vermissen läßt. Und da wir nicht minder wissen, daß diese Erscheinung ebenso in der Natur der Sache liegt und unfehlbar wiederkehren muß, wie sie das allgemeine Rechtsbewußtsein verletzt, so erachten wir auch aus diesem Grunde die völlige Beseitigung der Wuchergesetze für geboten. Der Einwand, daß auch andere Verbrechen sich der richterlichen Ahndung entzögen, ist unstichhaltig, weil dies beim Wucher die Regel, bei anderen Verbrechen die Ausnahme bildet, ein Gesetz aber, das nur ausnahmsweise und sporadisch zur Ausführung gelangen kann, die Rechtsungleichheit verewigt und schon deshalb ein schlechtes Gesetz ist, von dem a priori zu vermuthen steht, daß es auf irrigen materiellen Voraussetzungen beruht.

Hiermit im wesentlichen Zusammenhange steht eine andere Erscheinung. Es liegt in dem positiven Charakter des Rechts überhaupt, daß es die lebendigen Verkehrsverhältnisse nicht in ihrer ganzen Mannichfaltigkeit und Individualität zu normiren vermag und daher in einzelnen Fällen hinter den Anforderungen der Billigkeit zurückbleibt, ja ihnen wohl gar widerstreitet. Indeß ist es ein Merkmal gesunder positiver Rechtsnormen, daß diese Inkongruität sich nur in Ausnahmsfällen fühlbar macht. Anders verhält es sich mit den Bestimmungen der Wuchergesetze, deren Anwendung nur zu oft das natürliche Billigkeitsgefühl verletzt und sichtlichen Anstoß erregt. Auf der einen Seite empört die Härte, womit der Darlehnsgeber für Handlungen zur Rechenschaft gezogen wird, in welchen der angeblich Verletzte nicht nur keine Schädigung, sondern sogar eine dankenswerthe Förderung seiner wirthschaftlichen Interessen erblickt.*) Auf der anderen Seite führt der Schutz des Gesetzes allemal

*) Bekannt ist, wie Turgot u. A. durch die seltsame Erscheinung: daß er häufig vor Gericht die angeblich Verletzten für die „Wucherer" plaidiren hörte, auf die Unhaltbarkeit der Wuchergesetze hingeführt wurde. — Einen interssanten Fall

den Bruch gegebenen Versprechens auf Seiten des Darlehnempfängers herbei und verleitet, da dieser unter allen Umständen straflos ausgeht, zu (wenigstens im moralischen Sinne) betrügerischer Eingehung von Dahrlehnsverträgen, deren Bruch gleich von vorn herein in Absicht genommen wird, ja sogar zu Drohungen und Erpressungen, denen der Darlehnsgeber sich unterwerfen wird, wenn er den ihm dadurch zugefügten Vermögensnachtheil niedriger anschlägt, als die ihn im Falle gerichtlicher Untersuchung erwartende Strafe. Die Linzer Handelskammer sagt in einem Gutachten aus dem Jahre 1856: „Das Gesetz ist aber nicht blos erfolglos, sondern auch demoralisirend. Es verleitet manchen Schuldner, dem Gläubiger Geld mit Bedacht unter zu hohen Zinsen abzulocken, um dann das Versprechen selbst bezüglich der wirklich empfangenen Summe zu brechen und sich mittelst Einschüchterung des Gläubigers der Bezahlung ganz zu entschlagen. In neuester Zeit sind Fälle nicht selten, wo pfiffige Schuldner selbst wucherische Bedingungen ohne Verlangen des Gläubigers in die Schuldscheine setzen, um dann durch Drohung der Anzeige wegen Annahme eines solchen Schuldscheins den Darleiher einzuschüchtern. Armen Dienstboten wird Geld abgeschwatzt, unter Versprechen vom 10 %, mit dem Vorsatze, sie dann, wenn sie das Kapital verlangen, mit dem ihnen früher unbekannten Wucherpatent bekannt zu machen und mit Anzeige zu bedrohen."

Wenn man hiergegen einhält, daß von Rechtswegen ein Versprechen als solches keine Schuld begründen könne, insofern nicht ein innerer rechtlicher Verpflichtungsgrund (causa civilis, causa debendi specialis) obwalte oder hinzutrete, so ist dies schon im Allgemeinen nicht richtig.*) Wenn

---

hat Wolowski vor der noch gegenwärtig in Thätigkeit befindlichen Französischen Enquetekommission über die Wuchergesetzgebung auf Grund von Mittheilungen des Advokaten Bertin berichtet. Dieser kannte einen Mann, der zweimal in Konkurs verfallen war: es war ein kühner, unternehmender Geist, einer jener Projektenmacher, gegen die Adam Smith seine ganze Strenge erschöpft hat. Dieser Mann bat einen Kapitalisten um ein Darlehn, das er mit 50 % zu verzinsen versprach. Er verhehlte die Gefährlichkeit des Unternehmens nicht, wozu er das Darlehn verwenden wollte, und empfing dasselbe unter den angebotenen Bedingungen. Das Unternehmen gelang „glänzend", und der Darlehnsempfänger hatte in kurzer Zeit ein Vermögen von zwei Millionen Francs erworben. Der „Wucherer" starb und hinterließ eine Familie in äußerst bedrängten Umständen, die vielleicht im Elend verkümmert sein würde, wenn ihr der „Bewucherte" nicht eine jährliche Pension von 2000 Fr. zukommen ließe.

*) Schon in dem Anhange zur Kurfürstlich Sächsischen Erl.-Proceß-Ordnung von 1724 hieß es: „Da heutiges Tages auch **jedes bloßes** pactum obligatorium ist, so halten wir zu Erhaltung Treu und Glaubens für unnöthig, daß in Dokumentis die causa debendi specialis exprimirt sein müsse." Und in §. 782 des Bürgerlichen Gesetzbuches für das Königr. Sachsen von 1863 heißt es: „Durch Vertrag ent-

und insoweit es auch richtig ist, so vergißt man dabei: daß es ein ganz unverkennbares Symptom von der Krankhaftigkeit eines Rechtsinstituts ist, wenn es die häufige Eingehung von Verträgen veranlaßt, wo dem formellen Verpflichtungsgrunde des Versprechens die materielle causa abgeht. Daß das häufige Vorkommen einer Verletzung von Treu und Glauben schon an sich ein bedenklicher moralischer Krebsschaden der bürgerlichen Gesellschaft ist, läßt sich eben so wenig in Abrede stellen, wie die Thatsache, daß die ganze moderne Rechtsentwickelung die unleugbare Tendenz hat, dem, wenn auch nur formellen Verpflichtungsgrunde, z. B. eines jeden bloßen Versprechens, eine immer entschiedenere Wirksamkeit einzuräumen.

Schließlich könnte es sich allerdings fragen, ob nicht allen den bisher entwickelten Bedenken die Spitze abgebrochen würde, wenn es wahr wäre. was ein Vertheidiger der Wuchergesetze behauptet, daß man unter „Zinsenwucher," ganz abgesehen von einem etwa gesetzlich bestimmten Maß der erlaubten Zinsen, „nur solche, aber auch alle Handlungen" verstehe, „welche darauf abzielen, den Nothstand Anderer zur Erlangung eines übermäßigen Gewinnes aus Darleihen auszubeuten," oder daß, wie derselbe Schriftsteller, freilich unter stillschweigender Hereinnahme eines wesentlich neuen Momentes in den angeblich feststehenden Begriff, anderwärts sagt, „die heutige Jurisprudenz Wucher nur dann als vorhanden" annehme, „wenn bei der Eingehung oder Verlängerung von Darlehnsverträgen Nothpreise in gewinnsüchtiger Absicht herbeigeführt oder gesteigert worden sind, oder wenn in gleicher Absicht eine Verleitung zur leichtsinnigen Kontrahirung von Schulden stattgefunden hat." Nun beweist freilich schon die so eben angedeutete Unsicherheit in der Definition bei einem und demselben Schriftsteller, noch weitmehr aber die wesentlich abweichende, mit den herrschenden Grundsätzen der herkömmlichen Wuchergesetzgebung nicht im Einklange stehende Ansicht des jüngsten und scharfsinnigsten Vertheidigers der Zinsbeschränkungen, was es mit der vermeintlichen juristischen Feststellung jenes modernsten Wucherbegriffs auf sich hat. Wie es sich aber auch hiermit verhalten möge, die Bedenken in der Sache bleiben nach wie vor. Es beruht keineswegs blos auf Zufall oder Willkür, daß der wissenschaftliche Vertreter dieses Begriffs dessen Geltung und Wirksamkeit auf das Strafrecht beschränkt und, mit einer Inkonsequenz, die ihm keinen Augenblick entgehen konnte, die er aber gleichwohl

stehen Forderungen: wenn der übereinstimmende und gegenseitig erklärte **Wille** Mehrerer auf Begründung einer Forderung gerichtet ist." Man kann dahingestellt sein lassen, inwiefern dieser Grundsatz (pacta sunt servanda) auch als ein gemeinrechtlicher bezeichnet werden kann. Vergl. v. Savigny, Obligationen-Recht, §. 71 für Bd. II. S. 186 f. S. 239 f. Sintenis, Civil-Recht, §. 96 S. 234 f., insbesondere Anmerkung 3.

nirgends zu rechtfertigen unternimmt, an der Beibehaltung eines gesetzlich bestimmten (also doch wohl procentalen) Maßes der erlaubten Zinsen für das bürgerliche Recht nicht den geringsten Anstoß nimmt. Vielmehr findet diese Inkonsequenz ihre einfache Erklärung in der Schwierigkeit einer juristisch haltbaren Definition der Begriffe „Noth“ und „Leichtsinn“, in Verbindung mit der wesentlich verschiedenartigen Stellung des Kriminalrichters und des Civilrichters nach den dermalen geltenden Proceßsystemen. Diese Erklärung jener Inkonsequenz ist aber zugleich ihre Verurtheilung. Denn wo Begriffe fehlen, da stellt neuerdings — leider! — sehr häufig das — richterliche Ermessen sich ein. Das ist sehr bequem, aber weder der Wissenschaft noch der Gerechtigkeit förderlich. In der That haben die Vertheidiger jenes modernen Wucherbegriffs es nicht einmal ernstlich versucht, eine Definition der Begriffe „Noth und Leichtsinn“ zu geben. Auch würde ein jeder solcher Versuch mißlungen sein. Es ist unmöglich, eine juristisch haltbare Grenze zwischen dem freigegebenen Gebiete des Bedürfnisses und dem mit dem Interdikte belegten Gebiete der Noth abzustecken. Nicht minder unsicher ist die Grenze zwischen der anerkannten Bewegungsfreiheit im bürgerlichen Verkehr und dem vergönnten Leichtsinn. Diese Unsicherheit ist aber um so bedenklicher, als sie nicht blos das Urtheil des Richters, sondern auch das Urtheil des Darlehnsgebers über die rechtliche Natur des konkreten Darlehngeschäfts auf peinliche Weise in Ungewißheit stellt und dem blinden Zufalle preisgiebt. Das richterliche Ermessen würde sich als richterliche Willkür darstellen, und diese Willkür würde doppelt gefährlich sein, weil die ausschlaggebenden Motive einem Boden angehören, den sich wissenschaftliche Parteiansichten und praktische Parteiinteressen streitig machen. Die Reception der neuesten Wuchertheorie würde lediglich die Beschwerung unserer Strafrechtssysteme mit einer jener Zwitterkategorien von Verbrechen zur Folge haben, die bereits zum immer wachsenden Aergerniß des gesunden Rechtsgefühls und zum empfindlichen Nachtheile für die Integrität unseres Richterstandes dem Parteigeiste auf dem Gebiete des Staats und der Religion freien Spielraum zur Verfolgung seiner Zwecke unter der Maske der Rechtsausübung verstatten, und den volkswirthschaftlichen Parteibestrebungen einen gleichen Tummelplatz auf dem Boden der Rechtspflege eröffnen, wo in Wahrheit jede Meinungsverschiedenheit über die maßgebenden Principien ausgeschlossen sein sollte, und wo in der That, wenn dieser Grundsatz festgehalten wird, jeder Richterspruch der Ausdruck der allgemeinen Rechtsüberzeugung und sogar der Rechtsüberzeugung des verurtheilten Verbrechers ist.

Ein ganz besonderes Gewicht legen die Vertheidiger der Wuchergesetze auf die angeblich bisher im Gefolge ihrer Aufhebung eingetretenen verderblichen Wirkungen. Da ihnen jedoch der ganze Verlauf der Weltgeschichte in dieser Hinsicht nur eine sehr spärliche Ausbeute gewährt hat, so haben sie den von ihnen gemachten Beobachtungen eine Wichtigkeit zugeschrieben, welche denselben nicht einmal dann zukommen würde, wenn sie eben so richtig wären, als sie es entschieden nicht sind.

Zwar geben auch wir selbstverständlich zu, daß aprioristische Deduktionen falsch sind, wenn ihre Ergebnisse mit wirklichen Erfahrungsthatsachen im Widerspruche stehen. Aber die Vertheidiger der Wuchergesetze scheinen hier zu übersehen, wie schwierig die Konstatirung wirklicher Erfahrungsthatsachen auf allen Wissenschaftsgebieten, namentlich aber auf dem der Volkswirthschaftslehre ist. Die Statistik ist bekanntlich noch eine sehr junge und, trotz allen Eifers, womit sie jetzt angebaut wird, sehr unvollkommene und unzuverlässige Wissenschaft, deren Resultate nicht zur Gewinnung selbstständiger volkswirthschaftlicher Wahrheiten, sondern nur zur Erprobung und allenfalls zur Modifikation der mittelst einer rein aprioristischen Methode gewonnenen Sätze tauglich sind. Dasselbe gilt in fast gleichem Grade von der Geschichte, deren Data außerdem noch die Feuerprobe der historischen Kritik auszuhalten haben. So ist es denn gekommen, daß bis jetzt jede große wirthschaftliche Reform lediglich auf Grund von Postulaten der reinen, aprioristischen Wissenschaft in Angriff genommen und allemal auf Grund von angeblichen Erfahrungsthatsachen, deren Unwahrheit jedoch, oder Unerheblichkeit, wie die der Schlußform: post hoc, ergo propter hoc, sich sehr bald herausgestellt hat, bekämpft worden ist.

Auch die Vertheidiger der Wuchergesetze sind dem Schicksale nicht entgangen, voreilig von Erfahrungsthatsachen zu sprechen.

Insoweit diese zuvörderst aus der Geschichte des alten Roms geschöpft sind, wird es wohl kaum nöthig sein, den wahren Gehalt derselben zu erörtern. Die alten Römer waren ein Volk, dessen politische und wirthschaftliche Verhältnisse zur Zeit des ersten Auftauchens einer Wuchergesetzgebung mit denen der Gegenwart kaum einen Vergleichspunkt darbieten, und dessen Gesetzgebungspolitik auf diesem Gebiete fortwährenden, nur durch irrige Auffassung wirthschaftlicher Erscheinungen und Bedürfnisse motivirten Schwankungen unterlegen ist, ja einmal sich sogar bis zu einem völligen Zinsenverbote verirrt haben soll. Es wird daher genügen, sich die spärlichen angeblichen Erfahrungsthatsachen aus neuerer Zeit, an die sich die Vertheidiger der Wuchergesetze anklammern, etwas genauer anzusehen.

Freilich liegt der erste Fall, das Patent des Kaisers Joseph II. vom 29. Januar 1787, auch schon beinahe achtzig Jahre hinter der Gegenwart zurück. Indeß soll hierauf kein Gewicht gelegt werden. Nur die Behauptung muß man ganz entschieden verneinen, daß durch jenes Patent „die Abschaffung der Wuchergesetze in Oesterreich in einer Weise zur Wirklichkeit gekommen" sei, „welche selbst den eifrigsten Vertheidigern der freien Kapitalsbewegung nichts zu wünschen übrig ließ." Denn das erwähnte Patent verfügt ja mit ausdrücklichen Worten: „daß keine Gerichtsstelle auf andere Interessen erkenne oder Eintreibung gebe, als auf vier vom hundert bei Darleihen, die eine ausgewiesene Hypothek haben, oder auf fünf vom Hundert, wenn keine Hypothek bestimmt ist." Ist es bei einer solchen, die ganze civilrechtliche Wirksamkeit der Wuchergesetze aufrechthaltenden Vorschrift etwa ein Wunder, wenn man den Eintritt der erfreulichen Wirkungen, welche als die sichere Folge einer solchen Maßregel in Aussicht gestellt worden waren, vergebens erwartete? Wenn aber zugleich versichert wird, „daß in Folge der Aufhebung der Wucherstrafgesetze die Habsucht vom Kappzaume heilsamer Furcht befreit und durch die Lockungen überschwenglicher Gewinne gar bald zu Ausschreitungen hingerissen worden sei, deren Schamlosigkeit jede Vorstellung überstiegen habe," so forscht man in den Schriften der Zeitgenossen*) des Josephinischen Patents so vergeblich, wie in denen der jüngsten Vertheidiger der Wuchergesetze nach irgend welchen statistischen Zahlen und Daten, welche jene Versicherung zu rechtfertigen geeignet wären. Es kann freilich nicht geleugnet werden, daß dies die wirkliche Meinung der Zeitgenossen war. Sagt doch der entschiedenste Verfechter der Josephinischen Gesetzgebung, Hofrath von Kreß: „Zu entschuldigen war zwar die Stimme der Unzufriedenheit, als aus der Freiheit des Wuchers nicht eine eben neue, aber eine größere Rotte niederträchtiger Menschen entstand, die sich als die Mittel zwischen die Darleiher und Entlehner stellten, und die in ihrem Eigennutze den

*) Sonnenfels, der für einen principiellen Vertheidiger der Wuchergesetze gilt, obwohl er unter gewissen formellen Voraussetzungen den Darlehnsverträgen ohne Rücksicht auf die Höhe der ausbedungenen Zinsen volle civilrechtliche Wirksamkeit gewährt wissen will und mithin in dieser Richtung über die Bestimmungen des Josephinischen Patents hinausgeht, begnügt sich ebenfalls mit der allgemeinen Klage, „daß diejenigen, welche das Gefühl der Selbstschätzung nie gekannt, auf die Achtung der Welt längst Verzicht gethan und längst ihrem Gewissen Stillschweigen geboten, nun freien Spielraum gehabt hätten, für ihre Erfindsamkeit in der Kunst, die Unerfahrenheit zu berücken, den Leichtsinn der Verschwendung in ihre Netze zu verschlingen, den Nothzwang der Umstände zu benutzen und ihn meistens wohl selbst herbeizuführen, in der verabscheuungswerthen Kunst, Familien zu stürzen, Gattinnen und Kinder unglücklich zu machen, die Zahl derjenigen täglich zu vergrößern, deren Elend zuletzt immer eine Auflage für ihre Mitbürger, eine Last für den Staat werden müsse, und daß Beispiele dieser Art auch zur Kenntniß des Leihers gelangt sein müßten." Etwas Specielles aber erfahren wir auch von Sonnenfels nicht.

Leichtsinn der Entlehner auf das Aeußerste trieben, ja sogar zu wahren Ränken ihre Zuflucht nahmen; als Kontrakte an das Licht traten, vor welchen das Gefühl der Rechtschaffenheit und Menschenliebe zurückbebte; als die Zinsen noch immer hochgespannt blieben, vielmehr sogar über das vorige Verhältniß zum Theil zu steigen anfingen." Angenommen indeß, daß diese Anschauung den Thatsachen wirklich entsprochen und daß die Zahl der eigentlichen Wuchergeschäfte in Wirklichkeit zugenommen habe, so würde diese Erscheinung schon in den weiteren Worten desselben Schriftstellers ausreichende Erklärung finden: „Allein es war ein offenbarer Mißverstand, die Aufhebung der Wuchergesetze auch auf die Aufhebung der Strenge auszudehnen, welche die Gesetze gegen Ränke und Betrug aufgestellt haben; es war ein Irrwahn, da man wegen Aufhebung der Wucherstrafen auch alle Rechte und gesetzmäßigen Einwendungen aufgehoben glaubte, welche die bürgerlichen Gesetze dem Schuldner einräumten, sobald von ihm mehr zurückgefordert wurde, als bei dem Darlehn bedungen war; es war ein falscher Gesichtspunkt, da man den höheren Werth des Geldkurses auf Rechnung der aufgehobenen Wuchergesetze schrieb und ganz außer Acht ließ, daß eine größere Theuerung des Geldes nothwendig entstehen mußte, sobald die Staatskassen höhere Zinsen anboten, so viele auf mindere Zinsen ausgefertigte Staatspapiere gegen hohen Abschlag in öffentlichem Kurse standen, den Fideikommißbesitzern die Belastung ihrer Fideikommisse bis zum Drittel des Werths und die Verwechselung der Realfideikommisse in Geldfideikommisse gestattet war, alle Pupillar-, Stiftungs- und Substitutionskapitalien in öffentliche Fonds fast zu gleicher Zeit im ganzen Umfange der Monarchie gelegt werden sollten, und die Kriegsumstände neue Steuern und Theuerung der Lebensmittel, also eine allgemeine Vermehrung der Geldbedürfnisse hervorbrachten." Also eine mangelhafte Gesetzausübung und eine ungeheuer, hauptsächlich durch den Staat selbst, gesteigerte Nachfrage nach Kapital,*) nicht aber die Aufhebung der Wucherstrafgesetze hat die damalige Verschlechterung der Kreditverhältnisse verschuldet. Zum großen Theile ist aber diese Verschlechterung jedenfalls nur eine scheinbare gewesen, die ihren Grund einfach darin hatte, daß, wie Kreß sich ausdrückt, Wuchergeschäfte, welche früher aus Furcht vor der drohenden Strafe ängstlich geheim gehalten wurden, nunmehr „an das Licht traten." Erwägt man hierzu noch, daß die Schriftsteller der damaligen Zeit eine Steigerung des Zinsfußes schon an sich als ein Unglück betrachteten, während dieselbe unter Umständen ein Kennzeichen wirthschaftlichen Fortschritts und Aufschwungs ist, so wird man sich gewiß hüten, der vorübergehenden öffent-

*) Dies bestätigt Sonnenfels: über Wucher und Wuchergesetze, Wien, 1789, S. 65 ff.: „der Wucher war denn die natürliche, die unausbleibliche Folge der Geldseltenheit, wie er stets das Kennzeichen und der Gefährte der gemeinen Noth ist."

lichen Meinung einer soweit zurückliegenden Zeit bei Entscheidung der vorliegenden Frage irgend eine Wichtigkeit beizulegen.

Das zweite, nicht glücklicher gewählte Beispiel ist der Rechtsgeschichte Frankreichs entlehnt. Hier wurde erst im Jahre 1789 das bis dahin in rechtlicher Geltung gewesene Zinsverbot durch Einführung eines gesetzlichen Maximalzinsfußes von 5 Procent ersetzt.

Hierbei blieb es bis zum Jahre 1804. In der ganzen Zwischenzeit scheint bei der fast völligen Erschlaffung des industriellen Unternehmungsgeistes die gesetzliche Schranke überhaupt nicht sehr fühlbar geworden oder ihre Ueberschreitung als etwas vollkommen Gerechtfertigtes betrachtet worden zu sein; wenigstens hören wir zu keinem Zeitpunkte das obligate Geschrei über Zinswucher, nicht einmal damals, wo die Wuth des großen Haufens gegen Getreidewucherer und Waarenverkäufer jeder Art sich entfesselte und ebenso sicher ein beliebiges Zinsmaximum durchgesetzt haben würde, wie sie zeitweilig ein Waarenpreismaximum erlangte. Von Zinswucher hört man erst wieder etwas verlauten, wo die Juristen, die Epigonen eines Pothier, sich mit der Zinsfrage zu beschäftigen, Veranlassung erhalten. Zwar der code civil gestattet noch in Art. 1907 als Regel bei vertragsmäßigen Zinsen die Ueberschreitung des gesetzmäßigen Zinsfußes und verlangt nur schriftliche Festsetzung des bedungenen Zinsenvertrages. Da aber die Praxis der Civilgerichte dessenungeachtet an den Beschränkungen des Gesetzes von 1789 festhielt, so läßt sich für Frankreich so wenig wie für Oesterreich behaupten, daß die Aufhebung der Wuchergesetze jemals in Wirksamkeit getreten sei. Daher dort dieselben — allerdings mehr scheinbaren, als wirklichen — nachtheiligen Folgen für den Kreditverkehr, deren Schilderung übrigens wenn auch nicht deshalb, weil sie aus der Feder von Juristen herrührt, welche mit der Volkswirthschaftswissenschaft unbekannt waren*), so doch wegen mangelhafter Begründung durch zuverlässige statistische Ermittelungen hier wie dort auf volle Glaubwürdigkeit keinen Anspruch machen kann. Dasselbe gilt von den angeblich glänzenden Folgen, welche die endlich 1807 durchgesetzte Wiedereinführung der Wuchergesetze gehabt haben soll. Zum Beweise, wie leicht die Vertheidiger der letzteren mit der Kategorie der wirthschaftlichen Kausalität umspringen, genügt die kühne Bezugnahme derselben

---

*) Man vergleiche z. B. folgende Stelle aus den vom Staatsrathe Jaubert zur Begründung des Gesetzes vom 3. September 1807 vorgetragenen Motiven: „Dem Einwande, daß die Festsetzung eines Zinsfußes Vielen hinderlich sein werde, ein Darlehn zu erhalten, steht alle Erfahrung entgegen; denn wenn es Leute gibt, welche in der Nothwendigkeit sind, Geld zu entlehnen, so gibt es wieder andere, welche es nöthig haben, Geld darzuleihen. Und wäre jener Einwand auch gegründet, so dürfte der Gesetzgeber sich dadurch doch nicht abhalten lassen, den Zinsfuß zu bestimmen!“

darauf, daß der Kurs der Französischen Staatspapiere geichzeitig (nämlich schon am 25. September 1807, also nur drei Wochen nach Erlaß des Gesetzes) den glänzendsten Stand erreicht habe, dessen sich das Kaiserreich von damals zu irgend einer Zeit habe rühmen können. Eine derartige Schlußfolgerung aus „Erfahrungsthatsachen" ist wohl kaum einer Widerlegung bedürftig.

Endlich verschmähen es die Vertheidiger der Wuchergesetze nicht, auf das Beispiel Norwegens hinzuweisen, wo die Zinsbeschränkungen im Jahre 1842 theilweise aufgehoben, 1851 beinahe vollständig in dem früheren Maße wieder hergestellt und 1857 in noch etwas umfänglicherer Weise als 1842 wieder außer Wirksamkeit gesetzt wurden. Da sie aber lediglich mit der Thatsache der Wiederherstellung argumentiren, so müssen sie es sich wohl gefallen lassen, wenn man ihnen ebenso einfach die Thatsache der Wiederaufhebung entgegenhält, die sie freilich theilweise zu unterdrücken für gut finden.

Will man einmal Erfahrungsthatsachen das Gewicht beilegen, welches ihnen die Vertheidiger der Wuchergesetze ungerechtfertigter Weise vindiciren, so ist die Sache der Gegner derselben jetzt als gewonnen zu betrachten. Bereits sind die Wuchergesetze im Principe, wenn auch unter mehr oder minder unwesentlichen Beschränkungen, aufgehoben in Württemberg, in England, in Spanien, in Sardinien, in Schweden, in Genf, in Reuß j. L., in Oldenburg, in Bremen, in Weimar, in Koburg, in Frankfurt, in Baselstadt, in Sachsen, in Belgien, in Algerien und den Französischen Kolonien, in den Vereinigten Staaten (mit geringfügigen Ausnahmen), in Peru, in Chili, — eine Aufzählung, welche nicht einmal auf Vollständigkeit Anspruch macht, — während ihre Aufhebung anderwärts, namentlich in Frankreich, bereits ernstlich in Angriff genommen oder doch in Betracht gezogen worden ist. Die erfolgte Aufhebung hat bis jetzt nirgends — namentlich auch nicht im Königreich Sachsen — die von ihren Gegnern vorausgesagten nachtheiligen Wirkungen gehabt, hat sich vielmehr überall, insbesondere auch in den vorzugsweise Ackerbau treibenden Ländern vollkommen bewährt. Die Beweiskraft dieser nicht wohl zu bestreitenden Thatsache mit einer Berufung auf die kurze Dauer des Zeitraums zu bemäkeln, während dessen man die Wirkungen der Aufhebung habe beobachten können, will am allerwenigsten denjenigen anstehen, welche uns glauben machen wollen, daß die Aufhebung der Wuchergesetze in Oesterreich binnen Jahr und Tag den scheußlichsten Wucher hervorgerufen und daß ihre Wiedereinführung in Frankreich binnen wenigen Wochen den Staatskredit auf wunderbare Weise gehoben habe. Dagegen genügt schon der Hinweis auf die nächste Thatsache der in einer großen Anzahl der wichtigsten Industriestaaten bereits erfolgten Aufhebung — abgesehen von der Frage, ob dieselbe aus volkswirthschaftlichen Gründen gerechtfertigt sei, — um die Nothwendigkeit der gleichen Maßregel auch in den übrigen Staaten darzuthun. Denn da sich schwerlich ein Anhänger der Wuchergesetze in der Einbildung wiegen wird, dem unverkennbaren Zuge der Gesetzgebungspolitik eine andere Richtschnur geben zu können, so liegt auf der Hand, daß bei den immer inniger sich verflechtenden Verkehrsverhältnissen der einzelnen Staaten unter einander die Durchführung der Wuchergesetze immer mehr eine Sache der Unmöglichkeit wird. Auch mag an dieser Stelle füglich noch daran erinnert werden, daß eine zeitweilige Aufhebung der Wuchergesetze zu Zeiten sogenannter Handels- und Kreditkrisen sich als eine unvermeidliche Nothwendigkeit erwiesen hat, daß aber eine derartige Ausnahmsmaßregel, abgesehen von dem politischen Bedenken, daß sie in der Regel ohne vorgängige Zustimmung der Landesvertretung erfolgt, nicht nur die Kontinuität des Rechtszustandes auf eine empfindliche Weise stört, sondern auch, weil sie erst zu einem Zeitpunkte ergriffen zu werden pflegt, in welchem dem drohenden Uebel nicht mehr vorgebeugt werden kann, die davon erwarteten Wirkungen großentheils versagt.

Auf Grund dieser Erörterungen sind die an die Spitze derselben gestellten Fragen einfach:

„zu bejahen."

Die strenge Konsequenz dieser Ansicht würde erheischen, auch von jeder formellen Beschränkung des Darlehns- und Zinsenvertrages abzusehen, und es ist auch in der That kein zureichender Grund vorhanden, für diesen speciellen Vertrag besondere erschwerende Formen vorzuschreiben. Indeß kann man sich zur Noth und im Interesse einer einheitlichen Gesetzgebung mit derartigen Formen einverstanden erklären, vorausgesetzt: daß die materielle Vertragsfreiheit dadurch vollständig unberührt bleibt. Zu diesen, von volkswirthschaftlichen oder juristischen Autoritäten für unbedenklich erachteten zulässigen Beschränkungen gehören folgende, von denen die eine oder andere oder mehrere zusammen von der einen oder anderen Gesetzgebung aufgenommen ist, und welche sogar nöthigenfalls alle zusammen in einer Gesetzgebung kumulirt werden können:

1) Die Verpflichtung schriftlicher Abfassung des Darlehns- und Zinsenvertrags von einem gewissen Betrage des Darlehns und des Zinsfußes an;

2) das Verbot die verschiedenen Bestandtheile des Zinses, als Geschäftsprovision, Kapitalnutzungspreis und Versicherungsprämie getrennt oder doch jeden nach einem anderen Zeitraum berechnet zu stipuliren;

3) die Feststellung einer kurzen Verjährungsfrist für Zinsen und Zinseszinsen;

4) die Beschränkung des Vorzugsrechts für Zinsen privilegirter Forderungen im Konkurse auf möglichst kurze Zeit, am zweckmäßigsten auf ein Jahr;

3) die Befriedigung von länger als den ebengedachten Zeitraum hindurch rückständigen Zinsen in einer späteren Rangklasse der Konkursgläubiger, als die Befriedigung der Hauptstämme; und

6) die Fixirung eines Minimaltermins für Berechnung von Zinseszinsen.

Schon tiefer in das materielle Recht eingreifend, praktisch aber nicht sehr erschwerend, und darum — jedoch nur — als Uebergangsbestimmung nöthigenfalls zulässig, erscheint:

7) die Festsetzung einer gesetzlichen, durch Uebereinkunft der Parteien nicht aufzuhebenden Kündigungsfrist für, mit einem verhältnißmäßigen hohen, den Zinsfuß der gesetzlichen Zinsen, z. B. etwa um die Hälfte, oder gar um das Doppelte, überschreitenden Procentsatze von Zinsen belastete Schulden, welche nicht auf Schuldverschreibungen au porteur, nicht auf Darlehen, welche ein Kaufmann empfangen hat, beruhen und welche endlich nicht Schulden eines Kaufmanns aus seinen Handelsgeschäften sind (vergl. Königl. Sächs. Gesetz über Aufhebung der Zinsbeschränkungen vom 25. Oktober 1864).

Völlig unzulässig dagegen ist:

8) jede Fixirung des vertragsmäßigen Zinsfußes nach Höhe des Betrages oder nach Beschaffenheit der Sicherheit des Hauptstammes, und

9) das Verbot von Zinseszinsen oder von Zinsen über das alterum tantum des Hauptstammes.

XX.

Gutachten des Professor Dr. A. Geyer in Innsbruck.

Gesetzgebungsfrage: Empfiehlt sich die Beibehaltung einer besonderen Gerichtsbarkeit in Civil- und Strafsachen (bei Letzteren abgesehen von Disciplinar-Angelegenheiten) für Studirende auf höheren Schulen (Universitäten, Polytechnicum)?

Ich trage kein Bedenken, diese Frage unbedingt in ihrem vollen Umfange zu verneinen. Der Natur der Sache gemäß können höhere, sowie andere Schulen nur eine Disciplinargewalt über ihre Mitglieder ausüben. Die akademische Gerichtsbarkeit, insofern sie heutzutage auch außerhalb dieser Schranken besteht, ist nichts als ein wenig ehrwürdiges Ueberbleibsel aus jenen Zeiten, in welchen man vor lauter Staaten im Staat diesen selbst kaum gewahrte und die „Freiheiten" Niemanden zum Genuß seiner Freiheit kommen ließen. Allerdings gab es eine Zeit, in welcher man es halb im Ernst für eine Ketzerei erklärte, von der Gerichtsbarkeit der Schule eine abweichende Meinung zu haben (Horatius Lucius de privilegiis scholarium priv. 65 im tract. tract. tom. XVIII. fol. 82), allein zum Glück sind jene Zeiten ebenso für immer vorüber, wie die einträgliche Gewohnheit der magistratus, ihre Jurisdiktion möglichst auszubeuten (oves suas tondere, wie der alte Leyser in seiner medit. 77 ad Pand. sich ausdrückt), woraus die hartnäckigsten und verbissensten Streitigkeiten über die Ausdehnung der verschiedenen Gerichtsbarkeiten entstanden. Es können daher um so mehr ohne Furcht die Gründe kurz auseinandergesetzt werden, welche gegen die Gerichtsbarkeit der akademischen Gerichte in Civil- und Strafsachen sprechen.

1. Was den privilegirten Gerichtsstand der akademischen Bürger in Civilsachen betrifft, so wird er bekanntlich hergeleitet aus einem Privilegium,

welches Kaiser Friedrich I. gegeben hat (Authentica: Habita C. ne filius pro patr. IV., 13), und muß in die Klasse der gefreiten Personalgerichtsstände eingereiht werden, welche zur Auszeichnung oder Begünstigung gewisser Stände eingeführt worden sind, v. Bayer Vorträge über den gemeinen ordentlichen Civilproceß 8. Aufl. 1858. S. 218, 220. Ist dies der richtige Gesichtspunkt für seine Beurtheilung, so führt er uns zugleich zu seiner Verurtheilung. Eine „Begünstigung gewisser Stände" widerspricht dem Princip der Gleichheit vor dem Gesetz. „Ohne Ansehen der Person" muß gerichtet werden, dies ist selbst in dieser weitern Anwendung auf den Gerichtsstand festzuhalten. Nur Gründe des innern oder äußeren Staatsrechtes können die Befreiung gewisser Personen von der gemeinen Dingpflichtigkeit (in geringerem oder größerem Umfange) rechtfertigen. Ein besonderer Gerichtsstand der akademischen Bürger ist an sich ebenso unzulässig, wie ein besonderer Gerichtsstand des Adels, des Klerus, des Militärs, der Hofbeamten u. dgl.

Aber vielleicht könnte man unsern fraglichen Gerichtsstand als einen Causalgerichtsstand wegen der Eigenthümlichkeit der Rechtssachen, welche gerade ihm passend zugewiesen wären, retten? Scheint ja doch gerade die gegenwärtig in der Regel vorkommende Ausdehnung der akademischen Gerichtsbarkeit in Civilsachen auf etwas derartiges hinzuweisen. Diese Gerichtsbarkeit macht sich nämlich gewöhnlich nur geltend, wenn es sich um Schulden der Akademiker handelt.

S. z. B. allg. preuß. Landrecht, 2. Theil, 12. Titel §. 99 ff. Akadem. Gesetze für die großherzogl. Bad. hohen Schulen zu Heidelberg und Freiburg §. 86 ff.

Faßt man indeß die betreffenden Vorschriften über die Gültigkeit und Ungültigkeit von Schulden der Studirenden näher in das Auge, so wird man leicht einsehen, daß hier nicht causae von so eigenthümlicher Beschaffenheit vorliegen, daß es nöthig wäre, dafür besondere Gerichte zu haben, besetzt mit Männern von hervorragender Fachkenntniß der in Frage kommenden Specialitäten. Oder sollte eine Bestimmung besondere Schwierigkeiten machen, welche z. B. sagt: „Kostgeld, Waschgeld, Friseur- und Barbierlohn, Stubenmiethe, Bettzins, Arzeneien und Arztlohn, auch was für den Unterricht in Sprachen und Leibesübungen zu zahlen ist, sollen ebenfalls nicht über ein Vierteljahr geborgt werden?" Der akademische usus dürfte gewiß, so weit er zu berücksichtigen ist, viel leichter festzustellen sein, als der kaufmännische, überdies sind die ordentlichen Richter früher selbst akademische Bürger gewesen und leben in der Regel an dem Universitätsort. Es läßt sich sonach nicht behaupten, daß mit Rücksicht auf das jus singulare, welches für die Schulden der Akademiker gilt — wobei noch sehr die Frage ist, ob dieses jus singulare nicht zum größten Theil zu beseitigen wäre — das akademische Gericht als ein besonderer Causalgerichtsstand zu restituiren sei. Auch etwaige Besonderheiten in Bezug auf die Exekution eines civilgerichtlichen Urtheiles gegen einen Studirenden lassen sich, soweit sie gerechtfertigt sind, aufrecht erhalten, ohne daß man deßhalb eines befreiten Gerichtsstandes bedarf.

2. Die peinliche Gerichtsbarkeit der hohen Schulen suchte man gewöhnlich ebenfalls auf die oben erwähnte Authent. Habita zu stützen. Vergl. z. B. Meister vollständ. Einleitung zur peinl. Rechtsgelehrſ. 4. Theil 1762 S. 414 f., Tittmann Handbuch §. 644, Mittermeier deutsches Strafverfahren I. §. 55, S. 381, wogegen wohl Zachariä Handbuch des deutschen Strafprozesses I. S. 390 mit Recht bemerkt, daß die Beziehung derselben auf Criminalklagen mindestens zweifelhaft bleibt. Jedenfalls ertheilen übrigens die Partikulargesetze und Statuten der neueren Zeit den akademischen Gerichten keine vollständige Criminalgerichtsbarkeit, sondern beschränken dieselbe entweder nur auf Disciplinarfälle und Polizeiübertretungen, s. z. B. das allg. preuß. Landrecht a. a. O. §§. 84, 96 und Anhang §§. 136, 137, oder machen die akademischen Gerichte zugleich für gewisse Fälle zu Instruktionsgerichten in eigentlichen Criminalsachen, deren endgültige Entscheidung durch die ordentlichen Gerichte zu erfolgen hat, s. z. B. die akad. Gesetze für die Bad. hohen Schulen §. 44, Nr. 1.

Es zeigt sich hierin ein nur zu gerechtfertigtes Mißtrauen gegen die akademische Gerichtsbarkeit. Ein stichhaltiger Grund für dieselbe läßt sich auch in der That nicht nachweisen. Sie ist nichts als ein Privilegium der akademischen Bürger, beruht nicht auf der Eigenthümlichkeit der betreffenden causæ criminales — denn auch die Eigenthümlichkeiten der Studentenduelle können wohl von rechtsgelehrten Richtern vollkommen gewürdigt werden — und ist darum zu beseitigen. Dies gilt auch von der fraglichen Polizeigerichtsbarkeit, deren geringe Präventiv- und Repressivkraft überdies allgemein bekannt ist. Nur die Vergehen gegen die Universitätsdisciplin, nicht aber die Verletzungen allgemeiner Polizeivorschriften können von den akademischen Behörden in durchaus entsprechender Weise geahndet werden.

In eigentlichen Criminalsachen würde das Privilegium, welches in Frage steht, für die akademischen Bürger geradezu zu einem privilegium odiosum. Wie soll dafür gesorgt werden, daß bei den akademischen Gerichten das Anklageprincip, die Oeffentlichkeit, der Grundsatz der Unmittelbarkeit, die Zuziehung von Geschworenen dem Angeklagten Bürgschaften, wie man sie heutzutage allgemein verlangt, gewähre? Auch dieses forum privilegiatum ist, wie es die Natur der Sache mit sich bringt, von einer gewissen patriarchalischen Willkür unzertrennlich, welche heutzutage unser Rechtsbewußtsein nicht mehr erträgt.

Daß die akademische Gerichtsbarkeit allmälig dem unbefangen denkenden Theil der Studenten selbst in diesem ungünstigen Licht erscheint, zeigen die Petitionen, welche aus der Mitte mehrerer Universitäten, unter zahlreicher Betheiligung der Studenten, an die Volksvertretungen gerichtet wurden. Sie betonen unter Anderem auch mit Recht den nachtheiligen sittlichen Einfluß, welchen das Privilegium auf die Berechtigten übt, indem es den Kastengeist und die hohle Aufgeblasenheit fördert, und den ächten Gemeingeist und Bürgersinn, auf welchem Deutschlands Zukunft beruht, gerade bei jenen zu ersticken droht, welche einst ihrem Berufe nach in hervorragender Weise an dem Staatsleben sich betheiligen sollen. So heißt es z. B. in der betreffenden Göttinger Petition (s. allg. akad. Zeitung 1864 Nr. 13):

> „Je mehr das Bewußtsein von der Gleichstellung aller Staatsbürger vor dem Gesetz im Allgemeinen sich geltend macht, desto mehr mußte in uns das Gefühl der Isolirung wach werden, in welche uns die akademische Gerichtsbarkeit der bürgerlichen Gesellschaft gegenüber versetzt. Denn bei dem Umstand, daß der Student nicht vor den öffentlichen Richter, nicht unter das allgemeine Gesetz gestellt wird, schließt sich naturgemäß der enge Kreis, in dem er lebt, zu einer Kaste ab, deren einzelne Glieder dazu gedrängt werden, sich besondere Anschauungen von Recht und Gesetz, von Ehre und Moral anzueignen."

Eben dort sind auch die argen Mängel der bestehenden akademischen Gerichtsbarkeit hervorgehoben, deren unklare Stellung dazu führt, daß „mehr nach Zweckmäßigkeitsgründen, als nach Rechtsgrundsätzen entschieden wird." Dann heißt es:

> „Die laxe Handhabung gewisser gesetzlicher Bestimmungen, die mit dem arbiträren Charakter der akad. Gerichtsbarkeit nothwendig verbunden ist, führt geradehin zu einer indirekten Beförderung der Gesetzübertretungen. Daher die zahlreichen Ueberschreitungen der bürgerlichen Ordnung von Seiten der Studenten, weil der Gegensatz des akademischen und bürgerlichen Gerichts eine gewisse Erlaubniß hierzu als das spezifisch studentische Privilegium erscheinen läßt.
>
> Diese Umstände haben nicht nur dahin geführt, daß eine Bestrafung durch das akademische Gericht nicht für eine Schande angesehen wird, sondern es gilt auch allgemein für erlaubt, ihm gegenüber die Wahrheit zu verläugnen. So schwächt die akademische

Gerichtsbarkeit den Rechtssinn in denen, die ihn vorzugsweise in sich stärken sollen, so befördert sie jenen Mangel an sittlichem Ernst, der den Studenten so oft und mit Recht vorgeworfen wird."

In der That ein gewichtiges Zeugniß, von Seiten der Privilegirten selbst gegen das Privilegium, ein Zeugniß dem man kaum etwas Triftiges wird entgegensetzen können. Daß dieses Privilegium fallen muß und fallen wird, ist meine feste Ueberzeugung.

A.

Alphabetisches Verzeichniß

derjenigen

Mitglieder des 6. Deutschen Juristentages,

welche dem Vereine schon im Jahre 1864 angehört haben,

nach Staaten geordnet.

Nr.	Name.	Stand.	Wohnort.
		Herzogthum Anhalt.	
1	Dr. Behr	Rechtsanwalt	Cöthen.
2	Dr. Bolze	Advokat	Bernburg.
3	Calm	Rechtsanwalt	Bernburg.
4	Holzmann	Kreisgerichtsrath	Cöthen.
5	Kühn	Landesbank-Direktor	Dessau.
6	Lezius	Rechtsanwalt	Cöthen.
7	Schröder	Advokat	Bernburg.
8	Dr. Siegfried	Geh. Justiz- u. Ober-Landes-gerichtsrath	Dessau.
9	Dr. Sintenis	Wirkl. Geh. Rath u. Staats-minister	Dessau.
		Großherzogthum Baden.	
10	Aberle	Rechnungsrath und Gerichts-notar	Freiburg.
11	Bachelin	Ober-Staatsanwalt	Karlsruhe.
12	Bechtold v. Ehren-schwert	Amtsrichter	Heidelberg.
13	Dr. Behaghel	Professor	Freiburg.
14	Bensinger	Anwalt	Mannheim.

Nr.	Name.	Stand.	Wohnort.
15	Dr. Bingner	Justiz-Ministerialrath	Karlsruhe.
16	v. Blittersdorff	Kreisgerichtsrath	Karlsruhe.
17	Blum	Doktor der Rechte	Heidelberg.
18	Dr. Bluntschli	Geh. Rath u. Professor	Heidelberg.
19	Bodenheimer	Anwalt	Karlsruhe.
20	Bohm	Kreis- u. Hofgerichts-Präsid.	Offenburg.
21	Brauer	Ober-Hofgerichtsrath	Mannheim.
22	Dr. Buch	Anwalt	Freiburg.
23	Busch	Anwalt	Karlsruhe.
24	Dr. Chelius	Kreisgerichtsrath	Mannheim.
25	Courtin	Universitäts-Amtmann	Heidelberg.
26	Dietz	Oberamtsrichter	Freiburg.
27	v. Dusch	Ministerialrath	Karlsruhe.
28	Ekert	Direktor des Zellen-Gefängnisses	Bruchsal.
29	Eckardt	Anwalt	Offenburg.
30	Eimer	Kreisgerichtsrath	Freiburg.
31	Eisen	Kreisgerichtsrath	Waldshut.
32	Eisenlohr	Kreisgerichtsrath	Baden.
33	Dr. Eller	Anwalt	Mannheim.
34	Ellstätter	Kreisgerichtsrath	Mannheim.
35	Engelhorn	Ober-Amtmann	Triberg.
36	Esser	Anwalt	Mannheim.
37	Ettlinger	Anwalt	Karlsruhe.
38	v. Feder	Anwalt	Offenburg.
39	Dr. Fetzer	Kreis- und Hofgerichts-Präsident	Freiburg.
40	v. Freydorf	Justiz-Ministerialrath	Karlsruhe.
41	Dr. Fritschi	Kreisgerichtsrath	Offenburg.
42	Dr. Fritz	Hofrath u. Professor	Freiburg.
43	Dr. Fürst	Anwalt	Freiburg.
44	Dr. Fürst	Anwalt	Mannheim.
45	Fürst	Anwalt	Heidelberg.
46	Gänseblum	Amtsrichter	Breisach.
47	Gerhardt	Rechnungsrath u. Gerichtsnotar	Karlsruhe.

Nr.	Name.	Stand.	Wohnort.
48	Dr. Grimm	Anwalt	Mannheim.
49	v. Gulat	Staatsanwalt	Baden.
50	Gutmann, A.	Anwalt	Karlsruhe.
51	Gutmann, J.	Anwalt	Karlsruhe.
52	Haaß	Ober-Staatsanwalt	Offenburg.
53	Haaß	Kanzler des Oberhofgerichts	Mannheim.
54	Hebting	Ober-Amtmann	Mosbach.
55	v. Heiligenstein	Kreisgerichtsrath	Karlsruhe.
56	Heimerdinger	Kreisgerichtsrath	Karlsruhe.
57	Heinsheimer	Kreisgerichts-Assessor	Lörrach.
58	Heydweiller	Kreisgerichtsrath	Offenburg.
59	Hildebrandt	Kreis- u. Hofgerichts-Direktor	Freiburg.
60	Hofer	Anwalt	Offenburg.
61	Dr. Jolly	Ministerialrath	Karlsruhe.
62	Kärcher	Amtsrichter	Constanz.
63	Kamm	Amtsrichter	Bretten.
64	Klehe	Kreisgerichtsrath	Mannheim.
65	Kohlhagen, Wilh.	Anwalt	Karlsruhe.
66	Krämer	Anwalt	Karlsruhe.
67	Kusel	Anwalt	Karlsruhe.
68	Lacoste, A.	Kreisgerichtsrath	Karlsruhe.
69	Dr. Ladenburg	Anwalt	Mannheim.
70	Dr. Lamey	Staatsrath, Präs. d. Großh. Minist. des Innern	Karlsruhe.
71	Levinger	Anwalt	Karlsruhe.
72	Levisohn	Anwalt	Bruchsal.
73	Mays	Ober-Staatsanwalt	Mannheim.
74	Dr. Minet	Legationsrath	Karlsruhe.
75	Dr. Mittermaier	Geh. Rath u. Professor	Heidelberg.
76	Mors	Amtsrichter	Sinsheim.
77	Müller	Oberamtsrichter	Weinheim.
78	Nebenius	Oberamtsrichter	Karlsruhe.
79	Nock	Ministerial-Assessor	Karlsruhe.
80	Nüßlin	Staatsrath	Karlsruhe.
81	Oehl	Anwalt	Villingen.
82	Ottendorff	Kreisgerichtsrath	Offenburg.

Nr.	Name.	Stand.	Wohnort.
83	Dr. Pagenstecher	Professor	Heidelberg.
84	Pfeiffer	Amtsrichter	Gengenbach.
85	Dr. Puchelt	Kreisgerichts-Direktor	Baden.
86	Rée	Anwalt	Freiburg.
87	Reinhard	Kreisgerichtsrath	Karlsruhe.
88	Dr. Roßhirt	Oberhofgerichtsrath	Mannheim.
89	Roth	Amtsrichter	Offenburg.
90	v. Rotteck	Oberamtsrichter	Emmendingen.
91	Ruth	Kreisgerichtsrath	Mannheim.
92	Sachs	Kreisgerichtsrath	Karlsruhe.
93	Dr. Schultz	Kreisgerichtsrath	Baden.
94	Freih. v. Schwartz-koppen	Doktor der Rechte	Weinheim.
95	Schwarzmann	vorsitzender Rath des Verwaltungsgerichtshofes	Karlsruhe.
96	v. Seyfried, E.	Justiz-Ministerialrath	Karlsruhe.
97	Dr. Stabel	Staats- u. Justiz-Minister	Karlsruhe.
98	Freih. v. Stockhorn	Vice-Kanzler des Oberhofgerichts	Mannheim.
99	v. Stößer	Kreisgerichts-Direktor	Lörrach.
100	v. Stößer	Ober-Amtmann	Meßkirch.
101	Traub	Kreisgerichts-Sekretär	Mannheim.
102	Trefurt	Domänenrath	Karlsruhe.
103	Turban	Ministerialrath	Karlsruhe.
104	v. Ungern-Sternberg	Legationsrath	Karlsruhe.
105	Dr. Vering	Professor	Heidelberg.
106	Vesenbekh	Referendar	Mosbach.
107	v. Wänker	Oberamtsrichter	Oberkirch.
108	Wallau	Anwalt	Mosbach.
109	Wielandt	Kreisgerichtsrath	Karlsruhe.
110	Wilkens	Amtsrichter	Lahr.
111	Wolff	Anwalt	Karlsruhe.
112	v. Zech	Amtsrichter	Baden.

Nr.	Name.	Stand.	Wohnort.
		Königreich Bayern.	
113	Bachmann	Advokat	Culmbach.
114	Dr. Barth	Rechtsanwalt	Augsburg.
115	Dr. Barth	Advokat	Kaufbeuren.
116	Bauer	Assessor u. Fiskal-Adjunkt d. Berg- u. Salinen-Administration	München.
117	Dr. Berchtold	Privat-Dozent	München.
118	Dr. Bolgiano	Professor	München.
119	Croissant	Bezirksrichter	Frankenthal (Rheinpfalz)
120	Dr. Dauner	Advokat	Kaufbeuren.
121	David	Advokatanwalt	Frankenthal.
122	Dilg	Rechtsanwalt	Aschaffenburg.
123	Freuckel	Advokat	Kaiserslautern.
124	v. Fuchs	Bezirksgerichtsrath	München.
125	Gerlach	Bezirksgerichtsrath	Aschaffenburg.
126	Dr. Grießmaier	Rechtsanwalt	München.
127	Dr. Gotthelf	Advokaturkoncipient	München.
128	Dr. Gundermann	Rechtsanwalt	München.
129	Dr. v. Gutermaun	Rechtsanwalt und Wechsel-Notar	Augsburg.
130	Hagen	Advokat	München.
131	Dr. Held	Hofrath u. Professor	Würzburg.
132	Dr. Heule	Advokat	München.
133	Dr. Herrmann	Advokat	München.
134	Dr. Hierl	Bezirksgerichtsrath	Passau.
135	Dr. Jäger	Rechtsanwalt	Nürnberg.
136	Kahr	Advokat	Kronach.
137	Dr. Kalb	Ministerialrath	München.
138	Keller	Staatsprokurator-Substitut	Zweibrücken.
139	Dr. Edler v. Kerstorf	Hofrath, Advokat	Augsburg.
140	Dr. Köppen	Professor	Würzburg.
141	Krieger	Rechtskandidat	Winnweiler (Pfalz).
142	Kühlmann	Stadtgerichts-Assessor	München.
143	Kuhn	Advokatanwalt	Landau an der Isar.

Nr.	Name.	Stand.	Wohnort.
144	Lindner	Advokat	Nürnberg.
145	Lösch	Bezirksgerichtsrath	Bayreuth.
146	Dr. Mayersohn	Rechtsanwalt	Aschaffenburg.
147	Merck	Advokat	Nürnberg.
148	Dr. Meyer	Bezirksgerichts-Assessor	München.
149	Michl	Bezirksgerichts-Direktor	Weiden.
150	Molitor	Ober-Appellationsgerichts-Direktor	München.
151	Münch	Bezirksgerichts-Accessist	Bayreuth.
152	Freih. v. Mulzer	Appellationsgerichts-Präsid.	Passau.
153	Neumayer	Advokatanwalt	Kaiserslautern.
154	Dr. Obermeyer	Advokat	Nürnberg.
155	Petersen	Appellationsgerichts-Präsid.	Aschaffenburg.
156	Petersen	Polizei-Commissär	Kaiserslautern.
157	Popp	Bezirksrichter	Kaiserslautern.
158	Reiffel	Landrichter	Winnweiler (Pfalz).
159	Dr. Rockinger	Privat-Dozent	München.
160	Dr. Ruhwandl	Rechtsanwalt	München.
161	v. Schab	Appellationsgerichts-Direktor	München.
162	v. Schauß	Advokat	München.
163	Scherer	Rechtskoncipient	Aschaffenburg.
164	Schmolze	Staatsprokurator-Substitut	Kaiserslautern.
165	Dr. Schneider	Bezirksgerichtsrath	München.
166	Schubert	Bezirksgerichtsrath	Bamberg.
167	Schuhmann	Consistorialrath	Bayreuth.
168	Dr. Steidle	Rechtsanwalt	Würzburg.
169	Streit	Rechtsanwalt	Würzburg.
170	Ritter v. Täuffenbach	Appellationsgerichtsrath	Eichstädt.
171	Graf Taufkirchen	Stadtrichter u. Abtheilungs-Vorstand des Stadtgerichts	München.
172	Dr. Umpfenbach	Professor	Würzburg.
173	Vaillant	Landrichter	Obermoschel
174	Dr. Völk	Advokat	Augsburg.
175	Dr. v. Vogt	Ministerialrath	München.

Nr.	Name.	Stand.	Wohnort.
176	Dr. Warmuth	Rechtsanwalt	Würzburg.
177	Warmuth	Rechtspraktikant	Würzburg.
178	Wernz	Präsident	Landau an der Isar.
179	Zöller	Staatsprokurator-Substitut	Kaiserslautern.
180	Zöller	Notar	Speyer.

Herzogthum Braunschweig.

Nr.	Name.	Stand.	Wohnort.
181	Dr. Aronheim	Obergerichts-Advokat	Braunschweig.
182	Bach	Obergerichts-Advokat u. Notar	Holzminden.
183	Bode	Kreisrichter	Braunschweig.
184	v. Campe	Staatsminister	Braunschweig.
185	Dr. Dedekind	Obergerichts-Advokat	Wolfenbüttel.
186	Dr. Degener	Obergerichts-Advokat	Braunschweig.
187	Engelbrecht	Obergerichts-Advokat	Braunschweig.
188	v. Eschwege	Kreisrichter	Braunschweig.
189	Gärtner	Obergerichtsrath	Wolfenbüttel.
190	Gerstell	Kreisrichter	Helmstedt.
191	Gotthard	Obergerichts-Advokat u. Notar	Braunschweig.
192	Grotrian	Obergerichtsrath	Wolfenbüttel.
193	Häusler	Obergerichts-Advokat	Braunschweig.
194	Hampe	Advokatanwalt	Holzminden.
195	Herzog	Obergerichtsrath	Wolfenbüttel.
196	Hollandt	Obergerichts-Advokat	Braunschweig.
197	Huch	Obergerichts-Advokat	Braunschweig.
198	Knittel	Obergerichts-Vice-Präsident	Wolfenbüttel.
199	Koch	Staatsanwalt	Braunschweig.
200	Köpp	Obergerichts-Advokat	Wolfenbüttel.
201	Dr. v. Liebe	Geheimrath	Braunschweig.
202	Lucius	Obergerichts-Advokat u. Notar	Braunschweig.
203	Dr. Magnus	Advokat	Braunschweig.
204	Mansfeld	Assessor	Wolfenbüttel.
205	Matthiä	Kreisrichter	Holzminden.

Nr.	Name.	Stand.	Wohnort.
206	Müller	Assessor	Salder.
207	Pape	Obergerichts-Advokat	Braunschweig.
208	v. Pawel	Kreisgerichts-Direktor	Holzminden.
209	v. Praun	Kreisrichter	Blankenburg.
210	v. Praun	Referendar	Braunschweig.
211	Rhamm	Ober-Staatsanwalt	Wolfenbüttel.
212	Ribbentrop	Kreisrichter	Blankenburg.
213	Riesell	Kreisgerichts-Direktor	Braunschweig.
214	Römcke	Staatsanwalt	Wolfenbüttel.
215	Röpcke	Obergerichts-Advokat	Braunschweig.
216	v. Rosenstern	Obergerichtsrath	Wolfenbüttel.
217	Rosenthal	Kreisgerichts-Direktor	Wolfenbüttel.
218	Roßmann	Auditor	Braunschweig.
219	Runde	Advokatanwalt	Wolfenbüttel.
220	Schmidt	Obergerichtsrath	Wolfenbüttel.
221	Schnuse	Staatsanwalt	Gandersheim.
222	Schröder	Kreisrichter	Braunschweig.
223	Schütze	Obergerichtsrath	Wolfenbüttel.
224	Schulz	Geheimrath	Braunschweig.
225	Dr. Schulz	Auditor	Braunschweig.
226	Dr. Strümpell II.	Advokatanwalt	Wolfenbüttel.
227	Strümpell	Auditor	Wolfenbüttel.
228	Teichs	Amtsrichter	Harzburg.
229	Dr. Trieps	Obergerichts-Präsident	Wolfenbüttel.
230	Vogler	Kreisgerichts-Direktor	Helmstedt.
231	Vorwerk	Obergerichtsrath	Wolfenbüttel.
232	Wolff	Obergerichts-Advokat, Bürgermeister	Holzminden.
233	Zinken-Sommer	Staatsanwalt	Helmstedt.

Freie Stadt Bremen.

234	Dr. Kießelbach	Advokat	Bremen.
235	Dr. v. Lingen	Obergerichts-Anwalt	Bremen.
236	Dr. Lürmann	Senator	Bremen.
237	Dr. Pfeiffer	Advokat	Bremen.

Nr.	Name.	Stand.	Wohnort.
238	Dr. Schellhaß	Obergerichts-Anwalt	Bremen.
239	Dr. Schumacher	Kreisrichter	Bremen.
240	Schumacher	Staatsanwalt	Bremen.
241	Dr. Ulrichs	Obergerichts-Anwalt	Bremen.
242	Dr. Wiederhold	Obergerichts-Anwalt	Bremen.
243	Dr. Wilckens, Joh.	Obergerichts-Anwalt	Bremen.

Freie Stadt Frankfurt.

244	Auerbach	Advokat	Frankfurt a. M.
245	Dr. Bardorff	Advokat	Frankfurt a. M.
246	Dr. Berg	Advokat und Notar	Frankfurt a. M.
247	Dr. Binding	Appellationsrath	Frankfurt a. M.
248	Dr. Binding	Advokat	Frankfurt a. M.
249	Dr. Braunfels	Advokat	Frankfurt a. M.
250	Dr. Cnyrim	General-Postdirektions-Secretär	Frankfurt a. M.
251	Dr. Diehl-Thomas	Advokat und Consistorialrath	Frankfurt a. M.
252	Dr. Ebner	Advokat	Frankfurt a. M.
253	Dr. Eckhard	Advokat	Frankfurt a. M.
254	Dr. Euler	Advokat und Notar	Frankfurt a. M.
255	Dr. Fester	Advokat und Notar	Frankfurt a. M.
256	Dr. Friedleben	Advokat und Notar	Frankfurt a. M.
257	Dr. Fuld	Advokat	Frankfurt a. M.
258	Dr. Getz	Advokat	Frankfurt a. M.
259	Dr. Grünewald	Stadtgerichtsrath	Frankfurt a. M.
260	Dr. Hartmann	Advokat	Frankfurt a. M.
261	Hesdörffer	Doktor der Rechte	Frankfurt a. M.
262	Dr. Hoffmann I.	Advokat und Notar	Frankfurt a. M.
263	Dr. Humser	Advokat	Frankfurt a. M.
264	Dr. Jung, Julius	Stadtgerichtsrath	Frankfurt a. M.
265	Dr. Jung, Wilhelm	Fiskal	Frankfurt a. M.
266	Dr. Kugler	Appellationsrath	Frankfurt a. M.
267	Dr. Lang	Advokat	Frankfurt a. M.
268	Dr. Maas	Advokat	Frankfurt a. M.

Nr.	Name.	Stand.	Wohnort.
269	Dr. Malß	Advokat	Frankfurt a. M.
270	Dr. Manhayn	Advokat	Frankfurt a. M.
271	Dr. Mayer	Advokat	Frankfurt a. M.
272	Dr. Müller	Advokat und Notar	Frankfurt a. M.
273	Dr. Mumm	Stadtgerichtsrath	Frankfurt a. M.
274	Dr. Nestle	Senator, Appellationsrath	Frankfurt a. M.
275	Dr. Neukirch	Advokat und Notar	Frankfurt a. M.
276	Dr. Ohlenschlager	Advokat	Frankfurt a. M.
277	Dr. Orthenberger	Advokat	Frankfurt a. M.
278	Dr. Pfefferkorn	Advokat	Frankfurt a. M.
279	Dr. Prior	Advokat	Frankfurt a. M.
280	Dr. Römer	Advokat	Frankfurt a. M.
281	Dr. Scharf	Appellationsrath	Frankfurt a. M.
282	Schlemmer	Advokat	Frankfurt a. M.
283	Dr. Schmidt-Haltzmann	Direktor der Hypothekenbank	Frankfurt a. M.
284	Dr. Schrader	Advokat	Frankfurt a. M.
285	Dr. Schwedes	Advokat	Frankfurt a. M.
286	Dr. v. Schweitzer	Advokat	Frankfurt a. M.
287	Dr. Wolff	Stadtgerichtsrath	Frankfurt a. M.

Freie Stadt Hamburg.

288	Dr. Aegidi	Professor	Hamburg.
289	Dr. Bandmann	Advokat	Hamburg.
290	Dr. Banks	Advokat	Hamburg.
291	Dr. Baumeister	Obergerichtsrath	Hamburg.
292	Dr. Engel	Advokat	Hamburg.
293	Dr. Feill	Advokat	Hamburg.
294	Dr. Hirsch	Advokat	Hamburg.
295	Jacobson	Doktor der Rechte	Hamburg.
296	Dr. Lazarus	Advokat	Hamburg.
297	Dr. Leo	Advokat	Hamburg.
298	Dr. Levy	Advokat	Hamburg.
299	Lührsen, G.	Doktor der Rechte	Hamburg.
300	Dr. May	Advokat	Hamburg.

Nr.	Name.	Stand.	Wohnort.
301	Dr. Stockfleth	Notar	Hamburg.
302	Dr. Versmann	Handelsgerichts-Präsident u. Senator	Hamburg.
303	Dr. Wächter	Notar	Hamburg.
304	Dr. Winterhoff	Advokat	Hamburg.
305	Wolffson	Advokat	Hamburg.

Königreich Hannover.

Nr.	Name.	Stand.	Wohnort.
306	Albrecht	Obergerichts-Anwalt	Hannover.
307	Albrecht	Kronanwalt	Celle.
308	Dr. André	Obergerichts-Anwalt	Osnabrück.
309	Angelbeck	Obergerichts-Anwalt	Lüneburg.
310	Bader	Obergerichts-Rath	Aurich.
311	Dr. v. Bar	Amtsgerichts-Assessor	Göttingen.
312	Bauermeister	Obergerichts-Anwalt	Hannover.
313	Dr. Bensey	Obergerichts-Anwalt	Göttingen.
314	Benthe	Obergerichts-Anwalt	Aurich.
315	Berentzen	Obergerichts-Anwalt	Meppen.
316	Bergmann	Obergerichts-Assessor	Meppen.
317	Bierwirth	Obergerichts-Assessor	Lüneburg.
318	Block	Advokat und Notar	Neuenhaus im Bentheimschen.
319	v. Blum	Advokat	Hannover.
320	Dr. Blumenberg	Obergerichts-Anwalt	Hannover.
321	v. Bock	Ober-Appellationsrath	Celle.
322	Dr. Böttcher	Amtsrichter	Herzberg.
323	Borchers	Ober-Appellationsgerichts-Anwalt	Celle.
324	v. Bülow	Auditor	Celle.
325	v. Bülow	Gerichts-Assessor	Gifhorn.
326	Crusen	Gerichts-Assessor	Meinersen.
327	Dettmar	Obergerichts-Anwalt	Hildesheim.
328	Dr. Droop	Amtsrichter	Osnabrück.
329	v. Düring	Ober-Appellationsger.-Präs.	Celle.
330	v. Engelbrechten	Advokat	Hannover.

Nr.	Name.	Stand.	Wohnort.
331	Evers	Ober-Appellationsgerichts-Anwalt	Celle.
332	Dr. Fischer, Ernst	Obergerichts-Anwalt	Hannover.
333	Fischer II.	Advokat	Hannover.
334	Francke	Justizrath	Hannover.
335	Fromme	Obergerichtsrath	Celle.
336	Dr. Gerding	Ober-Appellationsgerichts-Anwalt	Celle.
337	Dr. Götting, Ludw.	Obergerichts-Anwalt	Hildesheim.
338	Götting, Carl	Obergerichts-Anwalt	Hildesheim.
339	Gottsleben	Obergerichts-Anwalt	Hildesheim.
340	Haarmann	Oberger.-Anwalt u. Notar	Goslar.
341	Hansen	Advokat	Hannover.
342	v. Harleßem	Obergerichts-Anwalt	Hannover.
343	Hartmann	Advokat	Hannover.
344	Dr. Heitmann	Obergerichts-Anwalt	Lüneburg.
345	Hetzer	Gerichts-Assessor	Verden.
346	Hoppe	Obergerichts-Anwalt	Hameln.
347	Dr. Hoyer	Amtsrichter	Hannover.
348	Hüpeden	Advokat	Hoya.
349	Jaques	Ober-Appellationsrath	Celle.
350	Jüdell	Obergerichts-Anwalt	Hannover.
351	Kerikhoff	Obergerichtsrath	Osnabrück.
352	Dr. Kistemaker	Obergerichts-Anwalt	Meppen.
353	Kleinrath	Advokat	Hannover.
354	Köllner	Obergerichts-Anwalt	Verden.
355	Kraut	Hofrath und Professor	Göttingen.
356	Laporte	Obergerichts-Anwalt	Hannover.
357	Lauenstein	Obergerichts-Anwalt u. Consistorial-Prokurator	Hannover.
358	Lauenstein	Obergerichts-Anwalt	Lüneburg.
359	Linckelmann	Obergerichts-Anwalt	Hannover.
360	Lodemann	Gerichts-Assessor	Hannover.
361	Dr. Ludwig	Advokat und Notar	Dannenberg.
362	Mack	Kronanwalt	Verden.
363	Mangold	Oberger.-Anwalt u. Notar	Celle.

Nr.	Name.	Stand.	Wohnort.
364	Dr. Maxen	Privat-Dozent	Göttingen.
365	Dr. Mehlis	Advokat	Hannover.
366	Dr. Meyer, H. A.	Advokat	Bleckede.
367	Meyersburg	Ober-Appellationsger.-Anw.	Celle.
368	Müller L.	Obergerichts-Anwalt	Celle.
369	Dr. Naumann I.	Ober-Appellationsger.-Anw.	Celle.
370	Naumann II.	Advokat	Celle.
371	Dr. Naumann I.	Obergerichts-Anwalt	Hameln.
372	Dr. Naumann II.	Obergerichts-Anwalt	Hameln.
373	Dr. Nicol	Obergerichts-Anwalt	Hannover.
374	Noltemeier	Obergerichts-Anwalt	Hannover.
375	Dr. Northoff	Obergerichts-Anwalt	Hildesheim.
376	Dr. Oppermann	Obergerichts-Anwalt	Nienburg a. d. Weser.
377	v. Pape	Ober-Appellationsgerichts-Vice-Präsident	Celle.
378	v. Pestel	Obergerichtsrath	Celle.
379	Planck	Obergerichtsrath	Meppen.
380	Rautenberg, Fr.	Advokat	Hannover.
381	Rautenberg, Wilh.	Obergerichts-Anwalt	Hannover.
382	v. Reden	Amts-Assessor	Hannover.
383	Reinking	Amtsrichter	Celle.
384	Rieken	Obergerichts-Anwalt	Aurich.
385	Roscher	Ober-Appellationsrath	Celle.
386	Rose	Obergerichts-Anwalt	Hannover.
387	zum Sande	Amtsgerichts-Assessor	Sögel.
388	Schepler	Amtmann	Leer.
389	Schlesinger	Professor	Göttingen.
390	Schmidt, L.	Obergerichtsrath	Celle.
391	Schmidt	Auditor	Bevensen.
392	Schrader	Obergerichts-Anwalt	Göttingen.
393	Schrader	Amtsgerichts-Assessor	Duderstadt.
394	Seckel	Advokat	Göttingen.
395	Struckmann	Advokat	Osnabrück.
396	Struckmann	Obergerichts-Assessor	Hannover.
397	Thomsen	Amtsgerichts-Assessor	Meinersen.
398	Ubbelohde	Obergerichtsrath	Lüneburg.

Nr.	Name.	Stand.	Wohnort.
399	Vißering	Obergerichts-Anwalt	Aurich.
400	Weber	Obergerichts-Anwalt	Stade.
401	Westerkamp	Gerichts-Assessor	Celle.
402	Wiarda	Obergerichts-Direktor	Nienburg a. d. Weser.
403	Wölffer	Oberger.-Anwalt u. Notar	Hannover.
404	Wolde	Ober-Appellationsger.-Anw.	Celle.
405	Dr. Wüstenfeld	Obergerichts-Anwalt	Hannover.
406	Dr. Zachariae	Professor	Göttingen.
407	Zuhorn	Obergerichts-Anw. u. Notar	Osnabrück.

Kurfürstenthum Hessen-Cassel.

408	Cöster	Obergerichts-Anwalt	Hanau.
409	Eberhard	Obergerichts-Anwalt	Fulda.
410	Dr. Grimm	Obergerichts-Anwalt	Marburg.
411	Hamburger	Prokurator	Hanau.
412	Hille	Justizamtmann	Bergen.
413	Hupfeld	Rechtsanwalt	Cassel.
414	Jecklin	Obergerichts-Assessor	Cassel.
415	Koppen	Obergerichts-Assessor	Rinteln.
416	Dr. Löbell	Obergerichts-Anwalt	Marburg.
417	Mackeldey	Staatsprokurator	Fulda.
418	Maier	Obergerichts-Anwalt	Fulda.
419	Dr. Oelsker	Obergerichts-Anwalt	Cassel.
420	Osius	Prokurator	Hanau.
421	Peters	Obergerichts-Anwalt	Cassel.
422	Reul	Justiz-Amtmann	Bockenheim.
423	Schultheis	Obergerichtsrath	Fulda.
424	Seelig	Criminalgerichts-Assessor	Felsberg.
425	Dr. Steinfeld	Rechtsanwalt	Eschwege.
426	Stölzel	Obergerichts-Assessor	Cassel.
427	Vietor	Obergerichts-Anwalt	Fulda.
428	Vogel	Obergerichtsrath	Cassel.
429	Dr. Weigel	Syndikus	Cassel.
430	Dr. Wolf	Privat-Dozent	Marburg.
431	Wolfram	Justizbeamter	Sprangenberg.
432	Zaun	Obergerichts-Assessor	Cassel.

Nr.	Name.	Stand.	Wohnort.

Großherzogthum Hessen-Darmstadt.

433	Dr. Arens	Friedensrichter	Alzey.
434	Dr. Aull	Bezirksgerichtsrath	Mainz.
435	Becker	Advokat-Anwalt	Alzey.
436	Dr. Bellnc	Staatsprokurator	Mainz.
437	Dr. Bernays	Advokat	Mainz.
438	Betz	Oberfinanzrath und Fiskal-anwalt	Mainz.
439	Dr. Bockenheimer	Gerichts-Accessist	Mainz.
440	Dr. Börckel	Advokat-Anwalt	Mainz.
441	Bopp	Bank-Sekretär	Darmstadt.
442	Dr. Braden	Notar	Pfeddersheim.
443	Bramm	Hofgerichts-Sekretär	Gießen.
444	Brand	Sekretär der Hessischen Ludwigs-Eisenbahn	Mainz.
445	Dr. Breidenbach	Hofgerichts-Advokat	Darmstadt.
446	Dr. Bruch	Advokat-Anwalt	Mainz.
447	Buchner II.	Hofgerichts-Advokat	Darmstadt.
448	Dr. Bülow	Professor	Gießen.
449	Buff	Landrichter	Nidda.
450	Buff	Hofgerichtsrath	Gießen.
451	Dr. Creizenach	Advokat-Anwalt	Mainz.
452	Curtmann	Hofgerichts-Advokat	Friedberg i. d. Wetterau.
453	Darapsky	Vice-Präsident am Bezirks-gericht	Mainz.
454	Dernburg	Hofgerichts-Advokat	Darmstadt.
455	Diery	Hofgerichts-Advokat	Gießen.
456	Dornseiff	Hofgerichts-Advokat	Gießen.
457	Dr. Du Mont	Advokat-Anwalt	Mainz.
458	Eigenbrodt	Hofgerichtsrath	Darmstadt.
459	Eigenbrodt	Geheimrath	Darmstadt.
460	Emmerling	Generalstaatsprokurator am Cassationshofe	Darmstadt.

Nr.	Name.	Stand.	Wohnort.
461	Engelbach	Hofgerichts-Advokat u. Mitgl. d. ersten Ständekammer	Gießen.
462	Engelbach	Gerichts-Accessist	Grünberg.
463	Dr. Falker	Gerichts-Accessist	Mainz.
464	Feist	Doktor der Rechte	Mainz.
465	Dr. Finger	Advokat-Anwalt	Alzey.
466	Fischer	Bezirksgerichts-Präsident	Alzey.
467	Fitting	Advokat-Anwalt	Mainz.
468	Dr. Friedrich	Staatsprokurator-Substitut	Mainz.
469	Gaßner	Notar	Mainz.
470	Görz	Advokat-Anwalt	Mainz.
471	Groß	Hofgerichts-Advokat	Darmstadt.
472	Hahn	Hofgerichtsrath	Darmstadt.
473	Hamm	Doktor der Rechte	Offenbach.
474	Heimburg	Notar	Pfeddersheim.
475	Heinzerling	Landgerichts-Assessor	Zwingenberg a. d. Bergstr.
476	v. Helmolt	Professor	Darmstadt.
477	Henk	Aktuar	Oppenheim.
478	Heumann	Hofgerichts-Advokat	Darmstadt.
479	Hirschhorn	Gerichts-Accessist	Gießen.
480	Hoffmann I.	Hofgerichts-Advokat	Darmstadt.
481	Hoffmann II.	Hofgerichts-Advokat	Darmstadt.
482	Dr. Hoffmann	Hofgerichtsrath	Darmstadt.
483	Dr. Jaup	Hofgerichts-Advokat	Darmstadt.
484	Dr. Jhering	Geh. Justizrath, Professor	Gießen.
485	Kempf	Hofgerichtsrath	Gießen.
486	Dr. Klein	Landgerichts-Assessor	Gießen.
487	Köhler I.	Hofgerichts-Advokat	Darmstadt.
488	Köhler II.	Hofgerichts-Advokat	Darmstadt.
489	Köllisch	Landgerichts-Assessor	Seligenstadt.
490	Krämer	Advokat-Anwalt	Alzey.
491	Krämer	Gerichts-Accessist	Mainz.
492	Krauskopf	Hofgerichts-Advokat	Gießen.
493	Dr. Kritzler	Landgerichts-Assessor	Michelstadt.
494	v. Krug	Hofgerichtsrath	Gießen.
495	Krug	Gerichts-Accessist	Darmstadt.

Nr.	Name.	Stand.	Wohnort.
496	Dr. Lambinet	Gerichts-Accessist	Mainz.
497	Laudenheimer	Hofgerichts-Advokat	Darmstadt.
498	Lehne	Bezirksgerichtsrath	Mainz.
499	Freih. v. Lepel	Hofgerichtsrath	Gießen.
500	Dr. Levi	Gerichts-Accessist	Mainz.
501	Dr. Levi	Advokat-Anwalt	Mainz.
502	Levi	Gerichts-Accessist	Alzey.
503	Dr. Levita	Advokat-Anwalt	Mainz.
504	Dr. v. Lindelof	Justiz-Minister	Darmstadt.
505	Lippold, Georg	Gerichts-Accessist	Mainz.
506	Lippold, Adolph	Gerichts-Accessist	Mainz.
507	Lotheißen	Gerichts-Accessist	Darmstadt.
508	Dr. Matty	Gerichts-Accessist	Mainz.
509	Maurer	Staatsanwalt	Darmstadt.
510	Maurer	Gerichts-Accessist	Höbstein (Oberhessen).
511	Meisel	Landgerichts-Assessor	Zwingenberg a. d. Bergstr.
512	Merkel	Ober-Appellationsrath	Darmstadt.
513	Dr. Merkel	Privat-Dozent	Gießen.
514	Metz I.	Hofgerichts-Advokat	Darmstadt.
515	Mohrmann	Bezirksgerichtsrath	Alzey.
516	Momberger	Kreis-Assessor	Erbach.
517	Müller	Hofgerichts-Advokat	Darmstadt.
518	Oechsner	Doktor der Rechte	Mainz.
519	Dr. Pauli	Gerichts-Accessist	Mainz.
520	Petri	Advokat-Anwalt	Alzey.
521	Pistor	Stadtrichter	Darmstadt.
522	Pistor	Landgerichts-Assessor	Offenbach.
523	v. Preuschen	Ministerialrath	Darmstadt.
524	Probst	Commerzienrath u. Präsident des Handelsgerichts	Mainz.
525	Raysz	Gerichts-Accessist und Ergänzungsrichter	Pfeddersheim.
526	Dr. Reatz	Privat-Dozent u. Hofgerichts-Advokat	Gießen.
527	Dr. Reinach	Gerichts-Accessist	Mainz.
528	Reuling	Gerichts-Accessist	Darmstadt.

Nr.	Name.	Stand.	Wohnort.
529	Röder	Handelsgerichts-Präsident	Mainz.
530	Dr. Rödler	Gerichts-Accessist	Mainz.
531	Röschel	gewes. Handelsger.-Präsident	Mainz.
532	Freih. v. Rotsmann	Stadtgerichts-Assessor	Gießen.
533	Schenck	Hofgerichts-Advokat	Darmstadt.
534	Schlippe	Gerichts-Accessist	Bingen.
535	Schmitz	Doktor der Rechte	Mainz.
536	Schuchard	Landgerichts-Assessor	Nidda.
537	Dr. Seibert	Hofgerichts-Advokat	Darmstadt.
538	Seyd	Hofgerichts-Advokat	Friedberg.
539	Siebert	Ober-Staatsanwalt	Darmstadt.
540	Siegfrieden	Hofgerichts-Advokat	Darmstadt.
541	Dr. Sieglitz	Handelsgerichts-Sekretär	Mainz.
542	Steinberger	Gerichts-Accessist	Gießen.
543	Dr. Struve, Alex.	Gerichts-Accessist	Mainz.
544	Dr. Struve, Jos.	Gerichts-Accessist	Mainz.
545	Dr. Sturm	Gerichts-Accessist	Mainz.
546	Theyer	Notar	Alzey.
547	Trapp IV.	Hofgerichts-Advokat	Friedberg.
548	Dr. Valckenberg	Staatsprokurator	Alzey.
549	Vogel	Hofgerichts-Sekretär	Darmstadt.
550	Volhard	Hofgerichts-Advokat	Darmstadt.
551	Dr. Waßerschleben	Geh. Justizrath, Professor	Gießen.
552	Weber	Geheimrath, Hofgerichts-Direktor	Gießen.
553	Dr. Weber	Hofgerichts-Advokat	Offenbach.
554	Weber	Advokat-Anwalt	Alzey.
555	Weber	Gerichts-Accessist	Mainz.
556	Dr. v. Wedekind	Hofgerichts-Advokat	Darmstadt.
557	Wittmann	Doktor der Rechte	Mainz.
558	Wolf	Aktuar	Pfeddersheim.
559	Wolfskehl	Gerichts-Accessist	Alzey.
560	Zimmermann	Hofgerichts-Advokat	Darmstadt.

Nr.	Name.	Stand.	Wohnort.
	Fürstenthum Lippe-Detmold.		
561	Dr. Caesar	Obergerichtsrath	Detmold.
562	Falkmann	Archivrath	Detmold.
563	Dr. Heldman	Rechtsanwalt	Detmold.
564	Runnenberg	Rath	Detmold.
565	Schröter	Justiz-Amtmann	Brake bei Lemgo.
566	Dr. Stein	Rechtsanwalt	Detmold.
567	Wessel	Justiz-Amtmann	Detmold.
	Freie Stadt Lübeck.		
568	Avé-Lallemant	Doktor der Rechte	Lübeck.
569	Dr. Crome	Ober-Appellationsgerichts-Prokurator und Advokat	Lübeck.
570	Dr. Drechsler	Ober-Appellationsrath	Lübeck.
571	Dr. Funk	Aktuar	Lübeck.
572	Dr. Klügmann	Obergerichts-Prokurator, Advokat und Notar	Lübeck.
573	Dr. Kulenkamp	Ober-Appellationsgerichts-Prokurator und Advokat	Lübeck.
574	Dr. Pleßing, Wilh.	Advokat	Lübeck.
575	Dr. Pleßing, Alph.	Advokat und Notar	Lübeck.
576	Dr. Plitt	Senator	Lübeck.
	Großherzogthum Mecklenburg-Schwerin.		
577	Briesemann	Advokat	Wismar.
578	Büsing	Advokat	Rostock.
579	Büsing	Advokat	Schwerin.
580	Dr. Dugge	Senator	Bützow.
581	Ehlers	Advokat	Rostock.
582	Dr. Giese	Senator	Rostock.
583	Hartung	Senator und Advokat	Waren.
584	Havemann	Advokat	Grabow.
585	Heucke	Advokat	Parchim.
586	Dr. Karsten	Advokat	Rostock.
587	Dr. Klitzing	Bürgermeister u. Stadtrichter	Plau.

Nr.	Name.	Stand.	Wohnort.
588	Klitzing	Advokat	Parchim.
589	Lange	Advokat	Rostock.
590	Löscher	Advokat	Wittenburg.
591	Löwenthal	Advokat	Schwerin.
592	Möller	Bürgermeister u. Polizeirichter	Schwerin.
593	Müller, C. H.	Advokat und Notar	Rostock.
594	Pohle	Magistrats-Gerichts-Direktor und Syndikus	Schwerin.
595	Dr. Simonis	Senator	Rostock.
596	Simonis	Advokat	Rostock.
597	Sommer	Advokat	Parchim.
598	Sommer-Dierssen	Bürgermeister	Parchim.
599	Triebsies	Advokat	Rostock.
600	Uterhart	Senator	Rostock.
601	Dr. Viereck	Advokat	Schwerin.
602	Weckmann	Syndikus	Rostock.
603	Wehnert	Justitiar d. ritterschaftlichen Gerichtsvereine u. Advokat	Crivitz.
604	Weltzien	Hofrath, Hypothekenbewahrer	Schwerin.
605	Dr. Zastrow	Bürgermeister	Rostock.
606	Zickermann	Advokat	Schwerin.

Großherzogthum Mecklenburg-Strelitz.

607	Buttel	Advokat	Neu-Strelitz.
608	Cohn	Advokat	Neu-Strelitz.
609	Füldner	Kammerprokurator, Advokat und Fiskal	Neu-Strelitz.
610	Gundlach	Gerichts-Assessor	Neu-Strelitz.
611	Müller	Advokat, Stadtrichter	Fürstenberg.
612	Oesten	Hofrath, Stadt- u. Amts-richter	Stargard.
613	Plettner	Stadtrichter	Friedland.

Nr.	Name.	Stand.	Wohnort.
		Herzogthum Nassau.	
614	Bauer	Prokurator	Königstein.
615	Cramer	Ober-Appellationsgerichts-Prokurator	Wiesbaden.
616	Dr. Deul	Hofgerichtsrath	Wiesbaden.
617	Ebhardt	Ober-Appellationsgerichts-rath und General-Staats-Prokurator	Wiesbaden.
618	v. Eck	Obergerichts-Prokurator	Wiesbaden.
619	Eiffert	Hofgerichtsrath	Wiesbaden.
620	Faßbender	Amts-Assessor	Weilburg.
621	Flach	Ministerialrath	Wiesbaden.
622	Forst	Ober-Appellationsgerichts-rath	Wiesbaden.
623	Dr. Geiger	Ober-Appellationsgerichts-Prokurator	Wiesbaden.
624	Dr. Großmann	Ober-Appellationsgerichts-Prokurator	Wiesbaden.
625	Hergenhahn	Landesbank-Direktor	Wiesbaden.
626	Dr. Herz	Prokurator	Höchst.
627	Hilf	Prokurator	Limburg.
628	Horstmann	Hofgerichtsrath	Wiesbaden.
629	Isbert	Amtmann und Hofgerichts-rath	Limburg.
630	Keim	Amts-Assessor	Dillenburg.
631	Keller	Hof- u. Appellationsgerichts-Prokurator	Dillenburg.
632	Langhans	Ober-Appellationsgerichts-rath	Wiesbaden.
633	Dr. Leisler sen.	Ober-Appellationsgerichts-Prokurator	Wiesbaden.
634	Dr. Leisler jun.	Ober-Appellationsgerichts-Prokurator	Wiesbaden.
635	v. Preuschen	Ober-Appellationsgerichts-rath	Wiesbaden.

Nr.	Name.	Stand.	Wohnort.
636	v. Preuschen	Doktor der Rechte	Wiesbaden.
637	Rath	Prokurator	Weilburg.
638	Recken	Amtmann	Königstein.
639	Freih. v. Reichenau	Hofgerichtsrath	Wiesbaden.
640	v. Rößler	Hofgerichtsrath	Wiesbaden.
641	Schellenberg	Obersteuerrath	Wiesbaden.
642	Schenck	Hofgerichts-Prokurator	Wiesbaden.
643	Schindling	Amtsprokurator	Idstein.
644	Dr. Siebert	Hof- u. Appellationsgerichts-Prokurator	Wiesbaden.
645	Dr. Stamm	Prokurator	Höchst.
646	Stöckicht	Amtsprokurator	Herborn.
647	Strobel	Ober-Appellationsgerichts-rath a. D.	Wiesbaden.
648	Thewalt	Accessist	Weilburg.
649	Velde	Amtsprokurator	Diez.
650	Wißmann	Amts-Assessor	Hadamar.
651	Wolf	Amts-Accessist	Eltville.

Kaiserreich Oesterreich.

Nr.	Name.	Stand.	Wohnort.
652	Dr. Abeles	Advokatur-Candidat	Wien.
653	Dr. Adam	Advokatur-Candidat	Wien.
654	Dr. Adensamer	Advokatur-Candidat	Wien.
655	Dr. Ritter v. Aichenegg	Hof- u. Gerichts-Advokat	Wien.
656	Frhr. v. Apfaltrern	Hofrath des Obersten Gerichtshofes	Wien.
657	Vater Ritter v. Artens	Staatsanwalt-Substitut	Graz.
658	Dr. Artholb	Advokatur-Candidat	Wien.
659	Dr. H. Ritter v. Kremer-Auenrode	Professor	Wien.
660	Dr. A. Ritter v. Kremer-Auenrode	Notar	Gmunden (Ob.-Oest.).

Nr.	Name.	Stand.	Wohnort.
661	v. Auffenberg	Ober-Staatsanwalt	Lemberg.
662	Dr. J. Bach	Hof- und Gerichts-Advokat	Wien.
663	Dr. Barbasch	Advokat	Stanislau (Galizien).
664	Dr. Barth	Hof- und Gerichts-Advokat	Wien.
665	Batiek	Notar	Opoeno (Böhmen).
666	Dr. Bauer	Hof- und Gerichts-Advokat	Wien.
667	Dr. Bauerreiß	Notariats-Candidat	Wien.
668	Dr. Bazant	Landschafts-Sekretär	Brünn.
669	Dr. Beck	Hof- und Gerichts-Advokat	Linz.
670	Dr. Beck	Ober-Landesgerichtsrath	Brünn.
671	Dr. Beczizka	Magistrats-Concipist	Wien.
672	Dr. v. Benak	Advokatur-Candidat	Wien.
673	Dr. Bendiner	Advokatur-Candidat	Prag.
674	Dr. Benischko	Hof- und Gerichts-Advokat	Wien.
675	v. Benoni	Justizministerial-Rath	Wien.
676	Dr. Berger	Hof- und Gerichts-Advokat	Wien.
677	Berger	Bezirksvorsteher	Guttenstein (N.-Oest.).
678	Dr. Bernatzik	Landesadvokat	Kornenburg (N.-Oest.).
679	Dr. Berthold	Advokatur-Caudidat	Wien.
680	Beyer	Notar	Troppau.
681	Beyer	Staatsministerialrath	Wien.
682	Dr. Biach	Advokatur-Candidat	Wien.
683	Dr. Biziste	Advokatur-Candidat	Fünfhaus bei Wien.
684	Dr. Blitzfeld	Landesadvokat	Bielitz (öst. Schlesien).
685	Dr. Borowiczka	Landesadvokat	Fünfhaus bei Wien.
686	Dr. Boschan	Landesgerichts-Präsideut	Wien.
687	Braulik	Notar	Neufelden (Ob.-Oest.).
688	Breinreich	Notar	Laa a. d. Thaya (N.-Oest.).
689	Dr. Brezina	Notar	Wien.
690	Dr. Brezina	Hof- und Gerichts-Advokat	Wien.
691	Dr. Brichta	Advokatur-Candidat	Wien.
692	Dr. Brix	Advokatur-Candidat	Wien.
693	Dr. Bruck	Notariats-Candidat	Wien.
694	Dr. Brüxner	Advokatur-Candidat	Wien.
695	Dr. Brunner	Landesadvokat	Königgrätz (Böhmen).
696	Brunner	Notar	Geras (N.-Oest.).

Nr.	Name.	Stand.	Wohnort.
697	Dr. Brzorad	Landesadvokat	Deutschbrod (Böhmen).
698	Dr. Burian	Advokatur-Candidat	Wien.
699	Dr. Chiari	Notar	Wien.
700	Dr. Chiari	Finanzprokuraturs-Referent	Salzburg.
701	Dr. Chornitzer	Rechtsconsulent der Nationalbank	Wien.
702	Dr. Costa	Bürgermeister von Laibach, Advokatur-Candidat	Laibach.
703	Dr. Crobath	Advokatur-Candidat	Wien.
704	Ritter v. Czerny	Landesgerichts-Präsident	Linz.
705	Dr. Dauscher	Landesadvokat	Preßburg.
706	Dr. Demel jun.	Notar	Teschen (Schlesien).
707	Dr. Deperis	Sekretär d. Nationalbank	Wien.
708	Dr. Deperis	Landesadvokat	Görz.
709	Dr. Dermoutz	Landesadvokat	Karlsbad (Böhmen).
710	Dr. Diebl	Landesadvokat	Tischnowitz (Mähren).
711	Dr. Dietrich	Landeshauptmann-Stellvertreter von Schlesien	Troppau.
712	Dr. Dinstl jun.	Landesadvokat	Krems (N.-Oest.).
713	Dr. Dollenz	Hof- und Gerichts-Advokat	Wien.
714	Dosch	Kreisgerichtsadjunkt	Steyr (Ob.-Oest.).
715	Dr. Dostal	Advokatur-Candidat	Wien.
716	Dr. Dürrnberger	Hof- und Gerichts-Advokat	Wien
717	Dürschner	Justizministerial-Concipist	Wien
718	Dr. Eberle	Hof- und Gerichts-Advokat	Wien.
719	Dr. Eckl	Hof- und Gerichts-Advokat	Wien.
720	Dr. Egger	Hof- und Gerichts-Advokat	Wien.
721	Dr. Edl. v. Possanner-Ehrenthal	Advokatur-Candidat	Wien.
722	v. Eisank	Gerichtsadjunkt	Wien.
723	v. Eiselsberg	Kreisgerichtsrath	Wiener-Neustadt (Nieder-Oesterreich).
724	Eitelberger v. Eitelsberg	Ober-Kriegskommissär	Wien.
725	Dr. Eltz	Hof- und Gerichts-Advokat	Wien.
726	Ritter d'Elvert	Ober-Staatsanwalt	Brünn.

Nr.	Name.	Stand.	Wohnort.
727	Dr. Endletzberger	Advokatur-Candidat	Wien.
728	Ehrlicher	Staatsanwalt	St. Pölten (Nied.-Oest.).
729	Dr. Erwein	Hof- und Gerichts-Advokat	Klagenfurt.
730	Dr. Exle	Advokatur-Candidat	Wien.
731	Farnik	Notar	Teschen (Schlesien).
732	Dr. Feistmantel	Advokatur-Candidat	Wien.
733	Dr. Ritter v. Mündel-Feldberg	Hof- und Gerichts-Advokat	Wien.
734	Dr. Felder	Hof- und Gerichts-Advokat	Wien.
735	Dr. Felzmann	Hof- und Gerichts-Advokat	Wien.
736	Dr. Findeys	Hof- und Gerichts-Advokat	Wien.
737	Fischer	Statthaltereirath	Wien.
738	Dr. Fleckh	Hof- und Gerichts-Advokat	Graz.
739	Dr. Flesch	Hof- und Gerichts-Advokat	Wien.
740	Dr. Floch	Finanzrath	Pesth.
741	Dr. Flögel	Landesadvokat	Jungbunzlau (Böhmen).
742	Dr. Florentin	Landesadvokat	Krems (N.-Oest.).
743	Dr. Foltanek	Notar-Candidat	Wien.
744	Dr. Forster	Advokatur-Candidat	Prag.
745	Forstner	Bezirksgerichtsadjunkt	Pettau (Steiermark).
746	Dr. Frank	Landesadvokat u. Notar	Sternberg (Mähren).
747	Dr. Frank	Rechtspraktikant	Prag.
748	Dr. Frantz	Hof- und Gerichts-Advokat	Wien.
749	Frauscher	Notar	Mattighofen (Ob.-Oest.).
750	Friedländer	Doktor der Rechte	Wien.
751	Frimmel	Bezirksvorsteher	Laa a. d. Thaya (N.-Oest.).
752	Fuchs	Statthaltereirath	Wien.
753	Landgraf zu Fürstenberg	Wirkl. Geh. Rath u. Senats-Präsident des Obersten Gerichtshofes	Wien.
754	Fürth	Notar	Weizenkirchen (Ob.-Oest.).
755	Funke	Landesgerichtsrath	Leitmeritz (Böhmen).
756	Gal	Bezirksvorsteher	Hamburg a. d. Donau.
757	Dr. Ganzwohl	Hof- und Gerichts-Advokat	Wien.
758	Gaßmann	Bezirksamts-Aktuar	Asch (Böhmen).
759	Dr. Geißler	Landesadvokat	Krakau.

Nr.	Name.	Stand.	Wohnort.
760	Gellert	Notar	Haida (Böhmen).
761	Dr. Geyer	Professor	Innsbruck.
762	Dr. Gilge	Advokatur-Candidat	Wien.
763	Dr. Giskra	Landesadvokat	Brünn.
764	v. Giuliani	Landesgerichtsrath	Wien.
765	Dr. Glaser	Professor	Wien.
766	Dr. Glaßner	Landesadvokat	St. Pölten.
767	Dr. Ritter v. Hye-Glunek	Wirkl. Geh. Rath, Sektions-Chef im Justiz-Ministerium	Wien.
768	Dr. Görner	Landesadvokat	Budweis.
769	Dr. Ritt. v. Gredler	Hof- und Gerichts-Advokat	Wien.
770	Dr. Grimm	Generalsekretär der Südbahn	Wien.
771	Dr. Groß	Notar	Wels.
772	Dr. Grünberg	Hof- und Gerichts-Advokat	Wien.
773	Dr. Grysar	Advokatur-Candidat	Wien.
774	Dr. Edl. v. Gschmeidler	Landesadvokat	Ober Hollabrunn (Nied.-Oesterreich).
775	Dr. Gunesch	Hof- und Gerichts-Advokat	Wien.
776	Gutsch	Notar	Hietzing bei Wien.
777	Dr. Ritt. v. Haberler	Hof- und Gerichts-Advokat	Wien.
778	Dr. Freih. v. Härdtl sen.	Hof- und Gerichts-Advokat	Wien.
779	Halatschka	Kreisgerichtsrathssekretär	Teschen (Schlesien).
780	Haller	Landesgerichtsrath	Prag.
781	Dr. Haimerl	Hofrath und Professor	Wien.
782	Dr. Hanel	Notar	Wagstadt (Schlesien).
783	Dr. Hanisch	Advokatur-Candidat	Wien.
784	Hanisch	Bezirksamtsaktuar	Weidhofen an der Thaya.
785	Dr. Ritt. v. Harrasowsky	Justizministerial-Concipist	Wien.
786	Dr Harum	Professor	Innsbruck.
787	Dr. Hauschild	Landesadvokat	Prag.
788	Freih. v. Haynau	Staatsanwalt aus Coburg	Greinburg (N.-Oest.).
789	Dr. Heidmann	Hof- und Gerichts-Advokat	Wien.
790	Dr. Hein	Landesadvokat	Proßnitz (Mähren).

Nr.	Name.	Stand.	Wohnort.
791	Dr. v. Hein	Wirkl. Geh. Rath, Präsident des Ober-Landesgerichts	Wien.
792	Heinrich	Landesgerichtsrath	Wien.
793	Dr. Heinz	Landesadvokat	Troppau.
794	Heiß	Bezirksamtsadjunkt	Hainfeld (N.-Oest.).
795	Kreißle v. Hellborn	Doktor der Rechte	Wien.
796	Dr. Heller	Professor	Graz.
797	Ritter v. Scharfen-Hennersdorf	Justizministerialrath	Wien.
798	Dr. Herbst	Professor	Prag.
799	Dr. Hermann	Hof- u. Gerichts-Advokat	Wien.
800	Herzig	Notar	Wien.
801	Dr. Herzog	Advokatur-Candidat	Wien.
802	Dr. Heyßler	Professor	Wien.
803	Dr. Hirschhofer	Notar	Gratz.
804	Dr. Hochenegg	Hof- und Gerichts-Advokat	Wien.
805	Dr. Hochhauser	Advokatur-Candidat	Steyr (Ob.-Oest.).
806	Dr. Hock	Landesadvokat	Leitmeritz (Böhmen).
807	Dr. Höchsmann	Landesadvokat	Mauerkirchen (Ob.-Oest.).
808	Dr. Hönig	Advokatur-Candidat	Wien.
809	Ritt. v. Höniger	Statthaltereisekretär	Wien.
810	v. Königsberg	Notar	Wien.
811	Dr. Hoffer	Hof- und Gerichts-Advokat	Wien.
812	Dr. Homann	Notar	Wien.
813	Horrack	Landesgerichtsrath	Wien.
814	Dr. Huber	Advokatur-Candidat	Wien.
815	Hübner	Staatsanwalt	Krems (N.-Oest.).
816	Dr. v. Huze	Hof- und Gerichts-Advokat	Wien.
817	Janeshitsh	Finanzbez.-Direkt.-Concipist	Laibach.
818	Dr. Janovsky	Finanzprokuraturs-Referent	Linz.
819	Dr. Jaques	Verwaltungsrath der Handelsakademie	Wien.
820	Dr. Jeannée	Hofgerichts-Advokat	Wien.
821	Dr. Johanny	Advokatur-Candidat	Wien.

Nr.	Name.	Stand.	Wohnort.
822	Dr. Jünger	Hof- und Gerichts-Advokat	Wien.
823	Dr Jüngling	Notariats-Candidat	Wien.
824	Dr. Kagerbauer	Oberstaatsanwalt	Wien.
825	Dr. Kaiser	Notar	Wien.
826	Dr. Kaizl	Hof- u. Gerichts-Advokat	Wien.
827	Dr. Kalessa	Ober-Finanzrath	Wien.
828	Dr. Kallina	Ober-Landesgerichtsrath	Prag.
829	Dr. v. Kaltenegger	Finanzrath	Laibach.
830	Dr. Kastner	Notar	Hernals bei Wien.
831	Dr. Kaufmann	Landesadvokat	Neustadt (Mähren).
832	Dr. Kaul	Landesadvokat	Neutitschein (Mähren).
833	Dr. Keller	Ober-Landesgerichtsrath	Wien.
834	Keller	Ober-Landesgerichtsrath	Krakau.
835	Kerner	Staatsanwalt-Substitut	Wels (Ob.-Oest.).
836	Dr. Ritter v. Kindinger	Staatsanwalt-Substitut	Korneuburg (N.-Oest.).
837	Dr. Kirsch	Advokatur-Candidat	Wien.
838	Dr. Ritt. v. Kißling	Hof- und Gerichts-Advokat	Linz.
839	Kleiner	Notar	Groß-Engersdorf.
840	Kleinrath	Finanzministerial-Concipist	Wien.
841	Dr. Klier	Landesadvokat	Tetschen (Böhmen).
842	Dr. Klob	Advokatur-Candidat	Brünn.
843	Dr. Klucky	Auskultant	Wien.
844	Dr. Knepler	Hof- und Gerichts-Advokat	Wien.
845	Dr. Köchler	Hof- und Gerichts-Advokat	Wien.
846	König	Gerichts-Adjunkt	Wien.
847	Dr. Königsberg	Advokatur-Candidat	Prenzing bei Wien.
848	Dr. Kokoschinegg	Auskultant	Graz.
849	Dr. Kolbe	Hof- und Gerichts-Advokat	Wien.
850	Dr. Kolisko	Hof- und Gerichts-Advokat	Wien.
851	Dr. Kopp, Jos.	Hof- und Gerichts-Advokat	Wien.
852	Dr. Kopp, Eduard	Hof- und Gerichts-Advokat	Wien.
853	Dr. Koreff	Landesadvokat	Kuttenberg (Böhmen).
854	Dr. Kral	Referent d. Bodenkreditanstalt	Wien.
855	Dr. Kratky, Theod.	Advokatur-Candidat	Wien.

Nr.	Name.	Stand.	Wohnort.
856	Freiherr v. Krauß	Wirkl. Geh. Rath	Wien.
857	Dr. Kritsch	Ministerialrath	Wien.
858	Dr. Kronawetter	Magistrats-Concipist	Wien.
859	Dr. Krumhaar	Staatsministerial-Concipist	Wien.
860	Dr. Krumpholz	Landesadvokat	Freiwaldau (östr. Schles.).
861	Dr. Kuh	Rechtskonsulent d. Nordbahn	Wien.
862	Dr. Kunz	Finanzprokuratur-Concipist	Krakau.
863	Laaber	Bezirksvorsteher	Gloggnitz (N.-Oest.).
864	Lang	Gerichtsadjunkt	Brünn.
865	Dr. v. Langer	Notar	Wien.
866	Lasch	Landesadvokat	Jicin (Böhmen).
867	Dr. Ritter v. Lasser	Wirkl. Geh. Rath	Wien.
868	Laßnigg	Ober-Landesgerichtsrath	Wien.
869	Dr. Lechner	Notar	Wien.
870	Dr. Lederer	Advokatur-Candidat	Prag.
871	Dr. Leese	Advokatur-Candidat	Wien.
872	Dr. Leidesdorf	Notar	Wien.
873	Dr. Lenz	Hof- und Gerichts-Advokat	Wien.
874	Freih. v. Lewinsky	Ober-Landes-Gerichts-Vice-Präsident	Brünn.
875	Dr. Leyrer	Hof- und Gerichts-Advokat	Wien.
876	Dr. Libitzky	Hof- und Gerichts-Advokat	Wien.
877	Dr. Lichtblau	Advokatur-Candidat	Wien.
878	Dr. Lichtenstern	Hof- und Gerichts-Advokat	Wien.
879	Dr. Edl. v. Kunzek-Lichton	Landesgerichtsrath	Wien.
880	Lienbacher	Ober-Landesgerichtsrath	Wien.
881	Lindermann	Landesgerichtsrath	Triest.
882	Dr. Linkh	Auskultant	Wien.
883	Dr. Liszt	Landesgerichtsrath	Wien.
884	Dr. Lötsch	Notar	Atzenbruck (N.-Oest.).
885	Dr. Löw	Notariats-Candidat	Wien.
886	Ritt. v. Löwenthal	Handelsminister.-Sektionschef	Wien.
887	Dr. Löwenthal	Advokatur-Candidat	Wien.
888	Dr. Ludwig	Landesadvokat	Retz (N.-Oest.).

Nr.	Name.	Stand.	Wohnort.
889	Dr. Machanek	Landesadvokat	Auspitz (Mähren).
890	Dr. Machek	Landesadvokat	Chrudim (Böhmen).
891	Mahler	Notar	Feldsberg (N.-Oest.).
892	Dr. Ritter v. Maly	Handelsministerialrath	Wien.
893	Dr. Mandelblüh	Landesadvokat und Notar	Olmütz.
894	Dr. Maresch	Hof- und Gerichts-Advokat	Wien.
895	Ritter v. Neinlein-Marienburg	Justizministerialrath	Wien.
896	Dr. Mathis	Hof- und Gerichts-Advokat	Wien.
897	Dr. Mauthner	Advokatur-Candidat	Wien.
898	Dr. Mayer	Notar	Wien.
899	Dr. Mayerhofer	Notar	Wien.
900	Merkl	Ober-Landesgerichtsrath	Wien.
901	Dr. Merta	Landesadvokat und Notar	Iglau (Mähren).
902	Dr. Michel	Landesadvokat und Notar	Weidhofen a. d. Thaya (Nieder-Oesterreich).
903	Dr. Mikischka	Hof- und Gerichts-Advokat	Wien.
904	Mikschiczek	Notar	Brünn.
905	Dr. Millanisch	Advokatur-Candidat	Wien.
906	Ritter v. Mitis	Sektions-Chef im Justiz-Ministerium	Wien.
907	Ritter v. Mitis	Justizministerial-Concipist	Wien.
908	Dr. Mitlacher	Hof- und Gerichts-Advokat	Wien.
909	Dr. Mitscha	Hof- und Gerichts-Advokat	Wien.
910	Dr. Mitschke	Auskultant	Wien.
911	Mochnacki	Landesgerichts-Präsident	Lemberg.
912	Edler v. Mörl	Notar	Vöcklabruck (Ob.-Oest.).
913	Dr. Monti	Justizministerial-Concipist	Wien.
914	Dr. Moosmann	Advokatur-Candidat	Ober-Hollabrunn (Nied.-Oesterreich).
915	Edler v. Moritz	Kreisgerichts-Präses	Jicin (Böhmen).
916	Dr. Moser	Advokat	Sternberg (Mähren).
917	Dr. Mraczek	Hof- und Gerichts-Advokat	Wien.
918	Dr. v. Mühlfeld	Hof- und Gerichts-Advokat	Wien.
919	Dr. Müller, A. jun.	Hof- und Gerichts-Advokat	Wien.

Nr.	Name.	Stand.	Wohnort.
920	Dr. Müller, M.	Hof- und Gerichts-Advokat	Wien.
921	Dr. Neumann	Regierungsrath u. Professor	Wien.
922	Dr. Neumeister	Hof- und Gerichts-Advokat	Wien.
923	Dr. Neußer	Landesadvokat	Freudenthal (östr. Schles.).
924	Dr. Newald	Civil- und Militär-Agent	Wien.
925	Dr. Newald	Landesadvokat	Wien. Neustadt (N.-Oest.).
926	Hassenmüller Ritter v. Ortenstein	Bezirksamtsaktuar	Brünn.
927	Dr. v. Ott	Landesadvokat	Brünn.
928	Dr. Oxenbauer	Hof- und Gerichts-Advokat	Wien.
929	Freih. v. Päumann	Statthalterei-Conc.-Praktik.	Wien.
930	Paravicini	Notar	Hainburg (N.-Oest.).
931	v. Pauer	Hofrath des Obersten Gerichtshofes	Wien.
932	Dr. Pawek	Hof- und Gerichts-Advokat	Wien.
933	Dr. Pawlik	Advokatur-Candidat	Wien.
934	Dr. Peck	Kreisgerichtsrath	St. Pölten.
935	Dr. Peitler	Advokatur-Candidat	Wien.
936	Dr. v. Pelser	Gerichtsadjunkt	Wien.
937	Ritter v. Perisutti	Ober-Landesger.-Präsident	Wien.
938	Dr. Perlep	Advokatur-Candidat	Wien.
939	Dr. Pfaff	Professor	Hermannstadt (Siebenbürgen).
940	Dr. Pfefferer	Advokatur-Candidat	Laibach.
941	Dr. Pfob	Advokatur-Candidat	Wien.
942	Edler v. Pfungen	Ober-Landesgerichtsrath	Wien.
943	Dr. Ritt. v. Pfusterschmid	Notar	Wien. Neustadt (N. Oest.).
944	Pick	Landesgerichtsrath	Brünn.
945	Dr. Pieta	Landesadvokat	Krumau (Mähren).
946	Dr. Pisch	Advokatur-Candidat	Wien.
947	Dr. Pisko	Hof- und Gerichts-Advokat	Wien.
948	Riter v. Pittreich	Hofrath des Oberst. Gerichtshofes	Wien.
949	Plachy	Notar	Mähr. Neustadt (Mähr.).

Nr.	Name.	Stand.	Wohnort.
950	Dr. Edler v. Platner	Landesadvokat	Triest.
951	Dr. Plattner	Notar	Prägarten (Ob.-Oest.).
952	Dr. Pobeheim	Notar	Wien.
953	Dr. Poglies	Ober-Landesgerichtsrath	Lubaczow (Galizien).
954	Dr. Pokorny, Fr.	Hof- und Gerichts-Advokat	Wien.
955	Dr. Pokorny, Ed.	Hof- und Gerichts-Advokat	Wien.
956	Dr. Polaczek	Landesadvokat	Reichenberg (Böhmen).
957	Dr. Pongratz	Hof- und Gerichts-Advokat	Laibach.
958	Dr. Poschacher	Notar	Hallein (Salzburg).
959	Dr. Postl	Advokatur-Candidat	Wien.
960	Dr. Pozorny	Landschafts-Concipist	Brünn.
961	Freih. v. Pratobevera	Wirkl. Geh. Rath	Wien.
962	Dr. Preisenhammer	Landesadvokat	Littau (Mähren).
963	Preiß	Gerichtsleiter	Schwechat bei Wien.
964	Dr. Preißler	Advokatur-Candidat	Wien (d. Z. in Bielitz, Schlesien).
965	Dr. Priemann	Hof- und Gerichts-Advokat	Wien.
966	Primavesi	Hofrath des Obersten Gerichtshofes	Wien.
967	Dr. Prokosch	Notar	Neubistriz (Böhmen).
968	Pruggberger	Gerichtsadjunkt	Wien.
969	Dr. Ptaczek	Advokat und Notar	Boskowitz (Mähren).
970	Dr. Vesque v. Püttlingen	Hofrath im Ministerium des Aeußern	Wien.
971	Puntschart	Doktor der Philosophie und der Rechte	Wien.
972	Dr. Ritter v. Raimann	Gerichtsadjunkt	Wien.
973	Ritter v. Rainer	Staatsministerial-Concipist	Wien.
974	Dr. Randa	Professor	Prag.
975	Dr. Ranzi	Advokatur-Candidat	Wien.
976	Ranzoni	Kreisgerichts-Präsident	St. Pölten.
977	Dr. Rapp	Notar	Wien.

Nr.	Name.	Stand.	Wohnort.
978	Ratoliska	Bezirksvorsteher	Prägarten (Ob.-Oest).
979	Dr. Raudnitz	Landesadvokat	Prag.
980	Dr. Rechbauer	Hof- und Gerichts-Advokat	Graz.
981	Dr. Freih. v. Reich	Ministerialrath	Wien.
982	Dr. Reich	Notar	Wien.
983	Dr. Reif	Landes-Advokat	Kaaden (Böhmen).
984	Reindl	Notar	Urfahr bei Linz.
985	Dr. Reiner	Notariats-Candidat	Hernals bei Wien.
986	Reischl	Notar	Kirchschlag (N.-Oest.).
987	Dr. Reiser	Hof- und Gerichts-Advokat	Wien.
988	Dr. Reiser	Notariats-Candidat	Marburg (Steiermark).
989	Dr. Reißig	Advokat	Zwittau (Mähren).
990	Dr. Renger	Landesadvokat und Notar	Tetschen (Böhmen).
991	Edler v. Rettich	Landesgerichtsrath	Wien.
992	Dr. Richter	Hof- und Gerichts-Advokat	Wien.
993	Richter	Gerichtsadjunkt	Wien.
994	Dr. Richter	Advokatur-Candidat	Wien.
995	Dr. Riehl	Landesadvokat	Wien. Neustadt (N.-Oest.).
996	Dr. Rizy	Sektions-Chef i. Just.-Minist.	Wien.
997	Rizy	disp. Stuhlrichter	Freistadt (Ob.-Oest.).
998	Dr. Rossy	Landesadvokat	Iglau (Mähren).
999	Dr. Rösler	Landesadvokat	Zistersdorf (N.-Oestr.).
1000	Dr. Rößler	Advokatur-Candidat	Wien.
1001	Dr. Rosenfeld	Hof- und Gerichts-Advokat	Wien.
1002	Dr. Rottensteiner	Landesadvokat	Mürzzuschlag (Steierm.).
1003	Dr. Rziha	Landesadvokat	Budweis (Böhmen).
1004	Freih. v. Sacken	Ober-Landesgerichtsrath	Wien.
1005	Dr. Salomon	Advokatur-Candidat	Wien.
1006	Dr. Schanzer	Advokatur-Candidat	Wien.
1007	Dr. Ritt. v. Schar-schmid	Landesgerichts-Präsident	Wien.
1008	Dr. Schaufler	Advokatur-Candidat	Vöcklabruck (Ob.-Oestr.).
1009	Scheiner	Notar	Neulengbach (N.-Oestr.).
1010	Dr. Schenk	Hof- und Gerichts-Advokat	Wien.
1011	Dr. Schiestl	Hof- und Gerichts-Advokat	Wien.

Nr.	Name.	Stand.	Wohnort.
1012	Dr. Schik	Notar	Wien.
1013	Dr. Schimkowsky	Notar	Zdaunek (Mähren).
1014	Dr. Schinnhann	Notar	Wolkersdorf (N.-Oestr.).
1015	Ritt. v. Schinnern	Notar	Windisch-Garsten (Ober-Oesterreich).
1016	Schlager	Bezirksvorsteher	
1017	Dr. Schlesinger	Landesadvokat	Tulln (N.-Oestr.).
1018	Dr. Schlögelgruber	Hof- und Gerichts-Advokat	Lobositz (Böhmen).
1019	Schloß	Landesgerichtsrath	Wien.
1020	Dr. Schmeltes	Landesadvokat	Nikolsburg (Mähren).
1021	Dr. Ritt. v. Schmerling	Wirkl. Geh. Rath Präsident des Obersten Gerichtshofes	Wien.
1022	Dr. Ritt. v. Schmerling	Ober-Landesgerichtsrath	Wien.
1023	Dr. Schmeykal	Mitglied des böhm. Landesausschusses	Prag.
1024	Dr. Schmidt	Staatsanwalt-Substitut	Wien.
1025	Dr. Schmitt	Hof- und Gerichts-Advokat	Wien.
1026	Dr. Schneider	Advokatur-Candidat	Fünfhaus bei Wien.
1027	Schneider	Bezirksvorsteher	Neulengbach (N.-Oestr.).
1028	Schöbl	Finanzministerialrath	Wien.
1029	Dr. Schönborn	Landesadvokat	Krakau.
1030	Dr. Schranzhofer	Gerichtsadjunkt	Wien.
1031	Schubert	Handelsgerichts-Präsident	Prag.
1032	Schubert	Notar	Kamnitz (Böhmen).
1033	Dr. Schüller	Advokatur-Candidat	Wien.
1034	Dr. Schulte	Professor	Prag.
1035	Dr. Schüßler	Advokatur-Candidat	Wien.
1036	Dr. Edler v. Schulheim	Hofrath	Wien.
1037	Schustler	Notar	Neutitschein (Mähren).
1038	Dr. Schwach	Landesadvokat	Baden bei Wien.
1039	Schwaiger	Justizministerial-Concipist	Wien.
1040	Ritter v. Schwarz	Landesgerichts-Vice-Präsident	Wien.
1041	Dr. Schwarz	Notar	Wien.
1042	Dr. Schwarz	Advokat und Notar	Aussig (Böhmen).

Nr.	Name.	Stand.	Wohnort.
1043	Seehann	Notar	St. Pölten (Nied.-Oest.).
1044	Dr. Seidler	Bezirksamtsaktuar	Schwechat bei Wien.
1045	Dr. Siegel	Professor	Wien.
1046	Slawik	Landesadvokat u. Notar	Amstetten (Nieder-Oest.).
1047	Dr. Sochor	Advokatur-Candidat	Wien.
1048	Dr. Freih. v. Sommaruga	Finanzministerial-Rath	Wien.
1049	Dr. Edler v. Sonnleithner	Hof- und Gerichts-Advokat	Wien.
1050	Dr. Spanner	Advokatur-Candidat	Wien.
1051	Sperl	Notar	Rohitsch (Steiermark).
1052	Dr. Spitzer	Advokatur-Candidat	Wien.
1053	Staar	Justizministerial-Sekretär	Wien.
1054	v. Stahl	Concepts-Adjunkt im Handelsministerium	Wien.
1055	Dr. Stammfest	Advokatur-Candidat	Wien.
1056	Dr. Stampfer	Landesadvokat	Göding (Mähren).
1057	Dr. Staudinger	Bezirksamts-Aktuar	Gmunden (Ob.-Oest.).
1058	Dr. Stella	Advokatur-Candidat	Wien.
1059	Dr. Stern, Michael	Advokatur-Candidat	Hietzing bei Wien.
1060	Dr. Stern, Alfred	Advokatur-Candidat	Wien.
1061	Dr. Sterzinger	Notar	Wien.
1062	Stiepanek	Notar	Neustadt (Mähren).
1063	Still	Gerichtsadjunkt	Wien.
1064	Dr. Stingl	Advokatur-Candidat	Krems (N.-Oest.).
1065	Dr. Stöhr	Advokatur-Candidat	Wien.
1066	Dr. Stradal	Landesadvokat und Notar	Ellbogen (Böhmen).
1067	Dr. Stradal	Landesadvokat	Teplitz (Böhmen).
1068	Dr. Van der Straß	Landesadvokat	Brünn.
1069	Dr. Strauß	Advokatur-Candidat	Wien.
1070	Dr. Suppantschitsch	Hof- und Gerichts-Advokat	Wien.
1071	Dr. von Szymonovicz	Wirkl. Geh. Rath u. Senats-Präsident des Obersten Gerichtshofes	Wien.

Nr.	Name.	Stand.	Wohnort.
1072	Tachauer	Gerichtsadjunkt	Wien.
1073	Teischinger	Landesgerichtsrath	Graz.
1074	Dr. Teltscher	Hof- und Gerichts-Advokat	Wien.
1075	Teltschik	Notar	Mödling (Nieder-Oest.).
1076	v. Teschenberg	Redakteur	Wien.
1077	Dr. Tewes	Professor	Graz.
1078	Freiherr v. Lederer-Trattnern	Staatsministerial-Concipist	Wien.
1079	Dr. Ritter v. Trebersburg	Hof- und Gerichts-Advokat	Wien.
1080	Dr. Tremel	Hof- und Gerichts-Advokat	Wien.
1081	Dr. Tripold	Advokatur-Candidat	Graz.
1082	Dr. Turteltaub	Advokatur-Concipient	Wien.
1083	Dr. Uchatzy	Notar	Reichenbach (Böhmen).
1084	Dr. Unger	Professor	Wien.
1085	Dr. Vergeiner	Landesadvokat und Notar	Freistadt (Ob.-Oest.).
1086	Dr. Veth	Advokatur-Candidat	Wien.
1087	Dr. v. Vilas	Hof- und Gerichts-Advokat	Wien.
1088	Volkelt	Notar	Prag.
1089	Dr. Vollmayer	Hof- und Gerichts-Advokat	Wien.
1090	Dr. Wahlberg	Professor	Wien.
1091	Dr. Wallaschek	Notar	Brünn.
1092	v. Walther	Hofsekretär des obersten Gerichtshofes	Wien.
1093	Dr. Ritter v. Waser	Ober-Landesgerichtsrath	Graz.
1094	Dr. Weeber	Landesadvokat	Weißkirchen (Mähren).
1095	Dr. Wehli	Hof- und Gerichts-Advokat	Wien.
1096	Dr. Weigl	Kreisgerichts-Präsident	Steyr (Ob.-Oest.).
1097	Dr. v. Weil	Ministerialrath im Ministerium des Aeußern	Wien.
1098	Weinert	Auskultator	Platten (Böhmen).
1099	Dr. Weinlich	Advokatur-Candidat	Wien.
1100	Dr. Weißel	Hof- und Gerichts-Advokat	Wien.
1101	Weißmann	Staatsministerialrath	Wien.
1102	Dr. Weitlof	Advokatur-Candidat	Wien.

Nr.	Name.	Stand.	Wohnort.
1103	Dr. Ritt. v. Wenisch	Ober-Landesgerichtspräsident	Linz.
1104	Dr. Werner	Advokatur-Candidat	Wien.
1105	Dr. Wessely	Professor	Prag.
1106	Dr. Wiedenfeld	Hof- und Gerichts-Advokat	Wien.
1107	Dr. Wien	Landesadvokat	Aussig (Böhmen).
1108	Dr. Wiener	Landesadvokat	Prag.
1109	Dr. Wilhelm	Advokatur-Candidat	Wien.
1110	Willfort	Gerichts-Adjunkt	Wien.
1111	Dr. Waidele Edler v. Willingen	Landesgerichts-Präsident	Prag.
1112	Dr. Willner	Hof- und Gerichts-Advokat	Wien.
1113	Dr. Ritter v. Wini-warter	Hof- und Gerichts-Advokat	Wien.
1114	Dr. Winter	Advokatur-Candidat	Wien.
1115	Dr. Wiser	Hof- und Gerichts-Advokat	Linz.
1116	Dr. Wittek	Landesadvokat	Znaim (Mähren).
1117	Witting	Landesgerichtsrath	Brünn.
1118	Dr. Wodiky	Hof- und Gerichts-Advokat	Wien.
1119	Ritter v. Wolff	Hofrath	Wien.
1120	Dr. Wrann	Landesadvokat	Bruck a. d. Leitha (Nied.-Oesterreich).
1121	Dr. Wunsch	Hof- und Gerichts-Advokat	Wien.
1122	Dr. Zatecky	Advokatur-Candidat	Wien.
1123	Dr. Zelinka	Bürgermeister von Wien	Wien.
1124	Dr. Zillich	Landesadvokat	St. Pölten.
1125	Dr. Zimmermann	Notariats-Candidat	Wien.
1126	Dr. Zink	Ober-Landesgerichtsrath	Wien.
1127	Dr. Zirkel	Ober-Landesgerichtsrath	Prag.
1128	Dr. Zoll	Professor	Krakau.

Großherzogthum Oldenburg.

1129	Alffen	Staatsanwalt	Vechta.
1130	Becker	Ober-Appellationsrath	Oldenburg.
1131	Baron v. Beaulieu-Marconnay	Ober-Appellationsrath	Oldenburg.

Nr.	Name.	Stand.	Wohnort.
1132	Flor	Staatsanwalt-Assistent	Oldenburg.
1133	Görlitz	Ober-Gerichtsanwalt	Birkenfeld.
1134	Gräper	Ober-Gerichtsrath	Varel.
1135	Heddäus	Ober-Gerichtsanwalt	Oberstein.
1136	Dr. Hoyer	Ober-Gerichtsanwalt	Oldenburg.
1137	Lauw	Justizrath, Amtsrichter	Brake an der Weser.
1138	Schomann	Amtsrichter	Oberstein.
1139	Selkmann	Ministerialrath	Oldenburg.
1140	Tappenbeck	Ober-Gerichtsrath	Oldenburg.
1141	Trentepohl	Ober-Appellationsrath	Oldenburg.

Königreich Preußen.

Nr.	Name.	Stand.	Wohnort.
1142	Dr. Abegg	Geh. Justizrath, Professor	Breslau.
1143	Abegg	Kreisrichter	Danzig.
1144	Adams II.	Advokatanwalt	Coblenz.
1145	Ahlemann	Justizrath, Rechtsanwalt	Berlin.
1146	Alschefski	Rechtsanwalt	Magdeburg.
1147	Dr. Anschütz	Professor	Halle a. d. S.
1148	Arndts	Justizrath	Wesel.
1149	Ax	Justizrath, Rechtsanwalt und Notar	Mühlheim a. d. Ruhr.
1150	Bader	Kreisgerichtsrath	Heiligenstadt.
1151	Bartolomäus	Kreisrichter	Cammin i. P.
1152	Bassenge	Kreisrichter	Trzemeszno.
1153	Bauer	Gerichts-Assessor	Reichenbach (Schlesien).
1154	Dr. Bauerband	Geh. Justizrath, Professor	Bonn.
1155	Baum	Commerzienrath, Präsident der Handelskammer u. des Handelsgerichts in Düsseldorf	Düsseldorf.
1156	Bayer	Rechtsanwalt	Hirschberg.
1157	Becher	Justizrath, Rechtsanwalt	Berlin.
1158	Berckenkamp	Justizrath, Rechtsanwalt und Notar	Mühlheim a. d. Ruhr.

Nr.	Name.	Stand.	Wohnort.
1159	Bergmann	Rechtsanwalt	Spandau.
1160	Bering	Kreisrichter	Elsterwerda.
1161	Berndt	Kammergerichtsrath	Berlin.
1162	Berndt	Justizrath, Rechtsanwalt und Notar	Nordhausen.
1163	Bernhard	Rechtsanwalt und Notar	Gostyn.
1164	v. Bernuth	Staats-Minister a. D.	Berlin.
1165	Bertheim	Rechtsanwalt	Posen.
1166	Dr. Beseler	Geh. Justizrath, Professor	Berlin.
1167	Besser	Appellationsgerichts-Referendar	Naumburg a. d. S.
1168	Besthorn	Justizrath, Rechtsanwalt	Danzig.
1169	Beyrich	Kreisrichter	Perleberg.
1170	Billerbeck	Justizrath, Rechtsanwalt	Anclam.
1171	Block	Rechtsanwalt	Magdeburg.
1172	Blöbaum	Rechtsanwalt	Berent.
1173	Bock	Gerichts-Director a. D.	Hagen.
1174	Bock	Kreisrichter	Pasewalk.
1175	Bodstein	Rechtsanwalt	Löwenberg (Schlesien).
1176	Böhm	Rechtsanwalt	Berlin.
1177	Böhmer	Kreisgerichtsrath	Stettin.
1178	Böle	Justizrath, Rechtsanwalt	Münster.
1179	Borchardt	Stadtgerichtsrath	Berlin
1180	Dr. Bornemann	Stadtrichter	Berlin.
1181	Bothe	Rechtsanwalt	Trzemeszno.
1182	Bouneß	Justizrath, Rechtsanwalt	Berlin.
1183	Bouneß	Rechtsanwalt	Breslau.
1184	Brachvogel	Justizrath, Rechtsanwalt	Wollstein.
1185	Brachvogel	Rechtsanwalt	Berlin.
1186	Brauer	Rechtsanwalt	Deutsch-Crone.
1187	Brebeck	Rechtsanwalt	Lötzen.
1188	Bremig	Advokatanwalt	Coblenz.
1189	v. Briesen	Rechtsanwalt	Hagen.
1190	Brockhoff	Kammergerichts-Auskultator	Aachen.
1191	Bromme	Rechtsanwalt	Naumburg a. d. S.

Nr.	Name.	Stand.	Wohnort.
1192	Brügmann	Gerichts-Assessor	Essen.
1193	Buchholtz	Kreisrichter	Essen.
1194	Buchwald	Rechtsanwalt und Notar	Gr.-Strelitz (Schlesien).
1195	Büchtemann	Gerichts-Assessor	Berlin.
1196	Bulla	Rechtsanwalt	Lauban.
1197	Burchard	Rechtsanwalt	Charlottenburg.
1198	Bussenius	Justizrath, Rechtsanwalt am Ober-Tribunal	Berlin.
1199	Buttmann	Kreisrichter	Pleschen.
1200	Casper	Justizrath, Rechtsanwalt	Berlin.
1201	v. Choltitz	Kreisgerichtsrath	Jauer.
1202	Chomse	Kreisrichter	Culm.
1203	Corty	Justizrath, Rechtsanwalt	Luckau.
1204	Crome	Regierungsrath	Erfurt.
1205	Dalcke	Staatsanwalt	Elbing.
1206	Damke	Justizrath, Rechtsanwalt	Filehne.
1207	Danner	Justizrath	Mühlhausen (Reg.-Bez. Erfurt).
1208	Danner	Kreisrichter	Dingelstedt.
1209	Dechend	Kreisgerichts-Direktor	Glatz.
1210	Decker	Ober-Tribunalsrath	Berlin.
1211	Deegen	Stadtgerichtsrath	Berlin.
1212	Dr. Degenkolb	Privat-Dozent	Berlin.
1213	Dr. Dernburg	Professor	Halle a. d. S.
1214	v. Dewitz	Justizrath, Rechtsanwalt	Stettin.
1215	Dockhorn	Rechtsanwalt und Notar	Posen.
1216	Dorn	Justizrath, Rechtsanwalt am Ober-Tribunal	Berlin.
1217	Dr. Drewcke	Advokat	Köln.
1218	Dürre	Justizrath	Magdeburg.
1219	Ebers	Stadtgerichtsrath	Berlin.
1220	Dr. Eberty	Stadtgerichtsrath	Berlin.
1221	v. Eckenbrecher	Kreisgerichts-Direktor	Stralsund.
1222	Eckert	Justizrath	Bromberg.
1223	Eding	Ober-Tribunalsrath	Berlin.

Nr.	Name.	Stand.	Wohnort.
1224	Ehlers	Kreisgerichtsrath	Halberstadt.
1225	Ehlert	Kreisrichter	Niemegk.
1226	Frh. v. Elmendorff	Staatsanwalt	Heiligenstadt.
1227	Elven	Advokatanwalt	Köln.
1228	v. Enckevort	Appellationsgerichtsrath	Stettin.
1229	Engelhardt	Justizrath, Rechtsanwalt	Berlin.
1230	Engelmann	Justizrath, Rechtsanwalt	Ratibor.
1231	Engels	Rechtsanwalt und Notar	Potsdam.
1232	Ernst	Gerichts Assessor	Berlin.
1233	Esselen	Rechtsanwalt und Notar	Dortmund.
1234	Euler	Notar	Düsseldorf.
1235	Fahrenhorst	Kreisgerichtsrath	Ragnit.
1236	Fatken	Staatsanwalts-Gehilfe	Lobsens.
1237	Feige	Staatsanwalt	Grätz bei Posen.
1238	Fiebiger	Rechtsanwalt	Halle a. d. S.
1239	Dr. Filehne	Kreisrichter	Ratibor.
1240	Dr. Fischer	Kreisgerichtsrath	Schweidnitz.
1241	Fischer	Justizrath, Rechtsanwalt	Breslau.
1242	Fischer	Justizrath, Rechtsanwalt	Magdeburg.
1243	Fischer	Advokatanwalt	Köln.
1244	Fitting	Professor	Halle a. d. S.
1245	Fleischauer	Appellationsgerichtsrath	Magdeburg.
1246	Flierdl	Staatsprokurator	Köln.
1247	Florschütz	Kreisrichter	Hagen.
1248	Francke	Kreisgerichts-Direktor	Suhl.
1249	Frank	Kreisgerichtsrath	Crossen a. d. O.
1250	Frank	Gerichts-Assessor	Bonn.
1251	Franz	Justizrath, Rechtsanwalt	Naumburg a. d. S.
1252	Frech	Ober-Tribunalsrath	Berlin.
1253	Frech	Stadtgerichtsrath	Berlin.
1254	Fretzdorff	Justizrath, Rechtsanwalt	Berlin.
1255	Freund	Kreisgerichtsrath	Halle a. d. S.
1256	Freund	Rechtsanwalt	Breslau.
1257	Dr. Friedberg	Geh. Ober-Justizrath, vortr. Rath im Justiz-Minist.	Berlin.

Nr.	Name.	Stand.	Wohnort.
1258	Dr. Friedberg	Professor	Halle a. d. S.
1259	Dr. Friedenthal	Landrath	Gießmannsdorf bei Neiße.
1260	Friedländer	Geh. Ober-Justizrath	Berlin.
1261	Friedländer, J.	Gerichts-Assessor	Breslau.
1262	Friedländer, W.	Gerichts-Assessor	Breslau.
1263	Friedländer	Rechtsanwalt und Notar	Halle (Westphalen).
1264	Fritsch	Kreisrichter	Görlitz.
1265	Dr. Gad	Rechtsanwalt und Notar	Breslau.
1266	Geck	Kreisgerichtsrath	Werden.
1267	Geck	Rechtsanwalt	Hagen.
1268	Dr. Gehbler	Kreisrichter	Filehne.
1269	Gelineck	Justizrath, Rechtsanwalt	Breslau.
1270	v. Gerhard	Syndikus	Königsberg i. Pr.
1271	Gerstäcker	Kreisrichter	Gleiwitz.
1272	Gesenius	Stadtrath	Berlin.
1273	Geßler	Justizrath, Rechtsanwalt	Bromberg.
1274	Gierse	Rechtsanwalt	Münster.
1275	Giller	Rechtsanwalt und Notar	Nikolai.
1276	Dr. Gitzler	Professor	Breslau.
1277	Glasewald	Kreisgerichtsrath	Naumburg a. d. S.
1278	Dr. Gneist	Professor	Berlin.
1279	Göring	Stadt- und Kreisgerichtsrath	Magdeburg.
1280	Göring	Rechtsanwalt und Notar	Schlawe.
1281	Götze	Appellationsgerichtsrath	Frankfurt a. d. O.
1282	Goldstandt	Rechtsanwalt und Notar	Rosenberg in West-Pr.
1283	Dr. Goltdammer	Ober-Tribunalsrath	Berlin.
1284	Gordan	Doktor der Rechte	Breslau.
1285	Gottschalk	Kreisrichter	Bielefeld.
1286	Gräfe	Stadtgerichtsrath	Berlin.
1287	Gräff	Advokatanwalt	Coblenz.
1288	v. Grävenitz	Ober-Staatsanwalt	Marienwerder.
1289	Graßhoff	Kreisgerichts-Direktor	Halberstadt.
1290	v. Grodded	Rechtsanwalt	Bromberg.
1291	Grolp	Rechtsanwalt	Neustadt in West-Pr.
1292	Grüner	Appellationsgerichtsrath	Ratibor.

Nr.	Name.	Stand.	Wohnort.
1293	Gryczewski	Kreisrichter	Lötzen.
1294	Gubitz	Notar	Berlin.
1295	Dr. Güterbock	Stadtgerichtsrath, Professor	Königsberg i. Pr.
1296	Gützloe	Justizrath	Essen.
1297	Haack	Rechtsanwalt	Glogau.
1298	Hachtmann	Appellationsgerichtsrath	Naumburg a. d. S.
1299	Hackenberg	Friedensrichter	Remscheid.
1300	Dr. Häberlin	Professor	Greifswald.
1301	Hänisch	Rechtsanwalt	Colberg.
1302	Hahndorff	Stadtgerichts-Präsident	Königsberg i. Pr.
1303	Dr. Hambrook	Rechtsanwalt	Marienwerder.
1304	Hammacher	Doktor der Rechte	Essen.
1305	Hammerfeld	Rechtsanwalt	Berlin.
1306	Hanke	Justizrath	Eilenburg.
1307	Hantelmann	Justizrath, Rechtsanwalt und Notar	Inowraclaw.
1308	Hauschteck	Staatsanwalt	Stralsund.
1309	Hay	Rechtsanwalt	Insterburg.
1310	Hecht	Rechtsanwalt	Kempen (Posen).
1311	Heidenreich	Kanzleirath, erster Bibliothekar des Ober-Tribunals	Berlin.
1312	Heidsieck	Rechtsanwalt	Rahden.
1313	Heilborn	Rechtsanwalt	Berlin.
1314	Dr. Heimann	Gerichts-Assessor	Breslau.
1315	Heimbrod	Kreisgerichts-Direktor	Naumburg a. d. S.
1316	Dr. Heimsoeth	Geh. Ober-Justizrath und Präsident	Köln.
1317	Heineccius	Ober-Tribunalsrath	Berlin.
1318	Heintze	Justizrath, Rechtsanwalt	Frankfurt a. d. O.
1319	Heinzel	Justizrath, Rechtsanwalt	Bunzlau.
1320	Hempel	Justizrath, Rechtsanwalt	Weißenfels.
1321	Herms	Kreisrichter	Havelberg.
1322	Herrmann	Gerichts-Assessor	Berlin.
1323	Hertz	Appellationsgerichtsrath	Hamm.
1324	Herzbruch	Kreisrichter	Minden.

Nr.	Name.	Stand.	Wohnort.
1325	Herzfeld	Rechtsanwalt	Insterburg.
1326	Herzfeld	Rechtsanwalt	Sprottau.
1327	Heß	Kreisgerichtsrath	Waldenburg (Schlesien).
1328	Dr. Heydemann	Geh. Justizrath, Professor	Berlin.
1329	Heyden	Doktor der Rechte	Lindengut bei Essen.
1330	Hiersemenzel	Stadtrichter	Berlin.
1331	Hillmar	Justizrath, Rechtsanwalt	Cöslin.
1332	Dr. jur. utr. et phil. Hilse	Dozent	Berlin.
1333	Dr. Hilse	Gerichts-Assessor	Schneidemühl.
1334	Hinrichs	Kreisrichter	Halle a. d. S.
1335	Dr. Hinschius	Justizrath, Rechtsanwalt	Berlin.
1336	Dr. Hinschius	Professor	Berlin.
1337	Dr. Hirsch	Rechtsanwalt	Parchwitz.
1338	Höniger	Rechtsanwalt	Inowraclaw.
1339	Hoffmann	Kreisgerichtsrath	Graudenz.
1340	Hohnhorst	Rechtsanwalt	Oppeln.
1341	Holthoff	Rechtsanwalt	Berlin.
1342	Dr. Freih. v. Holtzendorff	Professor	Berlin.
1343	Hopmann	Kreisgerichts-Direktor	Olpe.
1344	Hopmann	Advokatanwalt	Bonn.
1345	Horch	Gerichts-Assessor	Wernigerode.
1346	v. Horn	Appellationsgerichts-Referendar	Eisleben.
1347	Horst	Justizrath, Rechtsanwalt	Breslau.
1348	Dr. Horwitz	Rechtsanwalt	Grünberg (Schlesien).
1349	Hürter	Handelsgerichts-Sekretär	Düsseldorf.
1350	Humbert	Justizrath, Rechtsanwalt und Notar	Berlin.
1351	Hunger	Justizrath, Rechtsanwalt	Merseburg.
1352	Jacobi	Kammergerichtsrath	Berlin.
1353	Jeidels	Doktor der Rechte	Berlin.
1354	Jeiseck	Appellationsgerichtsrath	Posen.
1355	Jenthe	Rechtsanwalt	Falkenberg (Ober-Schl.).

Nr.	Name.	Stand.	Wohnort.
1356	Jeschke	Rechtsanwalt	Osterwieck.
1357	Joël	Rechtsanwalt	Greiffenberg (Schlesien).
1358	Dr. John	Professor	Königsberg i. Pr.
1359	Jordan	Rechtsanwalt	Ragnit.
1360	Ißmer	Justizrath, Rechtsanwalt am Ober-Tribunal	Berlin.
1361	Jüngling	Gerichts-Assessor	Berlin.
1362	Jung	Geh. Justizrath, Rechtsanwalt am Ober-Tribunal	Berlin.
1363	Kade	Rechtsanwalt	Glatz.
1364	Désiré v. Kaldenberg	Advokat	Coblenz.
1365	Kamp	Advokat	Crefeld.
1366	Kanngießer	Ober-Staatsanwalt z. D.	Greifswald.
1367	Dr. Karlowa	Privat-Docent	Bonn.
1368	Keibel	Stadtrichter	Berlin.
1369	Kelch	Justizrath, Rechtsanwalt	Potsdam.
1370	Keller	Wirkl. Justizrath u. Mitgl. des Gen.-Aud.	Berlin.
1371	Keller	Kreisrichter	Essen.
1372	Keßler	Staatsanwalt	Burg bei Magdeburg.
1373	Keyßner	Stadtgerichtsrath	Berlin.
1374	v. Kitzing	Geh. Justizrath	Münster (Reg.-Bezirk Münster).
1375	Klimowicz	Rechtsanwalt	Königsberg i. Pr.
1376	Klinkmüller	Kreisgerichtsrath	Luckau.
1377	Klotz	Kreisgerichtsrath	Berlin.
1378	Knauth	Kreisgerichtsrath	Merseburg.
1379	Kneusel	Justizrath, Rechtsanwalt	Ratibor.
1380	Kneusel	Kreisgerichtsrath	Cosel.
1381	Koch	Justizrath, Rechtsanwalt und Notar	Schweidnitz.
1382	Kochann	Stadtgerichtsrath	Berlin.
1383	König	Justizrath, Advokatanwalt	Cleve.
1384	König	Rechtsanwalt und Notar	Neu-Ruppin.

Nr.	Name.	Stand.	Wohnort.
1385	Kolbe	Rechtsanwalt und Notar	Crossen a. d. O.
1386	Kolk	Kreisgerichtsrath	Berlin.
1387	Dr. Kompe	Syndikus	Breslau.
1388	Korb	Rechtsanwalt	Breslau.
1389	Korn	Stadtrath	Quedlinburg.
1390	Korpulus	Rechtsanwalt und Notar	Wohlau.
1391	Kortenbeit'l	Kreisrichter	Templin.
1392	Kortum II.	Rechtsanwalt	Halberstadt.
1393	Koschella	Rechtsanwalt	Halbelschwerdt.
1394	Kosegarten	Gerichts-Assessor	Löwenberg (Schlesien).
1395	Kosmann	Ober-Tribunalsrath	Berlin.
1396	v. Kräwel	Appellationsgerichtsrath	Naumburg a. d. S.
1397	Kramer	Justizrath, Advokatanwalt	Düsseldorf.
1398	Kremkow	Rechtsanwalt	Gleiwitz.
1399	Kremnitz	Justizrath, Rechtsanwalt	Berlin.
1400	Kretschmann	Rechtsanwalt	Burg bei Magdeburg.
1401	Krönig	Rechtsanwalt	Paderborn.
1402	Krüger	Appellationsgerichtsrath	Frankfurt a. d. O.
1403	Krug	Appellationsgerichtsrath	Naumburg a. d. S.
1404	Kühn	Justizrath, Rechtsanwalt	Pyritz.
1405	Kühnas	Kreisrichter	Torgau.
1406	Kühne	Appellationsgerichtsrath	Magdeburg.
1407	Kühne	Kreisrichter	Bitterfeld.
1408	Kühnemann	Geh. Finanzrath, Haupt-Bank-Justitiar	Berlin.
1409	Küttner	Appellationsgerichtsrath	Frankfurt a. d. O.
1410	Kuhr	Kreisrichter	Grottkau.
1411	v. Kunowsky	Kreisgerichts-Direktor	Beuthen (Ober-Schlef.).
1412	Kurlbaum	Stadt- und Kreisgerichtsrath	Magdeburg.
1413	Kurlbaum	Kreisgerichtsrath	Neustadt-Eberswalde.
1414	Kuwert	Rechtsanwalt	Kaukehmen.
1415	Kyll jun.	Advokat	Köln.
1416	Lambrecht	Kreisgerichtsrath und Abtheilungs-Direktor	Lobsens.
1417	Landwehr	Notar	Köln.

Nr.	Name.	Stand.	Wohnort.
1418	Lange	Rechtsanwalt	Creutzburg (Ober-Schles.).
1419	Lasker	Gerichts-Assessor	Berlin.
1420	Laué	Kreisrichter	Wrietzen.
1421	Lauhn	Staatsanwalt	Naumburg a. d. S.
1422	Lehfeldt	Gerichts-Assessor	Berlin.
1423	Lehmann	Advokatanwalt	Köln.
1424	Leißring	Rechtsanwalt u. Notar	Zeitz.
1425	Lennich	Rechtsanwalt	Lüdenscheid.
1426	Lent	Rechtsanwalt	Breslau.
1427	Dr. Lenz	Rechtsanwalt	Greifswald.
1428	Leonhard	Rechtsanwalt	Beuthen (Ober-Schles.).
1429	Leonhard	Rechtsanwalt	Grünberg (Schlesien).
1430	Lepsius	Appellationsgerichtsrath	Naumburg a. d. S.
1431	Leske	Staatsanwalt	Bromberg.
1432	Lesse	Kreisrichter	Thorn.
1433	Lesser	Appellationsgerichtsrath	Posen.
1434	Levin	Gerichts-Assessor	Berlin.
1435	Lewald	Rechtsanwalt	Berlin.
1436	Lewald	Stadt- und Kreisrichter	Danzig.
1437	Libawsky	Rechtsanwalt	Creutzburg (Ob.-Schles.).
1438	Liebert	Justizrath, Rechtsanwalt	Danzig.
1439	Liebmann	Stadtgerichtsrath	Berlin.
1440	Liman	Stadtgerichtsrath	Berlin.
1441	Lindemann	Rechtsanwalt	Habelschwerdt.
1442	Lindemann	Bürgermeister, Ger.-Ass. a. D.	Essen.
1443	Lindner	Kreisrichter	Behrend bei Danzig.
1444	Lingmann	Advokatanwalt	Coblenz.
1445	Linke	Gerichts-Assessor	Glogau.
1446	Lipke	Rechtsanwalt	Danzig.
1447	Graf zur Lippe	Justiz-Minister	Berlin.
1448	Dr. Lochte	Rechtsanwalt und Notar	Magdeburg.
1449	Dr. Löhr	Advokat	Köln.
1450	Löper	Rechtsanwalt	Wittenberg (Reg.-Bezirk Merseburg).
1451	Löschbrand	Justizbeamter a. D.	Hasserode bei Wernigerode.

Nr.	Name.	Stand.	Wohnort.
1452	Longard II.	Advokatanwalt	Coblenz.
1453	Loreck	Rechtsanwalt und Notar	Berlin.
1454	v. Lossow	Staatsanwalt	Thorn.
1455	Dr. Louis	Kreisgerichtsrath	Berlin.
1456	Lubowsky	Rechtsanwalt und Notar	Cosel.
1457	Lüdicke	Justizrath, Rechtsanwalt	Berlin.
1458	Lüdicke	Gerichts-Assessor	Berlin.
1459	Lupp	Fabrikant und Handelsrichter	Düsseldorf.
1460	Lympius	Appellationsgerichts-Direktor	Halberstadt.
1461	Maaß	Stadtgerichtsrath	Berlin.
1462	Macco	Justizrath, Rechtsanwalt	Siegen.
1463	Makower	Rechtsanwalt und Notar	Berlin.
1464	Mallison	Rechtsanwalt	Carthaus.
1465	Dr. Marck	Gerichts-Assessor	Breslau.
1466	Martins	Landgerichtsrath	Elberfeld.
1467	Martins	Erster Bürgermeister	Glogau.
1468	Martiny	Rechtsanwalt	Kaukehmen.
1469	Mattersdorf	Kreisrichter	Wohlau.
1470	Mayet	Justizrath, Rechtsanwalt	Berlin.
1471	Meese	Kreisrichter	Lüdenscheid
1472	Meibauer	Kreisrichter	Schivelbein.
1473	v. Meibohm	Geh. Justizrath	Berlin.
1474	Meier, E.	Doktor der Rechte	Berlin.
1475	Meißner	Kreisgerichts-Direktor und Ober-Landesgerichtsrath	Quedlinburg.
1476	Methner	Gerichts-Assessor	Breslau.
1477	Meurer	Landgerichts-Assessor	Trier.
1478	Metz	Kreisgerichtsrath	Brandenburg a. d. H.
1479	Metz	Rechtsanwalt	Petershagen.
1480	Meyen	Justizrath, Rechtsanwalt und Notar	Berlin.
1481	Meyer	Ober-Tribunalsrath	Berlin.
1482	Meyer	Justizrath, Rechtsanwalt	Insterburg.
1483	Meyer, Siegm.	Rechtsanwalt	Berlin.
1484	Mehn	Rechtsanwalt	Berlin.

Nr.	Name.	Stand.	Wohnort.
1485	Michaelis	Kreisrichter	Worbis.
1486	Mier	Rechtsanwalt	Neustadt (Ober-Schles.).
1487	Milch	Gerichts-Assessor	Breslau.
1488	v. Minigerode	Gutsbesitzer, Appellationsgerichts-Referendar a. D.	Halberstadt.
1489	Minsberg	Rechtsanwalt	Bunzlau.
1490	Mitscher	Gerichts-Assessor	Trier.
1491	v. Mittelstädt	Justizrath, Rechtsanwalt und Notar	Neuwied.
1492	Model	Stadtgerichtsrath	Berlin.
1493	Möller	Staatsprokurator	Bonn.
1494	Moritz	Rechtsanwalt	Magdeburg.
1495	Moßner	Rechtsanwalt	Luckenwalde.
1496	Mühlbach	Kreisgerichtsrath	Stargard (Pommern).
1497	von u. zur Mühlen	Wirkl. Geh. Ober-Justizrath	Berlin.
1498	Mühlenbeck	Gutsbesitzer, Oberlandesgerichts-Assessor a. D.	Großwachlin bei Stargard in Pommern.
1499	Müller	Kreisgerichts-Direktor	Birnbaum.
1500	Müller	Kreisgerichtsrath	Bromberg.
1501	Mürmann	Kreisrichter	Laasphe.
1502	Naudé	Rechtsanwalt	Potsdam.
1503	zur Nedden	Staatsanwalt	Bochum.
1504	Nessel	Staatsanwalt	Breslau.
1505	Neuhaus	Advokatanwalt	Elberfeld.
1506	Neumann	Appellationsgerichtsrath	Naumburg a. d. S.
1507	Niewandt	Justizrath, Rechtsanwalt	Halle a. d. S.
1508	Nimmer	Justizrath, Rechtsanwalt	Rothenburg i. d. Lausitz.
1509	v. Nordenskjöld	Stadtgerichtsrath	Berlin.
1510	Oehr	Rechtsanwalt	Breslau.
1511	Oelschläger	Staatsanwalt	Marienwerder.
1512	Oelzen	Kreisgerichtsrath	Erfurt.
1513	Oppenheim	Appellationsgerichtsrath	Stettin.
1514	Oppert	Gerichts-Assessor	Berlin.
1515	Orlop	Rechtsanwalt	Halberstadt.
1516	Orthmann	Ober-Staatsanwalt	Cöslin.

Nr.	Name.	Stand.	Wohnort.
1517	v. Oßowski	Stadtgerichtsrath	Berlin.
1518	Palmié	Kreisgerichtsrath	Halberstadt.
1519	Panse	Rechtsanwalt	Erfurt.
1520	Pappritz	Stadtgerichtsrath	Berlin.
1521	Paritius	Kreisgerichtsrath	Breslau.
1522	Pasch	Kreisrichter	Poln. Wartenberg.
1523	Paschke	Rechtsanwalt	Liebenwerda.
1524	v. Patow	Staats-Minister a. D.	Berlin.
1525	Peck	Kreisgerichts-Director	Templin.
1526	Peters	Rechtsanwalt	Wittenberg (Reg.-Bezirk Merseburg).
1527	Petersen	Rechtsanwalt	Breslau.
1528	Petiscus	Rechtsanwalt und Notar	Oels.
1529	Petiscus	Rechtsanwalt und Notar	Breslau.
1530	Petsch	Stadtrichter	Berlin.
1531	Pezenburg	Rechtsanwalt	Frankfurt a. d. O.
1532	Pfleßer	Kreisgerichtsrath	Görlitz.
1533	Pheiffer	Rechtsanwalt	Altenkirchen (Reg.-Bezirk Coblenz).
1534	Philippi	Landgerichts-Präsident	Elberfeld.
1535	Pietzker	Justizrath, Rechtsanwalt	Naumburg a. d. S.
1536	Pinckert	Justizrath, Rechtsanwalt	Erfurt.
1537	v. Piper	Kreisgerichtsrath	Wrietzen.
1538	Pitzschky	Justizrath, Rechtsanwalt	Stettin.
1539	Plathner	Kammergerichtsrath	Berlin.
1540	Plathner	Justizrath, Rechtsanwalt	Breslau.
1541	Plato	Rechtsanwalt	Colberg.
1542	Pohlandt	Kreisgerichtsrath	Spandau.
1543	Pohlenz	Justizrath	Reichenbach (Schlesien).
1544	Polenz	Rechtsanwalt	Naumburg a. d. S.
1545	Polenz	Appellationsger.-Referendar	Naumburg a. d. S.
1546	v. Puttkammer	Kreisrichter	Sorau (Reg.-Bez. Frankfurt).
1547	v. Radecke	Staatsanwalt	Torgau.
1548	Raue	Rechtsanwalt	Löbau in West-Pr.

Nr.	Name.	Stand.	Wohnort.
1549	Rauschenbusch	Rechtsanwalt	Hamm.
1550	Reich	Kreisgerichtsrath	Stettin.
1551	v. Reiche	Appellationsgerichtsrath	Breslau.
1552	Reichensperger	Ober-Tribunalsrath	Berlin.
1553	Reincke	Rechtsanwalt und Notar	Spremberg.
1554	Reinecke	Justizrath, Rechtsanwalt und Notar	Oschersleben.
1555	Ribbeck	Geh. Regierungsrath, vortrag. Rath im Minist. d. Inn.	Berlin.
1556	Richter	Kreisgerichtsrath	Spandau.
1557	Riecke	Kreisrichter	Bleicherode b. Nordhausen.
1558	Rieß	Rechtsanwalt	Weferlingen.
1559	Ripperger	Rechtsanwalt	Hamm.
1560	Ritter	Gerichts-Direktor a. D.	Frankfurt a. d. O.
1561	Rittler	Rechtsanwalt und Notar	Torgau.
1562	v. Rönne	Kreisrichter	Stettin.
1563	Romberg	Staatsanwalt	Berlin.
1564	Rosenkranz	Justizrath, Rechtsanwalt	Bromberg.
1565	Dr. Rubo	Gerichts-Assessor	Berlin.
1566	Rudolph	Kreisrichter	Königsberg i. d. Neumark.
1567	Rüdorff	Gerichts-Assessor	Berlin.
1568	Dr. Runde	Rechtsanwalt und Notar	Spandau.
1569	Rupprecht	Kreisgerichtsrath	Reichenbach (Schlesien).
1570	Sack	Justizrath, Rechtsanwalt	Essen.
1571	Sack	Kreisrichter	Höxter.
1572	Sander	Rechtsanwalt	Arnswalde.
1573	Sartorius	Kreisrichter	Ortelsburg.
1574	Sauerteig	Rechtsanwalt	Eilenburg.
1575	Schäfer	Stadt- und Kreisgerichtsrath	Magdeburg.
1576	Schalt	Rechtsanwalt	Berlin.
1577	Scheller	Justizrath, Rechtsanwalt	Elbing.
1578	Scheurich	Rechtsanwalt	Crossen a. d. O.
1579	Schiedler	Kreisrichter	Straußberg.
1580	v. Schimmelfennig	Justizrath, Rechtsanwalt und Notar	Gerdauen.

Nr.	Name.	Stand.	Wohnort.
1581	v. Schleusing	Kreisgerichtsrath	Thorn.
1582	Schlüter	Rechtsanwalt	Witten.
1583	Schmaling	Kreisrichter	Hettstädt im Mannsfelder Gebirgskreise.
1584	Schmidt	Geh. Justizrath, Rechtsanw.	Marienwerder.
1585	Schmidt	Rechtsanwalt	Lobsens.
1586	Dr. Schmidt	Gerichts-Assessor	Berlin.
1587	Schmitz	Appellationsgerichtsrath	Hamm.
1588	Schneller	Kreisrichter	Schlochau.
1589	Schöneseiffen	Advokat	Gladbach bei Düsseldorf
1590	Schörke	Rechtsanwalt	Belgard.
1591	Schollmeyer	Kreisrichter	Cremmen.
1592	Schröder	Rechtsanwalt	Beuthen (Ober-Schles.).
1593	Schröder	Kreisrichter	Zanow.
1594	Schück	Strafanstalts-Direktor	Breslau.
1595	Schuhmann	Geh. Ober-Regierungsrath	Berlin.
1596	Schultz	Justizrath, Rechtsanwalt	Bochum.
1597	Schultz	Rechtsanwalt	Wanzleben.
1598	Schultz-Völker	Justizrath, Rechtsanwalt	Bromberg.
1599	Schutze, Al.	Kreisrichter	Neuwied.
1600	Dr. Schultze	Kreisrichter	Bergen auf Rügen.
1601	Schulz	Kreisrichter	Bochum.
1602	Dr. Schulze	Hofrath, Professor	Breslau.
1603	Schulze	Stadtgerichtsrath	Berlin.
1604	Schulze	Rechtsanwalt	Spandau.
1605	Schuster	Rechtsanwalt	Eisleben.
1606	Schwartz	Gerichts-Assessor a. D.	Berlin.
1607	Schwarz	Appellationsgerichtsrath	Breslau.
1608	Schwarz	Kreisgerichtsrath	Greifswald.
1609	Schwarz	Rechtsanwalt	Berlin.
1610	Schwerin	Kreisrichter	Sommerfeld.
1611	Graf v. Schwerin-Putzar	Staats-Minister a. D.	Berlin.
1612	Dr. Freih. v. Seckendorf	Ober-Tribunalsrath	Berlin.

Nr.	Name.	Stand.	Wohnort.
1613	Seemann	Kreisgerichts-Direktor	Spremberg.
1614	Sehlmacher	Rechtsanwalt	Pyritz.
1615	Seligmann	Advokatanwalt	Coblenz.
1616	Senff	Appellationsgerichtsrath	Frankfurt a. d. O.
1617	v. Seydewitz	Stadtgerichtsrath	Berlin.
1618	Siegert	Stadtrichter	Breslau.
1619	Siegfried	Landgerichtsrath	Köln.
1620	Dr. Silberschlag	Stadt- und Kreisgerichtsrath	Magdeburg.
1621	Simon	Justizrath, Rechtsanwalt	Breslau.
1622	Simon	Stadtgerichtsrath	Berlin.
1623	Simonson	Rechtsanwalt	Berlin.
1624	Dr. Simson	Appellationsgerichts-Vice-Präsident	Frankfurt a. d. O.
1625	Simson	Rechtsanwalt	Berlin.
1626	Slevogt	Justizrath, Rechtsanwalt	Berlin.
1627	Sommer	Rechtsanwalt und Notar	Bochum.
1628	Sommer	Rechtsanwalt	Grottkau.
1629	v. Spangenberg	Kreisgerichtsrath	Bunzlau.
1630	Spickhoff	Advokatanwalt	Düsseldorf.
1631	Spiegelthal	Rechtsanwalt	Calbe a. d. S
1632	Stegemann	Staatsanwalt	Wriezen.
1633	Stegemann	Rechtsanwalt	Halberstadt.
1634	Steinhausen	Stadtgerichtsrath	Berlin.
1635	Stelzer	Rechtsanwalt	Torgau.
1636	Stephany	Stadtgerichtsrath	Berlin.
1637	Stinner	Rechtsanwalt	Schlochau.
1638	Stöpel	Staatsanwalt	Potsdam.
1639	v. Stöphasius	Stadt- u. Kreisgerichts-Präsident	Magdeburg.
1640	Stößell	Kreisgerichtsrath	Stolp (Reg.-Bezirk Cöslin).
1641	Strützki	Gerichts-Assessor	Görlitz.
1642	Stubenrauch	Rechtsanwalt und Notar	Berlin.
1643	Stuckart	Justizrath, Rechtsanwalt	Waldenburg (Schlesien).
1644	Sutro	Rechtsanwalt	Meschede.

Nr.	Name.	Stand.	Wohnort.
1645	Sydow	Geh. Justizrath, vortrag. Rath im Justiz-Ministerium	Berlin.
1646	Teichen	Rathsherr	Stralsund.
1647	Teichmann	Kreisgerichtsrath	Stendal.
1648	Teichmann	Rechtsanwalt	Breslau.
1649	v. Tepper-Laski	Appellationsgerichtsrath	Ratibor.
1650	Teßmar	Kreisgerichts-Director	Lauenburg (Pommern).
1651	Teßmar	Rechtsanwalt	Stargard (Pommern).
1652	Theremin	Kreisrichter	Landshut.
1653	Thesing	Rechtsanwalt	Stallupönen.
1654	v. Thielenfeld	Justizrath, Rechtsanwalt	Frankfurt a. d. O.
1655	Thilo	Staatsanwalt	Habelschwerdt.
1656	Thomas	Kreisrichter	Schroda.
1657	v. Tippelskirch	Ober-Tribunalsrath	Berlin.
1658	Treff	Rechtsanwalt	Wittenberg (Reg.-Bezirk Merseburg).
1659	Trimborn	Advokatanwalt	Köln.
1660	Twesten	Stadtgerichtsrath	Berlin.
1661	Ukert	Stadt- u. Kreisger.-Direktor	Danzig.
1662	Dr. Ullmann	Gerichts-Assessor	Berlin.
1663	Urban	Kreisrichter	Creutzburg (Ob.-Schles.).
1664	Valois	Justizrath, Rechtsanwalt	Dirschau.
1665	Völtz	Justizrath, Rechtsanwalt	Danzig.
1666	Vogel	Justizrath, Rechtsanwalt	Strehlen.
1667	Vogler	Justizrath, Rechtsanwalt	Berlin.
1668	Volkmar	Gerichts-Assessor	Berlin.
1669	Volkmer	Kreisrichter	Freiburg bei Schweidnitz.
1670	Volland	Kreisgerichtsrath	Suhl.
1671	Vorster	Kreisgerichtsrath	Broich.
1672	Wagner	Justizrath, Rechtsanwalt am Ober-Tribunal	Berlin.
1673	Wagner	Gerichts-Assessor	Magdeburg.
1674	Dr. Waldeck	Ober-Tribunalsrath	Berlin.
1675	Walder	Kreisgerichtsrath	Brandenburg a. d. H.
1676	Walter	Justizrath, Rechtsanwalt	Beuthen (Ober-Schles.).

Nr.	Name.	Stand.	Wohnort.
1677	Dr. Graf v. Wartensleben	Stadtgerichtsrath	Berlin.
1678	Wassermeyer	Advokatanwalt	Bonn.
1679	Weber	Justizrath, Rechtsanwalt	Berlin.
1680	Dr. Weber	Stadtrath	Erfurt.
1681	Weber	Advokat	Elberfeld.
1682	v. Wegner	Ober-Tribunalsrath	Berlin.
1683	Wegner	Justizrath, Rechtsanwalt	Berlin.
1684	Wegner	Kreisgerichtsrath	Stolp (Reg.-Bez. Cöslin).
1685	Wegner	Rechtsanwalt	Wittstock.
1686	Weidlich	Rechtsanwalt	Gleiwitz.
1687	Wendt	Stadtgerichtsrath	Breslau.
1688	Wentzel	Kammergerichtsrath	Berlin.
1689	Wentzel	Stadtgerichtsrath	Breslau.
1690	Wenzel	Stadtgerichtsrath	Berlin.
1691	Dr. Wenzig	Rechtsanwalt	Berlin.
1692	Werner	Justizrath, Advokatanwalt	Coblenz.
1693	Werner	Gerichts-Assessor	Berlin.
1694	Weuste	Rechtsanwalt und Notar	Mühlheim a. d. Ruhr.
1695	Wiener	Rechtsanwalt	Ohlau.
1696	Wilke	Legationsrath	Berlin.
1697	Wilke	Rechtsanwalt	Berlin.
1698	Wilke	Rechtsanwalt	Magdeburg.
1699	v. Wilmowski	Geh. Ober-Finanzrath	Berlin.
1700	v. Wilmowski	Rechtsanwalt	Schlawe.
1701	Windhorst	Justizrath	Duisburg.
1702	Windthorst	Justizrath, Rechtsanwalt	Münster (Reg.-Bezirk Münster).
1703	Windthorst	Gerichts-Assessor	Münster (Reg.-Bezirk Münster).
1704	Winkler	Rechtsanwalt	Gleiwitz.
1705	Winkler	Kreisgerichtsrath	Halle a. d. S.
1706	Wölfel	Rechtsanwalt	Lützen bei Merseburg.
1707	Woide	Gerichtsrath	Rawicz.
1708	Wolf, A.	Stadt- und Kreisrichter	Halle (Westphalen).

Nr.	Name.	Stand.	Wohnort.
1709	Wolff	Justizrath, Rechtsanwalt am Ober-Tribunal	Berlin.
1710	Wolff	Rechtsanwalt	Berlin.
1711	Wolff	Rechtsanwalt	Frankfurt a. d. O.
1712	Wollank	Stadtgerichtsrath	Berlin.
1713	Wollenschläger	Appellationsgerichtsrath	Marienwerder.
1714	Zenthöfer	Rechtsanwalt und Notar	Myslowitz.
1715	v. Zerbst	Appellationsgerichtsrath	Greifswald.
1716	Dr. Zimmermann	Kammergerichts-Assessor a. D. u. Englischer Rechtsanwalt	Berlin.
1717	Dr. Zöllner	Staatsanwalt	Berlin.

Fürstenthum Reuß.

1718	Knoll	Regierungs-Advokat und Gerichts-Direktor	Greiz.
1719	Schlotter	Advokat und Notar	Gera.
1720	Schlotter	Advokat	Schleiz.
1721	Süßenguth	Rechtsanwalt	Lobenstein.
1722	Weidinger	Regierungs-Advokat	Greiz.
1723	Weigelt	Justiz-Amtmann	Burgk.

Königreich Sachsen.

1724	Abeken	Appellationsrath	Dresden.
1725	Ackermann	Hofrath, Finanzprokurator u. Rechtsanwalt	Dresden.
1726	v. Aehrenfeld	Advokat	Löbau.
1727	Ahnert	Gerichtsrath	Leipzig.
1728	Dr. Andritschky	Advokat	Leipzig.
1729	Anschütz	Advokat	Leipzig.
1730	Anton	Advokat	Borna bei Leipzig.
1731	Bachmann	Advokat und Notar	Zwickau.

Nr.	Name.	Stand.	Wohnort.
1732	Bachmann	Advokat	Pulsnitz.
1733	Barth	Regierungsrath	Leipzig.
1734	Bassenge	Bezirksgerichtsaktuar	Dresden.
1735	Bauer	Advokat und Notar	Adorf.
1736	Beck	Advokat	Leipzig.
1737	Beck	Bezirksgerichtsaktuar	Leipzig.
1738	Beeger	Advokat	Löbau.
1739	Dr. v. Behr	Justizminister a. D.	Dresden.
1740	Bermann	Gerichtsamtmann	Penig.
1741	Bermann	Advokat	Geringswalde.
1742	Berndt	Gerichtsamtmann	Geithain.
1743	Beschorner	Finanzprokurator	Dresden.
1744	Blüher	Advokat und Notar	Dresden.
1745	Böhmer	Amtsaktuar	Zwenkau.
1746	Börner	Bezirksgerichtsaktuar	Löbau.
1747	Böttger	Amtsaktuar	Moritzburg.
1748	Bornemann	Advokat	Schneeberg.
1749	Dr. Brandt	Advokat	Leipzig.
1750	Dr. Braun	Geheimer Regierungsrath	Plauen.
1751	Brockhaus	Doktor der Rechte	Leipzig.
1752	Brunner	Rentamtmann und Advokat	Leipzig.
1753	Brunner	Advokat	Leipzig.
1754	v. Buttlar	Assessor	Reichenbach i. Voigtlande.
1755	Butter	Gerichtsamtsaktuar	Frankenberg.
1756	Canzler	Advokat	Dippoldiswalde.
1757	Clauß	Advokat	Polditz bei Leisnig.
1758	Dr. Coccius	Advokat	Leipzig.
1759	Coith	Gerichtsrath	Chemnitz.
1760	Cunradi	Advokat	Dresden.
1761	Degen	Advokat	Leipzig.
1762	Dietel	Bürgermeister	Wurzen.
1763	Dietze	Gerichtsamtmann	Zöblitz.
1764	Döring, W.	Advokat	Dresden.
1765	Dr. Drucker	Advokat und Notar	Leipzig.
1766	Ebert	Gerichtsrath	Dresden.

Nr.	Name.	Stand.	Wohnort.
1767	Ehrig III.	Advokat	Bautzen.
1768	Dr. Einert	Advokat	Leipzig.
1769	Einert	Gerichtsrath	Dresden.
1770	Eißner	Advokat	Pulsnitz.
1771	Eysoldt	Rechtskandidat und Notar	Königstein.
1772	Fasoldt	Advokat und Notar	Dresden.
1773	Fellmer	Gerichtsamtmann	Pulsnitz.
1774	Ficker	Advokat	Leisnig.
1775	Ficker	Advokat	Zittau.
1776	Fleck	Appellationsrath	Bautzen.
1777	Fleck	Steuerprokurator, Advokat	Dresden.
1778	Förster	Advokat	Pirna.
1779	Fränzel, Robert	Advokat	Dresden.
1780	Dr. Francke	Gerichtsrath	Dresden.
1781	Frenkel	Advokat	Leipzig.
1782	Freytag	Bürgermeister	Adorf.
1783	Dr. Friederici	Advokat	Leipzig.
1784	Friedrich	Gerichtsamtmann	Chemnitz.
1785	Friedrich	Advokat	Pirna.
1786	Friedrich	Advokat	Burgstädt bei Chemnitz.
1787	Gabriel	Gerichtsamtmann	Brand bei Freiberg.
1788	Gareis	Gerichtsrath	Leipzig.
1789	Gasch	Advokat	Dresden.
1790	Gebert	Geh. Justiz- u. Minist.-Rath	Dresden.
1791	Dr. Gensel	Advokat und Notar	Leipzig.
1792	Dr. Georgi	Advokat	Leipzig.
1793	Dr. Gerhard	Advokat	Leipzig.
1794	Gerlach	Advokat	Dresden.
1795	Glöckner	Gerichtsrath	Dresden.
1796	Dr. Götz	Professor	Leipzig.
1797	Dr. v. Gohren	Advokat	Schandau.
1798	Golle	Advokat	Glauchau.
1799	Gottschalck	Advokat	Dresden.
1800	Grabowsky	Bürgermeister, Advokat und Notar	Thum.

Nr.	Name.	Stand.	Wohnort.
1801	Gräffe	Advokat	Dresden.
1802	Grimm	Advokat	Reichenbach i. Voigtlande.
1803	Grötsch	Bezirksgerichts-Direktor	Annaberg.
1804	Groß	Gerichtsrath	Dresden.
1805	Gutbier	Advokat	Dresden.
1806	Freih. v. Gutschmidt	Advokat	Zwickau.
1807	Haase	Advokat	Hainichen.
1808	Dr. Haase	Aktuar	Dresden.
1809	Haberkorn	Bürgermeister, Präsident d. II. Kammer d. Ständeverf.	Zittau.
1810	Dr. Hänel	Geheimer Rath	Dresden.
1811	Hänel, Arthur	Advokat	Dresden.
1812	Häntzschel	Advokat	Radeburg.
1813	Härtig	Advokat	Großenhain.
1814	Hallbauer	Finanzprokurator	Meißen.
1815	Hammer	Amtsaktuar	Waldheim.
1816	Harnisch	Advokat	Chemnitz.
1817	Hartung	Bürgermeister	Schandau.
1818	Hartung	Gerichtsamtmann	Königsbrück bei Dresden.
1819	Hartwich	Advokat	Pirna.
1820	Dr. Haubold	Advokat	Leipzig.
1821	Hecker	Aktuar	Chemnitz.
1822	Heinze	Rathsaktuar	Dresden.
1823	Helbig	Advokat	Limbach bei Chemnitz.
1824	Helfer	Advokat	Leipzig.
1825	Hempel	Stadtrath	Dresden.
1826	Hensel	Bezirksgerichts-Direktor	Budissin.
1827	Hermann sen.	Advokat	Dresden.
1828	Herrmann	Gerichtsrath	Glauchau.
1829	Dr. Hertel	Bürgermeister	Dresden.
1830	Dr. Hesse	Advokat	Dresden.
1831	Heubner	Advokat	Zwickau.
1832	Heydenreich	Advokat	Dresden.
1833	Höckner	Doctor der Rechte	Budissin.
1834	Höffner	Advokat und Notar	Nossen.

Nr.	Name.	Stand.	Wohnort.
1835	Dr. Hösler	Advokat	Leipzig.
1836	Hofmann	Advokat	Burgstädt bei Chemnitz.
1837	Holke	Bezirksgerichtsaktuar	Leipzig.
1838	Hünich	Advokat	Dresden.
1839	Jacob	Advokat	Bautzen.
1840	Jacobi	Advokat	Grimma.
1841	Jähnert	Advokat	Oschatz.
1842	Jahn	Gerichtsamtsaktuar	Dresden.
1843	Jaspis	Staatsanwalt	Chemnitz.
1844	Dr. Jentsch	Advokat	Zittau.
1845	Dr. Joseph	Advokat	Leipzig.
1846	Joseph	Baccalaureus der Rechte	Leipzig.
1847	Judeich	Advokat	Dresden.
1848	Just	Senator	Dresden.
1849	Keysselitz	Aktuar	Großenhain.
1850	Dr. Kieber	Advokat	Dresden.
1851	Kleinschmidt	Hofrath, Advokat	Leipzig.
1852	Klemm	Geh. Justizrath	Dresden.
1853	Klemm	Appellationsrath	Dresden.
1854	Klinger	Advokat	Dresden.
1855	Kneschke	Gerichtsamtsaktuar	Frankenberg.
1856	Koch, Theodor	Advokat	Buchholz.
1857	Körner	Geh. Rath u. Dep.-Direktor im Ministerium d. Innern	Dresden.
1858	Körner	Advokat und Notar	Lengenfeld im Voigtlande.
1859	Körner	Advokat	Auerbach im Voigtlande.
1860	Körner	Advokat	Zwickau.
1861	Körnig	Advokat	Meißen.
1862	Köttig	Advokat	Meißen.
1863	Kohlschütter	Advokat	Dresden.
1864	Dr. Kori sen.	Advokat	Leipzig.
1865	Dr. Kori jun.	Advokat	Leipzig.
1866	Dr. Kormann	Hofrath, Advokat	Leipzig.
1867	Dr. Kretschmar	Advokat	Leipzig.
1868	Kretschmar	Advokat	Lichtenstein.

Nr.	Name.	Stand.	Wohnort.
1869	Kretschmar II.	Advokat	Großenhain.
1870	Kretzschmar	Advokat	Dresden.
1871	Krippendorf	Advokat	Dresden.
1872	Künzel	Regierungsrath i. Min. d. In.	Dresden.
1873	Küttner	Finanzprokurator, Advokat	Dresden.
1874	Kuhn, Albert	Advokat	Dresden.
1875	Kuhn, Moritz	Advokat	Dresden.
1876	Dr. Kuntze	Professor	Leipzig.
1877	Kuntze	Bürgermeister	Reichenbach i. Voigtlande.
1878	Kuntzsch	Advokat und Notar	Dresden.
1879	Lamm	Gerichtsrath	Bautzen.
1880	Landgraff	Doktor der Rechte	Leipzig.
1881	Langbein	Advokat und Notar	Wurzen.
1882	Lauhn	Advokat	Dresden.
1883	Lauhn	Polizeiaktuar	Leipzig.
1884	Dr. Lehmann, Gust.	Advokat	Dresden.
1885	Lehmann, E.	Advokat und Notar	Dresden.
1886	Lengnick	Rechtsanwalt und Notar	Dresden.
1887	Leonhardi	Advokat	Waldenburg.
1888	Leonhardt I.	Advokat	Freiberg.
1889	Leupold	Advokat	Dresden.
1890	Dr. Lincke	Appellationsrath	Leipzig.
1891	Lincke	Gerichtsrath	Pirna.
1892	Litzkendorf	Gerichtsamtmann	Leipzig.
1893	Löhr	Bürgermeister	Bautzen.
1894	Lorenz	Finanzprokurator, Advokat	Großenhain.
1895	Lorenz	Advokat	Zwickau.
1896	Dr. Lucius	Geh. Regierungsrath, Bezirksgerichts-Direktor	Leipzig.
1897	Martini	Advokat	Meerane.
1898	Mehner	Assessor	Radeberg bei Dresden.
1899	Dr. Meinhold	Advokat	Dresden.
1900	Dr. Meischner	Advokat und Notar	Penig.
1901	Meltzer	Bürgermeister und Advokat	Frankenberg.
1902	Mettler	Bezirksgerichtsaktuar	Dresden.

Nr.	Name.	Stand.	Wohnort.
1903	v. Metzsch	Gerichtsrath	Leipzig.
1904	v. Metzsch	Assessor	Bautzen.
1905	v. Metzsch	Aktuar	Mittweida.
1906	Dr. jur. Minckwitz	Rittergutsbesitzer	Thun bei Chemnitz.
1907	Dr. Mirus sen.	Advokat	Leisnig.
1908	Dr. Mirus jun.	Advokat	Leisnig.
1909	Müller, H. E.	Advokat und Notar	Zwickau.
1910	Nake	Advokat und Notar	Dresden.
1911	Nake	Advokat	Leisnig.
1912	Neidhardt	Geh. Justizrath, Bezirksgerichts-Direktor	Dresden.
1913	Neubert	Bürgermeister	Dresden.
1914	Neumann	Appellationsrath	Dresden.
1915	Dr. Nißen	Professor	Leipzig.
1916	Nöller	Advokat	Dresden.
1917	Nohr	Gerichtsamtsaktuar	Zwickau.
1918	Oehme	Advokat	Annaberg.
1919	Oertel	Rechtskandidat und Notar	Radeberg bei Dresden.
1920	Opitz	Finanzprokurator, Advokat	Dresden.
1921	Orb	Advokat und Notar	Königstein.
1922	Osten	Advokat und Notar	Leipzig.
1923	Dr. Osterloh	Hofrath, Professor	Leipzig.
1924	Oßwald	Advokat	Borna.
1925	v. Otto	Kaiserl. Russ. Wirkl. Staatsrath, Professor emer.	Dresden.
1926	Petermann	Baccalaureus der Rechte	Dresden.
1927	v. Petrikowsky	Gerichtsamtmann	Leipzig.
1928	Petsch	Gerichtsrath	Löbau.
1929	Dr. Petschke	Advokat	Leipzig.
1930	Petzoldt	Advokat	Leipzig.
1931	Pflug	Advokat	Penig.
1932	Pfotenhauer	Ober-Bürgermeister	Dresden.
1933	Pietsch	Bezirksgerichts-Direktor	Pirna.
1934	Dr. Pilling	Advokat	Dresden.
1935	Pohl	Advokat	Frohburg.

Nr.	Name.	Stand.	Wohnort.
1936	Dr. Fr. v. Pohland	Legationsrath	Dresden.
1937	Freih. v. Pohland	Finanzrath	Dresden.
1938	Pohlentz	Advokat	Leipzig.
1939	Prasse	Advokat	Leipzig.
1940	Preller	Advokat und Notar	Chemnitz.
1941	Priber	Gerichtsrath	Chemnitz.
1942	Priber	Advokat und Notar	Frankenberg.
1943	Raum	Advokat	Glauchau.
1944	Reiche-Eisenstuck	Staatsanwalt	Borna.
1945	Reiche-Eisenstuck	Advokat	Annaberg.
1946	Reiner	Bürgermeister	Bernstadt.
1947	Richter	Advokat	Budissin.
1948	Richter	Advokat und Notar	Leipzig.
1949	Riedel	Advokat	Pomßen bei Grimma.
1950	Roch	Advokat	Zwickau.
1951	Roßtäuscher	Staatsanwalt	Bautzen.
1952	Dr. Roux	Advokat	Leipzig.
1953	Rüger	Advokat	Dresden.
1954	Ruffini	Advokat und Notar	Königsbrück bei Dresden.
1955	Rumpelt	Advokat	Radeberg bei Dresden.
1956	Schäffer	Advokat	Dresden.
1957	Schäffer	Regierungs-Referendar	Budissin.
1958	Dr. Schaffrath	Advokat	Dresden.
1959	Schanz	Advokat und Notar	Dresden.
1960	Scharf	Advokat	Zwickau.
1961	Schedlich	Advokat	Rochlitz.
1962	Schedlich	Advokat	Crimitschau.
1963	Scheele	Advokat	Dresden.
1964	Dr. Schelcher	Advokat und Notar	Dresden.
1965	Schelcher	Advokat	Dresden.
1966	Dr. Scherell	Advokat	Leipzig.
1967	Scheuffler I.	Advokat und Notar	Meißen.
1968	Scheuffler II.	Advokat	Meißen.
1969	Dr. Schilling	Gerichtsrath	Leipzig.
1970	Schlegel	Advokat	Dresden.

Nr.	Name.	Stand.	Wohnort.
1971	Dr. Schletter	Professor	Leipzig.
1972	Schmid, Gust. Brh.	Advokat	Dresden.
1973	Dr. Schmidt	Justizrath	Dresden.
1974	Dr. Schmidt	Finanzprokurator	Dresden.
1975	Schmidt, Franz Ad.	Advokat und Notar	Dresden.
1976	Dr. Schneider	Justiz-Minister	Dresden.
1977	Dr. Schnell	Advokat und Notar	Zittau.
1978	Schörmer	Gerichtsamtmann	Limbach bei Chemnitz.
1979	Schreck	Advokat	Pirna.
1980	Schrey	Advokat	Leipzig.
1981	Schulz, Georg	Advokat und Notar	Dresden.
1982	Dr. Schulz, Herm.	Stadtrath	Glauchau.
1983	Schulze	Advokat	Döbeln.
1984	Dr. Schwarze	General-Staatsanwalt	Dresden.
1985	Schwauß	Polizei-Direktor	Dresden.
1986	Segnitz	Advokat	Wermsdorf.
1987	Seume	Advokat	Crimitschau.
1988	Siegel	Advokat	Glauchau.
1989	Dr. Sierig	Hülfsarbeit. b. d. Staatsanw.	Leipzig.
1990	Simon	Advokat	Leipzig.
1991	Sommer	Justitiar, Advokat	Dresden.
1992	Speck	Advokat	Döbeln.
1993	Dr. Spranger	Privat-Dozent	Leipzig.
1994	Dr. Starke	Auditeur	Großenhain.
1995	Stauß	Advokat	Dresden.
1996	Dr. Steeger	Advokat	Dresden.
1997	Dr. Stein	Advokat	Dresden.
1998	Steinhäuser	Advokat	Plauen.
1999	Dr. Stieber	Appellationsger.-Vice-Präs.	Bautzen.
2000	Stimmel	Finanzprokurator, Advokat	Plauen.
2001	Stöckel	Staatsanwalt	Chemnitz.
2002	Streit	Bürgermeister	Zwickau.
2003	Stremel	Advokat	Zittau.
2004	Ströbel	Advokat	Dresden.
2005	Dr. Stübel, Alfred	Advokat	Dresden.

Nr.	Name.	Stand.	Wohnort.
2006	Dr. Stübel, Bruno	Advokat	Dresden.
2007	Dr. Stübel, Carl	Advokat	Leipzig.
2008	Sulzberger	Advokat	Wurzen.
2009	Teucher	Stadtrath.	Dresden.
2010	Thiel	Advokat	Bautzen.
2011	Thiele	Bürgermeister	Döbeln.
2012	Thiemer sen.	Advokat und Notar	Zittau.
2013	Thiemer jun.	Advokat	Zittau.
2014	Tietz	Advokat	Leipzig.
2015	Tischer	Advokat	Dresden.
2016	Trautmann	Advokat	Dresden.
2017	Trömel	Advokat	Roßwein.
2018	Tscharmann	Advokat	Leipzig.
2019	Ufer	Gerichtsrath	Glauchau.
2020	Dr. Uhlig	Advokat	Chemnitz.
2021	Urban	Advokat	Zwickau.
2022	Valz	Advokat und Notar	Oschatz.
2023	Wachs	Advokat	Leipzig.
2024	Wachsmuth	Advokat	Leipzig.
2025	Dr. v. Wächter	Geh. Rath, Professor	Leipzig.
2026	v. Walter-Jeschki	Advokat und Konsistor.-Ass.	Budissin.
2027	Walther	Advokat	Meerane.
2028	Dr. Wehrmann	Advokat und Hülfsrichter	Leipzig.
2029	Weickert	Advokat	Zwickau.
2030	Weidner	Advokat und Notar	Zittau.
2031	Weise	Advokat	Meißen.
2032	Dr. Weiske	Professor	Leipzig.
2033	Wengler	Gerichtsrath	Dresden.
2034	Wetzel	Advokat	Dresden.
2035	Wetzlich	Gerichtsamtsaktuar u. Notar	Altenberg.
2036	von Wilm	Kais. Russ. Kollegien-Assessor und Kronanwalt	Dresden.
2037	Winter	Advokat	Dresden.
2038	Witschel	Advokat	Dresden.
2039	v. Witzleben	Regierungsrath	Leipzig.

Nr.	Name.	Stand.	Wohnort.
2040	Dr. Wolf	Advokat	Dresden.
2041	Zacharias	Advokat und Notar	Dresden.
2042	Zenker	Finanzprokurator	Dresden.
2043	Zimmer	Advokat	Dresden.
2044	Zimmermann	Stifts-Syndikus, Advokat	Meißen.
2045	Zürn	Advokat	Rochlitz.
2046	Zumpe I.	Advokat	Dresden.
2047	Zumpe II.	Advokat	Dresden.

Herzogthum Sachsen-Altenburg.

2048	Dölitzsch	Advokat	Altenburg.
2049	Glasser	Advokat	Roda.
2050	Hase	Advokat und Bürgermeister	Schmölln.
2051	Hase II.	Advokat	Altenburg.
2052	Hase, Theodor	Advokat	Altenburg.
2053	Kircheisen	Advokat	Eisenberg.
2054	Lippold	Advokat	Altenburg.
2055	Dr. Schenck	Advokat	Altenburg.
2056	Wagner	Appellationsger.-Vice-Präs.	Altenburg.

Herzogthum Sachsen-Coburg-Gotha.

2057	Forkel	Justizrath, Rechtsanwalt	Coburg.
2058	v. Holtzendorff	Ober-Staatsanwalt	Gotha.
2059	Hornbostel	Regierungsrath, vortragender Rath im Staats-Minist.	Gotha.
2060	Knauer	Rechtsanwalt und Notar	Gotha.
2061	Oberländer	Bürgermeister, Hofadvokat	Coburg.
2062	Dr. Schuchardt	Justizrath, Rechtsanwalt	Gotha.

Herzogthum Sachsen-Meiningen.

2063	Enzian	Landrichter	Wesungen bei Meiningen.
2064	Dr. Kircher	Regierungsrath	Meiningen.

Nr.	Name.	Stand.	Wohnort.
2065	Dr. Michaelis	Rechtsanwalt und Notar	Hildburghausen.
2066	Romberg	Rechtsanwalt	Meiningen.
2067	Strupp	Rechtsanwalt	Hildburghausen.
2068	Dr. v. Uttenhoven	Staatsrath	Meiningen.

Großherzogthum Sachsen-Weimar.

Nr.	Name.	Stand.	Wohnort.
2069	Berninger	Staatsanwalt	Eisenach.
2070	Dr. Brüger	Justizrath, vortrag. Rath im Justizministerium	Weimar.
2071	Dr. Burkhardt	Kreisgerichts-Direktor	Weimar.
2072	Danz	Ober-Appellationsrath, Prof.	Jena.
2073	Endemann	Ober-Appellationsrath, Prof.	Jena.
2074	Fries	Rechtsanwalt	Weimar.
2075	Dr. Freih. v. Groß	Ober-Staatsanwalt	Eisenach.
2076	Dr. Haase	Kreisgerichtsrath	Weimar.
2077	Hering	Rechtsanwalt	Eisenach.
2078	Holbein	Rechtsanwalt	Apolda.
2079	Hotzel	Kreisgerichtsrath	Weimar.
2080	Leist	Hofrath, Professor	Jena.
2081	Lieber	Justiz-Commissar	Weimar.
2082	Dr. Martin	Justiz-Amtmann	Creuzburg.
2083	Müller	Bezirks-Direktor	Neustadt a. d. Orla.
2084	Müller	Rechtsanwalt	Apolda.
2085	Dr. Panse	Redakteur	Weimar.
2086	Salzmann	Rechtsanwalt	Weida.
2087	Schmidt	Kreisgerichtsrath	Weimar.
2088	Schumann	Rechtsanwalt	Apolda.
2089	Steinberger	Rechtsanwalt	Neustadt a. d. Orla.
2090	Dr. Voigt	Hofadvokat	Weimar.
2091	Walter	Ober-Postkommiss.-Sekretär	Eisenach.
2092	Dr. Zerbst	Rechtsanwalt	Jena.

Herzogthum Schleswig-Holstein.

Nr.	Name.	Stand.	Wohnort.
2093	Dr. Brinkmann	Ober-Appellationsrath a. D.	Kiel.
2094	Dr. Burmeister	Advokat und Notar	Ahrensbök.

Nr.	Name.	Stand.	Wohnort.
2095	Dähnhardt	Obergerichtsrath	Glückstadt.
2096	Dahms	Ober- u. Landgerichts-Advokat	Elmshorn.
2097	Dohrn	Landschreiber	Burg auf Fehmarn.
2098	Dr. Dove	Professor	Kiel.
2099	Heymann	Advokat und Notar	Altona.
2100	Jeßen	Advokat und Notar	Altona.
2101	Johannsen	Landvogt	Heide.
2102	Meyer, Adolph	Obergerichts-Advok. u. Notar	Altona.
2103	Mohrdieck	Obergerichtsrath	Glückstadt.
2104	Niemand	Kirchspielvogt	Büsum im Dithmarscher.
2105	Nitzsch	Advokat	Kiel.
2106	Philipp	Ober- u. Landgerichts-Advokat	Glückstadt.
2107	Dr. Planck	Professor	Kiel.
2108	Rathjen	Ober- u. Landgerichts-Advokat	Glückstadt.
2109	Reimers	Justitiar	Wandsbeck.
2110	Rheder	Klostersyndikus	Preetz.
2111	Rosenhagen	Advokat	Wandsbeck.
2112	Schlüter	Kirchspielvogt	Delve.
2113	Schmidt, Adolph	Obergerichts-Advokat u. Notar	Altona.
2114	Scholz	Kanzleirath	Heide.
2115	Semper	Advokat und Notar	Altona.
2116	Stemann	Advokat	Segeberg.
2117	Struve	Advokat	Heide.
2118	Vogler	Senator	Altona.
2119	Warburg	Obergerichts-Advokat u. Notar	Altona.
2120	Weber	Advokat	Kiel.
2121	Wedekind	Advokat und Notar	Altona.
2122	Witt	Obergerichtsrath	Glückstadt.
2123	Wittmaack	Landdrostei-Sekretär	Pinneberg.

Fürstenthum Schwarzburg-Rudolstadt.

Nr.	Name.	Stand.	Wohnort.
2124	v. Holleben	Staatsanwalts-Gehilfe	Rudolstadt.
2125	Wohlfahrt	Regierungs-Assessor	Rudolstadt.

Fürstenthum Schwarzburg-Sondershausen.

Nr.	Name.	Stand.	Wohnort.
2126	Dr. Bollert	Kreisgerichtsrath	Arnstadt.

Nr.	Name.	Stand.	Wohnort.
	Fürstenthum Waldeck.		
2127	Bauer	Rechtsanwalt	Arolsen.
2128	Frese	Obergerichtsrath	Arolsen.
2129	Steineck	Kreisrichter	Korbach.
	Königreich Württemberg.		
2130	Bacher	Rechtskonsulent	Stuttgart.
2131	Bazing	Ober-Amtsrichter	Künzelsau.
2132	Beck	Ober-Amtsgerichtsaktuar	Riedlingen.
2133	Benzinger	Rechtskonsulent	Eßlingen.
2134	v. Binder	Ober-Tribunalsrath, General-Staatsanwalt	Stuttgart.
2135	Breitling	Gerichtsaktuar	Cannstadt.
2136	v. Breitschwert	Rechtskonsulent	Stuttgart.
2137	v. Cronmüller	Ober-Tribunalsrath	Stuttgart.
2138	Dietrich	Rechtskonsulent	Ulm.
2139	Ehrlenspiel	Ober-Amtsrichter	Ravensburg.
2140	Elben	Gouvernements-Auditor	Stuttgart.
2141	Faber	Staatsrath	Stuttgart.
2142	Fest	Rechtskonsulent	Jagsthausen.
2143	Feuerbach	Ober-Justizrath a. D.	Stuttgart.
2144	Feyerabend jun.	Rechtskonsulent	Heilbronn.
2145	Finckh	Ober-Justizrath	Tübingen.
2146	Freiesleben	Rechtskonsulent	Heidenheim.
2147	Frik	Rechtskonsulent	Gmünd.
2148	Frölich	Ober-Amtsrichter	Backnang.
2149	Gärttner	Ober-Regierungsrath	Stuttgart.
2150	Ganzhorn	Ober-Amtsrichter	Neckarsulm.
2151	Gaupp	Ober-Justizassessor	Eßlingen.
2152	Dr. Georgii	Ober-Amtsrichter	Freudenstadt.
2153	Dr. v. Geßler	Professor, Kanzler d. Univers.	Tübingen.
2154	Glocker	Ober-Justizrath	Eßlingen.
2155	Halder	Ober-Amtsrichter	Waldsee.
2156	Hartmeyer	Ober-Amtsrichter	Calw.

Nr.	Name.	Stand.	Wohnort.
2157	Haußmann	Rechtskonsulent	Göppingen.
2158	Hertling	Ober-Amtsrichter	Gaildorf.
2159	Heß	Ober-Justizprokurator	Ulm.
2160	Hölder	Rechtskonsulent	Stuttgart.
2161	Hofacker	Gerichtsaktuar	Urach.
2162	Frh. v. Holzschuher	Ober-Justizrath	Stuttgart.
2163	Frh. v. Holzschuher	Ober-Justizassessor	Stuttgart.
2164	Huber	Ober-Justizrath	Ulm.
2165	Jordan	Kolleg.-Assessor u. Rechtskons.	Stuttgart.
2166	Jordan	Rechtskonsulent	Stuttgart.
2167	Kaulla	Rechtskonsulent	Stuttgart.
2168	Khuen	Rechtskonsulent	Ravensburg.
2169	Klett	Ober-Justizassessor	Eßlingen.
2170	Köstlin	Ober-Justizrath	Stuttgart.
2171	Krauß	Ober-Tribunalsrath	Stuttgart.
2172	Lautenschlager	Rechtskonsulent	Stuttgart.
2173	Lebrecht	Rechtskonsulent	Ulm.
2174	Leipheimer	Rechtskonsulent	Ulm.
2175	Dr. Lenz	Ober-Justizassessor	Tübingen.
2176	Graf v. Leutrum	Staatsrath	Stuttgart.
2177	Graf Linden	Ober-Amtsgerichtsassistent	Ellwangen.
2178	Meurer	Ober-Amtsrichter	Aalen.
2179	Meyer	Rechtskonsulent	Stuttgart.
2180	Milz	Ober-Justizassessor	Ellwangen.
2181	Moser	Gerichtsaktuar	Freudenstadt.
2182	Nagel	Ober-Justizprokurator	Eßlingen.
2183	Nagel	Rechtskonsulent	Balingen.
2184	Neidhardt	Ober-Justizassessor	Ulm.
2185	Niethammer	Justizreferendar	Weinsberg.
2186	Oesterlen	Rechtskonsulent	Stuttgart.
2187	Dr. Otto	Rechtskonsulent	Heilbronn.
2188	Dr. Pfeifer	Professor	Tübingen.
2189	Probst	Rechtskonsulent	Stuttgart.
2190	Probst	Ober-Justizassessor	Stuttgart.
2191	Reichardt	Ober-Amtsrichter	Ulm.

Nr.	Name.	Stand.	Wohnort.
2192	v. Reuß	Gerichtsaktuar	Ellwangen.
2193	Römer	Ober-Amtsrichter	Gmünd.
2194	v. Schäfer	Gerichtshofs-Direktor	Tübingen.
2195	Schall	Rechtskonsulent	Ulm.
2196	Schall	Rechtskonsulent	Oehringen.
2197	Schickhardt	Ober-Justizrath	Eßlingen.
2198	Schott	Rechtskonsulent	Stuttgart.
2199	Dr. Seeger	Professor	Tübingen.
2200	Sick	Ober-Justizrath	Stuttgart.
2201	Steiner	Rechtskonsulent	Stuttgart.
2202	Frh. v. Sternenfels	Ob.-Handelsgerichts-Direktor	Stuttgart.
2203	Freih. v. Sternenfels, C.	Ober-Amtsgerichtsaktuar	Backnang.
2204	Freih. v. Sternenfels, C.	Ober-Amtsgerichtsaktuar	Biberach.
2205	Steudel	Ober-Justizrath, Rechtsanw.	Tübingen.
2206	Strauß jun.	Rechtskonsulent	Heilbronn.
2207	Streich	Ober-Justizassessor	Ellwangen.
2208	Stumpf	Gerichtsaktuar	Balingen.
2209	Tafel sen.	Rechtskonsulent	Stuttgart.
2210	Tscherning	Justizreferendar	Heilbronn.
2211	Freih. v. Wächter-Spittler	Justiz-Minister	Stuttgart.
2212	Weiß	Ober-Amtsgerichtsaktuar	Cannstadt.
2213	Weißer	Ober-Amtsgerichtsaktuar	Heilbronn.
2214	Weizsäcker	Finanzassessor	Stuttgart.
2115	Wiedenmann	Kriegsrath	Stuttgart.
2216	Wirth	Ober-Amtsrichter	Horb a. N.
2217	Zirkler	Ober-Amtsrichter	Tübingen.

B.

Alphabetisches Verzeichniß

derjenigen

Mitglieder des 6. Deutschen Juristentages,

welche dem Vereine in den Jahren 1865 und 1866 beigetreten sind.

Nr.	Name.	Stand.	Wohnort.
2218	Aldoßer	Notar	München.
2219	v. Auer	Advokat	München.
2220	Dr. Bauriedl	Notar	Nabburg (Bayern).
2221	Dr. Bayer	Anwalt	Karlsruhe.
2222	Beckh	Advokat	Lindau.
2223	Bergmann	Gerichts-Assessor	Freienwalde a. d. O.
2224	Beselmiller	Ober-Appellationsgerichtsrath	München.
2225	v. Bomhard	Justiz-Minister	München.
2226	Bramigk II.	Rechtsanwalt	Cöthen.
2227	Braun	Ober-Appellationsgerichtsr.	München.
2228	Briel	Stadtgerichts-Assessor	München.
2229	Dr. Buchner	Notar	München.
2230	Busch	Präsident	Sondershausen.
2231	Decrignis	Ober-Appellationsgerichtsr.	München.
2232	Dettenhofer	Notar	München.
2233	Elvers	Strafanstalts-Direktor	Leuchtenburg bei Kahla.
2234	Eppstein	Rechtspraktikant	München.
2235	Dr. Fäustle	Justizministerial-Assessor	München.
2236	Fechner	Gerichts-Assessor	Dortmund.
2237	Freytag	Advokat	München.
2238	Fuchs	geh. Sekretär im Justiz-Ministerium	München.
2239	Gerhard	Referendar	Braunschweig.

Nr.	Name.	Stand.	Wohnort.
2240	Gietl	Ober-Appellationsgerichtsr.	München.
2241	Gleim	Rechtsanwalt	Sontra (Kurhessen).
2242	Götz	Advokatanwalt	Köln.
2243	Hacker	Notar	München.
2244	Hall	Appellationsrath	Flensburg.
2245	Hattenbach	Obergerichtsrath	Oldenburg.
2246	Haubenschmid	Ober-Staatsanwalt	München.
2247	Hauser	Bezirksgerichts-Assessor und Handelsgerichtsrath	München.
2248	Dr. Hausmann	Notar	München.
2249	Heiligenstein	Bezirksgerichtsrath	München.
2250	Dr. v. Heintz	II. Ober-Appellationsger.-Präsident	München.
2251	Hoffmeister	Bürgermeister, Landgerichts-Assessor a. D.	Remscheid.
2252	Kekule	Hofgerichts-Advokat	Darmstadt.
2253	Dr. Keller	Rechtspraktikant	München.
2254	Freih. v. Keudell	Wirkl. Legationsrath	Berlin.
2255	Keyser	Staatsanwalt	Sondershausen.
2256	Kirschner	Bezirksgerichts-Assessor	München.
2257	Klaus	Obergerichts-Advokat	Plön.
2258	Kraak	Obergerichtsrath	Glückstadt.
2259	Krebs	Kreisgerichtsrath	Heidelberg.
2260	Künßberg	Ober-Appellationsgerichtsr.	München.
2261	v. Lehner	qu. I. Ober-Appellationsger.-Präsident	München.
2262	Lichtschlag	Advokat	Düsseldorf.
2263	Lincke	Assessor d. Gesammtregierung	Glauchau.
2264	Dr. Lührsen, Jos.	Advokat	Hamburg.
2265	Lunglmaier	Notar	München.
2266	Mallebrein	Amtsrichter	Gernsbach.
2267	Dr. Manuel	Ober-Berg- und Salinen-	
2268		Fiskal-Rath	München.
	Dr. May	Appellationsgerichtsrath	München.
2269	May	geh. Sekret. i. Finanz-Min.	München.
2270	Dr. Mayer	Appellationsgerichtsrath	Neuburg a. d. Donau.
2271	Meyßner	Justizministerialrath	München.
2272	Mützel	Rechtsanwalt	Posen.
2273	Neumann	Anwalt	Lörrach.
2274	v. Neumayr	Appellationsgerichts-Präsid.	München.
2275	Neuner	Advokat	München.
2276	Dr. Pappermann	Rechtsanwalt	Dresden.

Nr.	Name.	Stand.	Wohnort.
2277	Peter	Notar	Mühldorf (Bayern).
2278	Pfaff	Amtsrichter	Meßkirch (Baden).
2279	Richter	Gerichts-Assessor, Stadtrath und Syndikus	Naumburg a. d. S.
2280	Roos	Amtsrichter	Müllheim (Baden).
2281	Sarrazin	Kreisrichter	Meseritz (Posen).
2282	Schanz I.	Advokat	Oelsnitz im sächs. Voigtl.
2283	Schebler	Ober-Appellationsgerichtsr.	München.
2284	v. Schmid	Ober-Appellationsgerichtsr.	München.
2285	Schmidt	Kreisgerichtsrath	Lörrach.
2286	Schober	Ober-Amtsrichter	Neresheim (Bayern).
2287	Schröder	Obergerichts-Advokat	Glückstadt.
2288	Schüler	Gerichts-Accessist	Darmstadt.
2289	Schuler	Justizministerial-Assessor	München.
2290	Schwer,	Kirchspielvogt	Wöhrden (Nord-Dithm.).
2291	v. Seybold	Notar	München.
2292	Sigmund	geh. Sekret. i. Just.-Minister.	München.
2293	Sperl	Bezirksgerichts-Accessist	München.
2294	Dr. Staudinger	geh. Sekret. i. Just-Minister.	München.
2295	Steiner	Rechtskonsulent	Ulm.
2296	Steinhausen	Rechtskonsulent	Göppingen.
2297	Stenglein I.	Staatsanwalt	München.
2298	Dr. Steub	Notar	München.
2299	Steyrer	General-Staatsanwalt	München.
2300	Stuntz	Feuerversicherungs-Inspektor	München.
2301	Süpfle	Amtsrichter	Heidelberg.
2302	Dr. Thudichum	Professor	Tübingen.
2303	Freih. v. Tucher	Ober-Appellationsgerichtsr.	München.
2304	Uloth	Oberger.-Anw., Regierungsrath u. Oberbürgermeister zu Marburg	Witzenhausen (Kurhessen).
2305	v. Vincenti	Notar	München.
2306	Werntz	Ober-Appellationsgerichtsr.	München.
2607	Westermayer	Appellationsgerichtsrath	Neuburg a. d. Donau.
2308	Dr. Wex	Advokat	Hamburg.
2309	Dr. Wirk	Staatsanwalt	Wolfenbüttel.
2310	Dr. Windscheid	Professor	München.
2311	Dr. Wirschinger	I. Appellationsger.-Direktor	Neuburg a. d. Donau.
2312	Wöhrnitz	Bezirksgerichtsrath	München.
2313	Wüstenfeld	Kreisgerichtsrath	Mannheim.
2314	Zeller	Gerichts-Accessist	Darmstadt.

FSC
www.fsc.org
MIX
Papier | Fördert gute Waldnutzung
FSC® C083411

Kolibri 360 GmbH
Ferdinand-Jühlke-Straße 7
99095 Erfurt, Deutschland
produktsicherheit@kolibri360.de